EVROPA
Tartaria
Narolia
Barbaria
Aegyptus
AFRICA
Agisymba
Nubia
Abissini
Manicongo.
Melinde
Brasil
OCEANVS AETHIOPICVS
MAR DEL NORT
Rio de la Plata
Psitacorum regio,
sic à Lusitanis appellata ob incredibilē earum auium ibidem magnitudinem.
Fuego.

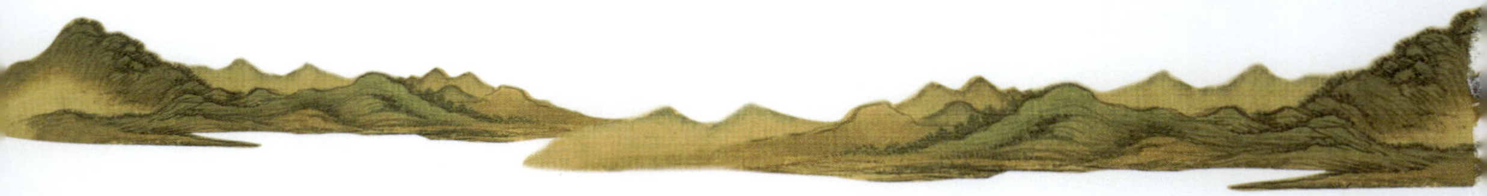

  3. 建学会、办报刊 …………………………………………… 157
  4. 海关、邮政、兵工、实业 ………………………………… 161

 三、复旧势力的反弹 ……………………………………………… 167
  1. 戊戌政变，守旧派大反扑 ………………………………… 168
  2. 义和团，炮灰和祭品 ……………………………………… 170
  3. 庚子之变，八国联军攻占北京 …………………………… 172
  4. 签订《辛丑条约》，皇朝风雨飘摇 ……………………… 175

 四、劫后余烬 ……………………………………………………… 177
  1. 京师大学堂的创办 ………………………………………… 177
  2. 袁世凯与编练新军 ………………………………………… 180
  3. 张之洞与体用之说 ………………………………………… 183
  4. 东南互保，朝廷空虚 ……………………………………… 186

第四章　废科举、兴学堂、启科学

 一、重开新政、效仿日本 ………………………………………… 193
  1. 下诏变法，重开新政 ……………………………………… 193
  2. 东效日本，聘用日本教习 ………………………………… 196
  3. 留日潮改变世风 …………………………………………… 201
  4. 日俄战争的深远影响 ……………………………………… 204

 二、教育打头阵的改革 …………………………………………… 206
  1. 废科举、兴学堂 …………………………………………… 206
  2. 建立学部：教育转型成体制内要务 ……………………… 210
  3. 建立新军：武备学堂和军事制度改革 …………………… 213
  4. 行政改革和财政改革 ……………………………………… 216

 三、物竞天择，科技救国 ………………………………………… 220
  1. 严复与《天演论》………………………………………… 220
  2. 竞学自然科学，主张科技救国 …………………………… 224
  3. 建立商部：实业兴，人心变 ……………………………… 228
  4. 竞逐实业：官僚、买办、士人企业家 …………………… 230

 四、预备立宪与辛亥革命 ………………………………………… 234
  1. 立宪派抑或革命党 ………………………………………… 235
  2. 资政院、谘议局、自治会 ………………………………… 237

  3. 皇族内阁，立宪流产 …… 242
  4. 辛亥革命，清帝逊位 …… 247

第五章　共和新肇，科教拓荒 …… 253

一、民国肇始的科技和教育 …… 253
  1. 袁世凯关于科教的理念和举措 …… 253
  2. 孙中山的铁路和实业建设蓝图 …… 257
  3. 首任教育总长蔡元培 …… 261
  4. 壬子癸丑学制与科学教育 …… 264

二、学什么？向谁学？ …… 267
  1. 庚款留学与清华学校 …… 267
  2. 引领新潮的北京大学 …… 270
  3. 向左转的《新青年》 …… 273
  4. 合流与分野的弄潮儿们 …… 276

三、脱颖而出的地学和医学 …… 279
  1. 任鸿隽与中国科学社 …… 279
  2. 丁文江与地质调查所 …… 282
  3. 西医与中医之纷争 …… 285
  4. 北京协和医学院初创始末 …… 288

四、颇有成就的实业和铁路 …… 291
  1. 科学救国与实业救国 …… 292
  2. 民族工业与中国工程师学会 …… 295
  3. 铁路的管理、建设与规划 …… 299
  4. 南京：铁路枢纽城市的非典型案例 …… 302

第六章　政局混乱、思想杂陈、百舸争流 …… 310

一、北洋政府时期的矛盾局面 …… 310
  1. 政治纷攘中的百家争鸣 …… 310
  2. 在第一次世界大战的夹缝中 …… 313
  3. 杜威、罗素来华讲学 …… 316
  4. 大批留学生归国成生力军 …… 319

二、民主和科学两面旗帜 …… 323
  1. 思想文化主流：德先生和赛先生 …… 323

2. 思想分野：科学与玄学、社会主义与自由主义 …………… 326
　　3. 科学方法的宣传与普及 ……………………………………… 330
　　4. 科学救国与实业兴邦 ………………………………………… 333
　三、科教体制转换的五味杂陈 …………………………………… 336
　　1. 政府主导的科教新设置 ……………………………………… 336
　　2. 教会学校和医院的扩展与改进 ……………………………… 339
　　3. 私立学校的兴起与海归办学 ………………………………… 343
　　4. 中华教育文化基金董事会 …………………………………… 346
　四、新的学说权威和规范 ………………………………………… 349
　　1. 科学名词和规范的统一 ……………………………………… 349
　　2. 琳琅满目的专业学会 ………………………………………… 353
　　3. 清华国学院和五大导师 ……………………………………… 356
　　4. 理工科优先：北洋大学和交通大学 ………………………… 359

第七章　体制化的南京十年 ………………………………………… 366
　一、科学体制化的关键一步 ……………………………………… 366
　　1. 南京国民政府：党国主导 …………………………………… 367
　　2. 中央研究院与北平研究院 …………………………………… 369
　　3. 傅斯年与史语所 ……………………………………………… 373
　　4. 资源委员会，专家治国 ……………………………………… 377
　二、科教向世界看齐 ……………………………………………… 380
　　1. 从仿效日本到改采美制 ……………………………………… 380
　　2. 教会学校世俗化 ……………………………………………… 384
　　3. 建立中小学国民教育体系 …………………………………… 387
　　4. 重视职业技术教育 …………………………………………… 391
　三、高等教育的成效和问题 ……………………………………… 394
　　1. 大教育家：蒋梦麟、罗家伦、梅贻琦、张伯苓 …………… 395
　　2. 公立大学、私立大学、教会大学并行发展 ………………… 398
　　3. 国立中央大学、国立四川大学 ……………………………… 404
　　4. 党化教育的新问题 …………………………………………… 408
　四、科技的奠基性成效 …………………………………………… 410
　　1. 1928—1937 年，所谓"黄金十年" ………………………… 411

2. 从传统营造到民国建筑 ……………………… 413
　　3. 科技转型的成效和问题 ……………………… 416
　　4. 本土科学大师的涌现 ………………………… 419

第八章　国难中的坚持 ……………………………………… 426
　一、挫折和机遇 …………………………………………… 426
　　1. 战争打断发展势头 …………………………… 426
　　2. 同仇敌忾：工业内迁 ………………………… 428
　　3. 科教向内地的扩散和传播 …………………… 431
　二、危机中的态势 ………………………………………… 434
　　1. 香火不断，确保后继有人 …………………… 435
　　2. 争取国际支援 ………………………………… 438
　　3. 日本在东北的经营 …………………………… 441
　　4. 沦陷区的教育和科研 ………………………… 444
　三、大学凤凰涅槃 ………………………………………… 446
　　1. 昆明：西南联合大学 ………………………… 447
　　2. 重庆：中央大学 ……………………………… 450
　　3. 遵义：浙江大学 ……………………………… 452
　　4. 李庄：同济大学 ……………………………… 455
　　5. 成都：华西协合大学 ………………………… 458
　　6. 西安：西北联合大学 ………………………… 460
　四、在隙缝中成长 ………………………………………… 463
　　1. 科技发展的滞阻 ……………………………… 464
　　2. 高校在战时的损失 …………………………… 466
　　3. 现代军备面临的双重冲击 …………………… 470
　　4. 远征军及其科技后盾 ………………………… 473

第九章　失望与期待 ………………………………………… 480
　一、民主还是专制 ………………………………………… 480
　　1. 抗战胜利，反独裁的民主浪潮 ……………… 480
　　2. 自由主义昙花一现 …………………………… 483
　　3. 全国解放战争 ………………………………… 486
　二、知难而进的中国科技 ………………………………… 488

1. 国民政府的原子弹计划 …………………………………… 488
　　2. 三峡梦的初设计 …………………………………………… 491
　　3. 中央研究院：院士出炉 …………………………………… 494
　　4. 科教事业：北京大学和中央大学的复员与重建 ………… 498
三、基础与应用科学之态势 ……………………………………… 501
　　1. 与传统断裂后实现转型的数学 …………………………… 501
　　2. 物理学在中国的草创与发展 ……………………………… 504
　　3. 化学在民国的初创和奠基 ………………………………… 507
　　4. 转型后缓慢成长的天文学 ………………………………… 510
　　5. 现代地质学的崛起 ………………………………………… 513
　　6. 生物学的转型和发展 ……………………………………… 516
　　7. 现代医学的发展 …………………………………………… 518
　　8. 现代技术和工程科学的初创 ……………………………… 521
四、困境和期待 …………………………………………………… 523
　　1. 退守台湾的挣扎 …………………………………………… 524
　　2. 留在大陆的期待 …………………………………………… 527
　　3. 寄望于新中国 ……………………………………………… 529

索　　引 …………………………………………………………… 536

后　　记 …………………………………………………………… 563

导　言

本书所要记叙和分析的，是发生在晚清和民国期间中国科技从传统到近现代转型中的人和事。

这是一个漫长的、顽强的、充满曲折和惊喜的、时而痛苦时而辉煌的凤凰涅槃过程。

它经历了大约一百年，一个世纪。西学东渐不再是一个偶然的、被动的事件，而是一个被准确定位的、目标明确的、锲而不舍的追求，为此，历史学家和思想者常常用"师夷长技"来表达，虽然这个词尚存歧义。细节的展开并不如童话般美好，甚至更多的表现是悲摧和折腾，但在一个有几千年文化和科技传统的、几亿人的大国，师夷长技居然就被国人接受并坚持下来了。中国近现代科技转型也终于以师夷长技的形式跨出了决定性的一步，成为尽管不完善，却不再可逆的历史走向。

这个故事不能不是引人入胜的。这正是我们在《中国近现代科技转型的历史轨迹与哲学反思》第二卷中要讲的，笔者也毫不犹豫地选择"师夷长技"来做这一卷的书名。

一、师夷长技的解读

1. "师夷长技"为题的深意

在《中国近现代科技转型的历史轨迹与哲学反思》第一卷导言中，笔者曾写道：中国近现代科技转型可以通俗地称为"西学东渐"过程，大致经历了从传统科技转变为近现代科技的历史时期，或者说经历了两波西学东渐。

西学东渐第一波我们简称为"西学东渐"，这个历史时期又包括两个阶段：

其一，明末清初的"西学东渐"阶段；

其二，清代中叶的"西学东源"阶段。

第一卷着力讲述和分析的，就是上述两个阶段发生的人和事，试图表明：西学东渐在明末清初确实为中国近现代科技转型带来了可能性，曾经颇有生气，却在清代中叶最终破灭。康乾盛世时不但在文化上排斥西方天主教，而且在科学上贬低和排斥西方学术思想。吊诡的是，乾嘉学派在经学研究的基础上，对中国古代科技典籍进行了充分的挖掘和整理，并且遵循康熙帝圣旨般的论断，对西方传教士传播进来的科学技术，特别是天文、历算、舆地等方面的成果，进行了特殊的阐释，竟然得出西学东源的结论。而"西学东渐"逐渐变为"西学东源"的过程，由"渐"而至"源"，恰好折射出这一波西学东渐逐渐衰亡的关键。实是无奈，乾嘉学派努力考证并恢复传统的科技体制和规范，结果是学术上成就卓著，却没有缩短中国与西方科技的差距，反而使近现代科技转型的可能夭折。总之，在西学东渐第一波，中国失去了通过吸纳西方的近现代科技来实现科技转型的可能。

而西学东渐第二波，我们简称为"师夷长技"。这个历史时期也可分为两个阶段，即从鸦片战争到辛亥革命的晚清阶段和从北洋政府到国民政府的民国阶段；为清晰起见，两阶段均可再一分为二，共分为晚清前期、清末时期、袁世凯和北洋政府时期、国民政府时期。本书作为《中国近现代科技转型的历史轨迹与哲学反思》的第二卷，所要着力讲述和分析的，正是这一历史时期的人和事。

与17、18世纪不同，19世纪的中国经过两次鸦片战争和太平天国运动等的洗礼之后，内忧外患，造成三千年未有之变局。中国士人和皇朝统治阶级中的开明之士开始认识到西方科技的威力，并且逐步承认技不如人，发出"师夷长技以制夷"的呼吁。在科技和教育领域的大趋势是，越来越深刻而真切地认识到技不如人，并且在总体上几乎没有大反复，这在明末清初乃至清代中叶是不可想象的。承认技不如人，在晚清和民国期间毫无疑义地成为近现代中国科技转型的一个重要前提。从1840年到1949年的这100多年，准确一点说，由于太平天国运动和第二次鸦片战争造成了清帝国真正的内忧外患，可以说从1850年到1949年这100年，是中国近现代科技转型的关键时期。① 中国这100年不间断地

---

① 也有论者认为，中国近现代科技转型应当从1860年洋务运动开始时算起。"实际上1860年同样是一个重要年份，就社会观念的新陈代谢来说，它比1840年具有更加明显的标界意义。"(陈旭麓. 近代中国社会的新陈代谢. 上海：上海社会科学院出版社，2005：109)

在科技上学习西方，用中国士人非常生动的语言来说，叫作师夷长技，这才使得中国的科学技术实现了近现代转型。此间和此后，中国科技尽管还处于一个比较后进的水平，但它的整个体制和规范已经不再如原来的传统，而与西方先进的科学技术逐渐实现了并轨。这100年是让人惊讶的100年，尽管社会动荡、灾难深重，但是在教育和科技领域，承认技不如人，逐步学习西方，锲而不舍，的确引发了巨大变革。我们当下所写的《师夷长技》这本书，主旨就是描述从晚清到民国这一历史时期发生的中国近现代科技转型。

强调一下，《师夷长技》是就西学东渐第二波而言的，写的正是晚清和民国大约100年间所发生的中国科技转型。其间，内乱频仍，列强侵扰，道路曲折，许多事反复折腾、半途而废。但有一点算是逐步取得了共识，那就是中国之所以贫穷落后，常处于挨打受辱的地位，主要原因是技不如人，即科学技术远落人后。因此，自魏源疾呼"师夷长技以制夷"之后，不管政治舞台上如何似走马灯般变换，日趋增多的有识之士大都睁开了双眼，承认差距，赞成向西方学习科技。时移境迁，这一点几乎从未改变，而且移植和创造了许多方法，致使学习成效日趋丰硕。于是，"师夷长技"便成画龙点睛之笔。除了少数极端的守旧派和愚民，无论是统治阶级还是士人，都没有也不敢公然与之作对。所以，师夷长技是西学东渐第二波的主线。引人入胜的就是在历史的波涛里，这条主线为什么能贯穿始终，又是怎样贯穿始终的。

容易看出，这与上一卷所写的明末清初的情况完全不同。西学东渐第一波之所以历经17世纪的一度生机勃勃，至18世纪所谓康乾盛世，反而走向式微，根本原因乃是大一统皇朝看似强大和稳定后，为保统治阶级和上层士绅的自身利益，自觉或不自觉地重走老路。他们看不到或者害怕承认别人比自己强，害怕体制和意识形态出现一丝缺口，科技领域也概莫能外，最终以西学东源结束了西学东渐。

西学东渐第一波和第二波的一个根本区别是：前者的主体盲目自大，以治经学的路子对待传教士引进的西方科技，得出西学东源的结论，百年之后又回复原来的科技模式，科技转型终告失败；后者的主体自觉技不如人，通过输入、仿造、译介、留学、引进科学符号和方法、办现代教育、设研究院所等举措，锲而不舍，愈挫愈坚，不耻于以对手为师，努力学他人之长，在非常困难的条件下成功进行了移植，并从原有的科技模式中走了出来。西学东渐第二波的巨大成绩在于基本实现了中国科技的近现代转型，回首这百孔千疮的100年，在持续内忧外患的大背景下居然做到了这一点，简直令人难以置信。

2. 本书主旨

"师夷长技"术语的首创者，一般认为是魏源。在林则徐任职江苏按察使、江宁布政使和江苏巡抚之时，魏源与之交往甚密。第一次鸦片战争中，林则徐被革职。之后，林则徐将《四洲志》赠予魏源，并托付他编撰《海国图志》。魏源不负所托，于1842年（道光二十二年）先后撰成《圣武记》十四卷和《海国图志》五十卷。在《圣武记》中，魏源即已在提及鸦片战争时写道："以彼长技制彼长技，此自古以夷攻夷之上策。"① 即有"师夷长技以制夷"的意思。

当时天下观流行，中华乃天下之中心，余皆四夷，打败中国的西洋人也是夷人。魏源固然受此语境影响，但在以《四洲志》为基础扩展而成的《海国图志》中，已能正视强夷，把自己的主张明确表述为："何以异于昔人海图之书？曰：彼皆以中土人谭西洋，此则以西洋人谭西洋也。是书何以作？曰：为以夷攻夷而作，为以夷款夷而作，为师夷长技以制夷而作。"② 魏源编撰《海国图志》，从西洋人的视角介绍西洋，收集了全球大量地理、历史和文化信息，并且涉及政治、经济、宗教、天文、军事等多个领域，目的是掌握夷情和师夷长技以制夷。这一工作魏源后来一再扩充，1847年（道光二十七年）和1852年（咸丰二年）即行两次增补，将《海国图志》扩至一百卷。此书不仅大开国人眼界，而且在日本广泛流传，对日本的明治维新影响甚巨。

当然，师夷长技也是有歧义和不同看法的，而且也是有很多局部反复的，其中需要警惕的陷阱也不少。但大的思路清楚了，可不至于在纷繁的细节中迷失方向。

结合魏源的初衷和后来的历史演变，可以将本书主旨概括为：

（1）起点：技不如人，师夷长技；

（2）过程：曲折坎坷，锲而不舍；

（3）结果：百年践行，科技转型。

宏观地看，中国近现代科技转型虽非一路凯歌，但的确是一个学习、模仿、传播、移植、生根、改造、失败、修正、成功以至体制化的过程。"夷"和

---

① 魏源. 圣武记：卷十四. 韩锡铎，孙文良，点校. 北京：中华书局，1984：545.
② 魏源. 海国图志原叙//魏源全集：第四册. 长沙：岳麓书社，2004：1.

"技"不是准确概念,在这里明显只具有指代意义。"夷"乃指先进的现代化国家,"技"乃包括科学、技术和教育等。按照这种理解,上述《师夷长技》的主旨应是能站得住脚的。与《西学东渐》联系起来,不但能发挥比照作用,亦可构成近现代中国两波科技转型的清晰脉络。

概括地说,在师夷长技的这100年,中国科技转型过程中有下述一些重要特点:

第一,中国内忧外患,灾难深重,转型道路曲折。从同光新政、洋务运动、维新变法、清末新政、预备立宪到北洋政府和南京政府的教育科技改革,经历一次次尝试和一次次挫折,中国近现代科技和教育是在艰难曲折中实现转型的,绝对不是一个轻而易举的过程。

第二,科技转型中锲而不舍地践行了师夷长技的精神。实践过程中,固然都可以看作师夷长技,但其主要表现是很不相同的。大致说来,师夷长技的表现可以归纳为下述三个方面:一是传播和引进西方科学技术,二是移植西方科技体制,三是体制化的现代科技教育在中国地域和文化土壤中自行生长。

第三,睁眼看世界和学先进的过程极其复杂。这种复杂性表现在:一是西学东渐第二波的发起人由传教士转变为国人;二是首先由士人,如魏源、冯桂芬,以开放的眼光阅世;三是统治阶级中的先觉者发挥了重要作用,他们包括地方重臣(曾国藩、左宗棠、李鸿章、沈葆桢等)和中枢权贵(奕䜣、文祥等);四是新旧势力的较量中出现了两极,有面向世界的,如郭嵩焘、黄遵宪、郑观应等,也有守旧派,如倭仁等。

第四,科技和教育转型是由多重力量推动的。一是自强运动中办了很多"洋务":同文馆、江南制造局、北洋水师、海关、电报、铁路等;二是留学和办学艰难起步,渐成推力:容闳带首批学童留美、傅兰雅译书并与徐寿合作创建格致书院、教会办学校和医院、建立京师大学堂等;三是维新和新政:废科举、兴学堂、学制改革、建立新军等;四是科技教育改革:在器物—体制—理念诸层面逐步深入,民主和科学成为两面旗帜,百家争鸣、大师迭出等;五是体制化的积累:学会、研究所、大学、学科建制逐步建立并规范,统一科学名词和科学规范,成立中央研究院、科学基金会和资源委员会等体制化机构。

第五,在复杂的内外环境中效仿。外部:晚清和民国时期,世界现代化和全球化大势基本形成,中国的事不再能关起门来搞,必须成为世界的一部分,科技和教育转型已不可避免。内部:中国自身在政治、经济、文化、生活诸方面都发生了巨大变化，例如，辛亥革命以后，中国甚至在发型、服饰上也都逐渐效仿西方；中国引进了国民教育体制，教学内容和课本也效仿西方，科学教育尤其是理工科教育日趋重要；等等。

第六，师夷长技的过程是一个多样的、复杂的主客交融过程。这一时期既派出留学生，又请进来各国教习、顾问。例如，庚子后数以万计人到日本的各类学校留学，同时又聘用大量日本教习来国内指导；北洋政府和国民政府时期，同样聘用了许多欧美顾问，并派遣大批人员赴欧美留学。留学生回国后，成为中国科技、教育体制转型的中坚力量。另外，西方教会在中国开办学校和医院，直接引进现代科技教育体制，在当时中国也发生重要影响。

第七，这100年间虽然思想杂呈，但思变求进的主线贯穿始终；无论遭遇什么挫折和打击，对于师夷长技，总是锲而不舍，愈挫愈坚。这一变中有常的思想态势，有助于并最终促成了中国近现代科技和教育转型。

二、本书的结构和内容

1. 本书的结构

本书除导言外，共分为九章，大致按近现代中国科技、教育转型的历史进程，分四个时期展开，即分为晚清前期、清末时期、袁世凯和北洋政府时期、国民政府时期。这四个时期均践行师夷长技，但特点各有不同。

晚清前期，是从中英鸦片战争到中日甲午战争结束，本书安排了两章：第一章：内外交困方识技不如人；第二章：开旁门、师夷技、办洋务。主要写西学东渐为何重新开始，它的第二波如何以师夷长技面世。实际上，1860年发端的自强运动可看作科技转型的真正标志。它开启了中国近现代科技转型大业。

清末时期，是从甲午战败到辛亥革命、清廷退位，本书安排了两章：第三章：维新还是复旧；第四章：废科举、兴学堂、启科学。主要写维新变法和清末重开新政期间，自上而下和自下而上发生的科技和教育转型，以及作为其背景的社会变革和政治动荡。此时已经自觉地向西方学习，并且以学习西方卓有成效的日本为榜样。

袁世凯和北洋政府时期，是从民国建立、袁世凯篡权到北洋军阀统治结束，本书安排了两章：第五章：共和新肇，科教拓荒；第六章：政局混乱、思想杂陈、百舸争流。主要写科技和教育的变革如何从器物层、制度层、理念层全面展开，在混乱的政局和杂陈的思想氛围中，民主和科学最受青睐，向西方学习科技、教育成为共识，现代科教体制逐渐成形并取代传统科教体制。

国民政府时期，是从北伐胜利、南京国民政府建立到1949年国民党政权败退台湾，本书安排了三章：第七章：体制化的南京十年；第八章：国难中的坚持；第九章：失望与期待。主要写在国民政府党国体制主导下，在黄金十年，科技和教育的现代转型得以基本实现，其间，海归知识分子和政客起了骨干作用；抗战中科技、教育受到严重冲击，幸得顽强地坚持；抗战胜利后，中国的科教体制已然与现代世界基本同轨，但因国民党政权腐败无能，国家面临着巨大危机，国人普遍寄希望于中国共产党，期待着新中国的诞生。

2. 各章内容提要

下面扼要说明各章的理念、安排和主要内容。

第一章 内外交困方识技不如人

鸦片战争，外强入侵，迫使清帝国打开国门。太平天国运动，横扫半壁江山，清朝面临空前危机。国人在内外交困中终于意识到技不如人，萌发了变革的想法，而且切入点就在师夷长技上。不过，旁观者清，当局者迷，尽管时局危殆，高下立见，但要坦荡承认这一点，还必须经历一个痛苦的转变过程。科技转型首先是心态和观念的转型，按时间顺序，大体可分为三个阶段：觉醒期、肇始期、深化期。其代表人物，觉醒期有林则徐、魏源和徐继畲等；肇始期有曾国藩、左宗棠、李鸿章、沈葆桢、奕䜣、文祥等；深化期有郭嵩焘、黄遵宪、郑观应等。睁眼看世界的艰难过程又从"开眼看世界"转到"开眼学世界"：既然技不如人，故而师夷长技；再则，若不师夷，就不能制夷。中国社会被迫开始的近现代转型，正是从科技领域起步的。如果把明末清初的西学东渐作为中国科技转型的第一波，那么，自此以后的中西科技交会，就是中国科技转型的第二波。当然，也需要看到，阻碍转型者仍为数众多，承认技不如人，让师夷长技成为新的共识，是极不容易的。

关于"内外交困方识技不如人"，本章安排了四节以做说明。

第一节"鸦片战争和太平天国的双重冲击"。以两次鸦片战争为标志，西方坚船利炮带来的冲击造成中土三千年未有之变局。这是中国与西方的科技继明末清初之后的再度交会，是在挨打之后不得不面对的局面和选择。中国近代史的开端也是科技转型第二波的起点。清廷用传统方式应对鸦片战争,最终以失败告终。西方借助坚船利炮,打开了中国的大门。太平天国创立拜上帝教,用基督教作为包装,危及清朝统治。但打败太平天国的过程中,再次见识了西洋军备和洋枪队的威力。挫折导致历史转折,终至求变。不管是对外战争,还是对内战争,都改变了人们对科学技术的认识。本节设立四个要点来加以叙述:(1)两次鸦片战争使清政府痛识坚船利炮;(2)太平天国之拜上帝教与西方之洋枪队;(3)林则徐与无奈的历史转折点;(4)战争改变对科学技术的认识。

第二节"开始睁眼看世界"。本节特别关注科技与三千年未有之变局的关系。造成变局的原因之一是科技方面技不如人,应对之策即魏源等人提出的师夷长技。魏源的《海国图志》和冯桂芬的《校邠庐抗议》,这两本书在19世纪五六十年代都很出名。他们能够正面地看世界,能够承认技不如人,引发了学术风气的变化。但他们的书当时在国内应者寥寥,还不如在日本影响大,成为明治维新的重要舆论准备。睁眼的过程是很艰难的,例如,1866年旗人斌椿受命率领的第一个中国使团,在外尽出洋相,表现滑稽,被戏称为"游历团"。而中国派出的第一个正式外交使团,团长却为美国人蒲安臣,倒是他尽职尽力,不辱使命,甚至为之献身。本节设立四个要点来加以叙述:(1)科技与三千年未有之变局;(2)魏源与《海国图志》;(3)冯桂芬与《校邠庐抗议》;(4)艰难的睁眼过程。

第三节"统治阶级中的先觉者"。咸丰以后,要像以往那样维持皇权统治已力不从心,最高统治者不得不开始另寻出路,其中慈禧也起了比较复杂的作用。上层统治阶级中涌现出一批先觉者。地方重臣以曾国藩、左宗棠、李鸿章、沈葆桢为代表,意识到中国与西方在科学技术上的差距,因而率先开启向西方学习的进程。朝廷中枢以奕䜣和文祥等为首,与地方重臣们共同主持洋务运动。这些先觉者们提出"自强以练兵为要,练兵又以制器为先"[①],认识到要自强唯有师夷长技一途。该共识是得以推进洋务运动最重要的思想观念基础,也是科技转型第二波持续不断的动力所在。本节设立四个要点来加以叙述:(1)力不从心的皇权统治;(2)崛起于实务的地方重臣;(3)中枢主持者奕䜣和文祥;(4)自强唯有师夷长技一途。

第四节"克服阻力迭出卓见"。睁眼看世界的思想风气形成气候,克服阻

---

① 文庆,等. 筹办夷务始末:同治朝卷二十五//《续修四库全书》编纂委员会. 续修四库全书:四一九:史部:纪事本末类. 上海:上海古籍出版社,2002:394.

力，日渐达到新的高度，卓见迭出。郭嵩焘的《使西纪程》已认识到西方也有历史悠久的文明，因而对于如何学习西方具有独到见解；黄遵宪的《日本国志》虽是一部以日本为对象的史志书籍，但目的在于通过日本看西方，通过西方看中国；郑观应的《盛世危言》已开始反思洋务运动的得失，认为单单学习西方科学技术的做法是行不通的。与之相反，当时还有许多达官大儒，如倭仁和刘锡鸿之流，千方百计阻挡师夷长技，对他们的言行也需要记叙一下，要让人们了解，他们的存在是历史常态。本节设立四个要点来加以叙述：（1）郭嵩焘与《使西纪程》；（2）黄遵宪与《日本国志》；（3）郑观应与《盛世危言》；（4）可笑可怜的螳臂当车者。

第二章　开旁门、师夷技、办洋务

中国这一波科技转型的肇始，当推从19世纪60年代开始至90年代的自强运动。面对技不如人的现实，清廷内外在寻求自强的口号下实行同（治）光（绪）新政，即所谓洋务运动。当然，是时离国门大开还差得很远，只能姑且称之为开旁门了。虽未全开国门，总算开了一些口子；其核心内容则是师夷技和办洋务。师夷技特指学习西方科学技术，办洋务亦指当时推行的与学习西方科技相关的一系列新政。这场运动时空跨度颇大、牵涉范围很广，发轫与终结的情形均很复杂，但其宗旨就是"师夷长技以制夷"。本章首先从自强运动何以开启谈起，聚焦于当时出现在北京和全国层面的新机构，如总理各国事务衙门、总税务司署、同文馆等；其次关注各地方各领域的改良措施，如江南制造局、北洋水师、铁路和电报、军事学堂等；最后专论渐开新气象的文教事业，如幼童出洋留学、墨海书馆、格致书院等。其间，再度来华的西方传教士们颇为活跃，他们以教会学校和医院等外来物事引导本土转型，颇有成效。这一切，共同构成19世纪下半叶中国科技转型的态势。

关于"开旁门、师夷技、办洋务"，本章安排了四节以做说明。

第一节"自强运动与科技转型"。同光新政以寻求自强做招牌，注重学洋人，办洋务。为此，设立总理各国事务衙门，实际上是在中国官僚体制里加上外交部，以与各个列强交涉。奇怪的是，赫德与总税务司署虽然是帝国主义侵略的产物，但发挥了很大的正面作用，为清廷提供了很多资金，说明新体制是有生命力的。办洋务，关键是以科技为突破口。本节设立四个要点来加以叙述：（1）自强的呼声与新政的发轫；（2）总理各国事务衙门的多重角色；（3）赫德与总税务司署；（4）近代首所新式学校：同文馆。

第二节"前所未有的变通措施"。同文馆（亦称"京师同文馆"）设在北京，江南制造局设在上海，本节以它们为代表介绍各种师夷长技的举措。北洋水师是洋务运动中花大力气建立的第一支中国近代海军；清政府同时设立了一些学校，培养了一些科技和军事人才；还试办了唐胥铁路和皇家电讯。这些也都属于向西方学习的内容。本节设立四个要点来加以叙述：（1）江南制造局的多领域实践；（2）近代海军的建立与北洋水师；（3）在争议中起步的铁路和电报；（4）军事科技新型人才的培养。

第三节"文教事业渐开新气象"。其中列举了四个在科技转型中起了极大作用的人、物和事件。一是容闳与幼童出洋留学，二是伟烈亚力（Alexander Wylie）与墨海书馆，三是傅兰雅与格致书院，四是转型期逐渐成长起来的中国近代科学家代表。既有受阻又有进展，从无到有非常不容易。可见一个新型的科技教育体制的确立，需要走漫长的道路，但若运作得当，还是卓有成效的。本节设立四个要点来加以叙述：（1）容闳与幼童出洋留学；（2）伟烈亚力与墨海书馆；（3）傅兰雅与格致书院；（4）转型期的中国近代科学家。

第四节"教会活动与中国科技转型"。此一时期传教事业是由新教和天主教并行重启的，其科技活动多是近代化的。传教士与中国士民的互动已趋向自主和主动进行，政府已较难干预，具有与明末清初不同的特点。所设立的教会学校和医院与传统的学校、医院大不一样。突出特点是外来物事引导本土转型，有些事政府做不到，他们却做到了。本节设立四个要点来加以叙述：（1）传教事业的重启及其新特点；（2）传教士与中国士民的互动；（3）外来物事引导本土转型之一：学校；（4）外来物事引导本土转型之二：医院。

第三章 维新还是复旧

晚清第一轮改革——同光新政，人们期望颇高，但最终失败了。光绪亲政后的十年左右是多事之秋，维新还是守旧，与中国科技转型至为密切。经过30多年的自强运动，清廷办洋务颇有斩获，尤其在军事技术革新方面取得了可观的成就。然而，它的不足与弊端也在创办过程中充分暴露出来。甲午一战，洋务派苦心经营十几年耗费巨资建成的北洋舰队全军覆没，清廷被迫签订割地赔款的《马关条约》。以康、梁为代表的维新派在屈辱、震怒中纷纷上书，要求变法。虽然光绪帝赞成革新，给中国科技转型带来了崭新的机会，但维新变法被以慈禧太后为首的守旧势力残酷扼杀了。面对内忧外患，顽固的守旧势力竟企图利用义和团的"神功"来力挽狂澜。结果，庚子之变，八国联军占领北京，清廷不仅权威大失，而且对地方与社会的控制能力也大大下降。但是，复旧是没有出路的，革新的中断是短暂的，劫后的余烬尚在，潮流不可阻挡，它们很快会恢复活力，重新燃烧起来。

关于"维新还是复旧"，本章安排了四节以做说明。

第一节"新政风雷"。同光新政对于中国科技发展而言，具有重要的奠基作用。清末被迫从闭关锁国政策演变为逐步引进与吸收西方先进科技，并在中国台湾、朝鲜、越南的战事中取得一些成效。但是，甲午战争的失败，让中国人不得不思考：同光新政在实践中是如何推动了中国的近代化，又暴露出了哪些问题？为什么这轮历时30多年的革新会高开低走？同样是学习西方、引进近现代科技，日本明治维新与中国洋务运动的结局为何迥然不同？本节设立四个要点来加以叙述：（1）衰朽和新兴交织中的机会；（2）中国台湾、朝鲜、越南事变；（3）甲午战败，新政落幕；（4）洋务运动与明治维新的对比。

第二节"维新变法运动"。甲午战败，群情激愤，寻找原因，结论是要加速变革。甲午战争是一场错误的时间、错误的判断等酿成的错误的战争。清王朝凡有一点长进，立刻内部矛盾加剧，争权夺利，盲目自大，多至断送机会。可惜历史没有后悔药吃。在衰朽和新兴交织中又出现机会，守旧派、改革派、革命派等各种势力相互较量，终于要搞变法。那么，康有为、梁启超等人是如何搞变法的，具体做了什么？海关、邮政、兵工、实业等方面在此期间有哪些举措和变化？本节设立四个要点来加以叙述：（1）康有为、梁启超和维新变法；（2）兴建新学堂；（3）建学会、办报刊；（4）海关、邮政、兵工、实业。

第三节"复旧势力的反弹"。一旦变法威胁到顽固复旧势力的利益，就引起了他们疯狂的反扑。他们还利用义和团当炮灰，扶清灭洋，竟想用中国功夫赶走洋人，结果被打得落花流水。八国联军攻占北京，清廷被迫签订《辛丑条约》。皇朝风雨飘摇，只得重开新政。本节设立四个要点来加以叙述：（1）戊戌政变，守旧派大反扑；（2）义和团，炮灰和祭品；（3）庚子之变，八国联军攻占北京；（4）签订《辛丑条约》，皇朝风雨飘摇。

第四节"劫后余烬"。当年的大倒退为期短暂。权斗之后不得不再次变革，不承认技不如人是不行的。于是继续求变，师夷长技。实际上，在康、梁变法之外，师夷长技仍然潜行不辍，即使在戊戌政变、庚子之变期间也未停止。并非一把火就烧光一切，相反，尚留存下一些对后来重开新政极其重要的物事，如京师大学堂、袁世凯编练新军、张之洞倡体用之说。在政治上，东南互保则说明中央集权已经衰弱，今非昔比；朝廷空虚，清廷风雨飘摇，最要紧的是该如何师夷长技。本节设立四个要点来加以叙述：（1）京师大学堂的创办；（2）袁世凯与编练新军；（3）张之洞与体用之说；（4）东南互保，朝廷空虚。

第四章 废科举、兴学堂、启科学

庚子国变，沉渣浮起，试图以迷信和法术与西夷长技较量，结果一败涂地。面对这一变局，清廷下诏变法，重开新政乃不得已之举。与列强签订《辛丑条约》后，清朝内外交困，新政的最大目标聚焦于君主立宪。客观地说，在教育改革和学习西方科技方面，20世纪之初的十年间，还是做了许多事情。废科举、兴学堂、启科学，办得有声有色，对中国科技转型有相当的促进，只是并没有因此挽救清王朝。在此期间，严复的汉译世界名著为中国的意识形态转变提供了丰富营养。在国内掀起了留日潮，通过东效日本来师夷长技蔚为风气。从日本学习西方文化不再专属于士大夫阶层，出国留学也不再神秘。科举废则人心变，新学兴则世风改，清末新一轮科技教育乃至军事、政治、经济诸方面的转型又开始登上历史舞台的中心。

关于"废科举、兴学堂、启科学"，本章安排了四节以做说明。

第一节"重开新政、效仿日本"。日本虽为一小国，却不仅在甲午战争中打败了中国，而且在日俄战争中战胜了强大的俄国，特别令国人羡慕。这给自古便以"天朝上国"自居的中国人以极大震撼，惊讶于日本先进的军事技术和社会制度。在日本迅速崛起的影响下，晚清中国坚定了学习日本的决心，试图以日本为师，向日本学习被视为捷径；期待从"君主专制"走向"君主立宪制"，聘用日本教习，鼓励出国留学，特别是赴日本留学。十年间有数以万计人游学日本，改变了整个世风。本节设立四个要点来加以叙述：（1）下诏变法，重开新政；（2）东效日本，聘用日本教习；（3）留日潮改变世风；（4）日俄战争的深远影响。

第二节"教育打头阵的改革"。自清廷下诏变法以来，教育、军事、行政体制改革成为清末再行新政的重要内容。废科举、兴学堂是从上到下推行的，建立学部则说明教育转型已经成为体制内要务。庚子国变后，武生童考试及武科乡、会试被叫停，建立武备学堂和进行军事制度改革，包括仿用西法编练新军，成为当务之急。面对巨额财政赤字,晚清政府又开始对行政体制与财政体制进行改革。本节设立四个要点来加以叙述:(1)废科举、兴学堂;(2)建立学部:教育转型成体制内要务;(3)建立新军:武备学堂和军事制度改革;(4)行政改革和财政改革。

第三节"物竞天择,科技救国"。严复前后翻译了数部西学名著,其中以《天演论》影响最大。"物竞天择,适者生存",以科学为基础的进化观风靡于世。以前中国基本上没有成建制的科技教育,现在发生了很大变化,中国人开始竞相学习自然科学。另一个重要举措是建立商部,兴办实业,与发展科技相辅相成。引发的重要动向是:官僚、买办和士人都竞相做企业家。本节设立四个要点来加以叙述:(1)严复与《天演论》;(2)竞学自然科学,主张科技救国;(3)建立商部:实业兴,人心变;(4)竞逐实业:官僚、买办、士人企业家。

第四节"预备立宪与辛亥革命"。此时科技转型与制度转型相似,虽在目标与方式上皆有争议,大体上还是持续推进的,中国的君主立宪进程在戊戌变法失败后又一次被提上议程。各省普遍设立了谘议局和自治会,清廷中枢则建立资政院,它们在预备立宪过程中发挥了很大作用。但立宪的结果令人失望,等来的是所谓的皇族内阁,新政最终流产。辛亥革命爆发,清帝逊位,革命党和立宪派的诉求这时竟基本趋于一致。本节设立四个要点来加以叙述:(1)立宪派抑或革命党;(2)资政院、谘议局、自治会;(3)皇族内阁,立宪流产;(4)辛亥革命,清帝逊位。

第五章 共和新肇,科教拓荒

1912年,在武昌起义数月后,清帝逊位,持续276年的清朝统治成为历史。其后中华民国临时大总统孙中山让位于袁世凯,是为北洋政府时期。这个阶段持续了十五六年,非常矛盾而又现实的是,这一时期政治纷乱,思想活跃,仿佛春秋战国诸子百家时代。从帝国到民国、再到军阀混战,中国好像成了一个政治、经济、社会的巨大试验场。堪称奇怪的是,科教领域的变革几无停顿,科技转型居然成效显著。具体来说,袁世凯、孙中山、蔡元培之类头面人物的思想和顶层制度设计产生了一些效果;学制改革和科学教育颇有进展,科教变革不仅在器物层面、制度层面,而且在理念层面也变化显著;地学和医学两个学科门类脱颖而出;产业方面,实业和铁路取得引人注目的成就。本章试图以点带面地描绘该时期科技转型进程的整体面貌，表明共和新肇之时科技和教育如何在困境与机遇交织中砥砺前行。

关于"共和新肇，科教拓荒"，本章安排了四节以做说明。

第一节"民国肇始的科技和教育"。帝制的终结与民国的初建为科教发展带来新的契机，从领袖人物思想和顶层制度设计来看，这一时期的科技和教育受到相当之重视。袁世凯是20世纪20年代之前民国执政时间最长者，在实业和教育方面颇下功夫，当然，他也为复辟称帝而不遗余力地推行复古教育；孙中山写了《建国方略》，提出了改造中国的现代化蓝图，且集中于铁路和实业领域，与科学技术关联紧密；蔡元培作为首任教育总长，任职仅半年，却对教育部的组建运作和教育改革的筹谋贡献甚多；民国一开始，就实行了壬子癸丑学制，新的国民教育体制逐步成形，也为科学教育创造了有利条件。本节设立四个要点来加以叙述：（1）袁世凯关于科教的理念和举措；（2）孙中山的铁路和实业建设蓝图；（3）首任教育总长蔡元培；（4）壬子癸丑学制与科学教育。

第二节"学什么？向谁学？"北洋政府统治时期，政局动荡，科教转型却持续推行。庚款留学与清华学堂的建立，成为意义深远的一个标杆，引发了留美留欧学习现代科技和西方文化的高潮。而且，学习美国逐渐成为主流。本节着重关注三个人物和三个倾向。一是蔡元培和北大，引领了新潮，涉及蔡元培文理兼修、男女兼招、中西兼容的教育思想。二是陈独秀和向左转的《新青年》，民主和科学，共产主义和社会革命。三是胡适和新文化，提倡白话、大众文化，大胆假设、小心求证。这些都是科技和教育转型中的大事。本节设立四个要点来加以叙述：（1）庚款留学与清华学校；（2）引领新潮的北京大学；（3）向左转的《新青年》；（4）合流与分野的弄潮儿们。

第三节"脱颖而出的地学和医学"。首先要提一下任鸿隽的中国科学社，虽然它是由在美国的中国留学生发起建立的，却是中国科学建制化的重要方面。自此，中国开始形成有建制的现代科学共同体。中国近现代科技的突破则发生在地学和医学两个领域。地学不能不提丁文江、地质所和农商部。论及现代医学的建立，要将西医与中医的纷争重写一笔，之后，西医开始成为主流。而且，由洛克菲勒基金会资助建立的北京协和医学院，又成为现代医学教育的标杆。本节设立四个要点来加以叙述：（1）任鸿隽与中国科学社；（2）丁文江与地质调查所；（3）西医与中医之纷争；（4）北京协和医学院初创始末。

第四节"颇有成就的实业和铁路"。中国的科技与实业发展一开始就和救亡图存密不可分,救亡图存成为科技转型的动力,也在其上打下深深的烙印。中国工程师在科技共同体中具有特殊地位,他们对民族工业的成长起了极为重要的作用。铁路在中国科技转型中非常有代表性,这段时间虽然铁路修筑里程不算长,但已形成大格局,其中包括各种兴筑铁路力量的博弈,以及铁路交通建设如何促进城市的成长,还插入一个关于南京铁路枢纽建设的案例。本节设立四个要点来加以叙述:(1)科学救国与实业救国;(2)民族工业与中国工程师学会;(3)铁路的管理、建设与规划;(4)南京:铁路枢纽城市的非典型案例。

第六章 政局混乱、思想杂陈、百舸争流

北洋政府时期包括两段,即袁世凯统治时期和北洋军阀轮流坐庄时期。袁世凯帝制自为,身败名裂,之后,民国政局一片动荡。另外,中国社会变化迅速,西方科技不断传入,思想学派百家竞起,波及文化、政治、经济等领域。混乱的政治局面虽然干扰了科技、教育、文化的健康发展,却也为思想文化的自由传播提供了空间。在第一次世界大战的夹缝中,列强顾不上中国,这让中国赢得了难得的发展机遇。社会思想杂陈,百家争鸣,中外交流不断,科技与教育面貌日新。新文化运动的开展使民主与科学深入人心,对科学文化的推广,不再局限于科学教育与科学方法的宣传上,而是上升到"科学救国"的复兴国运的高度。在这种氛围中,近代化的中国科教体制得以不断推进,专业学会等各类科教建制得以相继设立。在高等教育领域,随着高校大力发展理工学科,科学教育体制建设逐渐步入轨道。

关于"政局混乱、思想杂陈、百舸争流",本章安排了四节以做说明。

第一节"北洋政府时期的矛盾局面"。1916年,袁世凯称帝败亡,国家权威瓦解,民国进入政局混乱、军阀纷争割据的年代。军阀间的混战使其无暇他顾,对思想和学术方面的管控相对松懈,反倒成为这一时期百家争鸣局面的促成因素。伴随第一次世界大战爆发,中国迎来社会变革的良好机遇,军事科技发展迅速,民族工业乘时崛起。五四前后许多名哲来华讲学,以杜威(J. Dewey)和罗素(B. Russell)影响最大,推进了西方科技文明的传播与中西方的思想对话。同时,庚款资助下的大批留学生"师夷长技"后纷纷归国,参与到科技与社会转型当中,成为变革的生力军。本节设立四个要点来加以叙述:(1)政治纷攘中的百家争鸣;(2)在第一次世界大战的夹缝中;(3)杜威、罗素来华讲学;(4)大

批留学生归国成生力军。

第二节"民主和科学两面旗帜"。民主和科学成为时代潮流，深入人心，这是科技体制化的思想前提。思想分野则是百家争鸣的常态，科学与玄学、社会主义与自由主义的争议，引起了国人的广泛思考。科学方法随着科学教育的兴起和科学世界观的流行，愈来愈深入人心。科学救国和实业兴邦这两个方面相辅相成，给那个时代打下了深深的烙印。本节设立四个要点来加以叙述：（1）思想文化主流：德先生和赛先生；（2）思想分野：科学与玄学、社会主义与自由主义；（3）科学方法的宣传与普及；（4）科学救国与实业兴邦。

第三节"科教体制转换的五味杂陈"。此时正在转换的科教体制，并非单一因素促成，而由多种因素在博弈中造就。这种态势形成了多元互补的科技教育格局，也引发了一些冲突。有政府主导的科教新设置，也有教会办的学校和医院，还有私立学校。移植西方科教体制，面临在本土如何生根的问题，不是简单模仿就能成功的。多种模式的竞相努力，彼此的竞争和借鉴，在实践中确实有助于打破旧体制、旧势力的阻碍。其中特别提及的中华教育文化基金董事会，是个新事物，为科技和教育事业的评估和资源分配现代化提供了另类支持。本节设立四个要点来加以叙述：（1）政府主导的科教新设置；（2）教会学校和医院的扩展与改进；（3）私立学校的兴起与海归办学；（4）中华教育文化基金董事会。

第四节"新的学说权威和规范"。科技转型进入科学本身的移植和生根阶段时，科学名词和科学规范的统一就成为极其重要的环节。本来，中国传统科技话语体系与现代西方科技话语体系是完全不同的，但既要转型，就需要趋同。名词概念，特别是基础学科（例如数、理、化）符号系统的翻译，必须花大力气解决。同时，各种专业学会的建立，也是科技领域体制化的标志。作为现代教育的主要特点，研究生教育和理工科人才培育的优先性，更要及时提上议事日程。突出的案例是清华国学院及其五大导师，以及以理工科为主的北洋大学和交通大学的成立。上述新兴事物和事件，预示中国的科技和大学体制将发生根本转变。本节设立四个要点来加以叙述：（1）科学名词和规范的统一；（2）琳琅满目的专业学会；（3）清华国学院和五大导师；（4）理工科优先：北洋大学和交通大学。

第七章 体制化的南京十年

从辛亥革命到五四新文化运动，再到国民革命，德先生和赛先生家喻户晓，科学主义得到普遍认同，但其理念在实践层面尚未产生引人注目的效果。1928 年，随着张学良在东北"改旗易帜"，新疆通电归顺，国民革命军完成北伐，中国终于基本实现形式上的统一，开始了国民党南京政府统治时期。国民政府贯彻"以党建国，以党治国"的方针，对学术界和教育界限制颇多，但是科学建制化全面铺开，规模健全、接轨欧美的科学人才培养和研究的体制逐步建立起来。南京国民政府认识到科学对政权和社会的重大利好，无论是在政府的组织架构上还是在教育研究机构的设立上，都提供了相对宽松的科技体制化环境。在党国主导下的政治治理体制中，民族主义、科学主义得以紧密结合，形成了以海归为骨干的科学教育和研究团体，确立了专家治国的治理理念，经济、科技、文化、教育等方面迎来了所谓"黄金十年"。

关于"体制化的南京十年"，本章安排了四节以做说明。

第一节"科学体制化的关键一步"。南京国民政府实行所谓训政，科技和教育体制化得以加速。中央研究院和北平研究院的成立使中国首次拥有系统化的官方研究平台，标志着科研体制化进程的基本完成。而中央研究院下设的历史语言研究所则成为以现代科学方法展开经验研究的典范，其执掌者傅斯年以其先进的治学理念和管理方法，带领史语所在考古、史料整理、语言研究方面取得了引人注目的丰硕成果。科学主义在行政上的体现则是当局高度重视资源委员会。资源委员会聚集了一批接受过现代西方智识教育的专家，在进行社会调查统计、制订政府工作计划、规划重工业发展、改革币制、制定外交政策等方面都贯彻了技治理念，是中国政府机构行政现代化的一次尝试。本节设立四个要点来加以叙述：（1）南京国民政府：党国主导；（2）中央研究院与北平研究院；（3）傅斯年与史语所；（4）资源委员会：专家治国。

第二节"科教向世界看齐"。经历了仿效日本、仿效德国等尝试，南京国民政府时期决定以美国为榜样，采纳美国的科技和教育体制。一是完善 1922 年通过的师法美国的壬戌学制，将美国的实用主义、平民主义教育本土化，构建科学教育、平民教育、实用教育、职业教育一体化的国民教育体系。二是对晚清以来陆续成立的教会学校进行改造，使之符合现代教育机构普适化、标准化的要求。三是改革学校设置、教师资格、学制安排、课程设置、教材审定、学业要求等，形成适应青少年身心发展的较为合理的中小学国民教育体系。四是改变中国传统教育重义理、轻实利的倾向，在办好大学的同时，大力发展职业技术教育，培养大量专业技术人才。本节设立四个要点来加以叙述：（1）从仿效日本到改采美制；（2）教会学校世俗化；（3）建立中小学国民教育体系；（4）重视职业技术教育。

第三节"高等教育的成效和问题"。科技转型与大学教育紧密关联。一批从欧美留学归国、具有现代大学教育思想的人物，如蒋梦麟、罗家伦、梅贻琦、张伯苓等，主导了大学的体制化改造，校长治校、教授治校得以本土化，涌现出像北京大学、清华大学、南开大学、中央大学这样一批亚洲一流、比肩国际先进水平的大学；通过对高等教育的整顿，公立大学、私立大学、教会大学三种类型高校进入有序发展中，延续和巩固了各自的优势，共同促进了全面抗战前高等教育发展的"黄金时代"。其中，南京的中央大学迅速成为全国规模最大、学科设置最齐全的大学。但是，高等教育的体制化也带来新的问题，南京国民政府为了控制教育权，实行独裁的党化教育，在某种程度上限制了大学的自主发展。本节设立四个要点来加以叙述：（1）大教育家：蒋梦麟、罗家伦、梅贻琦、张伯苓；（2）公立大学、私立大学、教会大学并行发展；（3）国立中央大学、国立四川大学；（4）党化教育的新问题。

第四节"科技的奠基性成效"。从1928年到抗战全面开展的1937年，在科技和教育现代化、体制化的推进上打下了一定基础。在城市规划和市政建设方面，南京、上海的城市建设规划，民国礼制建筑规划，高校的校园规划都受西方影响甚巨，产生了一批"中西合璧"的民国建筑。在科技转型方面，现代科学教育与研究的分科制和学科化发展走向成熟，现代大学的"校—院—系"设置逐步建立起来，成立了国家级的科研平台和管理机构——中央研究院。当然，也时而显现科学主义和实利主义的极端。一批本土科学大师，如丁文江、叶企孙、竺可桢、茅以升等，不仅在自己的专业领域做出了突出贡献，还在中国现代科技体制化建设中贡献甚巨。本节设立四个要点来加以叙述：（1）1928—1937年，所谓"黄金十年"；（2）从传统营造到民国建筑；（3）科技转型的成效和问题；（4）本土科学大师的涌现。

第八章 国难中的坚持

对中国现代化事业最严重的打击是卢沟桥事变后日本的全面入侵。在侵略者的铁蹄下，现代化、工业化的内外环境遭到挤压和破坏，中国的现代化进程岌岌可危，有可能戛然中断。当然，被动挨打也使国人对落后的科技和教育更有切肤之痛，对发展科技和教育希冀更切、呼声更高。八年全面抗战中，中国人民遭受巨大牺牲，既包括有形的人口、资源、财产损失，也包括无形的现代化阻滞、工业体系扭曲、科技体制畸形化等各种负效应。为了保住国家的经济命脉和科教事业种子，国民政府在匆忙西迁中，投入大量人力、物力组织了工业、企业和科教机构的内迁和安顿，为抗战胜利积聚了力量。国民政府在国难中尤其认识到体制化的科技和教育乃是民族的命脉、国家未来复兴的希望。科教机构在内迁中辗转各地办学，历经合并、改建，科研和教育的中坚力量幸得保存。在南渡、西迁中，挫折与机遇并行，虽伴随行动的困难，但有抗战的决心，军民上下不但为最后胜利竭尽所能，而且丝毫不改科技和教育现代转型的既定目标。

关于"国难中的坚持"，本章安排了四节以做说明。

第一节"挫折和机遇"。日本侵略打断了中国科技教育发展的势头，这是近现代科技转型所遭受的最大挫折。科技和教育在国难中损失惨重，许多好不容易刚上轨道的事业，又突然被打回原点。中国人面对强敌入侵，顽强挺立，没有迅速崩溃。当然，心志虽顽强，运行唯艰困。大学、科研机构南渡、西迁，克服艰难险阻，保存了实力和元气，还意外获得了一个科教向内地扩散传播的机会。本节设立三个要点来加以简述：（1）战争打断发展势头；（2）同仇敌忾：工业内迁；（3）科教向内地的扩散和传播。

第二节"危机中的态势"。此时，敌占区、根据地、大后方的科技教育有不同的态势，主要倾向是确保香火不断、后继有人。中国虽为远东反法西斯斗争的主战场，但国力羸弱，必须努力争取国际支援，与世界同盟国家共命运。这方面的中外合作，例如李约瑟来访及其在抗战期间的工作，不仅卓有成效，而且有助于促进中国科教转型。另外，日本在东北和台湾的经营，目的虽然可耻，却有相当成效；其他沦陷区的科技和教育，亦在勉强维持。本节设立四个要点来加以叙述：（1）香火不断，确保后继有人；（2）争取国际支援；（3）日本在东北的经营；（4）沦陷区的教育和科研。

第三节"大学凤凰涅槃"。在国土沦陷、亡国厄运高悬之际，东部主要高校内迁大后方，延续学统，维持办学，此乃科教现代体制化转型得以巩固和持续的历史标杆。高校内迁改善了中国高等教育机构的布局，密切了高校与地方的关系。由北京大学、清华大学、南开大学联合成立的西南联合大学，在战火中培养出大批一流人才；国立中央大学与国民政府高层关系特殊，得以完好地一次性迁至重庆，资源丰富，不负民国最高学府之盛名；浙江大学历经四迁，最后在遵义湄潭安定下来;上海同济大学迁至四川李庄,这个默默无闻的西南小镇一度变成"文化之都";地处成都的华西协合大学,在抗战中引出了邀请金陵大学等教会大学联合办学的盛事;而由平津数所大学组成的西北联合大学,后来一分为五,立足西安、兰州等地,奠定了此后陕、甘高等教育的基本格局。本节设立六个要点来加以概述:(1)昆明:西南联合大学;(2)重庆:中央大学;(3)遵义:浙江大学;(4)李庄:同济大学;(5)成都:华西协合大学;(6)西安:西北联合大学。

第四节"在隙缝中成长"。抗战中,科技发展受阻,且呈现出重应用性科研、轻基础性科研的失衡局面。高校在抗战中承受了巨大牺牲,大批校舍被摧毁,仪器设备、图书资料等物资严重损失,人员伤亡惨重。军队的武器装备在持久抗战中亦消耗甚巨,严重依赖外援,自产能力萎缩。远征军第一次入缅作战失利、第二次入缅作战成功,除了战术原因,更取决于军备补给、作战指挥、官兵素质上的差异;人们不得不叹服军队科技化、现代化的威力。本节设立四个要点来加以叙述:(1)科技发展的滞阻;(2)高校在战时的损失;(3)现代军备面临的双重冲击;(4)远征军及其科技后盾。

第九章 失望与期待

抗日战争的胜利是近百年来中华民族第一次取得的抵抗外强侵略的完胜,但没有给中国人民带来和平、安宁的局面,更没有带来中国的复兴。抗战胜利之后,国内外时局风云变幻,民主还是专制,尚在激烈较量之中。国民党政权在抗战期间消耗巨大,内部矛盾重重,社会控制力因腐败而极其脆弱,高压政策更推高了反独裁求民主的声势。另外,各有军队的国共两党,对立不可调和;在抗战中壮大起来、越来越得到人民支持的中国共产党,迅速获得与国民党政权决战的机会和能力。中国科技教育事业在艰难时局中,一方面通过复员、重建,努力维持着自己的完整性;另一方面在浴火重生之际,面临着左与右的选择。在此阶段的中国科技仍然取得一些突破;中央研究院破天荒地确立了院士制度,并遴选了第一批81位院士;国内主要学科已经实现了向现代化的转型,并且取得了非常可观的进展,其中不乏领先世界的成果。内战形势下,究竟何去何从,科技教育界大多数知识分子充满了对新中国的期待。

关于"失望与期待",本章安排了四节以做说明。

第一节"民主还是专制"。抗战胜利,带来了巨大希望。中国国内追随世界潮流，掀起了反独裁的民主浪潮。自由主义一度成为知识界的向往，却成昙花一现。在北京大学和中央大学的复员和重建中，可看到各种政治力量和理念在大学的较量。一方面是科技和教育自身的顽强挣扎；另一方面，内战爆发，东北首先成为激烈争夺的焦点。本节谨设三个要点来加以概述：（1）抗战胜利，反独裁的民主浪潮；（2）自由主义昙花一现；（3）全国解放战争。

第二节"知难而进的中国科技"。中国既面临政治斗争和权力腐败，又遭受内战压力和强国觊觎，可以说时运维艰，举步皆难。在困难之中，中国现代科技和教育表现出巨大潜力，致力于科技教育现代化和国家工业化的脚步，则一刻也没有停顿。美国两颗原子弹投放日本，加速了日本战败，促使蒋介石在震惊之余，迫不及待地实施起原子弹计划，培养造弹人才；国家重建中的能源匮乏，致使国民政府重拾孙中山种下的三峡梦。在教育和科研领域，通过北京大学、中央大学等内迁高校的复员与重建，高等教育体系维持了其基本的完整性；通过中央研究院第一届院士的选举，中国在科技体制化之路上迈进了一大步。本节设立四个要点来加以叙述：（1）国民政府的原子弹计划；（2）三峡梦的初设计；（3）中央研究院：院士出炉；（4）科教事业：北京大学和中央大学的复员与重建。

第三节"基础与应用科学之态势"。总结民国初年至1949年之间的中国科技事业，数、理、化、天、地、生诸基础学科已经实现了向现代西方科学的转型，建立起欧美模式的人才培养和科学研究体系。在实用科学方面，现代医学建立起新的医疗范式、体系和医生的培养模式，对中医的打压则体现了科学主义在中国的独特性。技术与工程科学仍在实践中缓慢行进着，人才的缺乏和基础科学的发展不足，阻滞了跨越式发展的实现。本节设立八个要点来加以叙述：（1）与传统断裂后实现转型的数学；（2）物理学在中国的草创与发展；（3）化学在民国的初创和奠基；（4）转型后缓慢成长的天文学；（5）现代地质学的崛起；（6）生物学的转型和发展；（7）现代医学的发展；（8）现代技术和工程科学的初创。

第四节"困境和期待"。蒋介石意识到国民党终究要败离大陆，决定将政治机关迁到隔海相望的台湾。与军政同迁的，有大批金融资产、战略物资，以及他认为不能抛下的重要人才和文物资料。但是，流亡之地终不似故土，大部分科教人员，包括顶尖大师，寄希望于新中国，仍然选择留在大陆，期待新生。资源委员会所辖的众多工矿机构、企业则选择起义，给人民政权留下宝贵的工业基础。在困境中，在转变中，新的应对迭出，新的期待频起，新的问题涌现，师夷长技的转型之路远远没有走到终点。本节设立三个要点来加以叙述：（1）退守台湾的挣扎；（2）留在大陆的期待；（3）寄望于新中国。

  本书在写作上，首先着眼于讲好故事，要求从事实出发，避免以论代史。笔者虽于历史研究乃半路出家，团队同人亦多属新手，但极强调遵行规范；尽力做到材料准确，引注翔实；语言平实，行文流畅。此外，坚持从哲学角度进行适当概括，尽力做到恰如其分，深刻有新意，并且不跑题。

  当然，本书所写的不是整个中国的社会体制转型的历史，所以谨记要避免宏大叙事。笔者希望能守住有限目标，确保论述针对科技和教育的近现代转型，并且始终聚焦于其上。

第一章　内外交困方识技不如人

晚清以来，中国与西方的科学技术继明末清初之后再度交会，是为科技转型第二波。以两次鸦片战争为标志，西方坚船利炮带来的冲击堪称三千年未有之变局，使得少数中国人在内外交困中终于意识到技不如人。因此，科技转型在此首先是心态和观念的转型，大体可分为三个阶段。其代表人物分别为：第一阶段的林则徐、魏源和徐继畬等；第二阶段的曾国藩、左宗棠、李鸿章、沈葆桢、奕䜣、文祥等；第三阶段的郭嵩焘、黄遵宪、郑观应等。就转型轨迹而言，一方面是从"开眼看世界"到"开眼学世界"，如"师夷长技以制夷"；另一方面是从"中体中用"到"中体西用"，再到"西体西用"。当然，睁眼看世界的过程是艰难的，阻碍转型的螳臂当车者为数众多。

一、鸦片战争和太平天国的双重冲击

近代史的开端也是科技转型第二波的起点，或者说是中国历史的转折点。假如必须为此觅得一处具体地方，那么古老南京城的仪凤门非常合适。1842 年，《南京条约》即在城门旁的静海寺签订。1853 年，太平军炸开仪凤门段城墙，得以攻占南京。事实证明，始建于明初的城墙已无法抵挡晚清的狂风骤雨。第一次鸦片战争后，清王朝仍沉醉于旧梦，有识之士如林则徐虽已"开眼看世界"，却属凤毛麟角。太平天国起义与第二次鸦片战争接踵而至，终于使一些中国人痛识西方的坚船利炮。在两次鸦片战争和太平天国的内外双重冲击过程中，一些当权者如李鸿章已改变对科学技术的认识，意识到技不如人成为中国近现代科技转型的最初动力。

1. 两次鸦片战争使清政府痛识坚船利炮

对于近代以来的中国人而言，鸦片战争是一个宏大复杂且不能回避的历史话题。作为中国近代史开端的象征，它之所以时至今日仍经常被提起，是因为其蕴含着国家图存与民族复兴的使命和进程，且其在某种程度上并未结束。"它是中国历史的转折，提出了中国必须近代化的历史使命。中国的现代化一日未完成，鸦片战争的意义就一分不会减。"① 无论是中国的近代化还是现代化，实现科学技术的转型都是其中应有的重要内容。因此谈及近现代中国的科技转型，也不可避免地需要回顾和反思鸦片战争的意义。经历两次鸦片战争的惨败与屈辱后，清代的中国人终于开始意识到西方列强坚船利炮的强大威力及其所反映的中西科技水平的巨大差距。

明末清初发生的中国科技转型第一波，曾有过中西交往频繁密切的盛况。然而经传教士之手引进的西方科学技术，在中国的异质土壤终究未能扎根生长，没有开出如欧洲科学革命那样的花朵。清王朝依然大致遵循历代王朝的基本体制，对外封闭和文化专制等阻碍科技转型的政策仍是主流。比如说，清朝对外政策的三个基本假定："中国在战争中占优势；它善于使外来民族'开化'；它有贵重商品可使外国人接受纳贡地位。"② 具体就海外贸易来说，这种基本假定的体现就是1685—1840年为口岸通商时期，其中1757年之前属于江苏、浙江、福建、广东四省都设有海关的"四口通商"时期，之后属于仅广州一地的"一口通商"时期。

到了19世纪，随着资本主义的迅猛发展，中西交往的传统格局已经到了势必被打破的关头。对照清朝对外政策的三个基本假定，此时它们都已与现实状况严重脱节。其一，得益于科学技术的进步，西方国家的军队占据绝对优势，在与非西方国家的战争中少有败绩；其二，面对接踵而来的西洋人，中国已经由使外来民族"开化"的角色转变为被外来民族"开化"的角色；其三，西方不再只求购买中国的茶叶、瓷器等货物，而是需要打开中国市场销售他们自己的工业产品。以上三点均与科学技术有关，西方的先进科技既是他们在工业、军事、文化等领域不断发展的成果，也是巩固工业、军事、文化等领域优势的有力工具。

在1840—1842年第一次鸦片战争的多次战斗中，英军以极其微小的代价攻

---

① 茅海建. 天朝的崩溃：鸦片战争再研究. 北京：生活·读书·新知三联书店，1995：1.

② 费正清. 剑桥中国晚清史（1800—1911年）：上卷. 中国社会科学院历史研究所编译室, 译. 北京：中国社会科学出版社, 1985：167.

城略地。原本被鄙视的"西夷"却肆意往来袭扰中国的广大沿海地区，最终迫使清朝政府在南京城下静海寺签订《南京条约》。条约中割让香港岛与赔付巨额款项等内容皆为后人所熟知，贸易方面也转为广州、厦门、福州、宁波、上海的"五口通商"，实行自由贸易和关税协定。一直闭关锁国的清帝国从此在屈辱中被打开国门，并相继签订不平等的中美《望厦条约》和中法《黄埔条约》，1856—1860 年的第二次鸦片战争又加速了这一进程，英国、法国、俄国、美国等列强通过《天津条约》《北京条约》《瑷珲条约》等条约攫取多方面利益。反而言之，正是经历屈辱后的刻骨铭心和痛定思痛，才终于使曾经骄傲的"天朝上国"承认技不如人，开始迈出追求转型的蹒跚步伐。

再以火炮作为典型案例，展现两次鸦片战争时期中西双方的科技水平差距。明清之际中国科技转型第一波时，从徐光启开始曾引进西方的红夷大炮，缩小了 16 至 17 世纪的中西火器发展差距。可惜的是，红夷大炮传至清代，虽然在历次战争中都基本得到使用，但是在技术上并没有获得突破性进展。据统计，在《清通典·皇朝礼器图式·火器》《钦定大清会典图·武备》《皇朝文献通考·钦定工部则例制造火器式》等相关文献中载有火炮名称总计逾百种，然而它们大部分雷同。① 无论是重型火炮还是轻型火炮，都未超越明末红夷大炮和佛朗机炮等旧有形制。

到第二次鸦片战争时，清军火炮装备的基本情况仍未得到显著改变，使用最多的依然是那些由红夷大炮衍生出来的土炮。"其中一部分是第一次鸦片战争后铸造的（多在南方沿海数省），但不少是清初、清中叶铸造的，甚至是前明遗物。"② 土炮的铸造和使用年限竟可长达数百年，足以见清代火器技术发展的迟滞，也能够表明实际战斗力的不堪。虽然这一时期林则徐、曾国藩等重臣曾引进西方火炮，但数量少，也未受到足够重视，未能普遍装备起来，因此第二次鸦片战争中清军与英法联军在火炮上仍有相当差距。

反观西方火炮的发展情况，却呈现突飞猛进、日新月异的趋势。主要自 18 世纪中叶发端的第一次工业革命，将工业生产模式由工场手工业推进至大机器生产。总体而言，17—19 世纪西方国家军队装填黑色火药的前装滑膛炮已经发展到高级阶段，其形制、配备、训练、作战等多项改进日趋完善。蒸汽舰船的发明也使得战舰走向从风帆舰向蒸汽舰过渡的阶段。举例来说，还有 1854 年英

---

① 王兆春. 中国火器史. 北京：军事科学出版社，1991：272.
② 茅海建. 第二次鸦片战争时期清军的装备与训练. 近代史研究，1986（4）：16.

国研制成功阿姆斯特朗炮，它是后装线膛炮。后来又相继出现德国克虏伯全钢后装线膛炮（1864）和法国哈齐开斯速射炮（1870）等。① 更重要的还有火炮背后的制造体系，如阿姆斯特朗兵工厂，拥有优质钢铁和蒸汽机制造设备。

事实上，虽然战争前的中国人不一定知晓西方火炮威力究竟如何强大，但对本国火炮的落后现实却不乏清醒者。鸦片战争中壮烈殉国的关天培，在就任广东水师提督初就曾视察海防并指出许多问题。如1834年（道光十四年）所作《查勘虎门扼要筹议增改章程咨稿》言："大角、沙角两炮台系东西斜峙，丈量口门共宽一千一百一十三丈……试演三千斤大炮，炮子仅及中流，强弩之末无济于事，是第一重门户炮火已不得力。"又言："夷船本极坚厚，船之两旁又支挂桨被。各台炮位纵能接联施放，平时并未演准，何能炮炮中船？且一炮之后，赶装二炮，船已闯过，是外势虽属雄壮，而终难阻截。"② 这些言论明确指出清军岸防火炮射程近、射速慢等弱点，它们在两次鸦片战争中的多次惨败中暴露无遗。

可惜的是，仅凭借些许洞见既不能把握中西双方的实际发展落差，也无法弥补与西方坚船利炮的巨大差距。在两次鸦片战争所属的1840—1860年，清王朝以一次又一次的割地赔款和丧权辱国为自身的落后体制买单。"中国试图在不变动原有制度的基础上运用传统政治、军事、经济资源进行全面抵抗，但反而遭受更大耻辱与失败。"③ 只有在实战中付出惨重代价，真正见识坚船利炮的杀伤力后，才有可能奋起直追，去试图改变科学技术不如人的状况。自然而然地，战争过后打造坚船利炮等发展科技之举就成为富国强兵首要任务，也是开启近代以来中国科技转型第二波的契机所在。

2. 太平天国之拜上帝教与西方之洋枪队

除此之外，同时期爆发的太平天国起义与两次鸦片战争共同构成内部与外部的双重冲击，使19世纪中叶的清王朝面临着深重的统治危机。一方面清政府被迫不惜代价耗费大量国力渡过难关，另一方面也使进行改革的必要性和迫切性得以凸显。就太平天国而言，起初由洪秀全等人创建并宣扬拜上帝教（亦称

---

① 王兆春. 世界火器史. 北京：军事科学出版社，2007：395-396.
② 关天培. 筹海初集：卷一. 清道光刊本影印//王有立. 中华文史丛书之九十五. 台北：华文书局股份有限公司，1969：88-91.
③ 高华. 近代中国社会转型的历史教训. 战略与管理，1995（4）：3.

拜上帝会）而发动，具有基督教的新教背景；就清军来说，有华尔洋枪队为代表的多支西方洋枪队的协助作战，这是西方国家对中国内战的干涉。对拜上帝教和洋枪队的评价或褒或贬，历来争议不断。但是从科技转型的视角来看，它们是西方科学与文化影响中国的体现。尤其是雇用外国人作战的洋枪队，在以实战助力清军镇压太平天国起义军的同时，也对中国的传统作战方式有所冲击，从而在一定程度上推动中国军事科技的近代化。

从时间上看，太平天国起义持续十余年（1851—1864），此时为清朝咸丰（1851—1861）和同治（1862—1874）年间。1851 年 1 月 11 日被认为是金田起义纪念日，9 月起义军攻占永安州城（今广西蒙山县）。1853 年 1 月太平军克武昌，3 月克江宁（今南京），随即定都于此，改名为天京，正式与清王朝分庭抗礼。1856 年太平天国高层发生内部斗争的"天京事变"，是为由盛转衰的转折点。1864 年 6 月 1 日洪秀全病逝，一个多月后天京失陷，轰轰烈烈的太平天国起义以失败告终。从空间上看，太平天国起义最初活跃于广西、湖南等省，建都天京后便以长江中下游地区为主要活动区域，包括湖北、江西、安徽、江苏、浙江等省。林凤祥、李开芳等率领的北伐军挺进河南、山西、山东、直隶等省；石达开部还曾转战于福建、贵州、四川诸省；其余太平军分支也曾攻入广东、陕西等省。① 可以说，太平军的活动区域包括南至广东、北至直隶、西至四川、东至江苏的大半个中国。

太平天国金田起义之所以能够发动，有赖于洪秀全、冯云山等领导人物借助拜上帝教组织民众积蓄力量。洪秀全生于 1814 年（嘉庆十八年末），1836 年（道光十六年）在广州应试失败之余接触到中国新教牧师梁发所编《劝世良言》（1832）。当时清政府尚延续康熙晚期以来禁止传播西方天主教或新教的政策，但悄悄潜入中国进行地下传教的传教士并未完全断绝。《劝世良言》为传教而作，有"论救世主耶稣降世之意"、"论耶稣救世主代赎罪救世人之来历"、"论总辟各样邪术异端"和"论世界尽末审判世人之日"等论条。② 包括新教的基本教义，以及对中国偶像崇拜、巫术风水等的攻击和劝人改宗基督新教等宗旨，均为洪秀全所吸收。"后来对他一生的思想及行动的影响至大，他所创立的上帝

---

① 关于太平军的活动范围，主要参考：太平天国革命形势略图（1851 年—1865 年）//郭毅生. 太平天国历史地图集. 北京：中国地图出版社，1989：7-8.
② 梁发. 劝世良言. 美国哈佛大学藏本//吴相湘. 中国史学丛书. 台北：台湾学生书局，1985：1-10.

会教义以及由其教义所演出的种种政制,都导源于此书。"① 洪秀全创立的拜上帝教不同于基督教,但毋庸置疑受到基督教的深刻影响。

论及基督教在中国的影响力,不禁令人联想到两百多年前天主教在晚明中国的传教史。以利玛窦与徐光启为首的先贤们在传播天主教的同时致力于传播西方科学技术,共同谱写了一段中西文化交流的佳话,也构成中国科技转型的第一波。太平天国的拜上帝教却只是借助基督教的部分外衣,对西方科学的态度也完全不能与徐光启等人相比。虽有其后期领袖之一洪仁玕所撰《资政新篇》,透露出发展科技等资本主义色彩,但在战事倥偬和权力斗争纷乱之际沦为空头文件。对拜上帝教的定位应当是太平天国起事的思想工具:"这既不是基督教的分支,也不是基督教的异端,而是政治斗争的宗教形式,是太平天国运动的精神武器。"② 正如天京富丽堂皇的天朝宫殿,在规制上分别有"荣光大殿"、"基督殿"和"真神殿"三重大殿。在看似浓厚的基督教色彩之下,建筑背景实则是"伪天王洪秀全改两江总督署为伪天朝宫殿"③。可以说不论是太平天国还是清王朝,都受到了西方的冲击和影响,但仍称不上改变旧有体制。

与拜上帝教的西方宗教色彩相比,洋枪队更能称得上是西方舶来品。洋枪队并不只有一支,而是包括英美背景的常胜军、法国背景的常捷军等多支。除清军凭借洋枪队协同作战外,太平军也曾雇用西方人(如华尔洋枪队第二任指挥官白齐文)和使用洋枪洋炮作战。洋枪队之中,以美国冒险家华尔(F. T. Ward)首建的洋枪队最为出名。④ 由于上海受到太平军进攻的威胁,华尔洋枪队在江苏地方官员的帮助下于1860年(咸丰十年)草创。它以西方人充任指挥官,士兵则包括中国人和东南亚人,装备当时主流的西方武器,并进行西方作战方法训练。1862年(同治元年)洋枪队改名为常胜军,数月后华尔战死,美国人白齐文(H. A. Burgevine)曾短暂接管常胜军。之后由英国军官戈登(C. G. Gordon)率领常胜军作战,直至1864年被遣散。

洋枪队从草创到遣散的过程中,兵员数量曾由几百人增至六千人,作战范

---

① 罗尔纲. 太平天国史纲. 北京:商务印书馆,1937:39.
② 茅家琦. 太平天国通史:上册. 南京:南京大学出版社,1991:178.
③ 张德坚. 贼情汇纂:卷六伪宫室//沈云龙. 近代中国史料丛刊:第二十二辑. 台北:文海出版社,1973:505.
④ 关于华尔洋枪队的历史,详见:罗尔纲. 常胜军考略. 近代史研究,1990(4):29-34.

围由上海扩大到苏南和浙江等地区，指挥官亦受清政府的任命和奖赏。其背景除直接的作战需求，主要是第二次鸦片战争以清政府失败签约告终，双方转而开展合作。而且1861年（咸丰十一年）国内政局变动剧烈，咸丰帝驾崩，遗诏所立八位辅政大臣在随即发生的辛酉政变中被废黜，慈禧与奕䜣等获胜掌权后对西方列强态度转好，对外政策方向发生重要改变，洋枪队就是中外合作"借师助剿"的体现。当时中国方面对洋枪队的相关记载除了来往于北京和地方的奏疏政令，还有许多私人见闻记叙，如冯桂芬《副将华尔小传》、朱孔彰的文章《法尔第福别传》、《呔乐德克别传》与《戈登别传》，可信度相当高。冯桂芬曾为李鸿章幕僚，对许多事都有亲身经历。朱孔彰曾另作《中兴将帅别传》三十卷，谙熟咸丰、同治年间诸多军队将领的情况。① 他们所撰的传记均被收于《续碑传集》之中。

通过传记所透露出的相关信息，可以折射出当时人对于洋枪队的态度，也能反映出他们对西方军事科技的部分态度。上述华尔、戈登等人的传记，与同时期蒙古族亲王僧格林沁传并列于《续碑传集》卷七十藩臣传之中。作者以"回纥助唐"和"契丹救晋"为先例，试图论述雇用洋枪队作战不会陷入先代引狼入室的困境。"有昔人之利无昔人之害。虽曰时异势殊，亦驭之者得其道矣。""王者无外而殊邦烈士并足多焉。"② 这种分类和评价无疑忽视了洋枪队和"回纥助唐"诸事之间的差异：其他朝代所征召雇用的外族军队，多来自周边游牧民族，洋枪队则是雇用西方人；其他朝代所征召雇用的外族军队，在军事科技上几乎不可能远超中原政权军队，洋枪队却恰恰相反。

这也反映出两次鸦片战争和太平天国的双重冲击并未完全击碎清代原有的秩序，"万邦来朝"的体系和"天朝上国"的心态等都依然存在，他们仍然试图把西方人"羁縻"纳入原有的秩序之中。但是坚船利炮作为先进科学技术的体现，先进科学技术又作为先进社会文明的体现，在事实上已经宣告了中国原有秩序的失败和科技转型的必然，并已经在某些方面引发变化。接下来还将借助一些具体的人物和事例，展现历史转折时期兼有守旧的无奈和变革的希望。

---

① 《中兴将帅别传》卷三十亦为华尔、法尔第福、戈登等人立传，参见：朱孔彰. 中兴将帅别传：卷三十//四部备要：第四十六册. 北京：中华书局，1989：173-174.

② 缪荃孙. 续碑传集：卷七十//周骏富. 清代传记丛刊：综录类四. 台北：明文书局，1985：110.

3. 林则徐与无奈的历史转折点

在太平天国金田起义爆发前夕的1850年（道光三十年），清廷原本起用大名鼎鼎的老臣林则徐前往广西平定暴动。"授钦差大臣，督师进剿，并署广西巡抚。"① 但是林则徐在赴任途中病逝，未能到达广西。同年的十个月前，他毕生主要效忠的君主道光皇帝驾崩，一个时代就此落下帷幕。然而，就他们二人扮演过重要角色的第一次鸦片战争以来的历史舞台而言，一切才刚刚开始。道光皇帝的历史名声并不好，林则徐也以远戍新疆为战争失败承担责任。后来林则徐逐渐因禁烟和抵抗外国侵略被视为民族英雄，关于他的事迹和思想的研究成果汗牛充栋。这里无意于全面考察其人其事，而是试图从科技转型的视角出发，呈现林则徐与科技转型的联系及其所处的无奈的历史转折点。

通过梳理林则徐的人生经历可以发现，他起初沿着科举入仕的传统道路成长为一名颇有政绩的地方高级官员。林则徐出生于1785年（乾隆五十年），1804年（嘉庆九年）中举，七年后考中进士，后在北京、浙江、江苏、陕西、湖北、河南等多地为官。嘉庆朝（1796—1820）时他尚不出众，道光朝（1821—1850）因受道光皇帝的赏识而赢得转机。1822年（道光二年）林则徐首次觐见道光皇帝，便颇受信任和勉励："汝在浙省虽为日未久，而官声颇好，办事都没有毛病，朕早有所闻，所以叫汝再去浙江，遇有道缺都给汝补，汝补缺后，好好察吏安民罢。"② 至1837年（道光十七年）林则徐升至湖广总督，已是位高权重的地方大员。

后来发生的关于是否禁止鸦片的讨论改变了他的人生轨迹，其个人遭遇既缘于也反映了宏观历史的转折点。1838年他在湖广总督任上为禁烟"拟具六条章程"③，主张以重典禁烟，得到道光皇帝的支持。当年林则徐受召进京面圣，多次召对后被任命为钦差大臣，赴广州办理禁烟事宜。随着禁烟政策的贯彻落实，之后发生的便是震惊中外的虎门销烟和第一次鸦片战争。值得一提的是，

---

① 赵尔巽，等. 清史稿：卷三百六十九：列传一百五十六. 北京：中华书局，1977：11493-11494.

② 林则徐全集编辑委员会. 林则徐全集：第九册日记卷. 福州：海峡文艺出版社，2002：4307-4308.

③ 文庆，等. 筹办夷务始末：道光朝卷二//《续修四库全书》编纂委员会. 续修四库全书：四一四：史部：纪事本末类. 上海：上海古籍出版社，2002：34-38.

林则徐离京赴广州任职途中已预先派遣人员刺探"洋务夷情",反映于《遣用马辰及彭凤池片》:"惟初次到粤,人地生疏,一切洋务夷情,不得不先遣一两人密行查访。"① 从做事风格来看,他是一位践行"知己知彼、百战不殆"原则的实干家,之后他组织翻译西方的书籍报刊等事也可见其初衷。

出于禁烟和对外交涉的目的,林则徐派遣人员刺探"洋务夷情"。出于刺探"洋务夷情"的目的,他又组织人员翻译西方的书籍报刊。以《林则徐全集》第十册译编卷所收录者为例,当时翻译的成果包括《四洲志》、《华事夷言录要》、《滑达尔各国律例》、《洋事杂录》、《澳门月报》和《澳门新闻纸》等,均流传至今。② 试举几种:《四洲志》译自《地理大全》(The Encyclopaedia of Geography),介绍各大洲的国家概况,后被收入魏源的《海国图志》;《澳门新闻纸》由《广州纪事报》(Canton Registers)、《广州周报》(Canton Press)和《新加坡自由报》(Singapore Free Press)等多家英文报纸综合翻译而来,重点在于时事新闻和社会动态;《滑达尔各国律例》摘译自瑞士法学家瓦特尔(Emerich de Vattel)的《万国公法》(The Law of Nations),后也被收入《海国图志》。

以翻译西方书籍报刊来刺探"洋务夷情",直接作用是增强了对海外各国情况的掌握。禁烟时期林则徐对英美等国便已有所了解,且知晓首要矛盾方面在于英国。他在1839年8月上《拟谕英国王檄底稿折》:"惟英吉利之船最多,米利坚次之。但米利坚并无国主,只分置二十四处头人,碍难遍行传檄。英吉利国现系女主,年纪亦轻,然闻号令系其所出,则该国似宜先颁檄谕。"③ 只是这种对英美等国的了解显然不深,出现多处错误认识。米利坚(美国)"无国主"和"分置二十四处头人"是对美国政体的误判,时任美国总统为马丁·范布伦(Martin Van Buren,任期为1837—1841年)。英吉利(英国)的维多利亚女王确系年轻(1819年出生,1837年继位,1901年去世),但彼时英国已贯彻君主立宪制,并非"号令系其所出"。当月又发一道《拟颁发檄谕英国国王稿》:"窃喜贵国王深明大义,感激天恩,是以天朝柔远绥怀,倍加优礼,贸易之利垂二

---

① 林则徐全集编辑委员会. 林则徐全集:第三册奏折卷. 福州:海峡文艺出版社,2002:222.

② 以上六种文献,均可见于《林则徐全集》第十册译编卷。关于它们的概况介绍,亦参考于此。详见:林则徐全集编辑委员会. 林则徐全集:第十册译编卷. 福州:海峡文艺出版社,2002:4773-4775。

③ 同①171-172.

百年，该国所由以富庶称者，赖有此也。"① 无疑仍以"天朝上国"自居，显示出对"洋务夷情"掌握的缺陷。

在林则徐所处的时代，中西发展的实际差距并不是靠刺探"洋务夷情"就可以消除的。再从科学技术的视角来看，除了坚船利炮的军事方面，交通方面也能反映中西发展差距。第一次鸦片战争中，英方继任全权代表璞鼎查（Henry Pottinger）接受任命后于1841年6月5日从伦敦出发，8月10日抵达澳门，其间在印度孟买停留10日，共计67日。相比之下，林则徐从北京到广州为63日（道光十八年十一月二十三日至道光十九年正月二十五日）②，后来的琦善为56日，奕山为57日。同样是前往华南，英国人从万里之外的欧洲本土赶来的时间竟与中国人从北京赶来的时间相差不多，惊人的效率背后是先进科学技术促成交通出行速度的革命性突破。"科学缩短了空间的距离。东、西两个大国越来越近。清朝今后将会越来越快、越来越强地承受到西方的压迫。"③ 这也正是林则徐所处的历史转折点及其无奈之处。

穷则变，变则通。技不如人的危机恰恰蕴含着科技转型的契机，林则徐的经验和教训不无裨益。明清之际科技转型第一波的失败，原因之一就在于对外封闭。到晚清时因技不如人而开启科技转型第二波，中国的国门是被坚船利炮强行轰开的。对西方世界知之甚少的清王朝沉醉于"天朝上国"的光荣旧梦中，在第一次鸦片战争后仍致力于维持旧有的朝贡体制，直到经历太平天国起义和第二次鸦片战争的冲击后，才开始学习西方谋求自强。相反，林则徐的"开眼看世界"在一定程度上体现了弥足珍贵的开放心态，既为其后魏源、左宗棠等有识之士树立榜样，也为即将到来的科技转型开风气之先。

4. 战争改变对科学技术的认识

第一次鸦片战争直接改变了林则徐的命运，然而大多数中国人的生活似乎并未受到任何影响。也是在1840年，安徽庐州（今合肥）的17岁少年李鸿章考中秀才，四年后他考中举人，又三年后考中进士，并入选翰林院庶吉士，至

---

① 林则徐全集编辑委员会. 林则徐全集：第五册文录卷. 福州：海峡文艺出版社，2002：221-222.
② 来新夏. 林则徐年谱长编. 上海：上海交通大学出版社，2011：298-302.
③ 茅海建. 天朝的崩溃：鸦片战争再研究. 北京：生活·读书·新知三联书店，1995：328.

1850 年（道光三十年）散馆授翰林院编修。若不是突遭太平天国起义的动乱，他仍将循着科举入仕的道路继续在官场前行。个人的命运除主观努力外亦受历史进程的影响，李鸿章被推向了风云际会的战场，并成长为晚清浩荡潮流的弄潮儿。如果说战争只是使林则徐"开眼看世界"，那么对于风云际会之时的李鸿章而言，战争还改变了他对西方军事科技的认识，为他后来领导洋务奠定基础。这里将以李鸿章率领淮军初期作战时的经历与认识为案例，论述战争改变对科学技术的认识，亦即内外交困冲击之下科技转型的契机所在。

何以称为风云际会？在于李鸿章率领淮军与太平军作战满足诸多特定条件，试举几条：其一，上海方面向湘军求援时，曾国藩于众多麾下将领之中最终选定李鸿章，原本并非派遣李鸿章不可；其二，至李鸿章抵沪的 1862 年（同治元年）时，距《南京条约》签订后上海开埠已达二十年，西方人在此经营甚久，经济、文化、科技等方面的影响渐深；其三，虽然当时李鸿章的名望并不能与他的老师曾国藩相比，但是他接触西方人的机会更多；其四，太平军从攻占天京开始，在江浙地区活动时间长，清朝原先派驻的军队、官员等势力几乎都被摧毁，李鸿章率外来淮军进驻上海时受掣肘自然更少；其五，同治时期第二次鸦片战争已经结束，清政府与列强之间的关系由紧张转向合作，西方人出于各种目的而纷纷表示愿意协助剿灭太平军。

早年的李鸿章对于领兵作战并不擅长，去上海之前对于如何与西方人打交道（当时称为夷务）也是所知不多，并对西方人甚是提防。1862 年（同治元年），新组建的淮军通过西方船只的运送从安徽顺长江而下至上海。"陆行业已订期，复不得已，舍陆登舟，用夷变夏。昨见番酋亦颇恭顺，恐有万变，图在后与之为无町畦而求自强之术耳。"① 李鸿章认为"舍陆登舟"是"用夷变夏"，担心西方人"有万变图在后"，强调仍需"求自强之术"，避免对西方人的依赖。结合他日后的作为，至少可以看出当时他已具备两条思想原则的萌芽。第一是他对西方人警惕和戒备；第二是他追求的目标是"自强"。这两条原则在他后来长期领导洋务事业的过程中都得到延续和贯彻。

在抵沪之前，李鸿章对洋枪队和西式火器已有所耳闻，湘军也已开始引进西式火器。1861 年（咸丰十一年），李鸿章就曾在写给曾国藩的信中提及购洋炮一事："成名标所购二起洋炮，千二百斤以上较多，水师全不合用。已属姚石

---

① 顾廷龙，戴逸. 李鸿章全集：29：信函一. 合肥：安徽教育出版社，2007：75.

樵配齐炮架,先尽分量轻者搭解湖口粮台,以便杨、彭二公发交淮扬各营配用。其千二百斤以上存局,备师与杨、彭指拨。"① 次年,他听闻华尔洋枪队的胜绩,也大加赞赏。"蕃将华尔攻复高桥,不逾晷刻,以少胜众,可谓神勇,自应从优奖励。"② 但是由于李鸿章此时并不了解洋枪队如何以西式火器和西式战法进行作战,也没有亲自与西方人打过交道,所以对洋枪洋炮的态度仍属保守,其认识并不比其他湘军将领突出。

初到上海的李鸿章,在实战中加深了对英法军队以及洋枪队如何作战的了解,很快改变了对西方军事科技的认识。1862年4月他说:"其队伍既整,炸炮又准,攻营最为利器,贼甚胆寒。"③ 这就比早前仅说华尔洋枪队"以少胜众"更为具体。4月他又说:"连日由南翔进嘉定,夷兵数千,枪炮并发,所当辄靡,其落地开花炸弹真神技也……密令我营将弁随队学其临敌之整齐静肃、枪炮之施放准则,亦得切磋观感之益。"④ 他很快就意识到英法军队作战是值得效仿的,开始向他们学习。6月他说:"顷据华尔并松江贾守禀报,已于初十早解围,青浦亦有击退之说,洋枪队与夷人大炮固有明效。"⑤ 到了7月,他又盛赞西式火器的威力:"洋人火器,攻城夺垒及船上开用,实为无敌。"⑥ 从4月到7月,李鸿章对西方军事科技认识的改变发生在数月之内,不可不谓迅速。

抵沪后,李鸿章一方面向淮军和湘军推广西式火器,主张学习西方军队作战方法,另一方面坚持自主原则,拒绝西方人企图控制中国军队的试探。9月,他向曾国藩汇报淮军学习西方军队的心得和进展,并向湘军调运西式弹药:"鸿章日与将士讨论,苏贼无劈山炮,专恃洋枪,每进队必有数千杆冲击,猛不可当。已令上海各营添练洋枪小队,敝军已共有千杆,遇贼交锋,先以劈山炮护洋枪队而行,屡获幸胜……兹从敝军械所匀解细洋药一百桶、开花铜帽十万颗、小铜帽十万颗,专弁送师门转寄,以济急需。"⑦ 面对英法军队要求淮军会剿协同作战,李鸿章并没有答应。"但与官军同剿,夷兵每任意欺凌,径自调派,湘、淮各勇恐不能受此委曲……鄙见分剿尚可,会剿有许多不便……鸿章所带

---

① 顾廷龙,戴逸.李鸿章全集:29:信函一.合肥:安徽教育出版社,2007:48.
② 同① 71.
③ 同① 77.
④ 同① 83.
⑤ 同① 91.
⑥ 同① 98.
⑦ 同① 114.

水陆各军专防一处，专剿一路，力求自强，不与外国人搀杂……未便以外国之法用我国之兵，以中国之兵听外国之令也。"① 这也可以部分解释他为何在后来就地解散常胜军。

此外还有两点值得注意：一是他与林则徐相似，命人翻译西方报纸，注重收集信息。"外国新闻纸，商行用清字摹刻者，大都买卖场中之事，无甚关系，其英字新闻在夷官处多要语，昨令会防局请人翻译三份，按旬呈送，一京师总理衙门，一尊处，一敝处。"② 二是在此过程中他对西方人或物的称谓呈现由"夷"变"洋"的变化。起初多为"蕃将""夷兵""英夷"之类，后渐用"洋人""洋枪""英字"等语，反映出李鸿章对西方人与物之态度的微妙改变。

两年后的1864年他曾作自述："鸿章自抵沪以来，购买外洋各种军火，尽心研究，略知端倪。又雇募精巧匠人，留心仿制，近来稍有把握。"③ 从1862年到1864年，李鸿章因其参与剿灭太平天国的军事实践，在上海见识了英法军队与洋枪队的西式火器及作战方式，思想认识迅速发生转变，对淮军推行西方军队的近代化武器的使用与战法。军事作为科学技术的一部分，以相当剧烈的方式展现科学技术的效用，改变人们对科学技术的认识。率领淮军初期作战的李鸿章就是这样，称得上已经从林则徐的"开眼看世界"转变为"开眼学世界"。

二、开始睁眼看世界

晚清内外交困的局面可称得上是三千年未有之变局，势必使"开眼看世界"者越来越多。造成变局的原因之一是科技方面的技不如人，应对变局的策略之一则是科技方面的师夷长技。魏源、徐继畬等人的观点和主张引发了学术风气的变化，已明确提出"师夷长技以制夷"，为科技转型第二波奠定思想基础。"师夷长技以制夷"所蕴含的向西方学习科学技术等问题，在冯桂芬那里得到具体化和系统化。此外，睁眼看世界的过程是艰难的，它与"开眼看世界"相互伴随，预示着科技转型过程的复杂曲折和巨大跨度。

---

① 顾廷龙，戴逸. 李鸿章全集：29：信函一. 合肥：安徽教育出版社，2007：77-86.

② 同①84.

③ 文庆，等. 筹办夷务始末：同治朝卷二十五//《续修四库全书》编纂委员会. 续修四库全书：四一九：史部：纪事本末类. 上海：上海古籍出版社，2002：396.

1. 科技与三千年未有之变局

颇具讽刺意味的是，近代中国第一个不平等条约《南京条约》的签订，于英国人而言却包含着追求平等自由贸易的目的。"英政府要求签订条约只具有一般性的目的，即废除纳贡制结构。"① 与此相反，清王朝的统治者们却试图将英国人继续归入"纳贡制结构"之中。两百年前，满族人的祖先以外族身份从东北入主北京，接受了汉族人所建明王朝的基本制度和文化。而这次的外族人不仅从万里之外而来，而且凭借坚船利炮不断强迫中国人按他们的规则行事，迥异于明清之际的朝代更替。在技不如人和饱受屈辱的境况下，晚清的中国人才意识到自己面临的是三千年未有之变局。就科技转型而言，科技与三千年未有之变局有密切关系。科技方面的技不如人是构成巨变的直接原因之一，科技方面的师夷长技又是应对变局的主要策略之一。

三千年未有之变局的说法，来自李鸿章1872年（同治十一年）所上《筹议制造轮船未可裁撤折》。"臣窃维欧洲诸国百十年来，由印度而南洋，由南洋而东北，闯入中国边界腹地，凡前史之所未载，亘古之所未通，无不款关而求互市，我皇上如天之度，概与立约通商以牢笼之，合地球东西南朔九万里之遥，胥聚于中国，此三千余年一大变局也。"② 首先应当注意该折所上的时间，距《南京条约》签订已有30年，距李鸿章领兵上海也有10年。这么多年以来，举国上下仍未对变局及如何应对变局形成共识，制造轮船是否裁撤的争议就是一例。"九万里之遥"的"欧洲诸国"，居然越洋而来要与中国直接"互市"。如果说古代的陆上与海上丝绸之路也涉及中西方"互市"，那么"立约通商"则是前无古人，更何况"立约通商"背后的屈辱是李鸿章在奏折中避而不谈的。

类似于此的说法还有不少，多为强调在"变局"中"求变"。王韬的《变法》曾言："天开泰西诸国之人心，而畀之以聪明智慧，器艺技巧，百出不穷，航海东来，聚之于一中国之中。此固古今之创事，天地之变局。"③ 他认为变局的形成是因为西方人拥有"器艺技巧"，从而能"航海东来"。至于西方人何以拥有"器艺技巧"，则是因为"天开人心"，是上天给西方人"聪明智慧"。维

---

① 费正清. 剑桥中国晚清史（1800—1911年）：上卷. 中国社会科学院历史研究所编译室，译. 北京：中国社会科学出版社，1985：205.
② 顾廷龙，戴逸. 李鸿章全集：5：奏议五. 合肥：安徽教育出版社，2007：107.
③ 郑振铎. 晚清文选. 北京：中国社会科学出版社，2002：517.

新派领袖康有为在《上清帝第三书》（1895 年）中也说："方今当数十国之觊觎，值四千年之变局。"① 他的变局是"四千年之变局"，比李鸿章的"三千余年一大变局"更为夸张。至于康有为为什么要强调"四千年之变局"，显然是为了"求变"，是为了推行维新变法运动。

王韬所说的"器艺技巧"，可以归为科学技术。李鸿章所谓的"三千余年一大变局"，也是强调西方科学技术对中国的挑战。他在《筹议制造轮船未可裁撤折》中接着说："西人专恃其枪炮轮船之精利，故能横行于中土。中国向用之弓、矛、小枪、土炮，不敌彼后门进子来福枪炮，向用之帆篷舟楫、艇船炮划，不敌彼轮机兵船，是以受制于西人。居今日而曰攘夷、曰驱逐出境，固虚妄之论，即欲保和局、守疆土，亦非无具而能保守之也。"② 之所以三千余年都从未有过，是因为西方人有着"枪炮轮船之精利"，致使中国受制于人。不仅驱逐西方人是不可能的，而且就连保全自身也非常困难。与西方人相比，如果不能弥补中国人在科学技术上的差距，那么就是"亦非无具而能保守之"。

既然巨变在很大程度上因技不如人而起，那么西方人的科学技术究竟如何呢？还是要从科学技术史当中寻找答案。到了两次鸦片战争和太平天国运动所处的 19 世纪，西方科学的发展已经呈现出全新的特征。这里将特征归结为两点：其一是科学的技术化，其二是科学的社会化。首先是科学的技术化，它促使人们将 19 世纪称为科学的时代或科学的世纪。"除了偶然发现所带来的发明之外，需要常在发明之先。但在 19 世纪里，我们就看见为了追求纯粹的知识而进行的科学研究，开始走在世纪的应用和发明的前面，并且启发了实际的应用和发明。发明出现之后，又为科学研究与工业发展开辟了新的领域。"③ 一直以来，科学和技术的发展遵循着各自不同、相互独立的路径。但是到了 19 世纪，科学为技术进步提供了越来越强大的动力，科学研究的成果越来越多地转化为技术层面的应用，科学与技术越来越紧密地结合在一起。

其次是科学的社会化，科学在人类社会中发挥着越来越重要的作用。"科学在这个世纪开始成为社会生活的一个重要组成部分，科学知识被大大普及，理

---

① 康有为. 康有为全集：第二集. 姜义华，张荣华，编校. 北京：中国人民大学出版社，2007：69.
② 顾廷龙，戴逸. 李鸿章全集：5：奏议五. 合肥：安徽教育出版社，2007：107.
③ W. C. 丹皮尔. 科学史及其与哲学和宗教的关系. 李珩，译. 张今，校. 桂林：广西师范大学出版社，2001：175.

论科学的伟大创新正转变成为技术科学的无比威力。在这个世纪，蒸汽动力在社会生活的许多方面发挥作用，被马克思称为'世界的加冕式'的铁路成了世界经济的大动脉，法拉第—麦克斯韦的电磁理论宣告了电气时代的到来，巴斯德创立的微生物学则在工业和医学上立即发挥神奇的作用。"① 凡此种种，科学和技术的进步很快被投入实际应用，无不深深渗透到人们的生产和生活当中。得益于科技的突飞猛进和广泛应用，西方人才能拥有"枪炮轮船之精利"，才能"合地球东西南朔九万里之遥，胥聚于中国"，猛烈冲击中国古老而传统的社会。

面临三千年未有之变局的首要问题当然是如何应对变局，而应对变局的根本方法还是改变自身。结合李鸿章的话来说，就是通过"求变"以实现"自强"的最终目标。然而，变局的剧烈是前所未有的，"求变"的过程也是艰难曲折的。从科学技术的视角来看，"求变"就是学习西方科技，谋求中国的科技转型，其过程同样艰难曲折。科学体制是社会体制的一部分，科技转型自然也从属于社会转型的大背景，但是科技转型与社会转型的过程并不完全相同。无论如何，"开眼看世界"是科技转型的第一步，接下来将以魏源和冯桂芬的思想理论为例，说明19世纪40年代以来"开眼看世界"的弥足珍贵和睁眼过程的极其艰难。

2. 魏源与《海国图志》

就年龄而言，1794年（乾隆五十九年）出生的魏源比1785年（乾隆五十年）出生的林则徐大约小十岁。林则徐与道光帝（1782年生）、琦善（1786年生）、穆彰阿（1782年生）等属于18世纪的"80后"，魏源则与龚自珍（1792年生）、徐继畬（1795年生）等属于18世纪的"90后"。代际的差异使得这批"90后"比"80后"在"开眼看世界"的事业上向前更进一步。魏源在《海国图志》中率先提出"师夷长技以制夷"的主张，成为引领数十年洋务运动的口号，也是科技转型第二波根本宗旨"师夷长技"的由来。徐继畬的《瀛寰志略》虽然没有直接提出类似主张，但是其视野之开阔和观念之开放值得赞叹。在19世纪40—50年代，18世纪的"90后"们不仅率先"开眼看世界"，而且发出了"开眼学世界"的先声。

当然，无论是与林则徐还是和徐继畬相比，魏源均属仕途不顺，相对而言欠缺实践其思想的平台和机会。他于1822年（道光二年）考中举人，直至1844年

---

① 吴国盛. 科学的历程. 2版. 北京：北京大学出版社，2002：390.

（道光二十四年）方才考中进士，此时已年满50岁。即使中了进士当了官，也不过历任兴化知县、高邮知州等基层职位，1857年（咸丰七年）因病去世。1822—1844年，魏源曾先后为江苏布政使贺长龄、两江总督陶澍的幕僚。"善化贺耦庚制军长龄，为江苏布政使，延辑《皇朝经世文编》，遂留意经济之学。时巡抚为陶文毅公澍，亦以文章经济相莫逆，凡海运水利诸大政，咸与筹议。"① 对政务的参与和与实干型官员的交往使他的观念受到一定影响，后来在许多方面都表现出经世致用的思想倾向。

在江苏时，魏源与先后任职江苏按察使、江宁布政使和江苏巡抚的林则徐熟识。第一次鸦片战争期间，他曾入两江总督裕谦幕府，但随着裕谦战败殉国而止。林则徐被革职后，曾将《四洲志》赠予魏源并委托他编撰《海国图志》。友人的直接相托、对鸦片战争的亲历、经世致用的思想倾向，种种原因的结合最终促使魏源于1842年（道光二十二年）先后撰成《圣武记》十四卷和《海国图志》五十卷。值得一提的是，《圣武记》主要关注清代历朝的"武功"，也提及鸦片战争，并已经认为："以彼长技制彼长技，此自古以夷攻夷之上策。"② 它构成"师夷长技以制夷"的另一种表述。

以《四洲志》为基础扩展而成的《海国图志》更为明确地表述了魏源的主张，可见于最初五十卷本序："何以异于昔人海图之书？曰：彼皆以中土人谭西洋，此则以西洋人谭西洋也。是书何以作？曰：为以夷攻夷而作，为以夷款夷而作，为师夷长技以制夷而作。"③《海国图志》对全球地理和历史信息的收集就是为了实现掌握夷情和师夷长技，它甚至影响日本后来进行的明治维新。很快，1847年（道光二十七年）又增补《海国图志》为六十卷本，1852年（咸丰二年）扩至一百卷，还吸收了徐继畬的《瀛寰志略》的内容。至此，《海国图志》已经是广为涉及地理、历史、政治、经济、宗教、天文、军事等多领域的巨著。

仅从地理学来看，《海国图志》的意义在于中国人主动了解世界地理，接续上自晚明利玛窦等耶稣会士传播而来的地理学。"自明末泰西人利玛窦、艾儒略撰《坤舆图说》、《职方外纪》，吾国人始谈西洋地理，其后南怀仁、蒋友仁复

---

① 魏耆. 邵阳魏府君事略. 李瑚，笺释//魏源. 魏源全集：第二十册. 长沙：岳麓书社，2004：620.
② 魏源. 圣武记：卷十四. 韩锡铎，孙文良，点校. 北京：中华书局，1984：545.
③ 魏源. 海国图志原叙//魏源全集：第四册. 长沙：岳麓书社，2004：1.

有《地球全图》之作。林文忠公在粤东，亦译《四洲志》，先生因之辑《海国图志》。虽近年来，晚出之书或益翔实，然创为之者之艰何如哉！"① 晚明万历朝的《坤舆万国全图》、清初康熙朝的《皇舆全览图》、乾隆朝的《坤舆全图》都曾使中国了解世界，但是随着天主教东传和科技转型第一波的中断，地理学的西学东渐也中断了，以至于鸦片战争中的道光帝曾在谕旨中连连发问："英吉利国距内地水程，据称有七万余里。其至内地，所经过者几国？克食米尔距该国若干路程，是否有水路可通？该国向与英吉利有无往来，此次何以相从至浙？"② 殊不知他祖辈诸帝的许多世界地图都仍在宫内，此时距乾隆朝《坤舆全图》绘成亦不过80年左右。所以说，林则徐的《四洲志》和魏源的《海国图志》弥补了地理学中断的困境。

不可否认的是，魏源的思想观念在开风气之先的同时，仍留有许多根深蒂固的传统成分。例如，《海国图志》卷七十四魏源亲自撰写《释五大洲》："梵典分大地为四大洲，《西洋图说》得其二焉，而强割为五为四。"③ 他强行将西方地理学解释成他所坚持的佛教东神胜洲、南赡部洲、西牛货洲和北具卢洲的四洲说。再如，《海国图志》卷二十七还收录清初"历讼"主角杨光先的《辟邪论》，并对杨光先攻击天主教的观点表示基本赞同。④ 还有，魏源在《圣武记》中宣扬这样的观点："造炮不如购炮，造舟不如购舟。"⑤ 如果这里的造炮和造舟是指清朝原有的制造技术，那么尚且情有可原。如果他是坚持采购引进优于自主制造的路线，那么显然存在致命缺陷。此外，魏源的著作中有关经世致用者不多，仅有《海国图志》《圣武记》《皇朝经世文编》等。其他有关经学与诗学的著述有《古微堂诗文集》、《书古微》、《诗古微》、《公羊古微》、《曾子发微》、《子思子发微》、《高子学谱》、《孝经集传》、《小学古经》和《大学发微》等等。

与魏源相比，徐继畬在仕途上走得更远，在观念上也呈现不同风格。

---

① 姚永朴. 魏默深先生传//闵尔昌. 碑传集补：卷二十四. 转引自：周骏富. 清代传记丛刊：综录类五. 台北：明文书局，1985：495。

② 宣宗实录：卷三六九//清实录：第三八册. 北京：中华书局，1986：646.

③ 魏源. 海国图志：卷七十四//魏源全集：第七册. 长沙：岳麓书社，2004：1819.

④ 魏源按语为："福音书中耶稣自称为上帝之子，而称上帝为神父，未尝谓耶稣即上帝也。此所论稍未中肯，其余大概得之。"（魏源. 海国图志：卷二十七//魏源全集：第五册. 长沙：岳麓书社，2004：813）

⑤ 魏源. 圣武记：卷十四. 韩锡铎，孙文良，点校. 北京：中华书局，1984：544.

1826年（道光六年）他便考中进士，并入选翰林院庶吉士，第一次鸦片战争时已任福建汀漳龙道员，后历任广东按察使、福建布政使、广西巡抚、福建巡抚等职。在闽期间，徐继畲不仅参与组织抗英斗争，而且战后负责处理厦门、福州开埠通商事宜。基于长期任职闽粤沿海和与西方人的直接交往经历，他于1848年（道光二十八年）写成《瀛寰志略》。这是一部篇幅不大的十卷本著述而非汇编，虽然徐继畲没有明确提出向西方学习的主张，但是对西方文化和异域文明的开放包容十分难得。他对美国首任总统华盛顿不贪权柄坚持民主的称赞堪称经典："乃不僭位号，不传子孙，而创为推举之法，几于天下为公。"① 因此，《瀛寰志略》在某些方面已超过《海国图志》②，但是受到的评价却远远不如后者。

不管怎么说，魏源和徐继畲等小部分18世纪的"90后"们鉴于中国面临的变局，纷纷著书立说，或为"开眼看世界"，或为解决三千年未有之变局。"至道、咸以来，变乱叠起，国渐贫弱。学者又好言经世，以图富强，厌弃考证，以为无用，此学风之三变也。其代表人物为魏默深先生。"③ 自清朝中期以来，原本擅长考据的乾嘉汉学占据绝对主流地位，此时也因时局的变化发生了学术风气的连锁反应，文化体制方面的缺口被打开。魏、徐等人的观点和主张引发了学术风气的变化，为科技转型第二波准备了思想观念。

3. 冯桂芬与《校邠庐抗议》

到了1861年（咸丰十一年）冯桂芬写成《校邠庐抗议》的时候，局势已与19世纪40—50年代不同。颇有趣的是，生于1809年（嘉庆十四年）的冯桂芬属于19世纪的"00后"，比魏源、徐继畲年轻十几岁。其著作也是如此，《校邠庐抗议》比《海国图志》和《瀛寰志略》同样晚了十几年。这里无意于探究是否为巧合，抑或是否为多种原因造成的必然结果。但在事实上，《校邠庐抗议》表达的思想确实比《海国图志》和《瀛寰志略》等早期著作有过人之处。"师夷长技以制夷"所意味着的向西方学习科学技术等问题，在冯桂芬那里得到

---

① 徐继畲. 瀛寰志略：卷九. 上海：上海书店出版社，2001：277.
② 关于徐继畲《瀛寰志略》和魏源《海国图志》在学术价值和思想内容等方面的对比，详见：章鸣九. 《瀛寰志略》和《海国图志》比较研究. 近代史研究，1992（1）：68-81。
③ 齐思和. 魏源与晚清学风. 燕京学报，1950（39）：177.

具体化和系统化。

就人生经历尤其是仕途来说，冯桂芬的轨迹呈现"高开低走"趋势。1832年（道光十二年）他考中举人，后受到林则徐的赏识，被认为是难得的可造之才。1840年（道光二十年）他赴考庚子恩科，高中榜眼，拥有非常不错的仕途起点。太平军攻占南京后，冯桂芬被派往苏南协助"剿匪"。后因军事失利避居上海，协助李鸿章创建淮军，成为重要幕僚。战后，他极少参与政事，大部分时间都在江南一带讲学著书，直至1874年（同治十三年）去世。《校邠庐抗议》著于1861年（咸丰十一年）冬，彼时李鸿章尚未率军抵沪，该书正是冯桂芬有感于国家内忧外患而抒发。

在自序中，冯桂芬坦然承认《校邠庐抗议》付诸实施的可能性不大。"名之曰'抗议'，即位卑言高之意。明知有不能行者，有不可行者。夫不能行则非言者之过，而千虑一得，多言或中，又何至无一可行？存之以质同志云尔。"① 该书的篇幅也并不大，共40多篇，包括：公黜陟、汰冗员、免回避、厚养廉、许自陈、复乡职、省则例、易吏胥、折南漕、利淮鹾、改土贡、罢关征、节经费、筹国用、杜亏空、复陈诗、变科举、改会试、广取士、停武试、减兵额、严盗课、制洋器、善驭夷、采西学、重专对、变捐例、绘地图、兴水利、均赋税、稽旱潦、改河道、重酒酤、收贫民、劝树桑、壹权量、稽户口、崇节俭、复宗法、重儒官等等。通过涵盖政治、经济、军事、文化等多领域的"抗议"，冯桂芬试图提出一个较为全面的社会改革方案。

这40多篇"抗议"呈现两方面主要特征，一方面多为针砭时弊之言，另一方面是与科学技术相关者甚多。前者如《汰冗员议》："国家多一冗员，不特多一糜廪禄之人，即多一浚民膏之人，甚且多一偾国是之人，亦何苦而设此累民累国之一位哉？今之冗员多矣，不冗于小冗于大，不冗于闲冗于要，不冗于一二冗于十百。"② 可谓一针见血地指出了冗员的弊端，至今读来都发人深省。后者如《减兵额议》："又如别议仿造洋船，计十八省最远之程，两月可达，援应既速，即人数可减……造船之后，宜令各弁兵轮流驾驶，报聘西洋各国。"③ 假如改善军队的武器装备，就会使战时兵力调度更为迅速。这样一来原先处处布设重兵便无必要，从而可以达到削减常备军兵额的效果。

---

① 冯桂芬. 校邠庐抗议. 上海：上海书店出版社，2002：3.
② 同①3.
③ 同①45.

从科技的视角来看，冯桂芬继承"师夷长技以制夷"的思路，并较早表露出"中体西用"的指导思想。《采西学议》中主张全面学习西方的科学技术："由是而历算之术，而格致之理，而制器尚象之法，兼综条贯，轮船、火器之外，正非一端。"即除学习制作"轮船"和"火器"等，也要学习"历算之术"、"格致之理"和"制器尚象之法"。并且说："如以中国之伦常名教为原本，辅以诸国富强之术，不更善之善者哉？"① 前面所述的各种西方科技均属于"诸国富强之术"，虽然有助于实现国家富强，但仍然需要"以中国之伦常名教为原本"。冯桂芬的这种观点与后来"中学为体，西学为用"的"中体西用"指导思想是一致的。

冯桂芬的思想观点可以分别与魏源和李鸿章相比较，以突出其"开眼看世界"的特别之处。首先是与魏源相比，魏源是冯桂芬在书中直接提及的人物，且他对魏源既有批判也有继承。上文提到，魏源曾在《圣武记》中说："造炮不如购炮，造舟不如购舟。"冯桂芬并不赞同，他认为购炮不是最终目的，可以造炮才是最终目的。"或曰：购船雇人何如？曰：不可。能造、能修、能用，则我之利器也；不能造、不能修、不能用，则仍人之利器也。"② 他主张对科学技术的学习应坚持"能造、能修、能用"的目标。另外，冯桂芬也不赞成魏源"以夷攻夷"和"以夷款夷"的观点："魏氏所见夷书、新闻纸不少，不宜为此说，盖其人生平学术喜自居于纵横家者流，故有此蔽，愚则以为不能自强，徒逞谲诡，适足取败而已，独'师夷长技以制夷'一语为得之。"③ 他认为"以夷攻夷"和"以夷款夷"都不能实现自强，只有"师夷长技以制夷"是可取的，有助于实现自强。

其次是与李鸿章相比，冯桂芬的思想观点几乎完全与之一致。"师夷长技以制夷"也是李鸿章等洋务派的指导思想，"中体西用"和"能造、能修、能用"也是他们的一贯主张。李鸿章于1864年的上疏中曾认为西方人制造火器者代代相传，且可以为显官。并举了日本学习西方的例子，提出应当在中国设立专门科目开科取士，以功名利禄促进利器的研发。④ 1861年的冯桂芬同样注意到了日本的动态，并先于李鸿章提出选拔科技人才的建议。"道在重其事，尊其选，特设一科以待能者。宜于通商各口拨款设船炮局，聘夷人数名，招内地善运思

---

① 冯桂芬. 校邠庐抗议. 上海：上海书店出版社，2002：56-57.
② 同①51.
③ 同①49.
④ 文庆，等. 筹办夷务始末：同治朝卷二十五//《续修四库全书》编纂委员会. 续修四库全书：四一九：史部：纪事本末类. 上海：上海古籍出版社，2002：398.

者，从受其法，以授众匠，工成于夷制无辨者赏给举人一体会试，出夷制之上者赏给进士一体殿试，廪其匠倍蓰，勿令他适。"① 两人观点的高度一致性令人称奇，从时间先后顺序来看，甚至存在李鸿章受冯桂芬影响的可能。

就思想观点来说，冯桂芬的轨迹却呈现"低开高走"趋势。他在世时并未受到重视，这些思想主张也未得到重视或实施，他的"复宗法议"和"重儒官议"等也有些不可取。然而，《校邠庐抗议》的影响力在几十年后反而扩大。1897年（光绪二十三年）王韬校印该书时曾为之作跋："先生上下数千年，深明世故，洞烛物情，补偏救弊，能痛抉其症结所在。不泥于先法，不胶于成见，准古酌今，舍短取长。知西学之可行，不惜仿效；知中法之已敝，不惮变更。事事皆折衷至当，绝无虚憍之气。行其间、坐而言者可起而行。呜呼！此今时有用之书也。"② 次年维新变法时，光绪皇帝曾下旨广为印刷《校邠庐抗议》，发放给北京各级官员收集签注意见，这是变法运动中的一桩大事。③ 后来有200多部签注本留存于故宫，近年由中国第一历史档案馆编成《〈校邠庐抗议〉签议集》出版。冯桂芬肯定料想不到，自己"位卑言高"的"抗议"，居然有许多主张在洋务运动中得到实施，又在维新变法时成为考验官员政治态度和对西学认识的试金石。

4. 艰难的睁眼过程

从"存之以质同志"到维新变法的签注本，冯桂芬《校邠庐抗议》的历史遭遇恰恰说明长期以来睁眼不容易；魏源《海国图志》亦是如此，反而成了日本明治维新的重要思想助力；写完《瀛寰志略》的徐继畬曾在咸丰年间失意去职，直到同治年间才重返官场，参与到洋务运动当中。上述其人其书的经历都表明他们的思想主张并未在当时（主要是19世纪40—50年代）当地（中国）受到重视或贯彻，反映出"开眼看世界"伴随着艰难的睁眼过程。这是近现代中国科技转型第二波的困难和复杂之处，也表明转型过程将充满曲折和坎坷，并预示转型前后的跨度会相当大。

后来者对魏源的评价就可分为多种。从地理学和"开眼看世界"来说，魏源就是开风气之先。"其时徐继畬之《瀛寰志略》尚始出书，夏燮之《中西纪事》

---

① 冯桂芬. 校邠庐抗议. 上海：上海书店出版社，2002：50.
② 同①88.
③ 李侃，龚书铎. 戊戌变法时期对《校邠庐抗议》的一次评论——介绍故宫博物院明清档案部所藏《校邠庐抗议》签注本. 文物，1978（7）：53-59.

亦未行世，而源生于山乡，神游九域……王先谦为《五洲地志》、《泰西通鉴》、《日本源流考》，王树枏为《希腊春秋》、《欧洲列国纪事本末》，黄遵宪为《日本国志》，傅云龙为《日本图经考》，其所始莫先斯志，此其有功于外事也。"① 这之后关注外国地理的相关著作层出不穷。但必须清醒地认识到，魏源的经世致用学风仍属于另类。梁启超就把魏源和龚自珍视为清朝嘉庆、道光时期新崛起的经世致用学派。"这派学风，在嘉道间不过一枝'别动队'。学界的大势力仍在'考证学正统派'手中，这枝别动队的成绩，也幼稚得很。"② 以乾嘉汉学为代表的"考证学正统派"依旧是学术风气的主流，"西学中源"等观点也依旧大行其道。

睁眼过程的艰难不仅体现在学术风气方面，而且反映于当时中国人尤其是士人的观念之中。尽管《海国图志》（1842）和《瀛寰志略》（1848）都写于19世纪40年代，《校邠庐抗议》（1861）写于19世纪60年代初，但是它们对士人观念的影响仍然是极其有限的。"开眼看世界"者寥寥，有的人即使"看世界"也不一定能"开眼"，这之后的外交领域便是很有代表性的例子。1866年（同治五年）旗人斌椿受命率领第一个中国使团"游历"西方。1867年（同治六年）美国人蒲安臣（Anson Burlingame）被任命为中国使节，率第一个正式的中国外交使团访问欧美。他们经历了许多至今看来匪夷所思的事件，中国使臣们的记录也显示出传统观念转型的不易，中国外交领域的初始发展正是艰难睁眼过程的一个侧面。

首先来看斌椿使团。在人选方面，其主要成员共五人，且均为旗人。使团成员张德彝的《航海述奇》载："经总理衙门奏派，前任山西襄陵县知县、副护军参领衔、三品顶戴、内务府正白旗汉军斌椿（友松），其子内务府笔帖式、六品顶戴广英（叔含），暨同文馆英馆八品官、六品顶戴、正黄旗蒙古凤仪夔九，英馆八品官、六品顶戴、镶黄旗汉军德明（在初），法馆学生、七品顶戴、镶黄旗汉军彦慧（智轩）等，前往泰西各国游历。"③ 其中包括的信息至少如下：一是派遣使团成员级别均不高，可见是低调处理的，也降低了在外交过程中的可

---

① 李肖聃. 邵阳学略第十：魏默深先生源//钱基博，李肖聃. 近百年湖南学风·湘学略. 长沙：岳麓书社，1985：160-161.

② 梁启超. 中国近三百年学术史. 新校本. 夏晓虹，陆胤，校. 北京：商务印书馆，2011：31.

③ 张德彝. 航海述奇. 钟叔河，校点. 长沙：湖南人民出版社，1981：1.

能风险；二是出使由总理衙门奏派，又有许多成员来自同文馆，两者都是洋务运动中新组建的机构，表明一定程度上是希望推进改革的；三是成员均是旗人，说明清政府主导改革仍以统治阶级的利益为优先。

斌椿之行的目的，在其《乘槎笔记》中就有记载，是为了考察西方。"斌椿奉命往泰西游历，饬将所过之山川形势、风土人情，详细记载，绘图贴说，带回中国，以资印证。"① 从《乘槎笔记》中斌椿的记载可以看出，他确实只关注了山川形势和风土人情，对于西方与中国的差异以及差异的根源都没有提及。在法国里昂时："二十一日，阴。至各织机处，能织人物、各国君主大臣像，皆织成出售。嗣观用火轮织绸缎，更精捷。"在英国伦敦时："十九日，辰刻往五拉车（城南二十五里）戈军门令兄所司军器局，遍观制造军械。小饮官舍楼上，即席成五律二章。"② 戈军门就是曾任常胜军指挥官的戈登。对于斌椿来说，蒸汽机织布的特点仅仅在于其"精捷"，先进武器制造可以激发他写诗成律。无论是参观法国的纺织业，还是参观英国的军事制造业，都与寻常的游山玩水并无差别。

再来看蒲安臣使团，更是新旧冲突的特殊产物。西方列强一直试图与中国建立正式外交关系，例如 1858 年（咸丰八年）《天津条约》第二款规定中英双方："可任意交派秉权大员，分诣大清、大英两国京师。"第三款则规定礼节："英国自主之邦与中国平等，大英钦差大臣作为代国秉权大员，觐大清皇上时，遇有碍于国体之礼，是不可行。"第六款也说："今兹约定，以上所开应有大清优待各节，日后特派大臣秉权出使前来大英，亦允优待，视此均同。"③ 但是遵循朝贡体制的清王朝以天朝自居，讲究万国来朝、外邦臣服。统治者担心外国使节一旦不行跪拜之礼，会对统治权威造成严重威胁。仓皇出逃、病死承德的咸丰皇帝，年幼继位、未能亲政的同治皇帝，都曾回避过召见西方使节。这个问题的解决直到 1873 年（同治十二年）同治皇帝亲政以后才实现。

首个正式的中国外交使团出访就发生于 1858—1873 年的转折时期，偏偏让前美国驻华公使蒲安臣担任中国的"代国秉权大员"，大约出自以下的考虑：与外国修约的实际需要，对朝贡体制和皇权权威的坚持，中国人没有正式使节出访的经验，蒲安臣本人的意愿，在华西方人的从中协调，等

---

① 斌椿. 乘槎笔记. 谷及世，校点. 长沙：湖南人民出版社，1981：1.
② 同①18—25.
③ 褚德新，梁德. 中外约章汇要：1689—1949. 哈尔滨：黑龙江人民出版社，1991：132—133.

等。所幸蒲安臣最终不辱使命,甚至献身于使命。他为了中国的利益与欧美诸国竭力交涉,还与美国签订《蒲安臣条约》,是中国近代史上第一个平等条约。1868—1870 年访问多个国家后,蒲安臣积劳成疾,1870 年初在俄国访问时因病去世。从正面来看,蒲安臣称得上是一位白求恩式的人物。但是也应该认清基本事实,把一些重要的国家利益寄托于外国人身上,与拒绝睁眼的鸵鸟政策区别并不大。

强调睁眼过程的艰难并非为了否定"开眼看世界",而是为了说明两者是相互伴随的,转型过程是复杂曲折的。举例来说,主持撰写《瀛寰志略》的开明人士徐继畬,曾为斌椿的《乘槎笔记》作序:"我圣朝德威远播,泰西各国皆喁喁慕义,通使币于天家。如英吉利、法郎西、俄罗斯、美利驾诸大国,咸遣使臣驻京师,办中外交涉事务,欲得中国重臣游历西土,以联合中外之情志。"① 这些言语不是徐继畬的真实想法,可能只是冠冕堂皇的套话。然而即使是套话,其背后反映出的主流观念和意识形态仍然是非常自大甚至有些自欺欺人。仅仅依靠魏源、徐继畬、冯桂芬等普通士人显然不可能实现转型,接下来将关注高高在上的握有实权者,试图阐述上层是如何聚焦于科技转型的。

三、统治阶级中的先觉者

面对三千年未有之变局带来的危机,统治阶级中涌现出一批先觉者。晚清力不从心的皇权统治为他们提供了相对宽松和有利的政治环境,当然他们也是导致皇权趋向衰弱的原因之一。地方重臣以曾国藩、左宗棠、李鸿章、沈葆桢为代表,意识到中国与西方在科学技术上的差距,因而率先开启向西方学习的进程。朝廷中枢以奕訢和文祥等为首,也包括桂良、宝鋆、沈桂芬等人,他们与地方重臣们共同主持洋务运动。这些先觉者们提出"自强以练兵为要,练兵又以制器为先",认识到自强唯有师夷长技一途。该共识是得以推进洋务运动最重要的思想观念基础,也是科技转型第二波持续不断的动力所在。

1. 力不从心的皇权统治

在明末清初的科技转型第一波时,中国皇权统治的需要是决定传教与传播

---

① 斌椿. 乘槎笔记. 谷及世,校点. 长沙:湖南人民出版社,1981:1.

科学进展的重要因素之一。那段历史的经验和教训证明，西方科学文化的枝芽，难以嫁接入东方以皇权统治为突出特征的体制大树之中。到了清朝中后期，皇权统治呈现力不从心的趋弱之势，世殊事异使得科技转型迎来新的转机。晚清与清初相比的差别，不仅体现为皇权统治整体上渐趋衰弱，而且在于统治阶级内部产生向西方学习的认识。前者表明科学技术进入中国将更为容易，可以摆脱仰皇权之鼻息的状况。后者则是从中央到地方的统治阶层中，都出现了支持师夷长技的主张，并把理论的主张演变为实践的运动。就这样在对引进西学相对宽松和有利的政治环境下，迎来了科技转型第二波。

清代的皇权统治是从何时开始衰弱的？历史学家们对于这个问题的回答多种多样，但他们对晚清皇权渐趋衰弱的基本态势并没有异议。晚明时宫廷内曾发生三大案：梃击案、红丸案和移宫案，被视为末世乱象的重要象征。有些类似的是，1813 年（嘉庆十八年）清朝宫廷重地也发生了震惊全国的"癸酉之变"。区区几百人的天理教徒与一些太监里应外合，竟轻而易举地攻至紫禁城内，虽终被剿灭，却如同给嘉庆皇帝打了一记响亮的耳光。事后他不得不颁了一道《遇变罪己诏》："朕虽未能仰绍爱民之实政，亦无害民之虐事。突遭此变，实不可解。总缘德凉愆积，唯自责耳。然变起一时，祸积有日，当今大弊在因循怠玩四字，实中外之所同。朕虽再三告诫，舌敝唇焦，奈诸臣未能领会，悠忽为政，以致酿成汉唐宋明未有之事，较之明季梃击一案，何啻倍蓰。"[①] 言语之间名为罪己实为推脱，但掩盖不了原本至高无上之皇权在王朝中晚期的式微。

以两次鸦片战争为标志的西方列强入侵也动摇了清朝的皇权统治，其中不得不提的是道光、咸丰和光绪三帝。正是在癸酉之变中，皇子旻宁持火枪毙贼两人，以英勇表现获得嘉庆皇帝的喜爱，后继位为道光皇帝。他在位三十年（1821—1850），有过一些试图振兴的举措，也任命过不少擅长实务的大臣，如前文所述的林则徐、陶澍等。但是第一次鸦片战争的爆发使得中国的积弱暴露无遗，他对战争失败和不平等条约的签订负有责任。道光皇帝驾崩后继承大统的是咸丰皇帝，仅在位十一年（1851—1861）。第二次鸦片战争中，英法联军攻占北京，是 1644 年大顺军和清军相继占领北京后国都的又一次失守。国都沦陷

---

① 仁宗实录（四）：卷二七四//清实录：第三一册. 北京：中华书局，1986：722-723.

前夕，咸丰皇帝仓皇逃亡承德避暑山庄，次年即逝于该地。① 到了1900年（光绪二十六年）八国联军侵华战争时，出逃的剧情再次上演，光绪皇帝在慈禧太后的带领下逃往西安，直到《辛丑条约》签订后方才回京。② 道光皇帝时战败签约只是开始，他的子孙们两度上演"出狩"的戏码。皇帝本人作为最高权力之代表所受屈辱尚且如此，臣民则尤甚之。由此可见西方列强入侵之下，中国皇权统治越来越丧失其威权。

但凡王朝中后期，社会矛盾的激化会使底层民众揭竿而起，民变等内乱与西方列强入侵共同构成严重的内忧外患。19世纪初期白莲教和天理教等的起义是先声，19世纪中叶的太平天国则掀起巨澜。1853年初，太平军只用了两个月就先后攻克重镇武昌和江宁（南京），裂土千里的惊人速度和气势可以媲美1644年初进军北京途中的李自成起义军。建都天京后，太平天国政权又与清廷分庭抗礼十余年。同时期的大规模农民起义还有主要活跃于江淮、中原和华北地区的捻军。捻军持续时间也很长（1853—1868），但是没有统一指挥，而是各自为战。战功赫赫的蒙古族亲王僧格林沁即于1865年（同治四年）被捻军围歼于山东曹州（今山东菏泽），剿灭太平军的主持者曾国藩也未能实现剿灭捻军的目标。此外，同治"回乱"（亦称回变或回民起义）也爆发于19世纪60—70年代的西北地区，使得陕西、甘肃诸省的汉族和回族人口锐减，民生凋敝。③ 总之，类似于此的大小内乱频频发生，无论其原因和诉求如何，其行为本身就是藐视朝廷和皇权的。

---

① 据《清史稿》，1860年（咸丰十年）："命恭亲王奕訢为钦差大臣，办理抚局。己巳，上幸木兰，自圆明园启銮。丁丑，上驻跸避暑山庄。"（赵尔巽，等. 清史稿：卷二十：本纪二十. 北京：中华书局，1977：761）

② 按《清史稿》，1990年（光绪二十六年）："己未，德、奥、美、法、英、义、日、俄八国联兵陷京师。庚申，上奉皇太后如太原，行在贯市。壬戌，次怀来。命荣禄、徐桐、崇绮留京办事。癸亥，广东布政使岑春煊率兵入卫，遂命扈跸。甲子，次沙城堡。懿旨命岑春煊督理前路粮台。丁丑，次鸡鸣驿，下诏罪己，兼诫中外群臣。丙寅，次宣化……九月己巳朔，次渭南。壬申，至西安府，御巡抚署为行宫。"（赵尔巽，等. 清史稿：卷二十四：本纪二十四. 北京：中华书局. 1977：934-936）

③ 左宗棠负责平定"回乱"时，曾于1870年（同治九年）上《收抚回民安插耕垦片》，称："以陕回人数计之，从前无事时，散处各州县地方丁口，奚啻数十万。现计除西安城中土著两三万外，余则尽族西行，陕西别无花门遗种。即合金积、河、狄、西宁、凉州等处现剩陕回计之，丁口亦不过数万。其死于兵戈、疾疫、饥饿者盖十之九，实回族千数百年未有之浩劫。"（左宗棠. 左宗棠全集：奏稿四. 长沙：岳麓书社，2014：359）

除交错并行的内乱与外患外，导致皇权趋向衰弱的还有地方势力的崛起，地方坐大成为晚清政局的显著特征之一。在嘉庆朝，汉族重臣的比例就有所提升。"这个时期的汉族文人在清代官僚行政中重新得势，可以被看作是太平天国叛乱及其后的同治中兴时期以曾国藩及其门徒之兴起为顶点的这一趋势的开端。"① 平定太平天国过程中壮大的湘军、淮军等新兴武装取代绿营兵和八旗兵等旧有常备军，成为维系清朝统治的最精锐军事力量，随之而来的就是权力格局的改变。地方的督抚们虽由朝廷任命，却往往兼领军事、经济、政治等诸方面大权。中央孱弱、地方坐大的突出事例是1900年八国联军侵华战争时的"东南互保"。面对朝廷向列强宣战的诏令，时任两广总督李鸿章敢于说不："此乱命也，粤不奉诏。"他领衔与京外多位地方大员们合奏："乱民不可用，邪术不可信，兵衅不可开。"时任山东巡抚袁世凯也上疏："朝廷纵乱民，至举国以听之，譬若奉骄子，祸不忍言矣。"② 暂且不论东南互保的是非对错，至少公然抗命的行为意味着作为中央的朝廷已无绝对权威可言。

朝廷内皇帝自身的大权旁落亦是晚清皇权统治力不从心的另一显著特征。嘉庆、道光二帝尚能稍承乃父祖的权威，没有出现宦官、外戚、权臣等乱政的现象。咸丰皇帝在位仅十一年，先遭遇太平天国起义，捻军又活跃于北方，英法联军接着进占北京，他沦为清朝入关两百多年来首位仓皇出逃的皇帝。驾崩后，两宫太后联合他的异母弟恭亲王奕䜣迅速发动政变，推翻他的遗命。继位的同治皇帝年龄既幼，不能掌权，于是开始了其母慈禧太后近半个世纪的掌权时期。同治皇帝19岁便驾崩，身后无子。两宫太后指定咸丰皇帝另一兄弟醇亲王奕譞之子载湉入继大统，是为光绪皇帝。垂帘听政的戏码再度上演，光绪与慈禧的故事更为后来人所熟知。光绪皇帝在位时间不短（1875—1908），但是他试图夺回君权的努力没有成功过，一直生活在慈禧的权力阴影之下，最后也在慈禧去世前离奇驾崩。奕譞另一子载沣之子溥仪被立为帝，是为宣统皇帝，延续了晚清幼帝继位的现象，也延续了大权旁落的特征。还没有等到宣统皇帝长大，武昌起义的枪炮声就在两年后响起，辛亥革命最终迫使清帝逊位，彻底终结了中国皇权统治的历史。

---

① 费正清. 剑桥中国晚清史（1800—1911年）：上卷. 中国社会科学院历史研究所编译室，译. 北京：中国社会科学出版社，1985：112.
② 中国历史研究社. 庚子国变记. 上海：神州国光社，1946：8.

2. 崛起于实务的地方重臣

晚清以来地方重臣的崛起既是导致皇权趋向衰弱的原因之一，也是推动科技转型进程的初始力量。地方大员们身处两次鸦片战争及其后的通商等活动的第一线，与西方人打交道、处理"洋务"机会最多。同时他们又是平定太平天国起义等内乱的主要组织者，军事经验丰富。在多方面的实践过程中，许多地方大员意识到中国与西方在科学技术上的差距，也率先开启了向西方学习的进程。这一批地方重臣以曾国藩、左宗棠、李鸿章、沈葆桢等人为代表。虽然他们不能代表同时代全部的地方重臣，也称不上完全认清形势，但是他们崛起于实务，成就于实权，为引进西方科学技术做出了不少开创性的贡献。

从曾、左、李、沈的年龄来看，曾国藩（1811年生）与左宗棠（1812年生）是19世纪的"10后"，李鸿章（1823年生）与沈葆桢（1820年生）是较晚的"20后"。其中仅有李鸿章（1901年逝，78岁）最为长寿，左宗棠（1885年逝，73岁）次之，然后是曾国藩（1872年逝，61岁）和沈葆桢（1879年逝，59岁）。再从四人的科举与仕途来看，他们都曾按照传统路径试图以科举做官，只是各自的际遇不同。曾国藩两次会试不中的故事已广为人知，但他1838年（道光十八年）考中进士时也才27岁。两年后以翰林院庶吉士散馆，授翰林院检讨。循着较为顺利的仕途之路，十年后他已官居正二品侍郎。① 左宗棠更为失意，三次会试不中后就再也不考了，转而钻研经世致用之学。② 李鸿章的经历前文已有介绍，在1840—1850年的十年间完成从秀才到翰林院编修的身份转换。沈葆桢与曾国藩有些相似，也是两试不中，也在27岁时赢来转机，于1847年（道光二十七年）和李鸿章同榜登第。

早期致力于科举的同时，他们都曾受到经世致用学术风气的影响，可以说

---

① 关于曾国藩的早期仕途经历，据《清史稿·曾国藩列传》载："国藩，道光十八年进士。二十三年，以检讨典试四川，再转侍读，累迁内阁学士、礼部侍郎，署兵部……咸丰初，广西兵事起，诏群臣言得失……因上敬陈圣德预防流弊一疏，切指帝躬，有人所难言者，上优诏答之。历署刑部、吏部侍郎，典试江西，中途丁母忧归。"（赵尔巽，等. 清史稿：卷四百零五：列传一百九十二. 北京：中华书局，1977：11907-11908）

② 据《清史稿·左宗棠列传》载："宗棠，道光十二年举人，三试礼部不第，遂绝意仕进，究心舆地、兵法。喜为壮语惊众，名在公卿间。尝以诸葛亮自比，人目其狂也。"（赵尔巽，等. 清史稿：卷四百一十二：列传一百九十九. 北京：中华书局，1977：12023）

是其能够从实务中崛起的最初思想源头。比如，四人之中的左宗棠和沈葆桢，都与林则徐有重要交集或密切联系。左宗棠"名在公卿间"，年轻时便为林则徐所知。林路过湖南时想要与他见面，不料左在上船时失足落水，尴尬的出场方式却成就一段佳话。据说两人会面极其成功，对西北边疆问题的看法也高度一致。直到晚年，已功成名就的左宗棠仍以此为荣："谓一生荣幸，此为第一。"① 沈葆桢的身份更为特殊，其母为林则徐的妹妹，其妻为林则徐的女儿，所以是林则徐的外甥兼女婿。② 亲上加亲的双重关系使得沈葆桢从小便耳濡目染，深受林则徐的影响，也继承了专注实务的作风。

至于他们崛起于实务的直接原因，均在于参与平定太平天国起义的历练，这也是太平天国冲击中国社会在部分官员个体层面的反映。起义爆发后，丁忧在湖南老家的曾国藩奉命兴办团练。"取明戚继光法，募农民朴实壮健者，朝夕训练之。将领率用诸生，统众数不逾五百，号'湘勇'。"③ 不同于已有的八旗军和绿营军，"湘勇"即近代史上赫赫有名的湘军创建之开端。曾国藩之所以能够统率大军，很大程度上依靠招揽人才协助运筹帷幄。许多杰出干才或作为幕僚，发挥智囊作用；或作为将帅，领兵独当一面。"咸、同间，曾文正公国藩督师剿粤寇，幕府人才，一时称盛。于军旅、吏治外，别有二派，曰道学，曰名士。"④ 李鸿章就做过曾国藩的幕僚，左宗棠和沈葆桢也都在战争中受过曾国藩的举荐。

湘军出征不久，曾国藩就得以署理湖北巡抚，加兵部侍郎衔。1860 年（咸丰十年）他署理两江总督，加兵部尚书衔，并授钦差大臣。至攻克天京后，加太子太傅，封一等毅勇侯。左宗棠在太平天国兴起之初曾先后为两任湖南巡抚张亮基和骆秉章的幕僚，于 1856 年（咸丰六年）被曾国藩请功，以兵部郎中任用。1860 年（咸丰十年）他以四品京堂随从曾国藩治军，效仿湘军成立了楚军。次年即先授太常寺卿，后授浙江巡抚。又一年授闽浙总督，兼巡抚事。攻克天京后他被封一等恪靖伯。李鸿章刚开始以翰林院编修的身份在安徽老家办

---

① 除此"林文忠知左文襄"外，《清稗类钞》"知遇类"还录有"陶文毅知左文襄"和"骆文忠信任左文襄"两条，其中提到的陶澍与骆秉章均为当时精于实务的地方重臣。详见：徐珂. 清稗类钞：第三册. 北京：中华书局，1984：1429-1430。

② 杨彦杰. 沈葆桢家世若干史实考辨. 史学月刊，1985（6）：109-110.

③ 赵尔巽，等. 清史稿：卷四百零五：列传一百九十二. 北京：中华书局，1977：11908.

④ 徐珂. 清稗类钞：第三册. 北京：中华书局，1984：1389.

理团练，因公用为道员，后投入曾国藩幕府。1862 年（同治元年）他正式创建淮军，随后领军抵沪，任江苏巡抚，次年署五口通商大臣。他的经历前文已有述及，战争结束论功行赏时他被封为一等肃毅伯。沈葆桢于 1855 年（咸丰五年）任江西九江知府，次年改广信知府。因抵抗太平军有功，先后升广饶九南道台，加按察使衔。1861 年（咸丰十一年）他受曾国藩推荐任江西巡抚。又以擒获幼天王洪天贵福和干王洪仁玕等，被授一等轻车都尉世职。至 1864 年，曾、左、李、沈都已是名动天下的督抚大员，而且两江总督、闽浙总督、江苏巡抚和江西巡抚辖地足可覆盖东南半壁江山。

起初，地方重臣们对西方的了解极其有限。以 1854 年（咸丰四年）曾国藩率湘军出师时所颁《讨粤匪檄》为例："粤匪窃外夷之绪，崇天主之教。"又说："士不能诵孔子之经，而别有所谓耶稣之说，《新约》之书；举中国数千年礼仪人伦，诗书典则，一旦扫地荡尽。此岂独我大清之变，乃开辟以来名教之奇变。"① 这里将太平军指认为信奉天主教者，占据了反抗以"外夷"变华夏的道德制高点。不仅存在对太平军的认识偏差，而且表明对西方的了解甚少和抵制态度。但正如前面所述，冲击导致的改变也正在这时候发生。无论是与李鸿章关系密切的常胜军，还是与左宗棠有所关联的常捷军，都是对西方军事科技了解加深后的产物。湘军、楚军、淮军等新建军队也在与太平军的实战中逐渐装备使用洋枪洋炮。追求坚船利炮以实现自强的洋务运动就是在战争后期开始的。曾、左、李、沈因其对西方的认识加强而改变态度，他们是各地方开展洋务运动、学习西方科技的主要践行者，后面在具体事例中也还会提到他们。

3. 中枢主持者奕䜣和文祥

如果仅仅依靠曾、左、李、沈等在地方践行洋务是不够的，恰巧此时的北京朝廷也迎来改革势力上台的契机。同样在 19 世纪 60 年代初，中央发生政局变动，以奕䜣和文祥等为首的洋务派进入权力中枢。奕䜣一直以来受到的关注较多，文祥则相对湮没无闻，彰显他们的历史形象是接下来尝试实现的目标。他们也是统治阶级的先觉者代表，与地方重臣们共同主持洋务运动，推动引进了不少西方科学技术。由于此段历程主要发生于同治朝，传统史书认为将其加上平定太平天国等就是"同治中兴"，有时也会加上光绪朝前期而称之为"同光新政"。对于科技

---

① 中国科学院哲学研究所中国哲学史组. 中国哲学史资料选辑·近代之部. 北京：中华书局，1959：98.

转型的进程而言，借助于中央和地方的双重力量，此时已从"开眼看世界"正式进入"开眼学世界"的阶段，对于西方的学习以技术领域为主。

奕䜣（1833—1898）的全名是爱新觉罗·奕䜣，是道光皇帝的第六子。①按照年龄来看比曾、左、李、沈都要小一大截，但他以而立之年参与19世纪60年代初的政局变动。这是天潢贵胄靠近最高权力中心的独特优势，反过来说也是奕䜣人生起伏的最大风险所在。纵观其前半生，两次标志性的事件分别是失去继位资格和参与辛酉政变，可以反映权力兼具风险与收益的双刃剑性质。道光年间，奕䜣年纪尚幼，虽口碑颇佳但谈不上有什么政治表现。1850年（道光三十年），道光皇帝弥留之际宣布遗诏，立四子奕詝为皇帝（即咸丰皇帝），而立奕䜣为亲王。②君臣名分既定，他失去继位的资格而为恭亲王。从历史发展大势观之，即使他真的成为皇帝，恐怕也很难力挽狂澜于既倒，避免类似咸丰帝出走承德的结局。所以说，道光帝的遗诏使其避免成为一位力不从心、背负恶名的皇帝，造就了一位顺应时势、努力改革的王爷。

咸丰朝时奕䜣不断得到任用，以亲王之尊在处理各项事务中渐露锋芒。1853年（咸丰三年），因太平天国的北伐军逼近京畿要地，他"以王署领侍卫内大臣办理巡防，命仍佩白虹刀"③。白虹刀是早年道光皇帝赐予奕䜣的。数月后，他被命在军机大臣上行走，参预机务，后又历任都统、右宗正、宗令等，其间有升有降。1860年（咸丰十年）英法联军攻入北京，咸丰皇帝逃往承德，命奕䜣为钦差便宜行事全权大臣，负责与外国人谈判议和，最终与英、法、俄等国相继签订条约。经历此事的奕䜣意识到清朝必须进行改革，并很快投身其中。随即他与文祥、桂良等人奏请设置总理各国事务衙门。他又上疏训练北京的八旗军，请求在东北的吉林、黑龙江练兵筹饷，加强对俄国的边防。

两次鸦片战争的冲击终于引起奕䜣等清朝上层统治者的反应，奕䜣试图以自上而下的方式拯救统治危机，但是他还没有足够大的权力。机会很快就来了，1861年（咸丰十一年），咸丰帝驾崩，传位于年仅6岁的独子载淳。起初以肃顺、

---

① 道光帝前后共有九子，其中长子奕纬、次子奕纲、三子奕继、八子奕詥、九子奕譓均夭折或早逝，仅加封或追封郡王。四子奕詝即咸丰帝，五子奕誴过继为惇亲王，六子即恭亲王奕䜣，七子醇亲王奕譞的一子和一孙先后被立为光绪帝和宣统帝。

② 关于道光帝驾崩前宣布奕詝继皇位和奕䜣封亲王的具体情形，除《清史稿·宣宗本纪三》外，《宣宗实录》亦有更详细记载。参见：宣宗实录（七）：卷四七六//清实录：第三九册. 北京：中华书局，1986：992—996。

③ 赵尔巽，等. 清史稿：卷二百二十一：列传八. 北京：中华书局，1977：9105。

载垣、端华等八位王公大臣辅政，拟定新年号为祺祥。奕䜣与慈禧、慈安两宫太后联手，又争取到僧格林沁等一些文武官员的支持，发动辛酉政变除掉辅政大臣，改新年号为同治。事后他获得了丰厚的政治回报："授议政王，在军机处行走，命王爵世袭，食亲王双俸，并免召对叩拜、奏事书名。"① 除此之外，当年他还被任命为宗人府宗令、总管内务府大臣，管理火器营事务、管理神机营事务等。年轻的奕䜣迎来其政治生涯的黄金时期，事实上得以代替行使部分皇权。他的身边团结了一批人，形成主张改良的洋务派，因而大大有利于推行洋务运动。

与出身高贵又少年得志的奕䜣不同，文祥（1818—1876）从中下层一步步踏进权力中枢。他的全名是瓜尔佳·文祥，出自满洲正红旗，家世并不显赫。1845年（道光二十五年）中进士，此后在工部任职十余年，至1856年（咸丰六年）尚为正五品的工部郎中，虽为京官却长期在低层。这时他开始崭露头角，当年京察后他被记最优一等，原可外放从四品知府或正四品道员，但他以父母年迈请求留京为官，此后历任太仆寺少卿、詹事府詹事、内阁学士、署理刑部侍郎等。1858年（咸丰八年），被命在军机大臣上行走，参与机务。此后又曾任礼部、吏部、户部、工部等侍郎，兼任过副都统、左翼总兵等职。第二次鸦片战争期间，他曾劝阻咸丰皇帝不要逃往承德。随后被留在北京，协助奕䜣与列强谈判签约。议和后他又积极请求咸丰皇帝早日回京，以安定人心。

在军机大臣上行走意味着靠近权力中心，但这样一来文祥与奕䜣相类似，都背负着非常高的政治风险。一则有趣的故事可以说明："文宗大渐，时尚驻跸热河，内外汹汹，讹言蜂起。显皇后进曰：'圣驾脱有不讳，枢府中畴则可倚？'帝引后手，书'文祥'二字示之。"② 这么看来文祥颇受咸丰皇帝的重视，似有临终托孤之意。但其实咸丰北走承德时在军机大臣之中只留了文祥在北京议和，驾崩前所封的八位顾命大臣，文祥作为军机大臣不在其列。可以推测，遭受排挤的不利状况至少构成他参与奕䜣与两宫太后等发动的辛酉政变的动机之一。政变成功后享受政治回报的同时，文祥积极投入创立总理衙门、同文馆等事务中。另外，他还曾推荐时任广饶九南道台的沈葆桢，认为沈才堪大用，帮助沈脱颖而出。

德才兼备的文祥与奕䜣一起构成洋务运动事实上的主要领导者。通过一些后人对他的评价，可知其卓越之贡献。《清史稿·文祥传》说他接受奕䜣的领

---

① 赵尔巽，等. 清史稿：卷二百二十一：列传八. 北京：中华书局，1977：9106.
② 胡思敬. 国闻备乘. 北京：中华书局，2007：10.

导,出力最多。"偕恭亲王等通筹全局,疏上善后事宜,于是设立总理各国事务衙门,恭亲王领之,满、汉大臣数人,文祥任事最专。"后又对文祥的一生给予高度评价:"文祥忠勤,为中兴枢臣之冠。清操绝人,家如寒素。谋国深远。"① 更早些,洋务派大佬张之洞在著名的《劝学篇·益智》中梳理出晚清以来林则徐—曾国藩—文祥的序列:"林文忠尝译《四洲志》、《万国史略》矣,然任事而不终。曾文正尝遣学生出洋矣,然造端而不寿。文文忠创同文馆、遣驻使、编西学各书矣,然孤立而无助。迂谬之论,苟简之谋,充塞于朝野,不惟不信不学,且诟病焉。"② 可惜的是,文祥仍属凤毛麟角,未能摆脱主流"迂谬"观念和反面"苟简"舆论盛行的不利处境。"任事而不终""造端而不寿""孤立而无助"等等,都是引进西方科学技术过程中常见的消极因素。

4. 自强唯有师夷长技一途

面对内忧外患的双重冲击,加之保守势力等消极因素的阻碍,统治阶级的先觉者们如何打开局面?这可以从他们取得的共识说起。无论是地方之曾、左、李、沈等人,还是中枢之奕䜣与文祥等人,虽然他们的经历、立场、观点等并不相同,但是仍有共识。即在与太平军和西方人或战或和的各种接触中,他们都对清王朝的严重危机深有感触,因而多多少少认识到自强唯有师夷长技一途。该共识是得以开展洋务运动最重要的思想观念基础,也是整个科技转型第二波持续不断的动力所在。所谓自强唯有师夷长技一途,即在"器物"层面学习西方以解决危机,大体上便是指科学技术尤其是技术的引进。至于究竟学习了什么,引进了什么,下一章将会详述。这里仍集中于师夷长技的共识,包括其他持此共识的关键人物以及共识对于发起洋务运动从而打开局面的意义。

洋务运动也被称为自强运动,所谓"自强"正是出现于彼时的时代呼声。1861年冯桂芬撰写《校邠庐抗议》时就把自强作为中国知耻而后勇的目标。"天赋人以不如,可耻也,可耻而无可为也;人自不如,尤可耻也,然可耻而有可为也。如耻之,莫如自强。"③ 他认为中国人在天赋上并不比西方人差,所以中西的实力对比不是既"可耻"又"无可为"的差距。中国人比西方人差的是

---

① 赵尔巽,等. 清史稿:卷三百八十六:列传一百七十三. 北京:中华书局,1977:11688-11695.
② 张之洞. 劝学篇. 李忠兴,评注. 郑州:中州古籍出版社,1998:112.
③ 冯桂芬. 校邠庐抗议. 上海:上海书店出版社,2002:48.

尤为可耻的"人自不如",是后天的差距。"人自不如"换而言之就是技不如人,在冯桂芬看来还存在知耻而后勇的希望,即寻求自强。他还认为魏源所主张的"以夷攻夷"和"以夷款夷"都无益于实现自强:"愚则以为不能自强,徒逞谲诡,适足取败而已,独'师夷长技以制夷'一语为得之。"① 只有魏源说的"师夷长技以制夷"是可取的,有助于实现自强。如果以"制夷"为目标,一来有些自欺欺人,二来指向也不甚明确。外有"西夷",内有"长毛",仅"制夷"是不够的,自强之后当然可以内外皆安。

冯桂芬只是鼓吹自强的理论家,李鸿章才是由呼吁自强到践行自强的实干家。1862 年他率淮军赴沪时乘坐西方人的船,才顺利通过太平军环伺的长江。但李鸿章的内心却颇为复杂:"舍陆登舟,用夷变夏。昨见番酋亦颇恭顺,恐有万变,图在后与之为无町畦而求自强之术耳。"② 当朝野兴起中外联合"会剿"太平军的议论后,李鸿章并不以为然。"鸿章所带水陆各军专防一处,专剿一路,力求自强,不与外国人搀杂。"③ 虽然他的淮军后来装备了洋枪洋炮等西式武器,但李鸿章牢牢把握指挥权,坚决避免西方军事力量的直接介入。另外,他还不断试图控制洋枪队,最终成功地解散了这支有可能不受指挥的部队。因此,李鸿章秉承的自强宗旨也非常明确,"师夷"的对象仅限于坚船利炮之类的"长技",不可能全面学习西方;"师夷"的目标也是改变技不如人的积弱状态,就是实现自强。

基于追求自强的迫切需要,奕䜣、文祥等领导的洋务派后来形成师夷长技的施政共识。在平定太平天国战争几近结束时的 1864 年(同治三年),总理衙门曾在奏折中阐述了自强运动的核心思想。"总理各国事务恭亲王等奏:查治国之道,在乎自强,而审时度势,则自强以练兵为要,练兵又以制器为先……迨咸丰年间,内患外侮,一时并至。岂尽武臣之不善治兵哉?抑有制胜之兵,而无制胜之器,故不能所向无敌耳。""外洋如英、法诸国,说者皆知其惟恃此船坚炮利,以横行海外。"④ "自强以练兵为要,练兵又以制器为先"道出自强唯有师夷长技一途的内涵。洋务派意识到西方人的强大,但仅限于"船坚炮利"

---

① 冯桂芬. 校邠庐抗议. 上海:上海书店出版社,2002:49.
② 顾廷龙,戴逸. 李鸿章全集:29:信函一. 合肥:安徽教育出版社,2007:75.
③ 同②79.
④ 文庆,等. 筹办夷务始末:同治朝卷二十五//《续修四库全书》编纂委员会. 续修四库全书:四一九:史部:纪事本末类. 上海:上海古籍出版社,2002:394.

的强大。中国所需要弥补的差距正是武器等器物层面的差距，因此师夷长技成为自强的必然选择。

既然"自强以练兵为要，练兵又以制器为先"演变为一场声势浩大的运动，那么仅倚仗上述曾、左、李、沈与奕䜣、文祥诸人尚不够，其所依靠的是颇具规模又前后相继的团体力量。试举其他几位关键人物，最年长者为桂良（1785—1862）。他是林则徐的同龄人，但出身于满族官宦世家，其父瓜尔佳·玉德曾任闽浙总督。桂良年轻时凭借捐纳为礼部主事，之后步步高升，1834年（道光十四年）为河南巡抚，后历任总督、尚书、都统等显职。他的另一重身份是恭亲王的岳父，1848年（道光二十八年）他的一个女儿奉旨嫁与皇六子奕䜣为嫡福晋。桂良在咸丰年间参与了清朝应对太平天国和第二次鸦片战争双重冲击相关事宜，不仅受命协助围剿太平天国北伐军，而且拥有多次与列强打交道的经历，如1854年（咸丰四年）、1858年（咸丰八年）、1860年（咸丰十年）等。《清史稿·桂良传》对此的评价是："桂良以帝室葭莩，与闻军国，数膺议和之使，无所折冲。"① 桂良的外交工作经历受到了高度肯定。桂良与文祥一样，在咸丰皇帝北逃时被留在北京，协助奕䜣与列强议和。因此他也参与了创建总理衙门，且位在文祥之前。1861年1月20日（咸丰十年十二月初十）经咸丰皇帝批准："京师设立总理各国通商事务衙门，著即派恭亲王奕䜣、大学士桂良、户部左侍郎文祥管理。"② 可惜桂良在总理衙门的任职时间并不长，次年（同治元年）就去世了。

第二位需要提及的关键人物是索绰络·宝鋆（1807—1891），《清史稿》将其列传置于文祥同卷（卷三百八十六）。他是1838年（道光十八年）的进士，1860年（咸丰十年）已升至总管内务府大臣。咸丰皇帝北逃时，想要以库帑20万两修葺承德的行宫，但是宝鋆据理力争而抗命不从。同治皇帝回京后，任命他为军机大臣上行走，兼任总理各国事务衙门大臣。宝鋆也是较早进入总理衙门的领导者之一，主持和参与了不少相关事务，但是后世对他的评价低于文祥。"宝鋆明达同之，贞毅不及，遂无以镇纷嚣而持国是。"③ 所以虽然宝鋆得享高寿长于文祥，但是取得功绩比不上他。

---

① 赵尔巽，等．清史稿：卷三百八十八：列传一百七十五．北京：中华书局，1977：11718．

② 文宗实录（五）：卷三三十七//清实录：第四四册．北京：中华书局，1986：1022．

③ 同①11698．

与文祥齐名者是年纪稍小的汉族大臣沈桂芬（1818—1880），为领导洋务运动和践行师夷长技的又一关键人物。他于1847年（道光二十七年）考中进士，是李鸿章、沈葆桢的同年。至咸丰年间，沈桂芬已晋升至礼部左侍郎。在文祥等人主事的1863年（同治二年），他外放山西巡抚。直至1867年（同治六年），开始以多部侍郎身份担任军机大臣，随后兼任总理衙门大臣，跻身权力决策层和洋务运动领导核心。清末梁启超回溯这段历史时认为沈桂芬和文祥是同治朝前期的政务主持者："试举同治中兴以来，军机大臣之有实力者如下：第一，文祥、沈桂芬时代，同治初年；第二，李鸿藻、翁同龢时代，同治末年及光绪初年。"①《清史稿·沈桂芬传》亦言："桂芬遇事持重，自文祥逝后，以谙究外情称……桂芬躬行谨饬，为军机大臣十余年，自奉若寒素，所处极湫隘，而未尝以清节自矜，人以为难云。"② 对沈桂芬给予了高度评价。只有如桂良、宝鋆、沈桂芬等关键人物们相继努力，才能使得洋务运动学习西方的方针得以实施，从而打开中国近代科技发展的新局面。

四、克服阻力迭出卓见

19世纪60年代以后，"开眼看世界"的思想风气在克服阻力的过程中卓见迭出，逐渐达到新的高度。郭嵩焘的《使西纪程》已认识到西方也有历史悠久的文明，因而对于如何学习西方具有不同于洋务派的独到见解；黄遵宪的《日本国志》虽是一部以日本为对象的史志书籍，但目的在于通过日本看西方，通过西方看中国；郑观应的《盛世危言》已开始反思洋务运动的得失，认为单单学习西方科学技术的做法是行不通的。与他们相反，当时还有许多如倭仁和刘锡鸿之流可笑可怜的螳臂当车者，他们的阻碍导致晚清以来科技转型的步伐迟滞，由此可知思想观念转变的宝贵与不易。

1. 郭嵩焘与《使西纪程》

得益于中央和地方的共同推动，向西方学习科学技术以求自强终于蔚然成风。19世纪60年代以来，中国人对这方面的思考随着中外交往渐趋密切而加

---

① 梁启超. 李鸿章. 何卓恩，评注. 武汉：湖北人民出版社，2004：17.
② 赵尔巽，等. 清史稿：卷四百三十六：列传二百二十三. 北京：中华书局，1977：12366.

深,有关中国与外国情形认识的卓见迭出,堪称振聋发聩者为数不少。这里将试举郭嵩焘的《使西纪程》、黄遵宪的《日本国志》和郑观应的《盛世危言》为例,力图展现后来者与前述魏源、徐继畬、冯桂芬等人思想言论的差别,凸显他们对于西方以及如何学习西方的新认识、新观点。与洋务派一起成长起来却又超越洋务派的郭嵩焘(1818—1891)应为首推之人,"师夷长技以制夷"的观点在他看来仍有可商榷之处。虽然他的主张在当时并没有得到重视①,甚至他个人也被时人所唾弃,但其思想具有的独特价值被后来的历史所证明。

假如仅看郭嵩焘前半生的经历,那么与曾、左、李、沈没有太大的不同,可以说是洋务派出身。他是湖南湘阴人,早年在岳麓书院读书时已结识曾国藩、左宗棠等,1847年(道光二十七年)考中进士。加上前面提及的李鸿章、沈葆桢和沈桂芬,该科所录可谓人才济济。没过几年,因父母先后去世,仕途尚未真正开始的郭嵩焘便回乡守制。很快,太平军进入湖南,于是郭嵩焘先后力促左宗棠与曾国藩出山。1853—1856年,郭嵩焘作为曾国藩的幕僚,为湘军诸事奔走于长江中下游地区。1856—1860年,他以翰林院编修的身份奉命调往北京,曾入值南书房,想要做出一番成绩而不得,又郁郁回乡。1862年(同治元年),受在上海的李鸿章推荐,郭嵩焘以江苏苏松粮储道的身份赴沪,后历任两淮盐运使、署理广东巡抚,四年后再次离职返乡。

虽然在官职上郭嵩焘比洋务派大员们尤其是曾、左、李逊色些,但是他很早就以精通洋务而出名。正是在1862年,初率淮军抵沪的李鸿章觉得势单力薄,难以施展拳脚,尤其是与洋人交涉方面,更是缺乏经验无从下手,于是他写信请求曾国藩派遣郭嵩焘前去襄助。"惟关道与夷人时相交涉,吴挟夷以自固,莫如因其所请,另简贤员识大体者署授,久习夷情与饷数精微,则吾亦不得深持其柄。当世所识英豪,于夷务相近而知政体者以筠仙为最,将来可否奏署此缺,令吴专署藩司,管粮台。俟筠仙到沪,鸿章再带兵赴镇,则根本固而气脉较通。师意如以为然,奉旨后即附奏,更请吾师手函敦促筠公速来救

---

① 典型案例即《使西纪程》书成不久便遭毁版一事,导致《使西纪程》直到百年后才被重新出版。《光绪朝上谕档》1877年(光绪三年)载:"交总理各国事务衙门,本日翰林院编修何金寿奏请毁禁《使西纪程》书一折,军机大臣面奉谕旨:该衙门知道,钦此。相应抄录原奏传知贵衙门钦遵办理可也,此交。"(中国第一历史档案馆. 光绪朝上谕档:第三册 光绪三年. 桂林:广西师范大学出版社,1996:141)

我。"① 其中对郭嵩焘的评价即："于夷务相近而知政体者以筠仙为最。"这与后来郭嵩焘思想的发展方向完全一致。

再观郭嵩焘后半生的经历，因获重新起用而开启出洋经历和外交生涯，已经不同于洋务派。1875年（光绪元年）他被任命为福建按察使，旋因云南"马嘉理案"发生而改任出使英国大臣进行善后。加之他弹劾云南巡抚，主张以此平息英国方面的外交压力，因此而被舆论所抨击诋毁。次年冬，郭嵩焘率团起程访英，一路上将其见闻感想撰写成《使西纪程》。后于1877年抵英就任驻英公使，又兼任驻法公使，成为中国首位常驻外国使节。按照现在的眼光来看，郭嵩焘担任驻外使节期间处事有礼有节，合乎国际礼仪，所取成绩斐然。但是在当时的其他外交人员和国内官民看来，郭嵩焘的行为不仅不合中国礼制，甚至有卖国求荣之嫌。两年后，他在多方压力之下被迫离职回国，再度返乡。回到家乡之后的郭嵩焘虽然仍有家国情怀，关心时事变化，但是已属闲人，直至1891年（光绪十七年）去世。

正是因为郭嵩焘早期的"于夷务相近而知政体"与后期的出洋经历和外交生涯，他在思想观念上已不同于洋务派而具有独到见解。就任福建按察使之初，他就上呈《条议海防事宜》，其中观点可以说是与洋务派"师夷长技以制夷"宗旨有异。"窃以为中国与洋人交涉，当先究知其国政、军政之得失，商情之利病，而后可以师其用兵制器之方，以求积渐之功。"② "师夷长技"方面的"师其用兵制器之方"并不是学习西方的第一步，了解西方国家的"国政""军政""商情"等各领域情况才是首要任务。"嵩焘窃谓西洋立国有本有末，其本在朝廷政教，其末在商贾，造船、制器，相辅以益其强，又末中之一节也。故欲先通商贾之气以立循用西法之基，所谓其本末违而姑务其末者。"③ 这里说西方国家立国"有本有末"更是石破天惊，与认为除天朝上国之外均属蛮夷未开化之国的传统观念相比，具有突破性，完全不同于张之洞为洋务派归结的核心理念——中学为体，西学为用。郭嵩焘认为，政教为本，商贾为末，科技方面的造船、制器属于末之一节。

从《使西纪程》中亦可看出郭嵩焘面对西方时寻求了解和学习的平和心态，与前文所述蒲安臣使团尤其是斌椿使团迥异。比如，郭嵩焘注重掌握各国情形，

---

① 顾廷龙，戴逸. 李鸿章全集：29：信函一. 合肥：安徽教育出版社，2007：76.
② 郭嵩焘. 郭嵩焘全集：第四册. 长沙：岳麓书社，2012：781.
③ 同② 783.

使《使西纪程》具有对比记录作用。"同舟英商斯谛文生言：'在印度种茶三千余亩。中国茶种每亩收二百斤，印度可至三倍。生植岁益加多，近二十年出茶三千万磅。'询之种茶之地，即孟加拉东北之阿萨密也。《瀛寰志略》称其岁得茶二十余万斤，今已逾百倍之多矣。"① 印度引进中国茶叶之后的种茶业发展迅速，与《瀛寰志略》写成时相比仅过去三十年，产量就已相差超过百倍。再如，他又强调西方也有两千年的文明发展史。"西洋立国二千年，政教修明，具有本末；与辽、金崛起一时，倏盛倏衰，情形绝异。其至中国，惟务通商而已，而窟穴已深，逼处凭陵，智力兼胜。所以应付处理之方，岂能不一讲求？并不得以和论。无故悬一'和'字为劫持朝廷之资，侈口张目以自快其议论，至有谓'宁可覆国亡家，不可言和'者，京师已屡闻此言。"② 因此，对西方人轻言战与和都是非常不明智的，与之交涉是复杂且艰巨的任务。

在郭嵩焘看来，对西方的深入了解不仅是为了便于与之交涉，也可以为中国的发展提供借鉴。"西洋以智力相胜，垂两千年。麦西、罗马、麦加迭为盛衰，而建国如故。近年英、法、俄、美、德诸大国角立争雄，创为万国公法，以信义相先，尤重邦交之谊。致情尽礼，质有其文，视春秋列国殆远胜之……（英、俄）足称二霸。而环中国逼处以相窥伺，高掌远蹠，鹰扬虎视，以日廓其富强之基，而绝不一逞兵纵暴，以掠夺为心。其构兵中国，犹展转据理争辩，持重而后发。此岂中国高谈阔论，虚骄以自张大时哉？……轻重缓急，无足深论。而西洋立国自有本末，诚得其道，则相辅以致富强，由此而保国千年可也。不得其道，其祸亦反是。"③ 对中国海上和陆上构成最大威胁的西方国家分别是英国和俄国，但是依靠高谈阔论是无法应对的，需要多种手段多管齐下。最关键的是，西方国家立国自有本末，洋务运动仅学习科学技术等器物层面仍停留于末，需要本末结合才有可能走向富强。

时至今日，对郭嵩焘思想的研究还具有相当热度，其许多观念和主张无疑是熠熠生辉的。在中国科学技术史领域，也有对"中国必须学习西方"归纳总结的"魏源—李鸿章—郭嵩焘问题"④。如果说魏源代表"开眼看世界"，李鸿章

---

① 郭嵩焘. 使西纪程——郭嵩焘集. 沈阳：辽宁人民出版社，1994：22.
② 同① 23.
③ 同① 39.
④ 李伯聪. 中国近现代工程史的"魏源—李鸿章—郭嵩焘问题". 自然辩证法通讯，2013（2）：33-39.

代表"开眼学世界",那么到了郭嵩焘那里,世界已经是更为真实的世界,所以中国需要向西方学习的也就不仅仅限于科学技术领域。换而言之,问题在于为何郭嵩焘在如今看来有先见之明,却不被容于当时。与他类似,黄遵宪和郑观应的故事也发人深省。

2. 黄遵宪与《日本国志》

由于路途遥远和信息不畅等缘故,古代中国对西方世界的发展动态向来知之甚少,但是对于一衣带水的邻邦日本,明清时代的中国人对其向来不乏关注,两国亦不断来往,远者如明朝中后期的倭寇之乱和万历援朝之役,近者如耶稣会向日本传教和德川幕府的闭关锁国。但直到徐继畬撰写《瀛寰志略》时,对日本的记述尚停留于此。"前明中叶,大西洋之葡萄牙尝欲据其海口,又以洋教诱其士人,日本与之战,荷兰以兵船助日本,葡萄牙遁去,故其国与通商者,中国与荷兰而已。"① 对此,薛福成也曾评论说:"近世作者如松龛徐氏、默深魏氏,于西洋绝远之国尚能志其崖略,独于日本考证阙如。"② 然而,西方人也以坚船利炮试图敲开日本的国门,受到冲击的日本人很快反应过来,迅速采取向西方学习的策略。到1887年(光绪十三年)黄遵宪写成《日本国志》时,经过多年改革后的日本已经今非昔比,成为一个不断近代化的东亚强国。

通常认为19世纪60年代末以来的明治维新是日本开启近代化进程的起点,但实际上日本对西方的学习早于此,冯桂芬、李鸿章等人在19世纪60年代初均已注意到日本国内的变化。《校邠庐抗议》(1861年)即言:"前年西夷突入日本国都,求通市,许之,未几,日本亦驾火轮船十数遍历西洋,报聘各国,多所要约,诸国知其意,亦许之。日本蕞尔国耳,尚知发愤为雄,独我大国,将纳污含垢以终古哉?"③ 李鸿章也表达过类似的看法:"日本君臣发愤为雄,选宗室及大臣子弟之聪秀者,往西国制器厂师习各艺。又购制器之器,在日本国制习。现在已能驾驶轮船,造放炸炮。"又说:"我有以自立,则将附丽于我,窥伺西人之短长。我无以自强,则将效尤于彼,分西人之利薮。日本以海外区区小国,尚能及时改辙,知所取法。然则我中国深维穷极而通之故,夫亦可以皇

---

① 徐继畬. 瀛寰志略:卷一. 上海:上海书店出版社,2001:14.
② 薛福成. 日本国志序//黄遵宪. 日本国志:下卷. 天津:天津人民出版社,2005:1.
③ 冯桂芬. 校邠庐抗议. 上海:上海书店出版社,2002:50.

然变计矣。"① 与西方相比，日本国情原本和中国更为相近，却能在面临冲击时迅速做出转变。因此，中国的洋务运动自然有充足理由将日本作为"师夷长技"的先例。

在冯桂芬、李鸿章等人或著书立说，或推行洋务之际，出生于广东嘉应的黄遵宪（1848—1905）仍是正在成长的青少年。从时代背景来看，他属于第一次鸦片战争之后的一代人，从小所处的环境和将要承担的责任都有所不同。1876年（光绪二年）黄遵宪中举，没有继续考进士，次年即以参赞身份跟随首任驻日公使何如璋赴日。他在日五年，悉心留意日本国情，开始撰写《日本国志》。② 1882年（光绪八年），黄遵宪调往美国，任驻旧金山总领事，曾多次为侨民、华工伸张正义。三年后，他回国返乡，谢绝多人邀请而专心著述，1887年（光绪十三年）终于写成四十卷巨著《日本国志》。1889—1894年，他又先后任驻英参赞、驻新加坡总领事等职，已是一位历练多年、经验丰富的外交官。之后，他又回国与维新派人士交往甚密，参与到维新变法运动中。戊戌政变后，黄遵宪得以幸免回乡，直至1905年（光绪三十一年）去世。

从《日本国志》的内容来看，首先自然是一部以日本为对象的史志书。其卷目包括国统、邻交、天文、地理、职官、食货、兵志、刑法、学术、礼俗、物产、工艺等众多领域，关乎国情民生者无所不包，资料丰富，贴近实情。但正如黄遵宪所自述，撰写此书乃是为了"以副朝廷谘诹询谋之意"，每卷之前都有专门议论的"外史氏曰"，虽为记述日本，实则力求有用于中国。他抵达日本时，明治天皇（1867—1912年在位）继位已达十年，因此他对日本明治维新以来的变化感受颇深，所费笔墨亦颇多。例如他在《学术志》中说："且器用之物，原不必自为而后用之，泰西诸国以互相师法而臻于日盛，固无论矣，日本蕞尔国耳，年来发愤自强，观其学校分门别类，亦骎骎乎有富强之势。"③ 日本通过学习西方的科技、教育、军事等可以很快走向富强，为什么中国做不到呢？

---

① 文庆，等. 筹办夷务始末：同治朝卷二十五//《续修四库全书》编纂委员会. 续修四库全书：四一九：史部：纪事本末类. 上海：上海古籍出版社，2002：398-399.

② 关于《日本国志》的写作动机，黄遵宪在书首叙中自述："窃伏自念今之参赞官，即古之小行人、外史氏之职也。使者捧龙节，乘驷马，驰驱鞅掌，王事靡盬，盖有所不暇于文字之末。若为之察属者，又不从事于采风问俗，何以副朝廷谘诹询谋之意？既居东二年，稍稍习其文，读其书，与其士大夫交游，遂发凡起例，创为《日本国志》一书。"（见：黄遵宪. 日本国志：上卷. 天津：天津人民出版社，2005：3）

③ 黄遵宪. 日本国志：下卷. 天津：天津人民出版社，2005：803.

黄遵宪是在通过日本看西方，更是在通过西方看中国。

在《日本国志》中，科学技术是被重点关注的领域。黄遵宪最后专门撰有卷四十《工艺志》，介绍日本的医学、农学、刀剑、铜器、陶器、漆器、造纸等。科技（工艺）成为西方国家富国强兵的重要力量，日本亦是如此。"举一切光学、气学、化学、力学，咸以资工艺之用，富国也以此，强兵也以此，其重之也，夫实有其可重者在也。"相反，中国科学发展不兴，技术发展仅限于工匠，且得不到应有的重视。"后世士夫喜言空理，视一切工艺为卑卑无足道，于是制器利用之事，第归于细民末匠之手，士大夫不复身亲，而古人之实学荒矣。"① 对科学与技术两种发展传统的疏离只是结果，根源还在于科技发展被轻视。所以，他认为中国应该彻底改变这种风气，也将科技（工艺）变为富国强兵源源不断的动力。

书成之后，黄遵宪曾呈送给洋务派大佬李鸿章、张之洞，试图借他们之手广为推行此书，可惜未能实现。李鸿章的评价看似颇高："博稽深考，于彼国改法从西，原委订证，尤为赅备，意在于酌古之中为匡时之具，故自抒心得，议论恢奇，深协觇国采风之旨。"② 张之洞似也高度赞扬："窃遵宪自奉使随槎，在外九载，到日本后周咨博访，维新以后如官职、国计、军制、刑罚诸大政，皆摹仿泰西。但能详志一国之事，即中西五部洲近况皆如指掌。"③ 但实际上李鸿章、张之洞并不十分赞同黄遵宪在书中透露出的观点。比如，《日本国志》在政治上对民主制、君主立宪制的关注和暗许，与清朝皇权统治格格不入。④ 李鸿章与张之洞二人与黄遵宪观点的歧异，是造成《日本国志》未能更早刊行于世的一大原因。⑤

历史仿佛开了一个巨大的玩笑，《日本国志》于 1887 年（光绪十三年）写

---

① 黄遵宪. 日本国志：下卷. 天津：天津人民出版社，2005：986.

② 李鸿章. 李鸿章禀批//黄遵宪. 日本国志：下卷. 天津：天津人民出版社，2005：1008.

③ 张之洞. 张之洞咨文//黄遵宪. 日本国志：下卷. 天津：天津人民出版社，2005：1009.

④ "有一人专制称为君主者；有庶人议政称为民者；有上与下分任事权，称为君民共主者。民主之位，与贤不与子，或数年一易，或十数年一易，无所谓统也；君民共主，或传贤，或传子，君不得私有其国，亦无所谓统也。"（黄遵宪. 日本国志：上卷. 天津：天津人民出版社，2005：35）

⑤ 李长莉. 黄遵宪《日本国志》延迟行世原因解析. 近代史研究，2006（2）：45-64.

成，却直到1895年（光绪二十一年）才由广州的富文斋正式刊行。甲午战争后，深感丧权辱国之痛的中国人才突然发现此书，大为遗憾。梁启超说："乃今知中国，知中国之所以弱，在黄子成书十年，久谦让不流通，令中国人寡知日本，不鉴不备，不患不悚，以至今日也！"① 此后，该书成为维新变法运动的重要思想来源之一，黄遵宪本人也参与到康、梁诸人的运动之中。虽然这已是后话，但至少可以证明，黄遵宪及其《日本国志》所反映的思想主张，在一定程度上已经超越了"师夷长技以制夷"的洋务派。

3. 郑观应与《盛世危言》

中日甲午战败后，国人对中国技不如人及如何应对的反思进入新的阶段。该时期流行的书籍除了《日本国志》，还有郑观应所著的《盛世危言》。但这些著述事实上都诞生于甲午之前，意味着民族图存和社会转型道路上不乏先驱性人物和思想。它们何以产生发展，何以前抑后扬，何以区别于早期开眼看世界者，都是需要厘清的问题。尤其是，黄遵宪和郑观应著书立说时秉承何种科学技术观，与"师夷长技以制夷"有何不同，更足以反映科技转型第二波进程的特点所在。黄遵宪与洋务派大佬们的歧异已经对此有所展现，郑观应的生平与《盛世危言》的内容则更为明显地透露出世道人心的变迁。洋务运动所持"师夷长技以制夷"主张的背后是"中体西用"核心观念，然而单单学习西方科学技术的做法到19世纪末的中国已经行不通，科技转型被认为应该置于更全面的社会转型之中。

正如郑观应所自述的那样，他身处的时代面临着前所未有的变局。"惟今昔殊形，远近异辙，海禁大开，梯航毕集，乃数千年未有之变局。"② 虽然在此之前李鸿章已提出"三千余年一大变局"，但是作为后来者的郑观应比他走得更远。郑观应（1842—1921）③ 是广东香山人，和黄遵宪一样成长于鸦片战争后的中国社会。但他没有走主流的科举入仕道路，即使自幼接受儒学教育，然而

---

① 梁启超. 日本国志后序//黄遵宪. 日本国志：下卷. 天津：天津人民出版社，2005：1006.

② 郑观应. 盛世危言. 王贻梁，评注. 郑州：中州古籍出版社，1998：53.

③ 关于郑观应卒年，王贻梁评注版《盛世危言》记为1921年，但辛俊玲评注版《盛世危言》和夏东元《郑观应》均记为1922年，另有1920和1923年等说法，但夏东元撰《郑观应年谱长编》时根据《申报》讣告又改为1921年（夏东元. 郑观应年谱长编. 上海：上海交通大学出版社，2009：839-840）。

童子试未中即远走上海学习经商,至1860年(咸丰十年)时已成为宝顺洋行的一位年轻买办。在多数人看来,买办是近代为西方经济侵略服务的特殊职业,带有趋炎附势的色彩。郑观应却非如此,是一位具有深厚情怀的爱国者,商务方面的历练使他增长了不少对于时局的见识。从20岁开始,他就已开始将自己的所思编写成书,以期有用于世。后来之所以诞生著名的《盛世危言》,也是他不断思考的成果,线索如下:1862年(同治元年)《救时揭要》,1871年(同治十年)《易言》上下卷本,1875年(光绪元年)《易言》删定本,1893年(光绪十九年)《盛世危言》五卷本。

商业实践使得郑观应成为一位经验丰富的实业家,爱国情怀又使他成为一位殚精竭虑的思想家。宝顺洋行停业后,他曾投资入股或主持经营茶栈、轮船、盐务、造纸、织布、矿务、开垦等多个行业的企业,生意越做越大,实力愈发雄厚,也是一位拥有不少产业的知名民族资本家。1882年(光绪八年),郑观应离开任职的太古轮船公司,应李鸿章要求任官督商办的轮船招商局帮办,后任总办。中法战争时,他曾远赴华南和东南亚,协调抗法事宜。之后时起时落,或奔走于各地,或蛰居于家中,幸得闲暇专心著述。1892年,郑观应再度出任轮船招商局帮办。两年后即1894年(光绪二十年),《盛世危言》五卷本初版刊行。甲午战后的1895年,改为十四卷本增订版。1900年庚子之变起,又改为八卷本增订版。

现今通行版本为八卷本,书末附有郑观应两度增订时的两篇《〈盛世危言〉增订新编后序》,可以体现其思想主张的变与不变。他在1895年增订版后序中说:"惟中日战后,势殊事异,情形已自不同,故复将未尽之言,奋笔书之,冠以地球图说,并附录深通时事者名言伟论,合共二百篇。以期天下人共知病源所在,毋讳疾而忌医,勿畏难而惮改。"① 在1900年增订版后序中他又说:"奈何衮衮诸公不知师长弃短,或卤莽以偾事,或隐忍以偷安,是故中日之役不应战而战,中德之役应战而不战。"② 中德之役即八国联军侵华战争,德国将领瓦德西曾任联军总司令。郑观应认为庚子之役"应战而不战",似乎认为清政府该和列强决战到底。总之,他的增订之举都是为了顺应时局的变化,表达对现实的不满,以重申其变革之思想主张。

通过《盛世危言》,郑观应阐述了西方之所以强大的原因,并借此反思

---

① 郑观应. 盛世危言. 王贻梁,评注. 郑州:中州古籍出版社,1998:548.
② 同①550.

洋务运动的得失。他对西方的认识类似于黄遵宪对日本的认识："乃知其治乱之源，富强之本，不尽在船坚炮利，而在议院上下同心，教养得法。"① 既然西方富强的原因不全在于船坚炮利，那么多年来只知师夷长技的洋务运动就仅在模仿浅层，颇有画虎类犬之意。"年来当道讲求洋务，亦尝造枪炮、设电线、建铁路、开矿、织布以起而应之矣。惟所用机器，所聘工师，皆来自外洋，上下因循，不知通变，德相卑士麦②谓我国只知选购船炮，不重艺学，不兴商务，尚未知富强之本，非虚言也。"③ 尤其是郑观应最具有发言权的是商业，《盛世危言》的副标题即："首为商战鼓与呼"。他认为商业在促进西方社会发展上发挥了巨大作用，中国也应充分认识到提倡商业的重要性。

与发展商业等其他方面相比，郑观应认为发展科技属于必要而非首要。科技在他那里就是"格致"，被视为"教养之方"。"故西人广求格致，以为教养之方。盖世界由弋猎变而为耕牧，耕牧变而为格致，此固世运之迁移，而天地自然之理也。"以生产力的角度来看，科技是推动社会进步的生产力，促进人类从游牧到农耕再到工业的生产方式转变。"我中国生齿四万万，人民甲于五大洲，子此元元，可不亟图教养之方哉？今日之计，宜废八股之科，兴格致之学，多设学校，广植人材，开诚布公，与民更始。"④ 中国的人口是世界上最多的，自然也需要科技（格致）作为"教养之方"。而要想发展科技，就得兴办教育和培养人才，因此八股取士的科举旧路应该被废除。郑观应废除科举的提议早于正式施行十余年，实属大胆的先见之明。

概而言之，郑观应变革图存的主张即如他在《〈盛世危言〉后编自序》之中所言："有国者苟欲攘外，亟须自强；欲自强，必先致富；欲致富，必首在振工商；欲振工商，必先讲求学校、速立宪法、尊重道德、改良政治。"⑤ 其思想后来在维新变法运动中具有极大影响力，但也是部分继承前人思想的产物。1884年，淮军出身的地方重臣张树声临死前曾上遗折："西人立国具有本末，虽礼乐

---

① 郑观应. 盛世危言. 王贻梁，评注. 郑州：中州古籍出版社，1998：50.
② 即今译之俾斯麦。
③ 同① 51.
④ 同① 222.
⑤ 郑观应.《盛世危言》后编自序//夏东元. 郑观应集：下册. 上海：上海人民出版社，1988：11.

教化远逊中华，然驯致富强亦具有体用。育才于学堂，论政于议院，君民一体，上下一心，务实而戒虚，谋定而后动，此其体也。轮船、大炮、洋枪、水雷、铁路、电线，此其用也。中国遗其体而求其用，无论竭蹶步趋，常不相及。"并认为应该改"中体西用"为"西体西用"："圣人万物为师，采西人之体，以行其用。中外臣工，同心图治。"①郑观应对此深以为然，同样主张废弃"中体西用"观。因此到19世纪末，科技转型的脉络呈现出由"开眼看世界"到"开眼学世界"、由"中体西用"到"西体西用"等特征。

4. 可笑可怜的螳臂当车者

先驱性人物和思想虽领先于他们所处的时代，却也意味着往往不被容于当时的社会。同样是面临"三千余年一大变局"，许多人却将导致变化的原因归咎为偏离"孔孟之道""圣人之教""仁义之本"等儒家意识形态，因此认为应对变局的方法就是恢复和恪守传统。晚清以来持类似立场者不少，通常将他们称为保守派、守旧派或顽固派。当然，并非每个人都持有非此即彼的鲜明立场，严格区分洋务派与顽固派、改革派与保守派等不同阵营并不普遍适用。包括一些"开眼看世界"者在内的佼佼者也会有传统的一面，顽固派之中也有从事洋务做过贡献者，对此进行评价时应当坚持就事论事的原则。这里将举一些先驱性人物和思想的反例，即一些可笑可怜的螳臂当车者。现今看来的螳臂当车者，在当时可能反而代表主流。所以通过两方面的对比，力图突出思想观念转变的宝贵与不易。

发生于1867年的同文馆是否开设天文算学馆之争，就可以看出以倭仁（1804—1871）为代表的反对派如何拒斥改革。这导致以奕䜣为首的洋务派只能获得惨胜，构成洋务运动改革不能成功的部分原因。同文馆于1862年（同治元年）设立，原为培养翻译人才的场所。1866年底，奕䜣等奏请增设天文算学馆，扩大学习范围以推进"师夷长技"。很快，先有监察御史张胜藻上疏反对，被谕旨驳回。这只是大论争的前奏，时任文渊阁大学士的理学领袖乌齐格里·倭仁接着上阵，祭出"礼义""人心"的大旗。"窃闻立国之道，尚礼义不尚权谋。根本之图，在人心不在技艺。"占据道德制高点后，倭仁一方面强调"夷人"的可恨，另一方面宣称中国不缺人才。"天下之大，不患无才。如以天文算学必须

---

① 何嗣焜. 张靖达公（树声）奏议//沈云龙. 近代中国史料丛刊：第二十三辑. 台北：文海出版社，1968：559-560.

讲习，博采旁求，必有精其术者。"① 因倭仁的影响力和一贯的政治正确，这些保守的论调很有市场。仿佛仅需讲求"礼义"和"人心"，在"天朝上国"内寻找人才，就可以消除"夷人"带来的危机。

对此总理衙门确实无法直接反驳，只能小心翼翼地避免违背主流意识形态的风险。奕䜣等人抓住倭仁论调中的自大，既然"天下之大，不患无才"，那么就让他保荐天文算学人才，这才赢得一局。"乙亥，谕内阁：前因大学士倭仁奏，天文算学，博采旁求，必有精其术者，曾降旨令其酌保数员，另行择地设馆，由倭仁督饬讲求。兹据该大学士奏称，意中并无其人，不敢妄保等语。倭仁现在既无堪保之人，仍著随时留心。"② 不仅如此，随后又有谕旨任命倭仁为总理各国事务衙门行走。以大学士和理学领袖之尊去洋务运动的领导机关工作，对于倭仁来说显然是不能接受的羞辱。他屡次上疏请辞，又以生病为由乞休，最终没有真的去总理各国事务衙门。奕䜣等洋务派看似赢得胜利，但是由于大论争的影响，同文馆培养天文算学人才的计划遭受巨大挫折，举人、进士、基层官员等拒绝报考，实际取得的成效极其有限。③

同文馆之争是由高层领衔挑起的路线争论，多少有一些象征性的意味。具体到普通官员，究竟持有什么样的看法和立场呢？跟随郭嵩焘访英的副使刘锡鸿即是典型的反面人物，其出使写作的《英轺私记》充分暴露出与《使西纪程》大相径庭的观念。刘锡鸿原为默默无闻的小官，经由郭嵩焘举荐成为副使，但后来郭嵩焘后悔自己做了这个决定。明明具有相似的知识背景和做官经历，并一同出使西方亲身考察，刘锡鸿却得出了与郭嵩焘截然相反的结论。郭嵩焘的观点前面已经论述过，他认识到西方也有两千年的文明，学习西方时应注意到他们"有本有末"。刘锡鸿却把西方文明的发展归功于中国"圣人之教"的辐射，再度上演了一出化"西学东渐"为"西学中源"的讽刺剧目。从郭嵩焘被攻讦和《使西纪程》被毁版的结局观之，可推出刘锡鸿所论能代表主流思想的无奈现实，亦可知突破旧有体制进行转型何其艰难。

---

① 文庆，等. 筹办夷务始末：同治朝卷四十七//《续修四库全书》编纂委员会. 续修四库全书：四二〇：史部：纪事本末类. 上海：上海古籍出版社，2002：202.

② 穆宗实录（五）：卷一九九//清实录：第四九册. 北京：中华书局，1986：560-561.

③ 《清史稿·倭仁传》对此事亦有记载，详见：赵尔巽，等. 清史稿：卷三百九十一：列传一百七十八. 北京：中华书局，1977：11737.

对于西方社会最为突出的先进科学技术，刘锡鸿依然将其视为奇技淫巧。正如倭仁所说的："根本之图，在人心不在技艺。"刘锡鸿也以科技为末，而以人心为本。"非谓用功于身心，反先推求夫一器一技之巧也。一器一技，于正心修身奚与？入学而先事此，不且役乱其心，淆杂其意，愈考索而愈乖其所向哉？"① 他将科学称为实学，认为实学不如"圣人之教"。"此皆英人所谓实学。其于中国圣人之教，则以为空谈无用。中国士大夫或溺其说者，往往附和之。余为之辨曰：彼之实学，皆杂技之小者。其用可制一器，而量有所限者也。"② 对此种科技观，李鸿章早有评价："无事则嗤外国之利器为奇技淫巧，以为不必学。有事则惊外国之利器为变怪神奇，以为不能学。"③ 他们认为科学技术作为奇技淫巧，属于"杂技之小者"和"量有所限者"，会产生"役乱其心""淆杂其意"等负面作用。

科学技术远不如"圣人之教"，被刘锡鸿同时运用于解释中国和西方。"圣人之教"是过去使中国成为"天朝上国"的原因，也是解决当下危机的方法。"祖宗制法皆有深意，历年既久而不能无弊者，皆以私害法之人致之。为大臣者，第能讲求旧制之意，实力奉行，悉去其旧日之所无，尽还其旧日之所有，即此可以复治。"④ "悉去其旧日之所无，尽还其旧日之所有"，这道出了刘锡鸿的根本主张，回到"祖宗法制"就会回到过去美好社会，因此他认为应该拒绝改弦更张，拒绝类似于洋务运动这样"以夷变夏"的改革。如何解释西方的强大呢？"聪明"的刘锡鸿也将其归功于"圣人之教"。"今西洋之俗，以济贫拯难为美举，是即仁之一端；以仗义守信为要图，是即义之一端。"⑤ 西方也在践行"仁"和"义"，"圣人之教"使英国创造今日之富强。"今英国知仁义为本，以臻富强，未始非由久入中国，得闻圣教所致，奈何以为贻害也？"⑥ 这样一来，西方越强大就越能证明"圣人之教"的优越性。

以"圣人之教"来解释西方的富强是彻头彻尾的自我陶醉。更让人哭笑不得的是，刘锡鸿还曾以"一日而数万里"的火车来回应中国为何不应发展铁路。

---

① 刘锡鸿. 英轺私记. 朱纯，杨坚，校点. 长沙：岳麓书社，1986：50.
② 同①127-128.
③ 文庆，等. 筹办夷务始末：同治朝卷二十五//《续修四库全书》编纂委员会. 续修四库全书：四一九. 史部：纪事本末类. 上海：上海古籍出版社，2002：398.
④ 同①125.
⑤ 同①129.
⑥ 同①141.

在英期间，曾有"波斯藩王"前来拜访，言谈间提及铁路。"王曰：'中国何以不制火轮车？'余笑曰：'方今政府，谋于朝廷之上制造大火车。正朝廷以正百官，正百官以正万民，此行之最速，一日而数万里，无待于煤火轮铁者也。'王闻之亦大笑。"①"一日而数万里"的火车是刘锡鸿的"创举"，对此他还颇为自豪。到1880—1881年举国讨论是否修建铁路时，刘锡鸿又是积极反对者。②

螳臂当车者的代表之中，倭仁的危险在于士林领袖的意见会被无数士人奉为圭臬，刘锡鸿的危险则在于少有的出洋经历会增加反对论调的权威性。倭仁和刘锡鸿的背后的思想根源是中国人浸淫上千年的"孔孟之道""圣人之教""仁义之本"。旧有的思想体制和意识形态虽不乏正面作用，但是在面对西方近现代文明时却暴露出保守自大、拒绝变革的弊端。加上其又与皇权统治、科举制等牢牢结合在一起，使刘锡鸿之流层出不穷，造成本已凤毛麟角的郭嵩焘之类人物郁郁不得志，更导致晚清以来科技转型的步伐笼罩在迟滞的阴影之下。

---

① 刘锡鸿. 英轺私记. 朱纯，杨坚，校点. 长沙：岳麓书社，1986：141-142.
② 刘锡鸿于1881年（光绪七年）初所上《缕陈中西情形种种不同火车铁路势不可行疏》中有"势之不可行者八，无利者八，有害者九"。（葛士濬. 皇朝经世文续编：卷一百零三//沈云龙. 近代中国史料丛刊：第七十五辑. 台北：文海出版社，1972：2688-2697）

参考文献

[1] 费正清. 剑桥中国晚清史（1800—1911年）：上卷. 中国社会科学院历史研究所编译室，译. 北京：中国社会科学出版社，1985.

[2] 斌椿. 乘槎笔记. 谷及世，校点. 长沙：湖南人民出版社，1981.

[3] 冯桂芬. 校邠庐抗议. 上海：上海书店出版社，2002.

[4] 葛士濬. 皇朝经世文续编//沈云龙. 近代中国史料丛刊：第七十五辑. 台北：文海出版社，1972.

[5] 关天培. 筹海初集. 清道光刊本影印//王有立. 中华文史丛书之九十五. 台北：华文书局股份有限公司，1969.

[6] 郭嵩焘. 郭嵩焘全集. 长沙：岳麓书社，2012.

[7] 郭嵩焘. 使西纪程——郭嵩焘集. 沈阳：辽宁人民出版社，1994.

[8] 黄遵宪. 日本国志. 天津：天津人民出版社，2005.

[9] 顾廷龙，戴逸. 李鸿章全集. 合肥：安徽教育出版社，2007.

[10] 梁发. 劝世良言. 美国哈佛大学藏本//吴相湘. 中国史学丛书. 台北：台湾学生书局，1985.

[11] 刘锡鸿. 英轺私记. 朱纯，杨坚，校点. 长沙：岳麓书社，1986.

[12] 魏源. 圣武记. 韩锡铎，孙文良，点校. 北京：中华书局，1984.

[13] 魏源. 魏源全集. 长沙：岳麓书社，2004.

[14] 文庆，等. 筹办夷务始末//《续修四库全书》编纂委员会. 续修四库全书：史部：纪事本末类. 上海：上海古籍出版社，2002.

[15] 徐继畬. 瀛寰志略. 上海：上海书店出版社，2001.

[16] 张德坚. 贼情汇纂//沈云龙. 近代中国史料丛刊：第二十二辑. 台北：文海出版社，1973.

[17] 张德彝. 航海述奇. 钟叔河，校点. 长沙：湖南人民出版社，1981.

[18] 朱孔彰. 中兴将帅别传//四部备要：第四十六册. 北京：中华书局，1989.

[19] 左宗棠. 左宗棠全集. 长沙：岳麓书社，2014.

[20] W. C. 丹皮尔. 科学史及其与哲学和宗教的关系. 李珩，译. 张今，校. 桂林：广西师范大学出版社，2001.

[21] 褚德新，梁德. 中外约章汇要：1689—1949. 哈尔滨：黑龙江人民出版社，1991.

[22] 郭毅生. 太平天国历史地图集. 北京：中国地图出版社，1989.

[23] 何嗣焜. 张靖达公（树声）奏议//沈云龙. 近代中国史料丛刊：第二十三辑. 台北：文海出版社, 1968.

[24] 胡思敬. 国闻备乘. 北京：中华书局, 2007.

[25] 康有为. 康有为全集. 姜义华, 张荣华, 编校. 北京：中国人民大学出版社, 2007.

[26] 来新夏. 林则徐年谱长编. 上海：上海交通大学出版社, 2011.

[27] 梁启超. 中国近三百年学术史. 新校本. 夏晓虹, 陆胤, 校. 北京：商务印书馆, 2011.

[28] 梁启超. 李鸿章. 何卓恩, 评注. 武汉：湖北人民出版社, 2004.

[29] 林则徐全集编辑委员会. 林则徐全集. 福州：海峡文艺出版社, 2002.

[30] 罗尔纲. 太平天国史纲. 北京：商务印书馆, 1937.

[31] 茅海建. 天朝的崩溃：鸦片战争再研究. 北京：生活·读书·新知三联书店, 1995.

[32] 茅家琦. 太平天国通史. 南京：南京大学出版社, 1991.

[33] 闵尔昌. 碑传集补//周骏富. 清代传记丛刊：综录类五. 台北：明文书局, 1985.

[34] 穆宗实录//清实录. 北京：中华书局, 1986.

[35] 钱基博, 李肖聃. 近百年湖南学风·湘学略. 长沙：岳麓书社, 1985.

[36] 仁宗实录//清实录. 北京：中华书局, 1986.

[37] 王兆春. 世界火器史. 北京：军事科学出版社, 2007.

[38] 王兆春. 中国火器史. 北京：军事科学出版社, 1991.

[39] 文宗实录//清实录. 北京：中华书局, 1986.

[40] 吴国盛. 科学的历程. 2版. 北京：北京大学出版社, 2002.

[41] 夏东元. 郑观应年谱长编. 上海：上海交通大学出版社, 2009.

[42] 夏东元. 郑观应集. 上海：上海人民出版社, 1988.

[43] 徐珂. 清稗类钞. 北京：中华书局, 1984.

[44] 宣宗实录//清实录. 北京：中华书局, 1986.

[45] 张之洞. 劝学篇. 李忠兴, 评注. 郑州：中州古籍出版社, 1998.

[46] 赵尔巽, 等. 清史稿. 北京：中华书局, 1977.

[47] 郑观应. 盛世危言. 王贻梁, 评注. 郑州：中州古籍出版社, 1998.

[48] 郑振铎. 晚清文选. 北京：中国社会科学出版社, 2002.

[49] 中国第一历史档案馆. 光绪朝上谕档. 桂林：广西师范大学出版社, 1996.

[50] 中国科学院哲学研究所中国哲学史组. 中国哲学史资料选辑·近代之部. 北京：中华书局, 1962.

[51] 中国历史研究社. 庚子国变记. 上海：神州国光社, 1946.

第二章 开旁门、师夷技、办洋务

面对技不如人的现实,清廷内部在寻求自强的口号下兴起办洋务的风潮。这场自强运动从19世纪60年代开始至90年代,历时30余年。其宗旨既是魏源先前所说的"师夷长技",也是张之洞后来所说的"中体西用",因而办洋务的主要内容恰恰落实于科学技术方面。这场运动时空跨度极大、牵涉范围极广,新政发轫与终结的情形均很复杂,遑论运动过程当中的方方面面。本章从自强运动何以开启谈起,首先聚焦于出现在北京和全国层面的新机构,如总理衙门、总税务司署、同文馆等;其次关注各地方各领域的改良措施,如江南制造局、北洋水师、铁路和电报、军事学堂等;最后专论渐开新气象的文教事业,如幼童出洋留学、墨海书馆、格致书院、中国科学家等。此外,再度来华的西方传教士们也颇为活跃,以教会学校和医院等外来事物引导本土转型。它们共同构成19世纪下半叶中国科技转型的总体态势。

一、自强运动与科技转型

经过近代文明20年左右的冲击,中国人不仅在思想上接受洗礼和进行反思,而且在实践上也终于开始付诸行动。如此说来,1860年发端的自强运动才是科技转型的真正标志。"实际上1860年同样是一个重要年份,就社会观念的新陈代谢来说,它比1840年具有更加明显的标界意义。"[①] 呈现新陈代谢的不仅仅是社会观念,由于自强的呼声高涨,致力于开旁门、师夷技和办洋务的新政也在这一时期启动。总理各国事务衙门是为新政设立的行政机关,也是自强运动的中央主要领导机关;总税务司署,既是中国社会半殖民地化的特殊标志之一,也是移植西方体制较为成功的一个案例;同文馆是总理衙门的另一大直属单位,也是中国近代的第一所新式学校。它们均扮演着多重角色,有力地推动

---

① 陈旭麓. 近代中国社会的新陈代谢. 上海:上海社会科学院出版社,2005:109.

了科技转型进程。

1. 自强的呼声与新政的发轫

有关19世纪60年代兴起的自强运动,其更为耳熟能详的名称是洋务运动,与之相关的名称还有"同治中兴""同光新政"等。洋务运动的定义如下:"19世纪60年代到90年代在中国社会发生的洋务运动,是一场清政府为了拯救其垂危统治,以引进和学习西方先进的科学技术,创办和发展军用工业、民用工业企业,编练建设新式海军海防、陆军,并相应培养新型人才为中心,以达到富强目的的活动。"① 这一场前后持续30余年的运动,正是以寻求"自强"为共同目标,引进和学习了不少西方的先进科学技术,标志着科技转型第二波已经由思想观念层面落实到实践操作层面。当然,两种层面既相互区别又相互融合,自强的呼声对应于新政的发轫。

何为自强?从比较的视野来理解,简单地说就是承认自身技不如人,需要提升和增强实力。鼓吹自强的理论家如冯桂芬,实干家如李鸿章、奕䜣等,前文均已有提及。他们为此开出的方子就是被谁欺负便向谁学习,因此要师夷长技。冯桂芬在《校邠庐抗议》的《收贫民议》中说:"法苟不善,虽古先吾斥之;法苟善,虽蛮貊吾师之。"② "虽蛮貊吾师之"体现的就是虚心学习的务实态度。但是,此时向西方学习是有限的,集中于科学技术尤其是军事科技以及与之相关的领域。其宗旨即如冯桂芬所言:"以中国之伦常名教为原本,辅以诸国富强之术。"③ 也就是后来由张之洞归结的"中学为体,西学为用"。中国的"伦常名教"依然具有高度优越性和不可替代性,只要学习西方国家的"富强之术"即可。"中体西用"成为自强运动的指导思想和核心宗旨。

以上所澄清的主要问题是:为什么学?向谁学?学什么?接下来需要解决的问题是:在寻求自强时,怎么学?奕䜣等人曾经在奏疏中陈说:"自强以练兵

---

① 夏东元洋务运动史. 上海:华东师范大学出版社,1992:1. 该书在2010年修订本的前言中又说:"中国近代史进程中,1861—1901年的洋务运动即是一场近代化运动。"并对近代化做了一番解释,不仅在时间限定上更为具体,而且在整体内涵上有所更新,但正文定义基本未变。(夏东元. 洋务运动史. 修订本. 上海:华东师范大学出版社,2010:1-13)

② 冯桂芬. 校邠庐抗议. 上海:上海书店出版社,2002:75.

③ 同②57.

为要，练兵又以制器为先。"① 得出"练兵""制器"的结论，是因为两次鸦片战争和太平天国对清王朝的冲击，首先都表现于军事方面。若把时间定格于1860年（咸丰十年），会发现清朝确实面临着入关200多年以来最大的危机。首都北京沦陷于英法联军之手，南方的政治和军事中心江宁（南京）也已被太平军占领割据7年之久。贪婪成性的沙俄趁机入侵中国东北，通过签订1858年《瑷珲条约》和1860年《北京条约》，割占上百万平方千米的领土。因此，冯桂芬1861年撰写《校邠庐抗议》时还说："我大清国北自兴安岭，南至崖州，距四十三度，计万七百余里；东自库页岛，西至噶什喀尔，距七十七度，计万九千余里。"② 事实上此时的东北边界已从外兴安岭退至黑龙江和乌苏里江。虽然清朝高层统治者们并不认为东北国土丧失是心腹大患，而只是"肘腋之忧"，但是如此种种，说明曾以武功自傲的清廷已经不得不学习"练兵"和"制器"。

怎么学的问题还涉及采取何种引进方式，阿思本舰队就是反面例子。出于和太平军在长江中下游作战的需要，又因第二次鸦片战争后议和完成，清政府在英国人的建议下决定购买英国舰船，组建中国近代海军。1861年（咸丰十一年）奕䜣等正式奏请采购，曾国藩等地方重臣也表示赞同："至恭亲王奕䜣等奏请购买外洋船炮，则为今日救时之第一要务。"③ 从长期来看，也包含着安内之后攘外的"制夷"目的。但是，总税务司英国人李泰国（Horatio Nelson Lay）受命购买后却隐藏着私心。1862年（同治元年），他勾结英国海军军官阿思本（Sherard Osborn），花费80万两白银购得并不算最先进的"江苏号"、"中国号"、"北京号"、"天津号"、"广东号"、"厦门号"、"穆克德恩号"和"巴拉莱特号"，并擅自雇用600多名英国人充作舰队官兵，让阿思本担任这支舰队的司令。

在购买和组建舰队的各项事宜中，李泰国违背事先约定而擅自做主的不少。1863年（同治二年），他以中国方面全权代表的身份与阿思本签订"十三条"，干涉中国内政的狼子野心暴露无遗。如第一条规定必须承认阿思本为舰队司令：

---

① 文庆，等. 筹办夷务始末：同治朝卷二十五//《续修四库全书》编纂委员会. 续修四库全书：四一九：史部：纪事本末类. 上海：上海古籍出版社，2002：394.
② 冯桂芬. 校邠庐抗议. 上海：上海书店出版社，2002：48.
③ 中国科学院近代史研究所史料编辑室，中央档案馆明清档案部编辑组. 洋务运动：第二册. 上海：上海人民出版社，1961：225.

"中国现立外国兵船水师，阿思本允作总统四年，但除阿思本之外，中国不得另延外国人作为总统。"第二条规定阿思本可管辖中国几乎所有船只："阿思本作为总统，凡中国所有外国样式船只或内地船雇外国人管理者，或中国调用官民所置各轮船，议定嗣后均归阿思本一律管辖调度。"第四条规定舰队仅听命于李泰国，李泰国则直接受命于朝廷："凡朝廷一切谕阿思本文件，均由李泰国转行谕知，阿思本无不遵办，若由别人转谕，则未能遵行。"① 凡此十三条，倘若照办，中国海军就会沦为李泰国和阿思本的私人之物，也将是受英国控制的工具。当年李泰国率阿思本舰队抵达中国，朝野上下为之哗然。后几经交涉无果，舰队被解散，船只被带回英国变卖。阿思本舰队的失败使得清政府首次建设近代海军的希望落空，并付出大量的人力、物力代价。失败的教训也极其深刻，"练兵""制器"等举措不可假于外人之手，办理洋务时寻求"自强"的动力得到加强。

至于为"自强"而推行新政的开端，应属1861年1月（咸丰十年十二月）由奕䜣、桂良和文祥联名上奏的六条章程。其时第二次鸦片战争结束，议和刚刚完成，奕䜣等认识到国内外情势的变化。一方面，西方列强并没有直接吞并瓜分中国之意，不是清朝统治的最大威胁。"是该夷并不利我土地、人民，犹可以信义笼络，驯服其性，自图振兴，似与前代之事稍异。"② 另一方面，当时的内忧外患，以内忧最为严重。太平军、捻军是"心腹之害"，沙俄是"肘腋之忧"，英国是"肢体之患"。"故灭发、捻为先，治俄次之，治英又次之。"因此他们提出六条章程，包括：（1）设立总理各国事务衙门，专门负责"夷务"；（2）南北口岸分设五口通商大臣（后为南洋通商大臣）和三口通商大臣（后为北洋通商大臣）；（3）新增各口关税就近由公正廉明之地方官管理；（4）各省夷务办理时，须知会当地将军、总督和巡抚；（5）培养外语翻译人才；（6）各地定期汇总上报外国新闻报纸。

奕䜣等人上奏的六条章程得到咸丰皇帝的基本肯定，变革由此启动。第一次鸦片战争结束时，虽然清政府也被迫签订屈辱的《南京条约》，但此后20年左右并无改变政治之举，依旧沉浸在天朝上国的旧梦中。到第二次鸦片战争结

---

① 哈恩忠. 同治初年筹建阿思本舰队始末. 历史档案，1993（3）：132.
② 下述"六条章程"内容，均出自该奏疏，详见文庆，等. 筹办夷务始末：咸丰朝卷七十一//《续修四库全书》编纂委员会. 续修四库全书：四一八：史部：纪事本末类. 上海：上海古籍出版社，2002：315-319。

束时，统治阶级中的先觉者们才在内外交困中意识到不变不行。也只有在国都被外人攻占后，他们才不得不承认中国技不如人，即使这种技不如人仅仅是"用"而非"体"。无论是"用"还是"体"，只要开始改变它们就得改变体制。六条章程意味着固有的体制已经被打开了一个小缺口，科技转型的曙光也将通过这个小缺口照射进来。

2. 总理各国事务衙门的多重角色

总理各国事务衙门通常简称为总理衙门，是自强运动中首个设立的行政机关。按照奕䜣等的六条章程所言，其创设理由为："查各国事件，向由外省督抚奏报，汇总于军机处。近年各路军报络绎，外国事务，头绪纷繁。驻京之后，若不悉心经理，专一其事，必致办理延缓，未能悉协机宜。"即为了专门处理"夷务"，负责与西方人打交道。并且它被定位为一个临时性的机构："俟军务肃清，外国事务较简，即行裁撤，仍归军机处办理，以符旧制。"① 为打败自己的西方人，尤其是先前被看轻的"夷人"而特设机构毕竟是不光彩的。因此从最初动机来说，总理衙门的主要业务应当是外交方面。但后来的实际情况表明，总理衙门逐渐发展为一个以外交为主，兼具教育、商业、军事、工矿、邮电等多方面职能的特殊机构。这其中的许多职能事实上均与科学技术有关，是自强运动中主导学习西方科技的重要部门之一。

1861年1月（咸丰十年十二月），咸丰皇帝正式批准设立总理衙门。"京师设立总理各国通商事务衙门，著即派恭亲王奕䜣、大学士桂良、户部左侍郎文祥管理。并著礼部，颁给'钦命总理各国通商事务'关防。应设司员，即于内阁、部院、军机处各司员章京内，满、汉各挑取八员，即作为定额，毋庸再兼军机处行走，轮班办事。"② 所以，总理衙门的钦定全称为总理各国通商事务衙门，首任大臣为奕䜣、桂良和文祥三人。就种类而言，后来随着人数增多，曾分为管理大臣、帮办大臣、行走大臣和大臣上行走，前面提及之倭仁即属最后一种。就惯例而言，总理衙门大臣往往由军机大臣兼任，但并非绝对。③ 如初设

---

① 文庆，等. 筹办夷务始末：咸丰朝卷七十一//《续修四库全书》编纂委员会. 续修四库全书：四一八. 史部：纪事本末类. 上海：上海古籍出版社，2002：315.

② 文宗实录（五）：卷三三七//清实录：第四四册. 北京：中华书局，1987：1022.

③ 关于总理衙门大臣的分类、人数、名字等具体情况，详见：单士元. 总理各国通商事务衙门大臣年表. 故宫博物院院刊，1990（2）：3-10.

时之三大臣仅文祥为军机大臣。就人数而言，之后渐渐增多，次年即增至七人，大多稳定为七八人，部分年份多达十几人。

就外交事务而言，与西方国家交往原先被纳入朝贡体制之中。清朝主管对外交往的部门主要有礼部和理藩院。礼部方面，清初原有隶属礼部主客司之会同馆，负责朝贡事宜。另有四译馆隶属于翰林院，内设回回、缅甸、百夷、西番、高昌、西天、八百、暹罗八馆，负责朝贡过程中的翻译事宜。1748年（乾隆十三年），会同馆和四译馆被合并为会同四译馆，隶属于礼部主客司，由一位兼鸿胪寺少卿衔的礼部郎中领导。① 理藩院方面，原为清朝统治蒙古、回部、西藏等地少数民族而专设的机构。"尚书掌内外藩蒙古、回部及诸番部，制爵禄，定朝会，正刑罚，控驭抚绥，以固邦翰。"② 比较特别的是，与俄国的交涉事务也被归入理藩院的管辖范围。所以，除俄国外，西方国家原本与清朝交往都是通过礼部进行的。

总理衙门成立后，与列强交涉事务均被转移至此，外交成为其负责的业务。这个临时性机构一直没有被裁撤，而作为重要部门持续运作达四十年之久。1901年（光绪二十七年），根据《辛丑条约》的规定，总理衙门改制为外务部。正因如此，《清史稿·职官志》就将总理衙门归为外务部的前身进行简述。另外，总理衙门对外交往的属性，从其内设机构也能看出。刚成立时，总理衙门极其简单，后来分股办事，先后设置有英国股、法国股、俄国股、美国股、海防股、司务厅、电报处、清档房等机构。这种设置所反映出的职能范围，显然已超越咸丰皇帝所赋予的"总理各国通商事务"。"自19世纪60年代起清政府所兴办的一切洋务事业，都是总署的主要公务。概言之，外交和洋务是总理衙门的职能范围。"③ 如此来说，总理衙门的职能可以用"洋务"来概括。

对外属于总理衙门的职能范围，对内则关系到职能是否能有效发挥。对于五口通商大臣（南洋通商大臣）和三口通商大臣（北洋通商大臣）而言，总理衙门在业务上与其实际上是大体平行的。但是，由于担任总理衙门大臣者通常是宗室亲王、大学士、军机大臣等，所以在地位上要比通商大臣尊贵些。这一

---

① 《清史稿·职官志》载："乾隆十三年，省四译馆入礼部，更名会同四译馆，改八馆为二，曰西域，曰百夷，以礼部郎中兼鸿胪寺少卿衔一人摄之。"（赵尔巽，等. 清史稿：卷一百一十四：志八十九. 北京：中华书局，1977：3284）

② 赵尔巽，等. 清史稿：卷一百一十五：志九十. 北京：中华书局，1977：3298.

③ 吴福环. 清季总理衙门研究. 乌鲁木齐：新疆大学出版社，1995：19.

点对于各省总督、巡抚和将军而言也基本适用。对于军机处和内阁而言,总理衙门代行了一些原属于它们的外交、洋务事宜,但是并未影响其原有的主要职能。总的来说,总理衙门属于部分调整传统政治制度的产物,既有另辟蹊径的创新性,也有受人掣肘的局限性。在皇权统治的体制下,总理衙门并无过高的直接管辖、指挥权。以长时期领导总理衙门的恭亲王奕䜣为例,其沉浮直接关系到总理衙门的权力运行,证明总理衙门容易受到高层权力斗争的波及;以中国派使出洋和外使觐见清帝之晚为例,又可见总理衙门的运作仍深受传统思想观念和意识形态的束缚。

在新旧并立且复杂艰难的情势下,总理衙门仍为引进西方科学技术做了不少事。其一,总理衙门下辖的直属单位——同文馆,乃是培养翻译人才的场所。上一章曾提到,1866年(同治五年)底,奕䜣等奏请增设天文算学馆,扩大人才的教学和培养范围,结果招致以文渊阁大学士、理学领袖倭仁为首的反对派攻击,引发一场轩然大波。事后,总理衙门仍未放弃,继续努力尝试将同文馆学生所学由专门语言类变为包括科学在内的"西学"类。其二,总理衙门下辖的另一直属单位——总税务司署,虽非实际直属,但总税务司由总理衙门任命。该机构虽非主司科学技术之机关,但对于近代中国科技转型也具有非同寻常的意义。其三,为贯彻"自强以练兵为要",奕䜣等于1861年(咸丰十一年)奏请成立神机营。"神机营的创设,实是首开清朝经制军队近代化的进程,颇具时代意义。"[①] 以奕䜣领衔的总理衙门试图运用西方军事训练和武器改造八旗军队,并为神机营提供经费。

诸如此类,可列举的与科技相关之事还有很多。针对同文馆、总税务司署等曾发挥重要作用的机构,下文还将专为论述。总之,包括总理衙门在内的许多新设机构均是应处理"洋务"需求而立,实际操作中受外人轻侮有之,受国人质疑亦有之,其自身也不乏局限性。然而,正所谓不破不立,依靠原有的官僚体系已无法应对三千年未有之变局,个别优秀人物和部分先进思想也只能作用于一时一地。恰如自强的呼声,同样具有空洞敷衍的弊端。"'自强'一词就变成与其说是一个号召为革新而作真正努力的呼吁,倒不如说是一个用来为开支辩护和为官僚既得利益集团服务的口号。"[②] 无论如何,总理衙门等新设机构

[①] 张能政. 清季神机营考述. 史学月刊, 1988 (5): 60.
[②] 费正清. 剑桥中国晚清史 (1800—1911 年): 上卷. 中国社会科学院历史研究所编译室, 译. 北京: 中国社会科学出版社, 1985: 479.

不仅扮演过多重角色，而且是突破旧有体制的一大步。其结果虽不尽如人意，但预示着不可阻挡的变革潮流，并为科技转型提供了行之有效的方向和道路。

3. 赫德与总税务司署

从赫德与中国海关长约半个世纪的故事来看，近代中国海关并非自强运动的直接产物，赫德亦非全心全意帮助中国寻求自强之人，然而其与自强运动有着密不可分的联系，对于中国近代史也有着极为深远的影响。"海关乃是不平等条约制度下所形成的清帝国与西方列强之间妥协方式的重要核心。在整整一个世纪里（1842—1943），这一行政机构调解促成了中国与外部世界日益频繁的接触与往来。由于赫德身处海关中心，他个人的作用影响了整个部署，而他的个人经历的意义也远远超出作为一部冒险故事所显示的人情味。"① 赫德所领导的中国海关，既是中国社会半殖民地化的特殊标志之一，也是移植西方体制较为成功的一个案例。就科技转型来说，其不仅为"办洋务"提供必不可少的经济支持，而且直接参与引进西方科学技术的部分实践活动。

海关在中国算不上新鲜的舶来品，清朝设置海关的历史可追溯到 17 世纪下半叶。1684 年（康熙二十三年），开海禁，实行"四口通商"，是"海关"名称之始。"是时始开江、浙、闽、广海禁，于云山、宁波、漳州、澳门设四海关，关设监督，满、汉各一笔帖式，期年而代。"② 后来略有调整，至 1757 年（乾隆二十二年）改为仅限广州一口通商。虽然当时的海关职能与近代海关有颇多相似之处，但是受朝贡体制下的贸易政策所限，对外贸采取诸多限制措施，其宗旨仍在于限制与外国的交往。早期的海关并不直接管理外贸，而是通过行商进行。"行商一方面垄断进出口贸易具体业务，并向海关保证交纳税款，另一方面又代表政府和海关约束外商活动。"③ 著名的十三行（公行）就于 1720 年（康熙五十九年）在广州成立，这种中外贸易的十三行体制直到第一次鸦片战争后才逐渐被取消。

中英《南京条约》的签订，意味着中国的关税自主权逐步丧失，旧有的中外贸易和海关体制也随之面临改变。《南京条约》第十条规定："前二条内言明

---

① 赫德. 赫德日记——步入中国清廷仕途. 傅曾仁, 等译. 北京：中国海关出版社, 2003：1.
② 赵尔巽, 等. 清史稿：卷一百二十五：志一百. 北京：中华书局, 1977：3675.
③ 姚永超, 王晓刚. 中国海关史十六讲. 上海：复旦大学出版社, 2014：67.

开关俾英国商民居住通商之广州等五处，应纳进口、出口货税、饷费，均宜秉公议定则例，由部颁发晓示，以便英商按例交纳。"① 这里还只是说关税应"秉公议定则例"。1844 年中美《望厦条约》第二款又规定："倘中国日后欲将税例更变，须与合众国领事等官议允。"② 这就由"秉公议定则例"变为"须与合众国领事等官议允"，中国不再可以自行修订关税。不仅如此，英国人还趁着 1854 年太平天国和上海小刀会起义风起云涌之际，占领并接管上海的江海关，宣告外国人帮办监管税务的新体制建立。于是，新式海关逐渐建立起来，原来受各省督抚管辖的各口岸海关，也被新式海关统一垂直管理。最终实现这个目标的正是赫德及其领导的总税务司署。

也正是在 1854 年，年仅 19 岁的赫德（Robert Hart，1835—1911）以驻中国编外译员的身份到达香港，开启了他在中国大半生的传奇经历。他出生于北爱尔兰，彼时整个爱尔兰均属英国。无论在北爱尔兰还是在英国的时光，在赫德的一生当中都没有在中国的时光那么长。令后人尤其是后世学者感到惊喜的是，赫德在中国期间保持着写日记的良好习惯。因此，《赫德日记》是透过一位维多利亚时代英国人之眼看中国的重要记录。例如，他初到香港时太平天国起义方兴未艾，但他根据消息便已判断今后的大致趋势。1854 年 8 月 28 日他写道："结果可能使帝国分裂：'清'王朝完全覆灭似不可能。"③ 又如，初来乍到的赫德也经历过对陌生环境的不适应和对家乡的思念，来华三个月就曾想回国。当年 10 月 3 日他写道："今晚我可以说已下定决心，决定明年回爱尔兰去，到家乡去做一名律师。"④ 这些日记的内容，展现出赫德年轻而又真实的形象。

抵华后，赫德辗转于上海、宁波、广州等多地，后由领事馆转至海关任职。因他努力学习中文，对中国社会文化的理解也相当深刻和到位，很快便崭露头角。1859 年，被两广总督何桂清任命为总税务司者原为李泰国。1861 年，新成立的总理衙门正式任命李泰国为总税务司，但李泰国休假未履职，由赫德代为署理。对于阿思本舰队一事，赫德也是发起者之一，却成为计划失败后的最大赢

---

① 褚德新，梁德. 中外约章汇要：1689—1949. 哈尔滨：黑龙江人民出版社，1991：71.

② 同① 87.

③ 赫德. 赫德日记——步入中国清廷仕途. 傅曾仁，等译. 北京：中国海关出版社，2003：17.

④ 同③ 25.

家。当李泰国的鲁莽与野心引起矛盾时，赫德扮演着调解者的角色。1863年6月22日他写道："我成功地使李泰国开始商谈某些细节，并同意指派一名中国（总统）；然后我让他叫人拿来纸笔，由董恂立即着手就各条款写出一些批注。我希望这些批注会使恭亲王满意，并便于此事的进行。"① 诸如此类，最后调解以失败告终，然而赫德却获得奕䜣和文祥的肯定与信任。在那个清政府向西方妥协和中英关系转折的年代里，赫德以中国海关领导者的身份真正走上了历史舞台。

身为外国人而管理中国的重要机关，赫德在日记中表露过他所奉行的宗旨。一方面，其基本立场是致力于让清政府按已签订的条约行事，从而维护英国等列强的利益。"对该政府的指望应当是它将致力于忠实地履行它所缔结的条约；而且除按这些条约的条款和平行事外，如果它能倾听外国公使的申诉，我认为这就于愿已足。"另一方面，对于使中国走向近代化的目标，不能操之过急，而需要慢慢来。"我们不能要求他们立即变革；事实上，任何这种要求很可能推迟而不是加速有益的变革。"② 赫德凭此同时获得中英双方的支持，并通过海关拥有影响中国时局的巨大能量。1863年11月29日，从北京抵达上海不久的他收到总理衙门对他的正式任命。此时海关刚开始在13个通商口岸立足，每年提供给清政府的关税是白银748 200两。到他离职时，口岸数达到43个，关税达到白银3 168 000两，员工上万人。

至于科学技术方面，既在于赫德领导的海关为自强运动提供经济支持，也在于其直接参与许多相关引进活动当中。总理衙门的许多开支，以及许多中外合办新政的开支，都直接由海关税收支付；最早时候，赫德曾为阿思本舰队提出较可行的建议，如炮艇配备欧洲指挥官与水手17名，中国水手30名，把与常胜军相似的编制从陆军搬到了海军；阿思本舰队遣散后，赫德继续关注中国的武器采购，参与北洋舰队的组建，后来甚至试图在总税务司署下成立总海防署；1865年，他向总理衙门递交了《局外旁观论》，表达对中国国情的判断和改革的建议，曾引起一定的重视③；1866年，他借休假的机会随斌椿使团出访，

---

① 赫德. 赫德日记——步入中国清廷仕途. 傅曾仁，等译. 北京：中国海关出版社，2003：356.

② 同① 327-328.

③ "又谕，总理各国事务衙门奏，据总税务司呈递《局外旁观论》、英国使臣呈递《新议论略》，于中外情形，深有关系。请饬交沿海沿江通商口岸地方各督抚大臣妥议一折。"[穆宗实录（五）：卷一六九//清实录：第四九册. 北京：中华书局，1987：72-73]

试图促进清朝在西方国家建立使馆，加强外交关系；海关还负责航道测量、气象与水文观测、海港检疫等海务和港务方面业务；除上述外，包括初期的大学、现代海军、现代邮局、外交部门、出版机构等的建立，背后都有赫德的身影。

不可否认，由外国人领导中国海关本身是屈辱的，赫德的私心并不少。但是从赫德自身来看，他所做的工作是相当成功的。海关和海关办的邮政"是洋人替我们代管的最有效率、有最好人事制度、员工薪给福利最好而贪污绝少的两个现代化机关"①。旧制度、旧机构既已腐败堕落，政治和社会转型就会必然发生。在这个过程中应该看到，赫德几十年来对中国近代科技转型做过一些贡献。

4. 近代首所新式学校：同文馆

创建于北京的同文馆是总理衙门的另一大直属单位，也是中国近代的第一所新式学校。同文馆的历史也要追溯到1861年（咸丰十年底）奕䜣、桂良和文祥所上奏的六条章程，其第五条建议由各省选派精通西学人才来京，并选拔资质优良的八旗子弟接受外语教学。"闻广东、上海商人，有专习（英、佛、米三国文字语言之人）请饬各该省督抚，挑选诚实可靠者，每省各派二人，共派四人，携带各国书籍来京。并于八旗中挑选天资聪慧，年在十三四以下者各四五人，俾资学习。"还说："所有学习各国文字之人，如能纯熟，即奏请给以优奖，庶不至日久废弛。"② 培养翻译人才的初衷自然是满足办洋务时与西方人打交道的实际需要。1862年（同治元年），同文馆正式在总理衙门（位于北京城东的东堂子胡同）内开始上课，共持续约四十年。回顾同文馆的背景渊源和发展历程，可以发现其所兴办的教育之所以称为新式，很大程度上是因为与科技转型具有密切联系。

早在同文馆设立之前，北京已有两个培养翻译人才的官方机构。其一即前文提及的四译馆，后被并为隶属礼部的会同四译馆。从其原属翰林院时所设的八馆（回回、缅甸、百夷、西番、高昌、西天、八百、暹罗），可知并无针对西方国家的翻译培养计划。其二为俄罗斯文馆，由内阁和理藩院共同管理。初设于1708年（康熙四十七年），专门培养俄语翻译。这被奕䜣等援引为可行的先

---

① 唐德刚. 晚清七十年. 长沙：岳麓书社，1999：179.

② 文庆，等. 筹办夷务始末：咸丰朝卷七十一//《续修四库全书》编纂委员会. 续修四库全书：四一八：史部：纪事本末类. 上海：上海古籍出版社，2002：318.

例，故在初创同文馆时多以俄罗斯文馆章程为模板。1860年之章程中就说："从前俄罗斯馆文字，曾例定设立文馆学习，具有深意。"1862年，总理衙门又进呈详细的《新设同文馆酌拟章程六条》，更是条条都强调俄罗斯文馆旧例。① 随后，俄罗斯文馆也被并入同文馆。从传统中求得突破，既有谨小慎微的无奈，亦有稳中求变的妥当，且颇能显出自强运动的一些特征。

横向地看，无论是当时身居朝堂的洋务派大佬，还是"开眼看世界"的在野士人，都对培养翻译人才非常重视，并带有由培养"翻译人才"进而培养"西学人才"的意图。以冯桂芬为例，上一章已经提及他在《校邠庐抗议》中有《采西学议》。其中主张首先进行外语教育，然后可以学习西方科学技术。"今欲采西学，宜于广东、上海设一翻译公所，选近郡十五岁以下颖悟文童，倍其廪饩，住院肄业，聘西人课以诸国语言文字，又聘内地名师，课以经史等学，兼习算学……由是而历算之术，而格致之理，而制器尚象之法，兼综条贯，轮船、火器之外，正非一端。"② 教育的顺序依次为："诸国语言文字""历算之术""格致之理""制器尚象之法"，与后来同文馆发展历程中所采取的策略不谋而合。精通西方语言文字不仅是与列强交涉时所必需的，更是精通西方科技以"自强"的基础。

纵向地看，同文馆约四十年的发展历程可划分为三个阶段：初期（1862—1870）、中期（1871—1894）、晚期（1895—1903）。初期阶段，主要是19世纪60年代。同文馆的正式运作以1862年首位英文教习包尔腾（John Shaw Burdon）开始上课为标志，起初仅十名学生。此时同文馆事业方才启动，渐有起色，陆续又有俄文教习和法文教习到职。但由于中低层官员和广大士人并不踊跃，招生艰难，因此规模一直较小。中期阶段，即19世纪70年代至中日甲午战争前。随着自强运动的不断推进，同文馆也迎来蓬勃发展的黄金时期。一方面，同文馆初期阶段培养的学生已开始走上外交、教育、行政等不同领域的工作岗位。另一方面，同文馆的教学与行政经过调整，机构、科目、人员等数量均增长显著。中期阶段的突出案例是，1891年（光绪十七年）同文馆出身的两名学生担任光绪皇帝的英文教师。"本署王大臣面奉谕旨，传翻译官张德彝、沈铎进内备

---

① 有关《新设同文馆酌拟章程六条》如何援引俄罗斯文馆旧例及六条之内容，详见：文庆，等.筹办夷务始末：同治朝卷八//《续修四库全书》编纂委员会.续修四库全书：四一八：史部：纪事本末类.上海：上海古籍出版社，2002：682-684.
② 冯桂芬.校邠庐抗议.上海：上海书店出版社，2002：56.

差，每员间日恭讲英文。"① 光绪皇帝学习英文是历史上破天荒的事情，不仅使同文馆得到皇帝的直接注意，也能反映同文馆教育工作的成效，还可以体现自强运动所倡导的向西方学习潮流的深化。晚期阶段，即中日甲午战争至庚子之变。中国对日本作战失败，割地赔款使民族危机深化，自强运动事实上已宣告失败。维新思潮涌动之下，同文馆已经转变为略显保守狭隘之所在。另一背景是许多新式学校纷纷建立起来，同文馆也已无法保持其首创的特殊地位。1902 年（光绪二十七年底）同文馆奉旨并入京师大学堂，因故之后才真正改制划归。

同文馆之所以被称为近代首所新式学校，很大程度上是因为其教育内容由语言文字扩展至科学领域。上一章末节讲可怜可笑的螳臂当车者，已经说到发生于 1867 年的同文馆是否开设天文算学馆之争。奕訢等奏请在同文馆内增设天文算学馆，就是从学习科学技术出发以更好地"师夷长技"。因倭仁领导的反对派势力庞大，总理衙门虽胜犹败，同文馆培养天文算学人才的计划遭受巨大挫折。尽管步伐受到拖延，科学类课程此后仍在同文馆中逐渐开设，如算学、格致、化学、医学等。进行科学教育的努力，从"同文馆大学学历洋教习名录"（表 2-1-1）之洋教习所任教科目中亦可窥见一二。

表 2-1-1 同文馆大学学历洋教习名录②

中文名	外文名	任教科目
傅兰雅	John Fryer	英文
丁韪良	W. A. P. Martin	英文、公法
德贞	John Dudgeon	医学
海灵敦	M. W. Harrington	天文
马士	Hosea B. Morse	英文
欧礼斐	Charles H. Oliver	英文、格物
韩威礼	William Hancock	英文
安格联	Francis A. Aglen	英文
马都纳	William MacDonald	英文
徐迈德	J. H. Smyth	英文
烈悌	Oliver G. Ready	英文

① 中国科学院近代史研究所史料编辑室，中央档案馆明清档案部编辑组. 洋务运动：第二册. 上海：上海人民出版社，1961：90-91.
② 苏精. 清季同文馆及其师生. 台北：上海印刷厂，1985：68-69.

续前表

中文名	外文名	任教科目
卜世礼	Stephen W. Bushell	医学
满乐道	Robert Coltman, Jr.	医学
施德明	C. C. Stuhlmann	化学
劳腾飞	P. B. von Rautenfeld	俄文
骆三畏	S. M. Russell	天文
班铎	E. G. R. Pander	俄文
吉德	C. Edward Mckean	英文
费理饬	Hermann P. Fritsche	天文

当然，同文馆的主要业务仍是培养精通外国语言文字的外交人才。如1866年斌椿使团出访，便有同文馆三名学生凤仪、张德彝、彦慧同行。① 后来又有更多的同文馆学生走上近代中西外交舞台。而讲授科学知识的成效相对有限，但应视为有益的尝试和正确的方向。同文馆的设立，还带动了上海和广东等地同文馆的设立。1863年（同治二年），时任江苏巡抚的李鸿章奏请在上海设立"外国语言文字学馆"，后改称"广方言馆"。次年，广东的同文馆也正式开馆，同样聘请外籍教习，招收学生以旗人为主。因此，同文馆开新式教育风气之先，引领着更长远的向西方学习潮流。统治阶级中的先觉者们一旦行动起来，就可通过中央和地方的互相带动，促进科技转型进程的不断深化。

二、前所未有的变通措施

自强运动期间，先后推行的科学技术相关之变通措施不胜枚举。对于这些前所未有的变通措施，需要从中挑选数个有代表性的案例加以考察，以呈现它们的发生如何推动科技转型进程。江南制造局的创办表明近代工业曙光初露，其在翻译、教学等多领域的实践亦与科技有密切关联，表明科技转型真正推进至技术和产业层面；以北洋水师为代表的近代海军寄托着拥有坚船利炮的自强之梦，虽一路坎坷乃至经历甲午战败的沉痛教训，但海军工业、教育、军队等事业继续引进和学习西方科技的步伐却并未终止；铁路和电报由于受到激烈反对而起步较晚，但它们标志着交通和通信科技的革新，提升了中国学习世界先进科学技术的广度和深度；军事科技新型人才的培养方面，福州船政学堂之于

---

① 张德彝. 航海述奇. 钟叔河，校点. 长沙：湖南人民出版社，1981：1.

海军和天津武备学堂之于陆军均有显著成效，诸多类似的军事学堂共同促进中国军事近代化。

1. 江南制造局的多领域实践

以江南制造局为代表，近代工业的曙光也初露于19世纪60年代初的中国。对坚船利炮的直接追求促使自强运动最早经营近代军事工业，对太平天国的战争需要又使近代军用工业最早出现于战火激烈的长江下游一带。虽然洋务派后来在各地创办的制造局、机器局、船政局数量不少，但江南制造局最能反映如何师夷长技的过程，故被称为"举办最早、新式的、先进的、标志性的一个机器制造工厂"①。不仅如此，江南制造局在学习"制造"之余亦曾涉足其他领域，如翻译、教学等，因它们与科技相关且成效显著，故也值得考察。江南制造局的发展历程是前所未有的，意味着科技转型第二波在技术和产业层面的实质性推进。

在与太平军的长期作战中，认识到洋枪洋炮威力的清军经历了从采购、进口到试图制造的转变。1861年（咸丰十一年），湘军收复安庆，曾国藩移驻于此并创立安庆内军械所，聘请徐寿、华蘅芳等一批中国科学家，目的在于"制造洋枪洋炮"，"广储军资"②。安庆内军械所曾造出一些枪炮、弹药、蒸汽机、轮船等，但都属于初步成果，没有规模化生产和应用。次年，李鸿章率淮军抵沪，一贯主张自强的他在采购西式武器的同时创办了上海洋炮局。据他自述："因就军需节省项下，筹办机器，选雇员匠，仿造前膛兵枪、开花铜炮之属。上海之有制造局自此始。"③ 后来，淮军攻克苏州，李鸿章又将这个小型兵工厂迁往苏州，是为苏州洋炮局。1864年，左宗棠在浙江亦曾命人仿造轮船，并在杭州西湖试航。"以示洋将德克碑、税务司日意格，据云大致不差，惟轮机须从西洋购觅，乃臻捷便。"④ 由此可见，起初曾国藩、李鸿章、左宗棠等人兴办新式军工，主要针对战时武器之需。

安庆内军械所、上海洋炮局和苏州洋炮局等是中国近代军事工业发展的先声与萌芽，但仍属于初步的尝试。为早日向西方军事工业看齐，曾国藩又请容

---

① 夏东元. 洋务运动与江南制造局. 上海造船，2005（2）：16.
② 孙毓棠. 中国近代工业史资料：第一辑上. 北京：科学出版社，1957：249.
③ 同②252.
④ 左宗棠. 左宗棠全集：奏稿三. 长沙：岳麓书社，2014：56.

闳赴美代为采购"制器之器"——军工制造机械设备。1865年（同治四年），首批设备运抵上海。同年，李鸿章上《置办外国铁厂机器折》，认为采购的方式存在缺点，"路远价重，既无把握"，主张就近购买上海虹口一家美国商人的铁厂，并与上海洋炮局合并称为"江南制造总局"（后多称为江南制造局）。他对此举之必要性的解释是："机器制造一事，为今日御侮之资、自强之本。"① 江南制造局成立两年后，迁往上海城南的高昌庙镇，从此在黄浦江畔发展出一个规模巨大的综合工厂，其下属各厂建置如表2-2-1所示：

表2-2-1　　　　　　　　江南制造局各厂建置表②

建置年份	厂名	职工人数	厂屋间数
1867	机器厂	327	81
1867	木工厂	13	25
1867	铸铜铁厂	59	49
1867	熟铁厂	84	26
1867	轮船厂	186	98
1867	锅炉厂	110	46
1867	枪厂	415	225
1869	炮厂	310	403
1874	火药厂	156	273
1875	枪子厂	488	243
1879	炮弹厂	294	134
1881	水雷厂	74	29
1890	炼钢厂	275	332

从表2-2-1可见，江南制造局的生产以"军用"为主要特色，其产品集中于枪炮、轮船、弹药及相应制造设备等。对于详细情形的阐述，以1905年（光绪三十一年）江南制造局总办魏允恭主持编写的《江南制造局记》最为权威可信。他的身份就是中层官员，为"总办江南制造局三品衔湖北试用道"。《江南制造局记》凡十卷，包括建置、制造、会计、征缮、职官、考工等各方面情况，内容结构甚为完备。除此以外，他对江南制造局的创办沿革和历年积弊等也有独到且明确的认识。比如，对于中国近代军工兴起的缘由，他也认为是战争需求。"泰西十六世纪以后，奈端、瓦特发明汽机制造，垂四百年

---

① 顾廷龙，戴逸. 李鸿章全集：2：奏议二. 合肥：安徽教育出版社，2007：200-202.

② 孙毓棠. 中国近代工业史资料：第一辑上. 北京：科学出版社，1957：279.

得称完备。我中国以平定发、捻,利用西洋枪炮,始讲求兵工制造。"发、捻即太平军和捻军。再如,"官办"和"军用"也导致诸多弊端。"一物不备,无非仰给外洋;一艺未精,全局为之停顿……局厂既设,取法泰西。然鸠工庀材,一器甫成,彼已更易新式。且各省征调,军火供给纷繁,局存旧式机器不得不迁就应用。株守绳墨,致胜綦难,舍旧图新,程功匪易,此其制造之情形也。"① 在毫无工业基础和多方掣肘之下,可见创业之艰难和发展之不易。

除了军工方面,江南制造局对于中国科技转型的贡献还有翻译和教育,即体现在其下属之翻译馆、广方言馆、操炮学堂和后来的工艺学堂等上。1868 年(同治七年),江南制造局增设翻译馆。次年,又将广方言馆并入该局。1874 年,新设操炮学堂,并于 1881 年(光绪七年)改为炮营队。1898 年,又新设工艺学堂,后并入广方言馆。教育方面以广方言馆为例,原于 1863 年李鸿章抵沪初任江苏巡抚后不久所创办,仿照同文馆培养精通外语的翻译人才。并入江南制造局后,更是强调科学和技术领域的学习,聘请英国人傅兰雅(John Fryer)、美国人金楷理(Carl T. Kreyer)等为洋教习,并要求学生学习数学、几何学、地理等科学知识,还要求学生选学冶金、航海、蒸汽机等技术课程,这反映出对技术人才的培养和对科技教育的重视,这是同文馆所难以企及的。

翻译方面更是硕果累累,堪称晚清以来西学东渐的一桩盛事。江南制造局翻译馆四十多年来组织翻译了一大批西方书籍,其中科技著作众多。傅兰雅《江南制造总局翻译西书事略》(1880)、魏允恭《江南制造局记》(1905)、陈洙等《江南制造局译书提要》(1909)等均对不同时期所译之书目进行罗列汇总。至于译书所属之领域,可见表 2-2-2:

表 2-2-2　　　　　　　　　　江南制造局译书统计表[②]

类别	种数	类别	种数
史志	10	医学保健	16
交涉	9	农学	11

---

① 魏允恭. 江南制造局记//沈云龙. 近代中国史料丛刊:第四十一辑. 台北:文海出版社,1973:3-4.

② 张增一. 江南制造局的译书活动. 近代史研究,1996(3):213.

续前表

类别	种数	类别	种数
学务	2	矿学	10
国政	4	交通（航海、铁路）	14
格致	2	冶炼工艺化工	22
物理学	11	兵政	22
化学	9	兵学	25
算学	17	测绘	6
天（文）学	6	杂类	2
地学	2	总计	200

译书总计 200 种，其中格致、物理学、化学、算学、天（文）学、地学、医学保健、农学、矿学、交通、冶炼工艺化工、兵学、测绘共 151 种，明确属于科学技术范畴内。也就是说，江南制造局译书之中科技类约占四分之三，是翻译活动的重点所在。

这意味着自强运动已能做到将引进的科学转化为技术和产业。江南制造局"到 1890 年止，已发展成拥有十三个分厂和一个工程处，各种工作母机 662 台，使用动力的总马力达 10 657 匹，厂房 2 579 间，员工总数 3 592 人的一个大型近代军火工厂"①。虽然其暴露问题不少，多年积弊甚重，但是自江南制造局树立标杆之后，各省的制造局、机器局、枪炮厂等纷纷建立起来。② 魏允恭评价说："在前人力求自强实业，但期鼓舞人才，广开风气，虽糜帑在所不惜。"③ 江南制造局对于科技转型而言的经济意义并不是很大，但论及广开学习科技风气和引领创办实业潮流，它当之无愧，实至名归。

2. 近代海军的建立与北洋水师

如今提及北洋水师，总会使中国人回忆起甲午战败的深深屈辱。但不管怎

---

① 姜铎. 论江南制造局. 中国社会经济史研究, 1983 (4): 103.
② 《中国近代工业史资料》列有金陵制造局、天津机器局、福州船政局、西安机器局、兰州制造局、云南机器局、福州机器局、广州机器局、山东机器局、四川机器局、吉林机器局、北京神机营机器局、湖北机器局、杭州机器局、台湾机器局、湖北枪炮厂等。（孙毓棠. 中国近代工业史资料：第一辑上. 北京：科学出版社，1957：6—8）
③ 魏允恭. 江南制造局记//沈云龙. 近代中国史料丛刊：第四十一辑. 台北：文海出版社，1973：4.

么说，以北洋水师为代表的近代海军与江南制造局相似，均于同一时期实现了从无到有的过程，并且都寄托着拥有坚船利炮的自强之梦。这个转变过程至少可以追溯到未能完成的阿思本舰队计划，一直到北洋水师成军。甲午战争既不是中国近代发生的唯一海战，也不是中国建立近代海军的终结之役。循着进口与自造相结合的路径，近代海军虽步履沉重却并未停止前进的步伐。从科技转型的视角来看，北洋水师的发展史象征着中国近代海军的发展史，中国近代海军的发展史又象征着科技转型的历史。

在建立近代海军之前，清朝原有承担沿海及内河守备、缉盗等职责的水师，但并不能抵挡列强的入侵。《清史稿·兵志》曾专论水师："水师有内河、外海之分。初，沿海各省水师，仅为防守海口、缉捕海盗之用，辖境虽在海疆，官制同于内地。"并强调其在数百年间做出的贡献，如平定三藩之乱、蔡牵起义、太平天国等。"清代水师武功之盛，守洞庭而平吴逆，战重洋而歼蔡牵，下长江而制粤寇。"但也承认水师落后于时代："及海禁宏开，铁船横驶，舟师旧制，弱不敌坚，遂尽失所恃。时会迫迮，非规画之疏也。"① 英国、法国等西方人正是自海上而来，凭借先进的军舰击败清军水师，横行于南至广州、北至天津的广大沿海地区。中国人因此认识到海权与海军的重要性，李鸿章所上《筹议制造轮船未可裁撤折》即有此意："合地球东西南朔九万里之遥，胥聚于中国，此三千余年一大变局也。"② 因此，他认为制造轮船不能裁撤，发展海军是应对三千年未有之变局的一大必要举措。

关于近代海军建立的起点，《清史稿·兵志》认为源于曾、左、李、沈等重臣的倡议与创举。"中国初无海军，自道光年筹海防，始有购舰外洋以辅水军之议。同治初，曾国藩、左宗棠诸臣建议设船厂、铁厂。沈葆桢兴船政于闽海，李鸿章筑船坞于旅顺，练北洋海军，是为有海军之始。"③ 上述设船厂、铁厂、船政、船坞等均为自强运动中的新政，似乎也都是自行造船之举。但实际情况并非完全如此，"购舰外洋以辅水军"同样很关键，进口与自造是并行的。由于当时中国造船业属草创，技术水平并不高，进口舰船比自造舰船扮演了更厉害的角色。李泰国主导的阿思本舰队事件，是清政府首次较大规模采购蒸汽舰船

---

① 赵尔巽，等. 清史稿：卷一百三十五：志一百一十. 北京：中华书局，1977：3981-3999.
② 顾廷龙，戴逸. 李鸿章全集：5：奏议五. 合肥：安徽教育出版社，2007：107.
③ 赵尔巽，等. 清史稿：卷一百三十六：志一百一十一. 北京：中华书局，1977：4029.

以建立海军的不成功努力。其初始动机为以新建海军从水路进攻，从而平定太平天国起义军。后来拒绝李泰国和阿思本要挟的底气之一就是陆路进军顺利，对海军的需求相对减弱。纵然如此，此事的负面影响仍然颇深，近代海军建立的进程被迫推迟。

阿思本舰队事件也坚定了洋务派的自强信念，促成诸多自造舰船之举。前文所述的江南制造局即有造船业务，此外还有1866年（同治五年）时任闽浙总督左宗棠在福州马尾创办的福州船政局。他阐明海防的困境："自海上用兵以来，泰西各国火轮兵船直达天津，藩篱竟成虚设，星驰飙举，无足当之。"并指出造舰船、建海军对于海防的意义："欲防海之害而收其利，非整理水师不可；欲整理水师，非设局监造轮船不可。"① 该局随即由沈葆桢负责管理，逐渐发展成为近代中国最大的造船厂。1869年，福州船政局所造第一艘轮船"万年清号"下水。此后直至1894年甲午战前，共造轮船34艘。福州船政局和江南制造局自强运动期间部分自造舰船情况见表2-2-3。

表2-2-3　　　　　　自强运动期间部分自造舰船列表②

	舰船名称	排水量（吨）	下水年份
福州船政局部分（1869—1894）	万年清	1 370	1869
	湄云	515	1870
	福星	515	1870
	伏波	1 258	1871
	安澜	1 258	1872
	镇海	572	1872
	扬武	1 560	1872
	飞云	1 258	1872
	靖远	572	1872
	振威	572	1873
	永保	1 353	1873
	海镜	1 358	1874
	济安	1 258	1874

---

① 孙毓棠. 中国近代工业史资料：第一辑上. 北京：科学出版社，1957：375-376.
② 戚其章. 北洋舰队. 济南：山东人民出版社，1981：9-12.

续前表

	舰船名称	排水量（吨）	下水年份
福州船政局部分（1869—1894）	琛航	1 358	1874
	大雅	1 358	1874
	元凯	1 258	1875
	艺新	245	1876
	登瀛洲	1 258	1876
	泰安	1 258	1877
	威远	1 268	1877
	超武	1 268	1878
	康济	750	1879
	澄庆	750	1880
	开济	2 200	1883
	横海	1 230	1884
	镜清	2 200	1884
	寰泰	2 200	1887
	广甲	2 300	1887
	平远	2 100	1889
	广庚	316	1889
	广乙	1 030	1890
	广丙	1 030	1891
	福靖	1 030	1893
	通济	1 900	1894
江南制造局部分（1868—1885）	惠吉	600	1868
	操江	640	1869
	测海	600	1869
	威靖	1 000	1870
	海晏	2 800	1873
	驭远	2 800	1875
	金瓯	—	1876
	保民	—	1885

从表中可以看出，自造舰船数量不多，吨位较小，加之部署较为分散，因

而战斗力有限，组建专门之海军日益显示出其必要性。1874年（同治十三年），日本借口琉球人在台湾被杀而出兵侵略台湾，虽扩张未遂却也引起有识之士的警惕，如何增强海防力量成为新的议题。同年，江苏巡抚丁日昌草拟《海洋水师章程六条》，得到朝廷的肯定，其中有一条建议建立北洋、东洋和南洋三支水师。"拟设北、东、南三洋提督：以山东益直隶而建阃于天津，为北洋提督；以浙江益江苏而建阃于吴淞，为东洋提督；以广东益福建而建阃于南澳，为南洋提督。"这里的水师已经是近代海军的概念，丁日昌认为由此可以达到"如常山之蛇，击首尾应"的效果。① 次年，李鸿章和沈葆桢被分别委派督办北洋和南洋海防事宜，他们后来分别以直隶总督兼北洋通商大臣、两江总督兼南洋通商大臣组建北洋水师和南洋水师。

新式海军建立之初，原有福建、南洋、北洋三支先后成军，后变为北洋水师一家独大。1876年（光绪二年），拥有11艘舰船的福建水师初步建成，总吨位9 877吨；1884年，拥有18艘舰船的南洋水师建立，总吨位22 064吨；1888年，拥有约50艘舰船的北洋水师成军，总吨位约50 000吨。三支水师的实力差距由此可见，考虑到当时国力有限，无法使福建、南洋和北洋三支水师发展齐头并进，于是采取重点发展北洋的策略。"先于北洋创设水师一军，俟力渐充，由一化三，择要分布。"② 1879年，督办南洋海防事宜的沈葆桢去世，南洋水师因失去最重要的创始人和领导者而后继乏力，李鸿章得以几乎独揽近代海军事业。1884年中法战争期间发生的马尾海战致使福建水师全军覆没，南洋水师支援舰队亦受波及。种种因素影响之下，其结果是北洋水师一枝独秀，详见表2-2-4。

表2-2-4　　　　北洋水师部分舰船（1 000吨以上）列表③

舰船名称	舰船种类	排水量（吨）	制造地
定远	铁甲舰	7 220	德国伏尔铿船厂
镇远	铁甲舰	7 220	德国伏尔铿船厂

---

① 文庆，等. 筹办夷务始末：同治朝卷九十八//《续修四库全书》编纂委员会. 续修四库全书：四二一：史部：纪事本末类. 上海：上海古籍出版社，2002：621.

② 中国科学院近代史研究所史料编辑室，中央档案馆明清档案部编辑组. 洋务运动：第二册. 上海：上海人民出版社，1961：387.

③ 关于这一时期自造与外购舰船的吨位等具体信息，各类文献说法不一，甚至有同书前后自相矛盾者。这里所列北洋水师舰船信息，详见：陈悦. 北洋海军舰船志. 济南：山东画报出版社，2009：289-291。

续前表

舰船名称	舰船种类	排水量（吨）	制造地
经远	装甲巡洋舰	2 900	德国伏尔铿船厂
来远	装甲巡洋舰	2 300	德国伏尔铿船厂
致远	穹甲巡洋舰	2 300	英国阿姆斯特朗船厂
靖远	穹甲巡洋舰	2 300	英国阿姆斯特朗船厂
济远	穹甲巡洋舰	2 300	德国伏尔铿船厂
超勇	撞击巡洋舰	1 380	英国阿姆斯特朗米切尔船厂
扬威	撞击巡洋舰	1 380	英国阿姆斯特朗米切尔船厂
平远	近海防御铁甲舰	2 150	福州船政局
广甲	无防护巡洋舰	1 300	福州船政局（初隶广东水师）
广乙	鱼雷巡洋舰	1 000	福州船政局（初隶广东水师）
广丙	鱼雷巡洋舰	1 000	福州船政局（初隶广东水师）
康济	练习舰	1 268	福州船政局（初隶招商局）
威远	练习舰	1 268	福州船政局
海镜	运输舰	1 258	福州船政局（初隶招商局）
泰安	运输舰	1 258	福州船政局

自强运动期间致力于建立中国近代海军的过程虽极其坎坷，却也是前所未有的事件。经过数十年的努力，古老的帝国出现了与时代潮流相符的造船技术（工业）、专业人才（教育）、新式海军（军队）等。北洋水师自建军以来就是一支迥异于旧式水师的新式海军，在很长时间里都是日本海军拼命赶超的目标。海军事业的特殊之处还在于，甲午战争既摧毁了北洋水师，也象征着自强运动以失败告终。但就科技转型而言，甲午战争并未导致中国的近代海军之路完全终结，相关的工业、教育、军队事业仍在继续，中国人引进和学习科学技术的道路也没有断绝，未来还会结出比北洋水师更为饱满的果实。

3. 在争议中起步的铁路和电报

前面提到的江南制造局和北洋水师的案例都带有浓厚的军事科技色彩，接下来将要论述的铁路和电报则属于军用和民用兼顾的技术。前者代表的坚船利炮从19世纪60年代开始制造，后者与之相比要晚得多。由于受到激烈反对，铁路和电报事业直至19世纪70年代才初露曙光。在争议中艰难起步的新式交通和通信虽然为时稍晚，但是后来发展的事实证明它们是自强运动诸多变通措施中最有成效者之一。无论是日常生活还是军国大事，中国近代史上都活跃着铁路和电报的身影，它们产生了重大的社会影响。对于科技转型来说，铁路和电报的起步标志着交通和通信科技的革新，不仅拓宽了中国学习世界先进科学技术的领域，而且由此带来的社会变革效应提升了科技转型的深度。

　　从世界范围来看，铁路和电报在 19 世纪 60 年代已经是得到大规模应用的成熟技术。铁路兴起的时间更早些，1825 年英国建成斯托克顿到达灵顿的铁路。美国（1830 年）、法国（1832 年）、德国（1835 年）、俄国（1837 年）、荷兰（1839 年）等国家纷纷跟进，巴西（1851 年）、澳大利亚（1854 年）、埃及（1855 年）等也于 19 世纪 50 年代实现铁路通车。① 1844 年，莫尔斯（Samuel Morse）亲自在华盛顿的国会大厅成功发送电报至巴尔的摩。此后，有线电报因其在通信领域的巨大价值而被迅速推广，主要发达国家间和国际间的电报网络逐渐建立起来。一方面，以铁路和电报为代表的交通和通信技术的进步，使世界不同国家和地区的人员、物资、信息交流更加快捷，加强了全球化趋势。另一方面，帝国主义对亚非拉的殖民和侵略也因此得到更有效的工具。由于笼罩着这样的阴影，新技术在晚清的推广从一开始就夹杂着太多的企图和戒心。

　　起初主要由来华洋商提出，中外关于引进铁路和电报的呼声在自强运动前后已有不少。然而从中央到地方，官员和士人们对此持反对态度者众多。就连洋务派领袖李鸿章也经历了由反对到支持的思想转变，即使支持仍不得不谨言慎行。1864 年（同治三年）总理衙门对于李鸿章转呈的西方人修建铁路和通电报之要求即予以明确拒绝："事同一律，万难允许……密致通商各口岸，一体防范。"又说通电报至天津和建铁路至苏州皆为不怀好意之举："查俄人所请设者，在天津已通商口岸，仅以传信为词；三国所觊觎者，在苏州未通商地方，竟以开路为主；其用意似有深浅之殊，其关系亦有轻重之别。"② 前文所述郭嵩焘出访时的副使刘锡鸿，也是坚定的反对修铁路者："窃谓吾人持论，当直言铁路之造，不惟有害于中国，并有害于英……是故火车之不能行于中国，犹清静之治

---

① 金士宣，徐文述. 中国铁路发展史（1876—1949）. 北京：中国铁道出版社，1986：4.

② 宓汝成. 近代中国铁路史资料：上册//沈云龙. 近代中国史料丛刊：第四十辑. 台北：文海出版社，1977：4.

不能行于欧洲,道未可强同也。"① 凡此种种,在自强运动前期的十余年里,有关铁路和电报的讨论可谓此起彼伏,但并未产生肯定性的一致意见。

清政府严禁的官方态度持续很久,其间屡次出现西方人私下尝试修建铁路和通电报的行为。铁路方面二例:1865 年(同治四年),英国商人杜兰德(Trent)出资在北京宣武门外修了一条百米的小铁路,希望发挥试验和宣传的作用,但很快被勒令拆除。1876 年(光绪二年),英国人和美国人假借修筑普通马路名义在上海修成吴淞铁路。该线全长 14.5 公里,轨距 0.762 米,设上海、江湾、吴淞三站,连接起租界区和吴淞口,是中国第一条正式营运铁路。② 然而,该线运行约一年即被清政府以银 28.5 万两赎回并拆除。电报方面亦举二例:1865 年,一名英国商人在上海浦东私自架设电报线路,地方官员知晓此事后发动民众拔除电线杆。1869 年,丹麦大北公司与沙俄签订协议,准备修建符拉迪沃斯托克(海参崴)—长崎—上海—香港的电报线路。随后,其一方面与英国的大东电报公司协商约定各自在中国的经营范围,另一方面通过英国驻华公使威妥玛(Thomas Francis Wade)与总理衙门交涉,获得在海底铺设电缆的权利。1871 年,海底电缆铺设完成,并在暗地里突破总理衙门的限制,延长电缆至陆上。③ 这是中国第一条投入运营的电报线路,与吴淞铁路初始情况相似,但以海底铺线为由得到允许而竟获成功。

随着自强运动的不断深入,终于在 19 世纪 80 年代迎来突破的契机。因筹办开平煤铁矿务的需要,受直隶总督兼北洋通商大臣李鸿章委托的唐廷枢于 1877 年(光绪三年)即在上书清廷时建言修铁路以便于运输。初步设计路线为开平(隶属永平府滦州,今唐山市开平区)至涧河口(濒临渤海),长约 50 公里,预估造价白银 40 万两。④ 初步计划未得到最终批准,其他直接修铁路至海港的请求也不被允许,于是改为折中方案,从开平修铁路至胥各庄,再以运河至天津北塘出海。1881 年初,工程动工,不到一年即完工通车,是为唐胥铁路。该线全长 10 公里,采用 1.435 米的标准轨距,并有中国人自行制造的"龙号"蒸汽机车。但是,由于害怕火车运行惊动不远处的清东陵,起初只准以马拉火

---

① 刘锡鸿. 英轺私记. 朱纯,杨坚,校点. 长沙:岳麓书社,1986:49-63.
② 李占才. 中国铁路史(1876—1949). 汕头:汕头大学出版社,1994:64.
③ 李雪. 晚清西方电报技术向中国的转移. 济南:山东教育出版社,2013:32.
④ 中国科学院近代史研究所史料编辑室,中央档案馆明清档案部编辑组. 洋务运动:第七册. 上海:上海人民出版社,1961:116-117.

车，堪称奇观，次年才恢复蒸汽机车牵引列车。① 不管怎么说，唐胥铁路的筑成，标志着中国人自己建造的第一条铁路和第一台蒸汽机车的诞生，具有划时代的意义。

无独有偶，在唐胥铁路通车的同一年，从天津到上海的电报线也正式开始营业。此前，修建电报线路的小规模尝试已在数地进行。1877年，经福建巡抚丁日昌的支持和请求，台湾得以修成一条长度不足50公里的电报线，是中国人自己建造的第一条电报线。1879年，李鸿章在其驻地天津修建了一条从大沽至天津的电报线，又以电报线连接天津兵工厂至官署。如此种种，小规模尝试尚在许可之内。1881年，天津至上海的电报线开始施工，同年底建成营业。该线长约1 500公里，自天津经济宁、清江浦、镇江、苏州，直到上海。② 津沪电报线的意义不仅在于它是第一条由中国人自己建造的长途电报线，而且在于其迅速发挥巨大的实际作用，其对于电报网的意义超过唐胥铁路之于铁路网。

将1881年视为近代中国铁路和电报事业的起步时间，似乎是经不起推敲的，因为在这之前均已有相当激烈的争论和多方私下的实践。但是，1881年完成的唐胥铁路和津沪电报线毕竟是良好的开端，此后的发展潮流已不可逆转。回顾清政府最初的抗拒，中枢洋务派文祥对赫德的抱怨值得思考。"给我们点面子……你要我们实行你的铁路计划，电报，等等；我们曾一度尝试了一个轮船计划（那个倒霉的李泰国——阿思本舰队），并使我们因此而丢了脸。"③ 对话发生的时间是1865年7月23日，那时自强运动才开始没几年。等到铁路和电报在争议中真正起步时，自强运动已开展二十年。对此，既该尊重自强运动多领域的历史成就，亦应惋惜其改革之曲折迟滞。这样的结论，对于其中进行的科技转型第二波也是适用的。

4. 军事科技新型人才的培养

师夷技和办洋务的过程离不开与之相应的人才支持，上述自强运动的诸多变通措施得以推行，既有赖于中央和地方的洋务派重臣们作为决策者，也需要

---

① 金士宣，徐文述. 中国铁路发展史（1876—1949）. 北京：中国铁道出版社，1986：11-12.

② 邮电史编辑室. 中国近代邮电史. 北京：人民邮电出版社，1984：52-55.

③ 赫德. 赫德日记——步入中国清廷仕途. 傅曾仁，等译. 北京：中国海关出版社，2003：428.

精通专门领域的人才作为执行者。以科学技术的视角观之，科学技术的传播与发展和教育事业密不可分，自强运动中的科技教育和人才培养同样值得关注。由于师夷技多集中于军事领域，且同文馆等非军事的科技教育机构前文已有论述，因此这里将从军事科技教育机构谈起，即与发展军事科技配套的几所新办学堂，如江南制造局工艺学堂、福州船政学堂（亦称马尾或福建船政学堂）、天津水师学堂等。探讨它们对军事科技新型人才的培养，有助于阐述这一时期军事改良和教育革新对于科技转型的作用与意义。

福州船政学堂即福州船政局附设的学堂。闽浙总督左宗棠在筹划创办福州船政局之初就将培养船政人才作为必不可少的事项之一。1866年（同治五年），他在上疏中阐明学习造船的目标和意义："夫习造轮船，非为造轮船也，欲尽其制造、驾驶之术耳；非徒求一二人能制造、驾驶也，欲广其传，使中国才艺日进，制造、驾驶展转授受，传习无穷耳。故必开艺局，选少年颖悟子弟习其语言、文字，诵其书，通其算学，而后西法可衍于中国。"① "艺局"就是对福州船政学堂的最初设想，其中进行西方语言、文字、算学等教育，使学生掌握轮船制造和驾驶两方面内容，成为造船和驾船的高级应用人才，从而达到"展转授受，传习无穷"的效果。左宗棠对于"艺局"的设想被后任船政大臣沈葆桢所继承和践行，成为福州船政学堂开办教育的发展宗旨。

船政学堂坐落于船政局内，分为前学堂和后学堂。前学堂主要教授如何制造轮船，旨在培养精通造船的技术人才；后学堂主要教授如何驾驶轮船，旨在培养精通驾船的水手与海军人才。两者均重视对外国语言和科学技术的学习，除算学与相关的几何、代数等，还有地质学、光学、化学、电磁学、天文学等学科。为保证教学质量，船政学堂一方面专门聘请多位外籍教习，使学生能够方便直接地接受西方先进知识，另一方面在理论学习之余注重实践操练，学习制造轮船者需进厂实习，学习驾驶轮船者需上船历练。至于规模，船政学堂首期招生60名，后来逐渐扩大。据沈葆桢1872年（同治十一年）奏报："后添绘事院、驾驶学堂、管轮学堂、艺圃四所，艺童徒共三百余名。"② 船政学堂的毕业生不少，后来涌现出一大批造船工程专家和海军高级军官，亦有严复那样的文化名人。

---

① 中国科学院近代史研究所史料编辑室，中央档案馆明清档案部编辑组. 洋务运动：第五册. 上海：上海人民出版社，1961：28.

② 同① 115-116.

作为"近代中国第一所专门培养海军军事技术人才的学校"①，船政学堂对军事科技新型人才的培养成效卓著，是近代中国海军军官的主要摇篮之一。其影响力从空间上来说遍及北洋、南洋、福建三舰队和广东水师，从时间上来说由晚清持续至民国。以甲午战争前后的北洋水师为例，毕业于船政学堂的将领包括：定远舰管带刘步蟾、镇远舰管带林泰曾、致远舰管带邓世昌、靖远舰管带叶祖珪、济远舰管带方伯谦、经远舰管带林永升、来远舰管带邱宝仁、平远舰管带李和、超勇舰管带黄建勋、扬威舰管带林履中、广乙舰管带林国祥、广丙舰管带程璧光、康济舰管带萨镇冰、威远舰管带林颖启、镇中舰管带蓝建枢等。他们成为近代海军的中坚力量，且因船政学堂招生之地域而多为闽籍人士。虽然北洋水师经威海卫一战后全军覆没，但是闽籍海军军官仍然势力强大，曾有多人出任清末海军大臣、北洋政府海军总长和国民政府海军部长等职。

继福州船政学堂之后，北洋方面的天津水师学堂（亦称北洋水师学堂）也仿效其开办起来。李鸿章筹建北洋水师之初，所需人才多由福州船政局及船政学堂调遣而来，仅可解一时之需。为使方兴未艾的北洋水师事业实现长远发展，他于1880年（光绪六年）上《筹办天津水师学堂片》，奏请在天津开办水师学堂。"尤必以学堂为根本，乃可逐渐造就，取资不穷。应就天津机器局度地建设水师学堂。"② 该学堂的规制设计基本参照福州船政学堂，同样教授许多西方科学技术尤其是军事科技知识。二者最主要的差别在于天津水师学堂仅培养驾船人才而不培养造船人才，这可能是因为北洋水师舰船大多购自英、德等国，或者调拨自福州船政局。

从天津水师学堂的管理层可看出其深受福州船政学堂影响，李鸿章最早推荐前任福建船政大臣吴赞诚为天津水师学堂总办，因吴之身体原因旋由福建船政提调吴仲翔接任。后来著名的翻译家、教育家严复从福州船政学堂毕业后曾留学英国，回国担任福州船政学堂教习，也被调至天津水师学堂任教习，并逐渐升至总办，前后长达十余年。此外，还有萨镇冰等多名福州船政学堂学生毕业后也曾在天津水师学堂任教习。循着培养海军人才的路径，各地又先后创办广东水陆师学堂（1887年）、威海卫水师学堂（1887年）、昆明湖水师学堂（1888年）、江南水师学堂（1890年）。陆军方面，天津武备学堂

---

① 王建华. 半世雄图：晚清军事教育现代化的历史进程. 南京：东南大学出版社，2004：31.

② 顾廷龙，戴逸. 李鸿章全集：9：奏议九. 合肥：安徽教育出版社，2007：138.

（1885年，亦称北洋武备学堂）、湖北武备学堂（1895年）、南京陆军学堂（1895年）等军事学校的建立也培养了一大批军事科技新型人才。[①] 例如天津武备学堂，被称为"中国近代第一所有影响的综合性的陆军军官学校"[②]，其毕业生如冯国璋、曹锟、段祺瑞、吴佩孚、王士珍、靳云鹏、段芝贵等，成为推动中国军事近代化和组建新式陆军的重要力量，构成民国早期搅动风云的北洋军阀集团主体。

为何军事科技新型人才的培养最早发生于海军？这个问题可以从多角度回答，但近代海军另起炉灶至少是其中的关键。从无到有的造船技术（工业）和新式海军（军队）自然需要与之匹配的专业人才（教育）。自强运动期间亮点纷呈的海军事业相当于在旧有体制土壤内种出新的植株，可惜植株幼小且不完美，未能经受住甲午战火的摧残。但令人欣慰的是，军事科技新型人才薪火相传，海军得以重建，近代化的方向也没有改变。与福州船政局主司海军舰船制造相比，江南制造局主司陆军枪炮制造，但其工艺学堂并不负责培养军官，很长时间内淮军都是陆军主力。天津武备学堂开办初期，其毕业生未崭露头角。正如平定太平天国使湘军、淮军等取代绿营，陆军更大规模的变革发生于甲午和庚子之后。如此种种，从侧面反映出学习、引进西方科技在具体领域的情况非常复杂，时间有早有晚，力度有强有弱，方向有正有偏，效果有大有小。总而言之，正因为诸多变通措施都是前所未有的，由此造成科技转型情况之复杂也是前所未有的。

三、文教事业渐开新气象

文教事业在自强运动期间逐渐呈现新气象，也是推动科技转型进程的重要动力之一。为不至于泛泛而谈，不仅需要概述各领域概况及部分重大事件，而且需要特别关注身处事件中的关键人物，以尽可能完整地反映文教事业变革的面貌。具体而言，幼童出洋留学是晚清官方向海外派遣留学生的开始，为中国培养输送了一批优秀科技及洋务人才，这其中离不开容闳的奔走努力；从南洋迁至上海的墨海书馆较早开始翻译出版西方科技著作，是晚清西学东渐启动的

[①] 杜石然，林庆元，郭金彬. 洋务运动与中国近代科技. 沈阳：辽宁教育出版社，1991：390.

[②] 史全生. 中国近代军事教育史. 南京：东南大学出版社，1996：66.

重要据点，这其中热衷于中西科学文化交流的伟烈亚力居功甚伟；格致书院是一所特殊的、以传授科学技术为宗旨的学校，为傅兰雅联合中外人士所创建，他翻译成果最多，还创办了科普期刊，堪称一时之最；最后是转型期的中国近代科学家们，以李善兰、徐寿和华蘅芳为代表。正是这个群体连接起两方：传教士等西方人及西方科技、洋务派等实权者及自强运动，从而为文教事业的变革和科技转型的推进发挥消化吸收作用。

1. 容闳与幼童出洋留学

开办新式学堂和聘请外国教习是自强运动期间的一大创举，对科学技术的追求开始融入文教事业当中。请进来学是学习西方的一种途径，走出去学也成为洋务派探索的另一种途径。晚清官方向海外派遣留学生自 1872 年（同治十一年）第一批幼童出洋留学始，不仅为自强运动和国家建设培养了一批有用之才，而且开启了近代以来盛行至今的出洋留学风潮，对于推动科技转型乃至社会转型都具有无可比拟的深刻意义。"留学生的派遣，成为一项与洋务建设和中国近代科技发展关系十分密切的事业。"① 追根溯源，这股风潮的开端既与曾国藩、李鸿章等洋务派领袖有关，也离不开容闳等人的热心奔走。所以论述派遣幼童出洋留学之前，容闳的生平经历与个人思想是非常合适的切入点。

容闳出生于巨变前夜的 1828 年（道光八年），逝世于革故鼎新的 1912 年（民国元年）。与他生年相仿的是咸丰帝奕詝（1831—1861），但容闳的传奇经历贯穿整部晚清史，且对太平天国运动、自强运动、维新变法、辛亥革命等诸多大事均有所参与或目睹。同时，他的回忆录之译名首次出现"西学东渐"概念，他自己也是西学东渐尤其是科技转型进程的重要践行者。容闳是广东香山县（今属广东珠海）人，原本家境贫困。但得益于珠三角地区受外国影响颇深，他幼时便被送往澳门读书，先后在澳门、香港的教会背景学校学习。1847 年受传教士帮助前往美国留学，1850 年考入耶鲁大学，并于四年后顺利完成学业。1855 年容闳返回中国，曾在公使馆、海关、洋行等处任职。1860 年，他冒险赴天京（南京），拜访干王洪仁玕。"本希望遂予夙志，素所主张之教育计划，与夫改良政治之赞助，二者有所借手，可以为中国福也。"② 但容闳的改良抱负没

---

① 杜石然，林庆元，郭金彬. 洋务运动与中国近代科技. 沈阳：辽宁教育出版社，1991：390.

② 容闳. 西学东渐记. 沈潜，杨增麒，评注. 郑州：中州古籍出版社，1998：126.

有机会施行，遂失望而归。

很快，容闳的才名得到曾国藩的注意，并于1863年（同治二年）受邀前往曾的驻地安庆。于是容闳在曾国藩帐下效力，加入自强运动之中。他做的第一件事即是前文提到的赴美采购"制器之器"，借此筹建江南制造局。回国后，他由曾国藩推荐，担任江苏巡抚丁日昌的译员。与曾国藩和丁日昌等洋务派官员的合作鼓舞了容闳，他于1868年提出四条改革建议：一是组织一个没有外股的合资汽船公司，二是选派幼童出洋留学，三是政府设法开采矿产并修筑铁路，四是禁止外国教会干涉中国司法。据他自述，四条建议之中只有第二条最为关键。"此条陈之第一、三、四，特假以为陪衬；眼光所注而望其必成者，自在第二条。"第二条的具体内容是："政府宜选派颖秀青年，送之出洋留学，以为国家储蓄人材。派遣之法，初次可先定一百二十名学额以试行之。此百二十人中，又分为四批，按年递派，每年派送三十人。留学期限定为十五年。学生年龄，须以十二岁至十四岁为度。视第一、第二批学生出洋留学著有成效，则以后即永定为例，每年派出此数。"① 后面还附有对于中文学习、管理监督、留学经费等方面的计划。

幼童出洋留学的建议得到曾国藩、丁日昌、李鸿章等人的支持，遂数次向清廷请示。如1871年（同治十年）9月曾、李会奏："拟选聪颖幼童，送赴泰西各国书院学习军政、船政、步算、制造诸学，约计十余年业成而归，使西人擅长之技中国皆能谙悉，然后可以渐图自强。"并言："臣国藩深韪其言，曾于上年九月、本年正月，两次附奏在案。臣鸿章复往返函商。"② 此次上疏终于得到准许，次年以四品衔刑部主事陈兰彬和江苏候补同知容闳率领第一批幼童30人赴美留学。关于幼童出洋留学的具体规划，主要参考容闳的第二条建议，并由曾国藩、李鸿章等加以修改完善。其拟从1872年起四年内，每年派遣30名幼童出洋留学，总计120名，但计划未完成，他们即于1881年被召回国。

至于此次派遣幼童出洋留学的成效，可以1885年（光绪十一年）4月李鸿章的奏折为例。他对四批出洋幼童进行总结，其中因故撤回及病故者26名，回国者94名。这94人之中，有21名派至电局负责电报，23名派至福州船政局和上海机器局，其余50名分派至北洋系统的水师、机器、鱼雷、水雷、电报、医馆等机构。对于几年来留学生的表现，李鸿章予以高度肯定。"学成回华，分派

---

① 容闳. 西学东渐记. 沈潜，杨增麒，评注. 郑州：中州古籍出版社，1998：148-149.
② 中国科学院近代史研究所史料编辑室，中央档案馆明清档案部编辑组. 洋务运动：第二册. 上海：上海人民出版社，1961：153.

各处当差，均能始终勤奋，日进有功。"并说，"臣查选募学生出洋，肄业西学，培养人材，实为中国自强根本"，具体表现而言，"其习水师者，内如鱼雷一种，理法最为精奥……于拆合、演放、修整诸事皆能得法……其分赴各营教习者，于外洋操法、阵法、口令均臻娴熟，所教弁勇颇有成效。其派值电报者，传递紧要军报，昕夕从公，密速无误。他如步算、制造、医学诸大端，均能深明窾要"①。基于留学生们在各自领域内的优良表现，李鸿章进而请求对他们保举嘉奖。

这一批留学生几乎都因被提前召回而未能完成学业，仅詹天佑和欧阳庚从耶鲁大学毕业。但他们中的大部分仍在日后取得不凡成就，成长为教育、外交、政治、海军、工矿、铁路等诸多领域内的佼佼者。比较出名的如铁路工程专家詹天佑、民国国务总理唐绍仪、清末外务部尚书梁敦彦、清华学校首任校长唐国安等。除幼童出洋留学外，自强运动期间还有其他派遣留学生之举，如福州船政学堂派学生留学欧洲。这一时期的洋务派人士虽然纷纷意识到出洋留学对于培养人才以师夷长技的意义，但是各地派遣留学生的行为并无系统的、整体的、周密的规划，较为零星分散。从出洋留学本身来说，容闳与曾国藩、李鸿章等人筹划的幼童出洋留学是晚清首次由官方主导的派遣留学生，为留学事业的后续发展如庚款留学等起到了积累经验和奠定基础的作用。

最后再回到容闳其人，以这位留学先驱的后来经历作为比照。因幼童被撤回，他也随之解职回国复命。眼见倾力谋划的事业陷于凋零，心灰意冷的他于次年（1882年）赴美侨居。后甲午事起，容闳又受张之洞邀请，先后襄助张之洞和刘坤一两位总督，但为时都很短。事后，他又向总理衙门大臣兼户部侍郎张荫桓和户部尚书翁同龢提议创立国家银行和修筑天津至镇江铁路的计划，均不得行。维新变法期间，他与维新派经常交流。"予之寓所，一时几变为维新党领袖之会议场。"② 因此事败后他也不得不逃离北京，在上海租界中参与组织中国强学会，仍然讨论维新。1899年又迁往香港，两年后返美。其间，容闳与孙中山等革命人士相识，逐渐支持革命。1912年民国成立后，孙中山邀请他回国工作，但年老体衰的他无法前往，并于当年4月病逝。总之，容闳的经历与留学事业和科技转型的发展过程颇为相似，都充满坎坷与磨难。但开端既启，方

---

① 顾廷龙，戴逸. 李鸿章. 李鸿章全集：11：奏议十一. 合肥：安徽教育出版社，2007：52-53.

② 容闳. 西学东渐记. 沈潜，杨增麒，评注. 郑州：中州古籍出版社，1998：181.

向已定，最终总是有所收获。

2. 伟烈亚力与墨海书馆

除了请进来学和走出去学的教育事业，自强运动期间的出版行业也对中国引进西方科学技术作用甚大，是促使文教事业呈现新气象的另一股重要动力。与明清之际科技转型第一波相似的是，此时比较早开始翻译传播科学书籍的仍为传教士，只是由天主教方面转变为基督新教方面。就时间跨度而言，其起点是 1843 年具有教会背景的墨海书馆从巴达维亚（雅加达）迁至上海，远远早于自强运动所属的年代。但是为了连贯地叙述这段历史，仍将这些并入本章，代表性人物选取伟烈亚力。这里将聚焦墨海书馆翻译、出版科学书籍的历史，并以伟烈亚力为核心，时间亦不限于他在墨海书馆的早期经历。

随着列强向远东的殖民扩张，教会团体在加强传教之余也在南亚、东南亚地区创办了印刷所等许多文化机构，主要负责出版宗教方面的资料和书籍。1843 年，由巴达维亚迁来的墨海书馆在开埠不久的上海成立，它由新教团体伦敦传道会（London Missionary Society，亦简称伦敦会）创办经营，因此其英文名即为 London Missionary Society Press。墨海书馆出版的活跃期是 19 世纪 40 年代至 50 年代，直至第二次鸦片战争即自强运动开始前。由于其在出版宗教类书籍之外，也出版科学、历史、语言类书籍，因此不仅仅是一家宗教性质的出版社。墨海书馆被称为"西学东渐的重要据点、中国具有新思想的知识分子的摇篮和上海地区的文化中心之一"①。但草创之初，缺乏印刷出版等专业人才的支持，远在万里之外的伟烈亚力就是因此机缘而来华。

伟烈亚力（1815—1887）是一位英国传教士，生活年代与左宗棠（1812—1885）和郭嵩焘（1818—1891）等大致相近。在他 30 岁的时候，因为接触到其他传教士撰写的汉语启蒙书籍而对汉语产生浓厚兴趣，并开始自学汉语。1846 年，由中国返英的传教士理雅各（James Legge）在为墨海书馆选拔人员时，看中伟烈亚力学习汉语的兴趣和能力。次年，伟烈亚力被派往上海，当年即从英伦抵沪，开始在墨海书馆工作。和他同行的还有另外两位传教士慕维廉（W. Muirhead, 1822—1900）和邵思韦（B. Southwell, 1822—1849）。在上海的最初几年，伟烈亚力在从事出版工作之余，把精力放在学习中国语言和文化上

---

① 叶斌. 上海墨海书馆的运作及其衰落. 学术月刊，1999（11）：91.

面，并曾经历短暂的婚姻，可惜他的妻子因难产而早逝，陷入悲痛的他将女儿送往英国。① 伟烈亚力是不幸的，此后的他一直保持独身，因此没有家庭生活的影响，可以把更多的精力投入他热爱的事业当中。

从伟烈亚力的生涯来看，他对科技转型的卓越贡献在于以翻译的方式将许多科学著作引进中国，且重点为数学领域。在学习中国文化的过程中，他对中国的历史、宗教、科学、艺术等各方面的认识加深，并对明末利玛窦和徐光启的交游故事钦佩不已。1852年起，他与中国数学家李善兰开始合作翻译《几何原本》的后九卷，以完成利、徐未竟之部分，由此对中国数学史愈加精通。次年，他在墨海书馆出版《数学启蒙》，这是他用中文写成的第一本数学课本。四年后的1857年，续译的《几何原本》译成，共401页。又过了两年，他与李善兰合译的《代数学》和《代微积拾级》也在墨海书馆出版。"两书标志着符号代数学和微积分传入中国，是中国数学史上具有划时代意义的重要篇章。"② 此时的清朝尚处于太平天国起义和第二次鸦片战争的双重冲击之中，师夷长技和自强的呼声尚未涌现，伟烈亚力的著译活动难能可贵，他是名副其实的近代中西科学传播先驱。

除了数学方面，他还陆续与人合作翻译出版了物理学方面的《重学浅说》（1858）和天文学方面的《谈天》（1859）等著作。其中，《谈天》翻译的底本是英国著名天文学家赫歇尔（Friedrick Wilhelm Herschel）的《天文学纲要》（*Outlines of Astronomy*）。该译作被认为"系统介绍了西方天文学的新进展，使中国人的天文学知识从明末清初传入的水平，大大前进了一步"③。此外，伟烈亚力还于1857年创办了中文的科技期刊《六合丛谈》（标以"江苏松江上海墨海书馆印"），从第1号到翌年的第15号为止。他在创刊号中宣称："今予著《六合丛谈》一书，亦欲通中外之情，载远近之事，尽古今之变……是书中所言，天算舆图，以及民间事实，纤悉备载。"④《六合丛谈》后来是晚清重要的介绍、传播科学知识的刊物，在日本也很有影响力。

得益于伟烈亚力及其中外同事们的通力合作，墨海书馆于是成为晚清出版业首个"西学东渐的重要据点"。传教士方面，从事科学著译工作的还有艾约瑟

---

① 尚智丛. 传教士与西学东渐. 太原：山西教育出版社，2012：197-199.
② 汪晓勤. 伟烈亚力的学术生涯. 中国科技史料，1999（1）：20.
③ 韩琦. 传教士伟烈亚力在华的科学活动. 自然辩证法通讯，1998（2）：62.
④ 沈国威. 六合丛谈（附解题·索引）. 上海：上海辞书出版社，2006：521.

(Joseph Edkins，1823—1905)、合信(Benjamin Hobson，1816—1873)、高第丕(Tarlton Perry Crawford，1821—1902)、韦廉臣(Alexander Williamson，1829—1890)等。中国方面，则是李善兰、王韬等人。对于他们的工作和书馆的运行情况，曾访问墨海书馆的郭嵩焘留下一些记载。他在1856年3月15日（咸丰六年二月初九）的日记中记叙此事见闻，关于伟烈亚力的描述是："为觅《数学启蒙》一书，为伟烈亚力所撰。伟君状貌无他奇，而专工数学。"① 至于墨海书馆在这一时期科学方面的著译书目，可参见表2-3-1：

表2-3-1　　墨海书馆出版科学类书目一览（1844—1860）②

出版年份	著（译）者	书名	类别	页数
1851	慕维廉	格物穷理问答	科学	10
1852	艾约瑟	咸丰二年十一月初一日日蚀单	天文	1
1853	慕维廉	地理全志	地理	365
1853	伟烈亚力	数学启蒙	数学	127
1855	合信	博物新编	科学	132
1855	合信	全体新编	医学	99
1856	高第丕	科学手册	科学	15
1857	合信	西医论略	医学	194
1857	伟烈亚力	几何原本（续译）	数学	401
1858	合信	妇婴新说	医学	73
1858	合信	内科新说	医学	112
1858	伟烈亚力	重学浅说	物理	14
1858	韦廉臣	植物学	植物	101
1859	伟烈亚力	代数学	数学	208
1859	伟烈亚力	代微积拾级	数学	298
1859	伟烈亚力	谈天	天文	361
1859	艾约瑟	重学	物理	226

墨海书馆之后，越来越多的西方人与出版机构来到中国，中国人后来也创办了如江南制造局翻译馆那样的翻译传播科学著作的机构。虽然墨海书馆的学术地位和经营状况后来不可避免地走向衰落，但是它在19世纪40—50年代的

---

① 郭嵩焘. 郭嵩焘全集：第八册. 长沙：岳麓书社，2012：31.
② 该表内部分著译书由中外人士合作完成，此处仅列传教士名字，参见：沈国威. 六合丛谈（附解题·索引）. 上海：上海辞书出版社，2006：244-247。

贡献是不可磨灭的，其开风气之先的历史作用也为后世所公认。还有伟烈亚力，他的后半生也仍在进行传教和其他工作的同时继续他的科学传播事业。他曾两度返回欧洲，又于1863—1869年和1870—1877年再次来华。在华期间，他曾参与江南制造局翻译馆的著译活动，也曾负责格致书院的创办和运营工作。他一方面持续向中国人传播西方的数学、天文学等多领域的科学知识，另一方面也积极向西方人介绍中国的数学史、天文学史成果。1877年，他回到英国，虽年事已高但仍进行学术活动，直至1887年因病去世。伟烈亚力和墨海书馆的种种事迹，为我们呈现出明清之际后晚清科学知识西学东渐再次启动的情形，勾勒出科技转型进程中致力于中西科学文化交流的先驱性人物和机构的形象。

3. 傅兰雅与格致书院

与伟烈亚力相比，另一位传教士傅兰雅在中国拥有更高的知名度。傅兰雅所活跃领域的广度和深度都超过了伟烈亚力，甚至得到清政府的承认和嘉奖，因此也达到了当时西方人在华地位的新高度。接下来不仅将回顾傅兰雅的来华经历和促进科学传播的往事，而且会重点关注他组织创办的一所特殊的、以传授科学技术为宗旨的学校——上海格致书院（The Shanghai Polytechnic Institution），其被称为"晚清上海输入西学的三大机关之一"①。由于傅兰雅来华时已不再是伟烈亚力的19世纪40—50年代，而是19世纪60年代，他所处的时代背景是西学东渐随着中西交往的增多而日益扩展和深入。此时传教士们参与的文教事业也愈发广泛，除前文中的出版行业外便是教育行业，具有教会背景的学校纷纷建立。不论其动机如何，这些学校也为中国人学习西方科学技术提供了更多的机会，傅兰雅与格致书院就是其中的杰出代表。

先看傅兰雅的经历，他生于1839年的英国，卒于1928年的美国。与他身处时代相近的中国人是郑观应（1842—1922），均成长和活跃于鸦片战争之后，都看到了中国发生的急剧变化与复杂矛盾。他的家庭是一个普通的牧师之家，而他却逐渐生起对于遥远中国的兴趣。在英国度过孩提时代和学生时代之后，大学毕业的傅兰雅于1861年被英国圣公会派往香港的圣保罗书院任院长。1863年，刚成立不久的同文馆聘请他担任英文教习。1865年，他离开北京前往上海，在圣公会创办的英华学堂担任教习。来华的经历在使他积累作为一位教育家的

---

① 王扬宗. 上海格致书院的一份译书清单. 中国科技史杂志，2006（1）：54.

丰富经验的同时，也使他迅速增进对汉语及中国国情、文化等的了解。1868年，他做了一个极为大胆却影响深远的决定，从英华学堂辞职并脱离圣公会，转而加入江南制造局翻译馆。效力于江南制造局翻译馆期间，傅兰雅几十年如一日，译著多达129种，其中绝大部分为科技类书籍，详见表2-3-2。

表2-3-2　　傅兰雅在江南制造局翻译馆期间翻译科技著作统计①

种类	学科	数量
基础科学	物理学	17
	数学	15
	化学	9
	地质、地理、气象、天文	7
	植物学、动物学	3
	生理学、解剖学	1
	其他	3
	合计	55
应用科学	制造	18
	制图	2
	勘测、工程	10
	医疗卫生	8
	航海	5
	农业	2
	其他	5
	合计	50

为进一步推广科学技术在中国的传播，傅兰雅还与中国科学家徐寿合力创建上海格致书院。由徐寿于1874年（同治十三年）向李鸿章上书提议并获得准许，亦得到西方商人的大力资助。1876年建成开院，傅兰雅担任董事，其他董事包括伟烈亚力、招商局总办唐廷枢、英国驻上海领事麦华陀（Sir Walter Henry Medhurst）等人。虽名为书院，但格致书院是近代中国第一所专门讲授西方科技知识的学校。"此书院之设，原令中国人明晓西国各种学问与工艺与造成之物。"其由博物馆、学堂、图书馆三部分组成："一、立博物房，内安置各种机器与器具，与造成之货物，便于华人观阅。二、立格致房，内讲教各种格致之学。三、立书房，内备各种书籍。"② 书院内的课程分为六类：矿务、电务、测绘、

---

① 冯志杰. 中国近代科技出版史研究. 北京：中国三峡出版社，2008：220.
② 陈谷嘉，邓洪波. 中国书院史资料. 杭州：浙江教育出版社，1998：2136-2137.

工程、汽机和制造。傅兰雅对于格致书院的创建和运营事务全程参与，且"始终其事"，甚至在其晚年赴美任教后仍对书院发展极为关心，被称为"对书院工作最热心、最认真、贡献最大的人"①。

除了格致书院，傅兰雅还于 1876 年创办了旨在促进科普的期刊《格致汇编》。该刊的英文名初为 *The Chinese Scientific Magazine*，次年改为 *The Chinese Scientific and Industrial Magazine*。他在《格致汇编》第一年第六卷（1876）中撰写《格致汇编启事》说："本馆辑《格致汇编》之原意，欲将西国格致之学与工艺之法，择其要者译成华文，便于中国各处之人得其益处，即不出户庭，能知天下所有强国利民之事理。"② 从 1876 年创刊至 1892 年停刊，中间曾数度暂停发行，总计出版 60 卷，每一卷除刊发数篇译文之外，比较固定的栏目还有算学奇题、互相问答和格致杂说。其内容涉及领域则涵盖天文学、地理学、地质学、物理学、气象学、电学、光学、植物学、化学、动物学等，范围极广。其作者群则包括傅兰雅、徐寿、艾约瑟、慕维廉、韦廉臣、李提摩太、丁韪良、王韬、薛福成等。

傅兰雅几十年的勤恳工作和默默奉献赢得清政府的认可，他被授予三品头衔（1876）和"三等第一宝星"（1899）作为嘉奖，称得上自强运动期间为文教事业做出贡献最多的外国人。《马关条约》签订后的 1896 年，傅兰雅离华赴美，担任美国加州大学教授。从此他定居美国，仅偶有几次回到中国访问，直至 1928 年病逝。晚年时的他一方面对其在华经历进行反思，颇有遗憾之意。以甲午战败为标志，曾经如火如荼的自强运动宣告失败，中国的近代化之路坎坷异常。他评价自强运动的"唯一目的并不是为了启蒙中国，而是帮助中国了解外国人的一切情况，以便能成功地与他们斗争，最后把他们全部驱逐出境"③。另一方面依旧牵挂他为之付出宝贵年华和心血的东方国度，并尽可能地为中西文化交流贡献力量，至死方休。

虽然自强运动以失败告终，傅兰雅的长期奋斗亦未取得理想效果，但至少在科技方面仍留下不少遗产。有形者如格致书院，作为非教会、非官办而致力于传播科技知识的学校，其校史得以延续。民国时，格致书院改为格致公学（1915—1942），又经历上海特别市市立格致中学（1942—1945）、上海市立格致

---

① 孙邦华. 傅兰雅与上海格致书院. 近代史研究，1991（6）：127.
② 陈谷嘉，邓洪波. 中国书院史资料. 杭州：浙江教育出版社，1998：2341.
③ 尚智丛. 传教士与西学东渐. 太原：山西教育出版社，2012：207.

中学（1945—1949）、上海市格致中学（1949年至今）等不同时期。时至今日，格致中学仍是沪上著名高中之一，秉承"爱国、科学"的传统和"格物致知、求实求是"的校训，其对于科学真理的追求与格致书院一脉相承。有形者还有他的丰硕科技译著，对于向近代中国传播西方科学技术居功甚伟。例如傅兰雅被称为"介绍西方化学到中国的先驱者"①。其实不仅限于化学，而且是介绍西方科学到中国的最重要先驱者之一。

无形者在此即为傅兰雅与格致书院对于科技转型的深刻意义，二者皆有力推动了科技转型进程。傅兰雅于19世纪60年代初来华，至1896年离开中国，是自强运动从兴起到结束的全程经历者。他与西方人、许多中国官员和中国科学家都有着密切联系，和有的人已经建立起深厚友谊，接下来就将关注这一时期涌现出的几位中国科学家。此外，傅兰雅与自强运动之间的关系在某种程度上就像自强运动与科技转型之间的关系。傅兰雅为之奋斗数十年的自强目标没有真正实现，然而他的努力成果使试图师夷长技的国人受益匪浅；自强运动也并未使科技转型真正实现，但是在自强运动期间科技转型进程向前迈进不少，对于科技转型的追求也像格致书院的校史沿革那样薪火相传。

4. 转型期的中国近代科学家

自强运动时期对师夷长技的贯彻不仅使科学技术受到特别重视，而且使一批精通科技的中国科学家得以崭露头角，在科技转型的历史上写下浓墨重彩的一笔。这个中国科学家小群体中的佼佼者在前文中已多有提及，如李善兰、徐寿、华蘅芳诸人。如果没有遇到难得的转型期，他们可能只是无用武之地的"畴人"。但是西学东渐的再度开启改变了他们的人生轨迹，他们一方面与传教士等西方人交游，从而翻译引进西方科学技术，提升自身的学识水平，另一方面又接受洋务派官员的邀请，将所掌握知识投入教育、出版、工业等领域的实践中，为自强运动贡献力量，甚至如徐寿之子徐建寅那样付出了生命的代价。需要强调的是，他们的主要身份既不是与西人共事的翻译家，也不是实践师夷长技的洋务派官员，而是承前启后、会通中西的科学家。

几位科学家之中以李善兰最为年长。他是浙江海宁人，生于1811年（嘉庆十五年底），与曾国藩同龄。他是一位数学奇才，从小就对数学产生浓厚兴趣，

---

① 徐振亚. 傅兰雅与中国近代化学. 北京化工大学学报（社会科学版），2001（2）：56.

十岁即自学《九章算术》。"善兰年十龄，读书家塾，架上有古《九章》，窃取阅之，以为可不学而能，从此遂好算。"① 十四岁就读过利玛窦和徐光启合译的《几何原本》前六卷，因此成为一位小有名气的数学家，先后撰写《四元解》（1845）、《对数探源》（1846）、《弧矢启秘》（1846）、《麟德术解》（1848）、《方圆阐幽》（1851）等数学专著。1852 年（咸丰二年）对他而言是一个人生转折点，该年李善兰进入墨海书馆，结识馆内伟烈亚力、艾约瑟等传教士，开始与他们合作翻译西方科学著作，取得了丰硕成果，以西方数学为主，但不限于此。就墨海书馆的出版时间来看，有《几何原本》（1858）、《重学浅说》（1858）、《植物学》（1858）、《代微积拾级》（1859）、《代数学》（1859）、《谈天》（1859）等。其中最早开始合译的《几何原本》后九卷极富象征性意义，标志着时隔 200 多年后西学东渐风潮再度兴起。李善兰和伟烈亚力以完成徐光启和利玛窦未竟事业的方式向先贤致敬，同时展现出促进中西科技文化交流的相同愿望。墨海书馆刊印的《几何原本》被毁后，1865 年（同治四年）李善兰又请求曾国藩在金陵为其再刊，并将利、徐之前六卷与李、伟之后九卷合为足本。曾国藩还受邀为此写了《几何原本序》，对《几何原本》给予高度评价："《几何原本》则彻乎《九章》立法之源，而凡《九章》所未及者，无不赅也。致其知于此，而验其用于彼。"② 后来据此再印的还有金陵书局刊本（1878）、江宁藩署刊本（1882）、上海积山书局石印本（1896）和《古今算学丛书》本（1898）等。

继墨海书馆时期后，李善兰曾于 1860 年（咸丰十年）做过江苏巡抚徐有壬的幕僚，但随即因徐战死而罢。1862 年（同治元年），他赴安庆做曾国藩幕僚，容闳前往安庆就是李善兰推荐的。后清军克复南京，他随曾国藩至南京，主持筹建金陵书局的工作，还在此期间出版《几何原本》和个人著作《则古昔斋算学》等。1868 年（同治七年），李善兰接受同文馆的算学教职，并于次年进京任职，由幕僚时期转为同文馆时期。在专注于教学的同时，他又撰写或重刊《考数根法》（1872）、《测圆海镜》（1876）、《算学课艺》（1880）等。同文馆时期的李善兰屡受奖掖，先后加内阁侍读衔（1871）、升户部主事（1874）、升员外郎（1876）、加四品衔（1879）、升郎中（1882）等，最终于 1882 年（光绪八年）去世。

---

① 李俨. 李善兰年谱. 清华学报，1928（1）：1627.
② 曾国藩. 几何原本序//几何原本（十五卷）. 金陵刊本. 1865：2.

第二位科学家是生于 1818 年（嘉庆二十三年）的徐寿。他是江苏无锡县（清属常州府，今属无锡市）人，与第三位科学家华蘅芳是同乡、同事兼好友。华蘅芳生于 1833 年（道光十三年），徐寿对他而言是父辈人物，但是因为华父与徐寿时常走动，所以两人得以结识。华蘅芳的父亲华翼纶曾中举人并任江西永新知县，后返乡办团练抵抗太平军，是一位官员和文人。华翼纶曾在徐寿去世后为其撰写《二品封典直隶候补知府雪村徐征君家传》。华、徐两家原不相识，华父后听说徐寿擅长制作古乐器，"遂访姓名而得订交，嗣是每作事，必与偕长子蘅芳，亦与君善，并同征召"。其中也记述徐寿放弃科举献身科学的事迹："尝一应童子试，既以为不切于实用弃去，乃博涉天文、历律、算术，皆通其奥，尤喜制仪器。"① 华蘅芳之弟华世芳亦曾撰《又记徐雪村先生轶事》言："先生居无锡西北乡之社港，距余家一日程。时挈其仲子往来余家，与伯兄（即华蘅芳）讨论律算、格致、制造诸属，余故自幼识之。"② 因此，华、徐二人在无锡家居时就已经常来往，共同探讨科学问题。

华翼纶和华世芳之文可从多方面解读。其一，介绍徐寿的生平经历和科学生涯。结合华蘅芳的经历可知：徐寿和华蘅芳等人均为从小产生对数学等科学知识的兴趣，早年自学古代算学经典与明清之际西学东渐相关成果，至 19 世纪 50 年代开始接触从上海墨海书馆等处传来的西方科技新鲜内容。这与他们所处的时代和地域是分不开的，此外江南地区也提供了宽松的文化氛围。其二，交代华、徐两家的交往过程，并不仅限于华蘅芳和徐寿二人，亦不止于一代人。最早来往的是华翼纶和徐寿，且原与科学无关。后来华蘅芳、徐寿"仲子"徐建寅（1845—1901）、华世芳（1854—1905）也加入其中，另外可能还有一些无锡或周边地区的同好。其三，维系这种交往的根本因素在于对科学技术的共同兴趣。换而言之，这里已经形成一个中国科学家或科学爱好者的小规模群体。事实也证明，徐寿、徐建寅父子和华蘅芳、华世芳兄弟都成为转型期中国近代知名科学家。

特殊的时代给予徐寿和华蘅芳等人一展拳脚的机会。1861 年（咸丰十一年），他们受曾国藩邀请前往安庆，年方十七的徐建寅同往，加入安庆内军械所，主持制造蒸汽轮船和洋枪洋炮等。在安庆和南京期间，徐寿和华蘅芳成功

---

① 闵尔昌. 碑传集补：卷四十三//周骏富. 清代传记丛刊：综录类五. 台北：明文书局，1985：662-664.

② 同① 667.

研制出几艘中国人最早自造的蒸汽船，著名者如"黄鹄号"（1865）。江南制造局成立后，他们又被请去襄办诸事。一方面专注研发工作："既而设制造局于上海，百事草创，寿于船炮枪弹，多所发明。自制强水棉花药、汞爆药。"① 另一方面通过江南制造局翻译馆，聘请伟烈亚力、傅兰雅等西人共同译书，加强西方科学技术的引介。1874年（同治十三年），徐寿与傅兰雅等人筹议建立格致书院，为此徐寿向李鸿章上书呼吁："格致之学，大之可齐治平，小之可通艺术，是诚尽人所宜讲求，今日所当急务。"② 格致书院1876年创设后，徐寿一直主持教学工作，直至1884年去世。华蘅芳长期与徐寿共事，也在格致书院担任过教习，后又曾在天津武备学堂、武昌两湖书院等多处任教，后于1902年去世。此外，华世芳，以及徐建寅、其弟徐华封、其长子徐家宝、其次子徐南宝等均在科学技术领域具有较高理论造诣或实践水平。其中徐建寅曾在山东机器局、福州船政局、金陵机器局等多处任职，1901年在汉阳钢药厂试制火药时因事故殉职。

从李善兰、徐寿和华蘅芳等人的经历中可归结出一些共性。他们早年对科学的兴趣和钻研是基础，后来一边接触并传播西学，一边投身自强运动。所从事工作虽有具体科技实践，但仍以文教事业为主。在心志上，不慕权位，为国效力，大多仅担任教学或技术类职务；在学术上，与时俱进，孜孜以求，"既是传播者也是被传播者"③；在领域上，涉猎广博，会通中西，包括数学、化学、光学、电学、天文、气象、地质、航海、矿物等等。诸如此类特征，可勾勒出转型期中国近代科学家的独特面貌。

四、教会活动与中国科技转型

自强运动期间科学技术的西学东渐，既在于中国洋务派的主动学习吸收，也包括西方传教士的积极介绍引进。传教士随着列强的炮舰再度来华，迫使清廷废除禁教令，因而得以从海外至通商口岸，从通商口岸至内陆。传教事业的

---

① 赵尔巽，等. 清史稿：卷五百零五：列传二百九十二. 北京：中华书局，1977：13930.

② 陈谷嘉，邓洪波. 中国书院史资料. 杭州：浙江教育出版社，1998：2125.

③ 燕学敏. 晚清数学翻译的特点——以李善兰、华蘅芳译书为例. 内蒙古大学学报（自然科学版），2006（3）：359.

重启与明清之际天主教在华传教相比，具有不少新特点。传教士与中国士民的互动不仅有以出版、教育、医疗等外来物事引导本土转型，而且有矛盾尖锐的大量传播案例。具体的案例首推作为促进传教手段的教会学校和教会医院，它们在19世纪下半叶亦即以自强运动为主的时间段内，均迎来至关重要的发展时期，并以科学化新体制为鲜明特色，促使中国近代教育和医疗事业走上新台阶，在不同领域推动科技转型第二波进程。

1. 传教事业的重启及其新特点

前文已有多处提及，自强运动期间文教事业等开展的背后均有传教士活跃的身影，教会活动也是影响中国近代史不容忽视的重要因素之一。从历史上来看，教会活动是主要发生于明末清初的科技转型第一波的基本动力，到了科技转型第二波时是否还会如此？因此，教会活动与中国科技转型的关系再度成为值得探究的问题。首先需要考察的是近代以来传教事业在中国重启的过程，以及重启后的传教与科技转型第一波时的传教相比有何新特点。然后才能以此延伸至传教士和中国士民的互动，再结合教会活动的相关事迹，从而有助于理解科技转型第二波与第一波的不同，并更完整地把握自强运动与科技转型第二波的面貌。

自康熙晚年禁教以来，清廷一直奉行该政策。除北京钦天监等个别机构内有零星传教士以外，其他西方传教士来华及传教都会被严厉打击。尽管如此，秘密潜入和地下传教者仍屡见不鲜。例如江南地区，1841年时"共有大小圣堂四百处；教友有四万八千左右"[1]。再如两广地区，因对外贸易和邻近澳门，亦是西方传教士重点渗透之地。容闳幼时前往澳门、香港的教会学校念书即是一例；另一例为早期中国教徒梁发撰有《劝世良言》（1832），后来对太平天国领导人洪秀全的早期思想产生重要影响；还有一例为传教士郭实腊（Karl Gützlaff，1803—1851）创办的中文报纸《东西洋考每月统记传》（1833—1838），该报"所载的世界地理对于魏源、梁廷枏和徐继畲等当时睁眼看世界的先进的中国人产生过程度不同的影响，它们特别是魏源撰著《海国图志》的主要参考文献之一"[2]。应当认为，中国的教会活动在鸦片战争以前一直以私下的、民间的方式

---

[1] 徐宗泽. 中国天主教传教史概论. 北京：商务印书馆，2015：187.
[2] 黄时鉴.《东西洋考每月统记传》影印本导言//爱汉者，等. 东西洋考每月统记传. 黄时鉴，整理. 北京：中华书局，1997：30.

进行，且不限于传教本身，而是涉及创办学校和报刊等其他文化领域。

随着五口通商后国门逐渐被打开，传教在西方人的要求下也得以重启，但并非一蹴而就。1844年中美《望厦条约》规定："合众国民人在五港口贸易，或久居，或暂住，均准其租赁民房，或租地自行建楼，并设立医馆、礼拜堂及殡葬之外。必须由中国地方官会同领事等官，体察民情，择定地基。"① 同年的中法《黄埔条约》也确认了这一点，即外国人可以在通商口岸自行修建教堂。此时尚无允许内地传教的条款。到1858年第二次鸦片战争时，中俄、中美、中英、中法《天津条约》皆将传教范围扩大至内地。例如中法《天津条约》第十三款约定："天主教原以劝人行善为本，凡奉教之人，皆全获保佑身家，其会同礼拜诵经等事概听其便，凡按第八款备有盖印执照安然入内地传教之人，地方官务必厚待保护。凡中国人愿信崇天主教而循规蹈矩者，毫无查禁，皆免惩治。向来所有或写、或刻奉天主教各明文，无论何处，概行宽免。"② 条约不仅对天主教进行重新定性，而且明确中国政府需要保护传教士和教徒。

至于清廷方面，在压力之下也不得不承认现实，顺应形势改禁教为弛禁。1840年（道光二十年）3月仍有厉行禁教的旨意："嗣后传习天主教人犯，于赴官首明出教及被获到官情愿出教，俱著遵照嘉庆年间谕旨，将该犯等家内起出素所供奉之十字木架，令其跨越，果系欣然试跨，方准免罪释放。如免罪之后，复犯习教，除犯该死罪外，余俱于应得本罪上加一等治罪……该部即纂入则例，永远遵行。"③ 其中说遵照嘉庆年间谕旨，采用"跨十字架"的办法，亦可证明禁教政策是一以贯之的。但是到了1846年（道光二十六年），道光帝颁发弛禁旨意："前据耆英等奏，学习天主教为善之人，请免治罪。其设立供奉处所会同礼拜，供十字架图像诵经讲说，毋庸查禁，均已依议行矣。天主教既系劝人为善，与别项邪教迥不相同，业已准免查禁，此次所请，亦应一体准行。所有康熙年间各省旧建之天主堂，除改为庙宇民居者毋庸查办外，其原旧房屋尚存者，如勘明确实，准其给还该处奉教之人……仍照现定章程，外国人概不准赴内地传教，以示区别。"④ 这样一来，不仅对天主教免于查禁，而且允许将早期耶稣

---

① 褚德新，梁德. 中外约章汇要：1689—1949. 哈尔滨：黑龙江人民出版社，1991：89.
② 同①147.
③ 宣宗实录（六）：卷三三一//清实录：第四四册. 北京：中华书局，1986：26.
④ 文庆，等. 筹办夷务始末：道光朝卷七十五//《续修四库全书》编纂委员会. 续修四库全书：四一六：史部：纪事本末类. 上海：上海古籍出版社，2002：146-147.

会等在中国所建教堂归还给教会，只是仍不允许传教士进入内地传教。对照上文可知，禁止内地传教直到第二次鸦片战争后才以条约的方式真正解除。

那么此时重启的传教与明末的传教相比有何新特点？其一是新教取代天主教成为主力。当然，天主教在晚清也同样获准重返中国传教，只是其势力发展不如新教。此消彼长的原因是多方面的，但最主要是因为国际形势的变化，反映为支持天主教的法国不敌支持新教的英国，新教随着英国在亚洲的扩张而获得主导权。"由于英国打败了天主教的法国，越来越多的英国新教传教团来到了印度、新加坡和中国。18世纪后期，新教教堂成为那个时期公众对社会问题态度的主宰。"①

其二是与世俗利益结合得更为紧密。虽然耶稣会和多明我会等早期来华教会也获得葡萄牙和西班牙等国政府的支持，但是晚清时来华的传教士们背后政府的身影更为明显，传教士与商人、军人、外交官等互动频繁，并不可避免地带有侵略性。例如，英、法等国将传教权视为与中国签订条约时交涉的重点内容之一，并写进《天津条约》等条文内。

其三是传教规模和力度更大。天主教方面，仍以江南地区为例，耶稣会至19世纪末在江南已有12万教徒，已达前文提到1841年时数量的两三倍；新教方面，来华教会团体从1858年的20个增至1889年的41个。来华传教士数量亦由1864年的186名增至1889年的1296名，到1905年更已达到3445名。②

其四是与中国社会接触更深。除传教外，他们还投身于科学、教育、医疗卫生等诸多领域中。客观地说，中国近代部分公共事业的起步和发展都离不开教会方面的支持。但就负面而言，接触更深的后果也包括频发的教案。从晚清以来的不少名人言论中都可以看到对教案的评价。如郭嵩焘所记他和文祥对教案的看法："往与文文忠公论天主教为祸之烈，黔、蜀尤甚，实由地方官办理参差，动为所持，积久而风习成，遂至无可施治。承天津教案之后，会商各国妥议章程，以为善后之计，或犹可稍图补救。"③再如徐光启后人徐宗泽曾在《中国天主教传教史概论》中言："原教案之发生，由于双方之误会，彼此之隔膜，

---

① 艾尔曼. 科学在中国（1550—1900）. 原祖杰，等译. 北京：中国人民大学出版社，2016：16.
② 王美秀. 中国基督教史话. 北京：社会科学文献出版社，2011：127.
③ 郭嵩焘. 使西纪程——郭嵩焘集. 沈阳：辽宁人民出版社，1994：16-17.

愚民无知，妄听谣言，而祸起矣。"① 他的观点所代表之立场则偏向于天主教一方。

2. 传教士与中国士民的互动

从时间尺度来看，传教士们在华活动大体可分为三阶段：（1）第一次鸦片战争前的19世纪上半叶，活跃于东南亚和澳门，并秘密潜入中国沿海地区传教；（2）两次鸦片战争间的19世纪40和50年代，主要在通商口岸城市和香港等地传教；（3）第二次鸦片战争后亦即自强运动以来，不断深入内地和农村传教。这种趋势的产生原因在于中外条约规定和清廷态度转变。要想探究教会活动与中国科技转型的关系，就得以这种趋势作为背景考察传教士与中国士民的互动，并以自强运动期间为主要时段而不限于此。具体而言，传教士与中国士民的互动既包括通过出版、教育、医疗等外来物事引导本土制度转型者，也包括矛盾尖锐的大量教案。由于出版、教育等事业在前文已有或多或少的论析，亦有部分内容将于后文专述呈现，故此处只对互动的诸方面进行简述。

不同阶层和群体的中国士民对待基督教的态度各异，即使是同一群体在不同时期也不尽相同。以洋务派为例，曾国藩早年《讨粤匪檄》（1854）即为代表："粤匪窃外夷之绪，崇天主之教……士不能诵孔子之经，而别有所谓耶稣之说，《新约》之书，举中国数千年礼义人伦、诗书典则，一旦扫地荡尽。此岂独我大清之奇变，乃开辟以来名教之奇变，我孔子、孟子之所痛哭于九原！凡读书识字者，又乌可袖手安坐、不思一为之所也！"② 文中将太平军所奉拜上帝教与基督教混为一谈，且把"天主之教"与"外夷之绪"并列为讨伐对象。同时，檄文也能反映洋务派坚持的思想核心仍是孔孟之道、"礼义人伦"、"诗书典则"。因此师夷长技只是"西用"，孔孟之道才是"中体"。

在办理洋务和师夷长技的过程中，洋务派对基督教的态度因了解加深而有所改善。晚期的观点以张之洞《劝学篇》（1898）第十五《非攻教》为代表："有志之士，但当砥厉学问，激发忠义，明我中国尊亲之大义，讲我中国富强之要术。国势日强，儒效日章，则彼教不过如佛寺道观，听其自然可也，何能为害？如仍颓废自甘，于孔孟之学术政术不能实践力行，学识不足以济世用，才略不足以张国威，而徒诟厉以求胜，则何益矣？"并对教案中关于传教士残害百

---

① 徐宗泽. 中国天主教传教史概论. 北京：商务印书馆，2015：190.
② 曾国藩. 曾国藩诗文集. 王沣华，校点. 上海：上海古籍出版社，2013：266-267.

姓的谣言予以摒弃："至于俗传教堂每有荒诞残忍之事，谓取人目睛以合药物，以造镪水，以点铅而成银，此皆讹谬相沿，决不可信。"① 这里认为单单抵制天主教没有用，而应该发扬本土文化。"儒效日章，则彼教不过如佛寺道观。" 所以总的来说，洋务派对基督教的态度至少应从两方面来看：守旧的一面，"如同他们对整个西方文化的认识一样，仍然是肤浅的"②；开明的一面，他们的认识与态度胜于更为顽固者。

频发的教案是自强运动以来传教士与中国士民的互动矛盾的产物。明清之际耶稣会士东来时，著名的教案如南京教案、杨光先教案等，数量较少。到晚清时传教重启，教案数量剧增，分布范围广。因界定教案的标准不一，关于其确切数量的说法各异。以一种说法为例，1844—1911年教案数达1 998起。③ 教案之所以频发，首要原因自然是大量传教士随着条约订立和国门洞开而纷纷深入内地传教，与中国士民接触之多且深。但若要深究各类教案发生的实际原因，其中情形却是非常复杂的。简而言之，中国士民一方利益被传教士与教民侵犯时有发生，中国士民对基督教多有误会和猜疑，容易听信教堂"取人目睛以合药物，以造镪水，以点铅而成银"等谣言；基督教会一方在一定程度上带有侵略和殖民性质，不但冲击中国的传统宗教和文化，而且威胁社会原有的政治、经济和民生秩序。

出版方面，除前文所述墨海书馆外，较有名者还有长老宗的美华印书馆、卫斯理宗的华美书馆等。美华印书馆（American Presbyterian Mission Press）初创于1844年的澳门，称为花华书房，次年迁往宁波。1860年，爱尔兰人姜别利（William Gamble）将印书馆迁至上海，并添购印刷设备，使印书馆的出版事业登上全新的台阶。与墨海书馆相比，美华印书馆所出版的书籍更集中于宗教领域，但也有不少西方科学技术著作，如《地球图说》、《天文问答》、《航海金针》、《日蚀图说》和《平安通书》等。此外，该馆还曾发行《中外新报》（1854年起）和《通问报》（1901年起）等刊物。④ 华美书馆（Methodist Publishing House）于1854年创于上海，主要印刷传教用书，曾出版报刊《教报》（后与《美华报》合并为《华美教保》）。此外，来华教会创设的大小印刷机构

---

① 张之洞. 劝学篇. 李忠兴，评注. 郑州：中州古籍出版社，1998：167-168.
② 赵春晨. 晚清洋务派与教案. 历史研究，1988（4）：44.
③ 赵树好. 教案与晚清社会. 北京：中国文联出版社，2001：3-7.
④ 罗伟虹. 中国基督教（新教）史. 上海：上海人民出版社，2014：192-194.

还有不少，先后分布于广州、北京、成都、福州、西安等地。

教育方面，前面已经提到英华学堂和格致书院等。值得一提的是，传教士面向华人兴办教育是从东南亚开始的，如马六甲、新加坡等地，然后才进入中国。早在1818年，马礼逊（Robert Morrison）和米怜（William Milne）即在马六甲创办英华书院，1843年第一次鸦片战争后迁往香港。后来，英华书院的一位毕业生袁德辉效力于林则徐幕府，从事翻译工作。1834年，马礼逊于澳门去世，西方传教士和商人们还曾合力设立马礼逊学堂（1839），1842年迁往香港，容闳曾在该学堂学习。至自强运动的三十多年间，传教士们陆续兴办多所学堂，覆盖多个城市。1877年，传教士们还成立了一个学校教科书的委员会——益智书会，至1890年又扩大为中华教育会。虽然传教士们大力兴办学校的初衷在于以教育促进传教，但实际上教会教育不仅是传教的手段之一，而且以其新颖的形式和内容为中国教育近代化注入独特的动力，"开启了中国新教育的先声"①。

医疗卫生方面，传教士亦将其视为促进传教的重要领域之一。1835年，美国传教士伯驾（Peter Parker）便在广州开设一家眼科医局，持续约20年。1838年，中国医药传教会（Medical Missionary Society in China）成立。1843年，英国传教士雒魏林（William Lockhart）开始在上海行医，三年后成立仁济医馆，10余年后由合信接管。合信除翻译西方科学书籍外，也擅长医术。仁济医馆在他们的管理下和中外各界的支持下愈发壮大，口碑颇佳。1859年，伯驾的接替者嘉约翰（John Glasgow Kerr）重建并定名为博济医院，主持医院发展40年，并设立南华医科学校，致力于培养医学人才。诸如此类，到19世纪60年代及之后，纷纷设立的教会医院已具有相当规模。在救死扶伤和促进传教的同时，教会医院也为西医及科学在中国的传播和接受发挥重要推动作用。

3. 外来物事引导本土转型之一：学校

传教士针对华人兴办学校的历史可追溯到鸦片战争以前，但在教会内部对传教和教育二者关系的认识却长期未达成统一。反对者认为传教工作居于首要地位，投入教育会削弱传教的力量，影响传教的成效。另外，大多数中国人对教会学校的关注和兴趣也远远不够。"虽然教会学校对传统的中国教育是一个明

---

① 顾卫民. 基督教与近代中国社会. 上海：上海人民出版社，2010：197.

显的挑战，而这些学校仍然严重地脱离中国的知识界，也很少成为中国评论家评论的主题。到20世纪，基督教在改革中国教育中所起的作用开始得到承认；基督教学校成为西方文明的传播者、西方教育的样板和反对帝国主义的民族主义的焦点。"① 在面临重重困难的情形下，教会教育仍能发展成"开启了中国新教育的先声"的关键性力量。其之所以在20世纪初拥有作为传播者、样板和焦点的特殊地位，是因为在这之前已奠定相应基础，由此可以凸显其在19世纪下半叶亦即以自强运动为主时期内的重要性。

与他们的先辈耶稣会士一样，晚清来华传教士也发现在中国直接传教往往行不通。卢茨（Jessie G. Lutz）在《中国教会大学史（1850—1950）》中认为正是直接传教的不可行促使传教士转向教育。"有些传教士因为发现中国人有看重书籍的习惯，因此就采取分发宗教宣传小册子的办法来争取听众。这些小册子常常受到老百姓热烈的欢迎；有时，抢书的人是如此之多，传教士只得向空中抛掷小册子，让他们去抢，看谁能够拿到本子，'正像向一群乞丐抛出一把便士一样'。不幸的是，传教士常常发现他们的宗教宣传小册子被人当作废纸出卖和用来包东西或者做鞋底。这些经验使传教士转向教育。"② 后来的事实证明，无论是对于基督教在华影响力还是对于中国教育近代化而言，转向教育的决定都是正确的。考察民国时期著名的教会大学，可以发现它们的前身大多创建于自强运动期间。当然，这并非证明自强运动与教会学校存在因果关系，而是说外来物事引导本土转型与自强运动发生于同一时期，共同推动科技转型进程。

按照时间顺序，可以将教会学校的发展史粗略分为三个阶段。第一阶段为19世纪中叶。传教士们已经在中国创办了以英华书院为代表的诸多学校。从办学地点来看，除澳门和香港外，主要为广州、上海、宁波、福州、厦门等通商口岸城市。这些学校的规模通常较小，办学时间长短不一，关于其数量、名称、人员等具体信息已很难罗列清楚。该阶段为初始阶段，传教士办学虽属草创，仍有多方面的意义。其一是使教会学校形成良好的规模基础和发展态势。据统计，至19世纪70年代时教会学校已有约350所，招收学生约6 000人③；其二

---

① 杰西·格·卢茨. 中国教会大学史（1850—1950）. 曾钜生, 译. 杭州：浙江教育出版社，1987：1.
② 同①12.
③ 姚民权, 罗伟虹. 中国基督教简史. 北京：宗教文化出版社，2000：47.

是已在多地创建女子学校,在遵循男尊女卑传统的晚清社会开风气之先;其三是具备相应的新式教学方针、课程设置、教员资历等,已经称得上是近代意义上的学校。第二阶段为 19 世纪下半叶,时间段主要是自强运动期间。该阶段为扩张阶段,传教士办学的数量进一步增长,规模进一步扩大,教会学校的建制和运作更为稳定,但仍基本集中于初等教育和中等教育,绝大部分教会大学的前身都已建成。第三阶段为 20 世纪上半叶,从清末到民国,直至新中国成立后教会学校谢幕。该阶段政府更迭,局势复杂,包括五四运动、北伐战争、抗日战争等大事,因为与本文关系不甚密切,故此处予以概括处理。此时教会教育蔚然成风,教会大学如燕京大学、齐鲁大学、圣约翰大学、之江大学、东吴大学、金陵大学、岭南大学等均已享誉中外。它们的发展在此起彼伏的战争、运动中时而遭受挫折,时而得到巩固。新中国成立后,所有教会大学的建制最终在 1952 年院系调整中以拆解合并的方式被取消。

下面将聚焦第二阶段,试举几所教会大学的前身学校,透过案例探查教育领域外来物事引导本土转型的过程。(1)山东登州的文会馆,源于 1864 年美国传教士狄考文(Calvin Wilson Mateer)在当地办学。因登州在第二次鸦片战争后开埠而有传教士来此,狄考文到达后先创办蒙养学堂。1876 年改名为文会馆,使用狄考文编写的课本《笔算数学》、《代数备旨》、《形学备旨》、《理化实验》、《电学全书》和《微积分习题》等,课程门类丰富,达到中等教育水平。后会馆规模有所扩大并迁至潍县,1904 年改称广文学堂,成为日后齐鲁大学的前身之一。(2)河北通州的潞河书院,最早为 1867 年美国公理会在通州创办的潞河男塾,因规模逐渐扩大而先后改称潞河中学和潞河书院。后来,潞河书院又与其他教会学校联合组成华北协和大学,成为日后燕京大学的前身之一。(3)上海圣约翰书院,是 1879 年由上海的培雅书院(1865 年始建)和度恩书院(1866 年始建)合并而成。该书院的发展较为成功,起初也仅具备中等教育水平,但随着教学上的努力而得以壮大,最终于 1905 年升格为圣约翰大学。

另外,之江大学的前身杭州育英义塾创于 1867 年,华中大学的前身武昌文氏学堂、武昌博文书院和汉口博学书院分别创于 1871 年、1885 年和 1899 年,岭南大学的前身广州格致书院创于 1888 年,金陵大学的前身南京汇文书院、基督书院、益智书院分别创于 1888 年、1891 年和 1894 年,东吴大学的前身苏州博习书院、上海中西书院和苏州坤宏学堂分别创于 1871 年、1882 年和 1896 年。上述均为新教教会兴办的学校。天主教方面创办的震旦大学、辅仁大学和津沽大学校史均只能追溯至20世纪初,相对较晚。① 可以看出,大部分的教会大学前身均创于19世纪下半叶,事实上构成教育界的一股新潮流。

在这些教会学校里,宗教教育和科学教育是并行不悖的。就积极意义而言,教会教育的作用首先就在于其提供科学教育。"在科学和体育教育方面,教会大学有着特殊的作用。在本世纪的头25年中,教会大学连续提供了中国文理学院中的最好的科学教学大纲,因此它们作为榜样仍然相当重要……把科学方法用于解决中国问题可以做出有价值的贡献。"② 其次,新式的教育方式和内容的背后是值得借鉴的新式的、近代化的教育体制,教育体制的转型与科技转型密不可分。再次,教会教育的另一大主要成果是为中国培养了不少科学技术人才,成为科技转型进程的践行者。最后,从更广泛的层面来说,教会教育的积极意义还在于消除中西文化隔阂和促进中西文化交流。

4. 外来物事引导本土转型之二:医院

建立教会医院是来华传教士们除创设教会学校外的另一促进传教的手段,并对中国医学走向近代化有着深远影响。"中国的医学,从神祇的时代,进而为实验的时代;从实验的时代,进而为科学的时代。又可说从神话的医学,到哲学的医学;从哲学的医学,到科学的医学。欧风东渐,中国数千年来哲学的医学,一变而为科学的医学。"③ 正是西方医学的传入,使中国医学从实验(哲学)时代转变为科学时代。而在西方医学的传入过程中,传教士所办教会医院是不可或缺的组成部分。同时,传教士们还兴办医学职业教育,兼顾公共慈善事业,在近代史上扮演多重角色。教会医院不仅发挥了卫生、教育、慈善、传教等作用,而且提供了医学领域外来物事推动科技转型的经典案例。

如果追溯历史,明清之际科技转型第一波时已有来华传教士们从事医疗实践和传播医学知识。"明末清初的西医入华主要体现在两个方面:一是传教士在华的行医传教活动;二是传教士向中国介绍西洋医学和药学知识。"④ 耶稣会士如邓玉函(Johann Schreck)、卜弥格(Michael Boym)、南怀仁(Ferdinand Ver-

---

① 顾卫民. 基督教与近代中国社会. 上海:上海人民出版社,2010:293-294.
② 杰西·格·卢茨. 中国教会大学史(1850—1950). 曾钜生,译. 杭州:浙江教育出版社,1987:491-492.
③ 陈邦贤. 中国医学史. 台北:台湾商务印书馆,1981:257.
④ 董少新. 形神之间:早期西洋医学入华史稿. 上海:上海古籍出版社,2008:6.

biest）等对医药知识均有涉猎，卢依道（Isidoro Lucci）、鲍仲义（Joseph Baudino）、樊继训（Pierre Frapperie）等则是受耶稣会派遣来华的医生。此时所谓的西医东渐，与后来晚清时相比有几处不同特点。首先自然是以天主教传教士为主，到了晚清则以新教传教士为主；其次是此时规模和影响极小，不仅体现在人数方面，而且从西学东渐的内容来看，医学远不及天文、历法、算学、地理等其他领域，这应和西医本身尚欠发达很有关系；最后是此时范围极其有限，仅服务于宫廷贵胄和朝中官员，鲜有面向平民百姓者。

至于晚清以来的科技转型第二波，不少观点均将伯驾在广州开设眼科医局界定为西医东渐的开端。这么说没有错，伯驾创办医局是传教士最早进入国内城市开办医院的案例，但也有不足，因为新一轮中西医学交流从19世纪初就已开始。"英国东印度公司医官皮尔孙（Alexander Pearson）于一千八百零五年（嘉庆十年）传种痘法于中国。皮尔孙在广州行医，曾著一小书，说明种痘法，斯当顿（George Staunton）代为译成华文。氏又传授其法于中国生徒，最要者为海官（Hequa），海官以后成为名医，三十年间为人种痘，达一百万口。"① 1805年种痘法传入中国可视为早期（晚明以来）和后期（晚清以来）西医东渐的分界。此外，19世纪上半叶在澳门也出现了传教士创办的小型医院和行医活动。所以，1835年伯驾及其医局是该轮西医东渐潮流中的又一个里程碑。

从伯驾及其医局开始，19世纪下半叶在中国涌现出一批致力于医学传教的传教士和教会医院。传教士如雒魏林，他于1839年至广州，1840年至澳门，1843年至上海，1861年至北京，均从事医务工作。其中他在上海、北京所兴办的医院皆为首创，后者为英国公使馆旁边的伦敦宣教会北京医院（Peking Hospital of the London Missionary Society）。② 教会医院则不胜枚举，这一时期建立的有上海仁济医院（1843）、广州博济医院（1859）、上海同仁医院（1866）、汕头福音医院（1867）、汉口仁济医院（1878）、杭州广济医院（1880）、上海西门妇孺医院（1883）、苏州博习医院（1883）、福州柴进基督医院（1887）、汉口普爱医院（1888）、南京鼓楼医院（1892）等等。③ 从19世纪下半叶到20世纪上半叶的近百年间，教会医院遍及广东、广西、福建、浙江、江苏、安徽、江

---

① 张星烺. 欧化东渐史. 长沙：岳麓书社，2013：45.
② 鲍尔斯. 中国宫殿里的西方医学. 蒋育红，等译. 北京：中国协和医科大学出版社，2014：5.
③ 罗伟虹. 中国基督教（新教）史. 上海：上海人民出版社，2014：207-208.

西、湖北、四川、山东、山西、直隶、辽宁、吉林等全国诸多省份。

教会医院之中首屈一指者当属1935年即庆祝百年院庆的广州博济医院。从1835年伯驾开设眼科医局开始，经历两次鸦片战争冲击而中断，至1859年方由嘉约翰重建并定名为博济医院。伯驾建医局之初，在主治眼科病外便已经可以做一些简单的切除手术。1847年，该院首次进行使用乙醚麻醉的脂肪瘤切除手术，此时距世界首例乙醚麻醉手术才一年。次年，伯驾又第一次进行使用氯仿麻醉的手术。在19世纪40年代时，门诊量有时就已达到每日千人以上。① 博济医院以其先进、精湛的医疗技术赢得中国患者的欢迎，为教会医院在中国的发展树立了标杆。再如南京鼓楼医院，由加拿大传教士马林（William E. Macklin）创办，最初有50张病床，虽几经风雨变迁但发展延续至今，目前拥有床位3 000张，成为一家东南地区著名的大型综合性三甲医院。

在教会医院进行行医传教的同时，传教士们还注意培养中国医学人才。起初，医学人才是在教会医院中通过师傅带徒弟的方式进行学徒式培养的，不仅数量较少，而且主要源于行医时对助手的需求。但是这种培养方式一来效果有限，二来难以满足教会医院不断扩大的实际需要，所以教会医学教育也逐渐发展起来。1866年，广州博济医院附设南华医科学校，开始招收学生学医。此后医科学校在19世纪下半叶纷纷建立起来，如杭州（1884）、南京（1889）、济南（1890）、苏州（1891）、上海（1896）等。② 到20世纪初教会医科学校的数量变得更多，许多教会大学也都设立医学院。不仅如此，发起自强运动的洋务派也开始意识到医学教育的重要性。同文馆的科学知识教学之中，就曾涉及医学知识。在李鸿章的支持下，1881年（光绪七年），北洋重镇天津始设医学馆，是我国自办的首所进行西医教学的医科学校。1893年，天津医学馆改名为北洋医学校。至于更多医科学校的兴办，则要等到庚子之后的清末新政时期。

传教士们还通过教会医院实行免费或减免费用治疗等措施，兼顾公共慈善救济事业，因对本书主题不甚重要，此处略去不提。③ 至于教会医院发挥的历史作用，尤其是对于科技转型而言，根据张星烺《欧化东渐史》，主要归结为三点：（1）救死扶伤的直接效果。"外国医术在中国减轻人民痛苦，救免夭亡。"

---

① 宋之琪. 中国最早的教会医院——博济医院. 中华医史杂志，1999（3）：148.
② 朱潮. 中外医学教育史. 上海：上海医科大学出版社，1988：69-70.
③ 李传斌. 教会医院与近代中国的慈善救济事业. 中国社会经济史研究，2006（4）：51-56.

(2) 促进传教的间接效果。"久之渐得中国人民信仰","中国人反对基督教之偏见亦渐消除"。(3) 推动医学领域的科技转型。"训练甚多中国助手,翻译西国医学书籍为汉文,传布西国医学知识于中国。"① 可以这么说,教会医院和教会学校相似,在19世纪下半叶迎来至关重要的发展阶段。在这以前,本土之中医尚为中国医学的绝对主流。在这以后,东渐之西医的后来居上已呈不可逆之势。

---

① 张星烺. 欧化东渐史. 长沙:岳麓书社,2013:46.

参考文献

[1] 艾尔曼. 科学在中国（1550—1900）. 原祖杰, 等译. 北京：中国人民大学出版社, 2016.

[2] 鲍尔斯. 中国宫殿里的西方医学. 蒋育红, 等译. 北京：中国协和医科大学出版社, 2014.

[3] 费正清. 剑桥中国晚清史（1800—1911 年）：上卷. 中国社会科学院历史研究所编译室, 译. 北京：中国社会科学出版社, 1985.

[4] 杰西·格·卢茨. 中国教会大学史（1850—1950）. 曾钜生, 译. 杭州：浙江教育出版社, 1987.

[5] 曾国藩. 曾国藩诗文集. 王沨华, 校点. 上海：上海古籍出版社, 2013.

[6] 冯桂芬. 校邠庐抗议. 上海：上海书店出版社, 2002.

[7] 郭嵩焘. 郭嵩焘全集. 长沙：岳麓书社, 2012.

[8] 郭嵩焘. 使西纪程——郭嵩焘集. 沈阳：辽宁人民出版社, 1994.

[9] 顾廷龙, 戴逸. 李鸿章全集. 合肥：安徽教育出版社, 2007.

[10] 刘锡鸿. 英轺私记. 朱纯, 杨坚, 校点. 长沙：岳麓书社, 1986.

[11] 闵尔昌. 碑传集补//周骏富. 清代传记丛刊：综录类五. 台北：明文书局, 1985.

[12] 文庆, 等. 筹办夷务始末//《续修四库全书》编纂委员会. 续修四库全书：史部：纪事本末类. 上海：上海古籍出版社, 2002.

[13] 张德彝. 航海述奇. 钟叔河, 校点. 长沙：湖南人民出版社, 1981.

[14] 左宗棠. 左宗棠全集. 长沙：岳麓书社, 2014.

[15] 赫德. 赫德日记——步入中国清廷仕途. 傅曾仁, 等译. 北京：中国海关出版社, 2003.

[16] 爱汉者, 等. 东西洋考每月统记传. 黄时鉴, 整理. 北京：中华书局, 1997.

[17] 陈邦贤. 中国医学史. 台北：台湾商务印书馆, 1981.

[18] 陈谷嘉, 邓洪波. 中国书院史资料. 杭州：浙江教育出版社, 1998.

[19] 陈旭麓. 近代中国社会的新陈代谢. 上海：上海社会科学院出版社, 2005.

[20] 陈悦. 北洋海军舰船志. 济南：山东画报出版社, 2009.

[21] 褚德新, 梁德. 中外约章汇要：1689—1949. 哈尔滨：黑龙江人民出版社, 1991.

[22] 董少新. 形神之间：早期西洋医学入华史稿. 上海：上海古籍出版社, 2008.

[23] 杜石然, 林庆元, 郭金彬. 洋务运动与中国近代科技. 沈阳：辽宁教育出版社, 1991.

[24] 冯志杰. 中国近代科技出版史研究. 北京：中国三峡出版社, 2008.

[25] 顾卫民. 基督教与近代中国社会. 上海：上海人民出版社, 2010.

[26] 金士宣, 徐文述. 中国铁路发展史（1876—1949）. 北京：中国铁道出版社, 1986.

[27] 李雪. 晚清西方电报技术向中国的转移. 济南：山东教育出版社, 2013.

[28] 李占才. 中国铁路史（1876—1949）. 汕头：汕头大学出版社, 1994.

[29] 罗伟虹. 中国基督教（新教）史. 上海：上海人民出版社, 2014.

[30] 宓汝成. 近代中国铁路史资料//沈云龙. 近代中国史料丛刊：第四十辑. 台北：文海出版社, 1977.

[31] 穆宗实录//清实录. 北京：中华书局, 1986.

[32] 戚其章. 北洋舰队. 济南：山东人民出版社, 1981.

[33] 容闳. 西学东渐记. 沈潜, 杨增麒, 评注. 郑州：中州古籍出版社, 1998.

[34] 尚智丛. 传教士与西学东渐. 太原：山西教育出版社, 2012.

[35] 沈国威. 六合丛谈（附解题·索引）. 上海：上海辞书出版社, 2006.

[36] 史全生. 中国近代军事教育史. 南京：东南大学出版社, 1996.

[37] 苏精. 清季同文馆及其师生. 台北：上海印刷厂, 1985.

[38] 孙毓棠. 中国近代工业史资料：第一辑. 北京：科学出版社, 1957.

[39] 唐德刚. 晚清七十年. 长沙：岳麓书社, 1999.

[40] 王美秀. 中国基督教史话. 北京：社会科学文献出版社, 2011.

[41] 魏允恭. 江南制造局记//沈云龙. 近代中国史料丛刊：第四十一辑. 台北：文海出版社, 1973.

[42] 文宗实录//清实录. 北京：中华书局, 1986.

[43] 吴福环. 清季总理衙门研究. 乌鲁木齐：新疆大学出版社, 1995.

[44] 夏东元. 洋务运动史. 修订本. 上海：华东师范大学出版社, 2010.

[45] 徐宗泽. 中国天主教传教史概论. 北京：商务印书馆, 2015.

[46] 宣宗实录//清实录. 北京：中华书局, 1986.

[47] 姚民权, 罗伟虹. 中国基督教简史. 北京：宗教文化出版社, 2000.

[48] 姚永超, 王晓刚. 中国海关史十六讲. 上海：复旦大学出版社, 2014.

[49] 邮电史编辑室. 中国近代邮电史. 北京：人民邮电出版社, 1984.

[50] 张星烺. 欧化东渐史. 长沙：岳麓书社, 2013.

[51] 张之洞. 劝学篇. 李忠兴, 评注. 郑州：中州古籍出版社, 1998.

[52] 赵尔巽,等. 清史稿. 北京：中华书局,1977.

[53] 赵树好. 教案与晚清社会. 北京：中国文联出版社,2001.

[54] 中国科学院近代史研究所史料编辑室,中央档案馆明清档案部编辑组. 洋务运动. 上海：上海人民出版社,1961.

[55] 朱潮. 中外医学教育史. 上海：上海医科大学出版社,1988.

第三章 维新还是复旧

是维新还是守旧？这是19世纪末到20世纪初，中国科技发展需要回答的首要问题。经过30余年的自强运动，清廷尤其在军事技术革新上取得了可观的成就。然而，不足与弊端也在创办过程中充分暴露出来。甲午一战，洋务派苦心经营十几年、耗费巨资建成的北洋舰队全军覆没，被迫签订割地赔款的《马关条约》。以康、梁为代表的维新派在屈辱、震怒中纷纷上书，要求变法。虽然光绪帝赞成维新，给中国科技转型带来了崭新的机会，维新变法却被以慈禧太后为首的守旧势力残酷扼杀了。面对内忧外患，慈禧竟企图利用义和团的"神功"来力挽狂澜。结果，庚子之变，八国联军占领北京，清廷不仅权威大失，而且对地方与社会的控制能力也大大下降。但是，革新的中断是短暂的，劫后的余烬尚在，潮流不可阻挡，它们很快会恢复活力，重新燃烧起来。

一、新政风雷

同光新政时期对于中国的科学技术发展来说，是一个重要的奠基时期。清末被迫从闭关锁国政策演变为逐步引进与吸收先进科学技术，并在中国台湾、朝鲜、越南的战事中运用引进的或自制的新型枪炮及海军装备取得了一些胜利。当然，同光新政的缺陷在1883年到1885年的中法战争中已经暴露出来，经过20多年的自强运动却无法保护它的藩属国。10年后，甲午战争不仅宣告了自强运动的失败，也让中国人惊讶地发现，这轮历时30余年的革新高开低走，初期生机勃勃，到19世纪末却日薄西山。同样是学习西方、引进近现代科技，明治维新与同光新政的结局却迥然不同。问题是：同光新政在实践中是如何推动了中国的近代化，又暴露出了哪些问题？

1. 衰朽和新兴事物交织中的机会

同光新政时期，各项内外决策的制定、实施，都与晚清统治集团内部各派势力之间的权力互争相联系。满洲亲贵之间的权力博弈与重组、汉族士大夫集团的壮大，二者的明争暗斗又相互交织，使得同光之际的政治格局较之之前的任何时期，都更为错综复杂。各方势力曾围绕是否引进西方科技的问题展开争论，其中最有代表性的是同文馆增设天文算学馆一事，它反映了时人对于新型科技和教育机制变革的质疑。

最初，同文馆的设置主要是为了培养翻译人才。根据奕䜣等的奏折，仿行俄罗斯馆设置同文馆只是清政府解决缺乏外语人才的权宜之计，"俟八旗学习之人，于文字言语，悉能通晓，即行停止"①。初时只招收十三四岁的八旗子弟入学，清廷内虽有异议，却没有公开反对建同文馆的。但到1866年（同治五年）底，奕䜣提交的奏折《请添设一馆讲求天文算学折》提出："因思洋人制造机器、火器等件，以及行船、行军，无一不自天文、算学中来。……若不从根本上用着实功夫，即学习皮毛，仍无裨于实用。"② 在该奏折中，奕䜣不但提出要在同文馆内增设天文算学馆，同时为保障招生质量，他还提出招收一定满汉秀才、举人、进士、翰林以及科举出身的五品官吏入学，并厚给薪水、住馆学习。

奕䜣这一提议引发传统士大夫的猛烈抨击。首先发难的是时任山东道监察御史的张盛藻，他在1867年3月5日（同治六年正月二十九日）的奏折中指出："我朝颁行宪书，一遵《御制数理精蕴》，不爽毫厘，可谓超轶前古矣；即或参用洋人算术，不过借西法以印证中法耳。"③ 张盛藻指出洋人的天文、算学只是用来证明中法的精确，认为救国的方法仍然应当在中国传统的治国之道中寻找，即"臣民之强则惟气节一端耳"④。1867年3月20日（同治六年二月十五日），大学士倭仁继续上疏反对设馆，认为："立国之道，尚礼仪不尚权谋，根本之图，在人心不在技艺"，"议和以来，耶稣之教盛行，无识愚民半为煽惑，所恃读书之士讲明义理，或可维持人心。今复举聪明隽秀，国家所培养而储以有用者，变而从夷……数年之后，不尽驱中国之众咸归于夷不止"⑤。倭仁认为用招收科甲正途人士入天文算学馆学习这种方式必然导致以夷变夏。之后，通

---

① 文庆，等. 筹办夷务始末：咸丰朝：卷七十一. 台北：文海出版社，1966：5755.
② 高时良. 中国近代教育史资料汇编：洋务运动时期教育. 上海：上海教育出版社，1992：43.
③ 同②7.
④ 同②7.
⑤ 同②11.

政使于凌辰又在奏折中极力陈述招收科甲正途士人入馆学习可能带来的朋党之祸,认为设立同文馆已经造成"入馆与不入馆,显分两途,已成水火,互相攻击之不已,因而互相倾覆,异日之势所必至也"①。在该奏折中,他还以历代的朋党之争作为警示。因此,无论是倭仁的华夷之辨还是于凌辰陈述的朋党隐患,都反对天文算学馆的建立。他们忧虑的是"教什么""谁来教""谁来学"等教育体制的根本问题。

面对争议,清廷为何在办与不办之间最后选择了前者?历史又为什么选择了洋务派?当时并非所有的士人官僚都在一味地守旧和攻击变法。有学者指出:对于洋务运动应该考察三类人的言论:一是上述洋务派官僚,二是鼓吹学习西方的中国知识分子,三是一批在华的西方知识分子(如赫德)。② 奕䜣在第一次回复倭仁奏折时上奏称:"臣等复与曾国藩、李鸿章、左宗棠、英桂、郭嵩焘、蒋益澧等往返函商,佥谓制造巧法,必由算学入手。"又称:"则臣等与各疆臣谋之数载者,势且隳之崇朝,所系实非浅鲜。"③ 可见,奕䜣在争议中得到了以曾国藩、李鸿章、左宗棠等地方大员的支持。此外,该馆的设立,从经费、聘用洋教习到教学设备等,总税务司赫德都起了很关键的作用。④ 更为重要的是,面对过时的教育制度,士人所学非所用,"诗文非不精通,使之出仕,而于人所应晓之事,问之辄不能答"⑤,清廷为了自身的存在和发展,也不得不寻求新对策。于是,在同文馆之争中,对于首先起来发难的顽固派士大夫张盛藻的奏折,慈禧太后的回复是:"朝廷设立同文馆,取用正途学习,原以天文、算学为儒者当知,不得目为机巧。"⑥ 此上谕重申了洋务派的观点,提出"著毋庸议",慈禧太后的这种态度显然对处于同文馆之争中的洋务派起到了很大的支持作用。但对于上奏反对开设天文算学馆的倭仁,因倭仁德高望重,不可小觑,上谕仅示"该衙门知道,钦此",并让军机处将张盛藻、倭仁奏折内容抄交总理衙门。最终,上谕认为增设天文算学馆已经得到"悉心计议","不可再涉游移",并决定"即著

---

① 高时良. 中国近代教育史资料汇编:洋务运动时期教育. 上海:上海教育出版社,1992:16.
② 袁伟时. 帝国落日:晚清大变局. 北京:线装书局,2014:122.
③ 文庆,等. 筹办夷务始末:同治朝:卷四十七. 台北:文海出版社,1966:23.
④ 魏尔特. 赫德与中国海关:上. 陆琢成,等译. 戴一峰,校. 厦门:厦门大学出版社,1993:441.
⑤ 同③33.
⑥ 同③56.

就现在投考人员,认真考试,送馆攻习"①。这道谕旨,以实效为判断标准,以支持洋务派为最终态度,结束了关于培养天文、算学人才的争议。

在新旧争议的复杂情形之下,新设的天文算学馆在引进西方科技方面贡献不少。其一,天文算学馆八年制西学课程设计中由语言渐及科学知识。这八年课程安排中,前两年主要集中于认识英文的字、句,从第三年开始则逐步从各国地理、历史进入数学、物理学、机械原理、航海测算等自然科学和专业课程学习,"四年:数理启蒙,代数学,翻译公文;五年:讲求格物,几何原本,平三角,弧三角,练习译书;六年:讲求机器,微分积分,航海测算,练习译书;七年:讲求化学,天文,测算,万国公法,练习译书;八年:天文,测算,地理,金石,富国策,练习译书"②。其二,除教学语言用外语,西学课程考试也用外语,以考促学。例如,1878用英文出的算学题译为中文为:"金山距上海二万零六百五十四里,设轮船日行八百九十八里,需若干日往返? 日距地二万七千四百四十万里,光行每秒五十六万里,试推日光至地,需若干分秒? 见电光后十五秒方闻雷声,其声行每秒一千零四十洋尺,试推雷击处远近若何? 于某域南门放炮,见光后越十二秒声方闻于北门,试推二门相距若干远。"③ 尽管在今天看来,这些考题的难度略低,但无疑为传统教育输入了自然科学知识的新鲜血液。

而除了同文馆增设天文算学馆的事例外,同光新政在军事工业、民用工业以及其他方面也都受到了多方势力的阻挠。庆幸的是,自强运动还是给中国的窗户开了一条缝,西方科技的风的确吹进来了,后期炼钢工业、通信事业、铁路事业也都发展起来了,这为中国科技转型初步奠定了基础。

2. 中国台湾、朝鲜、越南事变

19 世纪 80 年代是中国边疆的多事之秋,除了俄据伊犁,日犯中国台湾、兼并琉球、进图朝鲜,法国亦加紧对越南的侵略,引发中法战争。内忧外患的动荡局势,使新政在风雨飘摇中步履维艰。

琉球、中国台湾事变。1871 年(同治十年),60 多名琉球渔民遭遇台风,漂流到中国台湾,其中 54 人被台湾牡丹社土著居民杀害,即"琉球漂流民事

---

① 文庆,等. 筹办夷务始末:同治朝:卷四十七. 台北:文海出版社,1966:10.
② 舒新城. 中国近代教育史资料:上册. 北京:人民教育出版社,1981:122-123.
③ 高时良. 中国近代教育史资料汇编:洋务运动时期教育. 上海:上海教育出版社,1992:132.

件"。1872年4月2日，福州将军兼署闽浙总督文煜等人在奏折中写道："牡丹社生番，围杀球夷，应由台湾文武前往查办等情。"① 这是一起中国台湾与属国琉球之间的事件，但该事件却为急于侵占台湾、吞并琉球的日本明治政府提供了一个千载难逢的机会，日本以此为借口策动了出兵台湾的阴谋。1874年5月，西乡从道率日军在台湾琅峤登陆，开始进攻台湾。清政府得知日军侵犯台湾消息后，立即向日本政府提出质问，并派福建船政大臣沈葆桢率军直赴台湾。沈葆桢等到达台湾后，积极备战。"葆桢密疏联外交、储利器、储人才、通消息四事。闽浙总督李鹤年亦陈台湾地利，并遣水路各营分往凤山、澎湖等处屯扎。"② 自强运动中建立起来的军事工业提高了清廷的作战能力。江南制造局在1874年因琉球事件日本出兵侵略台湾而加紧厂里的军火生产，史料记载道："不管中日台湾问题的交涉前途如何，江南制造局的官员们显然比平时更关心他们的军用品制造，并忧虑可能爆发的战争。高昌庙的制炮厂特别忙碌。"③ 日本政府考虑到不能立即军事占领台湾，于是转而用外交手段解决问题。经过一番外交斗争后，于1874年10月31日签订了《北京专条》。清政府付给"日本国从前被害难民之家"抚恤银10万两和日军在台"修道建房等"银40万两。12月20日，日军从台湾全部撤走。

台湾事变使得清政府发现海防空虚已是燃眉之急，而加强台湾防务刻不容缓。从这一年11月底到次年5月，包括李鸿章、沈葆桢、左宗棠、丁日昌在内的29名大臣以上奏和廷议方式进行了海防政策大讨论。而在签约后的第五天，总理衙门便提出练兵、简器、造船、筹饷、用人、持久六条措施。④ 李鸿章在《筹议海防折》中说："今年台湾之役，臣与沈葆桢函商调兵，月余而始定，及调轮船分起装送，又三月而始竣。而倭事业经定议矣。"⑤ 李鸿章深感信息传递的滞后，认为必须在筑铁路的同时，尽快地架设电线。1874年日军入侵台湾，这增强了清廷对日本的警觉与建设近代海军的迫切感，由此制定了优先发展北洋海军的方针。此后10余年间，积极创设造船厂，向西方购买舰

---

① 中国第一历史档案馆. 清代中琉关系档案选编. 北京：中华书局，1993：1 080.
② 赵尔巽，等. 清史稿：卷一百五十八：志一百三十三. 北京：中华书局，1977：4617-4644.
③ 孙毓棠. 中国近代工业史资料：第一辑上. 北京：科学出版社，1957：294.
④ 文庆，等. 筹办夷务始末：同治朝：卷四十七. 台北：文海出版社，1966：19-20.
⑤ 顾廷龙，戴逸. 李鸿章全集：6. 奏议六. 合肥：安徽教育出版社，2007：165.

船，构筑旅顺口、威海卫等海军基地，开办各类水师学堂。1885年，在京城设立海军衙门，又宣布上谕将台湾单独另设行省。1888年宣告北洋水师正式成军，在海防建设方面取得了很大的成绩，使得日本在之后一段时间里对台湾的侵略偃旗息鼓。但这一事件中，由于清政府的妥协政策，1879年日本得以吞并琉球，将其更名为冲绳县。

朝鲜事变。在北方，大清王朝也日益感觉到了同样来自日本的威胁。1875年，日本突遣军舰入侵朝鲜江华岛，毁炮台，烧永宗城，杀朝鲜兵，劫其军械，以兵力胁朝鲜。之后，日本以军舰驻釜山要盟，遣黑田清隆赴朝鲜议约，1876年定《江华条约》，写明朝鲜国乃自主之邦，拥有与日本国平等之权。① 此后，为牵制日本，清政府密劝朝鲜与泰西各国通商。1882年，朝鲜始与美国议约。《朝美修好通商条约》中特别表明"朝鲜为中国属邦"②。"未几，英使水师提督韦力士、法驻津领事狄隆、德使巴兰德先后东来，建忠介之，皆如美例成约。"③ 1882年7月，朝鲜发生"壬午兵变"④，朝鲜大院君李昰应煽动乱兵杀执政数人，并焚日本使馆。兵变后，清政府命吴长庆所部三千人平乱。日本借此与朝鲜签订《济物浦条约》，朝鲜同意日本驻兵汉城。⑤ 1884年，日本趁中法战争中国无暇东顾之际，插手朝鲜内政，鼓动开化党（即"东洋党"）发动"甲申政变"。⑥ 值得注意的是，明清两朝，朝鲜一直是中国的藩属国，但清政府从未派政府代表或者军队管理过朝鲜。而此时清政府却命袁世凯"驻扎朝鲜总理交涉通商事宜"⑦。之后，袁世凯率军平定政乱。此后，中日签订《天津条约》，其中规定"两国遇有朝鲜重大事变，可各派兵，互相知照"⑧。这为日本挑起甲午战争埋下伏笔。

---

① 赵尔巽，等. 清史稿：卷五百二十六：列传三百十三. 北京：中华书局，1977：14597.

② 中国史学会. 中日战争（一）. 上海：上海人民出版社，1957：317.

③ 同①14601.

④ 朝鲜王朝京军武卫营和壮御营的士兵因为一年多未领到军饷以及对由日本人训练的新式军队别技军的反感，于1882年聚众哗变，史称"壬午兵变"。

⑤ 同②367-369.

⑥ 1884年，由以金玉均为首的开化党（即"东洋党"）主导，并有日本协助，暗杀了6名大臣，其目的是希望脱离中国独立，并且改革朝鲜内政，史称"甲申政变"。

⑦ 顾廷龙，戴逸. 李鸿章全集：34：信函六. 合肥：安徽教育出版社，2007：60.

⑧ 赵尔巽，等. 清史稿：卷五百二十六：列传三百一十三. 北京：中华书局，1977：14606.

经过朝鲜事变，清政府不仅加强了对朝鲜事务的干涉，而且加强了对东三省的设防。清政府考虑到日、俄均对朝鲜虎视眈眈，大有通过朝鲜入侵东三省之势，于是总理衙门于1890年3月31日（光绪十六年闰二月十一日）奏陈整顿朝鲜事宜，即"精练水陆各军""东三省兴办铁路"等六条，同日，即得到清中枢"整顿练兵、兴办铁路两条，均合机宜"的旨准。① 经李鸿章与奕䜣商定，最终在铁路建设上取道锦州直达吉林，另由沈阳造支路通营口。1891年李鸿章在山海关设北洋官铁路局，并随即兴工。1893年筑至滦州，次年修抵山海关，甲午中日战起时，修至关外中后所，出关约120里。不过，筑路的进度较为缓慢，原因之一是经费太少。从1891年奏准拨归关东铁路专款起至1895年共筹得银600万两，其中1894年因慈禧太后六十寿庆挪用了200万两，1895年因中日战事而把筑路经费拨归军饷。于是筑到中后所只能停工了。

越南事变。朝鲜事变同时，南方的朝贡国越南的命运，也处于千钧一发之势中。被史学家们称为"中国不败而败，法国不胜而胜"的中法战争，始于越南。据《清史稿》记载：1883年，法据南定，为刘永福所败。后侵山西、北宁，两地连陷，退守太原。法乘势扰浙、闽，陷基隆、澎湖，至此始宣战。1884年初，谅山大捷，法忽请和，帝全权任李鸿章。先是福禄诺所拟五条，仅允不索兵费，不入滇境，而要挟中国不再与闻越事。议久不决，法兵以巡防为名，忽攻谅山，败走。借口中国不能如约退师，责赔费，不允。法使巴德诺出京。8月，攻台北基隆，为刘铭传所败。法水师提督孤拔等率兵船入闽，泊马尾等处，迫交船厂，欲据为质。时张佩纶以会办海防兼船政大臣，漫不设备，法遂开炮毁船厂。复分兵扰东京、台湾，陷基隆，窥谅山。1885年初，犯镇南关，杨玉科战殁。旋收复，大创之，并炮毙孤拔于南洋。自海通以来，中国与外国战，唯是役大捷，冯子材之功也。战争最后，法人请和，照天津原约，不索偿款。②

在1884年的中法战争中，江南、天津等制造局乃至各省制造局生产的军火产品，发挥了有效的御侮作用。由于战争爆发，军用品征调频繁，中法战役中，江南制造局所造的各种枪炮、铜引、炮弹、火药的数量均多于平时。③ 江南制造局

---

① 德宗实录：卷二八二//清实录：第五五册. 北京：中华书局，1987：757.
② 赵尔巽，等. 清史稿：卷五百二十七：列传三百十四. 北京：中华书局，1977：14645-14659.
③ 孙毓棠. 中国近代工业史资料：第一辑上. 北京：科学出版社，1957：293.

加工赶造，昼夜不停。天津机器局为适应军火之急需，一方面加做夜工，一方面向国外购买了数十部机器赶造军火，因而产量激增，枪子日产由原来的13 000颗增为26 000颗。① 山东机器局在中法战争、甲午战争中的军火生产也数倍于平日。至于福州船政局所造军舰，在南北洋舰队成为重要组成部分，从而在中法、中日战争中所起的作用，也是比较明显的。正如御史唐椿霖指出的，"从前我军遇敌即溃，今则选将募兵，迭获胜仗，渐挽积弱之习"②。此外，自强运动中学习西方军队训练方法，中国陆军的军事技术向着近代化方向缓慢发展。中法战争中，滇军的"滚草龙"式的掩护跃进法、地营法等③，广东陆路提督张曜提倡的"撒星阵法"④，会办云南军务的鲍超提出的"直入夷阵短兵相交，四面兜剿"等新的战术战法⑤，都是源于军事技术的进步。正因如此，才会取得如台湾保卫战、镇海保卫战、镇南关大战和谅山战役的胜利。

19世纪80—90年代的这几次事变，中国有"胜"有败，新政发挥了一定作用。尤其是中法战争中的镇南关大捷，侧面表明洋务运动20年来取得的成果。夏东元在《洋务运动史》一书中说："中法战争的'不败'，是洋务运动初见成效。"⑥ 当然，新政也在抵御外辱的过程中暴露出了种种缺陷。中法战争中冯子材军克复谅山，缴获各种炮30余尊，炮子近4 000颗。张之洞接到捷报后，即断为谅山溃败时苏元春军丢弃之物，经询问，冯子材答复称："所获巨炮、军火虽多，皆不合用，现存谅山法匪炮局内，或有江南两字，或无字，未知系法人所弃，抑系我军所遗，难辨认。"⑦

3. 甲午战败，新政落幕

中法战争后，清廷本该继续新政，却反加强专制，致使新政风雨飘摇。正如康有为所说："自马江败后，国势日蹙，中国发愤，只有此数年闲暇，及时变法，犹可支持，过此不治，后欲为之，外患日逼，势无及矣！"⑧

---

① 孙毓棠. 中国近代工业史资料：第一辑上. 北京：科学出版社，1957：363.
② 中国史学会. 中法战争（六）. 上海：上海人民出版社，1955：72.
③ 中国史学会. 中法战争（二）. 上海：上海人民出版社，1955：168.
④ 同④580.
⑤ 同③468.
⑥ 夏东元. 洋务运动史. 修订本. 上海：华东师范大学出版社，2010：288.
⑦ 中国史学会. 中法战争（四）. 上海：上海人民出版社，1955：487.
⑧ 同⑦120.

在甲午战前，不管是世界舆论，还是中国舆论，普遍认为中国能够打赢。他们根据双方各自的战舰、吨位、门炮、军队等技术方面的客观指标，如"当时清朝海军（65艘战船）在世界排名第八，而日本海军（32艘战船）排名十一"[1]，得出日本不可能取胜的结论。北洋舰队副统领英国人琅威理在路透社的访问中也指出日本必败。[2] 事实上，中国确实在装甲和单发火力方面具有优势，日本则在船速和连发炮方面具有优势。然而，战争胜败的关键并非仅在于数值与技术本身。《日清战史讲授录》认为，"清军之素质、训练、编成及指挥法等，亦劣于日军数等"，并由此指出，研究这段历史，不可"仅观外面成效"，需要"详细检点其事态也"[3]。

《孙子兵法·计篇》言："夫未战而庙算胜者，得算多也；未战而庙算不胜者，得算少也。多算胜，少算不胜，而况于无算乎！"[4] 战前日本的蓄意已久和清廷的被动无知，正好体现了"得算多"和"得算少"。

甲午战争，日本在军事科技方面做足了准备。其一，日本还没正式建立海军就强烈地要求对外侵略扩张。如前所述，1874年日本曾武力侵犯台湾，1879年日本吞并了琉球国。之后，1880年日本参谋总长山县有朋上呈天皇的《邻邦兵备略》指出，为了对抗清军，扩充军备是当务之急。[5] 从1885年起，日本实行10年扩军计划，并于1892年提前三年完成。1886年，日本参谋本部第二局长小川又次中佐被派到中国做调查，回国后提交名为《讨伐清国策》的报告书，主张在1892年前完成对中国作战准备，以便伺机发起攻击。1891年，日本的"桥立号"舰建成，在法国订购的另两艘巡洋舰"松岛号""岩岛号"于第二年完工后驶抵日本，后又从英国购得当时速度最快的"吉野号"，另一艘巡洋舰"秋津洲号"也于1894年竣工。[6] 据统计，战前日本的军舰达32

---

[1] 中日战前海军状况详情可见：戚其章. 北洋舰队. 济南：山东人民出版社，1981：73-74.

[2] 费正清，刘广京. 剑桥中国晚清史（1800—1911年）：下卷. 中国社会科学院历史研究所编译室，译. 北京：中国社会科学出版社，1985：226.

[3] 誉田甚八. 日清战史讲授录. 军学编译处，译. 台湾：文海出版社，1976：6.

[4] 孙子兵法. 郭化若，编译. 北京：中华书局，1962：41. 庙算：古时战前君主在宗庙里举行仪式，商讨作战计划。

[5] 远山茂树. 日本近现代史：第一卷. 邹有恒，译. 北京：商务印书馆，1983：28.

[6] 姜鸣. 龙旗飘扬的舰队：中国近代海军兴衰史. 甲午增补本. 北京：生活·读书·新知三联书店，2014：329.

艘，陆军平时兵力约 63 000 人，战时可达 230 000 余人。① 此时的日本舰队的实力已远超北洋舰队。1893 年，海军也成立了海军军令部，同时颁布《战时大本营条例》，作为用武力吞并朝鲜进而同中国作战的准备。其二，日本间谍无孔不入的侦察，使得战前日军已对中国各地地形、驻军、防御了如指掌，甚至"比中国人自己更清楚地知道每一省可以抽调多少人来作战"②。战争中，清军从虏获的日军身上搜出的材料中知其对中国"驻兵多寡有无处所，分别甚悉"③。

反观大清帝国，日本大规模出兵朝鲜，暴露野心，清廷却在军事科技方面无所突破，落后不少。事前对日本的图谋缺乏基本调查与判断，对近年发生的中国台湾、琉球、朝鲜事件敷衍塞责，得过且过，并未做长远安排。1888 年成立之初实力远超日本的北洋舰队，因军费被挪建颐和园，再无新舰添置。1891 年，应日本邀请，丁汝昌率"定远""镇远""致远"等 6 舰访问日本，有经验的日本军官看出：大炮没有擦干净，并且像洗衣坊一样晾晒着衣服。④ 甲午战争之时，淮军统领卫汝贵带军向朝鲜开拔。开拔前，卫汝贵把饷银 24 万两之三分之一汇往自己家中，其妻与夫书信说："君起家戎行，致位统帅，家既饶于财，宜自颐养，且春秋高，望善自为计，勿当前敌。"⑤ 卫汝贵果不负妻望，平壤之战一开，他和叶志超弃城逃跑，狂奔三百里，一度不知去向，七八天后才找回清军大队，当时清军的战斗力也就可想而知了。

甲午战争的导火索是朝鲜之乱。据《清史稿》记载，1894 年，朝鲜因东学党之乱，乞援于中国，中国派兵前往，日本趁机出兵。及事平，驻朝道员袁世凯知会日本驻朝公使大鸟圭介，援约同时撤兵。日本借机提约，中国主撤兵再议，日本则要求议定再撤兵，持久不下。此时，收到消息的慈禧召集大臣商议，决定要不要对日开战。而战和之争几乎贯穿了整个近代御辱史，两次鸦片战争是，不久前的中法战争是，之后的八国联军侵华之役也是。甲午战前的清廷，虚骄之气弥漫，除了李鸿章，很少有人认为这场战争会输。清廷自认实力甚高，

---

① 戚其章. 北洋舰队. 济南：山东人民出版社，1981：72.
② 丁名楠，等. 帝国主义侵华史：第一卷. 北京：科学出版社，1958：276.
③ 中国史学会. 中日战争（一）. 上海：上海人民出版社，1957：59.
④ 姜鸣. 龙旗飘扬的舰队：中国近代海军兴衰史. 甲午增补本. 北京：生活·读书·新知三联书店，2014：332.
⑤ 辜鸿铭，等. 清代野史：第一卷. 成都：巴蜀书社，1998：120.

低估日本战备，从而提出"速胜论"。无论一品大员，或是御史、主事，纷纷奏称日本"弹丸小国""外强中干"而已。即便有人主张"持久战"，也认为日本国力不足以相持一年甚至几个月。诚如李鸿章所言："方倭事初起，中外论者皆轻视东洋小国，以为不足深忧。"① 然而事实却如李鸿章在上呈的《校阅海军竣事》一折中指出的那样："西洋各国以舟师纵横海上，船式日新月异。臣鸿章此次在烟台、大连湾，亲诣英法俄各铁舰详加察看，规制均极精坚，而英尤胜。即日本蕞尔小邦，犹能节省经费，岁添巨舰。中国自十四年（1888年）北洋水师开办以来，迄今未添一船，仅能就现有大小二十余艘勤加训练，窃虑后难为继。"② 他太了解北洋水师，也太了解此时晚清的真实现状。他再三上奏反对开战却被主战的大臣攻击为胆小鼠辈。朝中清流派指责李鸿章借筹备北洋舰队之名，行侵吞国库财产之实，使得清政府不断减少军备投入。1888年，清政府停止购买军舰。1891年，户部奏准两年内停止购买枪炮、战舰、机器。而正是从1891年开始，为庆祝3年后的慈禧六十大寿，国库投入了大量银两修建颐和园。

　　在军事科技实力如此悬殊之下，1894年7月25日，日本海陆军在丰岛海面和牙山同时袭击清军，战争爆发。8月1日，两国互相宣战。"及战事起，提督叶志超、卫汝贵守平壤牙山，先溃，左宝贵阵亡，海军继败。于是日军渡鸭绿江，九连城、凤凰城、金州、海城、大连、旅顺、盖平、营口、登州次第失守，又破威海卫，袭刘公岛，降提督丁汝昌，海军舰尽燔。"③《清史稿》中这短短的几十个字，写清了战事原委，却未道出其中的狼狈。战前，日本大举出兵，李鸿章的态度是"谁先开仗，即谁理绌"，依赖调停，不做准备。开战后，平壤战役，叶志超龟守城内，不做布局；黄海大战，北洋舰队避战保船，未做抵抗；日军进攻大连，清廷指示"宁失湾，断不失旅"，设防的大连湾被放弃；旅顺守军一万余人，却有将无帅，指挥不灵，兵败如山倒，连失牛庄、营口，大量军火被掳去；而在山东半岛上，日军登陆，未遇抵抗，威海卫岌岌可危，北洋水师提督丁汝昌却迟迟等不到后援，无望自杀。清军海陆军主力尽失，一片狼藉，这仗是不能再打了。

---

① 顾廷龙，戴逸. 李鸿章全集：15. 奏议十五. 合肥：安徽教育出版社，2007：423.
② 同① 335.
③ 赵尔巽，等. 清史稿：卷一百五十八：志一百三十三. 北京：中华书局，1977：4630.

按说清政府在北洋水师全军覆灭之后，已经没有了讨价还价的机会，而最初日本要求的赔款费为五万万。正当与日方的协定"月余不决"，李鸿章却在此时"为日本刺客所伤"①。不得不说，这为清廷"赢"来了"资本"。于是，1895 年 4 月 17 日，经慈禧同意，李鸿章在《马关条约》上签字画押。条约要求清政府：承认朝鲜独立，割辽东半岛及台湾，赔款二万万，且许以内地通商、内河行轮等。② 这一条约签订后意味着巨额赔款使清政府再无能力增加或修复原有洋务自强项目，特别是江南制造局和福州船政局，它们从赔款后再也没有恢复元气。洋务运动的关键人物也纷纷倒台。李鸿章代表大清国签丧权辱国的《马关条约》，在国人的愤怒声讨声中，他不得不卸下直隶总督等职务，不得与闻朝政，投闲京师，门庭冷落；被顽固派讥讽为"鬼子六"的另一位洋务派重量级人物奕䜣，也已经在朝廷内部的权力争斗中失宠。这些对于始终在清廷内部斗争中找出路的洋务运动来说，无异于釜底抽薪。

如果说中法战争中军事上的"不败"是洋务运动初见成效，"不败"而签订了失败的条约是政治上腐朽所造成的话，那么，甲午战争军事上的溃败，并不是因为军事实力与日本差距大，而是因为政治上腐败已到了"病入膏肓"的程度。照老样子的洋务运动再也搞不下去了，积攒了 30 余年的自强所获成果也在甲午之役中灰飞烟灭。

4. 洋务运动与明治维新的对比

19 世纪中叶以前，中日两国同为闭关锁国。两国的国门差不多同时为西方列强的坚船利炮所打开，并从此走上学习西方的富国强兵之路。可是，明治维新不到 30 年，日本便发动了震撼远东的甲午战争，就使清军遭到惨败。为什么拥有四亿多人口和近百万常备军的大清帝国，在"蕞尔小邦"日本数万军队进攻之下竟"战无一胜"呢？且以两国进行的民用工业改革活动为例，窥探明治维新与洋务运动在科技转型方面的巨大差距。

日本明治维新期间，为了"富国强兵"以"与万国对峙"，政府效仿西方，大力发展资本主义经济，建立现代国家制度。明治维新主要围绕"文明开化""富国强兵""殖产兴业"大国策进行，在制度方面施行了一系列变革。日本在

---

① 赵尔巽，等. 清史稿：卷一百五十八：志一百三十三. 北京：中华书局，1977：4631.

② 同①4631.

这个时期的科技引进政策主要涉及教育、军事、经济等领域。其中，在经济领域，政府采取建立模范工厂、官办企业下放、设立政府研究所等举措。一方面，明治政府通过模范厂的示范作用将近代企业的管理模式和近代产业技术引入民间；另一方面，明治政府积极为民间的工厂企业提供技术支持和指导。具体体现为：

第一，国家兴办企业，设置模范工厂，普及科学技术，为民间企业树立样板。以1872年开设的群马县富冈制丝厂为例，它的创建引进了法国的设备和技工，同时招募士族女子为工厂女工，学习制丝技术。至1876年，已培训了2 000多人，然后将这些女工派至其他制丝厂，来推广制丝技术。19世纪80年代，明治政府创建的模范工厂有广岛、爱知、下村、五岛、市川、三重、远州、半井、岛田、长崎、下野、赤羽、千住等一批制丝、棉纺、机械制造厂。政府甚至还在1878年制订了一个投入1 000万日元资金，以国产棉花为原料，以水力为动力，建设250家生产规模为2 000纱锭的官办纺织厂的庞大计划。① 此外，还创建了内藤新宿试验农场、三田育种场等各种模范农场。就这样，官办的模范工厂为社会成功培养了一批技术人员和工人。

第二，官办企业下放，重点扶持民营企业，促进近代产业技术走向民间。1884年至1896年，政府将高岛煤矿、广岛纺织所、油户煤矿、小坂银矿、品川玻璃厂、阿仁铜矿、长崎造船厂、佐渡金矿等20多家工厂转卖给民间资本，价格仅相当于政府创业投资额的五分之一到三分之一，且可在20—22年内分批、无息偿还（见表3-1-1）。这些官办企业由私人经营后，大多数"一扫官营时代的弊风"，效益普遍提高。以小坂矿山为例，该矿在官办时代，年利润率为9.5%，处理给藤田组后，年利润率很快升至31.5%。② 到1880年前后，日本各种民营公司已达1 803个，资金总额2 775万元（1881年），职工6万多人（1882年）。③ 政府还加大了对民营企业的扶持。如：为了发展航运业，政府将业绩不佳的、官办的邮政蒸汽船会社无偿划归三菱公司，又拨给其13艘官船以增加公司实力。为了补偿该公司同外国公司降价竞争带来的损失，每年给予25

---

① 桥本寿朗，大杉由香. 近代日本経済史. 东京：岩波书店，2000：58.
② 日本历史：近代3. 东京：岩波书店，1967：48.
③ 1880年民营矿产量与官营矿产量之比是金35.3：64.7，银42.9：57.1，铜94.6：5.4，生铁74.3：25.7，煤80.3：19.7.（石塚裕道. 日本资本主义成立史研究. 东京：吉川弘文馆，1973：259；山口和雄. 日本経済史. 东京：筑摩书房，1976：127，147）

万日元的补助。为了培养本国航运人才，政府出资 1.5 万日元设立海员训练学校。在官需物资的运输及检查方面，也对该公司以倾斜。从明治八年至十四年，政府对三菱公司的补偿及资助达 825.6 万日元。[①] 由于有政府做后盾，到 1885 年，三菱公司不但帮助日本在航海运输中打败了英美公司，而且开辟了通达日本各地的 18 条国内航线，以及远至中国上海、朝鲜釜山、俄国符拉迪沃斯托克（海参崴）等 7 条国际航线。

表 3-1-1　　1874—1896 年部分官办企业抛售的实施过程[②]　　单位：日元

抛售年月	官业	营业时投下资本（明治十八年末）	财产评估额（明治二十八年六月末）	售价	收买者
1874.12	高岛煤矿	393 848	—	550 000	后藤象二郎
1882.6	广岛纺织所	50 000	—	12 077	广岛棉纺织会社
1884.1	油户煤矿	48 608	17 192	27 944	白势成熙
1884.9	大坂银矿	547 476	192 000	273 660	久原庄三郎
1885.3	阿仁铜矿	1 673 211	240 772	337 766	古河市平卫
1885.5	品川玻璃厂	294 168	66 305	79 951	西村胜三 矶部荣一
1887.7	长崎造船厂	1 130 949	459 000	527 000	三菱
1896.9	佐渡金矿	1 419 244	445 250	1 730 000	三菱

第三，设立政府研究所，对民间企业进行技术指导。明治维新初期，政府设立的研究所主要有海军水路部（1871 年）、东京气象台（1875 年）、地质调查所（1882 年）、陆地测量部（1884 年）、东京天文台（1888 年）以及检查管理药品的卫生试验所（1887 年），另外还建立了有关地球物理学的、体制较为完备的基础性调查机关。到明治后期，政府研究所设立的依据更改为按照实际的需求，谋求产品开发和品种改良，并且逐渐演变为民间企业的技术指导机构。这一时期政府根据产业需求而设立的研究所，主要有电气试验所（1891 年）、传染病研究所（1892 年）、有关农学的农事试验场（1893）、纬度观测所（1899 年）、东京工业试验所（1900 年）、中央度量衡检定所（1903 年）、酿造试验所（1903 年）、铁道调

---

① 住田正一. 海事史料丛书（20）. 东京：成文堂，1944：264-296. 原文总计数字为 925.674 万日元. 疑有误。
② 杨栋梁. 日本近现代经济史. 北京：世界知识出版社，2010：59.

查所（1907年）和蚕业试验场（1907年）等。① 其中，除纬度观测所是按照国际要求而由政府援助的以外，其他全部都是为产品开发和品种改良而从产业意义上来设立的。日本当初建立国立研究机关，原拟随着民间资本的成长而将它们转让给民间。但由于民间没有维持研究所的实力，才把政府研究所变成指导民间企业技术的机构。②

明治政府以国营骨干企业作为民间企业的样板，进而助推民间企业，最终使得日本各产业部门都获得飞速发展（见表3-1-2），为日本之后的经济成长提供了动力和保障。

表3-1-2　　　　1885—1905年各产业产值及比重的变化③

年份	农林水产业	工业	建设业	交通通讯	商业服务业	合计
1885	3.39 (45.2)	0.86 (11.5)	0.24 (3.2)	0.18 (2.4)	2.83 (37.7)	7.50 (100)
1890	4.96 (48.4)	1.21 (11.8)	0.36 (3.5)	0.21 (2.1)	3.50 (34.2)	10.24 (100)
1895	5.67 (42.7)	1.93 (14.5)	0.48 (3.6)	0.39 (2.9)	4.82 (36.3)	13.29 (100)
1900	8.58 (39.4)	3.65 (16.8)	0.97 (4.5)	0.85 (3.9)	7.72 (35.4)	21.77 (100)
1905	8.77 (32.9)	4.77 (17.9)	0.86 (3.2)	1.44 (5.4)	10.85 (40.8)	26.69 (100)

注：括号外数字为产值（亿日元），括号内数字为在国民经济总产值中所占的比重（%）。

反观中国，清政府将先进科技引入民用工业的意识还只停留在极其表层的引进机器层面，并且对于企业的经营往往横加干涉。19世纪70年代，洋务运动初期建立起来的军用工业遇到交通、能源、资金等方面的困难，为此，洋务派提出"求富"的口号，并试图以"官督商办"的组织形式，发展有经济效益的生产事业。从官商关系的最初准则来看，创立民用工业的指导思想主要是李鸿章在1872年为筹建招商局所做的规定：由"官总其大纲，察其利病"④，"各商股本盈亏，应如前奏全归商认，与官无涉"⑤。然而，在实际运行过程中却并非如此。轮船招商局是官督商办的第一个企业，它的创办过程首先暴露出官商利益之间的矛盾。

初期的扶持。轮船招商局创立初期，洋商忌之极深，"乘机倾挤跌价"，尤

---

① 杉本勋. 日本科学史. 郑彭年，译. 北京：商务印书馆，1999：369-372.
② 林慧岳. 研究与开发（R&D）活动的社会运行. 长沙：湖南科学技术出版社，2006：6.
③ 安藤良雄. 日本近代经济史要览. 东京：东京大学出版会，1981：8.
④ 顾廷龙，戴逸. 李鸿章全集：30：信函二. 合肥：安徽教育出版社，2007：485.
⑤ 顾廷龙，戴逸. 李鸿章全集：9：奏议九. 合肥：安徽教育出版社，2007：49.

其是来自旗昌、太古等洋行公司的倾轧。① 旗昌轮船公司成立于 1862 年，资本总额达白银 100 万两，70 年代以前，"几以长江为专家之利"②。太古轮船公司是 1872 年英商建立的③，其资本总额为白银 97 万两，是仅次于旗昌轮船公司的第二大轮船公司。它们垄断了中国的航运业。为将轮船招商局扼杀在摇篮，两大公司"将往日水脚宁波二元半减至半元，长江五两减至二两，天津八两减至五两"，将运费减去一半，有些航线的运价甚至照原价削减五分之四。④ 结果，"招商局既与争衡，即不能不随之跌价，既随之跌价，即不能不共其亏折"。⑤ 从 1873 年到 1877 年，在激烈的竞争中，招商局依靠漕运专利、官款协济和华商支持，站稳了脚跟。旗昌轮船公司因在价格战中严重亏损，于 1877 年将各埠码头、仓库连同轮船 16 艘作价 220 万两白银全部盘售给招商局。轮船招商局这时所拥有的固定资产超过了当时任何一家在华的外国轮船公司，与强敌——怡和、太古两大英商轮船公司鼎足而立，成为航运业的三强之一。

中期的制度干预。1877 年，在招商局情况日见好转的条件下，为了避免同外国轮船的竞争，李鸿章指使唐廷枢与太古、怡和在国内主要航线上订立了"齐价合同"，合同规定："以船吨位多少共分水脚，招商局着多数"⑥，三家公司按一定比例规定水脚收入、货源分配和轮船吨数，并且议定统一的运费标准，以排挤其他轮船公司参与竞争。尽管从合同本身来看，合同基本平等，并且招商局从数量上略占优势，但实际上造成"增减运价，推行航线，悉受洋商操纵，我国商帮大受运送迂缓、运送奇贵之苦"⑦。外资的怡和与太古因为在"齐价合同"中的共同份额总是居于优势，若把 1893 年各公司拥有之船只吨位与 1877 年相比，怡和增加将近 2 倍，太古增加了 4 倍，招商局反而减少了。⑧ 这表明在

---

① 顾廷龙，戴逸. 李鸿章全集：32：信函四. 合肥：安徽教育出版社，2007：146.
② 顾廷龙，戴逸. 李鸿章全集：7：奏议七. 合肥：安徽教育出版社，2007：288.
③ 关于太古轮船公司成立时间有 1867 年、1872 年与 1873 年三种说法。据笔者考证，1867 年为创始人提议创建年份，正式成立为 1872 年。
④ 中国史学会. 中国近代史资料丛刊：洋务运动（一）. 上海：上海人民出版社，1961：475.
⑤ 中国史学会. 中国近代史资料丛刊：洋务运动（六）. 上海：上海人民出版社，1961：13.
⑥ 夏东元. 郑观应集：上册. 上海：上海人民出版社，1982：1013.
⑦ 交通铁道部交通史编纂委员会. 交通史航政编：第八册. 上海：上海民智书局印刷所，1931：1064.
⑧ 同⑦.

20 年的经营中,招商局的资产力量虽然有升,但总趋势却是日渐减弱。

后期的"报效"。"官督商办"毕竟要依靠和服务于"官",招商局不断向清王朝"报效"就是一例。仅 1894 年慈禧太后"万寿庆典",招商局就报效银 52 000 余两。1899 年到 1903 年四年中,竟从折旧项下"垫支三十八万余两"报效银。① 据 1910 年的资料统计:招商局以各种名目支出的报效"经费",自开办以来计银 130 余万两,约占资本总额(1910 年资本为 400 万两)的 33%。其他民用企业所受到的勒索也非常严重,如漠河金砂从 1888 年到 1895 年,8 年中向清政府提供的各项报效银,累计竟达 85 万两;电报局从 1884 年到 1902 年先后向清政府报效银达 107 余万两,占资本总额的 64%。可见,官督商办的模式往往变为官方勒索的模式,需索无穷,必使企业难以积累资金、扩大再生产。

二、维新变法运动

从 1895 年 5 月"公车上书"到 1898 年 9 月"百日维新"的失败,前后大约 3 年时间,是中国近代科技和教育发展的重要时期。从科技政策的制定来看,这一时期将引进技术与变法改革相结合,颁发了《振兴工艺给奖章程》,维新派试图用国家法律来振兴科技。从科技传播来看,兴学堂、建学会、办报纸,这些措施不仅加快了科技在中国的传播与普及,而且为近代中国造就了一大批新型科技人才。从科技教育来看,新学堂里开设了数学、天文学、物理学、植物学和地质学的科学课程,配备了物理学、几何学、化学的现代化实验室,令人耳目一新。此外,高效与建制完善的海关、独立的邮政系统、迅速发展的兵工和实业,都使科技在这一时期充满生机。

1. 康有为、梁启超和维新变法

1895 年,康有为(1858—1927)37 岁,他的得意门生梁启超(1873—1929)22 岁。在这一年的 5 月 2 日,他们共同发起并递交了《上清帝第二书》,从此步入维新变法的历史舞台。康、梁一生著书立说、聚徒讲学、上书变法、创团办刊,是维新变法的领袖人物。

康有为原名祖诒,字广厦,号长素,广东南海人。他出生之时正值英法联

---

① 交通铁道部交通史编纂委员会. 交通史航政编:第一册. 上海:上海民智书局印刷所,1931:275.

军入侵。在他青年的时候，清王朝开始了"同治中兴"。据康有为自述，他家原是岭南的书香之家，世代官宦。他的高祖康辉是嘉庆举人，曾任广西布政使；曾祖康健昌曾任福建按察使；祖父康赞修是道光朝举人；父亲康达初学历虽低，可做过江西补用知县。因此康有为在青少年期，在教育上是有优势的，正是他说的"吾家实以教授世其家"①。也正是在这一成长环境下，这位"大材杰杰、胜臣百倍"（翁同龢评语）②的康有为，在年少之时，就有澄清天下之大志，而自封为"康圣人"。康有为考秀才曾三战，在16岁终于得到了"秀才"的头衔，考举人则六试不售，直到36岁才时来运转，连科及第。康有为之所以后来能声名鹊起，少不了他在33岁那年独具慧眼地收了第一号大门徒梁启超，不得不说"秀才老师，举人学生"的搭配，使得他身价翻了十倍。梁启超字卓如，一字任甫，号任公，又号饮冰室主人，生于广东新会。他12岁"进学"，17岁"中举"，号称神童。考中举人时，梁启超被主考官李端棻看中，把堂妹许配给他为妻。18岁时他见到康有为，一日之谈似"当头一棒"，从此投拜在康门之下。③

  1891年，梁启超等人请康有为在广州长兴里万木草堂讲学，这是中国近代教育实践中的一大创举。康有为强调"逆乎常纬"，独辟新路。其讲学内容和教学方法，都与传统规矩不同。"以孔学、佛学、宋明学（陆王心学）为体，以史学、西学为用。""对列强压迫、世界大势、汉唐政治、两宋的政治都讲。每讲一学，论一事，必上下古今，以究其沿革得失，并引欧美事例以作比较证明。"学生除听讲外，"主要是靠自己读书，写笔记。当时入草堂，第一部书就是读《公羊传》，同时读一部《春秋繁露》。除读中国古书外，还要读很多西洋的书"。学生每人还有一本功课簿，"凡读书有疑问或心得即写在功课簿上，每半个月呈缴一次"，再由康有为一一批答。④ 这种新颖生动的教学方法、符合时代要求的教学内容，使惯于读经诵诗、死记硬背的梁启超感到新奇而兴奋。他勤奋学习，几乎是毫无保留地接受了康有为的思想学说，并助其编写重要著作《新学伪经考》《孔子改制考》，成其高足弟子和得力助手。

---

  ① 康有为. 我史（1899年1月）//姜义华，张荣华. 康有为全集：第5集. 北京：中国人民大学出版社，2007：58.
  ② 陈夔龙. 梦蕉亭杂记. 北京：北京古籍出版社，1985：63.
  ③ 梁启超. 饮冰室合集：专集之三十四. 北京：中华书局，1989：61.
  ④ 梁启勋. "万木草堂"回忆//朱有瓛. 中国近代学制史料：第一辑：下册. 上海：华东师范大学出版社，1986：240.

中日甲午战争后议定条款时，康有为聚集了各省在京参加考试的举人，他们义愤填膺，纷纷上书都察院，反对和约，开始了轰轰烈烈的"公车上书"①。康有为联合18省举人，于5月初在北京城南松筠庵举行会议，草成14 000余字的公呈，署名者有600多人。公呈的主题是："迁都练兵，变通新法，以塞和款而拒外夷，保疆土而延国命。"② 康有为在公呈中大胆提出一个"近之为可战可和而必不致割地弃民之策，远之为可富可强而必无敌国外患之来"的"大计"，这就是"迁都定天下之本，练兵强天下之势，变法成天下之治"③。并且开列钞法、铁路、机器轮舟、开矿、铸银、邮政六项"富国之法"。康有为起草完公呈之后，令弟子梁启超等连日缮写，传遍京城，产生了重大影响。对于公车上书，都察院给予充分肯定，认为为"有血气之作"，以求"挽回之方"。在日渐增强的维新变法呼声中，1898年6月11日，皇帝"下诏定国是"，揭开了"百日维新"的序幕。

那么，维新变法究竟提出了什么变法要求呢？康有为作为维新运动的主谋，1898年向光绪帝提出一整套系统的变法设想。政治方面：迁都西安，设立议院，建制度局，订立各种新章。经济方面：设立银行，发行钞票；修筑铁路，制造机器；设农会、丝茶学会，振兴丝茶事业；设商学会、商学，奖励机器纺织；奖励发明创见。军事方面：汰冗兵而合营勇，起民兵而立团练，练旗兵而振满蒙，募新制以精器械，广学堂而练将才，厚海军以威海外。文化教育方面：分立学堂，分设报馆，废八股取士之制，改武科为艺科。诏定国是之后，康有为上书更为便利，又进一步补充和发展了变法主张。最为尖锐的当属政治方面，迁都已是大胆举措，而设立议院、制度局的变革更是前所未有的创新提议。

如果说变什么是战略问题，而怎么变即为策略问题。在这一点上，康有为建议光绪皇帝首先"诏定国是"，即确定变法的大战略。在午门设立"上书所"，鼓励上书，并尽快在朝廷设立制度局，用它来作为在全国推行新政的最高决策机构。对待旧机构、旧大臣，初始时期采取"官差并用"的策略。据统计，

---

① "公车"即官车，汉朝，凡应举之人均用公车接送，后世便以"公车"指代举人入京应试。"公车上书"虽被都察院拒收，但它冲破了"士人不准干政"的禁令，且使上书中有关朝廷拒签合约、迁都抗战、变法图强等方面的内容在社会上广为流传，从而产生了较大的影响，使全国上下要求变法的呼声日益高涨。

② 中国史学会. 戊戌变法（二）. 上海：上海人民出版社，1957：131.

③ 同②133.

维新期间，光绪皇帝从6月11日至9月12日颁布的各种除旧布新的变革诏令数百条，涉及政治、经济、文教、军事等方方面面。这些上谕基本上是根据康有为的建议而做出的。①

其中，科技方面值得一提的是：1898年7月13日（光绪二十四年五月二十五日）颁布的《振兴工艺给奖章程》。该章程是根据康有为的新政建议《请励工艺奖创新折》提出的。康有为通过列举发明创造对世界各国富强的重大贡献，指出"致富致强之道"，就是"彼率举国人为有用日新日智之业"，只有"劝励工艺，奖募创新"才能"智民富国"。他建议下诏"奖励工艺，异以日新"，并令部臣议奖；对"创新器者，酌其效用之大小，小者许以专卖，限若干年，大者加以爵禄"②。《振兴工艺给奖章程》在此基础上提出了十二条，第一次从法律上承认科技发明创造的进步作用，并对奖励做出具体规定。例如，该章程第一条规定：凡能出新法制造船械枪炮等器，能超出各国旧时所用各械之上，或出新法兴造大型工程益于国计民生者，破格优奖，并许其集资开设公司，专利五十年。该章程强调：凡能制造新器，发明新械新法，建造枪炮厂，或兴办学堂、藏书楼、博物院者，可以呈报总理衙门请奖，并被授予专利或给予一定的官阶。③该章程虽然随着变法的失败而被废止，却是中国首次以法律的形式明确保护和奖励创造发明，以法律的形式保护并鼓励私人设厂制造，私人工商业从此获得合法地位。该章程不仅采用传统的赏给职衔、赐给匾额的形式，更采用给予专利权（或专售权）的新法来保护和奖励科技发明和创造，标志着西方近代专利制度开始被引进中国，有助于传统的重科举轻技艺的社会风气之转移。

2. 兴建新学堂

从19世纪60年代起，洋务派仿照西方经验，先后创办了同文馆等中国近代教育史上第一批洋务学堂。19世纪80年代，维新派又创建了诸如万木草堂、时务学堂、北洋学堂、南洋公学和经正女学等新式学堂。1898年，在戊戌变法

---

① 与康有为新政的奏折进行比较，光绪的上谕几乎只在政治上未采用开国会、定宪法，以及"满汉不分，君民合治"等建议。（汤志钧. 戊戌变法史. 修订本. 上海：上海社会科学院出版社，2015：341-344）
② 中国史学会. 戊戌变法（二）. 上海：上海人民出版社，1957：225-226.
③ 朱寿朋. 光绪朝东华录：第四册. 北京：中华书局，1958：4128-4130.

中京师大学堂的创办，以官方的名义正式确立了西式教育的趋向，预示了新学堂取代旧教育的前景。

戊戌维新时期，有识之士提出了各种改革教育的方案，其中呼声最高的是改革书院、创设学堂。郑观应是最早提出学习西方教育体制，设想改书院为学堂的思想家，他建议根据书院的实际情况，分别改为小学、中学和大学。1898年6月光绪帝下令废除八股取士，改试时务策论，7月下令全国书院改设各级学校。"著各该督抚饬地方官，各将所属书院处所，经费数目，限两个月详查具奏，即将各省、府、厅、州、县现有之大小书院，一律改为兼习中学西学之学校"①。这项教育改革后虽经戊戌政变遭到挫折，但书院改学堂已成不可阻挡之势。尤其是经过1903年制定《癸卯学制》，1905年宣布废除科举，全国正式进入书院改学堂的运行程序。

那么，清末建立新式学堂，为什么不另起炉灶、从头做起，而要把各级书院改为学堂？《清史稿·选举志》概括性指出："儒学浸衰，教官不举其职，所赖以造士者，独在书院。其裨益育才，非浅鲜也。"② 可见，一方面书院教育卓有成效，另一方面兴办新式教育中最突出的经费问题，使许多人不约而同将关注点放在了书院上。当时，全国各省、府、州、县都设有书院，多者十数所，少者一二所，并且都有一定的办学经费。将其改为学堂，无须再另起炉灶，只需追加部分办学经费，"则万学就可一朝而起"③。撤书院，将其经费用于学堂，将书院改建、扩建变为新式学堂，这是教育改革中的一大热点。1898年光绪皇帝颁布上谕曰："即将各省、府、厅、州、县现有之大小书院，一律改为兼习中学西用之学校。至于学校等级，自应以省会之大书院为高等学，郡城之书院为中等学，州县之书院为小学，皆颁给京师大学堂章程，令其仿照办理。"④ 书院改革，是中国近代的教育改革的一项重大举措，标志旧的教育体制的逐渐退出和新的教育形式的逐渐确立。

此时，在新教育的改制进程中，"书院改制"具有双重含义：一是新学校多

---

① 梁启超. 戊戌政变纪事本末//陈学恂. 中国近代教育史教学参考资料：上册. 北京：人民教育出版社，1986：422.

② 赵尔巽，等. 清史稿：卷一百六：志八十一. 北京：中华书局，1977：3119.

③ 张之洞. 劝学篇//陈学恂. 中国近代教育文选. 北京：人民教育出版社，1983：246.

④ 同①.

仿照传统书院的教育管理方式，二是以实学、西方教育体制来对旧式书院进行改造。① 其中，维新运动讲求实学的思想主要在办学实践中得到广泛推行。各种科学学堂、工艺学堂的创办，充分反映出实用的科技价值导向已逐渐成为主流。除了康有为在广州创办"以多读西书为功"的万木草堂外，还有1898年张之洞奏准于武昌设立农务学堂、1898年江南制造局总办林志道禀准在制造局添设工艺学堂等。1897年，杭州知府林启于杭州创办养蚕学堂最是有趣。该学堂是出于与日本争利、多出蚕丝的目的而建。林启在陈请办该学堂的过程中，充分肯定日本借鉴法国的方法而产出大增的做法："查三十年前法国蚕子病瘟，蚕种将绝，因创设养蚕学堂，用六百倍显微镜考验种种蚕瘟，并讲求养蚕各法，日人一一仿行，遂以夺我中国蚕利。"② 由此，该学堂在创办后即配备了600倍的显微镜，其课程设置除有物理、化学、植物、动物、气象等理论性学科外，还有土壤论、桑树栽培论及实验、桑蚕解剖及实验、蚕儿饲育法及实验、缫丝法及实验、显微镜及实验、操种法及实验、茧审查及实验、生丝审查及实验等课程。③ 该学堂为了推广养蚕技术，还专门用白话写了"养蚕简明法"进行宣传，例如，"本堂细察近年嘉湖地方的蚕病，一半从种子不好上起的，一半以冷暖不匀上起的"④。使用浅显易懂的文字所做的宣传工作，对于当时养蚕技术的推广和普及无疑具有重要意义。

而从教育体制来看，对旧式书院的改造起到了重视普及小学、中学教育的作用。在洋务运动时期，注重的是建立新式的军事、语言、科技方面的学校，并未关注小学教育的发展。到了戊戌变法时期，一些维新人士鉴于西方国家对于普及小学教育的重视，开始注意到这个问题。光绪帝曾下令"多设小学堂，以广教育，不准敷衍延宕"⑤。康有为要求"责令民人子弟，年至六岁者，皆

---

① 如同文馆章程与大多数书院章程没有太大差异，区别在于所授课程。甚至，传教士在中国建立教会学校之初，为使中国人容易接受，也打着"书院"的旗号，如山东青州英浸礼会所办的广德书院、美国圣公会在武昌所办的文华书院、美国美以美会在北京创办的汇文书院等皆是。

② 朱有瓛. 中国近代学制史料：第一辑：下册. 上海：华东师范大学出版社，1986：942.

③ 朱有瓛. 中国近代学制史料：第一辑：上册. 上海：华东师范大学出版社，1983：949-950.

④ 王淼. 浙江科学技术史（晚清卷）. 杭州：浙江大学出版社，2014：184.

⑤ 中国史学会. 戊戌变法（二）. 上海：上海人民出版社，1957：71.

必入小学读书","其不入学者，罪其父母"；认为"泰西各国，尤崇乡学（小学）","必使全国四万万之民，皆出于学"①。中学这一阶段正式划入学制系统内。中学即学生年龄在十一二岁至十七八岁这一学习阶段，之前在我国教育史上并未作为一个特定教育阶段划入学制系统内。到了戊戌变法时期，才模仿西方国家，在学制系统内正式规定有中学这一阶段。康有为首次正式提出"县立中学"这个名称："请远法德国、近采日本，以定学制，乞下明诏，遍令省府县乡兴学。乡立小学，令民七岁以上皆入学；县立中学；其省府能立专门高等学大学。"② 从而构建了从小学、中学到大学的完整学制系统。

从学堂的教科书而言，维新运动时期近代学校教科书从无到有、从草创到发展。1896 年，清末洋务派官僚盛宣怀在上海创建了南洋公学。1898 年颁布的《南洋公学章程》中规定设学宗旨："公学所教，以通达中国经史大义、厚植根柢为基础，以西国政治家、日本法部文部为指归。"③ 具体来说，在"以通达中国经史大义、厚植根柢为基础"的前提下，再去学习西方"出使、政治、理财、理藩四门"等"经世大端"的知识，其目的是要培养"博通兼综"的人才。若要培养"博通兼综"的人才，就必须要改变以儒家经典为主的教学内容；若要改变以儒家经典为主的教学内容，就必须要建立起实施新式教育所急需的中小学教科书体系。④ 于是，新式中小学教科书的建设问题便提上了公学的议事日程。盛宣怀及其助手何梅生、福开森等人在建校之际，就已经注意到了教科书匮乏的问题。《南洋公学章程》中规定："师范院及中上两院学生，本有翻译课程，另设译书院一所，选诸生之有学识而能文者，将图书院购藏东西各国新出之书课令择要翻译，陆续刊行。"⑤ 1898 年 7 月 6 日，盛宣怀在《奏陈设立译书院片》中写道："现就南洋公学内设立译书院一所，广购日本及西国新出之书，延订东西博通之士，择要翻译，令师范院诸生之学识优长者笔述之。"⑥

就"选课本以便教育"来说，盛宣怀主张我国的中小学教科书应采用西方

---

① 中国史学会. 戊戌变法（二）. 上海：上海人民出版社，1957：219-221.
② 朱有瓛. 中国近代学制史料：第一辑：下册. 上海：华东师范大学出版社，1986：691.
③ 朱有瓛. 中国近代学制史料：第二辑：下册. 上海：华东师范大学出版社，1989：513.
④ 同③ 512.
⑤ 同③ 515.
⑥ 同③ 517.

发达国家的教科书,因为"西学课本条例秩然,尽足备当世之取材",所以翻译的教科书,"为学堂计,以外国寻常小学校、高等小学校课本,备将来各省中学校之用"。他建议政务处和京师大学堂早日制定并颁布学堂教科书章程,使教科书编写有据可循,"以免纷纭驳杂之病"①。此外,南洋公学译书院在翻译国外中小学教科书时,所选的教科书版本十分严格,"专取其文部所订、教员所授之本,呾闻杂学,概不兼收。以西学佐子史之旁通,不敢以俗说代经文之正本"②。译书院翻译的部分中小学教科书可见表3-2-1。这些都说明译书院对南洋公学中小学教科书建设起到了十分重要的支撑作用。为了提高翻译教科书的效率,应教学之急,南洋公学译书院采取了边译边改边教的方法。当时,由于一些编书者"不明教育之学与儿童心才发越之序,茫无所得,向壁虚造,力求浅易",其结果是"自谓浅易,犹恐童子读之,尚难领悟"③。1897年(光绪二十三年),南洋公学师范生陈懋治、杜嗣程、沈叔逵等人在吸取上述教训基础上尝试编撰《蒙学课本》三编。

表3-2-1　　　　　南洋公学译书院翻译的部分中小学教科书④　　　　单位:本

科目	教材名称	本数
国文	《蒙学课本》	3
	《大本蒙学课本》	1
算术	《代数设问》	7
	《心算教授法》	1
	《物算笔算教科书》	4
	《几何》	3
格致	《格致读本》	4
	《中等格致课本》	8
地理	《本国中等地理教科书》	3
	《万国地理教科书》	1
化学	《化学》	11

有趣的是,《蒙学课本》在内容编写方面仍使用"文言体",如《蒙学课

---

① 朱有瓛. 中国近代学制史料:第二辑:下册. 上海:华东师范大学出版社,1989:521.

② 同①521.

③ 朱有瓛. 中国近代学制史料:第一辑:下册. 上海:华东师范大学出版社,1986:540.

④ 霍有光. 南阳公学译书院及其译印图书. 西安交通大学学报(社会科学版),1999(4):85-86.

本》第一课是这样写的:"燕雀鸡鹅之属曰禽,牛羊犬豕之属曰兽,禽善飞,兽善走,禽有二翼故善飞,兽有四足故善走。"但在编写体例方面仿照英美读本体例,各类课文依其内容、形式的不同,错综排列,以期达到"移步换形,令童子不生厌倦"的效果,"课末设问,或问本课大意,或问余义,授课后当令学生掩卷口答(杂字课须默写)"。此外,还注重对"因材施教"等教学方法的探究和指导。由于"中土文语两歧,读书之难易与西国迥别",所以"背诵之法尚不可废",要求教师对"背诵而不识字者"采用"默书"的办法,对"背诵而不明大义者"采用"问答"的办法。①

维新时期所创办的学堂以及改革旧书院的方法为我国近代科技发展提供了一大批人才。以时务学堂为例,梁启超曾评述道:"湖南向以守旧闻天下,自时务学堂、南学会等既开后,湖南民智骤开,士气大昌,各县州府私立学校纷纷并起,小学会尤盛。人人皆能言政治之公理,以爱国相砥砺,以救亡为己任,其英俊沉毅之才,遍地皆是;其人皆在二三十岁之间,无科第、无官阶,声名未显著者,而其数不可算计。自此以往,虽守旧者日事遏抑,而野火烧不尽,春风吹又生,湖南之士之志不可夺矣。"②毛泽东说过:"湖南之有学校,应推原戊戌春季的时务学堂。时务以短促的寿命,却养成了若干勇敢有为的青年。""戊戌政变,陈宝箴走,谭嗣同死,梁启超逃,熊希龄革掉翰林,康圣人的著书,一大堆在小吴门外校场坪聚烧了。于是而时务学堂倒了。时务虽倒,而明德方兴。"③杨树达晚年在回忆中评述道:"一千九百年庚子反清之役,民四倒袁之役,皆时务师生合力为之,以一短命之学堂而能有如此事业者,古今罕见也。"④

遗憾的是,戊戌维新以后,尽管全国开办了许多新式学堂,但从这些学堂毕业的学生照样都要参加科举考试。当时对科举的笃信不仅仅存在于民间,就连水师学堂这样的新式学堂亦然。周作人曾回忆说,如果某个学生中了秀才,学堂的监督就会挂牌出来,庆祝一番。⑤ 当时社会整个风气还是沉迷于八股文写

---

① 朱有瓛. 中国近代学制史料:第一辑:下册. 上海:华东师范大学出版社,1986:542.
② 中国史学会. 戊戌变法(一). 上海:上海人民出版社,1957:303-304.
③ 中共中央文献研究室,中共湖南省委《毛泽东早期文稿》编辑组. 毛泽东早期文稿(1912·6—1920·11). 长沙:湖南出版社,1990:643-644.
④ 杨树达. 积微翁回忆录. 上海:上海古籍出版社,1986:389.
⑤ 钱理群. 周作人传. 北京:北京十月文艺出版社,2001:41.

作之中，西学知识只是少数人学习的一种补充。

3. 建学会、办报刊

"今欲振中国，在广人才。欲广人才，在兴学会。"① 维新派认识到仅靠有限的学堂培养人才是不够的，必须采取有效举措广泛培植人才，以便培养、组织和发动更多的人才参与维新，形成强大群众力量。"思开风气，开知识，非合大群不可，且必合大而后力厚也。"② 他们认为能做到这一点最好的方式是组织学会、创办报刊。"阅报愈多者，其人愈智；报馆愈多者，其国愈强。曰：惟通之故。"③ 而无论是组织学会还是创办报刊，救亡图存无疑是维新报人的主旨，并提出要救亡就得开民智，要开民智就得学习西方科技。由此，传播西方科技也就成了众多戊戌维新时期学会、报刊中的重要内容。

在维新派的倡议和发动下，"学会之风遍天下，一年之间，设会百数，学者不复以此为大戒矣"④。维新派创立的这些学会既是知识分子图谋自强的政治组织机构，又具有学校教育的特点，行使了高等教育的职责。这在上海强学会的章程里能够明显体现出来："今设此会，聚天下之图书器物，集天下之心思耳目，略仿古者学校之规及各家专门之法，以广见闻而开风气，上以广先圣孔子之教，下以成国家有用之才。""本会专为中国自强而立，以中国之弱，由于学之不讲、学之未修，故政法不举。今者鉴万国强盛弱亡之故，以求中国自强之学。""入会诸君，原为讲求学问。圣门分科，听性所近，皆以孔子经学为本。自中国史学、历代制度、各种考据、各种词章、各省政俗利弊、万国史学、万国公学、万国律例、万国政教理法、古今万国语言文字、天文地舆、化重光声、物理性理、生物、地质、医药、金石、动植、气力、治术、师范、测量、书画、文字减笔、农务、牧畜、商务、机器制造、营建、轮船、铁路、电线、电器制造、矿学、水路军事，以及一技一艺，皆听人自认，与众讲习。……将来设立学堂，亦分门教士，人才自盛。"⑤ 所以，学会很大程度上是一个讲学机构，只

---

① 陈学恂. 中国近代教育史教学参考资料：上册. 北京：人民教育出版社，1986：416.
② 陈元晖. 中国近代教育史资料汇编：戊戌时期教育. 上海：上海教育出版社，2007：137.
③ 梁启超. 戊戌政变记//饮冰室合集：专集之一. 北京：中华书局，1989：113.
④ 康有为. 我史. 罗岗，陈春艳，编选. 南京：江苏人民出版社，1999：245.
⑤ 陈元晖. 中国近代教育史资料汇编：戊戌时期教育. 上海：上海教育出版社，2007：152.

是提供了一个比一般学堂更能相互学习、相互观摩的规模更大的平台。

　　为学习西方科技，维新派还创办了不少自然科学会。1895年，谭嗣同等人在湖南浏阳创办算学社，宣告了我国历史上第一个自然科学团体的诞生。谭嗣同主张救国应该以人才培养为始基，而人才培养又以教育为急务，而各种教育事业中又以格致教育（即"算学格致"）为主，认为数学是"器象之权舆"，而学校乃"人才之根本"。① 他还考察西方诸国学校课程，主张儿童教育"先授以几何、平三角术，以后由浅入深，循序精进，皆有一定不易之等级。故上自王公大臣，下逮兵农工贾，未有不通算者，即未有通算而不出自学堂者。盖以西国兴盛之本，虽在议院、公会之互相联络、互相贯通，而其格致、制造、测地、行海诸学，固无一不自测算而得。故无诸学无以致富强，无算学则诸学又靡所附丽。层台寸基，洪波纤受，势使然也"②。并在章程中声明："本馆之设，原以培植人材，期臻远大，并非为诸生谋食，计算学为格致初基，必欲诣极精微，终身亦不能尽，即求辨清门径，日积月累，亦必以三年为期。"③ 谭嗣同认为数学是科学技术的基础，他的阅读范围既包括传统数学著作也包括西方数学著作，他还对几何与代数产生兴趣。在他的主要作品《仁学》中，他将数学看作一种权威，意义非凡，而不仅仅是一种工具。此外，1896年，以发展我国农业科学技术为宗旨的农学会在上海创办，同年在湖南长沙又创办了地图公会。维新运动期间，各地相继成立算学会、实学会、农学会、地图公会等专业性科技学会。农学会先后翻译出版过百余种农书，地图公会出版的地图有676种，"各国之深于测算者，都佩服其精审"④。浙江的化学公会，是中国化学团体的始祖。创办人吴宗濂、邵章等说："如想富强，在兴科学；欲兴科学，在兴化学。"⑤ 化学公会每个月做两次化学实验，以验证其所学。上海的格致学社，是著名的自然科学家组成的社会团体。⑥

　　随着学会带来的社会启蒙思潮的高涨，这一时期迎来了中国人自办报刊的新阶段。从内容上来看，开始大都是综合性报刊，有以时事政治为主的政论性

---

① 谭嗣同. 上江标学院//谭嗣同全集. 增订本. 北京：中华书局，1998：181-183.
② 谭嗣同. 浏阳兴算记//谭嗣同全集. 增订本. 北京：中华书局，1998：178.
③ 浏阳算学馆原定章程//陈谷嘉，邓洪波. 中国书院史资料：下册. 杭州：浙江教育出版社，1998：2276.
④ 毛礼锐，沈灌群. 中国教育通史：第4卷. 济南：山东教育出版社，1988：107.
⑤ 闵杰. 戊戌风云. 上海：上海书店出版社，1998：91.
⑥ 同⑤.

报刊（如《时务报》、《国闻汇编》、《知新报》和《湘学报》），也有部分科技报刊（如《算学报》、《新学报》、《普通学报》和《农学报》）。后来逐步发展为专业性报刊、文摘性的报刊（如《萃报》《集成报》），以及以科普为主要内容的综合性报刊（如《格致新报》）。从语言来看，既有文言文报刊，也有白话文报刊（如《无锡白话报》）。从读者对象看，既有以一般读者为对象的报刊，也有专门以青年或妇女、儿童为读者的报刊（如《女学报》《蒙学报》）。报刊内容日趋多样化，传播受众也趋向于各类不同的读者，这也反映了近代报刊发展的态势与规律。其中涉及近代科学传播的主要有《直报》、《时务报》、《国闻汇编》、《知新报》、《湘学新报》（后改名《湘学报》）、《实学报》、《新学报》、《利济学堂报》、《蜀学报》、《岭学报》、《算学报》、《农学报》、《经世报》、《求是报》、《女学报》、《译书公会报》、《格致新报》和《无锡白话报》等报刊。从创办的地理分布来看，上海是主要创办地址，其余分布在日本横滨与神户，以及国内广州、天津、福州、长沙、杭州、无锡、温州等地。而且这些报刊大多以学会为依托，有的甚至成了学会的机关报刊。

恩格斯曾说："每一个时代的理论思维，包括我们这个时代的理论思维，都是一种历史的产物，它在不同的时代具有完全不同的形式，同时具有完全不同的内容。"① 维新派报人的办报刊观念并非天外来物，凭空臆想，也有其产生的思想资源。

第一，维新报人很多是传教士中文报刊的忠实读者。如：传教士中文报刊从《六合丛谈》、《万国公报》、《中西闻见录》到《格致汇编》，中间既有综合性报刊，也有格致报刊，都介绍了大量的西方格致资讯，内容涉及数学、化学、物理学、天文学、动植物学、矿物学以及各种工程技术，几乎涵盖了现代科学的所有门类。尽管内容比较浅显，甚至间有谬误，但对尚处格致饥荒时代的维新报人来说，无疑是让人耳目一新的。《格致汇编》中的格致话语对梁启超就产生了深远影响。1892 年，梁启超在上海购买了上海江南制造局翻译馆的译书与《格致汇编》。② 甲午战后，梁启超在北京《万国公报》上转载《格致汇编》上的文章。后来梁启超任《时务报》总主笔期间就向读者大力推介。后又在其著作《西学书目表》中收录了《格致汇编》上的格致论文 45 篇。还将《格致汇

---

① 恩格斯. 自然辩证法//马克思恩格斯选集：第 3 卷. 北京：人民出版社，2012：873.

② 丁文江，赵丰田. 梁启超年谱长编：第 1 册. 上海：上海人民出版社，1983：28.

编》列入湖南时务学堂学生的必读书目中，并建议《知新报》应该"多译格致各书、各报，以续《格致汇编》"，体例上要"略如彼时傅兰雅所主办之《格致汇编》之例，专译西国农矿、工艺、格致等报，而以言政治之报辅之，亦间载重要之时事"①。

第二，维新报人对近代西方科技的重新审视，是建立在对洋务运动与日本明治维新的对比基础之上的。鉴于中日路途较近，耗费又不多，从而学习西方格致的路径以日本为中介。在师法西学的问题上，这一转变具有转折意义。先前是以教会为主体，传播西方格致话语。洋务期间转而以教会与官办译书机构为主体，直接译介西方格致之学。甲午以后，转向以维新报人为西方格致话语传播的主体。梁启超在《记东侠》一文中感叹："中国、日本，同立国于震旦，画境而治，各成大一统之势，盖为永静之国者，千年于兹矣。日本自劫盟事起，一二侠者，激于国耻，倡大义以号召天下，机捩一动，万弩齐鸣，转圜之间，遂有今日。后之论者，悼诸君所志之未成，而不知其所成盖已多矣。我国自广州之役，而天津，而越南，而马关，一耻再耻，一殆再殆，而积薪厝火，鼾声彻外，万牛回首，邱山不移。呜呼，岂外加之力犹未大耶！抑内体之所以受力者，有不任也。"②

值得注意的是，在维新报人的报刊话语中破天荒地使用了"科学"一词，尽管出现的频率极低，时间异常短暂。梁启超自己选编《饮冰室合集》时，收集了1896年8月29日发表在《时务报》第3册上的文章《变法通义·论变法不知本原之害》，文中就有："欲求新政，必兴学校，可谓知本矣。然师学不讲，教习乏人，能育才乎？科学不改，聪明之士，皆务习帖括，以取富贵，趋舍异路，能俯就乎？"③ 从语义与语境上类推，此处的"科学"应该是"科举"，而非真正意义上的"科学"，这应该是印刷错误，纯属巧合。据现有文献来看，第一个在国内从近代科学的本义上正式使用"科学"的应该是1897年11月15日《实学报》第9册的《台湾植物之盛》（译时事新报西九月二十六）一文，但因此文未署名，所以无法确认作者真实姓名。该文三次提到"科学"，如"台湾生番之事情，已于新闻纸上揭载。惟此处同岛植物，最为繁盛。兹特将一二记之。盖我国地势南北蜿蜒，南端与热带相近，北端与寒带相近。而本岛恰在温带位置，

---

① 丁文江，赵丰田. 梁启超年谱长编：第1册. 上海：上海人民出版社，1983：69.
② 梁启超. 记东侠//梁启超. 饮冰室合集：文集之二. 北京：中华书局，1989：31.
③ 同②9.

是以动植物之种类甚多。邦人生机,皆出于此。果何幸而得此。学者苟于此研究物性,亦甚便利。然距今三四十年前,邦人尚未知生殖之理,旧来本如梦寐,实于科学上,甚乏智识。顷吾讲究植物,渡来外人,早为先鞭之着,探其本根。科门所分,大略毕具。"① 与《时务报》上的"科学"出现的时间大致相同,但含义明显不同。此外,戊戌维新时期,"舟车则旬月可以绕地球,电报则瞬息可以通寰宇"②,国外最新科学技术信息得以迅速输入中国,电气机车、地下铁路、破冰船、电热毯、人工降雨等信息被及时报道,甚至还有关于外星人的报道。这些国外最新科技知识的传入,对于改变国人的传统观念起了很大的作用,国人开始对外国的科技新成就倍感兴趣。同前相比,维新运动时期在科技知识的传播方面成绩斐然,比洋务运动时期更为突出。

在维新运动时期,维新派一方面通过"求变法于上",另一方面又通过兴学堂、建学会、办报刊来向下推动。谭嗣同曾在《湘报后叙》一文中将学堂、学会、报刊并列为"新吾民"三要素。③ 其中,新式学堂可谓科技启蒙基石,学会可谓人才和信息集散中心,新式报刊可谓信息和思想传播媒介。

4. 海关、邮政、兵工、实业

与政治、教育与文化传播层面不同的是,维新时期的海关、邮政、兵工、实业等尽管在影响力上无法与之相比,但从廉洁高效的海关制度、独立完善的邮政机构、大力加强的国防工业以及这一时期因时制宜的实业政策来看,它们都在实践中于科技转型颇具效果。

就海关而言,赫德以领导者的身份继续管理中国海关,而通过他的不懈努力,高效、完善、廉洁的现代化海关机制在这一时期已经建成。

其一,就海关队伍的管理而言,赫德管理下的近代海关打造出了规范严格的科学用人制度。在《中国海关密档》里有大量关于赫德与金登干谈论招聘关员的内容。④ 赫德十分推崇英国式的选拔人才方法,赫德的文书中有一个典型事例:在1898年10月16日的一封信中,赫德说:"我现在准备把所有的申请者都加以推荐,一共有六七十人。这一次用自由竞争的办法。打算在十二月举行一

---

① 台湾植物之盛//中华书局编辑部. 实学报. 北京:中华书局,1991:551.
② 严复. 严复集:第二册. 王栻,主编. 北京:中华书局,1986:261.
③ 谭嗣同. 谭嗣同全集. 北京:生活·读书·新知三联书店. 1954:138.
④ 陈霞飞. 中国海关密档:第五卷. 北京:中华书局,1994:54.

次竞选考试，我要的是那些知识最广博、最有才干的人，不要那些没有头脑只会依样画葫芦的人。因此，对那些考卷中有见解的和一般印象好的都给以高分，通过选拔考试，首先要取消那些不合格的。"① 即使是经赫德推荐来的人也不勉强照顾通过。1854—1870 年总共 16 年的统计表明，海关关员中只有 4 名因行为不轨、1 名因经商、1 名因受贿而被除名。在赫德 46 年任职期间，未经授权的支出、滥用公款等违法行为的案件没有超过 5 起。严密的会计、统计、稽查、复核等业务程序，以及年终层层密报等制度，加上合理的薪酬福利等，高效、廉洁的海关行政建立起来，"使得中国海关成为世界的一个奇迹"②。从这些数据来看，赫德推动了中国近代海关的廉政建设，力促海关税收实现快速增长。③

其二，赫德时期还加强了对海关新技术、设备的引进。这一时期最为突出的成就是在沿海内河险要地点设置了从西方引进的先进的海务技术设备，并构成了一定的体系。从沿海来说，通商各口险要地点，都设置了灯塔、灯船、浮桩、浮筒、雾角等助航设备，并构成了连锁体系。内河如长江、珠江、西江、松花江、黑龙江，都部署了助航设备，并由海务部门负责巡视、保养。这些助航设备随着西方科学技术的发展，都在有步骤有计划地进行革新。1895 年，当时较大灯塔燃用植物油的，不下 12 处，而设置定光灯的也有 12 处。从这一年，特别是从 1900 年开始，各灯塔都相继改装明灭相间灯、煤油蒸汽灯头，甚至"阿格式"电石瓦斯灯头，燃用平楚瓦斯和电石瓦斯；安设新式镜机。灯光烛力大为增进。长江口外的花鸟山灯塔，设置了新发明的指示机械——无线电桩。1911 年落成的遮浪角灯塔，是当时世界最大灯塔之一；南澎岛灯塔所设的气压雾笛，为世界发声最强的雾笛之一。④ 远在 1894 年，李鸿章便上奏了海关设置助航设备的情况，并深为赞赏。奏云："中国海面辽阔，港汊纷歧，绵亘万余里。经总税务司历次设立警船、灯塔、浮桩等 260 余处，如北洋之大沽、曹妃甸，辽河口之莫邪岛、成山头……均属险要地方。自设置灯塔后，往来船只即遇风雾，不致迷向触礁，于水

---

① 汪敬虞. 赫德与近代中西关系. 北京：人民出版社，1987：77.

② 魏尔特. 赫德与中国海关：上册. 陆琢成，等译. 戴一峰，校. 厦门：厦门大学出版社，1993：序言 1.

③ 当然，这一阶段海关关税增加并非单一因素造成，这与鸦片进口激增、洋药税厘由海关征收等因素也有关。（汤象龙. 中国近代海关税收和分配统计. 北京：中华书局，1992：20-22；陈诗启. 中国近代海关史. 北京：人民出版社，2002：186）

④ 陈诗启. 从明代官手工业到中国近代海关史研究. 厦门：厦门大学出版社，2004：256.

师行驶、商船人货，获益匪浅。现值巡阅海军，臣等顺道勘视北洋各处灯塔、船桩，深为合法。该总税务司赫德尽心筹办，不无微劳。"因此"拟请传旨嘉奖，以示鼓励"①。海关的助航设备，对商船、舰艇航行所起的作用，由此可见一斑。

赫德任总税务司时期中国海关关税收入增长详情见图3-2-1。

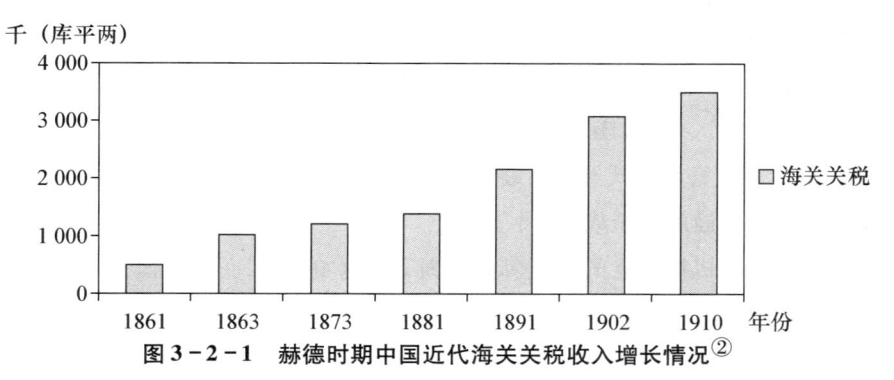

千（库平两）

年份	海关关税
1861	~500
1863	~1000
1873	~1200
1881	~1400
1891	~2150
1902	~3050
1910	~3500

图3-2-1 赫德时期中国近代海关关税收入增长情况②

海关制度的近代化在维新变法时期并非一枝独秀，晚清建立统一的邮政系统在这一时期也得以实现。

在甲午战争之前，中国承担邮政工作的有四方：一是清政府所设立的驿站，负责官方的邮递工作。二是由民间设立的民信局，虽然承担民间邮递工作，但是数量有限，各自为政，只承担可以获利的线路，忽视边远地区。三是西方各国在通商口岸所设立的邮政机构，主要负责国际邮递。四是海关在通商口岸兼办的邮政。但是，清政府没有一个全国统一的近代化邮政机构。而且，海关兼办邮政二十年，并不为清政府重视，海关还为此赔累不堪。1879年天津海关税务司德璀琳给赫德的呈文中，计算了天津书信馆从1878年3月23日到1879年6月30日办理邮递业务支付的费用，从中可见其亏累有二千多两，可以说在各口已经试办的海关书信馆，基本上是没有收支平衡的，更不用说盈余了。此前赫德曾坚持必须由清政府拨给经费才能去"做一次长途的冒险的航行"③。但越到后来，赫德越发现清政府囊中羞涩。因此为了促使清政府下决心开办邮政局，赫德坚持：一不向清政府要人，二不向清政府要钱，只要清政府颁发谕旨开办即可。1890年，总理衙门告知赫德："所拟办法既对民局无损，即就通商口岸推

---

① 顾廷龙，戴逸. 李鸿章全集：15：奏议十五. 合肥：安徽教育出版社，2007：337.
② 汤象龙. 中国近代海关税收和分配统计. 北京：中华书局，1992：69-74.
③ 中国近代经济史资料丛刊编辑委员会. 中国海关与邮政. 北京：科学出版社，1961：50.

广办理，拟俟办有规模，再行请旨设立。"① 1892 年，赫德指出，"数年来创办艰难，若再不奏请设立官邮政局，恐将另生枝节"②。清政府本来正处于犹豫阶段，然而随后到来的甲午中日战争中断了这种犹豫。1896 年，张之洞又奏请开办国家邮政。"泰西各国视邮政一端重同铁路，特设邮政大臣，比于各部尚书，以综厥事，递送官民往来文函，取资甚微，获利甚巨，日盛一日。"③ 于是总理衙门根据张之洞的奏折和赫德所拟的邮政章程，奏请皇帝正式批准，1896 年光绪帝批示"依议"，并转饬总税务司专司其事，制定了邮政总章四条。次年 2 月 20 日，大清邮政官局正式开办。赫德略带自嘲地对欧格纳说："三十年的旧话，二十年的经验，最后终于成功了！"④

伴随着邮政机构设立的，是邮路和邮政技术的扩展。早在海关兼办邮政时期，其主要依靠的是海运邮路，零星也试办一些陆路邮路。到清政府正式下旨开办邮政后，邮路的扩展日益提上日程。晚清的邮路主要是步差邮路、轮船邮路、火车邮路等几种形式。铁路的修筑是邮路扩展的一个重要契机。1903 年外务部致赫德札，允准了其提出的此后凡有电线所通、铁路所到之处，均应照铁路合同会同办理邮政的提议。从 1904 年到 1910 年的邮务情形来看，几乎每年每个地区都会新增数条邮路。至 1910 年，"信差邮路，由二十四万里增至二十八万七千里，约合九万五千六百英里。民船邮路，由二万三千里增至二万四千里，约合八千英里。轮船邮路，由二万五千里增至二万六千里，约合八千七百英里。火车邮路，由一万三千里增至一万五千里，约合五千英里"⑤。通观 1907 年的《大清邮政舆图》，各省基本上都已形成了密集的邮路，并且彼此相连以期速达。

随着学堂、报刊对于科技思想的传播，人们对于国防技术理解的不断加深，兵工企业待势乘时在这一时期有了新一轮的发展。晚清的军事工业大部分属于官办工业，而它的发展到此时已经经历了四个阶段。第一个时期是太平天国运动时期，因镇压需要而兴起，大部分机器局设在长江下游；第二个时期是在洋务运动普遍推行时期，机器局在全国大部分地方成立；第三个时期为中法战争

---

① 中国近代经济史资料丛刊编辑委员会. 中国海关与邮政. 北京：科学出版社，1961：80.

② 同①80.

③ 苑书义，等. 张之洞全集. 石家庄：河北人民出版社，1998：1057-1058.

④ 同①70.

⑤ 仇润喜. 天津邮政史料：第二辑下. 北京：北京航空学院出版社，1989：701.

前后，成立的机器局多在西南或东南海疆；第四个时期为中日甲午战争前后的时期，建立的机器局大部分为未建各省的补建或已建各省的重组，成立的机器局多在北方，尤其是东北和西北。例如，1894年成立陕西机器局，1896年成立盛京机器局，1897年成立河南机器局，1898年成立山西机器局，1899年成立黑龙江机器局；又如，1902年建立德州兵工厂、福建制造局、江西机器局，1906年建立江南船坞，1907年建立安徽机器局，1910年建立四川兵工厂等。戊戌维新时期在国防工业方面比较著名的有：山东机器局大规模的扩建，新建造枪大厂17间，枪子厂10间，熟铁厂10间，轧铜厂7间，泥工厂3间，军火库房20间，水龙厂房5间，工匠住房40间，储器房4间，法蓝炉房2间，总计共建大小厂房121间。民间大力兴办炮厂，"中国各省设立制造船政枪炮子药等局，不下十余处，向外洋购买机器物件，不下千百万金，而于制造本源，并未领略"，欲突破泰西，"须令民间自为讲求，如国家欲购枪炮船械机器，均托民厂包办包用"①。戊戌维新时期军事工业和民用工业都有所发展。

而官督商办、举步维艰的实业，在甲午战后获得了难得的"机会"。甲午战争之后，清政府需支付巨额赔款，再加上需要编练新军，重整海军，财政入不敷出已成定局。胡燏棻、张之洞认为，中国应效法日本，发展工商业。② 于是，维新期间，光绪于1895年7月17日颁布"因时制宜"的上谕，提出"以筹饷练兵为急务，以恤商惠工为本源"③。清政府还在1895年批准在各省会设立商务局（也称农工商局），各府州县于水陆通衢处设立通商公所，以便"商情可期踊跃，商利可冀扩充"④。在政府的鼓励下，民间兴起了一股兴办实业高潮。到1895年（光绪二十一年），仅中国的民族资本所开办的企业就有百余家。其中包括机器制造、缫丝、纺织、面粉、火柴、造纸、印刷等各个行业。维新运动

---

① 胡燏棻. 变法自强疏//中国史学会. 戊戌变法（二）. 上海：上海人民出版社，1957：281-282.

② "目前之急，首在筹饷，次在练兵，而筹饷、练兵之本源，尤在敦劝工商、广兴学校。""窃观泰西各国，无论军饷工程，千万之需，咄嗟立办，何者？藏富于民，多取之而不为虐，而民亦乐输以奉其公，彼其器械日制而日精，商务日开而日盛，水陆之兵日练而日强。"（胡燏棻. 变法自强疏//中国史学会. 戊戌变法（二）. 上海：上海人民出版社，1957：278）"世人皆言，外洋以商务立国，此皮毛之论也。不知外洋富民强国之本，实在于工。讲格致、通化学、用机器、精制造，实在于工。"[张之洞. 吁请修备储才折//苑书义，等. 张之洞全集（二）. 石家庄：河北人民出版社，1998：997-998]

③ 朱寿朋. 光绪朝东华录（四）. 北京：中华书局，1958：3657-3658.

④ 同③ 3723.

期间，民族资本企业发展更快。据统计，1895年至1900年间，全国各地新办的私人资本工矿企业，其创办时资金在1万元以上的，共有104个，资本总额为2 300多万元，其中工厂79个，资本总额为1 700多万元。就投资总额计，为洋务运动时期的2.3倍。① 其中，最重要的措施是改组官办或官督商办企业为官商合办或商办企业。从表3-2-2中可见，投资趋势并未因甲午战争失败而中断，基本呈现增长的势头。② 而从这些工矿企业经营的性质来看，19世纪90年代以前，以官办企业、官督商办和官商合办的企业为主，而到90年代以后，商办企业在数量和投资金额上，均开始占据优势。从1899年开始，官督商办企业已经不再新设。③ 此外，银行是近代科技运行中重要的一环，1897年5月27日，中国第一家银行——中国通商银行在上海正式开业，后陆续在天津、汉口、广州、汕头、烟台、镇江等地设立了分行。④

表3-2-2　　　　1895—1910年民用工矿企业家数和创办资本额⑤

年份	家数	创办资本额（千元）	经营性质分类				
			官办	官商合办	官督商办	商办	中外合办
1895	30	3 990	1			29	
1896	22	3 788	4			17	
1897	25	5 808	5	1	2	17	
1898	32	6 320	2		1	28	1
1899	29	5 169				28	1
1900	9	930				8	1

---

① 胡绳. 从鸦片战争到五四运动. 上海：上海人民出版社，1982：486.
② 由于八国联军的侵华战争，1900年和1901年两年投资规模下落，但从1902年开始，又以前所未有的速度发展起来。1902—1910年的九年中，共设立创办资本额在1万元以上的工矿企业604家，创办资本额共134 517千元，家数占清季工矿企业设立总家数的63.1%，投资额占65.4%。
③ 数值参见：杜恂诚. 民族资本主义与旧中国政府（1840—1937）. 上海：上海人民出版社，2014：26；朱英. 晚清经济政策与改革措施. 武汉：华中师范大学出版社，1996：16.
④ 甲午战前已经有人认识到这一点，容闳、李鸿章等人都有过创办银行的设想，但都没有实现。甲午战后，盛宣怀等人上奏重新提出设立银行的必要。"西人聚举国之财为通商惠工之本，综其枢纽皆在银行，中国亟宜仿办，毋任洋人银行专我大利。"（陈旭麓，等. 中国通商银行：盛宣怀档案资料选辑之五. 上海：上海人民出版社，2000：3）
⑤ 杜恂诚. 民族资本主义与旧中国政府（1840—1937）. 上海：上海人民出版社，2014：26.

续前表

年份	家数	创办资本额（千元）	经营性质分类				
			官办	官商合办	官督商办	商办	中外合办
1901	11	1 284	2			9	
1902	31	4 890	1			27	1
1903	17	5 059	1	3		13	
1904	36	11 279	1	2		33	
1905	76	13 918	4	4		68	
1906	92	24 835	8	1		78	2
1907	98	17 020	9	2		86	2
1908	80	20 838	8	1		70	1
1909	82	16 095	8	1		70	1
1910	90	18 783	5	6		76	2

注：（1）列入统计的企业，创办资本额都在 1 万元以上。（2）清政府创办的军火工业未列入统计。（3）1895 年之前在台湾设立的企业列入统计。（4）中外合办企业以中方投资额计入。（5）经营性质不详的未予列入。

三、复旧势力的反弹

维新派企图通过变法革新来救亡图存，然而，随着变法的加深，革新派与守旧派之间的分歧不断加剧，最终演化为清廷最上层的权力冲突，致使守旧派来了个大反扑。戊戌政变发生后，慈禧太后重新听政。面对外患，慈禧太后想要利用义和团来扶清灭洋，用中国功夫赶走洋人，结果却导致八国联军侵华，被迫签订了《辛丑条约》，皇朝更加风雨飘摇。此时北方科技转型较之南方明显慢了下来，甚至出现了倒退。蒋廷黻在他的《中国近代史》中认为"拳匪运动可说是我国近代史上第三个救国救民的方案，不过这个方案是反对西洋的、近代化的，与第一、第二个方案是背道而驰的。"① "反对西洋化" "反近代化"可

---

① 蒋廷黻认为自强运动（洋务运动）和变法运动分别是我国近代史上第一、第二个"应付大变局的救国救民族的方案"，前者因为"提案者对于西洋文化的认识有限"导致失败，而与此同时日本却因为"不但接受了西洋的科学和机械，而且接受了西洋的民族精神及政治制度之一部分"，所以甲午之战中日本战胜了中国。后者"无疑的是比自强运动更加西洋化近代化"，但由于顽固势力极其雄厚而失败。（蒋廷黻. 中国近代史. 上海：上海古籍出版社，2001：76）

算是这一时期的清廷对待科技的总特点。

1. 戊戌政变，守旧派大反扑

1898年9月21日凌晨，慈禧太后将光绪帝软禁于中南海涵元殿，然后下诏太后训政。自此，自6月11日始，历时103天的维新运动以失败告终。史称戊戌政变。

最初，光绪帝在6月9日请示慈禧太后后才宣布变法，然伊始便招致后党反对。6月15日，慈禧太后迫令光绪帝连下三道谕旨：免去翁同龢军机大臣、协办大学士、户部尚书等职务，驱逐回籍；凡二品以上大臣授新职，要具折到皇太后面前谢恩；任命慈禧太后的亲信荣禄署直隶总督，统率董福祥（甘军）、聂士成（武毅军）、袁世凯（新建陆军）三军，不久，荣禄实授直隶总督，加文渊阁大学士衔，身兼将相，权倾朝野。慈禧太后完全控制军政大权，并在颐和园静观政局的发展，以待时机。

光绪帝为推新政，革六堂，擢四卿，对旧有机制大变革。1898年6月20日（光绪二十四年五月初二），御史宋伯鲁、杨深秀弹劾礼部尚书许应骙"守旧迂谬，阻挠新政"①。7月8日，御史文悌为许应骙辩护，严参康有为。光绪帝下谕革去文悌御史职务。9月4日，光绪帝得知有阻挠礼部主事王照上书一事，将礼部尚书怀塔布与许应骙、左侍郎堃岫、署左侍郎徐会沣、右侍郎溥颋、署右侍郎曾广汉等六人全行革职，并赞扬王照"不畏强御，勇猛可嘉"，"赏给三品顶戴，以四品京堂候补"②。革除礼部"六堂官"之举影响颇大。9月5日，光绪帝又特别授杨锐、刘光第、林旭、谭嗣同等四品卿衔，担任军机处章京，参与新政事宜，被称为"军机四卿"。接着，光绪帝在7日把李鸿章从总理衙门赶走，并准备开懋勤殿，以康有为、梁启超等10人为顾问官。为了防止发动政变，康有为等人一方面提议光绪帝聘请日本明治维新名臣伊藤博文为"客卿"，英国传教士李提摩太任顾问，以借重日本、英国之势力；另一方面想把掌握新建陆军的袁世凯拉过来对付荣禄。袁世凯拥有兵权，又曾为强学会联系募捐，有"维新"言行。康有为便自拟折稿，请侍读学士徐致靖奏荐袁世凯，又请谭嗣同递密折，建议光绪帝安抚袁世凯以备应付时局之用。

---

① 朱有瓛. 中国近代学制史料：第一辑：下册. 上海：华东师范大学出版社, 1986：101.

② 中国史学会. 戊戌变法（二）. 上海：上海人民出版社, 1957：73.

这时，政变千钧一发，后党加紧调动军队。荣禄先后调聂士成武毅军驻天津，调董福祥甘军移驻北京外围长辛店，以防袁世凯有变。内务府总管大臣杨立山率御史杨崇伊、庆亲王奕劻、端郡王载漪等相继赴颐和园，请求慈禧太后训政。

鉴于形势严峻，光绪帝召杨锐发密诏，开启维新派的"戊戌密谋"。9月15日光绪帝召见杨锐，命他带出密诏："朕亦岂不知中国积弱不振，至于贴危，皆由此辈所误，但必欲朕一旦痛切降旨，将旧法尽变而尽黜此辈昏庸之人，则朕之权力，实有未足。果使如此，则朕位且不能保，何况其他？……尔等与林旭、谭嗣同、刘光第及诸同志等妥速筹商，密缮封奏……朕实不胜紧急翘盼之至。"①但密诏被惊慌失措的杨锐搁置起来。9月16日，光绪帝又根据维新派的建议召见袁世凯，授袁世凯为候补侍郎，专办练兵事宜，并暗示袁世凯今后不必受荣禄节制。袁世凯权衡新旧双方力量对比，一面感谢光绪帝的"特恩"，一面到礼亲王世铎、庆亲王奕劻以及刚毅、裕禄、王文韶、李鸿章等权臣处周旋，探听口风。9月17日，光绪帝命杨锐带出第二道密诏，指示康有为赶紧离开北京，去上海督办官报，以保存维新力量。直到18日，康有为、谭嗣同见到密诏，决定由谭嗣同去说服袁世凯举兵勤王。谭嗣同当夜去法华寺访袁，要求他"率死士杀荣禄、除旧党，策划兵围颐和园"，"报君恩，救君难，立奇功大业，天下事尽入公掌握，在于公；如贪图富贵，告变封侯，害及天子，亦在公；惟公自裁"。袁世凯当时信誓旦旦地说："我三世受国恩深重，断不至丧心病狂，贻误大局，但能有益于君国，必当死生以之。"②同时，借口形势紧迫，须立即回天津部署。

随后，后党发动政变。③光绪帝召见袁世凯及预定召见日本前首相伊藤博文的消息，引起慈禧太后的极度恐惧。为了防止光绪帝等人掌握武装，取得列强的直接支持，慈禧太后于9月19日挟持前来请安的光绪帝自颐和园回宫，随后将光绪帝移居瀛台。次日，光绪帝在慈禧太后的严密监视下按原计划召见袁世凯及伊藤博文。袁世凯经过反复思量，深感光绪帝无实权，维新派多是空谈的书生，而慈禧掌朝政30多年，树大根深，不易动摇。于20日返回天津后，袁世

---

① 中国史学会. 戊戌变法（二）. 上海：上海人民出版社，1957：91-92.
② 中国史学会. 戊戌变法（一）. 上海：上海人民出版社，1957：552.
③ 史学界对于政变发生时间有9月18日、9月19日、9月20日以及9月21日四种说法。（刘振岚. 戊戌维新运动专题研究. 北京：首都师范大学出版社，1999：357-358）本书以21日为准。

凯即向荣禄报告了谭嗣同等人"杀禄围园"的机密。当晚，荣禄入京，向太后告变。9月21日，慈禧太后正式宣布训政，当即下令逮捕康有为。清军在查抄南海会馆时，只抓住了康广仁。康有为已于20日到达天津，当天正由塘沽乘英国商轮"重庆号"驶往上海，后英驻沪总领事白利南护送他安全到达香港。梁启超则在日本人掩护下化装出京，由天津乘日舰去日本。谭嗣同在政变后多方设法救援光绪帝，且拒绝出走日本，慷慨表示："各国变法，无不从流血而成，今中国未闻有因变法而流血者，此国之所以不昌也。有之，请自嗣同始。"① 9月24日慈禧太后下密旨逮捕谭嗣同等人。25日，谭嗣同等人同时被捕入狱。28日，谭嗣同、杨锐、林旭、杨深秀、刘光第、康广仁被杀害于北京菜市口，时人称他们为"戊戌六君子"。接着，参加维新的官员张荫桓等被放逐新疆，徐致靖、张元济、宋伯鲁等被革职。严复因为未参加"百日维新"活动，免遭查究。

在政变后的一两个月内，后党废除农工商总局，禁止士民上书，查禁报馆，禁立会社，复置冗官闲衙，恢复八股，除京师大学堂外，新政被扫除无遗。戊戌变法宣告失败。

2. 义和团，炮灰和祭品

在中国近代转型过程中，戊戌变法是个重要阶段。变法失败固然是件惨事，而真正可悲可叹，乃至惨不忍言的，却是它的后遗症，即几乎引起中国遭瓜分之祸的义和团运动。但是这件中国近代史上的所谓"拳乱"，究竟是怎么回事？又该如何看待拳民在中国近代化过程中的地位与作用？

"义和拳，起山东，不到三月遍地红。"兴起于山东的义和团，在1900年春天大举入京，当时袭击教堂、使馆的告示每日见于街头。对于义和团，《庚子记事》的作者仲芳氏有一段直观生动的描述："团民自外来者，一日数十起，或二三十人一群，四五十人一群，未及岁童子尤多，俱是乡间业农粗笨之人。均以大红粗布包头，正中披藏关帝神马。大红粗衣兜肚，穿于汗衫之外。黄裹腿、红布腿带。手执大刀长矛，腰刀宝剑等械不一，各随所用，装束却都一般。"② 义和团起源于山东不是偶然的。它是民教冲突的延续，而且这种冲突又因为德国人的蛮横侵略行径而被大大激化。但是，按照清廷传统做法，这类组织是不合法

---

① 梁启超. 饮冰室合集：专集之一. 北京：中华书局，1989：109.
② 中国社会科学院近代史研究所近代史资料编辑室. 庚子记事. 北京：中华书局，1978：12.

的，是体制外的东西，所以一开始，官方对其是全力围剿的。后来，另一因素导致剿灭政策出现了变异，即变法失败。变法失败之后，整个朝廷的政策后退，新法尽废，就连此前洋务运动时期的一些合理政策也作废了。朝廷当初搞洋务运动和戊戌变法，很大程度上是为了应对西方列强的压力，尤其是为了应付甲午之后出现的亡国危机，学习西方是为了应付西方。但在变法失败之后，各种学习西方的新政都被废除，又该如何应付时局呢？此时的慈禧太后从"一向做事都是留有退路的"，变成"只有这次她这个政治家只剩下女人家了"①，她选择"民气可用"的义和团和他们的神功作为对付西方科技实力的武器。

面对洋人近代化的洋枪洋炮，除了棍棒、铁刀、长矛之类，义和团所采用的最"厉害"的武器是它的"降神附体"和"刀枪不入"法术。它们最早见于鲁西北的神拳和鲁西南的大刀会。神拳请神"附体"，大刀会练金钟罩术使"刀枪不入"。而无论是降神附体还是刀枪不入，都离不开符咒的作用。"降神附体"、"刀枪不入"以及符咒之术是早期义和团的主要法术。随着义和团运动由山东向北京、直隶、山西等地扩展，这些迷信形迹基本保持不变，迅速传播开来。"京城演习义和拳者，童子居多……经师傅授符咒，即有某仙附体，或某神附身"②，直隶义和团"其为术也，焚香佩符，念咒降神，所使皆刀矛等器械，据云：'不畏枪炮，能闭住洋人枪炮不使响'"③。

如何习得"降神附体"和"刀枪不入"的"神功"呢？《拳事杂记》中记载了一段有趣的获得"神功"的过程："又闻练拳之时，聚无知童子数人，立向东南，传教者，手提童子右耳，令童子自行念咒三遍，其咒言为'我求西方圣母阿弥陀佛'数字，咒毕，童子即仰身倒地，气几不续。迟即促令起舞，或授以棍棒当刀矛，两两对战，如临大敌，实则如醉如梦。久之，师向该童子背心用手一拍，唤童本名，则豁然醒。"④ 可见，义和团往往通过呼喊神佛名号，以达到召唤神灵保佑的目的，以及实现杀洋人、反洋教的效果。

义和团对待西方物事的态度是：逢"洋"必毁。开初义和团宣称"火不外

---

① 唐德刚. 从晚清到民国. 北京：中国文史出版社，2015：254.
② 中国史学会. 中国近代史资料丛刊：义和团（一）. 上海：上海人民出版社，1957：240.
③ 中国史学会. 中国近代史资料丛刊：义和团（二）. 上海：上海人民出版社，1957：7.
④ 同② 238-239.

窜，不能连累良民"①，事实却并非如此。1900年6月16日拳众在大栅栏焚烧"老德记"西药房。一时火焰冲天失去控制，左右前后，烈火延烧三日不灭，把最繁华的前门大街一带千余家巨商大铺，焚成废墟。正阳门楼亦被烧毁。京师24家铸银炉厂无一幸免，北京市所有钱庄银行因之被迫歇业。通货既不流通，市场交易全停。面对法术不灵验，拳民采取的办法为："初，拳匪烧教堂，无旁及民居者，其党谓神术使然。至是不验，则漫言曰：有人以秽物败之也。然匪众实惧罪，有相率潜遁出都者。"② 据《中国教案史》的不完全统计，义和团流行期间共有253名外国人（天主教主教5人、教士48人、修女9人、修士3人；新教传教士及其子女共188人，其中儿童53人）和35 000多名中国基督徒（天主教近3万人，新教5 000余人）被杀。③ 至于吸纸烟、戴眼镜、用洋伞、着洋袜者，均有被拳民诛杀的危险。《拳事杂记》中，曾有学生6人，仓皇避乱，因身边随带铅笔一支、洋纸一张，被团匪搜出，死于非命。

梁启超曾就义和团运动带来的后果指出："义和团所得业报如下：一、八国联军入京，两宫蒙尘。二、东南各督抚联约自保，宣告中立。三、俄军特别行动，占领东三省。四、缔结《辛丑条约》，赔款四百五十兆，且承认种种苛酷条件。"④ 如果说戊戌变法是统治者和士人在西方长期迫压下学习先进、自我更新的反应，那么义和团运动则是下层民众在同样迫压下，受清廷利用，从传统神魔中寻找思想武器的响应。

3. 庚子之变，八国联军攻占北京

为了镇压义和团，1900年3月，英、美、德、法四国公使先后照会清廷，限令清廷在两个月内剿灭义和团，否则将直接出兵干涉。5月，驻北京的各国公使举行会议，决定以"保护使馆"为名，联合出兵北京。之后，各国侵略军近千人由天津陆续开抵北京，进驻东交民巷。

事变初始，谣言四起，事态逐渐失控，乃至义和团"扶清灭洋"，烧杀无

---

① 中国史学会. 中国近代史资料丛刊：义和团（二）. 上海：上海人民出版社，1957：142.

② 中国社会科学院近代史研究所. 义和团史料：上. 北京：中国社会科学出版社，1982：210.

③ 张力，刘鉴唐. 中国教案史. 成都：四川省社会科学院出版社，1987：513.

④ 梁启超. 中国历史研究法. 上海：上海人民出版社，2014：116.

数，招来大祸。为了阻止侵略军进犯北京，义和团拆毁京津铁路，切断京津电报线，并与前来镇压的清军发生激战。此时，在大沽口外已集结了俄、英、日、美、法等国的二十四艘军舰，在天津租界里已有侵略军两千余人。6月6日前后，各国驻华公使议定的联合侵华政策相继得到本国政府的批准。16日，英、俄、日、美、德、法、意、奥八国组成的侵略军两千多人，在英国海军中将西摩尔的率领下，以"救护使臣"为名，在大沽登陆后，由天津向北京进犯。义和团手持大刀、长矛等原始武器，协同清军在落垡、廊坊等地跟侵略军展开血战。敌人伤亡惨重，狼狈逃回天津租界。

此外，清廷对义和团的"暧昧"政策成为"庚子事变"的催化剂。面对义和团运动的高涨和八国联军的进犯，清廷内部在怎样应对这个问题上产生了分歧。吏部侍郎许景澄、太常寺卿袁昶等认为无力与八国同时开战，主张坚决镇压义和团，以根绝八国联军进京理由。这一派得到光绪皇帝的支持。端王载漪，协办大学士、吏部尚书刚毅等顽固派大臣，守旧恶新，加之在"废立"问题上与列强有矛盾，主张招抚、利用义和团以对抗列强。军机大臣、刑部尚书赵舒翘等上奏："拳会蔓延，诛不胜诛。不如抚而用之，统以将帅，编入行伍，因其仇教之心，固作果敢之气，化私忿而为公义，缓急可恃，似一因势利导之一法。"① 在和战、剿抚问题上，慈禧太后最初也是举棋不定。6月16日，慈禧太后召开第一次御前会议，商讨对策。决定暂时停止镇压义和团，如果列强继续进兵，就不惜开战。至6月21日，下诏宣战。"平日交邻之道我未尝失礼于彼，彼自称教化之国，乃武力横行，专恃兵坚器利，自取决裂如此乎！"②

促使慈禧太后做出宣战决定的，主要是义和团的"神术可恃""民气可用"。对外宣战的同时，清廷下令招抚义和团，对义和团犒赏银、米，称义和团为"义民"，派庄亲王载勋、协办大学士刚毅统带义和团，在庄亲王府设坛挂号，凡挂号者名为官团，称"奉旨义和神团"；制定《义和团团规》，要义和团听命于清廷，如有违背者，以"伪团"论处，从而进一步欺骗和控制义和团。另外，又暗中进行投降活动，随时准备跟帝国主义妥协。宣战后仅四天，慈禧太后就下令停攻使馆，并派人商议和局。她还在给湖广总督张之洞、两江总督刘坤一等人的电旨中，对他们反对宣战、主张镇压义和团的态度表示肯定，认

---

① 故宫博物院明清档案部. 义和团档案史料：上册. 北京：中华书局，1959：110.
② 中国第一历史档案馆. 庚子事变清宫档案汇编（一）：八国联军侵华卷. 北京：中国人民大学出版社，2003：155-156.

为他们的主张是"老成谋国之道"①。7月初,慈禧太后再次向各国公使保证,将继续保护使馆,并对义和团"设法相机自行惩办"②。之后,清廷又向俄、英、日发出呼吁,乞求帝国主义"暂弃小嫌,共维全局"③。

八国联军攻占大沽炮台,扑犯天津,进军北京。为了加紧进攻天津,八国开始不断增兵。7月初,兵力已达18 000余人。7月中旬,联军分三路围攻据守天津城西南的聂士成军和团民,遭到清军和义和团的顽强抵抗。正如一位外国官员所言:"我曾经见到过世界各地的战斗,但从来没有见到过像对付这些未经训练过的中国人更为艰苦的战斗了。"④ 聂士成力战身亡。就在这关键时刻,清廷派力主镇压义和团的四川提督宋庆到天津主持军务。宋庆按照朝廷的旨意,命令军队大肆屠杀义和团。在中外夹攻下,义和团伤亡严重,大大削弱了守卫力量。7月底,天津城陷落。清廷在天津失陷后,更急于投降,派人到外国使馆慰问,表示道歉、赔款、惩凶。但是,八国联军拒不理睬,加紧准备进犯北京。8月初,八国联军近两万人,从天津沿运河两岸向北京进犯。义和团和部分清军进行了英勇抗击。此时,清廷任命李鸿章为议和全权代表,向侵略者乞和。8月14日,侵略军占领北京。慈禧太后带领光绪帝,仓皇逃往西安。联军以北京为基地,四处扩大侵略,占领山海关、保定等地。

联军一路烧杀劫掠,疯狂报复,甲午战后北方积累起来的变革成果几乎化为灰烬。侵略军到处烧杀抢掠,犯下累累暴行。攻陷大沽后,连日纵火,将繁华的市区夷为平地。攻入天津后,联军对着逃难群众任意开枪、放炮,天津城内"但见死人满地,房屋无存"⑤。占领北京后,八国联军开始了更加疯狂的屠杀和掠夺。他们大肆杀戮义和团民,仅在庄亲王府一处,就杀戮、烧死了一千七百多个团民。联军攻破北京,对北京市民尤其是妇女,是一场血腥浩劫。联军总司令德国元帅瓦德西纵兵大掠三日,其后更继以私人抢劫。从公使、将军直到传教士、士兵,都参与了这一暴行。日军从户部抢去白银三百万两,并烧房毁灭罪证。各官衙所存库款被抢劫一空,损失约计六千万两。堆满金银和历

---

① 故宫博物院明清档案部. 义和团档案史料:上册. 北京:中华书局,1959:186-187.
② 同①203.
③ 同①228.
④ 天津社科院历史研究所. 八国联军在天津. 济南:齐鲁书社,1980:255.
⑤ 中国史学会. 义和团(二). 上海:上海人民出版社,1957:172.

朝宝物的皇宫、颐和园等地，也遭到洗劫，大量的珍贵文物被抢掠、毁坏。明代的《永乐大典》在第二次鸦片战争中被英法联军洗劫，成为残本，此次又失去三百零七册。正如时人所言，经过这场浩劫，中国"自元明以来之积蓄，上自典章文物，下至国家奇珍，扫地遂尽"①。

义和团败，联军入京。清王朝付出的代价是签订"量中华之物力，结与国之欢心"的《辛丑条约》。李鸿章在病榻上向朝廷奏明签约经过时说："臣等伏查近数十年内，每有一次构衅，必多一次吃亏。上年事变之来尤为仓促，创深痛巨，薄海惊心。今议和已成，大局少定，仍希朝廷坚持定见，外修和好，内图富强，或可渐有转机，譬诸多病之人，善自医调，犹恐或伤元气，若再好勇斗狠，必有性命之忧也。"②

4. 签订《辛丑条约》，皇朝风雨飘摇

八国联军侵占北京后，争相从中国攫取最大利益。它们之间矛盾重重，争夺激烈。俄国主张撤兵、议和，并支持慈禧太后继续掌权，条件是清廷承认其独占东北。英国希望废慈禧太后，由光绪帝主政，建立一个由英国政府控制的政权。日本试图争夺东北，故支持英国，反对俄国。法国为遏制英国在两广的扩张，倾向于支持俄国。德国则继续调兵，企图武力占领烟台，以便加强对山东的控制，反对立即议和，提出惩办慈禧太后和载漪的要求。经过一段时间的争吵，列强逐渐达成一致意见，即接受美国提出的"门户开放"政策，继续维持以慈禧太后为首的清廷统治，形式上保持中国的"领土与行政完整"。在这个基础上，与清廷的代表李鸿章和庆亲王奕劻开始媾和谈判。

1901年9月7日（光绪二十七年七月二十五日），俄、英、美、日、德、法、意、奥、比、荷、西十一个国家迫使清廷签订了《辛丑条约》。该条约除十二款正约之外，还有十九个附件。主要内容如下：

第一，使馆区可以驻兵。此前西方国家在使馆区并没有驻军的权力。这与现在国际公法规定的一样，甲国在乙国的使馆，所在土地的主权仍应是属于乙国的，只是使用权让渡给了甲国，而且乙国不能随便进入，以示对甲国国家主

---

① 中国史学会主编. 中国近代史资料丛刊：义和团（一）. 上海：上海人民出版社，1957：316.

② 顾廷龙，戴逸. 李鸿章全集：16：奏议十六. 合肥：安徽教育出版社，2007：327.

权的尊重。另外，保卫工作主要是由乙国提供，但甲国也能够派出一定名额的非现役的安全人员保护使馆工作人员的安全。当时攻打使馆区的除了义和团，主要就是清军了。所以，西方国家提出了驻兵要求。这一规定遂使列强的使馆区成为标准的军事占领区。

第二，清政府拆毁天津大沽口到北京沿线设防的炮台。同时，从天津到山海关一线，外国军队可以驻扎。天津大沽口炮台被全部毁掉，天津作为北京城的门户，自此洞开，中国军队不得在此驻扎。后来，北洋军只能以警察的名义驻扎在那。所以，天津警察当时虽然穿着警察制服，却都是正规军队。张勋复辟，段祺瑞准备在马厂誓师时，第一件事就是把警察局占了，把警察都招呼过来，这些警察就是正规军。

第三，巨额的"庚子赔款"。《辛丑条约》第六款议定，清政府赔偿俄、德、法、英、美、日、意、奥匈八国及比、荷、西、葡、瑞典和挪威六"受害国"的军费、损失费等款项四亿五千万两，加上年息四厘，本息合计九亿八千多万两白银，以海关、常关及盐政各进款作抵押，按照条约所列办法及汇率，折合各国货币偿付，由1902年起至1940年止，分39年还清。中国当时约有四亿五千万人口，相当于每个中国人支付二两多白银。至此，中国财政全面破产。

令人意想不到的是，在庚子赔款的耻辱下，却拉开了庚款留学、兴学的序幕。当时的新教传教士，主要是美国的新教传教士，一直在各国之间进行斡旋，对减缓中国所受惩罚客观上起了一定的作用。他们宣称：第一，列强不能惩罚所有的中国人；第二，应该对中国人进行教育，而不是单纯的惩罚；第三，鼓动各国尽可能地减少中国各省需要负担的赔款。尽管新教的教堂和教士在"拳乱"期间也遭受了残害，但新教教会基本都放弃了赔款要求。后来，美国第一个退还部分庚款，这其实也是新教传教士推动使然。① 美国曾分两次退还庚子赔款，1908年第一次退还赔款1 160万美元，主要用于留美学生及兴办清华学堂。议定庚款用途为：第一，派遣中国学生赴美国各大专学校深造；第二，创设清华学堂（后改名清华学校），作为中国学生赴美深造的预备学校；第三，在华盛顿设立留美学生监督处，并拟定了派遣留美学生的具体办法。1924年第二次退还赔款1 254.5万美元，并成立"中国文教促进基金会"（或称"中国基金会"），北洋政府任命了由10名中国人和5名美国人组成的托管董事会，管理此

---

① 胡适. 美国退还庚子赔款记//胡寄尘. 清季野史. 长沙：岳麓书社，1985：183-185.

项基金，其中相当部分以奖学金的方式提供给清华学校。

尽管如此，庚子国难之后，晚清覆亡，渐成定局。

四、劫后余烬

戊戌政变短暂中断了变革的进程。其后的义和团运动和向八国联军宣战的庚子事变，则是晚清的一次历史巨变。险恶的国内外政治形势，正如两江总督刘坤一感慨的："此次创剧痛深，实与亡国无异。"① 然而，倒退没有出路。面临如此难以收拾的局面，该做何选择？这个问题又一次严峻地摆到清廷的面前。清朝统治阶级内部的有识之士也在疾呼："欲救中国残局，唯有变西法一策。"② 实际上，多年的积累不会白费，劫后留下的余烬一旦条件成熟又会燃烧起来。无论是京师大学堂的创办、军事上的新军编练、中体西用理念的流行，还是政治上东南互保局面的坐大，都从侧面彰显今非昔比，只能再走新政之路了。

1. 京师大学堂的创办

京师大学堂是北京大学的前身，是百日维新时期建立的全国最高学府，也是近代第一所由中央政府创办的综合性大学。它的建立是对原有洋务学堂章程的一种突破，也标志着中国近代高等教育的开启。

就其性质而言，京师大学堂在晚清不仅是一所新式学堂，也是当时统辖各省学堂的最高教育行政机关。换句话说，它还扮演着"教育部"的角色。1898年6月11日（光绪二十四年四月二十三日），光绪帝在《明定国是诏》中重申："京师大学堂为各行省之倡，尤应首先举办。"③ 在梁启超代拟的《京师大学堂章程》中规定：大学堂"设管学大臣一员"，统率全学；"设总教习一员"，总管教学工作，并规定各省学堂皆归京师大学堂管辖。④ 这所大学与其说是一所具有自治权的高校，不如说是一个同以前太学和国子监类似的教育行政机构。

---

① 中国科学院历史研究所. 刘坤一遗集：第五册. 北京：中华书局. 1959：2289.
② 苑书义，等. 张之洞全集：第十册. 石家庄：河北人民出版社，1998：8527.
③ 朱有瓛. 中国近代学制史料：第二辑：下册. 上海：华东师范大学出版社，1989：633.
④ 朱有瓛. 中国近代学制史料：第一辑：下册. 上海：华东师范大学出版社，1986：661.

京师大学堂又超越纯粹意义上的行政机构，具有教育和选拔人才的功能，与科举制度相同提供了进入官僚系统的渠道。总理衙门《奏拟京师大学堂章程》（下称《奏拟》）指出："前者所设各学堂，所以不能成就人才之故，虽由功课未能如法，教习未能得人，亦由国家科第仕进不出此途，学成而无所用，故高才之人不肯就学。今既创此盛举，必宜力矫前弊。古者贡举皆出于学校，西人亦然。我中国因学校之制未成，故科举之法亦弊。现京师大学堂既立，各省亦当继设，即宜变通科举，使出此途，以励人才而开风气。"① 在当时，这一特殊性质决定了它的生源有很大一部分是翰林院编检、各部院司员、八旗世职、大员子弟等有官爵、功名的人员；学堂的教习、供事等人员均有官职；学堂运作经费全部由国家支付。京师大学堂的学生毕业后也予以授官，这在中国近代科技转型过程中是一次突破性的创举，为近代中国开放式的人才选拔机制奠定了基础。

在课程设置上，京师大学堂从传统洋务派培养"技才"的模式转变为培养"治才"的模式，大学堂的毕业生可以进入仕途。大学堂的创办宗旨为中体西用，由孙家鼐提出。孙家鼐（1827—1909），字燮臣，号蛰生、容卿、澹静老人，安徽寿州（今寿县）人。清咸丰状元，与翁同龢同为光绪帝师。到维新变法期间，孙家鼐已是三朝元老，但在一些问题上他并非冥顽不灵、思想保守。他认为洋人"学校遍于国中"，所以"威力行于海外"，重视教育的见解相当深刻。② 1898年7月3日，光绪皇帝批准《奏拟》，命吏部尚书、协办大学士孙家鼐为管理大学堂大臣，主持京师大学堂。孙家鼐办京师大学堂的宗旨是："以中学为主，西学为辅；中学为体，西学为用；中学有未备者，以西学补之；中学有失传者，以西学还之；以中学包罗西学，不能以西学凌驾中学。"③ 71岁的孙家鼐能承认西学的重要地位，确不简单。

较之于之前的北洋大学堂和后来的山东大学堂，京师大学堂"中体西用"的办学宗旨，在近代教育革新上意义重大。"中体西用"的京师大学堂是采用日本模式进行创办的；而1895年创办的北洋大学堂则奉行"西学体用"，采用美国模式；1901年创办的山东大学堂则实行"中西兼用"，为旧式书院改学堂的

---

① 朱有瓛. 中国近代学制史料：第一辑：下册. 上海：华东师范大学出版社，1986：659.
② 同①623.
③ 同①624.

模式。从《奏拟》来看：第一，虽没有明确提出高校的层次问题，但在《钦定京师大学堂章程》里，则明确分为大学院、大学专门分科、大学预备科三个层次，也就是西方大学的研究生、本科、预科三级。第二，虽没有明确提出学科设置，但除所有学生必学的博通学和外语之外，设置了带有学科性质的十门专门学，并将学科整合为政治科、文学科、格致科、农业科、工艺科、商务科和医术科七门学科。第三，学制为三年。第四，课程分为三类。所有学生皆学的基础课程十门，是为博通学；英、法、德、日、俄语必学一门。上述课程通过后才进入专门学的学习，在专门学中选一到两门进行学习。这种方式完全是引进了西方大学的课程设置模式。第五，引进了西方学校教学的课本模式，并建议引入大学图书馆和实验室。第六，专设师范斋，专门培养教习人才，仿照西方专设师范院校。第七，给予毕业文凭。规定小学卒业作为经济生员，中学卒业作为举人，大学卒业作为进士。由此使得京师大学堂较之北洋大学堂保留了传统教育的精华，同时又使得它较之山东大学堂更为开放，在引进西方科技知识和制度上力度更大。

  京师大学堂在朝着近代新型学堂转型的道路上并非一帆风顺。就课程设置上学习西学来说，尽管在《奏拟》中明确说明要将中学与西学紧密结合，并强调科学知识的重要性，但大学堂于 1898 年开学，科学课程竟一门未开。这种状况并非朝廷的意愿，真正的责任者并不是孙家鼐，问题出在负责招聘各课教师的"西学总教习"丁韪良身上。此人办事懒散，漫不经心，在任同文馆总教习时，他对开设科学课程就有过这种表现。因此，1902 年，清政府下令恢复京师大学堂并任命张百熙为管学大臣时，第一个举动就是把丁韪良及以往聘用的所有外国教习免职。

  作为现代大学的雏形，从 1898 年至 1904 年京师大学堂不断更新创办理念，与时俱进。在短短 6 年时间共颁行三版"章程"：《奏拟京师大学堂章程》（1898）、《钦定京师大学堂章程》（1903）、《奏定京师大学堂章程》（1904）。这些章程版本更替，内容繁杂，其演变充分显示了清末"变法图强"的时代特征。《奏拟京师大学堂章程》具有宣言性质，改变了以往学堂不能培养政治人才的根本现状，这符合维新派的科技教育理念。《钦定京师大学堂章程》则将《奏拟京师大学堂章程》提出的学科体系与内容进行了细化，在此基础上完成了大清帝国学制的整体设计。《奏定京师大学堂章程》将教育行政管理职能与教育机构分离，为传统中国教育管理模式的探索提出了新的解决思路。

京师大学堂对发展中国现代科技之所以重要，并不在于大学堂1898—1911年间培养了多少人才，而在于它在几门基础学科中，有步骤地陆续建立起扎实的正规化科学教学，尤其是京师大学堂实行专业分科，并在每一科内部，又实行基础知识与应用技术的结合。在当时的中国，这些反映出人们对求知目的及知识标准的一次彻底变革。

2. 袁世凯与编练新军

甲午战争后，内外交困的清政府，急需建立一支强大的近代化武装部队，以维持自己摇摇欲坠的统治。当时，中国军事制度的改革出现了南北两路，北洋有袁世凯新建陆军，南洋则有张之洞组建自强军，中国新式陆军开始萌芽。

袁世凯早年发迹于朝鲜，归国后，小站练兵，训练新军。1894年（光绪二十年），清廷派广西按察使胡燏棻到天津马厂（后移驻小站），招募壮丁，编为十营，称为定武军，此为小站练兵之始。次年，胡燏棻奉派督造津芦铁路，定武军接续乏人，时值袁世凯以浙江温处道留京，在督办军务处听遣，方上练兵条陈主张仿德国兵制以编练陆军，提出军事制度改革的建议和计划。袁认为，甲午中日战争的失败并非在于军事装备和火器技术，而在于军制冗杂，需整顿军制，聘请外国军官督练新军："其尤足患者，在于军制冗杂，事权分歧，纪律废弛，无论如何激励，亦不能当人节制之师……为今之计，宜力惩前非，汰冗兵，节糜费，退庸将，以肃军政……并延募西人，分配各营，按中西营制律令参酌改革，著为成宪。必须使统将以下均习解器械之用法，战阵之指挥，敌人之伎俩，冀渐能自保。"① 于是，清廷发布上谕，改革勇营旧制，派袁世凯督率创建陆军新军。1895年，袁世凯接管胡燏棻编练的定武军，开始小站练兵，北洋陆军便起源于此。他建立新军的指导思想为："惟是练习洋操，备极繁难，约而计之，其端有四：一则陋习必痛予扫除，一则将弁必讲习韬略，一则士卒忌惰游充数，一则器械忌参差不齐。"②

1898年戊戌变法失败后，袁世凯所建新军改称为"武卫右军"。1900年，清廷利用义和团向列强宣战，庚子国变，袁世凯并没有与八国联军交火，而是与各国签订互保条款，掀起东南互保运动，并在山东镇压义和团运动。袁世凯的这一举措虽然忤逆了清廷宣战旨意，却保全了新军，并在此基础上扩建了

---

① 中国史学会. 中日战争（五）. 上海：上海人民出版社，1957：218.
② 袁世凯. 袁世凯奏议：上. 天津：天津古籍出版社，1987：28.

"武卫右军先锋队"20营，总员额增至1.8万人。事后，清廷慈禧下"罪己诏"，并将庚子之乱归咎为拳匪之变，实际上是接受了袁世凯在山东镇压义和团的军事行动。

那么，清廷当时为什么会选择袁世凯？第一，家族熏陶下的饱读兵法起了重要作用。袁世凯（1859—1916），字慰亭（又作慰庭），号容庵，汉族，河南项城人。他出生于军人世家，叔祖父、养父均系淮军将领。受家族的熏陶，袁世凯从小爱好兵法，经常浏览兵书，书房中摆满了《六韬》《三略》《阴符》《兵经》新旧各版，常与人纸上谈兵。1881年，袁世凯投靠其养父的把兄淮军统领吴长庆，开始了他的军旅生涯。次年8月，随军开赴朝鲜，因"治军严肃，调度有方"①，24岁即得以同知补用，赏戴花翎，并在军中初露头角。11月，奉命帮助朝鲜国王训练"新建亲军"。后吴长庆奉调回国，袁世凯仍留朝鲜。1894年，甲午战争爆发后，李鸿章决定让袁世凯以"总理朝鲜交涉通商事宜"的名义，赴平壤前线，至东北安东、辽阳一带协助清军前敌营务处，联络各军，筹拨粮饷军械。1895年，甲午战争刚刚结束，袁世凯就给李鸿章上书，发表了他对时局的看法。这份上书，不但详细分析了清军失败的原因，提出了采用西法练兵的主张，而且陈述了自己"广设学堂、精选生徒，延西人著名习武备者为之师，严加督课，明定升阶，数年成业，即检派夙将中年力尚富者分带出洋游历学习"②的军事教育理论。此时袁世凯仅仅36岁，能够提出如此见解，实属于杰出人物。

第二，袁世凯具有独特的练军理念。袁世凯在接练新军之始，在小站办起德文、炮队、步队、马队四所随营学堂，统称"随营武备学堂"。1896年初，袁世凯招收"粗通文字者二百三十余人"③，以80人学炮兵，80人学步兵，24人学骑兵，50人学德文，于四月初一日一律开学。各学堂均聘请德国军官担任总教习，由段祺瑞担任学堂总办兼炮科监督。规定学习期为两年，毕业生除学德文者准备去德国留学外，其余都"选充官弁"④。学生每季大考一次，监考官、阅卷官和巡查官都由袁世凯亲自派定，一切规矩如同科场，优等者加薪受奖。这四所学堂中，袁世凯培养了一批官员，如靳云鹏、贾德耀、傅良佐等。

---

① 沈祖宪，吴闿生. 容庵弟子记. 台北：文海出版社，1966：7, 12.
② 中国史学会. 中日战争（五）. 上海：上海人民出版社，1957：218-219.
③ 朱有瓛. 中国近代学制史料：第一辑：上册. 上海：华东师范大学出版社，1983：540.
④ 同③541.

后来，从这批军官中挑选了如孙传芳等人去日本留学。

第三，袁世凯小站练兵，用人方面颇有所长。袁世凯最先请来老友徐世昌、荫昌帮忙。荫昌曾担任过天津北洋武备学堂总办，该学堂是1885年李鸿章在天津创办的，是中国第一所以西式兵法培养陆军军官的学校。荫昌推荐了武备学堂毕业的高才生梁华殿和王士珍二人来小站。接着，袁世凯又从武备学堂毕业生中物色到冯国璋和段祺瑞二人。冯国璋在甲午战争结束后在驻日公使馆当武官，考察了日本军事，回国后将自己编写的关于日本军制的兵书进呈聂士成阅览。聂士成知袁世凯在小站练兵正急需人才，于是将冯国璋的书转给袁世凯，袁世凯看后大喜，将冯国璋调到小站任督操营务处帮办兼步兵学堂监督。而段祺瑞于武备学堂炮兵班毕业后，被李鸿章派往德国学习军事，回国后到威海卫炮兵学堂任教师，袁世凯将其调到小站任炮兵营管带兼炮兵学堂监督。王士珍于武备学堂毕业后，到正定主办随营炮队学堂。甲午之战中带学生入朝参战，后在聂士成军中供职。袁世凯将他调小站后任督操营务处帮办兼讲武堂总教习，后提升为工程营统带。冯国璋、段祺瑞、王士珍三人到小站后成为袁世凯练兵的重要助手，以袁世凯署名的《训练操法详晰图说》一书就出自他们三人之手。这三个人后来被人们称为"北洋三杰"。除此三人外，袁世凯又陆续调来一些武备学堂的毕业生，如曹锟、段芝贵、张怀芝、王占元、卢永祥、李纯、陆建章、鲍贵卿等等。这些人懂新军事，成为小站练兵的重要骨干。另外，袁世凯还从旧军队中提拔了一些老兵老将到小站练兵，如姜桂题、张勋、倪嗣冲等人。这些人忠诚可靠，对于袁世凯想把北洋新军培养成一支忠于自己的部队来说是必不可少的。

第四，袁世凯在小站练兵以德军为蓝本，制定了一整套包括近代陆军的招募制度、组织编制制度、军官任用和培养制度、训练和教育制度、粮饷制度等在内的建军方案。新建陆军虽然还沿用淮军的营务处、营、队、哨、棚等名称，但编制上已经打破旧军的框架，基本上采用了近代德国陆军的编制：军队分为步、马、炮、工、辎重各兵种；一军分两翼，每翼辖二、三营不等，每营官兵1 128人。北洋常备军把军队分为常备兵、续备兵和后备兵三种。① 同时，把军队区分为现役和预备役，也是从外国学来并首次在中国实行的。这种编制是效

---

① 服现役的称为常备兵，当差三年，支给全饷。三年后退伍回家，列为续备兵，月支饷银一两。又三年退为后备兵，月饷减半。后备兵四年期满，退为平民。遇有战事，得征调续备兵、后备兵入伍。

仿当时外国师团制度制定的，只是人数略有减少。

第五，袁世凯还非常重视新军的武器装备，新军的武器全部为国外购进。炮兵装备德国克虏伯厂出的五十七厘米过山炮和七生特半陆路炮等。步兵使用曼利夏步枪，骑兵使用曼利夏马枪和战刀，军官一律佩带六响左轮手枪和佩刀。同时对官员士兵们的衣袜也做了详细规定，如："领官、哨官不许着厚底靴鞋。纯用黑色，不许参杂。由各统带酌定官靴式样，均须一样。"①

此外，袁世凯看到旧军思想涣散，纪律松弛，因此在严格训练和纪律严明方面特别重视。徐致靖在《密保练兵大员疏》中曾对新军的训练有过如下的描述："臣闻新建军之练洋操也，精选将弁，严定饷额，赏罚至公，号令严肃。一举足则万足齐发，一举枪则万枪同声。行若奔涛，立如植木，而且设为两军伪攻，出奇诱敌之形，进退机宜，随时指授。故其兵士无日不经操练，无日不经讲究，虽在驻军，如临大敌。暇则取战阵形势，枪炮用法，以及激发忠义诸歌诀，俾各兵弁熟诵。"② 这种记述固然充满夸大溢美之词，但也说明袁世凯练军的严格。在编练新军的过程中，袁世凯逐渐制定完善了各种章程条规，如《行军暂行章程》《操场暂行章程》《出操规则》《打靶法式》《将领督操》，以及考试、考勤、考绩、奖励、惩罚、校阅等章程，还分别制定了冬春季、夏秋季《日课定程》，对何时操练、何时练考打靶、何时演练行军、何时野外攻守等，都做了明确规定。③

从小站到之后的北洋，袁世凯无疑在中国军队近代化历史上写下浓墨重彩的一笔。

3. 张之洞与体用之说

张之洞（1837—1909），字孝达，号香涛，直隶南皮（今河北南皮）人。26岁中探花，赐进士出身，授翰林院编修，后屡迁，至1884年任两广总督。1889年调任湖广总督后，依靠英、德等国的借款和技术，陆续兴办了湖北枪炮厂、汉阳铁厂、大冶铁矿和湖北纺纱、织布、缫丝、制麻四局，并创办两湖书院，筹办卢汉铁路。1896年再任湖广总督后，大兴各类新式学堂。1898年4月，发表《劝学篇》一书，该书是张之洞生平最重要的作品，其主旨思想"中体西

---

① 来新夏. 北洋军阀（一）. 上海：上海人民出版社，1988：122.
② 中国史学会：戊戌变法（二）. 上海：上海人民出版社，1957：338.
③ 同①127-128.

用"起到了"会通中西,权衡新旧"①的作用。冯友兰说,《劝学篇》实为"对于中学、西学的斗争做了一个官方的结论"②,它不仅调适了晚清人们的思想,而且为西学的东传做了铺垫。

张之洞在谈到中学与西学关系的时候曾说:"一曰新旧兼学。四书五经、中国史事、政书、地图为旧学,西政、西艺、西史为新学。旧学为体,新学为用,不使偏废。"③ 在这里,张之洞虽然没有用"中学为体,西学为用"的表述,但是,从他的具体表述中,我们可以清楚地看到,所谓的"旧学"与"新学"分别对应的就是"中学"与"西学"。"旧学为体,新学为用"就是"中学为体,西学为用"的同义语。正是因为如此,《劝学篇》才被认为是阐释"中体西用"的经典文本。

"中学为体,西学为用"并不是张之洞的独创。魏源"师夷长技"的主张已经道出了"西学为用"的思想,而1861年冯桂芬在《校邠庐抗议》中用"以中国之伦常名教为原本,辅以诸国富强之术"④两句话,进一步发展了魏源的思想,勾勒出了"中体西用"的基本框架。其后的人们,不论是洋务派,还是早期改良主义者、维新派,都运用过"中体西用"的口号。早期改良主义思想家王韬即说:"器则取诸西国,道则备自当躬。"⑤ 郑观应则说:"合而言之,则中学其本也,西学其末也;主以中学,辅以西学,知其缓急,审其变通,操纵刚柔,洞达政体,教学之效,其在兹乎。"⑥ 19世纪90年代以后,"中学为体,西学为用"则成为中国思想界的流行语。如梁启超所言,此语虽是"张之洞最乐道之",但已形成"举国以为至言"的局面。⑦ 对它的体悟的加深过程,反映了中国近代化进程的不断深入。

不同的是,张之洞的"中学为体,西学为用"这一取向的重心不在"中学为体"之上。仔细考察当时的时代需要和张之洞等人的思想,在晚清士人心目中,如果没有被迫或主动学习西方即"西学为用"的时代需要,"中学为体"恐怕根本就不会成为士人所考虑的问题。一言以蔽之,在晚清"中体"置于

---

① 苑书义,等. 张之洞全集:第十二册. 石家庄:河北人民出版社,1998:10621.
② 冯友兰. 中国哲学史新编:下. 北京:人民出版社,1999:203.
③ 同①9740.
④ 冯桂芬. 校邠庐抗议. 郑州:中州古籍出版社,1998:211.
⑤ 王韬. 弢园文录外编. 上海:上海书店出版社,2002:266.
⑥ 郑观应. 盛世危言. 北京:华夏出版社,2002:112.
⑦ 梁启超. 饮冰室合集:专集之三十四. 北京:中华书局,1989:71.

"西用"之前，唯从其产生的历史看，"中体"实在"西用"之后。故张之洞指出："今欲强中国，存中学，则不得不讲西学。"① 不仅国家的强盛，就是中学的保存也不能不靠讲求西学。正像孙家鼐所说："中学有未备者，以西学补之；中学有失传者，以西学还之。"② 由此看来，中体西用这一取向重在"西学为用"，而张之洞等所欲维护坚持的"中体"，也就只是中国文化的基本价值观念而已。其余一切，大约均可不同程度地"西化"。《劝学篇》曾说："世运之明晦、人才之盛衰，其表在政，其里在学。"③ 必依此传统思路，才可以理解晚清士人从"丢卒保车"引进"西艺"退到"丢车保帅"学习"西政"那种踌躇反复而"不得不如是之苦心孤诣"。

怎样在制度上和方法上具体落实"中体西用"？如何在主要讲求西学的同时保存"中土"之认同？张之洞由此提出了"守约"之法，即在课时上保障西学为主的同时，以"损之又损"的方式削减中学课程内容，以存其学。④ 用今日的话说，就是"以简化的方式保存传统"。这是一种相当富于想象力且具颠覆性质的主张，盖其所谓守约是从"破除门面始"，实即重新规划整合中学的门类，整理后的中学已非旧态，实际上需要读的书数量极少。最具革命性的是，若觉这些已大大约简的书仍太多，"则先读《近思录》《东塾读书记》《御批通鉴辑览》《文献通考详节》，果能熟此四书，于中学亦有主宰矣"⑤。在废科举之前，读书量"损之又损"到这样的程度，虽仍算是维持了"中学为体"，但岂非石破天惊之论？且此新"四书"中实无一经，中学里最基本的经学已被整体性地束之高阁。只要将张之洞建议清末一般学子所读之书与民初胡适为"出国留学生"所开的近万卷"最低限度国学书目"做一对比，就可知张之洞"守约"之法的变革性有多足。

不仅《劝学篇》中讲"西学为用"的篇幅多于讲"中学为体"，张之洞更明言中学也以"致用为要"，可知全书都重在一个"用"字上。而张之洞对待西学，主要概括为以下几个方面：第一，要破除视科技为"奇技淫巧"的传统

---

① 苑书义，等. 张之洞全集：第十三册. 石家庄：河北人民出版社，1998：9724.
② 朱有瓛. 中国近代学制史料：第一辑：下册. 上海：华东师范大学出版社，1986：624.
③ 同①9704.
④ 同①9726.
⑤ 苑书义，等. 张之洞全集：第十二册. 石家庄：河北人民出版社，1998：9732.

观念，树立农工商兵皆须设学的思想；第二，要树立"出洋一年，胜于读西书五年""入外国学堂一年，胜于中国学堂三年"的观念①；第三，要树立"非天下广设学堂不可"的观念，尽快建立分班分级逐年晋升的学校制度；第四，要改变闭目塞听、坐井观天的格局，广译书，多办报，开铁路；第五，要破除"乡会试仍取决于时文"的陈腐观念②；第六，要会通中学、西学，做到"中学为内学，西学为外学，中学治身心，西学应世事"③；第七，要树立正确的变法观念，"夫不可变者，伦纪也，非法制也；圣道也，非器械也；心术也，非工艺也"④。

更重要的是，张之洞在西学中特别强调，如今言西学"西艺非要，西政为要"。他在"设学"一节中具体指出：小学堂可以先艺后政，中学堂就要先政后艺，"大抵救时之计，谋国之方，政尤急于艺"。张之洞所谓"西政"和"西艺"的区分，反映出时人对西学的进一步认识。他说："学校、地理、度支、赋税、武备、律例、劝工、通商，西政也"⑤，即社会政治和经济制度。"算、绘、矿、医、声、光、化、电，西艺也"⑥，即科学技术和制造工艺。他提出学习西方不仅要学习"西艺"，也要学习"西政"，要"政、艺兼学"。而且，从"救时之计，谋国之方"而言，"政尤急于艺"，学习西方的社会政治、经济制度最为重要。⑦ 不难看出，张之洞所谓"西政"，并不包括设议院和倡民权。相反，他主张稳健的改革方式，他的"西政""西艺"的具体内涵已十分广泛，几乎囊括了西方近代文明的绝大部分内容。

具有如此突破性见解的张之洞和内涵如此丰富的体用之说，反映出清末世风的激变，以及清季民初学界、思想界的扑朔迷离，实在超出我们过去的认知！

4. 东南互保，朝廷空虚

义和团运动和八国联军侵华期间，为了维护东南地区的社会安定，以适应该地区近代化经济发展的需要，在盛宣怀的奔走联络下，由上海道台余联沅以

---

① 苑书义，等. 张之洞全集：第十二册. 石家庄：河北人民出版社，1998：9737.
② 同①9749-9750.
③ 同①9767.
④ 同①9747.
⑤ 同①9740.
⑥ 同①9732.
⑦ 同①9740.

及刘坤一、张之洞的各自代表沈瑜庆、陶森甲,与各列强驻沪领事于1900年6月26日共同议订了《东南保护约款》九条和《保护上海城厢内外章程》十条。刘坤一、张之洞、盛宣怀分别致电东南各省督抚,希望各省一起照此办理。随后两广总督李鸿章、闽浙总督许应骙、安徽巡抚王之春、江苏巡抚鹿传霖、山东巡抚袁世凯、湖南巡抚俞廉三等代表的中国十几个省都参加了"东南互保"。在稳定内部的同时,刘坤一还命令上海道台余联沅就英国入侵长江的传闻,紧急向英国驻沪总领事质询。代总领事霍必澜明确保证英军无意侵犯长江流域,并表示"如有不虞,彼此自当协助"①。这对东南督抚来说,等于在危急时刻吃了一颗定心丸,奠定了中外实施"东南互保"的合作基础。

当年东南互保局面其来有自。1900年5月,义和团运动渐趋高潮,北方局势动荡。此时,大批义和团民占据涿州与清军对峙,并开始拆毁卢保铁路高碑店—琉璃河—长辛店一线及沿线设施,一直持续到6月上旬。这是义和团第一次大规模拆毁铁路,它使得修建中的卢汉铁路被迫停工。尽管张之洞、盛宣怀致电清廷,督促朝廷镇压义和团,但是此时京津交通已经瘫痪,南北电信需要通过天津陆路和烟台海关轮船中转,而"到不到难定"。朝局之瞬息万变、扑朔迷离,使得张之洞、刘坤一、李鸿章等人尤为着急。面对外国使团日益施加的压力,当时清廷"民心可用""招拳御辱"的呼声出现。6月中旬,义和团开始攻击使馆。同时,西摩尔联军正逼近北京,这给清政府带来了巨大的压力。清廷连忙召李鸿章进京,并连续召开四天的御前会议来商讨对策。慈禧太后最终确定了"招拳御侮"的政策。而此时,大沽炮台失陷、中外决裂的消息已经传到东南督抚那里。于是,刘坤一致电张之洞、于荫霖、鹿传霖、王之春等各督抚,率先提出各省联合"自保东南"的想法。他说:"为今之计,惟有力任保护,稳住各国,一面添兵自守,镇慑地方,饷源支绌,无论何款,先行挪用,事至危机,未可拘泥。若东南再有事,则全局糜烂矣。"② 订约互保方案的发议者赵凤昌曾言:"其时南北消息顿阻,各省之纷乱已日甚,各国兵舰连樯浦江,即分驶沿江海各口岸,保护侨商。英水师提督西摩拟入长江。倘外舰到后,与各地方一有冲突,大局瓦解,立召瓜分之祸。忧思至再,即访何梅生老友商之云:事已如此,若为身家计,亦无地可避,吾辈不能不为较明白之人,岂可一

---

① 中国科学院历史研究所. 刘坤一遗集:第六册. 北京:中华书局. 1959:2563.
② 同①.

筹莫展，亦坐听糜烂？"①

对于东南督抚来说，违背"宣战诏书"仍然是"东南互保"实施的最大障碍。巧的是，6月24日，刘一坤等人收到了"联络一气""保守疆土""接济京师"的上谕。谕云："近日京城内外拳民仇教，与洋人为敌，教堂教民连日焚杀，蔓延太甚，剿抚两难。洋兵麇聚津沽，中外衅端已成，将来如何收拾，殊难逆料。各省督抚均受国厚恩，谊同休戚。"② 这使"东南互保"有了合法的依据。于是，盛宣怀等根据刘坤一、张之洞的指示最终拟定了《东南保护约款》九条和《保护上海城厢内外章程》十条，并约各国驻沪领事于6月26日下午3点正式议约。至此，"东南互保"格局基本形成。

不得不说，这"前不见古人，后不见来者"的"创举"，在保护地方科技实力上贡献不少。"东南互保"的约款和章程虽然没有得到各国签字批准，但各项条款基本上都得到了实行，既阻止了义和团运动向南方地区的蔓延，也防止了八国联军将侵略战区扩大到南方各省，使南方各省保持了和平安定的环境，社会经济基础没有遭到打击。表现为：

其一，维护了江南制造局和火药局等军工厂的安全。《东南保护约款》第七条规定，外国军舰不得在江南制造局、火药局一带"游弋驻泊"，也不得派"洋兵巡捕前往，以期各不相扰"。约款声明江南制造局与火药局的军火武器主要是为了"防剿长江内地土匪，中外商民之用"。即使有督抚前往"提用"，各国亦"毋庸惊疑"。确保了江南制造局等军工厂的安全。③

其二，一定程度上保住了工业化和近代化的血脉。《保护上海城厢内外章程》主要拟订了一些具体措施，以维护整个上海包括租界、华界在内的社会治安，防止义和团蔓延到上海，这很好地保护了上海的教会学校、医疗设施、铁路运输设备、电线通信系统等，并确保了经济的稳定发展。其中，第三至第七条，主要规定如何在经济上采取一系列措施，从根本上杜绝乱源，稳定市面。章程一是要解决广大民众的就业和生计问题："因各处商货停滞，各项小工佣趁较难，拟请租界工程局添办新扩各路工程，城内则令疏通河道，并由道台挑选精壮充当勇丁，务使闲民有事，可致消患无形。"举办这些工程的一切费用，及

---

① 惜阴. 庚子拳祸东南互保之纪实. 人文月刊, 1931 (7).
② 故宫博物院明清档案部. 义和团档案史料：上册. 北京：中华书局, 1959：156-157.
③ 中国史学会. 义和团（三）. 上海：上海人民出版社, 1957：338-339.

"添募勇丁口粮"，则由"中外官商公议捐助"。解决民众滋扰的根本大计就在于处理好民生问题，关键是使民众的物质生活得到一定程度的提高和改善。二是要稳定市面。市面是反映社会安定的晴雨表。一旦市面动荡，物价波动，必然引起社会恐慌，人心浮动，谣言四起，易滋骚乱。而银根是稳定市面的基础。银根紧缩，必然引起市面波动震荡。为此，该章程要求"中外各银行东及钱业董事，互相通融缓急，务使钱行可以支持"。因为"沪市以钱业为大宗，而钱业须赖银行零拆转输，若银行不照常零拆，或到期收银迫促，钱市一有挤倒，各行生意必皆窒碍"。而"市面一坏，人心即震动不安"。为使市面安定，也必须让钞票照常使用，为此，章程规定上海道与各领事应"出示晓谕，声明各行票本收银搭几成钞票，由各钱业照付"。再则要求租界内各大小戏馆"照常开演，不可停歇，以惑人听"①。

其三，使东南地区成了当时中国科技、经济发展的"洞天福地""世外桃源"。20 世纪初，当新一波经济、科技增长期到来的时候，东南沿海沿江地区立即显示了其经济活力，获得了迅速发展。根据《中国近代工业史资料》第一辑的统计，在 1901—1911 年的 10 年间，全国新开办的民族资本企业总共 392 家，主要集中在东南地区，仅上海一地以及包括当时属于江苏的崇明、宝山、南汇、松江等府县在内，即达 98 家之多，占全国的 1/4。其次即为江苏，除了已计入上海的崇明、宝山、南汇、松江等府县以外，仍有 85 家之多。以下依次为广东 38 家，浙江 22 家，湖北 21 家，重庆 13 家，福建 11 家，山东 10 家。而义和团运动最活跃的北京、直隶、山西地区，由于接连受到义和团与八国联军侵略的严重破坏，已经元气大伤，经济发展十分缓慢。天津原本是仅次于上海的中国第二大工商业都会，是整个北方地区的商品集散中心，十分繁华，经此次劫难，元气丧失殆尽，1901—1911 年的 10 年之中，仅开办了 17 家民族工商企业，还不如当时还是江苏一个县级行政单位的无锡，仅比当时江苏另一个县级行政单位常熟多 2 家。在这 10 年之中，无锡开办了 22 家民族工商企业，常熟开办了 15 家民族工商企业。至于北京、山西则更少，分别只有 4 家、6 家。而吉林、辽宁资源比较丰富，发展较快一些，但也只分别开办了 12 家、10 家民族资本企业。②

---

① 中国史学会. 义和团（三）. 上海：上海人民出版社，1957：339-340.
② 陈真，姚洛. 中国近代工业史资料：第一辑. 北京：生活·读书·新知三联书店，1957：42-53.

总之，东南互保是晚清王朝的一件大事。它的出现，使得庚子国难之时东南半壁免于烽火。同时，清廷与东南地方势力之间的矛盾也经由此事一览无余，戊戌变法失败后的清朝更加江河日下、分崩离析，甚至为民国时期的军阀混战埋下伏笔。

参考文献

［1］费正清，刘广京. 剑桥中国晚清史（1800—1911 年）：下卷. 中国社会科学院历史研究所编译室，译. 北京：中国社会科学出版社，1985.

［2］马士. 中华帝国对外关系史. 张汇文，等译. 北京：商务印书馆，1963.

［3］坂本太郎. 日本史. 北京：中国社会科学出版社，2008.

［4］依田憙家. 日中两国近代化比较研究. 北京：北京大学出版社，1991.

［5］魏尔特. 赫德与中国海关. 陆琢成，等译，戴一峰，校，厦门：厦门大学出版社，1993.

［6］文庆，等. 筹办夷务始末：同治朝. 台北：文海出版社，1966.

［7］陈真，姚洛. 中国近代工业史资料：第一辑. 北京：生活·读书·新知三联书店，1957.

［8］冯天瑜. 张之洞评传. 南京：南京大学出版社，1996.

［9］故宫博物院明清档案部. 义和团档案史料. 北京：中华书局，1959.

［10］高时良. 中国近代教育史资料汇编：洋务运动时期教育. 上海：上海教育出版社，1992.

［11］顾廷龙，戴逸. 李鸿章全集. 合肥：安徽教育出版社，2007.

［12］何云坤. 科学进步与高等教育变革史论. 长沙：岳麓书社，2000.

［13］河北省社会科学院. 张之洞与中国近代化. 北京：中华书局，1999.

［14］黄新宪. 张之洞与中国近代教育. 福州：福建教育出版社，1991.

［15］文庆，等. 筹办夷务始末：咸丰朝. 台北：文海出版社，1966.

［16］姜鸣. 龙旗飘扬的舰队：中国近代海军兴衰史. 甲午增补本. 北京：生活·读书·新知三联书店，2014.

［17］交通铁道部交通史编纂委员会. 交通史航政编. 上海：上海民智书局印刷所，1931.

［18］康有为. 康有为全集. 北京：中国人民大学出版社，2007.

［19］康有为. 康有为自编年谱. 北京：中华书局，1992.

［20］来新夏. 北洋军阀. 上海：上海人民出版社，1988.

［21］李国钧，王炳照. 中国教育制度通史. 济南：山东教育出版社，2000.

［22］梁启超. 戊戌政变记. 北京：中华书局，1954.

［23］梁启超. 饮冰室合集. 北京：中华书局，1989.

[24] 刘培华. 近代中外关系史. 北京：中华书局，1986.

[25] 路遥. 义和团运动文献资料汇编. 济南：山东大学出版社，2013.

[26] 罗尔纲. 晚清兵志. 北京：中华书局，1997.

[27] 宓汝成. 中国近代铁路史资料. 北京：中华书局，1963.

[28] 戚其章. 北洋舰队. 济南：山东人民出版社，1981.

[29] 戚其章. 甲午战争史. 上海：上海人民出版社，2005.

[30] 舒新城. 中国近代教育史资料. 北京：人民教育出版社，1981.

[31] 孙毓棠. 中国近代工业史资料：第一辑. 北京：科学出版社，1957.

[32] 汤象龙. 中国近代海关税收和分配统计. 北京：中华书局，1992.

[33] 汤志钧. 戊戌变法史. 修订版. 上海：上海社会科学出版社，2015.

[34] 汪敬虞. 中国近代工业史资料：第二辑. 北京：科学出版社，1957.

[35] 汪向荣. 中日关系史资料汇编. 北京：中华书局，1984.

[36] 王宏斌. 晚清海防. 北京：商务印书馆，2005.

[37] 王学珍，郭建荣. 北京大学史料. 北京：北京大学出版社，2000.

[38] 翁同龢. 翁同龢日记. 北京：中华书局，1998.

[39] 夏东元. 洋务运动史. 修订本. 上海：华东师范大学出版社，2010.

[40] 熊月之. 西学东渐与晚清社会. 上海：上海人民出版社，1994.

[41] 苑书义，等. 张之洞全集. 石家庄：河北人民出版社，1998.

[42] 赵尔巽，等. 清史稿. 北京：中华书局，1977.

[43] 中国近代经济史资料丛刊编辑委员会. 中国海关与邮政. 北京：中华书局，1983.

[44] 中国科学院近代史研究所史料编辑室，中央档案馆明清档案部编辑组. 洋务运动. 上海：上海人民出版社，1961.

[45] 中国科学院历史研究所. 刘坤一遗集. 北京：中华书局，1959.

[46] 中国社会科学院近代史研究所近代史资料编辑室. 庚子记事. 北京：中华书局，1978.

[47] 中国史学会. 中日战争. 上海：上海人民出版社，1957.

[48] 中国史学会. 戊戌变法. 上海：上海人民出版社，1957.

[49] 中国史学会. 义和团. 上海：上海人民出版社，1957.

[50] 中国史学会. 中法战争. 上海：上海人民出版社，1955.

[51] 中国义和团运动史研究会. 义和团运动与近代中国社会. 成都：四川省社会科学院出版社，1987.

[52] 朱寿朋. 光绪朝东华录. 北京：中华书局，1958.

第四章　废科举、兴学堂、启科学

西夷曾以"蛮夷"之印象留于中国人心底,如今却以"船坚炮利"之面目呈现于中国人面前。随着甲午中日战争、庚子之变的惨败,旧学之局限日益凸显,废科举、兴学堂、启科学则迫在眉睫。面对这一变局,清廷不得不下诏变法、重开新政。科举废则人心变,新学兴则世风改,又开始了晚清新的一轮科技教育乃至军事、政治、经济诸方面的转型。

一、重开新政、效仿日本

庚子国难平息后,晚清政府重启新政。日本一小国耳,不仅在甲午战争中打败了中国,而且在日俄战争中,战胜了俄国,这给自古便以"天朝上国"自居的中国人极大震动,惊讶于日本先进的军事技术和先进的社会制度。在日本迅速崛起的影响下,晚清中国试图以日本为师,从"君主专制"走向"君主立宪制"。在这一时期,莘莘学子乃至平民百姓开始东效日本,学习日本的西方文化不再是士大夫阶层的特权,出国留学逐渐成为一种社会风尚,并在国内掀起了留日潮。

1. 下诏变法,重开新政

1900 年 6 月,清政府召开第四次御前会议,决定利用义和团对外宣战,随即命各省召集义民成团,以御外侮,并以庄亲王载勋为步军统领,正式下诏与英、美、法、俄、德、日、意、奥八国组成的八国联军宣战,庚子之乱愈演愈烈。两江总督刘坤一、湖广总督张之洞、两广总督李鸿章和闽浙总督许应骙、四川总督奎俊、山东巡抚袁世凯等掀起"东南互保"运动,拒奉清廷宣战诏书,并与各国签订互保条款。1900 年 8 月,八国联军攻占北京,慈禧、光绪西奔。1900 年 10 月,孙中山委托兴中会郑士良发动惠州起义,革命党趁势而起。① 一时之间,国

---

① 郭廷以. 近代中国史事日志. 北京:中华书局,1987:1095-1106.

内大乱,晚清政府四面楚歌。

在西狩避难期间,慈禧宵旰焦劳,光绪尤痛自刻责,深念近数十年积弊相仍,因循粉饰,以致酿成大衅。① 据当时迎銮护驾的岑春煊回忆:"太后虽蒙尘,困苦中尚刻意以兴复为念。一日,诸人于召对之际,太后忽顾曰:'此耻如何可雪?'"岑春煊趁此机会进言称:"欲雪此耻,要在自强,自强之道,首需培植人才。学校者,人才所由出也。然此事俟局面稍定方能顾及。"② 可见慈禧已有下诏变法之意。

面对外敌入侵、东南互保、革命起义等内忧外患,晚清政府不得不下诏变法。1901年,清廷发布上谕下诏变法,宣称:"盖不易者三纲五常,昭然如星之照世;而可变者令甲令乙,不妨如琴瑟之改弦……晚近之学西法者,语言文字制造机械而已,此西艺之皮毛,而非西学之本源也。居上宽,临下简,言必信,行必果,服往圣之遗训,即西人富强之始基。"③ 将洋务运动时期的"师夷长技"等"晚近之学西法者"界定为"西艺之皮毛,而非西学之本源也",由此可见,晚清政府对于"西学"的认识已经开始发生变化,即逐渐从"西学之皮毛"深入"西学之本源",学习西方先进科学技术背后的体制文化开始成为这一阶段变法改革的重要内容,这也意味着在清末新政时期,虽然清廷关于如何改革的具体方案尚未确定,但已打算对中国现行的社会体制进行更加深入的改革,清末新政大致可分为下述四个阶段。

同年,清廷颁布上谕与八国联军谈判求和:"本年夏间,拳匪构乱,开衅友邦,朕奉慈驾西巡,京师云扰。迭命庆亲王奕劻、大学士李鸿章作为全权大臣,便宜行事,与各国使臣止兵议款,昨据奕劻等电呈各国和议十二条大纲,业已照允。仍电饬该全权大臣将详细节目悉心酌核。量中华之物力,结与国之欢心。既有悔祸之机,宜颁自责之诏……今兹议约,不侵我主权,不割我土地。念友邦之见谅,疾愚暴之无知,事后追思,惭愤交集。"④ 清廷宣示义和团为拳匪,将战乱推卸给义和团,并著内阁将五月二十四日以后、七月二十日以前谕旨汇呈,听候查明,将矫擅妄传各谕旨提出销除,以重纶音而昭信史。⑤ 随后,清廷

---

① 璩鑫圭,唐良炎. 中国近代教育史资料汇编:学制演变. 上海:上海教育出版社,1991:2.

② 萧功秦. 危机中的变革——清末现代化进程中的激进与保守. 上海:上海三联书店,1999:131.

③ 同①.

④ 故宫博物院明清档案部. 义和团档案史料:下册. 北京:中华书局,1959:945-946.

⑤ 同④947.

提出："破除积习，则办事著实。惟公与实，乃理财治兵之根本，亦即天心国脉之转机。"① 发动变法，值得注意的是诏书称戊戌变法（"康逆之谈新法"）乃是"诱人叛逆、间离宫廷、图谋不轨的乱法"②。也就是说，清廷将此次变法与戊戌变法做了区分，并对先前的戊戌变法持否定态度。这一变法举措并不明朗的诏书发布后，举国上下反应冷淡，并没有立刻掀起变法的高潮，而导致这一局面出现的一个主要原因便是戊戌变法之后，清廷中主张变法的人士多数受到清洗，官员们对于朝廷再次转向变法的真实动机有所怀疑，出于明哲保身而不敢轻举妄动。③ 此为清末新政的第一阶段。1901 年 4 月，清廷为表推行新政之决心，设立督办政务处，专门统筹变法各事宜，负责制定改革措施，处理各地方提交的新政奏章，以及后来的学制、军制、官制等改革事宜，政务处的中央核心成员由庆亲王奕劻、李鸿章、荣禄等组成，地方则由刘坤一、张之洞、袁世凯总督参与。1901 年，清政府签订《辛丑条约》，八国联军退出北京。1902 年 1 月，慈禧乘坐火车返京，再次发布懿旨，强调变法一事"立意坚定，志在必行"④，中国进入清末新政的第二阶段，其时变法的举措主要有：1901 年，清廷改总理各国事务衙门为外务部，并以其为各部之首；下诏废除八股文程式，均改策论；停武科乡、会试；诏令改书院为学堂，省城改设大学堂，各府与直隶州改设中学堂，各县设立小学堂，此外还下令蒙养学堂，与此同时诏令各省筹建武备学堂。1902 年下诏编纂《中西律例》，颁定新学制，拟定科学递减办法，着手废除科举制度。1903 年，清廷下诏设立练兵处，拟定全国兵额为三十六镇，开始军事体制改革。此外，清廷鼓励学生出国留洋，1905 年，又订立出洋归国留学生考试制度，积极吸纳海归人才，从此以后，每年归国留学生考试成为常制。⑤

1904 年，日俄战争爆发，日本的胜利对清末变法产生了积极影响。东效日本，学习日本的君主立宪体制成为这一时期变法的主要内容。随着五大臣出洋考察归国，清末新政进入第三个阶段，即预备立宪阶段。在立宪派的推动下，

---

① 故宫博物院明清档案部. 义和团档案史料：下册. 北京：中华书局，1959：945 - 946.

② 萧功秦. 危机中的变革——清末现代化进程中的激进与保守. 上海：上海三联书店，1999：133.

③ 同②133 - 134.

④ 同②134.

⑤ 同②135 - 136.

筹备立宪运动此起彼伏，出台了一系列改革举措，中国的行政体制和财政体制开始发生剧烈变革，比如：1905年，清廷谕设考察政治馆，考察各国政治情况以为更张之渐。1906年清廷发布上谕，宣布预备立宪并统一厘定官制，为预备立宪之基础。1907年清廷为了筹备宪政，将考察政治馆改为宪政编查馆。同年，清廷谕："所有军机大臣、大学士、参预政务大臣会议事宜，著改由内阁办理。"又谕设资政院，各省设立谘议局。随后，又对司法制度和巡警制度进行了改革。这一时期清末的变法运动获得了全新的动力，尤其是资政院和地方谘议局的建立，形成了立宪救国的思潮。①

1908年光绪、慈禧相继去世，溥仪继位，摄政王载沣执政。随着清廷权力集团的更新换代，清末新政进入最后一个阶段。出于对自身统治利益的考虑，清廷开始对是否继续深入变法产生犹豫，立宪进程逐渐缓慢，而立宪派则要求加速立宪进程，并发起国会请愿运动，清末变法出现矛盾与危机。迫于立宪派的压力，1908年，清廷颁布《九年预备立宪逐年推行筹备事宜谕》及《钦定宪法大纲》，1910年再次颁布《缩改于宣统五年开设议院谕》，缩短立宪时间。1911年清廷发布《内阁官制》和《内阁办事暂行章程》，废除军机处，实行内阁制，皇族内阁成立，立宪运动流产，随即又发生保路运动与辛亥革命。1912年隆裕皇太后以宣统帝名义颁布逊位诏书，清帝逊位。清廷重开新政，变法十一年，最终以失败告终。

2. 东效日本，聘用日本教习

梁启超有言："吾国四千余年大梦之唤醒，实自甲午战败割台湾偿两百兆以后始也。"② 甲午中日海战的失败不仅让国人认识到日本先进军事技术的厉害，更让国人开始反思，究竟是什么样的国民教育塑造了日本的现代化军队。关于这一点，严复在环球中国学生会演说中提出："逮甲午东方事起，以北洋精练而见败于素所轻蔑之日本，于是天下愕眙，群起而求其所以然之故，乃恍然于前此教育之无当，而集矢于数百千年通用取士之经义。"③ 时至庚子国难爆发，学

---

① 萧功秦. 危机中的变革——清末现代化进程中的激进与保守. 上海：上海三联书店，1999：126.

② 梁启超. 改革实情//戊戌政变记. 北京：中华书局，1954：1.

③ 严复. 论教育与国家之关系——在环球中国学生会演说//严复集：第一册. 王栻，主编. 北京：中华书局，2003：166.

习外国先进科学技术与政治制度成为晚清国人的共识,正如孙中山所说:"从那次义和团失败以后,中国一般有思想的人,便知道要中国强盛,要中国能够昭雪北京城下之盟的那种大耻辱,事事非效仿外国不可,不但是物质科学要学习外国,就是一切政治社会上的事都要学外国。所以经过义和团之后,中国人的自信力便完全失去,崇拜外国的心理,便一天高过一天。"① 这样的社会文化氛围又进一步坚定了中国"东效日本"的决心。

实际上在戊戌变法前夕,晚清政府内部便已经出现东效日本的声音。1898年,张之洞委派姚锡光等前往日本游历详考各种学校章程,张之洞认为:"日本国近三十年来,采用西法,设立各种学校,实力举行,规制周详,于武备一门进境尤速。近来中国虽已极意经营,而立法尚嫌未备,成材不能甚多。日本与我同种、同教、同文、同俗,又已先著成效,故中国欲采取泰西各种新学新法,允宜阶梯于日本,必须有明白事理究心学术之员前往游历,详考各种学校章程,实有领悟,方足以资仿效。"② 1898年3月,张之洞又在其《劝学篇》之《游学》中明确提出了东效日本的主张,认为:"出洋一年,胜于读西书五年,至游学之国,西洋不如东洋。"③ 1898年5月,维新派御史杨深秀建议:"臣以为日本变法立学,确有成效,中华欲游学易成,必自日本始。"④ 1898年8月,光绪皇帝发布上谕,命令"各省督抚就学堂中挑选聪颖学生有志上进"者,赴日留学。⑤ "东效日本"开始成为清政府的一种国策。⑥ 戊戌维新失败后,康有为、梁启超等维新派领袖流亡日本,与此同时,孙中山等革命党领袖因起义屡次失败而逃亡日本。这批人抵达日本后,积极传播各种新思想,吸引国内进步青年赴日留学,为中国东效日本搭建了海外根据地。

清末新政时期,晚清政府再次将日本作为主要的学习对象。"1901年,湖广总督张之洞和两江总督刘坤一两人上奏《复议新政折》,大力主张留学,特别是留学日本,同年9月,上谕各省须派学生留学,并须订立奖励及限制办法以督

---

① 实藤惠秀. 中国人留学日本史. 谭汝谦,等译. 北京:生活·读书·新知三联书店,1983:30.
② 张之洞. 札委派姚锡光等前往日本游历详考各种学校章程(光绪二十四年正月十八日)//张之洞全集:第五册. 苑书义,等编. 石家庄:河北人民出版社,1998:3559.
③ 同①22.
④ 王晓秋. 近代中日文化交流史. 北京:中华书局,1992:348.
⑤ 同④349.
⑥ 同①24.

促之。"① 据统计，重启新政后，到外国留学的学生人数也与日俱增，而其中大部分是去日本留学。"自 1901 年（光绪二十七年）至 1906 年（光绪三十二年），五六年间，留日学生达万余，实为任何时期与任何留学国所未有者……本期的留学教育，以日本最盛，据学部于 1907 年（光绪三十三年）的概算，留日学生计有一万二三千人。"② 与此同时，已在日本留学的中国学生也开始撰写留日相关书籍，比如：1900 年，日本帝国大学攻读法科的章宗祥出版了《日本留学指南》，以自己留学日本的切身体会成书，深入介绍了留日学生的留学生活，为预备留日的晚清士子们起示范作用。③

1901 年，光绪帝谕各省派学生出洋肄业，在新政的导向下，晚清士大夫阶层陆续亲赴日本考察，并邀请日本大学校长、学者抵华考察中国教育，其主要目的大致有三，其一是为赴日留学营造更加便利的求学环境，比如：在中日双方的共同推动下，"1902 年，日本高等师范学校校长嘉纳治五郎也来华视察教育，与张之洞等人交换了关于中国派遣留日学生问题的看法，回国后立即增设了专门培养中国留学生的弘文书院"④。为中国留学生而办的学校，即兼顾大学预科教育及中等程度教育的学校，纷纷在日本开设。"坐落在东京神田骏河台铃木町十八番地的清国留学生会馆顺利落成，成为留日学生集会、演讲、出版书籍等活动的大本营，留日学生的生活也正规化起来。"⑤ 其二为学习日本学校的办学方法，对国内教育体制进行改革。1912 年，李宗棠考察日本回国，写成《考察日本学校记》，提出："日本唇齿之邦也，其兴学也又先乎我……考其章程，以为国家教育之助，兹择其规则之善者译之，得百三十八种，聊以备当事者之采择，且以谂我国民，使知自立知道。"⑥ 同年，京师大学堂总教习吴汝纶赴日，对日本教育进行了深入考察，著成《东游丛录》，对日本各类学校做了介绍，并结合中国教育现状加以对比分析，推动了清末教育体制的改革。其三为招聘日本教习。晚清士大夫不仅鼓励国内士子留日，还积极聘用日本教习，着

---

① 实藤惠秀. 中国人留学日本史. 谭汝谦，等译. 北京：生活·读书·新知三联书店，1983：30.
② 王晓秋. 近代中日文化交流史. 北京：中华书局，1992：354.
③ 同①31.
④ 同②351.
⑤ 同①33.
⑥ 璩鑫圭，唐良炎. 中国近代教育史资料汇编：学制演变. 上海教育出版社，1991.116.

手构建中国学习西方科技的教育体制。当时"日本人在中国办的学校被当作一种示范和仿效的典范，日本教习备受推崇，中国人招聘日本教习渐成风尚，中国人赴日考察教育时，亦往往商妥招聘之事，然后回国"①。比如："吴汝纶赴日考察教育三个多月，曾请托日本派遣教习赴华"②。1902 年，为了配合国内新式教育的需要，商务印书馆增设编辑所，聘请日本人长尾槇太郎和加藤驹二为顾问，招聘归国留日学生，出版各种新式教科书。据统计，来华日本教习人数如表 4-1-1 所示：

表 4-1-1　　　　　　　　1903—1918 年来华日本教习人数表③

年份	1903	1904	1909	1912	1913	1918
人数	99	163	424	63	84	36

另据实藤惠秀统计，1906 年，在华任教的日本教习人数达到高潮，有 500 至 600 名，参加应聘的日本教习也十分多，最多时达 600 名，赴中国任教渐成潮流。④ 1909 年，中国聘用的外籍教师总数为 356 名，其中日本教习为 311 名（男 288 名，女 23 名），占总数 87% 以上。日本教习所教授的内容涵盖范围很广，文理兼备，所涉及的西方科学文化主要有哲学、博物、数学、理化、农业、医学等。⑤ 一些日本教习还担任了总教习，掌管学校大权。再从日本教习在中国学校授课的学时上来看，日本教习所授课时所占比例也很大。以保定师范学堂第一教室的上课时间表为例，在每周 36 节课中，日本教习承担了 18 节，占总数的一半。⑥ 来华的日本教习分布十分广泛，遍布直隶、山东、山西、吉林、湖北、湖南、江苏、四川、贵州、云南、广西、陕西等 20 个省份。⑦ 日本教习为培养中国学生付出了很大心血，也为晚清中国架起了学习西方科技的桥梁，赢得了晚清国人的赞誉。

---

①　实藤惠秀. 中国人留学日本史. 谭汝谦，等译. 北京：生活·读书·新知三联书店，1983：69.
②　同①.
③　王晓秋. 近代中日文化交流史. 北京：中华书局，1992：383. 注：此统计数字与实藤惠秀统计有所不同，且存疑，供参考。
④　同①70.
⑤　实藤惠秀. 中国人留学日本史. 谭汝谦，等译. 北京：生活·读书·新知三联书店，1983：73；王晓秋. 近代中日文化交流史. 北京：中华书局，1992：383.
⑥　同①75.
⑦　同③385.

1903年，清政府正式颁发张之洞拟定的《奖励游学毕业生章程》十条，其中规定："中国游学生在日本各学堂毕业者，视所学等差，给以奖励。"除此之外，还将中国的官衔与留洋文凭挂钩，规定："如果能在日本普通中学堂（高中）、高等学堂与事业学堂、大学堂、国家大学堂（帝国大学）与大学院毕业，并得有优秀文凭者，分别授以拔贡、举人、进士、翰林出身，加以录用。"① 这一举措大大地激发了青年士子留日的热情。1903年，清政府规定自费留学生只需家长报名，通过省学务处考试，就可以领取咨文出国，后又规定自费生若能考入大学者也可转为官费培养，经费不继或因病住院，国家可酌情补助，在职官员与王公贵族子弟"自备资斧，出洋留学……回国后尤宜破格奖励，立予擢用"②。1904年，清政府出台《考验出洋毕业生章程》，规定对留学毕业生进行考核，经考合格者给予举人、进士出身并授以官职。除了官费遣派留学生，清政府还大力鼓励自费留学。1905年清政府废除科举制度，又从侧面进一步刺激了国内士子留洋求学，东效日本成为国内学子得以任用的重要途径。

　　晚清新政"东效日本"的学习重点为"教育制度"而非简单的"知识引入"，主要的学习对象是"体制"而非"知识"，比如：姚锡光在其《东瀛学校举概》一书中详细介绍了日本学校的种类、每年教育经费之投入、学生的入学情况、教习的数量等。③ 值得一提的是姚锡光十分关注日本在学习西方科技时如何处理本国文化与西方文化之间的关系，欣赏日本"能化裁西学而不为西学所化"的成功经验。对此，姚锡光提出了自己的留学教育理念，认为以本国学术为根方可出洋学业有成："且现其出洋之人，皆学业有成之人，否，亦必学有根底之人，故能化裁西学而不为西学所化。视弃本国学术而从事西学者，亦实大相径庭。"④ 辛亥革命后，政府机构和学校改组，日本教习的权力逐渐被收回，更因日本军国主义抬头，而欧美国家开始采取各种优惠政策吸引中国留学生赴欧美留学，比如：美国退还部分庚子赔款设立留美预备学校等，中国留日学生和聘用的日本教习的数量开始减少。另外，大量欧美籍教师开始赴中国教会学校任教，也使得日本教习的地位每况愈下，晚清中国东效日本、聘用日本教习

---

　　① 王晓秋. 近代中日文化交流史. 北京：中华书局，1992：349.
　　② 同①.
　　③ 姚锡光. 东瀛学校举概（节录学校总说）//璩鑫圭，唐良炎. 中国近代教育史资料汇编：学制演变. 上海：上海教育出版社，1991：113.
　　④ 同②114.

的活剧逐渐落下帷幕。

3. 留日潮改变世风

20世纪初,中国曾掀起过一股留日热潮。当时去日本留学的,"除男子之外,也有步履维艰的缠足女子、七旬老人和小孩子。他们为接受由小学至大学程度的各种教育而来。他们当中,父子、夫妇或兄妹同时留学者甚多,甚至有全家、全族同来留学的情形。论学历,有的拥有进士、举人、秀才各种头衔"①。彼时正在日本留学的鲁迅,将这一留日奇观描述为:"上野樱花烂漫的时节,望去确也像绯红的轻云,但花下也缺不了成群结队的'清国留学生'的速成班,头顶上盘着大辫子,顶得学生制帽的顶上高高耸起,形成一座富士山。"②可见,留日潮逐渐成为一种社会风气,改变着中国的世风。晚清留日潮的出现预示着一个崭新的时代即将到来,而知识分子对于时代气象之变化总是有着敏锐的嗅觉,彼时流亡于日本的梁启超便将这一新的时代称为"过渡时代",并将其生动地表述为:"如鲲鹏图南,九万里而一息,汉江赴海,百十折以朝宗。大风泱泱,前途堂堂,生气郁苍,雄心矞皇。其现在之势力圈,矢贯七札,气吞万牛,谁能御之? 其将来之目的地,黄金世界,荼锦生涯,谁能限之? 故过渡时代者,实千古英雄豪杰之大舞台也,多少民族由死而生、由剥而复、由奴而主、由瘠而肥所必由之路。"③

晚清留日潮的形成有内外两方面的原因。

于内而言,留日潮发迹于晚清面临民族危机,1901年清政府签订《辛丑条约》,迫使中国陷入被列强瓜分的悲惨局面,此时救亡图存、振兴中华成为中华民族最强烈的愿望。中国历朝历代都将日本视为泥丸小国,不足挂齿,然而日本自明治维新以来,国力日益昌盛,在甲午中日战争和日俄战争中分别战胜了中国和俄国,成为新晋的列强之一,不禁让国人刮目相看,学习日本以图自强救国逐渐成为晚清国人的共识,为此,清廷派遣士大夫赴日考察并制定了赴日留学的各种优惠政策,比如:减免留日学生学费、医药费等,为国内学子搭建了赴日留学的平台。随后,清政府进一步采取了废科举、兴学堂、奖励游学等

---

① 实藤惠秀. 中国人留学日本史. 谭汝谦,等译. 北京:生活·读书·新知三联书店,1983:40.
② 鲁迅. 朝花夕拾. 北京:中国青年出版社,2017:73.
③ 王晓秋. 近代中日文化交流史. 北京:中华书局,1992:343.

改革措施，将国内士人选拔制度与赴日留学相结合，"学而优则仕"中的"学"逐渐从"科举之学"转变为"学堂之学""留日之学"，兴办学堂和留学日本的风气日益盛行。

1903年清廷拟定的《奏定学堂章程》中"学务纲要"下列一条："各省办理学堂员绅，宜先派出洋考察且日本断不能不到。"① 特意将日本列为出洋考察的必经之地。同年，张之洞奏定《约束鼓励游学生及自费生立案章程》，主张奖励自费留学。张百熙、荣庆和张之洞又奏订《奖励游历游学章程》。1904年，清政府制定《考验出洋毕业生章程》八条。② 第二年科举制度被彻底废除，"向之极可慕恋之科举的虚荣者，今已为蕉梦矣。而出洋学成，呈与出身，已是明谕。宦达之路、利禄之路、学问之路、名誉之路，胥于是乎在"③。随着科举制度的废除，一些原本打算走科举道路的士子被迫进入新式学堂学习，虽然新式学堂在教学内容上仍然保留着部分科举学习内容，但是重视"洋学"已成风尚，东渡留洋更是成为"登科及第"的新出路，比如："1905年，清廷举行了第一次留学毕业考试，应试的唐宝锷、曹汝霖等十四名留日学生，通过考试，全部给予举人、进士出身并授予官职。"④ 这又进一步推动了国内学子留学日本的热情。

庚子国难后，效法日本间接学习欧美科技以图救亡自强，已成为彼时中国举国上下之共识，亦是留日潮的宗旨。"各省留学于东京者骤增数倍，其不本此意以为宗旨者，恐百无一人。"⑤ 晚清朝廷之所以主张效法日本，主要原因有："一、路近省费，可多遣。一、去华近，易考察。一、东文近于中文，易通晓。一、西书甚繁，凡西学不切要者，东人已删节而酌改之。中东情势风俗相近，易仿行，事半功倍，无过于此。"⑥

晚清知识分子同样认为："日本学习欧美，故其强同于欧美。吾若学习欧美如日本，则其强亦必如日本然。吾文学风去欧美甚远，势难直接为之，不若间

---

① 王晓秋. 近代中日文化交流史. 北京：中华书局，1992：349.
② 同①.
③ 同①.
④ 同①.
⑤ 同①347.
⑥ 实藤惠秀. 中国人留学日本史. 谭汝谦，等译. 北京：生活·读书·新知三联书店，1983. 22.

接以学习日本为便。"① 此外，青年学子内心共识和相互劝导，也极大地推动了民间留日潮的形成，比如：留日学生办的刊物《游学译编》中发表的《劝同乡父老遣子弟航洋游学书》和《与同志书》疾呼："唯游学外洋者，为今日救吾国唯一之方针……留学外国者，今日之急务也，无贵、无贱、无富、无贫、无长、无幼，所宜共勉者也。"② 此时赴日的吴玉章曾赋诗道："东亚风云大陆沉，浮槎东渡起雄心。为求富国强兵策，强忍抛妻别子情。"③

于外而言，日本的对华政策主要有二，其一为"感化中国"，其二为"大陆政策"。两种政策的出发点均为扩大日本的在华利益，不同之处在于前者较温和、放长线钓大鱼，而后者则更为急功近利。在晚清新政时期，"感化中国"是日本国内的主旋律。日本驻华公使矢野文雄曾在1898年致函清政府总理衙门，表明日本政府"拟与中国倍敦友谊，借悉中国需才孔亟……欢迎中国留学生陆续前往日本学堂学习。"④ 随后，在给外务大臣西德二郎的信中透露日本吸引中国学生留日的真实意图："如果将在日本受感化的中国新人材散布于古老帝国，是为日后树立日本势力于东亚大陆的最佳策略。"可见，日本实际上是希望通过赴日中国留学生来培养亲日派，以期扩大其在华势力。出于"感化中国"的政策，日本十分欢迎中国学生赴日留学，并制定了吸引中国留学生的优惠政策，针对性地陆续开设了弘文书院、同文书院、振武学校、早稻田大学清国留学生部、实践女学校附属中国女子留学生师范工艺速成科等，并且予以中国留学生特殊保护及奖掖。⑤

实际上，留日潮是中日两国出于各自利益相互博弈的产物，日本帮助中国的主要目的之一在于培养亲日派，帮助日本扩大在华利益。对于留日潮，一些清朝士大夫有着清醒的认识："日人之为我谋，盖亦其自为谋也。至其待我之殷，劝我之切，尤其用心之深，布局之远，远识者自默察之，无待赘言。要我今日亦诚非广开学堂、急练陆军不能图存，正不必日人之言惎之，而学校尤甄陶将领之基、培植陆军之本也。"⑥

---

① 王晓秋. 近代中日文化交流史. 北京：中华书局，1992：347.
② 同①348.
③ 同①348.
④ 同①350.
⑤ 同①351.
⑥ 姚锡光. 东瀛学校举概序//璩鑫圭，唐良炎. 中国近代教育史资料汇编：学制演变. 上海：上海教育出版社，1991：112.

4. 日俄战争的深远影响

康熙皇帝与彼得一世签署中俄《尼布楚条约》之后，彼得一世、叶卡捷琳娜二世、尼古拉一世等沙皇依然把入侵黑龙江作为俄国的远东目标，一直在寻找机会侵占辽东。中日《马关条约》签署后，俄国不仅协助清政府赎回辽东，而且以年息4厘贷款1亿两白银，以助清政府偿还对日赔款。俄国侵占辽东的野心日益显露，引起了日本的警觉。三国干涉还辽之后，日本国内的"大陆政策"逐渐抬头。中国的辽东地区对日俄两国均具有重要的战略意义，在这样的国际环境下，倘若中国孱弱，让日本和俄国均有可乘之机，日俄两国又互不相让，那么日俄之间将必有一战。

1896年，李鸿章与俄国签订《中俄密约》，除规定中俄缔结对日军事同盟外，还允许俄国建造由黑龙江经吉林以迄符拉迪沃斯托克（海参崴）的东清铁路。1898年3月，俄国借口德国占据胶州湾而强占旅顺、大连，清政府不得不将它们租给俄国，并允许修筑东清铁路南段由哈尔滨至大连的支线。此后，俄国人凭借东清铁路可以长驱而东，也可以顺南满铁路直下而南，其影响所致，不仅使得整个满洲被俄国势力所掌握，而且朝鲜也深受其威胁。1900年7月，俄国借口义和团运动波及满洲，有损南满铁路工程，便以保护铁路为名，进犯满洲。10月满洲沦陷，11月，旅顺俄国海军提督阿历克谢耶夫（Alexieff）迫使中方签订《奉天交地暂且约章》，欲将满洲完全置于俄国控制之下，遭到清政府的拒绝。1902年4月，中俄签订了归还满洲条约，约定将满洲统治权和行政权归还清政府，但是随后俄国却拒绝履行从满洲撤兵的约定。

1903年5月，日本认为："我国如今若不下大决心以战争抑制俄国之横暴，则我国之前途堪忧，若失去今日之机会，则将来绝无恢复国运之机。"① 1904年1月，驻日公使杨枢电外务部，如日俄决裂，日愿中国中立。1904年2月4日，日本御前会议决定对俄开战。2月6日，日本海军开始对俄展开行动。2月8日，日本对俄国断交，此时适值俄海军休假夜宴，日本突然袭击旅顺俄国军舰。9日，日本败俄海军于旅顺，伤其三舰。两广总督岑春煊察觉俄国不敌日本，立即主张助日抗俄，并乘机收回东三省。② 2月10日，日本正式向俄国宣战。2月

---

① 刘焕明. 日俄之战与"大陆政策"——日俄战争历史地位的再认识. 江海学刊，2008：4.

② 郭廷以. 近代中国史事日志. 北京：中华书局，1987：1196-1197.

16 日，美洲、澳洲、非洲华侨电外务部，请联日战俄，趁势恢复东三省，愿助军饷。① 1904 年 10 月，张之洞奉筹东三省事宜，主张东联日本，西联英，用以抗俄。② 是时，国内革命党亦对主张联俄的清朝士大夫采取刺杀行动。同年 11 月，革命党人万福华在上海刺杀前广西巡抚王之春，缘由是王之春在桂时倡借法军平乱，又主联俄。③ "战区内的中国人，无论官民，都对日本表示同情，因而有使用中国人作为密探的便利条件。"④ "直隶总督袁世凯与日本参谋次长田村怡与造少将、小山秋作大尉拟定秘密协定，成立特务连，并将中国侦察将校交给守田大尉指挥，驻在满洲及山东各地的中国将校所获得之情报，一旦搜集于守田大尉之后，便分别送到日本参谋本部及中国之直隶总督处。"⑤ 中国虽然表面中立，暗中却帮助日本。日俄战争以日本胜利、俄国失败而告终，但是这次胜利并没有给日本带来预想中的战果，日本被迫无条件与俄国议和。"当日本在海陆双方都大胜俄国，并使沙俄面临瓦解时，法国外交部长窦嘉赛便在日本大败俄国不到一个月的时候告诫日本驻法公使本野一郎，要求日本在不给俄国提出屈辱性条件，即割地和赔款的原则下与俄国媾和。"⑥ 1905 年 8 月 10 日，日俄两国代表在美国朴次茅斯举行会议，9 月 5 日正式签订了《朴次茅斯合约》。迫于西方列强的压力，日本除了取得业已占领的库页岛南半部以外，其他一无所获。

日俄战争日本取得军事上的胜利后，反而面临着来自西方的压迫。在这种欧亚对立的背景下，日本国内逐渐出现了"清国保全论"，认为："支那之兴亡与日本之存亡息息相关。"⑦ 与此同时，日本一小国耳，竟能战胜强大的俄国，这一事实对晚清中国造成了极大的震动，在日俄战争的刺激下，中国学人的诉求开始从"君主专制"转向"君主立宪制"，东效日本逐渐成为晚清中国的一股新思潮。1905 年至 1906 年中国赴日留学达到高潮。1906 年初，驻日公使杨枢在给清政府的奏折中提道："奴才抵任时，在东官费自费生逾千人，日增月盛，

---

① 郭廷以. 近代中国史事日志. 北京：中华书局，1987：1198.
② 同①1213.
③ 同①1216.
④ 东亚同文会. 对华回忆录. 胡锡年，译. 北京：商务印书馆，1959：282.
⑤ 同④.
⑥ 汪向荣. 日本教习. 北京：生活·读书·新知三联书店，1988：56.
⑦ 同⑥57.

迄于今日,已至八千余人。"① 又据清学部推计,1906年日本的中国留学生人数,在一万二千人左右。② 同时,由清廷聘用的大批日本教习也开始涌入中国并担任教职,留日潮的出现又进一步推进了晚清中国的近代化进程。

二、教育打头阵的改革

自清廷下诏变法以来,教育、军事、行政体制改革成为晚清新政的重要内容,废科举、兴学堂,教育转型成体制内要务,谕停武生童考试及武科乡、会试,仿用西法创练新兵,建立新军则为当务之急。庚子国变后,面对巨额财政赤字,晚清政府又开始对行政体制与财政体制进行改革。在清末新政的改革浪潮中,教育打头阵的改革使得晚清国人能有机会走出国门,以更加开阔的视野看待世界、了解西方文化,近代教育、军事、行政、财政制度逐渐成形,继戊戌变法失败后,中国的君主立宪进程再次被提上议程。

1. 废科举、兴学堂

在清末新政时期,关于中国是否应该"废科举、兴学堂",清廷出现了不同的声音,形成了两种观点。一种观点认为,若想振兴国家就必须"废科举、兴学堂",例如:袁世凯、张之洞奏请递减科举折,认为兴办学堂的主要障碍,不仅在于经费不足、师资难求,更在于科举制度。③ 甚至认为"科举一日不废,学堂一日不达"④。另一种观点则对"废科举、兴学堂"持保留态度,认为废除科举制度将会使中国前途未卜。例如,严复认为:"由是不及数年,而八股遂变为策论,诏天下遍立学堂。虽然,学堂立矣,办之数年,又未见其效也,则哗然谓科举犹在,以此为梗。故策论之用,不及五年,而自唐末以来之制科又废,意欲上之取人,下之进身,一切皆由学堂。不佞尝谓此事乃吾国数

---

① 王晓秋. 近代中日文化交流史. 北京:中华书局,1992:354.
② 同①.
③ "而起视各省,大率观望迁延,否则敷衍塞责,或因循而未立,或立矣而未备。推究其故,则曰经费不足也,师范难求也;二者固然,要不足为患也。其患之深切著明,足以为学校之而阻碍之者,实莫甚于科举。"(璩鑫圭,唐良炎. 中国近代教育史资料汇编:学制演变. 上海:上海教育出版社,1991:524)
④ 实藤惠秀. 中国人留学日本史. 谭汝谦,等译. 北京:生活·读书·新知三联书店,1983:35.

千年中莫大之举动，言其重要，直无异古者之废封建、开阡陌。"① 清廷采纳的是袁世凯、张之洞等的建议，即："废科举、兴学堂"。其实际进程从以下三个方面展开。

第一方面为改革科举考试内容。早在1887年，御史陈琇莹便建议每次乡试、会试都取算学人才若干名。戊戌变法期间，下诏不考八股，后又在张之洞和陈宝箴的建议下，不再考诗赋。及至清末新政时期，内容改革重上议程。1901年，清廷谕开经济特科，认为："况值时局艰危，尤应破格求才，以资治理。允宜敬遵成宪，照博学鸿词科例，开经济特科，于本届会试前举行……其有志虑忠纯、规模闳远、学问淹通、洞达中外时务者，著各部院堂官及各省督抚学政，出具考语，即行保荐；并著政务处大臣拟定考试章程，请旨办理。"② 这便意味着清廷开始有意绕过科举选士，在科举会试之前开设经济特科、推行保荐制，以寻求新的人才选拔方式。除此之外，清廷又着政务处大臣拟定新的考试章程，这一系列举措都充分体现出清廷预备废除科举制度、推行教育体制改革的倾向。同年，清廷谕以策论试士，禁用八股文程式。③ 此时科举考试虽仍沿其形式，但是考试的内容却已经发生改变。"中国政治、史事及各国政治、艺学命题成为考试的重点，急宜讲究实学，而经史考察被放置于次要的位置。"④ 并谕："武科一途……所习硬弓刀石及马步射，皆与兵事无涉，施之今日，亦无所用，自应设法变通，力求实用。嗣后武生童考试及武科乡、会试，著即一律永远停止。所有武举人、进士，均令投标学习。其精壮之幼生及向来所学之童生，均准其应试入伍。俟各省设立武备学堂后，再行酌定挑选考试章程，以储将才。"⑤ 武举废除后，各省开始整顿兵制，设立新式的武备学堂以选拔将才。北洋、湖北所设武备学堂，山东所设随营学堂，由于已具规模，被设为改革试点，由李鸿章、刘坤一、张之洞和袁世凯等负责扩充发展，这些人后来成为废科举、兴学堂的主要力量。

第二方面为减少科举及第名额。为废除科举制度比较顺利计，清廷不是骤

---

① 严复. 论教育与国家之关系——在环球中国学生会演说//严复集：第一册. 王栻, 主编. 北京：中华书局，2003：166.
② 璩鑫圭, 唐良炎. 中国近代教育史资料汇编：学制演变. 上海：上海教育出版社，1991：4.
③ 同②.
④ 同②.
⑤ 同②5.

废，而是采取分科逐减之法。① 1901 年，张之洞和陈宝箴上筹议变法三疏，请求逐渐减少及第人数。1903 年，袁世凯和张之洞奏请分科递减并科场递减之额，酌量移作学堂取中之额，让天下的士子认识到如果不进学堂，将别无进身之阶，则学堂普兴之日，人才接踵而至之时便可待矣。② 1904 年，张百熙、荣庆、张之洞上奏《奏定学堂章程》："为拟请试办递减科举，注重学堂，俾经费易筹，学堂早设，以造真才而济时艰……臣等公同商酌，拟仍查照臣之洞会同袁世凯原奏分科递减之法……将科举旧章量为变通，从下届丙午科起，每科递减中额三分之一，暂行试办。"③

第三方面为鼓励留学，建立京师大学堂和学部，彻底废除科举制度。在废除科举制度之前，清廷加大力度着各省派遣留学生并鼓励国内士子出国学习。"其游学经费，著各直省妥筹发给，准其作正开销，如有自备旅资出洋游学者，著各该省督抚咨明该出使大臣随时照料。如果学成得有优等凭照回华，准照派出学生一体考验奖励，候旨分别赏给进士、举人各项出身，以备任用，而资鼓舞。"④ 1901 年 9 月，清廷谕各省、府、直隶州及各州、县分别将书院改设大、中、小学堂，其教法当以"四书""五经"纲常大义为主，以历代史鉴及中外政治、艺学为辅，务使心术纯正，文行交修，博通时务，讲求实学。⑤ 1901 年（光绪二十七年）11 月谕政务处，将袁世凯所奏山东学堂事宜及试办章程通行各省仿照举办，新办学堂的具体方案则依照袁世凯所奏山东学堂事宜及试办章程，"拟先于省城立学堂一区，分斋督课，先从备斋、正斋入手，俾初学易于速就。渐有师资，再行次第推广"⑥。学堂课程设置的原则为："参酌中西，而谆谆于明伦理、循礼法，尤得成德达材本末兼资之道。"⑦

1902 年 1 月（光绪二十七年底）谕："兴学育才，实为当今急务。京师首善之区，尤宜加意作育，以树风声，从前所建大学堂，应即切实举办，著

---

① 璩鑫圭，唐良炎. 中国近代教育史资料汇编：学制演变. 上海：上海教育出版社，1991：524.
② 实藤惠秀. 中国人留学日本史. 谭汝谦，等译. 北京：生活·读书·新知三联书店，1983：527.
③ 同②36.
④ 同①6.
⑤ 同①6.
⑥ 同①7.
⑦ 同①7.

张百熙为管学大臣，将学堂一切事宜，责成经理。"① 1902 年 1 月又谕："所有从前设立之同文馆，毋庸隶外务部，著即归入大学堂。"清廷将办学堂定为"当今之急务"，若"再观望迁延，敷衍塞责，咎有攸归，不能为该督抚等宽也"②。

分科逐减两年后，1905 年（光绪三十一年）9 月，直隶总督袁世凯、盛京将军赵尔巽、湖广总督张之洞、两江总督周馥、两广总督岑春煊、湖南巡抚端方会衔奏：立停科举，推广学校。光绪皇帝发布上谕：著即自丙午科为始，所有乡、会试一律停止，各省岁科试亦即停止。③ 至此，科举制度被彻底废除。废科举、兴学堂的过程如表 4－2－1 所示：

表 4－2－1　　　　　晚清"废科举、兴学堂"过程表

时间	废科举	兴学堂
1900 年	下诏变法	参酌中西政治，举凡朝章国政、吏治民生、学校科举、军制财政，当因当革
1901 年	开经济特科	破格求洞达中外时务者
1901 年 8 月 29 日	废八股文 改试策论	讲究实学、考各国政治 西学开始在民间流行④
1901 年 9 月 11 日	停武生童考试及武科乡、会试	停止武科、兴武备学堂 学习西方行军新法
1901 年 9 月 14 日	各州、县将书院改设大、中、小学堂	"四书五经"为纲 西学为辅、讲求实学
1901 年 9 月 17 日	谕各省派学生出洋肄业	东效日本 大都倾向法政 愿习实业者少

---

① 璩鑫圭，唐良炎. 中国近代教育史资料汇编：学制演变. 上海：上海教育出版社，1991：7.
② 同① 8.
③ 同① 523.
④ 1901 年政府明令开设经济特科，废除八股取士，改试策论，当时一些人为了适应社会上这些需要，编辑了大量诸如《皇朝经世文新编》、《时务统考》、《洋务经济统考》和《五大洲各国政治统考》之类的书，占到了西书比例的 9.73%。而时人政论之书的畅销，也从另一个侧面补充了读书人对于西学的认识和策论的需要。这些书都含有多少不等的西学内容，但对西学的概念还很模糊，没有形成知识体系。[张晓灵. 晚清西书的流行与西学的传播. 档案与史学. 2004（1）]

续前表

时间	废科举	兴学堂
1901年11月25日	谕政务处将袁世凯所奏山东学堂事宜及试办章程通行各省仿照举办	兴办学堂 培养师资 教规课程参酌中西
1905年9月2日	立停科举 推广学校	普兴西学、广开民智 体用兼备

"废科举、兴学堂"这一举措,正如上谕所言:"晚近之学西法者,语言文字制造机械而已,此西艺之皮毛,而非西学之本源也。"这一活动在晚清中国如火如荼地开展着,通过新式学堂教育和出洋留学,中国的年轻人能够走出国门,接触西方的政治学和自然科学。然而西学并非一种智识,而是一种文化。虽然上谕中特别强调"盖不易者三纲五常,昭然如星之照世;而可变者令甲令乙,不妨如琴瑟之改弦"①。尽管清政府限制很严,赴日游学既要经各省督抚保送,又要经驻日公使的批准,且一再训谕学生牢记尊君亲上,不得误听邪说,但也无法改变中国世风和发展之潮流。晚清教育体制改革并非如清廷所愿。很多接受了新式教育的学子不仅没有投入清廷的怀抱,反而组建各种旨在推翻清政府的革命团体,催生了一股旨在推翻清王朝的革命力量,比如:留日学生多习军事,回国后逐渐构成了反清革命的军事力量,加之各省督抚对留日归国的军校毕业生极为重视,如湖广总督张之洞邀请吴禄贞,东三省总督赵尔巽邀请蒋方震,云贵总督李经羲邀请蔡锷等,并让他们充当新军的协统、标统,这便为辛亥革命的爆发奠定了基础。

2. 建立学部:教育转型成体制内要务

1898年戊戌变法失败,作为维新变法仅存的硕果之一的京师大学堂,取代国子监,各省学堂均归大学堂管辖②,在清末新政时期得以继承,并成为晚清政府推行新政的着手点。

1901年,清廷谕各省会建立武备学堂,随后清廷又谕除京师已设大学堂应行切实整顿外,著各省所有书院于省城的均改设大学堂,各府及直隶州的均改

---

① 璩鑫圭,唐良炎. 中国近代教育史资料汇编:学制演变. 上海:上海教育出版社,1991:1.
② 杜秋华. 清末学部述评. 江西师范大学学报,1990 (4).

设中学堂，各州、县的均改设小学堂，并多设蒙养学堂。① 1902 年，命管学大臣张百熙专主此事。张百熙参酌欧美、取法日本，制订了新的《钦定学堂章程》，即"壬寅学制"，此学制清廷虽颁布，但未能实行。1903 年，张之洞等人奏《改订学堂章程》，建议设立总理学务大臣统辖全国学务，而京师大学堂的事务则另设大学堂总监管理，据此，清廷又颁布了《奏定学堂章程》，即"癸卯学制"，拟成《初等小学堂章程》《高等小学堂章程》《中学堂章程》《高等学堂章程》《大学堂章程（附通儒院章程）》，学堂教育的宗旨转变为："无论何等学堂，均以忠孝为本，以中国经史之学为基，俾学生心术一归于纯正，而后以西学渝其智识，练其艺能，务期他日成材，各适实用，以仰副国家造就通才、慎防流弊之意。"②

1905 年，山西学政宝熙上奏："此后普及之教育，日推日广，则学堂之统系，愈重愈繁，欲令全国学制，画一整齐……必须有一总汇之区，始足以期日臻进步……公议速行设立学部……近仿日本文部之成规，遴选通才，分研教育行政之法，总持一切……实于全国学务大有裨益。"③ 建议清廷仿照日本文部省的制度，设立学部，并将礼部裁并至学部。除此之外，宝熙还提出了三条建设学堂的意见：第一，学堂教员宜列作职官并优以俸薪；第二，统一教材，由编译处统加审定，择其善者暂作为各学堂应用之书；第三，统一学生的冠服。同年清廷谕令："前经降旨停止科举，极应振兴学务，广育人才，现在各省学堂，已次第兴办，必有总汇之区，以资董率而专责成，著即设立学部，荣庆调补学部尚书，学部左侍郎著熙瑛补授，翰林编修严修，著以三品京堂候补，署理学部右侍郎。国子监即古之'成均'，本系大学，所有该监事务，著即归并学部。……各省学政事宜，著即归学务大臣考核，毋庸再隶属礼部。"④ 至此学部得以成立。1906 年，学部奏酌拟学部官制并归并国子监事宜改定缺额折，拟定学部官制为五司，分别是总务司、专门司、普通司、实业司、会计司，每司分设数科总管全国学务，成为全国管理教育的最高行政机关。⑤

---

① 璩鑫圭，唐良炎. 中国近代教育史资料汇编：学制演变. 上海：上海教育出版社，1991：7.
② 同①289.
③ 舒新城. 中国近代教育史资料. 北京：人民教育出版社，1981：270.
④ 杜秋华. 清末学部述评. 江西师范大学学报，1990（4）.
⑤ 同③273.

1906年3月,学部奏陈教育宗旨折提出:"今中国振兴国务,固宜注重普通之学,令全国之民无人不学,尤以明定宗旨、宣示天下为握要之图……中国民质之所最缺而亟宜箴砭以图振起者有三:曰尚公,曰尚武,曰尚实……中国之大病:曰私,曰弱,曰虚,必因其病之所在而拔其根株,作其新机,则非尚公、尚武、尚实不可也。"① 学部奏陈的教育宗旨折表明,清末新政时期的教育体制转型有三个大的方向,分别对应着三种教育改革,即:道德教育、军国民教育、实利教育。具体内容如表4-2-2所示:

表4-2-2　　　　　　　　　学部所拟教育改革

转型方向	教育类型	举措和目标
尚公	道德教育	总以尚公为一定不移之标准,于公德之旨,团体之效,条分缕析,辑为成书
尚武	军国民教育	凡中小学堂各种教科书,必寓军国民主义,体操一科,幼稚者以游戏体操发育其身体,稍长者以兵式体操严整其纪律
尚实	实利教育	宜取浅近之理与切实可行之事以训谕生徒,修身、国文、算术等科皆举易知易从者勖之以实行,课之以实用,其他格致、画图、手工皆当视为重要科目,以期发达实科学派

尚公的教育改革举措和目标为:"今欲举支离涣散者而凝结之,尽自私自利者而涤除之,则必于各种教科之中,于公德之旨,团体之效,条分缕析,辑为成书,总以尚公为一定不移之标准,务使人人皆能视人犹己,爱国如家。盖道德教育莫切于此矣。"②

尚武的教育改革举措和目标为:"全国学校隐寓军律,童稚之时养成刚健耐苦之质地……凡中小学堂各种教科书,必寓军国民主义,俾儿童熟见而习闻之。国文、历史、地理等科,宜详述海陆战争之事迹,绘画炮台兵舰之图形,叙列戍穷边使绝域之勋业;于音乐一科,则恭辑国朝之武功战事,演为诗歌,其后先死绥诸臣尤宜鼓吹扢扬,以励其百折不回视死如归之志;体操一科,幼稚者以游戏体操发育其身体,稍长者以兵式体操严整其纪律,而尤时时勖以守秩序,养威重,以造完全之人格。"③

---

① 璩鑫圭,唐良炎.中国近代教育史资料汇编:学制演变.上海:上海教育出版社,1991:534-536.
② 同①536.
③ 同①537.

尚实的教育改革举措和目标为："凡中小学堂所用之教科书，宜取浅近之理与切实可行之事以训谕生徒，修身、国文、算术等科皆举易知易从者勖之以实行，课之以实用；其他格致、画图、手工皆当视为重要科目，以期发达实科学派；教员于讲授之际，凡有事实之可指者，必示以实物标本……且时导学生于近地游行，以为实地研究之助，与汉儒之实事求是、宋儒之即物穷理隐相符合。"①

上述改革大致奠定了中国近代教育的宗旨。1912 年 9 月 2 日，民国教育部将这一教育宗旨凝练为："注重道德教育，以实利教育、军国民教育辅之，更以美感教育完成其道德。"②

随着科举制度被废除和新学制的出台，新式学堂纷纷建立。据 1907 年学部统计，京师有学堂 127 所，直隶有 4 519 所，湖北有 1 298 所。到 1910 年，全国兴办的各类学堂达到 42 444 所，学生总数达到 156 万余人。③ 自清廷下诏变法以来，"教育改革无疑是各项改革中进行得最广泛、最深入的一项，因而它的影响也显得最深刻、最持久"④。

3. 建立新军：武备学堂和军事制度改革

1901 年，清廷谕停武生童考试及武科乡、会试。"所有武举人、进士，均令投标学习。其精壮之幼生及向来所学之童生，均准其应试入伍。俟各省设立武备学堂后，再行酌定挑选考试章程，以储将才。"⑤ 同年，清廷谕："查北洋、湖北所设武备学堂，及山东所设随营学堂，均已办有规模，即责成李鸿章、刘坤一、张之洞、袁世凯等，酌量扩充，认真训练……其余各省，即著该督抚设法筹建，一体仿照办理，以归画一。"⑥ 各省开始仿照北洋、湖北、山东兴办武备学堂，已办武备学堂者则酌予扩充。1904 年，练兵处制定《陆军学堂办法》，规定：陆军学堂分为正课学堂、陆军速成学堂和速成师范学堂三类，各省应于省会设立讲武堂一所，为各省现役军官研究武学之所。1904 年到 1907 年，各省

---

① 璩鑫圭，唐良炎. 中国近代教育史资料汇编：学制演变. 上海：上海教育出版社，1991：538.
② 舒新城. 中国近代教育史资料. 北京：人民教育出版社，1981：223.
③ 彭辉志. 慈禧的"新政"与清朝的覆灭. 娄底师专学报（社会科学版），1987（3）.
④ 许纪霖，等. 中国现代化史. 上海：上海三联书店，1995：218.
⑤ 同①5.
⑥ 同①7.

开设的陆军小学堂、中学堂等30多所，推进了晚清军事教育的转型。① 与此同时，晚清的军制改革也随即开展，近代中国陆军军制改革如表4-2-3所示：

表4-2-3　　　　　　　　晚清中国陆军军制改革表②

时间	阶段	变革内容
1852—1864年	湘军时期	改绿营旧制为勇营制度
1862—1894年	淮军时期	沿用勇营旧制，教练及兵器两者则已采用西法
1894—1903年	甲癸练兵时期	张之洞练自强军、护军营，袁世凯练新建陆军、北洋军，中国新式陆军开始萌芽
1903—1911年	陆军成立时期	设立练兵处，颁布《陆军学堂办法》，中国新式陆军正式成立

1901年9月，清廷颁布练兵上谕："前因各省制兵防勇，甚为疲弱，业经通谕各省督抚认真裁议，另练有用之兵。""著各省将军督抚，将原有各营严行裁汰，精选若干营，分为常备、续备、巡警等军，一律操习新式枪炮，认真训练，以成劲旅。"督办政务处随即发布指令："现行营制饷章不合时用，亟宜通盘筹划，大加厘订，俾各省均归一律。"③ 但清廷此次整顿陆军并未在全国推广开来，唯北洋、湖北积极响应、颇具规模。④

1902年，清廷发布划一全国军制上谕，提出了实施划一全国军制的具体办法："查北洋、湖北训练新军，颇具规模，自应逐渐推广，所有河南、山东、陕西、山西各省著速即选派将弁头目赴北洋学习操练，江苏、安徽、江西、湖南各省选派将弁头目赴湖北学习操练。俟练成后，即发回各原省令其管带新兵，认真训练，以资得力而期画一……其详细章程，著袁世凯、张之洞妥议会奏，请旨遵行。"⑤ 袁世凯、张之洞所练新军成为晚清军事改革的两大示范。同年，袁世凯在参照八旗、绿营、湘军兵役制度的合理成分，借鉴德国、日本兵役制度的基础上，拟定北洋新军兵役制度。⑥ 1903年，清廷于京师设练兵处，派庆

---

① 甘少杰，等. 试论清末新政时期的军事教育改革. 河北师范大学学报，2013（9）.
② 罗尔纲. 晚清兵志：第一卷. 北京：中华书局，1999：导言1-2.
③ 施渡桥. 论袁世凯的建军治军和军事教育思想. 军事历史研究，2001（1）.
④ 罗尔纲. 晚清兵志：第三卷. 北京：中华书局，1999：191.
⑤ 同④192.
⑥ 北洋新军的招募条件、招募程序、兵役期限等内容，可参见：袁世凯. 拟定募练新军章程立案折//来新夏. 北洋军阀（一）. 上海：上海人民出版社，1988：753，751-752；袁世凯. 北洋创练常备军营制饷章折//来新夏. 北洋军阀（一）. 上海：上海人民出版社，1988：757.

亲王奕劻总理练兵事务，直隶总督袁世凯为会办练兵大臣，户部侍郎铁良襄办。练兵处的设立是晚清军事制度改革的重要里程碑，意味着改革在行政体制上有了保障，出现了专门用以统筹全国编练新式陆军事宜的行政机构，中国陆军军制的变革进入第三个时期，即新建陆军时期。

日俄战争爆发前夕，中国处于两难境地，袁世凯上奏清廷扩充北洋军以应事变。日俄战争爆发后，北洋常备军从一镇扩张成立三镇。清政府随即奏准新的陆军章制，首定章制三种，即各项制略、营制和饷制①，令各省遵照编练新军，预定全国常备兵额为三十六镇。1904 年，北洋常备军三镇成立，袁世凯遵照陆军新制改编，1905 年考验合格，被编为陆军第二、第三、第四镇，由袁世凯编练的京旗常备军被编为陆军第一镇，北洋陆军四镇得以建成。经练兵处奏准，清廷将张之洞建立的自强军两千余人与袁世凯所练新建陆军武卫右军合并，改编为陆军第六镇，山东改编一镇，为陆军第五镇，至此，北洋六镇告成。②1906 年，练兵处、太仆寺并入兵部，改称陆军部。

受限于军饷等因素，全国建立新式陆军的进展并不迅速。至 1907 年，已经成镇考验奉旨编定的只有近畿第三镇，直隶第二镇、第四镇。其余具报成镇的也只有近畿第一镇、第五镇和第六镇，湖北第八镇，此外各省或甫成一镇，或先成两协及一协一标，并有未经编练的。见此情形，陆军部奏请清廷按省分配兵区，限年编练，专设陆军速成学堂，明定各省学额，按年考收，两年半毕业，以期三五年后培育出多数初级军官，供军队任使。计应编之三十六镇，唯近畿镇数较多，其余均按各省情形分别编配，分定年限，统于限内一律编练足额，并发布《陆军三十六镇按省分配限年编练章程》，列出了陆军三十六镇按省分配限年编练的计划。③

按照原计划，自近畿以至各省共设三十六镇，其中袁世凯所练的北洋陆军六镇归陆军部直接筹练，其余三十镇则由各省疆吏筹练。各省如果饷项支绌，不能一时照章编立成镇，其第一年一镇中先设步队甲协两标，马、炮队各一甲营，工程、辎重各一队，递年陆续加增，自可逐渐成镇。此外，陆军部还设有

---

① 各项制略、营制和饷制的详细内容可见：罗尔纲. 晚清兵志：第四卷. 北京：中华书局，1999：223。

② 罗尔纲. 晚清兵志：第四卷. 北京：中华书局，1999：202-203.

③ 陆军三十六镇按省分配限年编练的计划，详见：罗尔纲. 晚清兵志：第四卷. 北京：中华书局，1999：198。

负责考核的机关,三十六镇陆军限年编立,各省疆吏不得不尽力而为。但由于清廷财政困难,各省又入不敷出,除北洋六镇外,其他各处多因财政困难,无法依限成立,建立三十六镇新军的计划最终搁浅。① 吊诡的是,晚清建立新军的初衷是巩固清朝的统治,却培育了中国推翻清政府统治的革命力量。孙中山在日本设立同盟会后,即选拔军事骨干李烈钧等回国赴各省参加新军。② 多数地区的新军后来都成了辛亥革命的重要军事力量。

4. 行政改革和财政改革

庚子赔款后,清廷出现了巨额的财政赤字,面临着巨大的财政压力。清廷的财政压力主要来自两个方面:其一为战争赔款,其二为清末新政的改革支出。首先是战争赔款,清政府签订的《辛丑条约》,需要赔偿各国4.5亿两白银,分39年还清,共需支付本息9.82亿两。面对巨额战争赔款,清政府只能责令各省分担凑足。各省分担额,山西省最高,每年270万两,贵州省最低,每年20万两,平均每省100余万两。当时每省的税收年平均仅有1 100余万两,赔偿比例高达9%。其次是清末新政的改革支出,无论是教育改革,还是军事改革,都需要巨额的财政支出作为保障。以建立新军为例,每建一镇的费用为白银100余万两,每年常规经费为200万两,全国编练36镇新军的建军经费和一年的常规经费就达到1.2亿两左右。在1911年3亿多两财政支出预算中,军费达到8 500多万两,占28.5%;交通、实业等近6 300万两,占21.7%;地方自治三项支出为4 000多万两,占13.5%。与新政直接相关的财政支出就占了总支出的三分之二。直隶等九省新政各项费用预算高达4.18亿两白银,超过1911年全国财政总支出。面对如此困窘的财政局面,为了维系自身统治,晚清政府不得不对行政与财政进行改革。③

1901年,清廷发布政改上谕,始设督办政务处:"因变通政治,力图自强,通饬京、外各大臣,各抒所见……此举事体重大,条件繁多,在体察时势,抉择精当,分别可行不可行,并考察其行之力不力,非有统汇之区,不足以专责成而挈纲领,著设立督办政务处。"④ 督办政务处即为清末新政时期总办行政体

---

① 罗尔纲. 晚清兵志:第四卷. 北京:中华书局,1999:211.
② 同①250.
③ 梁若冰. 清末新政、财政崩溃与辛亥革命. 世界经济,2015(6).
④ 张德泽. 清代国家机关考略. 北京:中国人民大学出版社,1981:282.

制改革的特设机构。督办政务大臣分别为奕劻、李鸿章、荣禄、昆冈、王文韶、鹿传霖，刘坤一、张之洞为参预。政务处设立之初，领督办事的为军机大臣，参预的大臣则无定员。①

同年，美、日两国公使代表各国向奕劻、李鸿章等交涉改组总理衙门问题，旋由领衔公使葛罗干来照会说："将总理各国事务衙门改为外务部，冠于六部之首。管部大臣以近支王公充之。另设尚书二人，侍郎二人。尚书中必须有一人兼军机大臣，侍郎中必须有一人通西文西语。均作为额缺，予以厚禄。"② 后在议订《辛丑条约》时提出："总理各国事务衙门必须革故鼎新……其如何变通之处，由诸国大臣酌定，中国照允施行。"③ 鉴于中国与外国交涉日益频繁及各种不平等条约的签订，同年7月，清廷发谕："从来设官分职，惟在因时制宜。现当重定和约之时，首以邦交为重……从前设立总理各国事务衙门办理交涉，虽历有年所，惟所派王大臣等多系兼差，恐未能殚心职守，自应特设员缺，以专责成，总理各国事务衙门着改为外务部，班列六部之前。"④ 清廷这一举措间接地打通了士大夫阶层与西方各国的交流渠道，并逐渐将中国抛入全球化的浪潮之中。⑤

1902年，清廷谕令裁撤詹事府及通政司："詹事府系前明官制，名实本不相符，应即归并翰林院……至通政司，专管题本，现在改题为奏，其官缺着即一并裁撤。"⑥ 1903年，清廷下旨设财政处："从来立国之道，端在理财用人，方今时局艰难，财用匮乏，国与民俱受其病，自非通盘筹划，因时制宜，安望财政日有起色，着派庆亲王奕劻、瞿鸿禨会同户部，认真整顿。"⑦ 同年设立练兵处和税务处，练兵处用以统一军制，编练全国军队。税务处是由外务部和户部分设的机构，各海关所用华、洋人员统归节制，直接管辖总税务司及各关税务司。⑧ 随后又设商部："现在振兴商务，应行设立商部衙门，商部尚书着载振补

---

① 张德泽. 清代国家机关考略. 北京：中国人民大学出版社，1981：282.
② 同①283.
③ 同①283.
④ 同①283.
⑤ 外务部的官职和分工详见：张德泽. 清代国家机关考略. 北京：中国人民大学出版社，1981：283。
⑥ 同①285.
⑦ 同①289.
⑧ 同①290.

授,伍廷芳著补授商部左侍郎,陈璧著补授商部右侍郎。"① 财政处与户部会奏财政事务,衔列户部之上。接着设立巡警部,统管各省巡警。同年,山西学政宝熙奏请设立学部总汇各省学堂事务,清廷下谕批准,学部成立,国子监归并学部。

1905 年,清廷认为变法未见时效,发布上谕:"派载泽、戴鸿慈、徐世昌、端方等,随带人员,分赴东西洋各国考求一切政治,择善而从之。"② 同年又谕设立考察政治馆:"前经特简载泽等出洋考察各国政治,著即派政务处大臣设立考察政治馆,延揽通才,悉心研究,择各国政治之与中国体治相宜者,斟酌损益,纂订成书,随时进呈,候旨裁定。"③ 考察政治馆职能主要有二:其一为考察整理各国政治制度,寻找可借鉴之处,并编纂成书。其二为考察各地实行新政的情况。

1906 年,清廷发布上谕,宣布预备立宪并统一厘定官制,继续深化行政体制改革:"时处今日,惟有及时详晰甄核,仿行宪政……但目前规制未备,民智未开。……廓清积弊,明定责成,必从官制入手,亟应先将官制分别议定,次第更张……以预备立宪基础。"④ 定各部位次为:外务部、吏部、民政部、度支部、礼部、学部、陆军部、法部、农工商部、邮传部、理藩部。

1906 年,政务处与学部会奏:"遵议裁撤学政,请设直省提学使司。"⑤ 清廷批准,各省学政一律改为提学使司,无学政各省则增设。提学使司的职责主要为:"掌教育行政,稽核学校规程,征考艺文师范。"接着改按察使司为提法使司,专管地方司法行政,监督各级审判厅,调度检察事物。另设各级审判厅,负责审判,同时增设巡警、劝业二道,分管警政及农工商业之事。清末地方官制,除增设提学、提法、交涉三司及巡警、劝业二道,其余无大变动。⑥ 1911 年撤销督办政务处,改设责任内阁。

1907 年,为了筹备宪政,奕劻等上奏:"自上年恭奉谕旨预备立宪以来,天下臣民,喁喁望治。……拟请旨将考察政治馆改为宪政编查馆。"⑦ 考察政治馆改为宪政编查馆,主要负责编译国外各国宪法以资备用,调查中国各省的政治情况以为更张之渐。宪政编查馆实际上是一个提议法案机关,与后来成立的资

---

① 张德泽. 清代国家机关考略. 北京:中国人民大学出版社,1981:287.
② 故宫博物院明清档案部. 清末筹备立宪档案史料:上册. 北京:中华书局,1979:1.
③ 同①285.
④ 同①290.
⑤ 同①298.
⑥ 同①299.
⑦ 同①286.

政院息息相关。① 同年，清廷谕："军机大臣、大学士、参预政务大臣会议事宜，着改由内阁办理。"随后，清廷下谕设资政院："立宪政体，取决公论，上下议院，实为行政之本。中国上下议院一时未能成立，亟宜设资政院，以立议院基础。"② 与此同时，各省设立谘议局："前经降旨于京师设立资政院，以树议院基础。但各省亦应有采取舆论之所，俟其指陈通省利病，筹计地方治安，并为资政院储材之阶，著各省督抚均在省会速设谘议局。"③

晚清行政体制改革，从中央层面来看，除军机处、内阁、外务部、吏部、学部保持不变，主要是：财政处并入户部，改称度支部；练兵处、太仆寺并入兵部，改称陆军部；工部并入商部，改称农工商部；太常寺、光禄寺、鸿胪寺并入礼部；巡警部改设为民政部；刑部、理藩院、大理寺分别改称法部、理藩部、大理院；新设邮传部、税务处、资政院、审计院和暂隶陆军部的海军处、军谘处。除外务部外，各部不分满汉，设尚书1名，左右侍郎各1名，各部内部统一设置承政厅、参议厅两个办事机构。从地方层面来看，清末的地方官制，惟增设提学、提法、交涉三司及巡警、劝业二道，其余无大变动。东三省因整顿吏治，改为行百（设总督及三省巡抚），一些新的改革，多由东三省试行。因此，除与各省同例增设之各司、道外，并设有民政使司及度支使司。④

1908年11月，光绪、慈禧先后去世，宣统皇帝溥仪继位，其父载沣担任摄政王。在立宪派推动下，新政改革提前启动，原有的内阁、军机处、会议政务处、宪政编查馆、吏部、中书科、稽察钦奉上谕事件处、批本处等衙门一律裁撤。改组礼部为典礼院、盐政处为盐政院、军谘处为军谘府，增设弼德院参议国务。改革官俸制度，优给行政费用。1911年5月，清廷颁布《内阁官制暨内阁办事暂行章程》，组建首届内阁。内阁由13名阁员组成，满、

---

① 张德泽. 清代国家机关考略. 北京：中国人民大学出版社，1981：287.
② 同① 295.
③ 同① 296.
④ 具体的改革内容有：（1）督抚为行政长官，下辖布政、提学、提法和巡警、劝业、盐、粮、关、河等司道机构。其中巡警、劝业两道新设，其余皆一仍其旧。同时裁撤分守、分巡各道，酌留兵备道。（2）省属地方设府、直隶州、直隶厅和州、县，各级均设长官一员，并分期设立议事会、董事会。（3）设立高等、地方、初级三级审判厅，分别受理各项诉讼及上控事件。（4）督抚衙门各设幕职，分科治事，而各直隶州、直隶厅及各州、县一律裁撤佐贰杂职，酌设警务、视学、劝业、典狱、主计等佐治各官。（故宫博物院明清档案部. 清末筹备立宪档案史料：上册. 北京：中华书局，1979：503-511）

蒙贵族占 9 名（其中皇族 5 名），汉人仅占 4 名，因此又称为"皇族内阁"，清廷假立宪的面目暴露无遗，随即引发立宪派不满。是时，清政府以铁路国有之名，将已归民间所有的川汉、粤汉铁路筑路权收归"国有"，马上又出卖给英、法、德、美四国银行团，以期获得借款，此举引发风起云涌的保路运动。1911 年 10 月 10 日，武汉新军工程营第八营的革命党人打响了起义的第一枪，武昌起义爆发，随即拉开了辛亥革命的序幕，敲响了清朝帝制的丧钟。

三、物竞天择，科技救国

以严复"译书救国"为标杆，晚清中国掀起了一场学习西方科学文化的"大翻译运动"。举国上下竞学自然科学知识，主张科技救国蔚然成风；一系列的新学科开始出现，中国近代学术体系开始成型。与此同时，清廷为了缓解巨额的战争赔款压力，开始着手建立商部、兴办实业，通过颁布工商奖励章程等重商政策，促使官僚、买办、士人竞逐实业，这不仅改变了世人对商人以及商部的看法，更引发了一场文化上的转型以及社会伦理上的变革，培育了一批新兴的企业家阶层。

1. 严复与《天演论》

严复，福建侯官（今福州市）人，1854 年 1 月 8 日出生。上两代均以中医为业，是中医世家。严复 5 岁入私塾，1862 年，转入其五叔严厚甫的私塾，1863 年严复来到省垣苍霞洲，以黄宗彝先生为塾师，并在其指导下继续读经。除了科举应试所需的汉学，黄宗彝还常给严复讲述宋、元、明儒学案以及明代东林党典故，开拓了严复的学术视野，启蒙了严复以国家安危为己任的精神格局。1866 年 8 月，严复之父因救助霍乱病人被传染，不幸病故。

1866 年，左宗棠创办福州船政局，家道中落的严复转而投考福州船政学堂。福州船政学堂是一所西化的学堂，其教育体例参照的是英、法两国海军学校的成规，学习的课程有英文、算术、几何、三角、代数、机械图说操作、地质学、天文学、航海学等。1871 年，严复以优异的成绩毕业并上舰服役，开始了自己的军旅生涯。1877 年，李鸿章、沈葆桢选派道员李凤苞为监督、日意格为洋监督，率领福州船政学堂毕业学生郑清廉、严复等及随员共三十人，分赴法国和英国学习制造与驾驶，期限三年，并制定了《选派船政生徒出洋肄业章程》。严复作为福州船政学堂第一届出洋学生、中国第一批海军留学生之一走出国门，走向了向西方求学之路。1877 年 9 月，英方安排了入学考试，严复等六人顺利通过入学考试，后进入英国格林威治皇家海军学院深造。① 在格林威治皇家海军学院求学期间，严复不仅学习技术知识，还十分注重科学知识的学习，他的学习范围不仅仅局限在海军专业，而且延伸到更开阔的西方文化层面。严复认为："格物致知之学，寻常日用皆寓至理。深求其故，知其用之无穷，其微妙处不可端倪，而其理实共喻也。"② 在当时士人中还流行"西学中源"说，例如，陈炽认为："西教源流根于墨子，摩西（Moses）者，墨翟之转音也，出埃及者，避秦事也。"③ 这样的解释颇有几分《桃花源记》的神逸风格，对此严复则从英文翻译的角度给予了反驳："不识所流传者其字乎，其音乎？其字 Roman Catholic，其音则罗孟·克苏力也，何处觅'天主'二字之谐声、会意乎？""天主"一词为晚明利玛窦为了传教，融合中国文化翻译的词语。④

在这一阶段的学习过程中，严复开始尝试用国学理解并翻译自然科学成果。对于摩擦生电这一科学实验，严复运用《易经》中乾坤、阴阳等范畴来解释电气："即持柄起铜片近下边分许，即发电气，云此为阳电。用指按之，以阴感阳，而后电生。乾电、湿电二者，皆有阴阳之分。"⑤ "因论洋人推测，尤莫精于重学。英人纽登偶坐树下，见苹果坠，初离树，坠稍迟，已而渐疾，距地五尺许，益疾，因悟地之吸力。自是言天文之学者尤主吸力。物愈大，吸力亦大。地中之吸力，推测家皆知之，而终不能言其理之所由。"⑥ 在这里，严复又运用了国学中天、地、人三才的朴素自然观。1878 年 6 月，严复以优异成绩通过学院期末考试得以结业，随即得到郭嵩焘赏识，被内定为教职人员并得以继续在格林威治皇家海军学院深造一个学期。⑦ 严复开始从学习西学转向教授西学。⑧ 1878 年 7 月，严复等人参观了在法国巴黎举办的万国博览会，此行使严复对英

---

① 皮后锋. 严复大传. 福州：福建人民出版社，2003：31-36.
② 同①39.
③ 同①42.
④ 同①41-42.
⑤ 郭嵩焘. 郭嵩焘日记：第三卷. 长沙：湖南人民出版社，1982：515.
⑥ 同⑤517.
⑦ 同①39-40.
⑧ 同①46.

国之外的欧洲世界产生了更加感性的认识，形成更加全面的世界观。严复留洋学习这一段经历对严复之后翻译《天演论》有很大的影响。

1879 年 9 月，严复回国，先到福州船政学堂任教，不久被调往北洋水师学堂。1890 年，严复成为北洋水师学堂总办。但他乡试却屡试不中。还是在李鸿章的帮助下，由海军保案免选知府，以道员（正四品）选用，分发直隶。科举考试的失利以及对科举舞弊现象的深恶痛绝，更加坚定了严复以西学救国的思想。1895 年，北洋水师全军覆没，甲午中日战争以清朝战败告终。这一事件给严复以极大刺激，他为此愤恨不已，随即将救国图存的希望寄托在翻译引入西学之上，开始了其"译书救国"之路。对于这一决定，严复曾对长子严璩说："我近来不与外事，得有时日多看西书，觉世间唯有此种是真事业，必通之而后有以知天地之所以位、万物之所以化育，而治国明民之道，皆舍之莫由。"①

1896 年初，严复得到"达尔文的斗犬"——赫胥黎的《天演论》英文版，他深知此书对于晚清中国时局之意义，便开始翻译。从入夏至重阳节便完成初稿，初名为《赫胥黎治功天演论》。初稿完成后，严复将稿本寄给梁启超参阅，梁启超又录副本转给其师康有为，康有为过目后推崇严复为"中国西学第一人"。严复又抄送一份译稿寄给吴汝纶，并采纳了吴汝纶的修改意见。

1897 年，几经修改的《天演论》终于完成。1898 年上半年，《天演论》通行本正式出版。该书分为两个部分：译著与严复按。严复按这一部分不仅有补充论证，而且有严复对原著的评论。比如：在导言十五《最旨》中，严复按："赫胥黎氏是书大指，以物竞为乱源，而人治终穷于过庶。此其持论所以与斯宾塞氏大相径庭，而谓太平为无是物也。斯宾塞则谓事迟速不可知，而人道必成于郅治。"又如，针对论十五《演恶》赫胥黎之观点指出："至于天演之理，凡属于两间之物，固无往而弗存，不得谓其显于彼而微于此……以天演言之，则善固演也，恶亦未尝非演……必谓随其自至，则民群之内，恶必自然而消，善必自然而长，吾窃未之敢信也……是故好善恶恶，容有未实；而好好色、恶恶臭之意，则未尝不诚也。"可见赫胥黎认为"evolution"是中性词，本身还包含着"退化"的含义，善与恶是共同演化的，最终是善还是恶，赫胥黎是持有保守态度的。但严复在此略去了退化和恶这一层含义，引入斯宾塞"万物进步"之意的"progress"，并且在按语中评价赫胥黎的《演恶》为"通观前后论十七

---

① 严复. 严复集：第三册. 王栻, 主编. 北京：中华书局, 1986：780.

篇，此为最下。盖意求胜斯宾塞，遂未尝深考斯宾氏之所据耳"①。

严复将其翻译的理念确立为"执西用中"，其翻译《天演论》，首要目的并非是传播赫胥黎的进化论思想，而是要借助赫胥黎、斯宾塞等人阐发自己的救国思想。对于书中一些与自己观点不一致的地方，严复或省略，或者在按语中进行批判性理解，进而阐明自己救亡图存之初衷。《天演论》作为"严译八大著作"之一，其内容和思想与原作相差最大，然而其影响却最为深远。② 除了《天演论》，严复翻译的西学著作还有《原富》、《群学肄言》、《社会通诠》和《穆勒名学》等，约200万字。译著广泛涉及政治学、经济学、哲学、逻辑学、法学、美学、社会学等诸多学科，如表4-3-1所示。王国维在《论今年之学术界》中说："唯近七八年前，侯官严氏（复）所译之赫胥黎《天演论》（赫氏原书名《进化论与伦理学》，译义不全）出，一新世人之耳目……嗣是以后，达尔文、斯宾塞之名，腾于众人之口；物竞天择之语，见于通俗之文。顾严氏所奉者，英吉利之功利论及进化论之哲学耳，其兴味之所存，不存于纯粹哲学，而存于哲学之各分科，如经济、社会等学，其所最好者也。"③

表4-3-1　　　　　　　　　　严复出版译著表④

译著名	原书名	原书出版时间	翻译时间	译著字数	译著出版时间
《天演论》	Evolution and Ethics	1894年	1896年	6万	1898年
《支那教案论》	Missionaries in China	1892年		3万	1899年
《原富》	An Inquiry into the Nature and Causes of the Wealth of Nations	1776年	1896—1901年	55万	1901—1902年
《群学肄言》	The Study of Sociology	1900年	1897—1903年	22万	1904年
《社会通诠》	A History of Politics	1900年	1903年	11万	1905年
《美术通诠》				2万	1906—1907年
《马可福音》	Mark		1907年底或1908年初	0.3万以上	1908年

---

① 严复. 严复集：第五册. 王栻, 主编. 北京：中华书局，1986：1 392.
② 闫亮亮, 等. 严复"中先西后"观及其对翻译《天演论》的影响. 中国比较文学，2010 (3).
③ 王天根. 严复与近代学科. 清史研究，2007 (1).
④ 同②.

续前表

译著名	原书名	原书出版时间	翻译时间	译著字数	译著出版时间
《穆勒名学》	A System of Logic	1843 年	1900—1902 年	29 万	1912 年
《法意》	The Spirit of Laws	1743 年	1903—1909 年	52 万	1913 年
《中国教育议》			1914 年	2.3 万	1914 年
《欧战缘起》			1915 年	1.2 万	1915 年
《名学浅说》	Primer of Logic	1870 年	1908 年	9.5 万	1921 年

严复的译著作推进了晚清中国学科体制的转型，将"西学东渐"从知识层面上升到学科体制层面，为晚清中国的近代化变革提供了学术理论支持，故而康有为推崇严复为"中国西学第一人"。在这场"大翻译运动"之后，竞学自然科学，主张科技救国，逐渐成为晚清社会的新风尚。

2. 竞学自然科学，主张科技救国

晚清中国爆发了一系列内外战争，这些战争不仅给中国传统社会造成巨大动荡，更以"船坚炮利"这种强硬的方式彰显了西方科学技术的力量。这种难以对抗的科技威力迫使清廷从"天朝上国"美梦中惊醒，开始去面对并接受西方先进的自然科学。于是，举国上下竞学自然科学，主张科技救国蔚然成风。

晚清中国竞学自然科学，主要内容可以分为两个层面，第一个层面是对"何为西学"以及"何为科学"的追问与学习，第二个层面则是对具体的自然科学知识的学习。就第一个层面而言，晚清国人对"何为西学"以及"何为科学"进行了细致的分析，比如：将"西学"区分为"西艺"与"西政"，这是一种从较笼统的"西学"中区分出"科学"的尝试。除此之外还对"西政"进行了细分，将"西政"划分为"文学门"和"艺术门"①、"溥通学"

---

① 张元济创办通艺学堂，开设了"文学门"和"艺术门"两类课程，前者包括舆地学、泰西近史、名学、计学、公法学、理学、政学、教化学等9门课程，后者包括算学、几何、化学、格致学、天学、地学等10门课程；而"文学门"中的"名学"就是西方近代逻辑学，"计学"就是西方近代经济学，"公法学"就是西方近代法学中的国际公法，"理学"就是西方近代哲学，"政学"就是西方近代政治学，"教化学"就是西方近代伦理学。[肖朗，王鸣. 近代中国科学观发展轨迹探析——以清末民初 science 概念内涵的演化为中心. 浙江大学学报（人文社会科学版），2013（6）]

和"专门学"① 等。对"西学"分析与理解又构成了晚清新式学堂设置学科的参考标准。追问"何为科学"成了这一时期晚清学者们共同关注的问题,以此问题为原点,又催生一批推介自然科学的著作,如表4-3-2所示:

表4-3-2　　　　　　　　晚清推介科学的著作表

时间	著者	著作
1909年（英文版） 1911年（中译本）	容闳	My Life in China and America 《西学东渐记》
1897年	康有为	《日本书目志》
1898年	张之洞	《劝学篇》
1902—1911年	梁启超	《进化论革命者颉德之学说》 《格致学沿革考略》《学与术》
1902年	王国维	《论教育之宗旨》
1898—1909年	严复	《天演论》《原富》《群学肄言》《社会通诠》 《穆勒名学》《法意》《群己权界论》《名学浅说》
1901年	蔡元培	《〈化学定性分析〉序》

随着"西学"不断地被细分,"西学"的内涵开始产生变化。在笼统的"西学"之中逐渐出现了一个新的名词,即后来取代"格致",我们现在称之为"科学"。1897年,康有为在《日本书目志》中将"科学"作为近代 science 的新译词引入中国,又通过上述分类法向国人间接介绍了西方近代 science 的基本特征("学术分科""分科治学")②,此时"科学"与"格致"两词开始并存。随后"中国西学第一人"严复在其《原富》中,以格致、格物指代物理、化学等具体自然科学学科,而以"科学"指代包括自然科学与社会科学在内的各门理论科学。在翻译《逻辑体系》时,将 science 翻译为"科学",将 natural philosophy 译为"格物",这种情况一直持续到清朝灭亡,并延续到民国初年。

---

① 梁启超在《湖南时务学堂学约》中将时务学堂讲授的课程分为两类:其一为"溥通学",包括经学、诸子学、公理学、中外史志;其二为"专门学",包括公法学、掌故学、格算学。[肖朗,王鸣. 近代中国科学观发展轨迹探析——以清末民初 science 概念内涵的演化为中心. 浙江大学学报（人文社会科学版）,2013（6）]

② 肖朗,王鸣. 近代中国科学观发展轨迹探析——以清末民初 science 概念内涵的演化为中心. 浙江大学学报（人文社会科学版）,2013（6）.

一些从海外归国的留学生越来越认为有必要为西方科学取一专门的术语，从而超越早先将中国传统自然研究引入现代科学的做法。科学语言的出现意味着近现代科学的内涵开始在中国文化中生根发芽，也意味着科学文化开始在中国流行。正如王国维在其《论新学语之输入》中所言："言语者，思想之代表也，故新思想之输入，即新言语输入之意味也。"1903 年，王国维在《论教育之宗旨》中指出："知识又分为理论与实际两种……科学如数学、物理、化学、博物学等，皆所谓理论之知识。"① 至此，晚清国人对西学的理解从"格物之学"进一步深入到"科学"，对"西方科技"的理解也开始从"学以致用"的实用层面上升为"学不致用"的学理层面。

晚清政府于 1905 年正式废除科举，中国的教育逐渐走向近代国民教育和高等教育。在以新式学堂为核心的教育体制下，自然科学教材风靡于世，科学报刊发行，各种科学课程出现在学堂中。上自士大夫、留学生，下至平民百姓，均以学习科学为业，以"科学救国"为导向的思潮流行于世。从期刊报纸来看，1903 年，综合性自然科学月刊之一《科学世界》发刊，办刊宗旨为："开通风气"。其设置的"画图"、"原理"、"论说"和"教科"等 9 个栏目内容均涉及自然科学。1907 年，由留日学生组织的科学研究会创办了《科学一斑》，宣传科学救国。主办者认为："科学者，文明发生之原动力也"，"学术之衰落乃使我国势堕落之大原因也"。1908 年，京师大学堂留日学生编辑社创办《学海》，意在向国内介绍欧美各国的社会科学和自然科学理论知识。② 国内的科技类报刊则有《实学报》《农学报》《格致学报》等。③ 再从西学译著上来看，1860 年至 1900 年间，共出版各种西书 555 种。清末新政以来，仅就 1904 年出版的《译书经眼录》来看，收录的 1900—1904 年出版的主要译著已达 533 种，其数量约相当于以往 40 年的总和。再者是介绍科学的新式教科书数量急剧增加，1905 年科举制度废除后，大量青年学子选择进入新式学堂接受新式教育，如表 4-3-3 所示：

---

① 王国维. 论教育之宗旨. 教育世界, 1906, 56; 朱发建. 清末国人科学观的演化：从"格致"到"科学"的词义考辨. 湖南师范大学社会科学学报, 2003 (4).

② 咏梅，等. 清末留日学生创办科学期刊中的物理学内容分析. 内蒙古师范大学学报（自然科学汉文版），2013 (1).

③ 陈春鸣，陈寒鸣. 科学与中国的近代化——论晚明清初到清末民初的科学思想. 燕山大学学报（哲学社会科学版），2009 (2).

表 4-3-3　　　1907—1909 年全国高等专门学堂、学生数量表[①]

地区	年份	学堂（所）	学生（人）
京师	1907	5	1 478
	1908	7	2 122
	1909	7	2 009
各省	1907	74	12 639
	1908	84	16 590
	1909	104	18 639
合计	1907	79	14 117
	1908	91	18 712
	1909	111	20 648

为了配合新式学堂的教育课程，又催生了诸多科学类教科书。1903 年，文明书局出版的"蒙学科学全书"，按现代科学门类分科，有文法、中国历史、东（西）洋历史、中（外）国地理、笔算、珠算、天文、地文、地质、植物、动物、格致、化学、卫生、体操等。1903 年出版的《蒙学格致教科书》第一课介绍的就是科学试验方法："就天然之现象以窥其真际，曰观察。从器械作用之现象以得其佐证，曰试验。"《蒙学化学教科书》则对物质不灭、化合物、化合及分解等科学知识进行了科普。《蒙学卫生教科书》则对人体的维丝血管、解剖学、人之有梦、人脑进行了科普。关于逻辑方法，也出现了一批逻辑教科书，如 1903 年文明书局出版的《名学教科书》，1906 年河北译书社出版的《论理学》，1908 年文明书局出版的《最近论理学教科书》。当时许多中学，如南开高级中学、北京高等师范附属中学、南京高等师范附属中学都开设了逻辑课程。[②] 1904 年的"最新教科书"，是我国第一套现代意义上的教科书。此外，日本科学译著被大量引入，不少日本科学术语成为汉语的一部分，一直沿用至今，比如：经济、物理、哲学、生产力、逻辑、归纳、演绎、警察、社会、竞争、进化、唯物、唯心等。[③] 科学教科书的普及使晚清民智大开。

[①] 张亚群. 废科举与学术转型——论清末科学教育的发展. 东南学术，2005（4）.

[②] 钱承驹. 蒙学格致教科书. 上海：文明书局，1905：介绍页；石鸥，吴小鸥. 清末民初教科书的科学启蒙. 高等教育研究，2012（11）.

[③] 石鸥，吴小鸥. 清末民初教科书的科学启蒙. 高等教育研究，2012（11）.

随着期刊报纸、西学译著以及新式教科书的风靡，科学话语在晚清中国逐步得以规范并开始系统化，清末民众的科学理性启蒙进入鼎盛期。其时，"科学"在中国成为"救国"的代名词，正如 1923 年胡适所言："这三十年来，有一个名词在国内几乎做到了无上尊严的地位；无论懂与不懂的人，无论守旧和维新的人，都不敢公然对它表示轻视或戏侮的态度。那个名词就是'科学'。"①竞学自然科学、主张科技救国成为当时的社会思潮。文化变革是社会变革的风向标。传统经学等正统走向衰落，科学文化不可阻挡地在中国兴起。②

3. 建立商部：实业兴，人心变

庚子赔款后，晚清政府面临着巨大的还款压力，巨额的债务催生出了一只"看不见的手"，将中国推入世界近现代化的进程之中，中西两种文明在"巨额赔款"这种特殊的经济关系下展开对话，迫使清廷着手兴办实业以缓解财政赤字和债务压力，且对传统中国的经济体制做出改革。但是，由于受到重农抑商等传统思想的影响，在中国现有体制下建立商部、开展商务、推广商业文化对于清廷而言又是十分陌生的，这迫使清廷不得不打开国门，学习外国的商务管理。

1902 年清廷选派庆亲王长子——贝子衔镇国将军载振赴欧美和日本考察商务，10 月载振回国，随即向光绪帝上递《敬陈管见折》，提出设立商部的请求。同年 11 月，庆亲王奕劻奏请设立商部，以为振兴商务之用。1903 年，清廷颁发谕旨，命订商律："通商惠工为古今经国之要政。自积习相沿，视工商为末务，国计民生，日益贫弱，未始不因乎此，亟应变通尽利，加意讲求。兹据政务处议覆，载振奏请设商部，业经降旨允准。兹著派载振、袁世凯、伍廷芳先订商律，作为则例。俟商律编成奏定后，即行特简大员开办商部。"③ 同年，清廷颁发上谕："现在振兴商务，应行设立商部衙门，商部尚书著载振补授，伍廷芳著补授商部左侍郎，陈璧著补授商部右侍郎。所有一切事宜，著该部尚书等妥议

---

① 胡适. 科学与人生观//欧阳哲生. 胡适文集（3）. 北京：北京大学出版社，1998：151；肖朗，王鸣. 近代中国科学观发展轨迹探析——以清末民初 science 概念的演化为中心. 浙江大学学报（人文社会科学版），2013（6）.

② 张亚群. 废科举与学术转型——论清末科学教育的发展. 东南学术，2005（4）.

③ 戴逸，李文海. 清通鉴：第 20 册卷 260. 太原：山西人民出版社，2000：8740；魏明枢. 张振勋与晚清商部. 太平洋学报，2009（1）.

具奏。"① 1904年，颁布商律中的《公司律》一百三十一条及卷首的《商人通例》九条。1906年，工部并入商部，改称农工商部。

若从社会文化层面上来看，商部的成立意味着商业文化兴起与商人的抬头，"四民并列，士属先尊"，商人一直被认为是"四民"之中地位最低的，商部自然也会受到一些负面的评价，当时便有人评价商部为："自有商部，而吾商人乃转增无数剥骨吸髓之痛，天下名实不相副之事乃至如此。"② 为了改变这一局面，清政府先后颁布了五个奖励工商的章程，如表4-3-4所示：

表4-3-4　　　　　　　　　　清政府奖励工商章程表

年份	历史时期	章程名称
1898	戊戌维新	《振兴工艺给奖章程》
1903	清末新政	《奖励华商公司章程》
1906	清末新政	《奖给商勋章程》
1907	清末新政	《改进奖励华商公司章程》
1907	清末新政	《爵赏章程和奖牌章程》

其中，《奖励华商公司章程》中提到：最低的集股50万元以上，奖给商部五等议员，加七品顶戴。最高的集股5 000万元以上，奖给商部头等顾问官，加头品顶戴双龙金牌，而且准其子孙世袭商部四等顾问官。所有受奖之人不需要到商部去当差，对商部的建议可以通过函件转达。③《爵赏章程和奖牌章程》则对商人进行爵赏。五个奖励工商的章程颁布之后，逐渐改变了商人"四民之末"的社会地位以及"贱商"的传统观念，商人的社会地位出现了较大的改善："由是中国人耳目一新，凡朝野上下之所以视农工商，一与农工商之所以自视，位置较重。"④ 国人对商业的认知也发生了较大的转变："国势之强弱，人种之盛衰，实为商业左右之，生死之。"⑤ 此外，1903年，清政府还发布了对归国华侨的奖励措施，"其身家财产均责成各省督抚严饬地方官切实保护"，吸引了许多华侨归国兴办实业。随后，"民之投资于实业者若鹜"，商办

---

① 德宗实录（七）：卷五一九//清实录：第五八册. 北京：中华书局，1987：856.

② 郝温娜. 试论晚清商部的作用. 赤峰学院学报（汉文哲学社会科学版），2010(3).

③ 钟丽红. 清末奖励工商章程述评. 科技情报开发与经济，2011（13）.

④ 十年来中国政治通览. 东方杂志，1913，9（7）.

⑤ 同②.

企业如雨后春笋，推动了民族工业的发展以及新兴资产阶级的壮大。商部成立后中国兴办实业的数量和资本总量比过去半个世纪的总和还要多，具体情况如表4-3-5所示：

表4-3-5　　　　商部成立后中国兴办实业的数量和资本总量[①]

时间	历史时期	设厂数	平均每年设厂数	资本额（百万元）	平均每年资本额（百万元）
1872—1894年	洋务运动时期	74	3.2	18.1	0.79
1895—1898年	甲午中日战争至戊戌维新时期	61	15.3	17.67	4.41
1899—1900年	变法失败至庚子国变时期	21	10.5	11.04	5.52
1901—1903年	清末新政初期	29	9.7	6.25	2.08
1904—1911年	商部成立，颁布奖励工商章程时期	311	38.9	95.6	11.95

注：统计口径为商办、官办或官商合办以及中外合办的所有实业。

清廷建立商部、兴办实业并非有意推动中国的近代化，其初衷在于巩固自身对中国的统治，但最终却改变了人心，促进了中国社会的近代化。清廷成立商部间接地孕育了中国新兴资产阶级，它"代表着一个还在同封建社会的残余进行斗争、力图清洗经济关系上的封建污垢、提高生产力、使工商业获得新的发展的资产阶级"[②]。从这个角度来看，晚清建立商部、兴办实业也是一次突破中土固有文化、构建全新的社会形态，进而与世界接轨的一次启蒙。要想兴办实业，就需要改变世人对商人以及商部的看法，而改变世人的看法，归根到底还是需要一种文化上的转型以及社会伦理上的变革。

4. 竞逐实业：官僚、买办、士人企业家

晚清清廷所推行的一系列辅商、重商政策，催生出了官僚、买办、士人竞逐实业的社会现象。在竞逐实业的人群中又有三种不同的价值取向，对应着不同类型的新兴企业家，即：官僚型企业家、买办型企业家以及士人型企

[①] 严中平. 中国近代经济史统计资料选辑. 北京：科学出版社，1955：93；郝温娜. 试论晚清商部的作用. 赤峰学院学报（汉文哲学社会科学版），2010（3）.
[②] 马克思恩格斯选集：第1卷. 北京：人民出版社，2012：234.

业家。

官僚型企业家。官僚型企业家的主要身份是官员,即被授予实官的清廷士大夫,晚清很多官僚加入了这一行列。兴办实业的官僚企业家中既有入商部又投身商界的士大夫,例如:太仆寺卿张振勋,其官职级别很高且非虚衔,并"充商部考察外埠商务大臣、督办闽广农工路矿事宜"①。也有洋务运动以来兴办实业的官员,这类官僚实业家重在争夺官办企业的控制权,以图垄断国家的某种实业,例如盛宣怀,即为其中典型。1873 年,盛宣怀受李鸿章委派任轮船招商局会办,后又调署天津海关。1893 年,重开李鸿章筹办的上海机器织布局,并改名为华盛纺织总厂。甲午中日战争后,又接手湖广总督张之洞的汉阳铁厂,又开办萍乡煤矿。先后被授予太常寺少卿、大理寺少卿。1897 年,铁路总公司在上海正式成立,盛宣怀以四品京堂候补督办铁路总公司事务,同年,又在上海主持开办了中国第一家官办新式银行——中国通商银行。盛宣怀陆续接管全国电报、轮船、银行、铁路、煤矿、纺织等大政。1900 年充会办商务大臣,1902 年补授工部左侍郎,1908 年补授邮传部右侍郎,1911 年被任命为邮传部尚书。可以说盛宣怀是晚清名副其实的官僚企业家。② 还有一种情况是有了钱再买官的官僚型企业家,他们经商的最终目的是纳赀得官、厕身缙绅之列,这类企业家以江苏地区最为泛滥。③ 据《清末苏州商会档案》第三届职员表统计,苏州商会绅商功名、职衔 85% 来自捐纳,仅有 15% 来自科举。这说明在苏州经由科举博取功名而转入商场的仕子为少数,而由商而仕却是主流。④ 此类企业家所秉持的思维实际上跟"学而优则仕"的科举思维并无不同,只是将"学"换成了"商",即"商而优则仕","兴办实业"成其获取功名的手段。

买办型企业家。买办型企业家既非官僚,也非士人,而是中国本土新生的社会阶层。第一次鸦片战争结束后,外商获得自由雇用买办的特权,随着行商制度的取消,买办开始取代行商和通事的地位,后随着清朝开埠通商以及外商在华贸易的扩大,充当中外贸易中介人的买办阶层开始出现,这一新兴的阶层成长为买办型企业家。就其社会角色而言,买办型企业家处于传统的士绅社会

---

① 魏明枢. 张振勋与晚清商部. 太平洋学报,2009 (1).
② 高峰. 富可敌国的企业家——盛宣怀. 市场研究,2011 (12).
③ 马敏. 官商之间:社会剧变中的近代绅商. 天津:天津人民出版社,1995:81.
④ 同③83.

和新兴的资本主义社会之间，这一新兴的社会群体体现了晚清中国一种潜在的社会关系，也可以称之为"隐性资产阶级"。据统计，1842年至1984年买办的总收入已达5.3亿两白银，买办阶层人数不断增长，1854年，买办总人数仅250人，1870年增至700人，1900年已达20 000人，买办阶层逐渐成为"立于欧洲商人与清国商人之间不可或缺之媒介是也"①。买办签订合同并缴纳保证金后受雇于洋行，除了收取洋行支付的有限薪俸，还依靠自身的身份从事工商经营活动赚取高额收入，比如，汇丰银行第二任买办王槐山六年获利几千万两银子。②有了资金后，买办阶层也开始通过捐官获取官衔，清末的买办大多精通外语且了解西方文化和社会制度，从国外采买机器设备，一定程度上推动了中国的"西学东渐"。例如：容闳便充当过曾国藩开办的机器厂的买办角色。1847年，容闳如愿以偿，随同传教士勃朗抵达美国，随后先入孟森中学，后考入耶鲁大学，并成为耶鲁大学第一个中国毕业生。然而容闳并没有止步于此，在大学期间便产生了"西学救国"的念头，"予当修业期间，中国之腐败情形，时触予怀，迨末年而尤甚"③，并立志将"西学东渐"作为其毕生的事业："盖当第四学年中尚未毕业时，已预计将来应行之事，规画大略于胸中矣。"④ 1863年，曾国藩委派容闳携巨款赴美国购买机器，1865年容闳回国，曾国藩为其专折请奖，破例被授予五品实官，此后便以候补同知的资格充当译员。再如，丁日昌曾经也是一位买办，1864年被李鸿章委任为苏松太道，次年负责创办最大的江南制造总局，成为洋务运动时期推进"西学东渐"的洋务大员。⑤ 清末的买办在实业投资、竞做企业家方面较之于一般的商人显得更加积极，其他重要买办兴办实业的情况如表4-3-6所示。⑥ 据统计，1895—1913年，买办企业家投资总额已经超过全部商办企业投资额的一半以上，成为清末兴办实业的中流砥柱。⑦

---

① 马敏. 官商之间：社会剧变中的近代绅商. 天津：天津人民出版社，1995：122.
② 同①122.
③ 容闳. 西学东渐记. 长沙：湖南省新华书店，1981：22.
④ 同③23.
⑤ 同①125.
⑥ 马敏. 晚清绅商与近代经济发展. 中国经济史研究，1996 (3).
⑦ 但仅依据极不全面的统计数字计算，这批买办企业家和张謇等12名绅商的投资总额已达6 192 700元，占1895—1913年全部商办企业投资额90 792 000元的68.2%。[马敏. 晚清绅商与近代经济发展. 中国经济史研究，1996 (3)]

表4-3-6　　　　　　清末买办兴办实业的情况（1913年以前）

姓名	买办	身份	创办投资企业数（家）	资本额（千元）
祝大椿	怡和洋行买办	花翎道衔	10	3 345
朱佩卿	平和洋行买办	三品衔候选道	7	6 708
虞洽卿	荷兰银行买办 道胜银行买办	花翎二品顶戴 试用道	2	1 501
刘人祥	立兴洋行买办 东方汇理银行买办	候选道	4	1 567
吴懋鼎	汇丰买办	道员	3	375
徐润	宝顺洋行买办	花翎道衔	2	42

士人型企业家。"弃仕经商""由仕入商"者，构成了较之于"纳赀得官，由商入仕"所不同的另一类企业家，这类企业家可称之为"绅商"①，即由传统士人转化而来的商人，也可以称之为儒商。甲午中日战争后，"弃仕经商"渐成社会风气，不少知名的实业家均从科举仕途而来。② 清廷正式废除科举制度后，众多士人不得不另谋出路。一部分进入新式学堂谋求教职，还有一部分则选择下海经商，成为绅商、儒商。士人成为企业家的代表人物有被称为"状元企业家"的张謇。张謇少时便开始走科举之路，年近不惑终于状元及第，1895年张謇奉命兴办大生纱厂，受到儒家文化的影响，张謇将自己下海经商、兴办实业描述为："捐弃所恃，舍身喂虎。"张謇办实业之根本目的并非在于腰缠万贯，而在于兴办教育。张謇认为："国家救亡，舍教育无由，而非广兴实业何所取资以为挹注？是尤大夫所兢者。"③ 甲午中日战争后，张謇又辞去旧式书院职位，上书学部，设立新式学堂，积极推广新式教育，先后出任江苏学务总会总理和江苏省教育会会长，并参与筹办了多所学校。除了张謇，竞做企业家的士人还

---

① "绅商，此中国亦有相当之官阶，或至为官为商，竟不能显微区别，常表面供职于官府，而里面则经营商务也。在我们看来，所谓绅商，狭隘地讲，就是"职商"，广义地讲，无非指从官僚、士绅和旧式商人向资产阶级转化的一部分人。他们既不再是传统意义上的绅士，也不是近代工商资本家，而是介于二者之间，具有相对统一、明确的经济和政治特征：既从事工商实业活动，又同时享有传统功名和职衔，可以视作新旧之间的一种过渡性社会阶层。"（马敏. 官商之间：社会剧变中的近代绅商. 天津：天津人民出版社，1995：95－96）

② 马敏. 官商之间：社会剧变中的近代绅商. 天津：天津人民出版社，1995：86.

③ 同②115.

有严信厚、沈云沛等人，具体如表4-3-7所示。这批士人企业家不仅开士人经商之先河，并为士人经商树立了企业家的人格标准与商业伦理规范，而且其中很多人，诸如许鼎霖、周延弼、李厚祐等，还成为清末立宪派政治团体"预备立宪公会"的职员。

表4-3-7　　　　　清末士人创办投资企业情况（1913年以前）[①]

士人	身份	创办投资企业数（家）	资本额（千元）
张謇	状元、翰林院修撰	27	7 087.7
严信厚	贡生、道员	14	8 064
沈云沛	进士、翰林院编修	13	4 118
许鼎霖	观察、二品顶戴候选道	10	5 547
庞元济	候补四品京堂	6	2 912
周延弼	三品衔候补道	8	1 440
曾铸	一品封典花翎候选道	3	1 949
楼景晖	四品候选州同	3	829
张振勋	头品顶戴太仆寺卿	11	485.8
李厚祐	四品分部郎中	8	5 793
宋炜臣	二品顶戴候选道	8	6 969
朱畴	浙江试用道	7	3 189

在官僚、买办、士人竞逐实业的社会风气影响下，一些企业家逐渐将商业与救亡图存相关联，并将兴办民族工商业作为一种救亡图存的行为来看待。比如，郑观应认为："欲制西人以自强，莫如振兴商务"，"习兵战不如习商战"[②]。较之于传统的"贱商"思想，"重商"思想突破了儒家传统的"利义观"，认为道德和功利是可以相互统一的。在晚清企业家的推动下，国人开始尝试在儒家传统伦理观下开拓出全新的商业精神和商业伦理。

四、预备立宪与辛亥革命

科技的体制化转型与政治和社会的体制化转型是紧密相关的。清末新政期间，保守派与革新派、立宪派与革命党之间展开较量，资政院、谘议局、自治会相继成立，《钦定宪法大纲》制定和皇族内阁出台，以及预备立宪终成画饼和

---

① 马敏. 晚清绅商与近代经济发展. 中国经济史研究. 1996（3）.
② 马敏. 官商之间：社会剧变中的近代绅商. 天津：天津人民出版社，1995：71.

辛亥革命爆发，中国科技和教育的近现代转型正是伴随着这一系列政治事件艰难推进的。

1. 立宪派抑或革命党

清廷下诏变法后，昔日被慈禧集团追杀的维新派领袖立即转变为立宪派。1902 年，梁启超在日本横滨创立立宪派重要刊物《新民丛报》，其师康有为在《新民丛报》上发表《辨革命书》提出了"满汉不分、君民同体"的改革方案与政治主张。康有为一辨"皇帝"具有维持国内局面稳定统一的作用，如若革命，则必会带来国家的内乱与分裂。"日耳曼、罗马纷乱数十年，必永为法、奥、俄所分割隶属而已，岂能为强霸之国哉？"① 二辨满汉问题，认为清军"入关二百余年，合为一国，团为一体，除近者荣禄刚毅挑出此义，已相忘久矣。所谓满汉者，不过如土籍、客籍籍贯之异耳"②。"今上推满洲种族，则出于夏禹，下考政教礼俗，则全化华风，帝位只如刘、李、赵、朱。满族类于南阳、丰沛，其余无不与汉人共之，与汉人同之，岂得以奴比之哉？"③ 三辨保皇的核心在于满汉平等，清朝皇帝仅用于维系国家统一稳定，其本身不再有专制的权力，并为保皇下定论为："君而无道，不能保民，欲革命则革命耳，何必攻满自生内乱乎！"④ 梁启超也认为："君主既与国民共治此国，则君位之安危与国同体。苟有人焉欲破坏秩序，侵主权以毒一国者，则全国之民，皆将起而抗之，不瞬息而祸扑灭，岂有专制国之民，视君国之难，如秦越人之肥瘠也。"⑤

国内的立宪派则主要由实业家组成，作为既得利益者，深受儒家文化的影响，又多与皇族有着千丝万缕的联系，因此较之于海外演变而来的立宪派，国内的立宪派显得更加温和，同时也更容易得到皇族的信任，逐渐成为推进立宪的主要力量之一。1904 年，张謇先后写信给张之洞和袁世凯，恳请他们上奏立宪。1905 年日俄战争以日本战胜俄国告终后，张謇在致袁世凯书中说：

---

① 张枬，王忍之. 辛亥革命前十年间时论选集：第一卷上册. 北京：生活·读书·新知三联书店，1963：211.
② 同①213.
③ 同①217.
④ 同①217.
⑤ 同①237.

"日俄之胜负，立宪之胜负也。"① 北洋通商大臣袁世凯、湖广总督张之洞、南洋通商大臣周馥联衔上奏，倡言立宪，并立请清廷简派亲贵大臣出洋考察，以备立宪参咨。② 在立宪派的推动下，清廷发布上谕，"派载泽、戴鸿慈、徐世昌、端方等，随带人员，分赴东西洋各国考求一切政治，择善而从之"③。商部右丞绍英随同出洋考察，此即史载五大臣出洋考察。

1905年，考察团在北京正阳门车站上车，正准备离京，却遭遇革命党人吴樾怀揣炸弹，乔装成皂隶准备炸死五大臣。由于炸弹意外爆炸，吴樾当场被炸身亡，载泽额角受到微伤，绍英耳后发际及臂上受伤略重，随员、仆从亦有被炸伤者。随后载泽回家调理，出洋考察计划暂时取消。同年再次启行。五大臣兵分两路考察世界各国，载泽、尚其亨、李盛铎前往日本、美国、英国、法国和比利时，戴鸿慈、端方考察的范围更广，先后赴美国、英国、法国、德国、丹麦、瑞典、挪威、俄国、比利时、荷兰、意大利等国。1906年，载泽、尚其亨等由法国马赛乘坐轮船回国，其他考察政治大臣随后陆续启程回国。回国后，清廷七次召见考察团。

1906年9月清廷发布《宣示预备立宪先行厘定官制谕》，即《宣示预备立宪谕》，正式宣布预备立宪："时处今日，惟有及时详晰甄核，仿行宪制，大权统于朝廷，庶政公诸舆论，以立国家万年有道之基，但目前规制未备，民智未开，若操切从事，涂饰空文，何以对国民而昭大信……妥议立宪实行期限，再行宣布天下，视进步之迟速，定期限之远近。"④ "预备立宪公会"在上海成立，在立宪派的推动下，清廷颁布《九年预备立宪逐年筹备事宜清单》，加快预备立宪。梁启超、蒋智由、徐佛苏等人在日本成立政闻社，支持清廷预备立宪，创办刊物《政论》。1908年清廷颁布《钦定宪法大纲》，拟定九年为期，逐年筹备宪政，期满召开国会。立宪派的改革主张看似得以初步执行。对此，立宪派的代表人物张謇兴奋地说："以为革命有圣贤、权奸、盗贼之异。圣贤旷世不可得，权奸今亦无其人；盗贼为之，则六朝五代可鉴。而今尤有外交之关系，与昔不同。不若立宪可以安上安下，国犹

---

① 邱远猷. 清末"立宪改官"中的资政院和谘议局. 社会科学研究, 1984 (5).
② 马东玉. 五大臣出洋考察与清末立宪活动. 辽宁师范大学学报（社科版），1987 (1).
③ 故宫博物院明清档案部. 清末筹备立宪档案史料：上册. 北京：中华书局，1979：1.
④ 同③44.

可国。"①

与立宪派不同，革命党始终对清廷新政持有不信任态度，并且持有与立宪派迥异的政治主张，即主张民主共和制，效仿法国、美国，以暴力革命推翻清王朝的统治，建立民主共和国。1903 年，孙中山指出昏昧腐败之清王朝"断难行其君主立宪政体，故非实行革命、建立共和国家不可"，并将立宪派贬斥为"专尊满人而抑汉族"的"汉奸"，应当"先清内奸而后除异种"。1905 年，孙中山创建中国同盟会，提出"驱除鞑虏，恢复中华，创立民国，平均地权"的政治纲领，矛头直指清政府。面对如何改革的问题，革命党和立宪派有各自完全不同的主张，双方主张水火不容。

革命党人称立宪派为："假文明、真野蛮"，必须除掉；而立宪派则称革命党人为"匪徒"。清廷考察预备立宪之初，双方之间的矛盾即白热化，且敌友转化迅速。著名的预谋炸死出洋考察五大臣的吴樾，即由立宪派转而为革命党。清廷宣布预备立宪后，革命党人的暗杀活动更是激增，给清廷以及立宪派造成很大压力。很多学成回国的留日学生并没有投入清廷的怀抱，而是组建各种旨在推翻清朝的革命团体，并汇集成革命党。光复会是留日学生蔡元培、龚宝铨创立的。华兴会是由留日学生黄兴、陈天华、宋教仁所建立的。共进会则在日本东京成立后，便遣成员回各省发展组织。同盟会在各省的主盟人也基本上是留日学生，这批留日归国的学生，后来都成为各地反清革命的骨干。再则，留日学生多习军事，回国后逐渐构成反清革命的军事力量，例如，湖广总督张之洞邀请的吴禄贞、东三省总督赵尔巽邀请的蒋方震、云贵总督李经羲邀请的蔡锷等，都是留日归国的军校毕业生，他们都被任命为新军的协统、标统等。

皇族内阁出台后，立宪派的立宪主张受挫。武昌起义爆发时，立宪派与革命党曾出现一定程度的合流，但是清帝逊位后，两派之政治主张仍然没有达成一致，并且由于立宪派的介入，革命党反而没有原来那么勇猛了，导致了该破坏的未能破坏，该建立的又未能建立的尴尬局面。

2. 资政院、谘议局、自治会

在立宪派的推动下，1905 年清廷设立考察政治馆，专门研究考察各国、各

---

① 刘沙. 辛亥革命前后立宪派与革命党的合流. 河南科技大学学报（社会科学版），2006（1）.

地政治情况，以备立宪之需。1906 年，清廷发布《宣示预备立宪谕》，正式宣布预备立宪。此后几年，与科技和教育体制转型相伴，中国的政治体制也悄然发生着变化。

资政院从酝酿到建立。1906 年 11 月，清廷发布《厘定官制谕》："其应行增设者，资政院为博采群言。"① 清廷一方面为博采群言，另一方面为了取信于民，履行"立宪"的承诺，发布了增设资政院的上谕。奕劻、孙家鼐等上奏清廷《厘定中央各衙门官制缮单进呈折》，提出设立资政院的具体方案。此时，设想中的资政院并无任何权力，既无立法权，又不得干涉行政，仅是议论政事以持公论、资参考的机关，故名资政院。②

1907 年两广总督岑春煊《奏请速设资政院代上院以都察院代下院并设省谘议局暨府州县议事会折》，将设立资政院等议政机关列为立宪的当务之急，认为资政院是全国"舆论总汇之地"。也就是说，岑春煊在建议清政府设立资政院的时候，仍然是将资政院定位为："只有建言之权，而无强政府施行之力，使资政院当舆论之冲，政府得安行其政策。"③ 显而易见，只有建言权却没有强政府施行之力，完全符合清朝皇室"大权统于朝廷，庶政公诸舆论"之初衷。

迫于立宪派的压力，1907 年清廷颁布《设立资政院派溥伦、孙家鼐为总裁并会同军机大臣拟定院章谕》："立宪政体，取决公论，上下议院，实为行政之本。中国上下议院一时未能成立，亟宜设立资政院，以立议院基，着派溥伦、孙家鼐充该院总裁。所有详细院章，由该总裁会同军机大臣妥慎拟定，请旨施行。"④ 清廷同意成立资政院，但并未赋予它议院的地位，清廷为资政院制定的总纲为："以取决公论，预立上下议院基础为宗旨。"⑤ 明确指明在资政院的基础之上再成立议院。

针对这一局面，立宪派御史赵炳麟随即提出异议，认为："资政院宜实有议

---

① 中国第二历史档案馆. 中华民国史档案资料汇编：第一辑. 南京：江苏人民出版社，1979：99.
② 故宫博物院明清档案部. 清末筹备立宪档案史料：上册. 北京：中华书局，1979：464；卞修全. 资政院与清末的制宪活动. 南开学报，2000（4）.
③ 故宫博物院明清档案部. 清末筹备立宪档案史料：上册. 北京：中华书局，1979：499.
④ 故宫博物院明清档案部. 清末筹备立宪档案史料：下册. 北京：中华书局，1979：606.
⑤ 张德泽. 清代国家机关考略. 北京：中国人民大学出版社，1981：295.

院之性质。议院者,立于人民之地位而监督政府者也。中国国会未能成立,资政院宜预备为国会一部分之上议院,须别以议院法令定之,与官制之性质迥相径庭,宜与政府分离,不为政府兼并……凡院中所陈,得过半人数同意之决定者,政府不得拒绝,政府如违法失政,得院中人数过半同意弹劾者,必付行政裁判官评议,其重大者,政府不得居其位。"① 要达到这一点,"资政院必先内阁而建也"。同年9月,黑龙江巡抚程德全奏请"成立国会,以重监督政府之权;妙选英才,以尽从容论议之长;特创立法,以符三权分立之制"②。换言之,立宪派实际上希望赋予资政院监督政府、限制清政府的权力。

1909年(宣统元年),资政院会奏《续拟院章并将前奏各章改订折》,明确提出了资政院主管决议的事情为五件,分别为:"一、国家岁出入预算事件;二、国家岁出入决算事件;三、税法及公债事件;四、新定法典及嗣后修改法律事件,但宪法不有此限;五、其余奉特旨交议事件。"③ 也就是说,此时资政院并没有完整的立法权。院章还明确资政院与行政衙门、各省谘议局之间的权力关系为:"资政院议决事件,若军机大臣或各部行政大臣不以为然,得声叙原委事由,咨送资政院复议……军机大臣或各部行政大臣如有侵夺资政院权限,或违背法律等事,得由总裁、副总裁据实奏陈,请旨裁夺。前项奏陈事件,非有三分之二以上之同意,不得议决。"④

从组织结构来看,资政院在总裁之下设协理四人,帮办、参议各三人。1909年更设秘书厅,设秘书长一人,一、二、三等秘书官各四人。1910年改总裁两人为总裁、副总裁各一人。从资政院议员的成分来看,资政院设议员约三百人,其中皇帝委派一百二十五人,这一百二十五人包括王公世爵十人,宗室五人,中央各部院官员一百人,业主资产在一百万以上者只有十人;另由各省谘议局互选本省议员定额十分之一,约共一百六十七人。⑤ 1910年作为未来国会雏形的资政院开院。

各省建立谘议局。与资政院相匹配,各省成立谘议局,即地方议会的雏形。1906年,清末立宪派的政治团体"预备立宪公会"在上海成立,郑孝胥为会

---

① 卞修全. 资政院与清末的制宪活动. 南开学报,2000(4).
② 同①.
③ 故宫博物院明清档案部. 清末筹备立宪档案史料:下册. 北京:中华书局,1979:632.
④ 同③633.
⑤ 张德泽. 清代国家机关考略. 北京:中国人民大学出版社,1981:295-296.

长，张謇为副会长，会员主要为兴办实业的企业家等新兴资产阶级，立宪派开始积极推动地方自治、筹办各省谘议局。1907年两广总督岑春煊上奏清廷《奏请速设资政院代上院以都察院代下院并设省谘议局暨府州县议事会折》，提出在各省设立谘议局："省者，府州县之所集也，其风气之不同，财力之不同，此州县之视彼州县，亦犹此省之视彼省也，则宜于各省城设谘议局。""议既决则请督抚批准行之，欺罔推诿者劾之，有效者奖之"，"凡谘议局议行者，后任督抚不得辄改"①。

1907年清廷发布《著各省速设谘议局谕》："著各省督抚均在省会速设谘议局，慎选公正明达官绅创办其事……凡地方应兴应革事宜，议员公同集议，候本省大吏裁夺施行，遇有重大事件，由该省督抚奏明办理，将来资政院选举议员，可由该局公开递升。"② 可见，谘议局的议员由督抚会集官绅选定，以督抚充议长，谘议局的主要职能并非监督各省政府权力，而是作为督抚的辅助决策机构，对于谘议局议行者，也只是辄改，并没有强调必须履行，遇有重大事件，由该省督抚奏明办理。因此，两广总督岑春煊所设计的谘议局并不像是各省的议会，更像是"一个由督抚领导下的官绅合议机构"。但有一点值得注意，将来资政院选举议员，可由该局公开递升，这便为立宪派人进入资政院进而推进立宪改革提供了路径。

各省在筹办谘议局的过程中，在地方士绅的推动下，也有了一些新的变化，出现了谘议局议会和参事会，比如江苏出台了一份由士绅起草的《谘议局章程草案》："每省设谘议局议会为全省之议事机关，设谘议局参事会为全省之行政合议机关"，"谘议局参事会以督抚、司道及谘议局议会所公举之参事员组织之"③。安徽制定了一份《谘议局选举权限简章》，提出："谘议局议会为全省议事之机关，参事会为全省议事合议之机关。"④ 1908年负责咨行各省谘议局会订章程的宪政编查馆与资政院共同上奏《谘议局章程》和《谘议局议员选举章程》。《谘议局章程》中指明"谘议局即议院之先声"，"议院之基础"，规定："谘议局钦遵谕旨，为各省采取舆论之地"，"谘议局为一省之议会"。同年，清廷宣布筹备立宪，其逐年筹备事宜第一年第一条即筹办谘议局。

---

① 故宫博物院明清档案部. 清末筹备立宪档案史料：上册. 北京：中华书局，1979：501.
② 故宫博物院明清档案部. 清末筹备立宪档案史料：下册. 北京：中华书局，1979：667.
③ 彭剑. 一省之议会：谘议局性质发微. 安徽史学，2015（6）.
④ 同③.

1909 年，各省谘议局宣告成立，当时各省议员共计一千六百七十七人，凡本省改革之事、预决算、税法、公债以及应担义务等，都在议论范围之内。各省谘议局议员的选择资格有五条：其一为曾在本省地方办理事务及其他公益事务三年以上卓有成绩者。其二为曾在本国或外国中学堂及与中学同等或中学以上之学堂毕业得有文凭者。其三为有举贡生员以上出身者。其四为曾任实缺职官文七品、武五品以上未被参革者。其五为在本省地方有五千元以上之营业资本或不动产者。① 至此，可看出岑春煊身为两广总督，其设计谘议局自然着眼于中央集权，故其上奏的谘议局其本身就是政府的行政会议机关，以督抚为议长。这种谘议局的设计显然不符合江苏、安徽等士绅的预期。为了避免成为受制于督抚的议员，各省士绅主张设立谘议局参事会，谘议局参事会以督抚、司道及谘议局议会所公举之参事员组织之，以便能够通过议会公举获得参政的权力。谘议局成立后，各省陆续开始选举谘议局议员，议员则主要由清廷敕选议员和各省谘议局互选议员组成，但是其政治才能、政治经验以及行动组织方面较之于清末立宪派组成的"预备立宪公会"之议员都略逊一筹，通过谘议局与资政院，朝廷的权力逐渐流向立宪派，晚清的君主立宪得以逐步推进。

地方自治会的兴起。此外，清末还掀起了地方自治的思潮。1904 年出使法国大臣孙宝琦上政务处书中，建议各省城及各府县设立"公议堂"，即试行地方自治。1905 年，刑部左侍郎沈家本也上书政务处，主张参以各国地方自治之制，于地方设立乡社，凡地方当兴当革之事，一切任民自为，而官为之监督。仿日本府县议会之法，任民间公举有资望者，为社中董事，以辅地方官之所不及。1906 年，出洋考察五大臣归国后上奏《出使各国大臣奏请宣布立宪折》提出："布地方自治之制。" 1906 年，清廷上谕由军机大臣奕劻与各省督抚筹议实施地方自治的预备措施，次年正式谕令民政部"妥拟自治章程，请旨饬下各省督抚，择地依次试办"。民政部令京师先行试办，为各省模范。

1908 年，清政府颁布宪政编查馆拟定的《九年预备立宪逐年筹备事宜清单》，对地方自治的实施做出了规划：第一年颁布《城镇乡地方自治章程》；第二年筹办城镇乡地方自治，并颁布《厅州县地方自治章程》；第三至五年筹办续办各地地方自治；第六年城镇乡一律完成；第七年厅州县一律完成。清廷虽然将筹备自治会作为预备立宪的前提和重要环节，但是将筹备完成地方自治的时

---

① 张德泽. 清代国家机关考略. 北京：中国人民大学出版社，1981：296.

限拉长至七年，且对地方自治的权力做出了严格的限制。1909 年，清政府正式颁布了《城镇乡地方自治章程》和《城镇乡地方自治选举章程》，并强调："夫议院乃民权所在，然其所谓民权者，不过言之权而非行之权也。"①

在设立资政院、谘议局和自治会上，清廷看似积极探索立宪途径，实则在采取一种权宜之计，其目的是尽量推迟立宪，控制革命力量。1910 年，各省要求缩短"预备立宪"年限，提前召开国会，设立责任内阁，资政院随即上奏清廷，清廷则指出："设立责任内阁事宜，朝廷自有权衡，非该院总裁等所得擅预。"② 清廷不仅没有给予资政院新订宪法的权力，还将资政院、谘议局从行政权力体系中剥离出去，立为各省采选舆论之地。同时，清廷又将"国会"不断"基础"化，把国会的基础下推为资政院，把资政院的基础下推为谘议局，最后又将谘议局的基础继续下推至"自治会"，但就是不立即成立国会。当清廷将资政院、谘议局、自治会都推向议院之基础时，国会请愿运动纷至沓来，在国会请愿运动的压力下，成立国会最终成为清廷无法绕过的问题，这时国会权力的来源，即宪法的立法权便自然浮出水面。至此，清廷似乎已经无路可退，只能制定宪法。因此，宪法的制定将是皇族与立宪派之间的最后一次较量，这将决定皇族的命运，同时也决定立宪的成败。

3. 皇族内阁，立宪流产

1906 年，载泽等在《奏请宣布立宪折》中奏称："臣等反复衡量，百忧交集，窃以为环球大势如彼，宪法可行如此，保邦致治，非此莫由。"随后载泽又上《奏请宣布立宪密折》，提出："宪法之行，利于国，利于民，而最不利于官"，"立宪之利有最重要者三端：一曰皇位永固……一曰外患渐轻……一曰内乱可弭"③。戴鸿慈在《请改定全国官制以为立宪预备折》奏称："以为中国非急采立宪制度，不足以图强"，建议仿照日本二元立宪君主制度。④ 1906 年 9 月，清廷颁布《宣示预备立宪谕》并定纲领为："大权统于朝廷，庶政公诸舆论。"⑤ 立宪的方针政策为："必从官制入手，急应先将官制分别议定，次第更

---

① 吴桂龙. 晚清地方自治思想的输入及思潮的形成. 史林, 2000 (4).
② 张德泽. 清代国家机关考略. 北京：中国人民大学出版社, 1981：297.
③ 故宫博物院明清档案部. 清末筹备立宪档案史料：上册. 北京：中华书局, 1979. 175.
④ 马东玉. 五大臣出洋考察与清末立宪活动. 辽宁师范大学学报（社科版）, 1987 (1).
⑤ 同③43.

张,并将各项法律详慎厘定。"考察政治馆既要保证"大权统于朝廷",又要让"庶政得以公诸舆论",并以此为基础着手研究新的官制,拉开立宪的序幕。

在1906年清廷官制改革时,晚清士大夫就曾有过组建责任内阁,实行立法权、行政权和司法权三权分立的建议。奕劻等人在《厘定中央各衙门官制缮单进呈折》中提出:"如以议院甫有萌芽,骤难成立,所以监督行政者尚未完全,或改今日军机大臣为办理政务大臣,各部尚书均为参预政务大臣,大学士仍办内阁事务,虽名称略异,而规制则同,行政机关屹然已定,宪政官制确有始基矣。"① 这里提出改军机大臣为办理政务大臣,实际上就是建议清廷取消军机处,成立内阁,但是设立内阁的前提条件却是:"除立法当属议院,今日尚难实行,拟暂设资政院以为预备外,行政之事则专属之内阁各部大臣。内阁有总理大臣,各部尚书亦均为内阁政务大臣,故分之为各部,合之皆为政府,而情无隔阂,入则参阁议,出则各治部务,而事可贯通,如是则中央集权之势成,而政策统一之效著。"② 可见,清廷所主张的立宪并非为立宪派所设想的那样,而是假借立宪之名,平息国内矛盾,换种方式集权于中央。

立宪派所设想的议院应具有三权分立中的立法权,而清廷却以"规制未备""民智未开"为借口,改设资政院、谘议局、自治会等议会的基础性机构来拖延,并将议会的立法权悬置。取消军机处而改换内阁,也是换汤不换药,"分之为各部,合之皆为政府",并且"情无隔阂"。至此,清朝立宪的最终目的也便呈现:"如是则中央集权之势成,而政策统一之效著。"甚至就在如此的"集权"的"三权分立"设计之下,清廷仍然觉得不够满意且惧怕丧失权力,又在1906年颁布上谕,拒绝取消军机处并声称:"军机处为行政总汇,雍正年间本由内阁分设,取其近接内廷,每日入值奉旨,办事较为密速,相承至今,尚无流弊,自毋庸复改。内阁军机处一切规制,著照旧行。"③ 如果说奕劻等人取消军机处是为了掩人耳目、偷梁换柱,扩张自身的权力,那清廷最终采纳瞿鸿禨等清流派的建议,拒绝取消军机处,那就是明目张胆地缺乏立宪诚意了。作为清廷集权的重要机构,军机处直到1911年责任内阁成立后才被撤销。

1907年,清廷发布《考察政治馆改为宪政编查馆谕》,明确政治改革的方

---

① 故宫博物院明清档案部. 清末筹备立宪档案史料:上册. 北京:中华书局,1979:465.
② 同①464.
③ 同①471.

向为"二元制君主立宪制",而立宪派认为"国会乃立宪之真精神所在",要求设立国会,走议会制君主立宪道路,以实现分权。随着立宪改革的深入,国会运动开始兴起。同年立宪派杨度在日本东京发起宪政讲习会,1908 年宪政讲习会更名为"宪政公会"。后经清廷民政部批准,宪政公会成为合法组织。杨度担任湖南宪政公会会长,起草《湖南全体人民民选议院请愿书》,掀起国内请愿运动。① 与此同时,梁启超、蒋智由、徐佛苏等人在日本成立政闻社,支持议会制君主立宪,其政纲第一条即是:"实行国会制度,建设责任政府。""责任内阁者,非对于君主而负责任之谓也。"②

此时,杨度领导的宪政公会,康有为、梁启超领导的政闻社,张謇、汤寿潜等人领导的预备立宪公会,同时请愿速开国会,成为推进国会成立的主要力量。至此,清廷不得不面对随之而来的两个问题,即制定宪法和成立内阁。

同年,清廷发布上谕:"著宪政编查馆、资政院王大臣,督同馆院谙习政法人员甄采列邦之陈规,折衷本国之陈宪,迅将君主宪法大纲暨议院选举各法择要编辑,并将议院未开以前,逐年应行筹备各事,分期拟议胪列具奏呈览。"③

原本没有制定宪法权力的资政院也开始参与到宪法的制定中来,但此时的资政院只是清朝皇族制定宪法的一个立法机构,并不具备独立制定宪法以限制皇权的权力。仅仅一个多月后,资政院和宪政编查馆就会奏《宪法大纲暨议院法选举法要领及逐年筹备事宜折》,并明确指出:"大凡立宪自上之国,统治根本,在于朝廷,宜使议院由宪法而生,不宜使宪法由议院而出,中国国体,自必用钦定宪法,此一定不易之理。"④ 上奏清廷后,清廷当日即发布上谕批准,正式颁布《九年预备立宪逐年推行筹备事宜谕》及《钦定宪法大纲》。议院由宪法而出,而宪法由皇帝钦定,换言之,议院也便是由皇帝钦定,这便表明清朝制定的宪法大纲实际上是一个皇帝宪法大纲。

《钦定宪法大纲》在君上大权中指明,"大清皇帝统治大清帝国,万世一系,

---

① 1908 年春夏,河南、江苏、安徽、直隶、奉天、吉林、山东、山西、浙江等省陆续派代表入京请愿。有些省虽未派出代表,但也进行了请愿签名运动。各省在请愿书上签名的一般都在四千人以上,有的达万人以上,如江苏有一万三千人,山西据称达两万人。[耿云志. 论清末立宪党的国会请愿运动. 中国社会科学, 1980 (5)]
② 郭绪印. 辛亥革命前后立宪派与革命派的关系. 史林, 2012 (5).
③ 卞修全. 资政院与清末的制宪活动. 南开学报, 2000 (4).
④ 故宫博物院明清档案部. 清末筹备立宪档案史料:上册. 北京:中华书局,1979:55.

永永尊戴",皇帝具有"钦定颁行法律及发交议案之权""召集、开闭、停展及解散议院之权"①。可见,立宪派通过成立国会谋求权力的立宪计划基本落空了,但是立宪派并没有因此放弃,开始充分利用谘议局选举并进入资政院,继续要求成立国会以参与政权,酝酿新的国会请愿运动。

1908 年,光绪、慈禧先后去世,溥仪继位,1909 年改年号为"宣统"。溥仪即位后随即颁布《重申仍以宣统八年为限实行宪政谕》,指出期满即颁布钦定宪法,并颁布召集议员之诏等,后又颁布《重申实行预备立宪谕》。1909 年,各省一律成立谘议局,选举谘议局议员,立宪派开始转入选举活动。张謇等立宪派人进入谘议局,随即再次发起国会请愿运动,有十六省议员代表五十余人先齐集上海,后赴北京请愿,要求一年以内即开国会,清政府以"筹备既未完全,国民知识程度又未画一"予以拒绝。② 随后,代表团组织国会请愿同志会,继续请愿。1910 年,资政院在北京开院,国会请愿案被提上议程。在民选议员出身的立宪派议员推动下,资政院通过奏请速开国会的折稿,随后,十七省督抚联衔上奏,要求清廷"即设责任内阁,明年开设国会"③。清廷于 1910 年底发布《缩改于宣统五年开设议院谕》做出让步:"著缩改于宣统五年实行开设议院,先将官制厘定,提前颁布试办,预即组织内阁,迅速遵照《钦定宪法大纲》,编订宪法条款。"并威胁道:"此后倘有无知愚氓,借词煽惑,或希图破坏,或逾越范围,均足扰害治安,必即按法惩办。"④ 立宪派取得阶段性胜利,张謇等立宪派人对清政府仍抱一线希望,又担心继续请愿将会激化与清廷之间的矛盾,于是结束了请愿活动,北京请愿代表团就地解散。

1910 年资政院开院后,经常有质疑军机大臣的"弹劾军机案",在弹劾军机大臣案中,溥伦仍根据院章具折上奏,更引起了军机大臣的不满,面对这样的局面,首席军机大臣奕劻和资政院总裁溥伦都很尴尬,这并非清廷所愿意看到的局面,清廷随即在《缩改于宣统五年开设议院谕》中指出,先组织内阁,并由内阁遵照《钦定宪法大纲》,编订宪法条款和议院法、上下院议员选举法。法由内阁制定,实际上就是要架空议院的立法权。清廷组建的内阁显示出明显

---

① 故宫博物院明清档案部. 清末筹备立宪档案史料:下册. 北京:中华书局,1979:58.

② 耿云志. 论清末立宪党的国会请愿运动. 中国社会科学,1980(5).

③ 同②.

④ 同①79.

的君主专制特征：内阁不仅具有行政权，还有立法权，并且为钦定内阁，其本质上仍是一个集权的内阁。1911年，首席军机大臣奕劻等在《拟呈修正宪政逐年筹备事宜折》中提出："至组织内阁，特奉明谕，实为施行宪政之枢机，自应钦遵增入，并于宣统三年设立内阁，宣统五年开设议院。"

至此，清廷"假立宪、真集权"的面目暴露无遗。由于内阁成员尚未明晰，立宪派仍旧对清廷抱有一丝幻想，又开始将注意力从筹办国会转移到争取责任内阁名额上。① 1911年，谕令溥伦改任农工商部尚书，新上任总裁随即削减资政院权力。② 随后，清政府颁布《内阁官制》和《内阁办事暂行章程》，废除军机处，实行内阁制，内阁的成员构成如表4-4-1所示③：

表4-4-1　　　　　　　　　　内阁的成员构成

姓名	出身	内阁职位
奕劻	满洲，皇族，庆亲王	内阁总理大臣
那桐	满洲，内务府，镶黄旗	内阁协理大臣
徐世昌	汉族	内阁协理大臣
梁敦彦	汉族	外务部大臣
善耆	满洲，皇族，肃亲王	民政部大臣
载泽	满洲，皇族，镇国公	度支部大臣
唐景崇	汉族	学部学务大臣
荫昌	满洲，正白旗	陆军部大臣
载洵	满洲，皇族，贝勒 摄政王载沣之胞弟	海军部大臣
绍昌	满洲，皇族	法部大臣
溥伦	满洲，皇族，贝子	农工商部大臣

---

①　责任内阁主要是指国家行政机构的核心——内阁由多数党组成并对议会负责的宪政制度。换言之，"议会至上"或"议会主权"原则是英国责任内阁制奠定的基石，是与"虚君政治"并存的。[阎照祥. 1832至1868年英国责任内阁制的确立. 河南大学学报（哲学社会科学版），1990（4）]

②　1911年（宣统三年）六月初一日清廷下谕：资政院院章……颁布施行，现在已阅两年，时势又有不同，核与新颁法令未尽脗合。亟应将资政院院章修改，以免窒碍而利推行。著资政院总裁、副总裁会同内阁总协理大臣，悉心斟酌，妥速改订具奏，候朕钦定颁行。参见：赵涛. 最后的应变与改革——以清廷对资政院的控制为考察中心. 兰州学刊，2011（4）。

③　刘广志. "皇族内阁"考辨. 开封教育学院学报，1983（1）.

续前表

姓名	出身	内阁职位
盛宣怀	汉族	邮传部大臣
寿耆	满洲，皇族	理藩部大臣

新设立的内阁共十三人，其中皇亲国戚九人，汉族士大夫四人，且内阁总理大臣奕劻原为军机处首席大臣，那桐、徐世昌原为军机处大臣。可见内阁主导者为清廷，较之于原来的军机处本质上并无不同，只是形式上发生了改变，并非立宪派所设想的责任内阁，立宪流产。

皇族内阁令立宪派大失所望，张謇对清廷此举评价道："均任亲贵，非祖制也；复不更事，举措乖张，全国为之解体……朝野上下，不啻加离心力百倍。"① 提前立宪、《钦定宪法大纲》的出台及其责任内阁的成立较之于以往的君权无限实际上已经有所进步，但实际操作和结果却与立宪派分散皇权的要求相差太远，皇族内阁的建立最终让清廷人心丧尽。

4. 辛亥革命，清帝逊位

晚清皇族内阁组建完毕，立宪派在同清廷的博弈中败下阵来，内部开始出现分化，一部分人愿意继续推进宪政，成立宪政实进会、辛亥俱乐部、宪友会等组织，等待资政院召开第二次常年会卷土重来；另一部分人则开始考虑跟清政府决裂、与革命党合流，革命党随即登上历史舞台。

由立宪派、革命党、清廷分别主导的政治运动可谓纵横交错、风起云涌。正是立宪派与清政府、革命派与立宪派之间的这种分分合合，构成了从辛亥革命到清帝逊位的整条线索。

1906年，清廷颁布预备立宪的上谕后，立宪派在上海成立立宪公会，积极推进清廷立宪。革命党则以同盟会为核心，推进革命活动，武装起义和暗杀活动较前激增。武昌起义前，与孙中山有关的革命起义10次中有8次发生在1907年，即清廷宣布预备立宪之后。革命党人的武装起义之所以如此集中，原因大致有二：其一为革命党人与立宪派人之间的政见之争，双方在政见上历来非此即彼，当清廷宣布预备立宪，则意味着立宪派的政见得以落实，革

---

① 耿云志. 梁启超对清王朝最后统治危机的观察与评论. 徐州师范大学学报（哲学社科版），2012（1）.

命党自然无法接受，遂采取更加密集的武装起义以期达成自己的政见。其二，立宪派所希望的立宪结果原为议会制君主立宪，然而清廷派遣五大臣出洋考察回国后，所采用的却是日本式的二元君主立宪制，这便让革命党人更加清醒地意识到清廷假立宪、真集权的阴谋，进而放弃"光荣革命"式的幻想，决定采取武装起义，暴力推翻清政府。与此同时，革命党的密集武装起义又配合了立宪派的改良主张，面对革命党的威胁，清廷不得不采取"预备立宪"以获取立宪派的支持，以期在一定程度上遏制革命党。然而在与清廷的长期博弈中，无论是筹办国会，抑或组建内阁，立宪派均以失败告终，清廷再次实现集权。皇族内阁的建立令立宪派对清廷多感失望，加之清廷此时又提出"铁路国有"和"借款兴办"的政策，与民争利，以期获取列强势力的庇护。此举立刻引发地方谘议局议员的反对，立宪派面临既得利益的丧失，被迫发起保路运动，立宪派内部开始形成以暴力推翻清朝之革命共识。立宪派核心人物沈缦云、王一亭、虞洽卿、叶惠钧等八人先后加入同盟会。① 立宪派转变为革命党开展武装革命的保护伞："革命愈顿挫，嫉清廷愈甚，革命派转入立宪的可能愈小；立宪愈顿挫，嫉清廷亦愈甚，立宪派转入革命的机会愈大。"② 双方逐渐合流。

为了镇压四川保路运动，清廷将湖北新军大批调往四川，造成武汉兵力空虚，这便为武昌起义提供了良好契机。1911 年 10 月 10 日，武昌起义爆发，随即得到各省的响应，发展为全国性的推翻清朝帝制的革命。③ 10 月 11 日，黎元洪出任在湖北谘议局所在地成立的中华民国军政府鄂军都督府的都督，废宣统年号，改中华民国，与清廷分庭抗礼。面对这一局面，清廷拟用北洋军来镇压革命起义，只能再次起用袁世凯。④ 10 月 14 日，清廷颁诏命袁世凯为湖广总督著办剿抚事宜，袁观望推诿。鉴于摄政王载沣曾罢黜过袁世凯，于是时任内阁总理大臣庆亲王奕劻，特派袁之莫逆阮忠枢至彰德劝说袁世凯

---

① 刘沙. 辛亥革命前后立宪党与革命党的合流. 河南科技大学学报（社会科学版），2006（1）.
② 张玉法. 清季的革命团体. 台北："中央研究院"近代史研究所，1975：109.
③ 10 月 20 日至 31 日，湖南、陕西、山西、云南、江西五省起义。至 11 月 9 日已有 13 个省和上海以及其他省份许多州县宣布起义，包括一部分海军。[刘沙. 辛亥革命前后立宪派与革命党的合流. 河南科技大学学报（社会科学版），2006（1）]
④ 拉尔夫·尔·鲍威尔. 1895—1912 年中国军事力量的兴起. 陈泽宪，等译. 北京：中华书局，1978：189.

出山。① 16 日，袁世凯应诏并上谢恩折，同意复出，整个中国的政局随即发生剧变。

1911 年 10 月 30 日，清廷颁布《准开党禁颁布特赦谕》，同日又颁布《实行宪政谕》，后再颁布《组织完全内阁并令资政院起草宪法谕》："第二十镇张绍等电奏，奉初九日上谕，仰见朝廷实行宪政以兴天下更始，三军感泣，惟内阁一日不成立，即内乱一日不平息，并宪法由议院制定等语。系为维皇室、靖乱源起见，览奏具见爱国之诚，实深嘉许。内阁总协理大臣及各国务大臣昨已具奏辞职，均经降旨允准，并另简袁世凯为内阁总理大臣，组织完全内阁。所有大清帝国宪法著即交资政院起草。"②

11 月，皇族内阁解散，袁世凯成为新内阁总理。随后内阁奉上谕："资政院奏采君主立宪主义，并先拟重大信条十九条……朕详加披览，均属扼要，著即照准，一面宣誓太庙，将重要信条，立即颁布……将来该院草拟宪法，即以此为标准。"③ 至此，先前立宪派所有的政治诉求都已基本实现。但在君主立宪政治局面下，立宪派却放弃了清政府，转而支持革命党，依然要推翻清政府。④ 袁世凯决定效力清廷并成为新任内阁总理后，对打算推翻清廷的革命党起到了威慑的作用，中国随即呈现出清朝皇族、袁世凯势力与革命党三足鼎立的局面。

袁世凯凭借其北洋军逐渐成为能够左右中国未来的角色，清朝皇族与革命党争相笼络袁世凯以为己用。1911 年 12 月汉口会议称："虚临时总统之席以待袁君反正来归。"张謇等人也认为大总统"非袁莫属"。同年，孙中山从美国经

---

① "内阁奉上谕，湖广总督著袁世凯补授，并著办剿抚事宜。四川总督著岑春煊补授，并督办剿抚事宜。均著迅速赴任，毋庸来京陛见。该督等世受国恩，当此事机紧迫，自当力顾大局，勉任其难，毋得固辞，以副委任。"同日又颁上谕，明定袁世凯的职责："袁世凯现简授湖广总督，所有该省军队暨各路援军均归该督节制调遣。荫昌、萨镇冰所带水陆各军并著会同调遣，迅赴事机，以期早日戡定。"［刘路生. 袁世凯辛亥复出条件考. 广东社会科学，2003（4）］

② 故宫博物院明清档案部. 清末筹备立宪档案史料：上册. 北京：中华书局，1979：95-96.

③ 同②102.

④ 张謇在武昌起义后，对清政府仍短暂地抱有幻想，仅仅四天之后，他即拿出了程德全委托起草的劝清室帝后逊位的奏章。沈缦云、李平书开始同陈其美接触。实际上，在国会请愿屡遭挫折时，上海绅商、立宪派的头面人物沈缦云、王一亭、虞洽卿、叶惠钧等八人先后加入了同盟会。［刘沙. 辛亥革命前后立宪派与革命党的合流. 河南科技大学学报（社会科学版），2006（1）］

欧洲回国，12月29日，同盟会连夜赴南京召集代表开会，南方十七省临时代表选出孙中山担任中华民国第一任临时大总统。于是，历史的洪流汇集为两条，即：以袁世凯为首的北洋军和以孙中山为首的南京临时政府。就军事实力而言，北洋军较之于南京临时政府要强。① 北洋军与南京临时政府争论的焦点集中在：究竟实行君主制抑或共和制？若实行前者，则清帝不用逊位；若实行后者，则必须废除帝制。在君主立宪制与民主共和制之间，袁世凯最终抛弃了君主立宪制，赞成民主共和制。

　　由于袁世凯逼宫，1912年2月12日（宣统三年十二月二十五日）隆裕皇太后以宣统皇帝名义颁布逊位诏书："特命袁世凯遣员与民军代表讨论大局，议开国会、公决政体。""将统治权公诸全国，定为共和立宪国体……即由袁世凯以全权组织临时共和政府……合满、汉、蒙、回、藏五族完全领土为一大中华民国。"清政府对中国的统治宣告终止，但是，接下来由谁来主持、该怎么主持中国这一全新的政治体制，却依旧显得迷雾重重。

---

① 鲍威尔分析认为："革命军士所受训练如此之少，以致他们不知道现代火炮的厉害，因而遭受重大的、时常不必要的损失。北洋军则纪律严明，具有经验且有较好的领导，使得北洋军优于无组织的敌人。""北洋军虽然在人数上远居劣势，可是作为一支战斗力量来说，他们统一的智慧、训练和划一的装备，使得他们优于民军，革命军不统一，没有力量把北洋军驱出它的北方老巢。"（拉尔夫·尔·鲍威尔. 1895—1912年中国军事力量的兴起. 陈泽宪，等译. 中华书局，1978：195，199）

参考文献

[1] 陈旭麓. 近代中国社会的新陈代谢. 上海：上海人民出版社，1992.

[2] 戴逸，李文海. 清通鉴. 太原：山西人民出版社，2000.

[3] 故宫博物院明清档案部. 清末筹备立宪档案史料. 北京：中华书局，1979.

[4] 郭嵩焘. 郭嵩焘日记：第三卷. 长沙：湖南人民出版社，1983.

[5] 郭廷以. 近代中国史事日志. 北京：中华书局，1987.

[6] 关晓红. 科举停废与近代中国社会. 北京：社会科学文献出版社，2013.

[7] 高瑞泉. 中国近代社会思潮. 上海：华东师范大学出版社，1996.

[8] 侯宜杰. 袁世凯的一生. 郑州：河南人民出版社，1989.

[9] 塞缪尔·P. 亨廷顿. 变动社会的政治秩序. 上海：上海译文出版社，1989.

[10] 翦伯赞，等. 中国通史参考资料：近代部分. 北京：中华书局，1980.

[11] 李喜所. 中国近代社会与文化研究，北京：人民出版社，2003.

[12] 梁启超. 戊戌政变记，北京：中华书局，1954.

[13] 梁启超. 过渡时代论. 清议报，1901（83）.

[14] 梁启超. 饮冰室合集. 北京：中华书局，1989.

[15] 李剑农. 中国近百年政治史. 上海：复旦大学出版社，2002.

[16] 罗尔纲. 晚清兵志. 北京：中华书局，1999.

[17] 罗兹曼. 中国的现代化. 南京：江苏人民出版社，2003.

[18] 马敏. 官商之间：社会剧变中的近代绅商. 天津：天津人民出版社，1995.

[19] 马克思，恩格斯. 马克思恩格斯选集. 北京：人民出版社，2012.

[20] 拉尔夫·尔·鲍威尔. 1895—1912年中国军事力量的兴起. 陈泽宪，等译. 北京：中华书局，1978.

[21] 皮后锋. 严复大传. 福州：福建人民出版社，2003.

[22] 钱承驹. 蒙学格致教科书. 北京：文明书局，1905.

[23] 钱穆. 中国历代政治得失. 北京：生活·读书·新知三联书店，2012.

[24] 璩鑫圭，唐良炎. 中国近代教育史资料汇编：学制演变. 上海：上海教育出版社，1991.

[25] 舒新城. 中国近代教育史资料. 北京：人民教育出版社，1981.

[26] 实藤惠秀. 中国人留学日本史. 谭汝谦，等译. 北京：生活·读书·新知三联书社，1983.

[27] 田正平. 中外教育交流史. 广州：广东教育出版社，2004.

[28] 王晓秋. 近代中日文化交流史. 北京：中华书局，1992.

[29] 汪向荣. 日本教习. 北京：生活·读书·新知三联书店，1988.

[30] 苑书义，等. 张之洞全集：第五册. 石家庄：河北人民出版社，1998.

[31] 汪敬虞. 中国近代工业史资料：第二辑. 北京：科学出版社，1957.

[32] 王栻. 严复集. 北京：中华书局，2003.

[33] 王奎. 清末商部研究. 北京：人民出版社，2008.

[34] 吴永. 庚子西狩丛谈. 北京：中华书局，2009.

[35] 许纪霖，等. 中国现代化史. 上海：上海三联书店，1995.

[36] 张之洞. 张文襄公全集. 北京：中国书店，1990.

[37] 朱寿朋. 光绪朝东华录. 北京：中华书局，1958.

[38] 左藤慎一. 近代中国的知识分子与文明. 刘岳兵，译. 南京：江苏人民出版社，2006.

[39] 张德泽. 清代国家机关考略. 北京：中国人民大学出版社，1981.

[40] 张玉法. 清季的革命团体. 台北："中央研究院"近代史研究所，1975.

[41] 张枬，等. 辛亥革命前十年间时论选集：第一卷上册. 北京：生活·读书·新知三联书店，1963.

[42] 张朋园. 立宪党与辛亥革命. 长春：吉林出版集团有限公司，2007.

[43] 中国社会科学院近代史研究所中华民国史组. 清末新军编练沿革. 北京：中华书局，1978.

第五章 共和新肇，科教拓荒

进入 20 世纪第二个十年，清王朝持续两百多年的统治在武昌起义数月后，即以清帝逊位告终。中华民国临时大总统孙中山让位于袁世凯，进入北洋政府时期。在政治纷乱的背景下，科技转型仍然成效显著，突出反映于科教领域。总体而言，一方面，领袖人物思想和顶层制度设计方面诞生了一些成果；另一方面，对学什么和向谁学的关键问题也有了不同答案。具体来说，地学和医学是此时脱颖而出的科技分支，产业层面的实业和铁路也取得引人注目的成就。本章将通过各方面的代表人物、学校、杂志、社团、机构乃至城市等，以点带面地描绘这一时期科技转型进程的整体面貌，表明共和新肇之时科技和教育如何在困境与机遇交织中砥砺前行。

一、民国肇始的科技和教育

帝制的终结与民国的初建为科教发展带来新的契机，在民初政局动荡迷雾中闪现出些许亮色。袁世凯是民国初年执政时间最长者，曾为复辟称帝而推行复古教育，但在实业和教育方面也有不少可圈可点的施政思想和举措；孙中山实际执政时间较短，但为新生共和国描绘现代化蓝图，集中于铁路和实业领域，与科学技术关联紧密；蔡元培作为首任教育总长，任职时间仅半年左右，但对教育部的组建运作和教育改革的筹备谋划贡献甚多；1912—1913 年承前启后的壬子癸丑学制颁行，成为民初教育事业的正式纲领，也为科学教育创造有利条件。从领袖人物思想和顶层制度设计来看，这一时期的科技和教育受到相当之重视，并以新面貌继续推动科技转型进程。

1. 袁世凯关于科教的理念和举措

辛亥革命的爆发虽然推翻了清王朝并建立中华民国，但这只是社会转型的里程碑而非终点站。民国初年的中国进入政治纷乱时期，时局多变，政府频频更迭。政治纷乱势必影响其他领域的正常运转，却不是绝对的。这一时期不同领域的发展状况各具特色，科技和教育就有不少亮点。首先从民国初年政治领袖的科教施政思想说起，由此可知该领域的总体规划和基本方向。然而，谈及政治领袖是有争议的，盖因其时政坛人事更替如走马灯。1912—1920 年，北洋政府的大总统有 4 位，国务总理则先后有 22 人次之多。① 这里选取最早也是仅有的两位临时大总统——孙中山和袁世凯，他们是南北议和及民国初年声望最隆者。但是因孙中山任职仅数月，其相关思想的阐发时间稍晚，故先袁后孙。

袁世凯是中国近代史上争议极大的人物，洪宪帝制的倒行逆施是他抹不掉的污点。通常的叙事中，他被认为是背叛戊戌变法、窃取辛亥革命果实、背弃共和体制的窃国大盗和独夫民贼。"在二十世纪的最初年代里，帝国主义在中国的头号走狗，反革命的大头子，就是臭名昭著的袁世凯。"② 《中国科学技术史稿》也说："1911 年的辛亥革命虽然推翻了清朝，但政权却落到袁世凯之流的北洋军阀手里，反帝反封建的任务实际上并没有完成……但是，中国的社会却在不断地前进。"③ 从晚清重臣到民国元首，袁世凯不可能只靠投机和阴谋便走上高位。仅从政治上否定他不够全面，更有从复辟帝制倒推其前半生的辉格史观之嫌。从政治家的复杂性来看，既要立足史实清醒地认识到他晚年醉心帝制自为，也应根据史料系统梳理他从政之路的所作所为；既要看到他有违时势背道而驰的一面，也不该讳言他曾推动社会转型的一面。

早在小站练兵和清末新政时期，袁世凯就已长期践行向西方学习的原则。尤其是军事上，因装备西式武器和仿效西方制度而蒸蒸日上的北洋新军为他积累起雄厚的政治资本。"他几乎参预了帝国末年发起的在制度上进行改造和革新的各个方面。他的爱好是实践而不是理论。他不为改革纲领出主意或发展其原理，而是贯彻执行，证明其可行性。"④ 此外，清末新政时他以直隶总督兼北洋通商大臣的身份在直隶试办多项"洋务"，取得的成效为地方各省、清廷和西方列强所瞩目，也因此在清末政坛中树立了权威和获得了声望。例如率先

---

① 刘寿林. 辛亥以后十七年职官年表. 北京：中华书局，1966：4-5.
② 秋楠. 袁世凯. 北京：中华书局，1962：3.
③ 杜石然，等. 中国科学技术史稿. 北京：北京大学出版社，2012：413.
④ 费正清. 剑桥中华民国史（1912—1949 年）：上卷. 杨品泉，等译. 谢亮生，校. 北京：中国社会科学出版社，1994：250-251.

设立巡警，从西方移植近代警察制度，并与当时的军事改革相结合。"备军所以御外侮，警兵所以清内匪。"① 巡警的设立有助于维护社会治安，强化清政府对基层的管理。

总督直隶期间，袁世凯大力贯彻"废科举、兴学堂"，推进教育改革。他于1906年上《缕陈直隶学务情形续行推广折》："臣维五洲之强弱，视其教育之重轻。经国要图，莫此为巨……计北洋大学堂一所，高等学堂一所，北洋医学堂一所，高等工业学堂一所，高等农业学堂一所，初等农工业学堂暨工艺局附设艺徒学堂二十一所，优级师范学堂一所，初级师范学堂及传习所八十九所，中学堂二十七所，高等小学堂一百八十二所，初等小学堂四千一百六十二所，女师范学堂一所，女学堂四十所，吏胥学堂十八所。此外，尚有客籍学堂、图算学堂、电报学堂各一所。凡已见册报者，入学人数共八万六千六百五十二人，而半日、半夜等学堂不计焉。合诸武备、巡警等学堂，以及册报未齐者，总数不下十万人。"② 这些成就为民国初年的教育事业构筑了一定的基础。

在就任民国临时大总统之初，袁世凯努力协调各方，以巩固新生政体，建设国家。1912年9月，他与孙中山、黄兴会晤，又征得副总统黎元洪同意，得出有关内政进行的八条大纲："一、立国取统一制度。二、主持是非善恶之真公道以正民俗。三、暂时收束武备，先储备海陆军人才。四、开放门户，输入外资，兴办铁路、矿山，建置铜铁工厂，以厚民生。五、提倡资助国民实业，先着手于农林工商。六、军事、外交、财政、司法、交通皆取中央集权主义，其余斟酌各省情形，兼采地方分权主义。七、迅速整理财政。八、竭力调和党见，维持秩序为承认之根本。"③ 虽然时势变化很快，但是八条大纲作为各派对于民国建设的共识仍具重要意义，并在一定程度上得以付诸实践。

袁世凯执政初年在政治制度、对外交涉、蒙藏事务等方面均不乏可圈可点之处。就连孙中山也一度认为袁世凯比自己拥有更丰富的政务处理经验，更适合担任大总统。他曾在1912年8月卸任临时大总统后接受记者采访时说："依我所见，现在时局各方面皆要应付，袁公经验甚富，足以当此困境，故吾谓第二期总统非袁公不可。且袁公以练兵著名，假以事权，军事必有可观。"④ "二

---

① 骆宝善，刘路生. 袁世凯全集：第10卷. 郑州：河南大学出版社，2012：399.
② 骆宝善，刘路生. 袁世凯全集：第15卷. 郑州：河南大学出版社，2012：131.
③ 骆宝善，刘路生. 袁世凯全集：第20卷. 郑州：河南大学出版社，2012. 412.
④ 孙中山. 孙中山全集：第二卷. 北京：中华书局，1982：416.

次革命"袁世凯的胜利也反映了他的民初权威和政绩，代表资产阶级的实业家们大多支持袁世凯一方，孙中山、黄兴等发起的讨袁军旋即失败。

实业方面，其宗旨可见于《在参议院开院礼上演说词》（1912）。他将自己一贯的施政纲领归结为锐进主义，认为民初应奉行稳健策略。"世凯向持锐进主义，不甘以畏难保守自居。数十年苦心经营，当为诸君所共见共谅。但现值改革之后，亟当维持秩序，利用厚生，建设从稳健入手，措置以实事为归。"并阐明发展实业的重要性："民国成立，宜以实业为先务。故分设农林、工商二部，以尽协助、提倡二义。凡学校生徒，尤宜趋重实业，以培国本。吾国实业尚在幼稚时代，质言之，中华实农国也。"① 清末设农工商部，南京临时政府设实业部（张謇为总长），北洋政府起初分设农林部和工商部，具有设立专职部门以提倡实业的意图，至1913年底又并为农商部（张謇再度任总长）。

教育方面，主要反映于1915年袁世凯颁布的《教育宗旨》和《特定教育纲要》。《教育宗旨》强调兴办教育是国家建设的关键："本大总统既以兴学为立国要图，今兵气渐销，邦基初定，提倡斯旨，岂容踌躇？矩镬本诸先民，智慧求诸世界。"② 具体内容是爱国、诚心、勿破坏、尚武、崇实、法孔孟、重自治、戒贪争、戒躁进。《特定教育纲要》则包括教育总纲、教育要言、教科书、教育建设、学位奖励等多个部分。例如，大力推广义务教育。"施行义务教育，宜规划分年筹备办法，务使克期成功以谋教育之普及。"又如提倡以科技为主的实用教育。"实用教育，以各学校注重理、化、博物等实科之实验为始。"再如大学及学科设置以科学技术方面为重点。"现拟将全国划为四大学区，每区设大学一所，每校分科暂不必六科皆备，以互相辅益为主。六科之中，应以理工医农为先，文商次之，法又次之。"③ 凡此种种，可以看出袁世凯的教育施政思想是前后贯通和中西结合的，既传统保守又谋求进取。

如何评价袁世凯在科教领域的施政理念和举措？联系他长期作为清朝大员和晚年复辟帝制的经历，不难看出其思想的保守性。事实上这一点已经为不少

---

① 骆宝善，刘路生. 袁世凯全集：第19卷. 郑州：河南大学出版社，2012：752－753.

② 《教育宗旨》为《中华民国史档案资料汇编》所收录，《袁世凯全集》仅录前半部分，名为《兴学令》。故其内容参见：中国第二历史档案馆. 中华民国史档案资料汇编：第三辑：教育. 南京：江苏古籍出版社，1991：25－35.

③ 中国第二历史档案馆. 中华民国史档案资料汇编：第三辑：教育. 南京：江苏古籍出版社，1991：35－44.

研究者所指出："清朝的这位伟大的改良主义官员，作为总统，不能够或者不愿意适应民国分权的、自由主义的环境。"① "其政治思想基础仍是传统统治术的晚清修订版：中体西用。按照张之洞1898年间在《劝学篇》中的诠释，即既要坚持三纲五常，又要学习'西政、西艺'。"② 由此可以推测，习惯于自我标榜继承李鸿章政治衣钵的袁世凯，实际上的确仍信奉洋务派师夷长技、中体西用那一套。清末新政时他在直隶和北京凭此做出不错的成绩，到了民国时期也大体如此，并未从根本上转变思想。所以，他在科教领域的施政思想和举措，在一定程度上有助于科技转型的进行，但随着时间的推移和权力的膨胀，如晚年推行复古教育，已渐难顺应新趋势。

2. 孙中山的铁路和实业建设蓝图

民国初年，袁世凯担任国家元首的时间约达五年（1912—1916），孙中山领导的中华民国南京临时政府仅持续数月，故而孙的施政举措虽确实存在却很难谈起。革命活动仍是孙中山在这一时期的主题，比如他领衔发起的成立国民党（1912）、举行二次革命（1913）、成立中华革命党（1914）、举行护法运动（1917—1918）、改组中国国民党（1919）等。其间还发生了洪宪复辟、张勋复辟等事件，共和革命之路依然有不少挫折乃至倒退。作为坚定的革命领袖，孙中山一边坚持以各种方式继续进行斗争，抵抗虚假共和和帝制复辟；一边利用在野的空档期对民国的革命和建设进行思考，为近代中国描绘现代化蓝图。后者与科学技术关联紧密，是科技转型第二波体现于思想观念层面的重要一环。孙中山的现代化蓝图以《实业计划》为主，还包括他早期相关思想的阐发、民初谋划全国铁路建设等。

早在甲午之前，年轻的孙中山已致力于思索如何兴利除弊，救国救民，其相关思想反映于《致郑藻如书》（1890）、《农功》（约1891）、《上李鸿章书》（1894）等文章中。《致郑藻如书》提出兴农、戒烟、兴学三大主张，年方24岁的他已颇有见识。《农功》认为应学习西方，发展农业。"我国似宜专派户部侍郎一员，综理农事，参仿西法，以复古初。委员赴泰西各国，讲求树艺农桑、

---

① 费正清. 剑桥中华民国史（1912—1949年）：上卷. 杨品泉，等译. 谢亮生，校. 北京：中国社会科学出版社，1994：254.
② 袁伟时. 辛亥革命后袁世凯的建树和失败//苏智良，等. 袁世凯与北洋军阀. 上海：上海人民出版社，2006：299.

养蚕牧畜、机器耕种、化瘠为腴一切善法，泐为专书，必简必赅，使人易晓。"①《上李鸿章书》表明孙中山试图影响洋务派领袖，并批评自强运动只知学习西方坚船利炮，是舍本逐末。"窃尝深维欧洲富强之本，不尽在于船坚炮利、垒固兵强，而在于人能尽其才，地能尽其利，物能尽其用，货能畅其流——此四事者，富强之大经，治国之大本也……徒惟坚船利炮之是务，是舍本而图末也。"② 他把国家"富强之本"归结为"人能尽其才，地能尽其利，物能尽其用，货能畅其流"，但没有得到李鸿章的采纳，这也是促成孙中山转而投身革命的原因之一。

南北议和后，孙中山卸任临时大总统之位，让给袁世凯，并对时局表示相当乐观，准备专心谋划全国铁路建设事业。他在解职时与同盟会会员说："今日满清退位，中华民国成立，民族、民权两主义俱达到，唯有民生主义尚未着手，今后吾人所当致力的即在此事。"③ 1912年9月9日，袁世凯颁发《授孙文筹画全国铁路全权令》："富强之策，全借铁路交通，亟宜从速兴筑。兹特授孙文以筹画全国铁路全权，将拟筑之路，先与各国商人商议借款招股事宜，按照将来参议院决议条例订定合同，报明政府批准，一面组织铁路总公司，以利进行。"④ 孙中山为此游历中外，考察呼吁，以铁路为主题的演讲和文章等很多，如《在上海中华民国铁道协会欢迎会的演说》（1912年7月22日）、《在北京全国铁路协会欢迎会的演说》（1912年8月29日）、《在北京中华民国铁道协会欢迎会的演说》（1912年9月2日）、《在济南各团体欢迎会的演说》（1912年9月27日）、《中国之铁路计划与民生主义》（1912年10月10日）、《铁路杂志》题词（1912）等。

通过演讲和文章等多种形式，孙中山不仅向公众介绍规模庞大的铁路建设计划，而且强调铁路对于国计民生具有至关重要的意义。《在上海中华民国铁道协会欢迎会的演说》说："各国人民之文野及生计之裕绌，恒以交通为比例。中国人民之众，幅员之大，而文明与生计均不及欧美者，铁路不兴，其一大原因也。"并表达对铁路早日建成的殷切希望："务望诸君勉力进行，于十年内将全

---

① 孙中山. 孙中山全集：第一卷. 北京：中华书局，1981：5.
② 同①8.
③ 孙中山. 孙中山全集：第二卷. 北京：中华书局，1982. 319.
④ 骆宝善，刘路生. 袁世凯全集：第20卷. 郑州：河南大学出版社，2012. 384.

国铁路赶紧造竣，以期早收国利民福之效。"① 《中国之铁路计划与民生主义》为纪念武昌起义一周年在《大陆报》发表，提出除经济方面外铁路也有利于观念交流和国家统一。"因铁路能使人们交接日密，祛除省见，消弭一切地方观念之相嫉妒与反对，使不复阻碍吾人之共同进步，以达到吾人之最终目的。" 又认为铁路建设是实业发展的基础，但实业主义会伴随着资本主义，因此需要提倡民生主义以避免负面影响。"盖实业主义为中国所必需，文明进步必赖乎此，非人力所能阻遏，故实业主义之行于吾国也必矣。"②

此时孙中山的策略以筑路二十万里、练兵五百万名而为世人熟知。他主张效仿德国的铁路国有政策，并粗略估计二十万里铁路每年可获得十万万的营运收入，将大大有利于国计民生。"唯德国后起，故能思患预防，全国铁道皆为国有。中国当取法于德，能令铁道延长至二十万里，则岁当可收入十万万。只此一款，已足为全国之公用而有余。"③ 凡此种种，可见他在民国初年的铁路建设计划仅属于笼统设想，更具体的铁路规划要等到他撰写《实业计划》（*The International Development of China*）时才会形成，这将在本章后文中述及。事实上，后来时局的发展也并未如孙中山所愿，他没有建成任何铁路，其全权筹办全国铁路的职务终因二次革命而于1913年7月被袁世凯撤销。二十万里铁路的提出与落空，表明孙中山的民初建设蓝图无法弥合特殊时代理想和现实的鸿沟。1912年8月28日，正值孙中山卸任临时大总统投身建设不久，《亚细亚日报》记者采访孙中山时就已对此表示质疑：

> 问：先生铁路、练兵两策，既得闻教，惟皆系将来问题。刻下国家尚未完全统一，若不迅速解决，恐铁路、军事皆无从说起。先生对于现在统一问题之主张，可得闻否？
>
> 答：今日国家已经统一矣。
>
> 问：中央政府法令不行于全国，各省意见尚未化消，军民分治及省官制争议不决，其他各种权限问题，皆悬搁停滞。先生所谓已统一者，果何所见？
>
> 答：此固为现在待决问题。但予以为无难。将来军民分治后……④

---

① 孙中山. 孙中山全集：第二卷. 北京：中华书局，1982：391.
② 同①488-492.
③ 同①323.
④ 同①417.

一个月后，孙中山与袁世凯商议后，前文提及的内政大纲八条面世。这些策略和纲要有相似之处，虽然现实成效有限甚至几近于无，但绝不能因此而否定其重要理论意义。

在以不断革命捍卫共和的间隙，孙中山不忘为如何建设国家进行理论总结。他的著作《民权初步》（1917）、《孙文学说》（1919）、《实业计划》（1919），后合编为《建国方略》，即分别为建国方略之社会建设、心理建设和物质建设。其中，《实业计划》为孙中山1918年开始以英文写作而成，起初有杂志连载（1919）和英文本（1920）两种形式，后由朱执信、廖仲恺、林云陔、马君武等人合作译成中文本出版（1921）。作为三民主义之民生主义的重要内容，《实业计划》尚处于联俄、联共、扶助农工的新三民主义之前的旧三民主义阶段，所涉及主题与经济、科技等领域最为相关。"此书为实业计划之大方针，为国家经济之大政策而已。"① 从结构来看，该书包括第一计划至第六计划，每计划又分为若干部；从内容来看，该书涉及交通开发、商港开辟、公共事业、钢铁工业、采矿业、农业、植树造林、移民等许多方面的计划，或详细或简略，力图为中国勾勒发展实业的蓝图。

《实业计划》对于发展实业的总策略虽注重科技却不甚切实际。孙中山认为应该趁第一次世界大战结束"整理战后工业之际"，从各国引进机器。"于斯际中国正需机器，以营其巨大之农业，以出其丰富之矿产，以建其无数之工厂，以扩张其运输，以发展其公用事业。然而消纳机器之市场，又正战后贸易之要者也。造巨炮之机器厂，可以改制蒸汽辗压，以治中国之道路；制装甲自动车之厂，可制货车以输送中国各地之生货；凡诸战争机器，一一可变成平和器具。"② 先进机器对于中国相对落后的各行各业而言确实可以发挥推动作用，但是将西方"战争机器"转变为中国"平和器具"未免过于一厢情愿。后来的历史事实证明，孙中山所描绘的现代化蓝图多未实现。这主要是因为社会环境无法支持大规模经济建设，也有部分原因是其计划内容离现实较远。总之，在孙中山的设想里，学习先进科学技术被广泛地纳入具体领域之中，象征着科技转型不仅已被理所当然地视为社会转型的一环，而且已呈深入和不可逆之势。

---

① 孙中山. 实业计划. 北京：外语教学与研究出版社，2011：v.
② 同① xi.

3. 首任教育总长蔡元培

民国初年，孙中山与袁世凯均曾任大总统，百忙之中对科教领域的关注是有限的。蔡元培作为民国首任教育总长，是负责发展教育事业的实际主导者。虽然他的任职时间不长（1912年1月至1912年7月），但历经南京临时政府和北洋政府唐绍仪内阁与陆徵祥内阁，且对教育改革出力甚多，表现出一位卓越教育家的优秀思想和能力，其贡献值得专门予以记述。他亦曾自述："我在国务院做了几个月尸位的阁员，然在教育部方面，因范君静生及其他诸同事的相助，颇有可以记录的事情。"① 至于此后他领导北京大学以及有关教育的其他事迹，则留待后文另行介绍。

教育部作为中央机关名称是民国首创的，主要继承晚清学部的行政职权。《清史稿·职官志》曾载学部："学务大臣，副大臣，各一人。左、右丞，左、右参议，各一人。参事厅参事四人。司务厅司务二人。总务、专门、普通、实业、会计五司，郎中各二人，员外郎十有五人。"② 1901年（光绪二十七年），清廷特设管理京师大学堂的管学大臣，两年后改为学务大臣。1905年（光绪三十一年）底，正式设立学部，置学部尚书和学部侍郎等官职。至1911年（宣统三年），因实行责任内阁制，学部尚书改称学务大臣，学部侍郎改称学务副大臣，唐景崇任学务大臣。唐景崇任内政绩与口碑颇佳，但很快武昌起义爆发，他于次年1月告病开缺。内阁总理大臣袁世凯任命张元奇署理学务副大臣，领导学部事务。于是，在南京临时政府成立后的数月间，出现了南京教育部与北京学部并存的特殊时期，直至南北议和后学部由教育部接收。

南京临时政府教育部由蔡元培组建，其开创经历可谓筚路蓝缕、披荆斩棘。接到南京方面发出的任命时，蔡元培尚在上海。他邀请教育家蒋维乔同行襄助，蒋留有《民国教育部初设时之状况》一文，记载当时的详细情形。③ 蔡自己留欧多年，对国内教育状况不熟，故请蒋多帮忙。蒋认为国家尚未统一，只能做预备工作，拟定《普通教育暂行办法》，并在拟定官制时在教育部下属普通教育司和专门教育司之外加设社会教育司，此后均付诸实施。1912年1月12日，蔡

---

① 蔡元培. 蔡元培自述. 北京：中国言实出版社，2014：88.
② 赵尔巽，等. 清史稿：卷一百十九：志九十四. 北京：中华书局，1977：3455.
③ 舒新城. 近代中国教育史料：第四册. 上海：中华书局，1928：195-198.

元培与蒋维乔及会计三人从沪乘火车抵宁。次日，蔡元培谒见孙中山，询问教育部办公地点，孙中山表示爱莫能助，让他们自行寻觅，一行人只能暂住南京城内乐嘉宾馆。所幸，时任江苏都督府内务司长的马相伯与蔡元培素来交好，慨然出借内务司的三个房间。于是，教育部这才在南京城中碑亭巷的内务司楼上开始办公，与临时大总统所处原两江总督署相近。此后的几个月里，教育部人员逐渐得到充实，但不过30余人，皆称部员，不定官职。正是靠着区区30余人，南京临时政府教育部在蔡元培的领导下达到惊人效率，基本完成了壬子癸丑学制的草案。

　　成立之初，教育部的首要工作在于清除动乱时局的不利影响，早日恢复教育秩序。其根本工作则在于立足革新晚清学制的目标，解决过渡时期教育如何衔接的问题。为此，该部1912年1月19日即向光复之鄂、湘、苏、浙、皖、闽、粤、桂、赣、陕、川、滇、黔及关外诸省颁布《普通教育暂行办法》（十四条）和《普通教育暂行课程标准》（十一条）（以下分别简称《办法》和《课程标准》），宣布："民国既立，清政府之学制，最必须改革者。"《办法》肯定光复各省都督府或省议会为恢复学校秩序而发布的命令，但是认为有各自为政的风险。"惟是省自为令，不免互有异同，将使全国统一之教育界，俄焉分裂，至为可虑。"因此《办法》的首要目的在于统一施行"为各地方所不难通行者"。"至于完全新学制，当征集各地方教育家意见，折衷厘定，正式宣布。"① 对新学制的展望预示着民国建立后势在必行的学制改革即将开展。

　　暂行之《办法》与《课程标准》所规定内容，具有新旧交替、稳中求变的特征。其新者，如《办法》第一条："从前各项学堂均改称为学校。监督、堂长应一律改称校长。"其旧者，如《办法》第五条："特设之女学校章程暂时照旧。"其求稳者，如《办法》第二条："各州、县小学校，应于元年三月初四日（阴历壬子年正月十六日）一律开学。"有趣的是，时至今日全国各地的小学在寒假后也多于农历正月十六开学。其有关科学教育者，如《课程标准》规定，高等小学校每周算术科应教授4课时，博物、理化科2课时；中学校数学科4课时，博物科（第一、二学年）3课时，理化科（第三、四学年）4课时；师范学校数学科前三学年3课时，第四学年2课时，博物科第一

---

① 璩鑫圭，唐良炎. 中国近代教育史资料汇编：学制演变. 上海：上海教育出版社，1991：596.

学年 3 课时，第二、三学年 2 课时，理化科第二、三、四学年依次为 2、3、4 课时。① 鉴于全国各地方情况千差万别，《办法》与《课程标准》还允许各地按实际情形做灵活变通。

这一时期蔡元培的教育思想，阐发于其作为教育总长所撰写的《对于教育方针之意见》。文中首先依次详细介绍五种教育：军国民教育、实利主义教育、公民道德教育、世界观教育、美感教育。其次分析五种教育的关系："五者皆今日之教育所不可偏废者也。军国民主义、实利主义、德育主义三者，为隶属于政治之教育（吾国古代之道德教育，则间有兼涉世界观者，当分别论之）；世界观、美育主义二者，为超轶政治之教育。"五种教育不可偏废，且分属不同性质。清朝的教育属于政治之教育，民国的教育则允许有超轶政治之教育。最后论述不同科目的性质特征，其中包括与科学技术相关的算学、物理、化学、博物学等。比如算学："实利主义也，而数为纯然抽象者，希腊哲人毕达哥拉斯以数为万物之原，是亦世界观之一方面；而几何学各种线体，可以资美育。"② 尤其提到古希腊先哲毕达哥拉斯的"万物皆数"思想，可见其认识之深度。

在教育总长任内，蔡元培对教育事业的贡献不仅限于上述方面，至少还有如下一些工作：（1）督促各学校早日开学，筹办社会教育。如《通电各省都督筹办社会教育》（1 月 30 日）、《电各省饬所属高等专门学校从速开学》（3 月 5 日）、《孙总统令教育部通告各省将已设之优级、初级师范一并开学》（3 月 14 日）等。③（2）为刚成立不久的教育部招揽人才，扩充规模。如 4 月到北京后发出《致范静生等电》、《致黄任之电》、《致伍仲文等电》、《致冀贡泉电》、《致胡玉缙函》、《致白作霖等谕示稿》、《复江翰函》、《致王少泉函》和《致北洋大学王教务长电》等。④（3）组织筹备并召开全国临时教育会议，从 7 月 10 日至 8 月 10 日进行。此前蔡已多次请辞，终于 7 月 14 日去职。他于会议开幕时致辞："今日之临时教育会议，即中华民国成立以后第一次之中央教

---

① 璩鑫圭，唐良炎. 中国近代教育史资料汇编：学制演变. 上海：上海教育出版社，1991：596-601.

② 蔡元培. 对于教育方针之意见//孙常炜. 蔡元培先生年谱传记：上册. 新北："国史馆"，1985：280-281.

③ 同① 601-603.

④ 中国第二历史档案馆. 中华民国史档案资料汇编：第三辑：教育. 南京：江苏古籍出版社，1991：7-9.

育会议……此次教育会议，即是全国教育改革的起点。"① 这是没错的，蔡元培担任教育总长的短短半年，也掀开了壬子癸丑新学制的序幕。

4. 壬子癸丑学制与科学教育

从清朝到民国，政治制度的变革也要求教育制度进行相应变革，壬子癸丑学制就是应运而生的变革成果。但这并非无中生有，清末新政时推行的壬寅癸卯学制既是民初壬子癸丑学制的改革对象，也是基础。1901年初（光绪二十六年底），庚子之役中清廷于西安行在下诏变法："晚近之学西法者，语言文字制造器械而已。此西艺之皮毛，而非西学之本源也。"从而明确接下来的改革方向："参酌中西政要，举凡朝章国故、吏治民生、学校科举、军政财政。"② 自强运动期间开办的新式学堂是未涉及教育制度改革的"西艺之皮毛"，壬寅癸卯学制才是"废科举、兴学堂"的产物。因此，就教育制度改革本身而言，壬寅癸卯学制和壬子癸丑学制均属近代中国科教领域制度转型的标志性节点。但从改革的出发点来说，二者分别是为了维护摇摇欲坠的清廷统治和巩固新生的共和国。

民初学制与清末学制相比，首先摒弃宣扬效忠君上、尊崇朝廷的内容。如前述南京临时政府教育部所颁行之《普通教育暂行办法》（十四条），规定将学堂改称学校、禁用清朝学部颁行的教科书、删去忠君避讳等内容、废除对毕业生奖励出身等，不再以此禁锢和笼络人心。又如前述蔡元培《对于教育方针之意见》，认为专制时代的教育皆为政治教育，共和时代才可以提倡超轶政治之教育。民国的教育应以军国民教育、实利主义教育和公民道德教育隶属政治教育，而以世界观教育和美感教育隶属超轶政治之教育，两方面都不可偏废。1912年9月2日的《教育部公布教育宗旨令》正式确定教育宗旨："注重道德教育，以实利教育、军国民教育辅之，更以美感教育完成其道德。"③ 与蔡元培所说的五种教育相比，教育宗旨无世界观教育，但亦有超轶政治的美感教育。此外，实利教育之中包括科学教育，与军国民教育并重。

---

① 蔡元培. 对于教育宗旨案之说明//孙常炜. 蔡元培先生年谱传记：上册. 新北："国史馆". 1985：328-329.
② 德宗实录（七）：卷四七六//清实录：第五八册. 北京：中华书局，1987：274.
③ 中国第二历史档案馆. 中华民国史档案资料汇编：第三辑：教育. 南京：江苏古籍出版社，1991：22.

从 1912 年（壬子）到 1913 年（癸丑），民国教育部颁布了《教育部公布教育宗旨令》等一系列教育制度，共同构成壬子癸丑学制。据《中国近代教育史资料汇编：学制演变》，壬子癸丑学制的相关政令还包括《教育部公布学校系统令》（1912 年 9 月 3 日）、《教育部公布小学校令》（1912 年 9 月 28 日）、《教育部公布中学校令》（1912 年 9 月 28 日）、《教育部公布师范教育令》（1912 年 9 月 29 日）、《教育部公布专门学校令》（1912 年 10 月 22 日）、《教育部公布大学令》（1912 年 10 月 24 日）、《教育部公布中学校令施行规则》（1912 年 12 月 2 日）、《教育部公布大学规程》（1913 年 1 月 12 日）、《教育部公布高等师范学校规程》（1913 年 2 月 24 日）等等。① 其中，《教育部公布学校系统令》从总体上确定学校系统，对学校名称、类型、毕业年限、预科年限等诸项内容均做出规定，可将其划分为四个档级，如表 5-1-1 所示。

表 5-1-1　　　　　　　　壬子癸丑学制学校系统

档级	学校	毕业年限	预科年限	补习科年限
第一档	初等小学校	四年	—	二年
第二档	高等小学校	三年	—	二年
	乙种实业学校	三年	—	—
第三档	中学校	四年	—	—
	师范学校	四年	一年	—
	甲种实业学校	三年	—	—
第四档	大学	三年或四年	三年	—
	高等师范学校	三年	一年	—
	专门学校	三年或四年	一年	—

学校类型方面，除纵向的四档级外，还有多种横向区分：（1）按经费来源，初等小学校为乡立，高等小学校为乡立或县立，中学校和师范学校为省立或县立，大学和高等师范学校为国立，专门学校为国立或公立（各地方）。另外，各档级学校基本都允许私立。（2）按性别差异，《普通教育暂行办法》（十四条）规定仅初等小学校可以男女同校，因此对女性的教育方面，专设有女子中学校、女子师范学校和女子高等师范学校。（3）按培养方向，尤其是就第四档之大学

---

① 本节自此以下所列壬子癸丑学制的相关政令，均出自璩鑫圭，唐良炎. 中国近代教育史资料汇编：学制演变. 上海：上海教育出版社，1991：651-731。

和专门学校而言，大学分为文科、理科、法科、商科、医科、农科、工科。专门学校直接分为法政、医学、药学、农业、工业、商业、美术、音乐、商船、外国语等专门学校。

课程设置方面，科学技术类课程数目与课时均占据相当比重。如中学校，可见于《教育部公布中学校令施行规则》和《教育部公布中学校课程标准》（1913年3月19日），开设有地理、数学、博物、物理和化学等科学技术类课程，并规定相应课时和要旨。比如数学要旨："在明数量之关系，熟习计算，并使其思虑精确。数学宜授以算术、代数、几何及三角法。女子中学校数学可减去三角法。"博物要旨："在习得天然物之知识，领悟其中相互关系及对于人生之关系。博物宜授以重要植物、动物、矿物、人身生理卫生之大要，兼课实验。"① 再如大学，《教育部公布大学规程》规定七科之下均分为多门。文科即分为哲学、文学、历史学、地理学四门，理科则分为数学、星学、理论物理学、实验物理学、化学、动物学、植物学、地质学、矿物学九门。每门还有相应科目，许多名称沿用至今。另有专事学术研究的大学院，如哲学院、数学院等。

特别政策方面，亦有许多或为交替或为整合的安排。前者如针对专门学校设立别科，教育部予以暂时承认。《教育部暂准法政专门学校设立别科令》（1912年10月25日）规定："查旧设法政学堂，多于本科、预科之外，设立别科，并有不设本科而专设别科者，按之专门学校性质，殊属不合。此次专门学校令，已将别科删去。惟现时民国肇建，法政人才需用孔亟，自应量为变通，准于法政专门学校暂设法律别科、政治经济别科。"② 后者如加强对私立大学的管理，《教育部取缔私立大学之布告》（1913年12月）规定："自布告之日起，限三月以内，遵照《私立大学规程》，另行报部备查；俟呈报到部届满一年，由部派员视察，如果成绩良好，准予立案……嗣后各私立大学，无论报部与否及开办之久暂，凡一经本部派员视察，即行分别优劣，以定立案之准驳，决不稍事姑息。"③ 试图以强制的行政命令促使私立大学按照学制要求办学。

壬子癸丑学制与壬寅癸卯学制相隔十年左右，成为民国初年引领教育事业发展的制度，也扮演着承前启后的历史性角色。但随着时间推移，它也逐渐难

---

① 璩鑫圭，唐良炎.中国近代教育史资料汇编：学制演变.上海：上海教育出版社，1991：670.
② 同①664-665.
③ 同①731.

以适应实际需求，暴露出其局限性。蒋维乔对此总结道："此学制施行历十年，教育界渐觉其不适用，皆诋毁教育部只知抄袭日制。其实临时教育会议，国内著名之教育家，皆罗致到会，而多数之见解，确已如是，不能全归咎于教育部。是盖时代为之，一般人之经验学识，只有此限度也。"① 巧合的是，下一个新学制——壬戌学制开始施行于1922年，也是相隔十年，颁布了改革学校系统的《教育部公布学校系统改革案》（1922年9月29日）和《大总统公布学校系统令》（1922年11月1日）等。从壬寅癸卯学制（20世纪初）到壬子癸丑学制（民国初年），再到壬戌学制（20世纪20年代），呈现出近代教育制度"时代为之"的转型历程。

二、学什么？向谁学？

风云变幻的时代里，中国未来向何处走成为决定国家和民族命运的关键问题。民初的科技转型进程也是这样，对于学什么和向谁学存在各式各样的答案。为庚款留学而设的清华学校属于小范围的美国现代教育体制移植，最终成功融入中国教育体制，培养出包括科技领域在内的各方面人才；中国自主创办的北京大学经过蔡元培的大力改革，转变为一所现代化的大学，是全国思想和学术的重要中心，并在五四运动等浪潮中发挥引领作用；《新青年》杂志是讨论学什么和向谁学的代表性平台，先扬名于新文化运动，鼓吹德先生（民主）与赛先生（科学），后转而宣扬马克思主义，走在时代前列；陈独秀与胡适是当时名动天下的弄潮儿，他们因新文化运动而深入合作，但最终分道扬镳，其思想分野的根本在于二人奉行的唯物辩证法和实验主义的歧异。即便如此，科学仍然是公认的尺度和共同的追求。概而言之，这一时期学习科学已逐渐成为共识，向谁学只是具体策略的不同选择。

1. 庚款留学与清华学校

在发生巨变前夕的1911年4月，专为培养选拔留美学生而设的预备学校——清华学堂在清华园正式开学。1912年，更名为清华学校，也正是在这一年，留美学生的先驱容闳去世。对于清华学校的性质与作用，可概括如下："清

---

① 舒新城. 近代中国教育史料：第四册. 上海：中华书局，1928：197.

华学堂系由美国退还超收庚款所创办，是在中国教育系统之外的一所新制留美预备学校，而后逐渐发展，回归本国教育体系，成为著名大学，在培养中国科学与学术领导人才及促进国家工商业现代化等方面，作出重大贡献。"① 由此可见，清华学校是清末屈辱时代的特殊产物，但意外成为向美国学习的重要途径之一，涌现出许多卓越留学生，并融入中国教育体制而成为一所著名大学，培养了包括科技领域在内的多方面人才。这里聚焦于民国初年，关注清华学校诞生前后历史和初期发展阶段。

创办清华学校之款来源于庚子赔款，即庚子之役后于1901年由李鸿章和庆亲王奕劻代表清廷与德、奥、比、西、美、法、英、意、日、荷、俄等十一国签订《辛丑条约》所确立之赔款。其第六款约定："大清国大皇帝允定，付诸国偿款海关银四百五十兆两。"② 本息合计共达9.822亿两，另说明海关银一两等于0.742美元，4.5亿两海关银相当于3亿多美元。其中美国分得2 444万余美元，加上利息则超过5 300万美元，但美国实际仅损失1 165.5万美元，超收数额巨大。经过中国驻美公使梁诚的努力交涉，美国政府于1908年正式同意退还部分庚款并用于教育。对于中国而言，兴办学校和培养留美学生既可索回一些赔款，又可培养一批人才；对于美国而言，此举可通过留美学生施加美国的影响，对美国未来在华利益有帮助。因此，这成为中美双方长期协商后都乐意接受的结果，从而为创办清华学校提供契机。

庚子赔款的赔付对象不止美国，还有另外十个国家，故而所谓庚款留学也在其他一些国家进行。《庚款兴学问题》(1935)就曾介绍庚款留学概况："民国六年，对德宣战，德、奥两国庚款，亦因此取消。十三年，苏俄自动抛弃赔款。美、法、比、意、英、荷六国，亦相继成立协定退还应付赔款。设董事会或委员会管理处置之。指定用途，或完全用于提倡中国教育文化事业，或用于铁道、交通、水利、实业之建设，以息金办理教育文化事业。"③ 一方面，到1935年，因一战和十月革命，赔付德国、奥匈帝国、苏联之庚款已取消，法国、比利时等国在形势变化之下也效仿美国的处理方式，先后退还庚款。另一方面，各国退还庚款均指定用途，要么仅用于中国文化教育，要么兼用于

---

① 苏云峰. 从清华学堂到清华大学 (1911—1929). 北京：生活·读书·新知三联书店，2001：1.
② 褚德新，梁德. 中外约章汇要：1689-1949. 哈尔滨：黑龙江人民出版社，1991：340.
③ 邰爽秋，等. 庚款兴学问题. 上海：上海教育编译馆，1935：35.

中国实业建设和中国文化教育。唯一的例外是日本，退还的庚款虽也用于教育，却由日方选拔资助留日学生，企图通过操纵退还庚款和资助中国留日学生达成侵略目的。

就总体特征而言，庚款留学持续时间长、涉及国家多、实际情形复杂；就积极作用而言，庚款留学对于中国的最显著意义在于培养了一批科技等领域的高层次人才，归来报效祖国并促进社会建设。"他们构成中国近代社会特有的留学生群体的一个组成部分，作为社会科学、自然科学的载体，无论在增进中外文明的交流，还是在国内新建一些学科、促进中国科学事业的发展上，虽难历历数计，但可感觉到起过并仍起着较大的积极的影响和作用。"① 尤其是科技和教育方面，庚款留学生的历史作用被总结为：通过创办杂志、社团来宣传科学；通过研究来推动科学技术的发展；引进西方进步的教育理论，开展教育试验和改革；改革旧学制，建立新学制；等等。② 这些科技宣传与研究、教育试验与改革等工作，都是科技转型进程中的重要助力。

仍以清华学校为具体案例，可展现当时庚款留学和向美国学习的概况与成就。针对美国退还超收庚款之举，清政府很快开展相应工作。1909 年（宣统元年）外务部奏请："美国减收赔款，业于本年正月起实行。则选派学生出洋即应举办，非徒酬答与国，实乃推广育材。臣等拟在京师设立游美学务处，管理考选、遣送、稽查等事。并附设肄业馆，选学生入馆试验，随时送往美国肄业。以八分习农、工、商、矿等科，以二分习法政、理财、师范诸学。专派监督驻美，管理学生学费、功课、起居等事。"③ 设立游美学务处及附设肄业馆的建议得到批准，并确定留美学生以学习农、工、商、矿等科为主，可理解为以学习科学技术内容为主。之所以附设肄业馆作为培训、预备的学校，是因为外务部主张幼童留美而学部主张先习中学再习西学，是不同理念折中的结果。游美学务处总办由外务部左丞周自齐担任，会办由学部和外务部各派之范源廉和唐国安担任。当年 9 月，选拔第一批庚款留美学生，其中包括后来长期担任清华大学校长的梅贻琦。次年选拔第二批，包括赵元任、竺可桢、胡适等人。此为游美肄业馆时期，主要负责选拔庚款留美学生，尚未进行预备教育。

---

① 宓汝成. 庚款"退款"及其管理和利用. 近代史研究，1999（6）：100.
② 周棉，李冲. 论庚款留学. 江海学刊，2007（5）：164-165.
③ 宣统政纪：卷十四//清实录：第六〇册. 北京：中华书局，1987：281.

1910年（宣统二年），在清华园校舍即将建成之际，游美肄业馆更名为清华学堂。1911年（宣统三年）初，游美学务处迁入清华园，《清华学堂章程》订立颁行，清华学堂开始上课，从此进入清华学堂时期。根据《清华学堂章程》的规定，其宗旨为"培植全材，增进国力"，方针为"进德修业、自强不息"，学制采取四四制。"高等科注重专门教育，以美国大学及专门学堂为标准，其学程以四年计；中等科为高等科之预备，其学程以四年计。"① 可见其学制主要参考美国，与清末壬寅癸卯学制不同。周自齐以总办兼任学堂监督，范源廉、唐国安任副监督。学堂顺利运行一个学期，第二个学期间因辛亥革命爆发而停课。1912年，清华学堂复课，改名清华学校，监督唐国安改称校长，周诒春任教务长，进入清华学校时期。次年唐国安病逝，周诒春接任校长，任期较长，直至1918年。在1928年清华学校改制为国立清华大学之前，历任校长分别为张煜全（1918—1920）、金邦正（1920—1921）、曹云祥（1922—1927）、温应星（1928），人事变动较为频繁。

清华学校时期，曾制定《北京清华学校近章》（1914），学制亦与民初壬子癸丑学制不同。得益于庚款办学，清华学校经费充足，学制、课程、师资等均高度美国化，也曾因此遭受非议。校长周诒春等为使清华不局限于留美预备学校，实现更好发展，提出长远计划：（1）物质建设：兴筑图书馆、体育馆、科学馆、大礼堂等；（2）改订招生办法，直接招考高等科各年级插班生，减少并取消中等科学生；（3）公开选拔留美学生，将庚款留美名额面向全国相应学历者考试选拔，隔年选取女生；（4）取消高等科，改设大学。② 可惜因时局和人事变化，未能迅速实现。但从清华学校的诞生和初期发展来看，其不仅持续选拔和培养庚款留美学生，为科技转型乃至社会转型供应优秀人才，而且实现小范围的现代教育体制移植，有利于中国向美国等西方国家学习先进教育制度和理念。

2. 引领新潮的北京大学

同样是在民国初年，北京大学也迎来改革与发展的契机，成为引领新潮的

---

① 清华大学校史研究室. 清华大学史料选编：第一卷：清华学校时期（1911—1928）. 北京：清华大学出版社，1991：146.

② 苏云峰. 从清华学堂到清华大学（1911—1929）. 北京：生活·读书·新知三联书店，2001：61.

学府重镇。与移植美国教育体制、培养预备留美学生的清华学校不同，北京大学的前身——京师大学堂为戊戌变法时由清政府所创办，既多次处于重要历史关口，也曾作为壬寅癸卯学制的代表之一，并一度作为全国最高教育行政机关。从清末到民初，这所本土大学已是一所历经十多年风雨的老资格中国大学。它在拥有独特而荣耀过往的同时，因生于旧体制土壤而带来的弊病也日益凸显，难以适应新生民国力行教育改革的大势。这一时期北京大学面临的迫切问题是：对于这些弊病是否革除，谁来革除，如何革除？担起历史重担的是蔡元培，他主政北大期间谋求改善，贡献巨大，是北京大学之所以能在五四运动等关键事件中发挥引领作用的主要奠基人。

庚子之役时，京师大学堂停办。1902年初（光绪二十七年底），张百熙被任命为管学大臣，主持恢复京师大学堂，随即又将同文馆并入京师大学堂。张百熙较为开明，勇于任事，为此出力颇多。由他拟定呈送并得到颁行的《钦定京师大学堂章程》（1902）昭示："京师大学堂之设，所以激发忠爱，开通智慧，振兴实业；谨遵此次谕旨，端正趋向，造就通才，为全学之纲领。"大学堂主要分为专门分科和预备科："政治科第一，文学科第二，格致科第三，农业科第四，工艺科第五，商务科第六，医术科第七。"① 1902年12月17日，京师大学堂正式开学。1910年3月31日，京师大学堂经、法政、文、农、格致、工、商等分科大学举行开学礼。人事方面，1904年管学大臣改为总理学务大臣，由孙家鼐出任；专设京师大学堂总监督，由张亨嘉出任。此后至清亡的数年间总监督变动较为频繁，如李家驹（1906.02—1907.07）、朱益藩（1907.07—1907.12）、刘廷琛（1907.12—1910.09）、柯劭忞（1910.09—1911.11，署理）、劳乃宣（1911.11—1912.02）、严复（1912.02—1912.10）等。严复就任总监督时，已是南北分治局面，随即因改为京师大学校而改称校长。

到了万象更新的民国初年，脱胎于前朝旧体制的北京大学却未能跟上时代步伐而积弊日深。严复辞职后，何燏时（1912.12—1913.11）和胡仁源（1913.11—1916.12）先后任校长。这几年当中事件较多，校内外矛盾频频激化，甚至出现将北京大学并入北洋大学的提议。与后来蔡元培执掌北大时期相比，1912—1916年的北京大学发展相对缓慢，但也不容忽视。以学生规模为例，1913年全校学生有781人，1914年为942人，1915年为1 333人，1916年为

---

① 璩鑫圭，唐良炎.中国近代教育史资料汇编：学制演变.上海：上海教育出版社，1991：235-237.

1 503 人，在校生的人数一直处于增长趋势之中。① 新旧交替之际的 1916 年底，蔡元培被任命为北大校长，以卓有成效的诸多改革措施促使北大迈进思想活跃和学术繁荣的新时期。"在近代中国教育史上，贡献最大、影响最深远的，应首推蔡元培先生。"② 此时的蔡元培既有进士点翰林的旧学历练，也有访欧留学的西学熏陶，还有担任民国首任教育总长的独特经历。他不仅思想多元，追求进步，而且学养深厚，经验丰富，是校长的最佳人选。

按照蔡元培的自述，他接掌北大初的动机在于整顿其腐败。"既然知道它腐败，更应进去整顿，就是失败，也算尽了心。"③ 这里的腐败应指其封建的、官僚的陈腐习气。因此，蔡元培的改革以思想自由、兼容并包为宗旨，举措包括：破除读书做官的旧观念、广延积学而热心的教员、调整学科、充实文理法科、沟通文理、采行选科制、建立北大国史馆、以美育代宗教、提倡体育运动、鼓吹劳工神圣等。在领导体制上，蔡元培坚持教授治校，设立评议会，成员为校长、各科学长和教授，构成全校最高权力机构。1919 年，评议会又通过了设立行政会议及其下属委员会、教务会议及教务处、总务处等机构，各自负责立法、司法、行政、教务、总务等方面事务，教授治校、民主治校的方针得到基本贯彻。

具体而言，蔡元培对北京大学的整顿改革覆盖面很广。学科方面，改革举措包括调整学科、充实文理法科、沟通文理、采行选科制等。除文科、理科、法科以外，商科和工科被归并，预科也进行改变。1919 年，文科和理科等名称被废除，改门为系，全校有数学系、物理系、化学系、地质学系、哲学系、中国文学系、英国文学系、法国文学系、德国文学系、俄国文学系、史学系、经济系、法律系等，共十四个系。学生方面，主要为开放男女同校和提倡平民教育。"一九二〇年春，蔡元培在北大开始招收女生入学，开创了我国大学教育中男女同校之先河。"④ 他坚持以成绩优劣作为选拔学生的依据，革除京师大学堂以来招收有功名之人和士绅子弟的旧习，并鼓励旁听、兴办校役夜班、平民夜校等。人才方面，蔡元培以真才实学为用人标准，对不同派别和思想的教师兼容并包。这一时期众多学术大师云集北大，济济一堂，如陈独秀、李大钊、鲁

---

① 萧超然、沙健孙、周承恩，等. 北京大学校史（1898—1949）. 上海：上海教育出版社，1981：37.
② 陶英惠. 蔡元培年谱：上. "中央研究院"近代史研究所专刊，1976（36）：1.
③ 蔡元培. 蔡元培自述. 北京：中国言实出版社，2014：104.
④ 梁柱. 蔡元培与北京大学. 银川：宁夏人民出版社，1983：56.

迅、胡适、钱玄同、刘半农、黄侃、辜鸿铭、马寅初、陶孟和、李四光、颜任光、何杰、翁文灏等。

经过一系列的努力，北京大学在蔡元培的领导下开始成为思想和学术的重要中心，为其发展和传播提供施展的舞台。新文化运动、五四运动、早期马克思主义和中国共产党等均与北大关联紧密，后面将进行详述。这里着重介绍北京大学与五四运动，展现由此促进对反帝反封建的革命爱国精神的弘扬。1919年，巴黎和会传来将德国在山东的特权转让给日本的消息，义愤填膺的北大学生联合北京其他高校学生掀起规模浩大的抗议活动，以5月4日的天安门游行示威和火烧赵家楼为高潮，北大学生傅斯年、罗家伦、许德珩等均为运动的核心人物，最终迫使北洋政府在压力之下罢免曹汝霖、陆宗舆和章宗祥的职务，并拒绝签署《巴黎和约》。蔡元培虽然不太支持学生参与政治运动，但还是尽力奔走设法营救被捕学生，并宣布辞职出走，表现出作为校长既同情学生的爱国运动又难以与当局抗衡的无奈。

五四运动被定性为从旧民主主义革命到新民主主义革命的分界线，也被认为是时代风貌的体现。"一般所指的五四运动，是三种运动，不是一个运动。其一是为山东问题而反对凡尔赛对德和约，以维护国权之学生运动；其二是文学革命，实即是白话文学运动；其三是以民主与科学为主旨的新文化运动。"① 广义上的五四运动覆盖新文化运动，亦称为五四新文化运动，对中国共产党的诞生也有直接影响。以此为标志，这一时期的北京大学不仅是一所现代化的大学，是全国新潮思想文化的领导，而且是提倡科学精神的中心之一，为科学传播和发展扫清障碍，为科技转型创造有利的社会环境。

3. 向左转的《新青年》

依托北京大学这个汇聚人才、学术和思想的顶尖平台，轰轰烈烈的思想解放运动——新文化运动逐渐席卷全国。从宏观层面来看，教育、文化、政治诸领域相互影响。正如蔡元培治校离不开民国新建、巩固共和的背景："新教育为新社会、新政治之一部分，在政治未上轨道以前，新教育很难作单方面之发展。"② 新文化运动与此类似，民国初年此起彼伏的革命、政变乃至复辟使民国

---

① 陶希圣. 北大·五四及其应负的责任//学府纪闻：国立北京大学. 台北：南京出版有限公司，1981：39.

② 陶英惠. 蔡元培与北京大学. "中央研究院"近代史研究所集刊，1976（5）：311.

处于政治纷乱之中，脆弱而混乱的共和急需予以维护。新社会、新政治呼唤与之对应的新文化，新文化会促进新社会、新政治的实现和稳定。1917 年，陈独秀接受蔡元培的聘请出任北京大学文科学长，并将主编之《新青年》杂志迁至北京，是为新文化运动由发端至壮大的节点。后来，走在时代前列的《新青年》吸收新思想，转而宣扬马克思主义。对于科技转型而言，《新青年》与新文化运动的意义不仅在于大力鼓吹民主（德先生）与科学（赛先生），而且在于广泛运用科学方法，通过不断的思想解放为科学发展铺路。

何为《新青年》？它是一份存在于 1915—1926 年的杂志，先为新文化运动的主要阵地，后转变为共产主义的宣传刊物。1915 年 9 月 15 日，陈独秀在上海创办《青年杂志》（法文名为 La Jeunesse），定为月刊，由群益书社出版。次年，因与基督教青年会相关杂志名相近，从第二卷第一号起改名为《新青年》，仍然每月出版一号，因护国战争而停刊七个月。《青年杂志》和《新青年》刊行初期，尚未引起学界或舆论的密切关注。1917 年，《新青年》随陈独秀迁往北京，从第三卷起在京编辑。1918 年第四卷起改用白话文和新式标点，仅限编辑部同人编辑，编委会成员包括陈独秀、李大钊、钱玄同、刘半农、胡适、高一涵、沈尹默、鲁迅等。五四运动爆发后，《新青年》迁回上海，从第七卷起仍由陈独秀独力主编。1920 年，从第八卷起改组为上海的共产党早期组织的机关宣传刊物，后因受到查抄而转移至广州。1922 年 7 月，《新青年》出版第九卷第六号后休刊。1923 年至 1926 年，瞿秋白曾代表中共主持《新青年》，以季刊和月刊的形式再刊，共出九期后停刊。因此，在作为党内杂志之前，《新青年》共出九卷，计五十四期（号）。

何为《新青年》所说之新青年？陈独秀在创刊号撰有《敬告青年》，提出六条标准：自主的而非奴隶的，进步的而非保守的，进取的而非退隐的，世界的而非锁国的，实利的而非虚文的，科学的而非想象的。可以说，后者代表的是旧青年，前者代表的是新青年。其中已经提倡科学与民主："国人而欲脱蒙昧时代，羞为浅化之民也，则急起直追，当以科学与人权并重。"① 朱希祖在第七卷第三号发表《敬告新的青年》，呼吁："世界是时时进化的，时时变换的。把旧的不适用的，变换做新的适用的，就叫作革命。所以新的都是由革命而来，新的青年是最富于革命精神的。我所以要告诉新的青年，有两句最要紧的话：

---

① 陈独秀. 敬告青年. 青年杂志, 1915, 1 (1)：6.

一、革命须从万恶丛集的地方革起；一、革命须从自己革起。"① 这就把新青年之新对应于革命，希望新青年具有革命精神，向旧的、不适用的、恶的事物宣战，推己及人，从而改变整个社会。

借助《新青年》作为宣传阵地，新文化运动的干将们纷纷撰文抨击旧文化，传播新文化。其中的核心宗旨便是提倡民主（德先生）和科学（赛先生），以此反对旧有的诸多事物，招致守旧势力的反对和非议。陈独秀在《本志罪案之答辩书》中说："本志同人本来无罪，只因为拥护那德莫克拉西（Democracy）和赛因斯（Science）两位先生，才犯了这几条滔天的大罪。要拥护那德先生，便不得不反对孔教、礼法、贞节、旧伦理、旧政治。要拥护那赛先生，便不得不反对旧艺术、旧宗教。要拥护德先生又要拥护赛先生，便不得不反对国粹和旧文学……请你们不用专门非难本志，要有气力、有胆量来反对德、赛两先生，才算是好汉，才算是根本的办法。"② 这不仅申明新文化以民主和科学反对旧文化，而且点明孔教、礼法等诸多旧文化的方方面面，最后还表明此时也很少有人敢直接反对民主和科学。

语言文字和文学的革命是新文化运动的重要部分，也以《新青年》为论战之载体。事实上，在此之前已有改革语言文字的想法出现。"最先去提倡革新的，是王国维氏、梁启超氏、谭嗣同氏等。"③ 此时则明确为反对旧文学和提倡新文学，反对文言文和提倡白话文。胡适的《文学改良刍议》提出文学改良须从八事入手，分别为：须言之有物，不摹仿古人，须讲求文法，不作无病之呻吟，务去烂调套语，不用典，不讲对仗，不避俗字俗语。④ 此后又有陈独秀《文学革命论》、刘半农《我之文学改良观》、周作人《人的文学》、朱希祖《白话文的价值》等予以跟进。陈独秀更是大声疾呼，"高张'文学革命军'大旗"，提出"三大主义"："曰推倒雕琢的阿谀的贵族文学，建设平易的抒情的国民文学。曰推倒陈腐的铺张的古典文学，建设新鲜的立诚的写实文学。曰推倒迂晦的艰涩的山林文学，建设明了的通俗的社会文学。"⑤ 语言文字是表达思想的工具，语言文字和文学的革命构成思想解放的重要基础，从而也构成科技

---

① 朱希祖. 敬告新的青年. 新青年, 1920, 7（3）：101.
② 陈独秀. 本志罪案之答辩书. 新青年, 1919, 6（1）：10-11.
③ 伍启元. 中国新文化运动概观. 上海：现代书局, 1934：28.
④ 胡适. 文学改良刍议. 新青年, 1917, 2（5）：26.
⑤ 陈独秀. 文学革命论. 新青年, 1917, 2（6）：1.

转型的重要基础。

至于《新青年》对马克思主义的宣传，主要是因为受到俄国十月革命的影响。中国共产党的主要创始人和早期领导人之———李大钊就是向左转的典型代表，其经典文章有《庶民的胜利》《Bolshevism 的胜利》《我的马克思主义观》等。另一位中共的主要创始人和早期领导人陈独秀也通过杂志做了不少理论宣传工作。对于这一时期的陈独秀和《新青年》，毛泽东曾做出肯定的评价："他是五四运动时期的总司令，整个运动实际上是他领导的……我们那个时候学习作白话文，听他说什么文章要加标点符号，这是一大发明，又听他说世界上有马克思主义。我们是他们那一代人的学生。五四运动替中国共产党准备了干部。那个时候有《新青年》杂志，是陈独秀主编的。被这个杂志和五四运动警醒起来的人，后头有一部分进了共产党"①。毫不夸张地说，从默默无闻到名动天下，从新文化运动的洪流到马克思主义的浪潮，《新青年》作为讨论学什么和向谁学的代表性平台，深深地影响了近代中国的历史进程。

4．合流与分野的弄潮儿们

前面已经重点地关注民国初年的学校和杂志，接下来将聚焦涌现出的弄潮儿们，论述他们在五四新文化运动时期的合流与分野，展现国人对于学什么和向谁学问题的不同认识。由于活跃于此时的知名学者为数颇多，故以有限篇幅选择两位旗手式的人物：一位是陈独秀（1879—1942），另一位是胡适（1891—1962）。这一时期的他们是执教于北大的同事，也是编辑《新青年》的同人，持有提倡新文化和反对旧文化的共同主张，皆为一时之思想领袖。但他们在合作的同时也有许多歧异，并随着时间和形势的推移而最终分道扬镳。这些弄潮儿们的合流与分野，不仅与学习的对象（向谁学）有关，而且与学习的内容（学什么）有关。虽然他们观点各异，结局不同，但至少可以说明，科学（赛先生）作为近代思想旗帜之一而得以树立，使科技转型成为浩浩荡荡的潮流。

科学被明确为对应于"science"的中文名，是新文化运动倡导"德先生"和"赛先生"的重要基础。"科学"一词古已有之，但并非此意。晚清自强运动以来，格致作为"science"译名的使用频率原本较高，如傅兰雅、徐寿、伟烈亚力等人筹办的上海格致书院（1876），还有傅兰雅同年创办的科技期刊《格

---

① 毛泽东．中国共产党第七次全国代表大会的工作方针//中共中央文献研究室．毛泽东文集：第三卷．北京：人民出版社，1996：294．

致汇编》。傅兰雅在《格致汇编启事》中声明欲将"西国格致之学与工艺之法"翻译介绍给中国人。① 这里的格致便是科学，工艺便是技术。后来，日本人将科学用于翻译"science"，并于 19 世纪末传入中国，逐渐被国人所接受。这个过程大致可分为三个阶段：一是 19 世纪末以前，格致为主；二是 19 世纪末至 20 世纪初，格致与科学并用；三是 20 世纪初以后，科学取代格致。新文化运动中用新的"科学"而不用旧的"格致"，陈独秀《本志罪案之答辩书》还使用音译名"赛因斯"先生，"显示出激进知识分子们又将'science'看成是能够扫除中国旧面貌的巨大进步力量"②。从格致到科学，再到盛行一时的"赛因斯"，反映出弄潮儿们反对传统、推陈出新的迫切心态。

陈独秀与胡适原本并无交集，且其最初的交集亦与科学无关。陈独秀少年时考取秀才，但多次乡试未中，后数次赴日留学。青年时，他参与反清秘密活动，也有过办报和执教经历。辛亥革命后，陈独秀曾在安徽都督府任职，并参与二次革命，失败后投身理论工作。1915 年陈独秀在《青年杂志》创刊时便已"敬告青年"，"以科学与人权并重"。彼时胡适正以庚款留学生的身份从美国康奈尔大学的农科转学哥伦比亚大学的哲学，师从著名哲学家约翰·杜威。由于二人均为安徽人，陈为安徽怀宁人，胡为安徽绩溪人，于是陈独秀通过同乡向远在美国的胡适约稿。1916 年，胡适翻译的俄国短篇小说《决斗》刊登于《新青年》第二卷第一号，自此开始为《新青年》供稿，但真正具有象征意义的还是发表于 1917 年《新青年》第二卷第五号的《文学改良刍议》。1917 年，陈独秀与胡适均接受蔡元培的聘请，前往北大任教。《新青年》也于次年从原来的由陈独秀主编改为由陈独秀、胡适等人组成的编委会编辑。

新文化运动是从新文学革命开始的，其标志是胡适的《文学改良刍议》和陈独秀于《新青年》第二卷第六号跟进的《文学革命论》。《文学改良刍议》和《文学革命论》的主张已在前文提及，以新文学取代旧文学是他们的共同主张，但共同主张并不能掩盖二人风格理念的差异。胡称为"改良"，陈称为"革命"；胡称为"刍议""草案"，"犹云未定草也，伏惟国人同志有以匡纠是正之"③，陈则为"革命论"，自称"文学革命军"；胡就事论事，一一道来，陈先

---

① 陈谷嘉，邓洪波. 中国书院史资料. 杭州：浙江教育出版社，1998：2 341.
② 俞喆. 概念中的日译词——以"科学"为关键词的研究. 上海：华东师范大学，2008：43.
③ 胡适. 文学改良刍议. 新青年，1917，2（5）：36.

说革命，高度概括；胡文风平实，陈文风激昂。总体来看，胡更像书斋学者，陈更像革命活动家。陈独秀原本并无文学革命的系统观点，但他善于吸收新思想。他先在胡适文末按："白话文学将为中国文学之正宗，余亦笃信而渴望之。吾生倘亲见其成，则大幸也。"又在《文学革命论》末尾疾呼："予愿拖四十二生的大炮，为之前驱。"① 这种与时俱进的精神应是他后来转向马克思主义的主要原因之一。

随着新文化运动的持续深入，尤其是俄国十月革命的影响，陈独秀、李大钊等人越来越支持共产主义，从而使陈独秀与胡适的分歧越来越大，终于走向不同道路。其一是问题与主义之争，1919年7月，胡适在《每周评论》第31期发表《多研究些问题，少谈些主义》。8月李大钊在第35期发表回应文章《再论问题与主义》。胡适又于第36期发表《三论问题与主义》，并在第37期撰写《四论问题与主义》，后刊物被查禁。其二是新文化运动的定位，1919年12月，胡适在《新青年》第七卷第一号发表《新思潮的意义》。次年4月，陈独秀在《新青年》第七卷第五号发表《新文化运动是什么？》。前者认为运动仅限于文化领域，重在提高深化，即"研究问题，输入学理，整理国故，再造文明"②。后者欲扩展至社会，意在普及扩大，即"要注重团体的活动""要注重创造的精神""要影响到别的运动上面"③。

陈独秀与胡适的思想分野，最关键处在于他们分别所认同的唯物辩证法和实验主义不同。前者来源于马克思和苏俄，后者来源于杜威和美国。胡适后来曾撰有《介绍我自己的思想》(1930)予以概述："从前陈独秀先生曾说实验主义和辩证法的唯物史观是近代两个最重要的思想方法，他希望这两种方法能合作一条联合战线。这个希望是错误的。"④ 并称实验主义是进化论之后的科学方法，唯物辩证法是进化论之前的非科学方法。他的观点被时人评价为："胡氏的意思，有一半是正确，有一半是错误。辩证法的唯心论没有错是玄学方法，但唯物辩证法是生物进化论成立以后的科学方法，这是不能否认的事。胡氏不赞成辩证法的唯物论是可以的，若因此便说它不是科学方法便属于谬误。"⑤ 陈独

---

① 陈独秀. 文学革命论. 新青年, 1917, 2 (6): 4.
② 胡适. 新思潮的意义. 新青年, 1919, 7 (1): 5.
③ 陈独秀. 新文化运动是什么?. 新青年, 1920, 7 (5): 4-5.
④ 胡适. 介绍我自己的思想. 新月, 1930, 3 (4): 135.
⑤ 伍启元. 中国新文化运动概观. 上海: 现代书局, 1934: 72-73.

秀还曾争取过胡适，希望他向马克思主义和初生的中共靠拢，但在未能消弭二人思想分野的情况下并没成功。概而言之，从陈独秀和胡适的身上可以看到向苏俄学习和向美国学习的不同倾向，代表着当时世界上的两种截然不同的发展方向。但不管怎么说，恰如胡适以科学方法和非科学方法进行评价，表明科学仍然是公认的尺度和共同的追求。

三、脱颖而出的地学和医学

论及科技转型的成效，地学和医学是其中的代表领域，可以通过典型的科学家、科学组织、科研机构等进行说明。任鸿隽领衔创办了《科学》杂志与中国科学社（The Science Society of China），致力于传播科学知识，弘扬科学精神，为科学事业的发展铺路。丁文江创办的地质调查所使地学中的地质学逐渐步入轨道，是推动中国地质学体制化、近代化的起点。医学领域因西医东渐的扩大，发生了两次西医与中医之争。虽然西医欲废弃中医的根本动机是科学因素，但纷争中牵扯许多其他因素，因此矛盾没有解决而只是初步展开。由洛克菲勒基金会（The Rockefeller Foundation）和美国中华医学基金会（China Medical Board，简称CMB）创办的北京协和医学院（Peking Union Medical College，简称PUMC），成为一流医学院，培养了一流医学人才，为近代中国的医学教育树立起标杆。

1. 任鸿隽与中国科学社

学习科学既为一时的口号和共识，那么其具体表现如何？任鸿隽与中国科学社就是该时期取得突出成就之代表。作为"中国现代科学事业的拓荒者"，任鸿隽联合同人创办了•"20世纪前半叶在中国影响最大、覆盖面最广、参加人最多的科学团体"——中国科学社，以及"20世纪前半叶在中国影响最大的综合性科学刊物"——《科学》杂志。① 无论是任鸿隽的人生经历与思想主张，还是中国科学社的沿革历史，都是中国近代科学史上值得大书特书的部分。"任鸿隽先生不是埋头于实验室的科学家，而是一位为科学家营造研究环境的科学事业家。在中国现代科学历史的画卷中，有他笔蘸心血的幅幅力作，回头看去，

---

① 樊洪业. 编者前言//任鸿隽. 科学救国之梦——任鸿隽文存. 樊洪业，张久春，选编. 上海：上海科技教育出版社，上海科学技术出版社，2002：x.

更显辉煌。"① 选择任鸿隽和中国科学社作为探讨的切入点和横截面，可以表明它们作为重要节点对于推进科技转型进程的作用和意义。

任鸿隽（1886—1961）出生时年少的光绪帝尚未亲政，而去世时新中国已成立12年，时间跨度大且事件多。他的夫人陈衡哲在他去世后曾撰写追忆文章《任叔永先生不朽》，将他的人生等分为三个25年。前两个25年，已有任鸿隽的自述《前尘琐记》和《五十自述》。至于第三个："他最后二十五年的生活，是截长补短的，是形现心隐的。开山辟路，或立言立功之类的事，是说不上的了。"② 最后25年是否开山辟路、立言立功不好说，但前两个25年（1886—1911，1911—1936）的确称得上如此。任鸿隽生于四川省垫江县（今属重庆市），1904年（光绪三十年）考中秀才。次年废科举，他进入新式学堂学习。后来，原本从速成师范毕业教书的他弃职赴沪就读中国公学。1908年东渡日本留学，加入同盟会，在修习化学的同时参与革命活动。辛亥革命爆发后，任鸿隽曾效力于孙中山的南京临时政府，在总统府秘书处总务组任职。南北议和后他没有去北京谋得一官半职，而是弃职申请出国留学，凭借对革命有功而受资助赴美。

在美国康奈尔大学就读期间，任鸿隽兼顾学习和交游，还担任《留美学生季报》主笔。后来，正是他力主刊发蓝兆乾《科学救国论》于第二卷第二号（1915）。1914年，任鸿隽、胡明复、赵元任、周仁、秉志、章元善、过探先、金邦正、杨杏佛等九位康奈尔大学留学生联合发起创办《科学》杂志。1915年1月，《科学》创刊号在上海面世。其"例言"表明刊物以传播科学为宗旨："本杂志虽专以传播世界最新科学知识为帜志，然以吾国科学程度方在萌芽，亦不敢过求高深，致解人难索。"其"发刊词"则高呼"科学救国"："继兹以往，代兴于神州学术之林，而为芸芸众生所托命者，其唯科学乎，其唯科学乎！"③ 其刊行文章包括：任鸿隽《说中国无科学之原因》、赵元任《心理学与物质科学之区别》、陈茂康《平面数学》、胡明复《万有引力之定律》、杨孝述《欧姆定律》、杨铨《加里雷倭传》（加里雷倭今译为伽利略）等，另有"调查""新闻""杂俎""附录"等栏目。

有关《科学》杂志的一则广告亦表明其宗旨，在创刊号面世后刊登于《留

---

① 樊洪业. 任鸿隽：中国现代科学事业的拓荒者. 自然辩证法通讯，1993（3）：76.
② 陈衡哲. 陈衡哲早年自传. 合肥：安徽教育出版社，2006：226.
③ 科学. 1915，1（1）：1-7.

美学生季报》。"本杂志为西洋留学界唯一之学术杂志,由专门学家担任撰述,根据学理切应实用。研究科学者不可不读,讲求实业者不可不读,热心教育者不可不读,青年学生界不可不读。"① 它的目标受众为四类:研究科学者、讲求实业者、热心教育者和青年学生界,并附有首期目录以吸引他们。为保障杂志的发行,任鸿隽等人同时组建科学社。1915年10月,中国科学社正式于美国成立,通过的《中国科学社总章》规定其宗旨为:"本社以联络同志,共图中国科学之发达为宗旨。"② 《中国科学社总章》还对社员、社员权利及义务、分股、办事机关、职员及其任期责任、会费及特别捐、常年会、选举等事项予以规定,其中办事机关设有董事会、分股委员会、期刊编辑部、书籍译著部、经理部和图书部。

经过任鸿隽等人的努力,中国科学社以相当强大阵容崛起于留美学生群体中,并获得许多国内名流的关注和支持。创社之1915年共有社员123名,除已提及者,后来扬名天下的还有竺可桢、胡先骕、侯德榜、邹秉文等人。此后数年里,相继入社的还有茅以升(1916)、蔡元培(1917)、叶企孙(1917)、金岳霖(1917)、吴玉章(1918)、蒋梦麟(1919)、孙科(1919)、梅贻琦(1919)等。不仅如此,民初显要伍廷芳、唐绍仪、黄炎培、黎元洪、范源廉均曾为之题词或题诗。因此,凭借社员与名流等优秀资源,中国科学社不仅在学术运作上获得保障,而且逐渐扩大了社会影响。1918年,任鸿隽主持召开中国科学社第三次年会后不久便回国,中国科学社本部亦移至国内。

归国后,中国科学社开启新的发展时期。1919年,出版《科学通论》。社址由政府帮助而定于南京成贤街。次年,建立图书馆。1921年,举办科学演讲会。1923年,修改社章,宗旨改为"联络同志,研究学术,共图中国科学之发达"。改变组织机构,董事会成员有马相伯、张謇、蔡元培、汪精卫、熊希龄、梁启超、范源廉等,丁文江任会长。③ 任鸿隽曾作《中国科学社之过去及未来》(1922),回顾"中国科学社成立之历史",总结"中国科学社之现在事业",阐述"本社之将来计划"。"现在事业"包括出版物(又分为《科学》月刊、通论特刊及单行论文、科学丛书三种)、图书馆、研究所(即中国科学社生物研究

---

① 留美学生季报. 1915, 2(2): 3.
② 林丽成,章立言,张剑. 中国科学社档案资料整理与研究发展历程史料. 上海: 上海科学技术出版社, 2015: 28-32.
③ 樊洪业.《科学》杂志与中国科学社史事汇要(1919—1927). 科学, 2005(2): 39.

所)、讲演、名词审定、年会等。"将来计划"则包括杂志(专门和通俗两种)、图书馆、研究所(理化研究所、生物研究所、卫生研究所、矿冶研究所、特别研究所)、博物馆(自然历史博物馆、工业商品博物馆)等。并说:"夫英有一皇家学会,实开科学之先河;美设斯密生学社,亦树华国之宏观。吾人处筚路蓝缕之后,当康庄大启之时,尚不能从当世学者之后以为世界学海增一勺之量乎?"① 虽然计划不一定能够实现,却代表他对形势之判断和前景之展望。

中国科学社的历史持续到1960年,约半个世纪内为中国科学事业"开山辟路"。"除办科学刊物外,还举行科学讲演,兴办图书馆,创建研究机构,设立科学奖励,开设科学图书仪器公司,等等。"② 任鸿隽的人生也是如此,回国后历任北京大学教授、教育部专门教育司司长、东南大学副校长、中华教育文化基金董事会干事长、四川大学校长、中央研究院(简称中研院)总干事、上海图书馆馆长、上海市科协副主席等职,主要仍致力于科学传播、科学组织、科学教育等科学事业。新中国成立后随着形势发生变化,中国科学社最终被解散。1961年,分别通过移交、停刊等方式送走中国科学社和《科学》杂志后的第二年,任鸿隽也走完了他奉献科学的一生。

2. 丁文江与地质调查所

地学领域中的地质学在20世纪第二个十年逐渐步入轨道,成为民国初年百废待兴局面之中的一抹亮色。这应归功于其中的代表人物和机构,即丁文江与地质调查所同人的奋力开拓。辛亥革命改变了许多中国人的命运,前面提到的任鸿隽在参与革命之后决意出国留学,而丁文江在学成归来不久决意投入科学救国实践。丁文江未享高寿,1936年因煤气中毒意外离世,年仅49岁。但他的事业功绩卓著,不仅曾创办中国最早的地质调查和教育机构,而且对地理学、人类学、动物学、历史学、语言学等均有贡献,更涉及文化、军事、政治等活动。胡适称赞他:"这一个天生的能办事,能领导人,能训练人才,能建立学术的大人物。"③ 这里将以丁文江归国最初的10年左右时间为主,兼顾其个人科学

---

① 樊洪业,潘涛,王勇忠. 中国近代思想家文库:任鸿隽卷. 北京:中国人民大学出版社,2013:189.
② 冒荣. 科学的播火者:中国科学社述评. 南京:南京大学出版社,2001:1.
③ 胡适. 丁文江的传记. 北京:生活·读书·新知三联书店,2014:3.

研究的起点和中国地质学领域的起步，表明科技转型在具体领域是如何推动和进行的。

丁文江于1887年（光绪十三年）生于江苏泰兴（今属泰州市），比任鸿隽小1岁，比胡适大4岁。成长于普通乡绅家庭的他接受了良好的传统教育，并以少年英才获得父母官泰兴知县龙璋的注意。受龙璋鼓励支持，1902—1904年丁文江留学日本，后改赴英国。1906年他考入剑桥大学，然而因为经济原因不得不中断学业。1908年考入格拉斯哥大学（University of Glasgow），1911年以动物学和地质学双科毕业，随即离英回国。他选择了一条特别的返乡路线，乘船至越南登陆，由滇越铁路（1910年通车）进入云南，再经贵州、湖南、湖北等地回家，中途曾至长沙拜访恩人龙璋。辛亥革命爆发之初，丁文江与之并无多大关联，1912年他前往上海南洋中学任教，其间编写了《动物学教科书》。

至于丁文江领衔创办地质调查所一事，则应从他的同事、另一位地质学家章鸿钊（1877—1951）说起。1912年初，南京临时政府设实业部，总长为张謇，次长为马君武，章鸿钊被任命为地质科科长。南北议和后，北洋政府分设农林与工商两部，地质科隶属于工商部矿务司，章鸿钊因地质科不能成事而于1912年8月转任农林部技正。1913年1月临时大总统令："工商总长刘揆一呈请任命丁文江为佥事，应照准。"① 丁文江随后在工商部矿务司创办主司调查的地质调查所和主司教育的地质研究所，做成了章鸿钊想做而未成的事。该年11月，因丁文江外出调查，改由章鸿钊代理地质研究所所长。12月，农林、工商两部合并为农商部，张謇任总长，新生的地质调查部门转隶农商部矿政司，章鸿钊遂由代理转正，并在丁文江出差期间兼地质调查所所长。此外，参与此事或任职其中的人还有张轶欧、王季点、翁文灏等。②

由丁文江为创办地质调查所而撰写的《工商部试办地质调查说明书》（1913）反映了这一时期地质学发展所面临的局面和应对的办法。事实上，稍早些成立的中国地学会（1909）和创刊的《地学杂志》（1910）已经表明地学的进展，但是它们以地理学为主。地质学仍然急需重视，以往的地质调查活动者基本都是怀着不同目的的外国人。《工商部试办地质调查说明书》阐述地质调查对于实业的重要意义："盖凡所谓实业者，无不取材于地，今徒曰地大物博，而不知地若何大，物若何博，于实际无益也。"又陈言北京大学地质教育的不堪实

---

① 骆宝善，刘路生. 袁世凯全集：第21卷. 郑州：河南大学出版社，2012：447.
② 宋广波. 地质研究所若干史实补考. 中国科技史杂志，2006（2）：162-169.

用:"北京大学虽有地质一科,然不足以供地质调查之用者……北京大学理科本不发达,而理科中之地质科尤甚,计自开办以至今日,卒业者共止三人。"①《工商部试办地质调查说明书》中的《试办地质调查简章》规定,调查地质业务暂属于工商部矿务司,内设地质研究所和地质调查团,并附设图书馆和博物馆;《地质研究所章程》声明以造就地质调查员为宗旨,规定了课程、考试、录用等制度;《工商部地质研究所招生广告》则刊登第一期学员招考的相关信息。

作为一位身体力行的地质学家,丁文江总是尽可能地把精力投入地质调查实践当中。1913 年 11—12 月,他与梭尔格(F. Solgar,德国人,原任北大教授)、王锡宾前往直隶、山西的正太铁路附近调查,主要在今天的石家庄、阳泉、太原和晋中等市范围内。《调查正太铁路附近地质矿务报告书》刊登于《农商公报》1914 年第一卷第一期及第二期,分为直隶与山西境内之地质矿务两部分,对于地层次第、地层构造、煤矿、铁矿等均有详细描述。② 之后数年,丁文江陆续写成《云南东川铜矿》(1915,英文)、《中国之煤矿》(1916,英文)、《中国之矿产》(1919,英文)、《扬子江下游之地质》(1919,英文)、《关于四川钾矿之研究》(1919)、《直隶、山西间蔚县、广灵、阳原煤田报告》(1919,与张景澄合著)、《矿政管见》(1920,与翁文灏合著)、《第一次中国矿业纪要》(1921,与翁文灏合著)、《北京马路石料之研究》(1921)、《扬子江下游最近之变迁——三江问题》(1921)等。

总体而言,20 世纪第二个十年的丁文江主要是一位地质学家。后来他所涉足的领域愈发广阔,如参与科玄论战、鼓吹好人政府、担任煤矿公司总经理、接受孙传芳任职、就任中研院总干事等。有人总结道:"1919 年以后,当他积极地为政治和社会改革制定科学纲领时,他以西方实证主义精神全力以赴,不只是把科学当作反对反动思想的宣传武器,他还寻求在历史、政治和经济领域中能获得预期效果的科学途径。"③ 傅斯年后来也说:"我以为在君确是新时代最良善、最有用的中国之代表,他是欧化中国过程中产生的最高的菁华,他是用科学知识作燃料的大马力机器;他是抹杀主观,为学术、为社会、为国家服务

---

① 欧阳哲生. 丁文江文集:第三卷. 长沙:湖南教育出版社,2008:163-165.
② 欧阳哲生. 丁文江文集:第二卷. 长沙:湖南教育出版社,2008:245-254.
③ 夏绿蒂·弗思. 丁文江——科学与中国新文化. 丁子霖,蒋毅坚,杨昭,译. 长沙:湖南科学技术出版社,1987:28.

者，为公众之进步及幸福而服务者。"① 在君是丁文江的表字，像他这样的留学归国人才，"用科学知识作燃料"，也是在推动科技转型。

地质调查所的工作实际起步则要到 1916 年，地质研究所招收的首批学生于该年毕业，大部分进入地质调查所工作。但由于政府频频更迭，地质调查所的正式名称和隶属关系发生多次变化。1916 年，地质调查所由隶属农商部矿政司改为直属农商部。南京国民政府成立后，地质调查所先后隶属农矿部、实业部、经济部等。该机构的正式名称，直至 1941 年方定为中央地质调查所，那时中央研究院地质研究所和各省地质调查所也已纷纷设立。② 此外，1922 年丁文江与章鸿钊、翁文灏、李四光等人一道发起组织中国地质学会。经过三十年左右的积累，地质学领域建立起高等学校、研究机构和学术团体兼备、较为完整的体制。新中国成立初竺可桢说："中国之有近代科学，不过近四十年来的事。最早成立的科学研究机关，要算北京前实业部的地质调查所，创始于一九一六年。"③ 因此，丁文江创立的地质调查所不仅是推动中国地质学体制化、近代化的起点，也是科技转型道路的里程碑之一。

3. 西医与中医之纷争

自 19 世纪中叶以来，传教士所办教会医院曾作为西医东渐潮流的主要推动力量。这股潮流发展至民初愈发壮大，后起的西医已积累起相当数量与规模的医院、学校和从业者。与其他科技领域不同的是，西医在中国面临拥有数千年传统之中医的抗衡。20 世纪第二个十年，共发生两次西医与中医之争。纵向地看，这两次西医与中医之争尚处于争议的早期阶段，其参与人数和激烈程度还无法和后来的争议相比。横向地看，西医试图发起废弃中医活动的根本动机是科学因素，即以是否符合科学作为取舍中医的标准。但争议如何演变和收场则不限于科学因素，往往夹杂文化、政治等社会因素。回顾两次西医与中医之争的复杂情形，既有助于从源头理解延续至今的争议，也可以把握作为科技转型一部分的西医东渐在 20 世纪初带来的冲击。

---

① 傅斯年. 我所认识的丁文江先生//胡适. 丁文江的传记. 北京：生活·读书·新知三联书店，2014：277.
② 张九辰. 地质学与民国社会：中央地质调查所研究. 济南：山东教育出版社，2005：19.
③ 竺可桢. 中国科学的新方向. 科学通报，1950（2）：66.

民国初年，医疗卫生事业与西医的发展呈现互动共进趋势，突出表现为多个方面：

（1）卫生行政，建立全国性的管理机关。清末新政时，民政部下辖卫生司。民国南京临时政府与北洋政府均设有内务部卫生司，此外有陆军部军医司等专门机关。卫生司虽级别和权限有限，但成为日后卫生部的雏形。

（2）医学教育，不断扩大规模和范围。这一时期成立或改制的医科学校有中国海军医学校（1914）、国立北京医学专门学校（1912）、浙江省立医药专门学校（1912）、江苏医学专门学校（1912）、省立直隶医学专门学校（1916）、同德医学专门学校（1918，教会）、南通医学专门学校（1912，私立）、私立辽阳医学校（1919）等。①

（3）医学团体，相继成立不少学会并促进西医体制化。如中国药学会（1907）、中华护理学会（1914）、中华医学会（1915）、中华民国医药学会（1915）、中华公共卫生教育联合会（1916）等。

（4）卫生法制，陆续颁布一些法律规章。如《严禁巫术令》（1913）、《陆军医院规则》（1913）、《陆军传染病预防规则》（1913）、《陆军传染病预防消毒方法》（1913）、《解剖规则施行细则》（1914）、《管理药商章程》（1915）、《传染病预防条例》（1916）、《管理官立公立厕所规则》（1917）、《清洁方法消毒方法》（1918）、《卫生实验所规程》（1919）等。②

（5）公共卫生，做了一些初步努力。民初疫病容易滋生，鼠疫、结核病等都曾大规模流行并造成人员伤亡。1916年卫生司颁行了《传染病预防条例》。1919年内务部设立中央防疫处，负责对传染病的研究和防治事宜。

西医的后来居上势必对中医的地位产生威胁，医学教育的"釜底抽薪"成为引发西医与中医之争的最早导火索。清末壬寅癸卯学制仿效日本制度，但仍坚持部分中国传统。《奏定大学堂章程》（1904）规定分科大学中的医科大学分为医学门和药学门，科目中除西医主课外还有中国医学和中国药材。又言明："中国人饮食起居衣服，皆与外国不同，若内科、外科、妇科、儿科，皆宜参考中国至精之本；其余各科，当择译外国善本讲授。"③ 民初颁行的壬子癸丑学制

---

① 朱潮. 中外医学教育史. 上海：上海医科大学出版社，1988：88.
② 樊波. 民国卫生法制研究. 北京：中国中医科学院，2015：27.
③ 璩鑫圭，唐良炎. 中国近代教育史资料汇编：学制演变. 上海：上海教育出版社，1991：360.

则完全取消了中医内容。1912年《教育部公布医学专门学校规程》规定学科从（1）德语、（2）化学至（48）裁判医学实习，《教育部公布药学专门学校规程》规定学科从（1）德语、（2）无机化学至（31）细菌学实习。① 1913年《教育部公布大学规程》亦将医科分为医学和药学二门。医学门科目从（1）解剖学至（51）整形外科学临床讲义。药学门科目从（1）无机药化学至（26）制剂学实习属于通习科目，另有共计26门属于生药学、卫生裁判化学、药化学、工学等专习科目。②

中医界对此反应激烈，由余伯陶领衔创办的神州医药总会（1912）联络人员进京发起请愿活动。他们递交的《神州医药总会请愿书》对中医的作用进行总结，又说："请求贵院呈请大部，统筹全局，准予提倡中医中药。除前次西法学校业已颁布通行外，请再厘定中学医药科目，另颁中学医药专门学校规程。一方以西法补助中学，一方以中学补助西法，相辅而行，互为砥砺。可以富国，可以强种，实于国计民生，大有裨益。"③ 请求将中医列入医学教育，并附发展中医的八条具体措施。虽然时任教育总长汪大燮曾明确表示支持废弃中医，但政府方面最终还是在压力之下做出妥协，教育部与国务院纷纷回函肯定中医。其中1914年初国务院批示："查中国医学，肇自上古，传人代起，统系昭然，在学术固已蔚为专科，即民生亦资具利赖。前此部定医学课程，专取西法，良以歧行不至，疑事无功，先其所急，致难兼采，初非有废弃中医之意也。来呈述理由五端，尚属持之有故，拟办各事，亦均具有条理，除厘定中医学校课程一节暂从缓议外，其余各节，应准分别筹办。"④ 虽然"非有废弃中医之意"，但综合来看官方态度仍为拖延，只是暂时平息冲突。

另一次论争以余云岫《灵素商兑》为标志。余云岫（1879—1954），字岩，1916年从日本大阪医科学校毕业回国。1917年，余云岫所著《灵素商兑》出版，其目的在于批判中医。"《灵枢》《素问》，数千年前之书，以粗率之解剖、渺茫之空论，虚无恍惚，其谬误可得而胜发乎？曰：撷其重要而尚为旧医称说

---

① 朱有瓛. 中国近代学制史料：第三辑：上册. 上海：华东师范大学出版社，1990：663-664.

② 璩鑫圭，唐良炎. 中国近代教育史资料汇编：学制演变. 上海：上海教育出版社，1991：704-705.

③ 刘筱云先生致本会书（附神州医药总会请愿书）//医学杂志：第八册. 1922：86-87.

④ 刘筱云先生致本会书（附录国务院批答神州医药总会批词）//医学杂志：第八册. 1922：89.

之中坚者而摧之也。"《灵枢》与《素问》即《黄帝内经》（简称《内经》）的两部分，堪称中医经典之首。余云岫认为应该以科学方法改造中医，废中医而行西医："为今之计，惟不扑灭一切不根之虚说，导来者以入于科学实验之途。以今日生理、病理、医化学、药物学等研究法，发我实藏，或有闪烁宇宙之望乎？已而已而，循旧医之道，吾国医学永无光明之日。虽欲保之，将奈之何哉？"① 1920 年，余云岫又在《学艺》第二卷第四号和第五号发表《科学的国产药物研究之第一步》及续篇，批判中医。杜亚泉随即在该杂志第二卷第八号发表《中国医学的研究方法》："鄙人相信余先生的医学，并且相信余先生对于中国医学是极有研究的。但是他批评中国医学的理论，说他欺伪，要一起推翻他。这一点鄙人却不以为然。"② 明确表示反对余云岫与《灵素商兑》推翻中医的观点。

上述两次西医与中医之争都未解决矛盾，而只是矛盾的初步展开。请愿活动虽以获得批示告终，事实上没有得到北洋政府对中医的明确支持。余云岫与杜亚泉的论战也仅限于小范围，属于学理之争，对医学界影响有限。1929 年国民政府组建卫生部和中央卫生委员会后，所通过的"废止中医提案"及其引发的抗议才掀起民国中西医之争真正的高潮。直至 21 世纪的今日，对西医与中医持不同立场和看法者仍时常交锋。西医与中医之争牵扯了太多科学与科学以外的文化、政治、经济等多种因素，也是科技转型与社会转型互相作用的一定反映。

4. 北京协和医学院初创始末

在医学领域，这一时期初创的北京协和医学院是近代西医东渐潮流中树立的标杆。其背后是著名的美国洛克菲勒基金会及专门设立的美国中华医学基金会，北京协和医学院是它们试图在中国传播西方医学的产物。至抗战前，"这里不仅是亚洲最先进的医学中心，同时也是世界上最出类拔萃的医学院之一"③。更为难能可贵的是，虽然经历百年风雨洗礼，两大基金会与北京协和医学院时

---

① 余岩. 余云岫中医研究与批判. 祖述宪，编注. 合肥：安徽大学出版社，2006：26-28.

② 杜亚泉. 中国医学的研究方法. 学艺. 1920, 2 (8)：1.

③ 鲍尔斯. 中国宫殿里的西方医学. 蒋育红，张麟，吴东，译. 北京：中国协和医科大学出版社，2014：1.

至今日仍然在各自位置发挥重要角色。① 因此，追溯该校初创的历史不仅是对一所百年医学名校发展起点的回顾，而且是对 20 世纪第二个十年科技转型进程中医学何以脱颖而出的案例研究。

北京协和医学院的前身是由英国伦敦会、美国长老会等六个组织联合在京创办的协和医学堂。晚清以来传教士在北京从事医学活动是从 1861 年进京的雒魏林开始的，他建立了英国公使馆旁边的伦敦会北京施医院。多年以后，一位他的后继者——英国伦敦会传教士科龄（Thomas Cochrane）通过努力在北京打开局面，获得在东单开办协和医学堂的机会。"协和"（union）的意思就是多个教会联合起来开办医学教育。1904 年协和医学堂创建。② 1906 年初举行正式成立仪式，外务大臣那桐、总税务司赫德、外国驻华使节、教会代表等诸多显要人士出席。办学的约十年历程中，协和医学堂受到清政府和西方国家的一定重视和支持，但因种种条件限制而未能发展壮大。

恰在此时，大洋彼岸的美国石油大亨约翰·洛克菲勒（John D. Rockefeller, Sr.）与其子小约翰·洛克菲勒（John D. Rockefeller, Jr.）投入巨额钱款建立基金，1913 年正式注册为洛克菲勒基金会。"在洛克菲勒基金会的历史上，最早它有两个兴趣点：一是该基金会的国际卫生部，二是中国。除了美国，洛克菲勒基金会对中国的投资超出了对世界上任何一个国家的投资。"③ 北京协和医学院的建筑设施竣工后，小约翰·洛克菲勒还于 1921 年亲自率团来到中国出席典礼，这是后话。早在 1909 年，约翰·洛克菲勒就资助由芝加哥大学校长伯顿（Ernest D. Burton）率领的东方教育考察团东来考察。伯顿在出发时抱有在中国建立一所现代化大学的设想，考察结束后失望而归。

洛克菲勒基金会成立后，对医疗卫生事业和对中国的关注得到了融合。1914 年和 1915 年基金会组织了两次中国医学考察团。第一次考察团返美后建议在北京创办医学院，于是 1914 年底依托洛克菲勒基金会成立了专门负责中国事

---

① 1949 年以来，北京协和医学院曾更名为中国协和医学院、中国协和医科大学、中国首都医科大学等，2006 年改回原名。如今北京协和医学院与中国医学科学院实行院校合一的管理体制，并拥有久负盛名的北京协和医院等六所直属医院和一所共建医院，还从 2006 年起与清华大学联合办学，亦称北京协和医学院—清华大学医学部，在医学教育、科研和医疗等领域享誉中外。
② 王玲. 北京协和医学堂的创建. 历史档案，2004（3）：128.
③ 福梅龄. 美国中华医学基金会北京协和医学院. 闫海英，蒋育红，译. 北京：中国协和医科大学出版社，2014：1.

务的美国中华医学基金会。1915 年，美方与原有的北京协和医学堂达成收购协议，并对学生和教员的去向做出安排。随后又购入豫王府地产，扩大面积以建设新校舍。这其中的一个有趣插曲是，该地变为协和医学院后，曾被附近居民戏称为"油王府"，盖因读音和豫王府相近且洛克菲勒系石油大亨。1916 年，北京协和医学院第一次校董事会在美国纽约召开，并在美立案，获得学位授予权。1917 年新校舍奠基开工，至 1921 年落成。校内建筑采用中式宫殿外观，实则中西合璧，并以字母编号，从 A（礼堂）、B（解剖学楼）至 N（动物房及仓库等）。① 此外，美国中华医学基金会原本计划建校用款 136.5 万美元，因汇率、一战等影响，工程用款剧增至 755.3 万美元，其直接后果是基金会不得不放弃另建上海医学院的计划。

　　自筹备建校开始，北京协和医学院就明确施行"小而精"的医学教育，即今天所说的"小规模招生、高层次培养、高质量输出"的办学宗旨，并为此创造相应保障条件。设施方面，学校拥有发电机、冷藏室、电话专线、抽风机、洗衣机、照相室等先进设备，可以基本保持独立运转而不受外界干扰，可谓一应俱全；规模方面，学校计划招生人数为每年级 30 名学生，最多不超过 50 名。1917 年招收首批预科，1919 年开办首批本科，1924 年首批学生毕业。上述三批学生均未超过 10 名，可见招生选拔是宁缺毋滥的；师资方面，首任校长为毕业于芝加哥大学的年轻的麦可林（Franklin C. Mclean，1888—1968）。按 1921 年的数据，共有 151 名教职员工，其中外国教员 123 名，有留学经历的中国教员 23 名，可见师资力量之雄厚；配套方面，1920 年起附设的护士学校开始招生，首批学生 3 名，校长为沃安娜（Anna D. Wolf）女士。1921 年起协和医院开始为病人救治，高年级学生进入医院临床实习。②

　　北京协和医学院的医学教育是极其成功的，在近代中国实现了创办一流医学院和培养一流医学人才。学生报考后经过严格选拔，进校后接受英文教学，学习中重视科学实验，毕业前进行临床实践。三年预科时学习中文、英文、生物、数学、化学、物理等科目。五年本科时学习系统的医学课程，并在病房和门诊等开展实习。各门课程的考核方式不仅仅有结束时的考试，而且会有小测

---

　　① 中国协和医科大学. 中国协和医科大学校史（1917—1987）. 北京：北京科学技术出版社，1987：7.
　　② 同①7-9.

验和平日的考察。学生的成绩也不仅仅取决于卷面分数,而是综合评估其记忆能力和其他思维能力的结果。"一班学生到毕业时人数有时比入学时少四分之一或三分之一,甚至二分之一。"① 留级、转学和退学者为数不少,可谓严进严出。"医学预科学校证明了自身的价值。在学生八年的学习中,它以高超的教学水平完成了基础科学的教学工作,强调学生在实验室的参与。很快,中国各地高校都提高了基础学科的教学标准,其他学科的教学标准不可避免地也相应提高。"② 因此可以说,北京协和医学院不仅成功地借鉴了美国医学教育体制,而且为整个中国医学教育界树立起标杆。

结合第二章"外来物事引导本土转型之二:医院",亦可尝试梳理西医东渐的脉络。其演变不仅在于从传教士医学转变为"基金会医学",而且在于从传教活动转变为局部体制移植。"北京协和医学院既是对中国文化悠久历史的礼赞,又是对美国努力变革的纪念。与 17 世纪的耶稣会士身着儒生长袍以赢得对其基督教义的尊敬一样,洛克菲勒基金会竖起中式屋顶以滋养对其科学教育使命的赞赏。但是他们的态度有所不同:17 世纪的西方人对中国看来是真心赏识,而他们的现代传人大概更像是某种恩惠。"③ 耶稣会士对中国文化是否"真心赏识"尚不容易下定论,但洛克菲勒基金会和美国中华医学基金会创建北京协和医学院确实属于特殊的"某种恩惠"。与之相近的例子是清华学校,虽然两者办学资金来源不同,但它们都学习美国先进教育体制,因而最终成效卓著。科技转型亦是如此,既要考虑中国的社会实情,也应坚持正确纯粹的取向。

四、颇有成就的实业和铁路

民初科技转型的成就不仅体现于科学方面,而且落实于技术层面,在实业和铁路等领域颇有成就。科学救国与实业救国的呼声盛行一时,对传统观念有

---

① 中国协和医科大学. 中国协和医科大学校史(1917—1987). 北京:北京科学技术出版社,1987:22.

② 福梅龄. 美国中华医学基金会和北京协和医学院. 闫海英,蒋育红,译. 北京:中国协和医科大学出版社,2014:27.

③ 布洛克. 洛克菲勒基金会与协和模式. 张力军,魏柯玲,译. 北京:中国协和医科大学出版社,2014:8-9.

所突破，反映了社会现实需求，为此时工业技术发展提供了思想和舆论的辅助。20世纪第二个十年民族工业迎来难得机会，呈现突飞猛进之势。中国的工程师群体发起建立团体组织，中国工程师学会的两大前身均已成立，汇聚工业人才。铁路行业欣欣向荣，在管理上努力完善制度且集中权力，在建设上趋于增长上升，在规划上以孙中山的铁路规划最具代表性和先驱性，皆有可圈可点之处。铁路与经济、铁路与政治均发生相互影响，构成科技转型与社会转型互动的案例。

1. 科学救国与实业救国

20世纪第二个十年实业和铁路的发展，深蕴着同一时期科学救国与实业救国的背景。横向地看，政治上既因为推翻清朝而建立民国，需要把重心转向建设，也由于占据政权的北洋军阀政治腐败，变革的希望自然转向科学救国和实业救国；经济上则在于资产阶级共和国成立后，民族资产阶级爆发出热情和产生需求；文化上仍然与新文化运动密不可分，其中民主与科学的口号和科学救国的呼声是一致的。纵向地看，科学救国与实业救国并不是完全新鲜的口号，以科技和工商业的发展增强国力是近代国人苦苦思索国家出路和民族前途的选择之一。类似的主张已有前人提及，但至此时方得以明确，并盛行一时，为此时实业和铁路的成就提供了思想和舆论方面的辅助，促进了工业技术层面的科技转型。

最早明确提出科学救国概念者，当属1915年蓝兆乾发表于《留美学生季报》第二卷第二号的文章《科学救国论》。正是同一年，陈独秀在《敬告青年》中呼吁："宇宙间之事理无穷，科学领土内之膏腴待辟者，正自广阔，青年勉乎哉！"① 蓝兆乾也说："夫救国之道，犹治疾也。不察其症结所在而枝节以疗之，虽竭药石之力，庸有功哉？吾国贫弱之症结者何？科学是也。其为学博大精深，一切富强之法，所自而出也……是故科学者，救国之本计。凡政治、军备、交通、实业、财政、教育，皆赖之以发达者也。"值得一提的是，蓝兆乾的文章原本投给《科学》杂志，被任鸿隽转发于此，文首的编者识说："此文为蓝君寄登《科学》之作，以科学第八期方在编辑中，出版需时。蓝君此文不可不早以公世，因攫以实吾季报，蓝君当不以为意也。"② 次年蓝兆乾又撰写《科学救国论

---

① 陈独秀. 敬告青年. 青年杂志, 1915, 1 (1): 6.
② 蓝兆乾. 科学救国论//留美学生季报：第二卷第二号. 上海：中华书局，1915: 64-65.

二》，作为续篇发表于《留美学生季报》第三卷第二号。

这些刊物和人物均有其背景，即以留美学生为主体成立的中国科学社和创办的《科学》杂志，前文已有介绍。与任鸿隽等人不同的是，蓝兆乾并没有留学经历。"颇为吊诡的是，在中国现代科学史的记录中，是中国科学社的领袖们早年真正阐发了科学救国思想，并引领了科学救国运动；而最早使用了'科学救国'这个语词的人，却是名不见经传的蓝兆乾。"① 换一个角度看，非留学生的《科学救国论》在《留美学生季报》上发表，不仅代表非留学生和留学生在思考相同的问题，颇有同声同气、内外联合的意思，而且说明在陈独秀创办《新青年》鼓吹民主、科学的同一时期，科学已被许多有识之士视为救国良方，因而在一定程度上呈现出学术思潮与社会运动相结合之势。

工商业发展离不开相应的技术基础，因此实业救国与科学救国有思想上的共通之处，若要追溯其源头的话也不止于20世纪第二个十年。魏源提出"师夷长技以制夷"，洋务派思想家冯桂芬《校邠庐抗议》40篇中的制洋器、采西学等，均已有相关阐述。郑观应以实业家和思想家的双重身份，更是以撰写《盛世危言》"首为商战鼓与呼"。"有国者苟欲攘外，亟须自强；欲自强，必先致富；欲致富，必首在振工商；欲振工商，必先讲求学校、速立宪法、尊重道德、改良政治。"② 振兴工商业被认为是振兴国家的必经之途。维新派领袖康有为在戊戌失败后曾周游列国，写成《物质救国论》（1904）："富民之本，在精治农、工、商、矿、转运之业而更新之。然是五业者之竞争，非精于物质之学，则无从措手也。故今日者，无论为强兵，为富国，无在不借物质之学。"③ 只有力行包括实业在内的物质之学才可以实现富国强兵，虽不完全相同，但也与实业救国具有部分一致性。

清末新政时，设立农工商部，就有促进实业的意图。民国建立后，发展实业、建设国家于一时之间成为不同党派、持不同政见人士的共识，两位领袖人物孙中山和袁世凯均多次表达对实业的重视。孙中山领导的南京临时政府新设实业部，任命实业巨子张謇为总长。袁世凯领导的北洋政府将实业部分立为农

---

① 樊洪业. 蓝兆乾与《科学救国论》. 科学，2013（6）：2.
② 郑观应. 盛世危言后编自序//夏东元. 郑观应集：下册. 上海：上海人民出版社，1988：11.
③ 康有为. 康有为全集：第八集. 姜义华，张荣华，编校. 北京：中国人民大学出版社，2007：79.

林部和工商部，至 1913 年底又并为农商部，张謇再度出任总长。袁世凯曾言："民国成立，宜以实业为先务。故分设农林、工商二部，以尽协助、提倡二义。凡学校生徒，尤宜趋重实业，以培国本。吾国实业尚在幼稚时代，质言之，中华实农国也。"① 孙中山后来所著的《实业计划》(1919) 更是广为流传，自称为"实业计划之大方针"和"国家经济之大政策"，是为《建国方略》之一部分。

实业救国成为民国初年风行的一股思想热潮。就连同盟会元老、名士章太炎亦曾短暂就任袁世凯授命的东三省筹边使，提交《东省实业计划书》(1913)："盖实业所以开利源，而经营必资于财用，运输必借于交通。无财用，则重价之物与粪土同；无交通，则出产之货与埋藏同。"② 他通过对东三省的实地考察，从金融、交通等方面存在的问题着手，对振兴东北实业提出看法和措施。当然，更有名者当属实业巨子、晚清状元、南京临时政府实业总长、北洋政府农商总长张謇。他自甲午后便弃官从商，兴办实业，又积极参与辛亥革命，在民初亦试图贯彻其"棉铁主义"，统筹发展全国实业。在农商总长任上，他曾提出"乞灵于法律"、"求助于金融"、"注意于税则"和"致力于奖助"四大方针。又结合自身的长期经历谈对实业的看法："謇半生精力，耗于实业，艰难辛苦，所历已多，而不敢谓有所得也。实业之命脉，无不系于政治。"③ 他可以称得上是这一时期实业救国的领军人物。

无论是科学救国还是实业救国，均依托于各界人士倡言救国救民的特殊时代。以 1915 年出版的《救亡》(全四册)为例，其中说："中日交涉事起，各省国民鉴于时局危迫，百方救护，爱国热诚已达极点，无非同抱一救亡之念。但救亡方法一宜对付目前，一宜注意根本，为此搜辑康南海、梁任公等数十名家论著。"④ 因此其第二册收录康有为《物质救国论》和《理财救国论》、孙中山《中国存亡问题》、放鹤《道德救国论》、吴家煦《军民教育救国论》、涂恩泽《铁道救国论》等名篇。一方面，对于当时的国人来说，甲午和庚子的屈辱

---

① 骆宝善，刘路生. 袁世凯全集：第 19 卷. 郑州：河南大学出版社，2012：752-753.

② 章太炎. 东省实业计划书//汤志钧. 章太炎政论选集：下册. 北京：中华书局，1977：626.

③ 张謇. 农商总长张謇在国务会议上发表实业政见宣言书//赵宁渌. 中华民国商业档案资料汇编：第一卷（1912—1928）：下册. 北京：中国商业出版社，1991：14-17.

④ 青溪散人. 救亡：第一册. 上海：进步书局，1915：1.

尚不久远，中日交涉"二十一条"的国难又已当头，思索何以救国无疑是当务之急。另一方面，科学和实业这两个词语对于他们而言都是较为新鲜的，是有时代特色的。科学救国摈弃了视科技为奇技淫巧的陈旧观念，实业救国扭转了重农抑商、以农为本的千年传统，都可以为科技发展发挥促进作用。

2. 民族工业与中国工程师学会

从源头看，我国近代民族工业是从洋务派兴办的江南制造局、福州船政局、开平矿务局等开始的。它们因组织形式基本为官办或官督商办而缺乏经营活力，商办者寥寥。晚清时期的民族工业因此在整体上陷于迟缓困顿境况。正如前文所述，一方面，张謇等实业家哀叹："半生精力，耗于实业，艰难辛苦，所历已多。"另一方面，袁世凯等政治家不得不承认："吾国实业尚在幼稚时代，质言之，中华实农国也。"民国建立后，形势逐渐发生转变：新生共和国代表资产阶级利益，科学救国和实业救国思潮涌起，一战期间中外商品进出口和供求关系有所变化，历次爱国运动抵制日货，等等，使得民族工业在20世纪第二个十年迎来难得机会。除了商业因素，民族工业的人才因素也在此时获得有利进展，中国的工程师群体发起建立团体组织，中国工程师学会的两大前身——中华工程师会（1913）和中国工程学会（1918）均已成立，亦与行业发展状况密切相关。

南京临时政府和北洋政府时期，都为促进工商业发展、保护工商业者利益而出台一系列法律、规章等。这表明其资产阶级政府属性，在清政府时期难以具备如此氛围。"在19世纪中叶，名流人士支持清政府镇压叛乱以保全他们的地位。在1911年，他们通过支持革命反对他们已经疏远的政治制度，以保卫他们的利益。商会、教育会和省谘议局都充当了上层社会的动员工具，推动了反对派前进。"[①] 不同性质的政府代表不同阶级的利益，辛亥革命后资产阶级受到鼓舞，纷纷结成实业团体，如中华民国工业建设会、中华实业团、民生团、经济协会、西北实业协会、安徽实业协会、苏州实业协会、镇江实业协会、黑龙江省实业总会、同仁民生实业会等。[②] 这些团体组织如雨后春笋，为民初的民族工业带来新鲜而热烈的景象。

---

① 费正清，费维恺. 剑桥中华民国史（1912—1949年）：下卷. 刘敬坤，等译. 谢亮生，校. 北京：中国社会科学出版社，1994：73.

② 汪敬虞. 中国近代工业史资料：第二辑下. 北京：科学出版社，1957：5-6.

笼统而言，该时期民族工业的工厂、资本、工人等数量与规模均有显著增长，展现良好发展势头。1913 年有 698 家工厂，资本 330 824 000 元，工人 270 717 名。1920 年有 1 759 家工厂，资本达 500 620 000 元，工人 557 622 名。"1920 年，中国工农业总产值为 165.3 亿元，其中传统的农业和产业为 152.4 亿元，工矿、交通运输、邮电等资本主义新式产业总产值为 12.9 亿元，占总值的 7.84%。"①

如表 5-4-1 所示，一战期间西方国家对中国的商品出口略有减少，中国商品出口到国外则略有增加，故而入超值从 1914 年的约 2.13 亿两缩减至 1919 年的 0.16 亿余两，相应地，出口值从 1914 年的 3.5 亿余两增至 1919 年的 6.3 亿余两，很大程度上得益于民族工业的贡献。

表 5-4-1　　　　　1913—1922 年我国进出口贸易情况②　　　　　单位：两

年份	出口总值	进口总值	入超
1913	403 305 546	570 162 557	166 857 011
1914	356 226 629	569 241 382	213 014 753
1915	418 861 164	454 475 719	35 614 555
1916	481 797 336	516 406 995	34 609 659
1917	462 931 630	549 518 774	86 587 144
1918	485 883 031	554 893 083	69 010 052
1919	630 809 411	646 997 681	16 188 270
1920	541 631 300	762 250 230	220 618 930
1921	601 255 537	906 122 439	304 866 902
1922	654 891 933	945 049 650	290 157 717

注：一战中 1918、1919 年进口值的增加主要是因为日、美两国。

以轻工业之棉纺织业和重工业之钢铁工业为例。棉纺织业方面，受一战影响非常大，张謇创办的大生第一纱厂，1899—1916 年的总利润为 439 万两，1917 年当年即达 66 万两。从表 5-4-2 可知，20 世纪第二个十年外国向中国倾销商品数量大大减少，民族工业产量迅速增加，华纱市场占有率由 1913 年的 37.7% 提升至 1920 年的 69.4%。钢铁工业方面，1900 年到 1910 年，生铁产量

---

① 徐建生. 民族工业发展史话. 北京：社会科学文献出版社，2000：95.
② 周秀鸾. 第一次世界大战时期中国民族工业的发展. 上海：上海人民出版社. 1958：14.

从 25 890 吨增至 119 396 吨，1915 年达 336 649 吨，1919 年逾 40 万吨；钢产量在 1910 年为 50 113 吨，1915 年为 48 367 吨。① 1915 年，本溪湖煤铁公司建成两座 140 吨高炉。1919 年，鞍山制铁所建成 400 吨、500 吨高炉各一座，成为民国时期的全国最大高炉，符合高炉大型化的趋势。②

表 5-4-2　　　　　1913—1920 年中国市场华纱与洋纱比较表③　　　　单位：担

年份	进口纱总数	中国全年机纱消费量	中国厂纱	
			数量	占总消费比重
1913	1 982 995	3 182 995	1 200 000	37.7%
1914	2 541 611	4 141 611	1 600 000	38.6%
1915	2 685 667	4 285 667	1 600 000	37.3%
1916	2 466 932	5 043 182	2 576 250	51.0%
1917	2 076 294	4 652 544	2 576 250	55.4%
1918	1 131 613	3 831 613	2 700 000	70.5%
1919	1 405 461	4 205 461	2 800 000	66.6%
1920	1 325 378	4 325 378	3 000 000	69.4%

当然，民族工业在这一时期仍存在很多问题，如：农业比例依旧高，工业基础薄弱，轻重工业比例不合理，列强外资横行，国际市场竞争力较差，等等。另外也出现一些新的现象，如：工业化使工人阶级队伍逐渐壮大。"使用蒸汽动力工厂的引进，开始改变了这种状况。因为它把数量更多的工人集结在主要由客观市场力量支配其活动的、性质不同的城市环境中，然而，并没有同过去截然中断关系。"④ 1848 年《共产党宣言》说："资产阶级在它的不到一百年的阶级统治中所创造的生产力，比过去一切世代创造的全部生产力还要多，还要大。自然力的征服，机器的采用，化学在工业和农业中的应用，轮船的行驶，铁路的通行，电报的使用，整个整个大陆的开垦，河川的通航，仿佛用法术从地下呼唤出来的大量人口，——过去哪一个世纪料想到在社会劳动里蕴藏有这样的

---

① 杜石然，等. 中国科学技术史稿. 北京：北京大学出版社，2012：402.
② 何艾生，梁成瑞. 中国民国科技史. 北京：人民出版社，1994：205.
③ 周秀鸾. 第一次世界大战时期中国民族工业的发展. 上海：上海人民出版社，1958：30.
④ 费正清，费维恺. 剑桥中华民国史（1912—1949 年）：下卷. 刘敬坤，等译. 谢亮生，校. 北京：中国社会科学出版社，1994：53.

生产力呢？"① 科学技术的进步与生产力的增长息息相关，资产阶级实力的增强则离不开无产阶级队伍的壮大。进一步地，全国工人规模的扩展为中国共产党的诞生奠定了阶级基础。

晚清以来的大型工程和工科留学生为我国近代工业起步提供了实践和人才基础。两者最典型的代表就是京张铁路与詹天佑。中国工程学会的发起人之一、后曾任中国工程师学会会长的凌鸿勋认为："我国工程师，能创造近代工程事业，而独具规模者，当推詹公天佑为始，而国人自办之巨大工程亦以詹公所手建之京张铁路为始。"② 这称得上是近代工程与工程师的开端，从此工程师群体也在中国逐渐形成。

再看工程师的团体组织，也于20世纪第二个十年相继成形。1913年8月，在汉口成立中华工程师会，詹天佑被推举为会长，会员148人。该会由三个学会合并成立，分别为詹天佑在广州创立的广东中华工程师学会，颜德庆、吴健、屠慰曾在上海成立的中华工学会，徐文炯在上海组织的路工同仁共济会。规章宗旨方面，"拟定会章计三十条，规定宗旨为三大纲，即：一、在规定营造制度；二、在发展工程事业；三、在力阐工程学术"。机构沿革方面，1915年，改名为中华工程师学会。次年，总部由汉口迁往北平。会员人数方面，1914年219人，1917年325人，1918年405人，1920年460人。会刊方面，原本每年年终出报告一册，记载"会务经过情形与会员消息及会中收支"③。1914年改报告为会报，确定为月刊，即《中华工程师学会会报》。

除中华工程师学会外，还有1918年由留美工程学生发起成立的中国工程学会。其首次年会就与中国科学社合并在美举行，并于次年发行《中国工程学会会报》（第一号年刊）。1921年后，该会总部移至国内。1922年会员人数为250人，1930年达1730人。中国工程学会亦定有会章："总章计十一章四十四条，以联络各项工程人才、协助提倡中国工程事业及研究工程学之应用为宗旨。"该会与中华工程师学会各领风骚："故民十以后，中华工程师学会，在全国工程界之领导地位，渐行转移于中国工程学会。故民十以前，兹称为中华工

---

① 马克思，恩格斯. 共产党宣言//马克思恩格斯选集：第1卷. 北京：人民出版社，2012：405.
② 凌鸿勋. 序五//吴承洛. 三十年来之中国工程. 南京：中国工程师学会，1948：16.
③ 吴承洛. 三十年来中国之中国工程师学会//吴承洛. 三十年来之中国工程. 南京：中国工程师学会，1948：4-7.

程师学会领导时期。"① 以1921年为界，中华工程师学会和中国工程学会分别在之前和之后的约十年里居于全国工程领域的领导地位。1931年，两会在南京合并为中国工程师学会，此为工程师团体组织之概况。

3. 铁路的管理、建设与规划

以1876年英国人在上海修建的淞沪铁路为标志，中国的铁路事业在极端落后的形势下开始迈出艰难步伐。1881年，中国人才自行建成第一条铁路——唐胥铁路（见第二章之"在争议中起步的铁路和电报"）。作为逐渐兴起的新型交通工具，铁路的作用和影响不仅限于交通和工程领域，而且包括政治、经济、军事、文化等诸多社会领域，更是列强为侵略中国而长期觊觎和试图控制的重要工具，因此在中国近代史上具有特殊地位，也是科技转型进程中不可忽视的一环。下面聚焦民国初年的铁路事业状况，以20世纪第二个十年为主而不限于此来做一概述，并因篇幅关系而辟为两部分：先简述铁路的管理、建设与规划，再详论铁路枢纽城市的案例。此处拟展现该时期铁路发展整体面貌，把握其承前启后的历史地位。

其一是铁路的管理，体现出逐渐完善制度、集中权力等特征。晚清铁路起步以来，主管部门多次变动。清末时铁路管理部门为1906年（光绪三十二年）成立的邮传部，次年该部下设路政司和铁路总局。"表面视之，铁道行政似属统一于邮部，然事实上骈枝机关仍然错立。路政司直辖仅京张及商办各路，借款与官办诸路则设铁路总局以专管之。复设汉粤川筹备处，筹筑川汉、粤汉两路。三大机关各自独立……宣统元年，又设津浦铁路督办公司，独立于上述三大机关以外。路自为政，局自为治，晚清之秕政，亦路政之缺点也。"② 因此清末时的铁路管理陷于"路自为政，局自为治"的混乱局面中。1912年，孙中山领导的南京临时政府宣告成立，曾设交通部。南北议和后，北洋政府遂沿用此例改邮传部为交通部。

在交通部路政司管理铁路时期，机构设置数度微调。1912年，原有筹备处、督办等骈枝机关悉被裁并，路政司下辖总务、营业、监理、调查、考工、计核六科。次年，订立《路政司办事细则》四十二条。1914年初，改路政司为路政

---

① 吴承洛. 三十年来中国之中国工程师学会//吴承洛. 三十年来之中国工程. 南京：中国工程师学会，1948：8-9.
② 谢彬. 中国铁道史. 上海：中华书局，1929：139.

局,除前三科未变外,还辖编查、外务、工务、机务、会计五科。1914 年底,撤路政局,改设路政、路工、铁道会计三司,共辖十三科。1916 年,恢复路政司,又颁行《国有铁路编制通则》十七条。"分路局为管理局、工程局。已行车营业者曰管理局,在建筑中者曰工程局……其职员则处长以上由交通总长派充;课长由局长呈部请派;课员以下由局长委派,报部立案。"[1] 类似举措再如由路政司长或交通次长兼任全国铁路督办,虽不能实现全面纳入管理,但均有助于统一机构、人事、规章等各方面,进而有助于统一路权。

其二是铁路的建设,包括其客货运营,均趋于增长上升。如表 5-4-3 所示,铁路累计长度从 1910 年的 9 292 公里增长至 1920 年的 11 623 公里,新增 2 331 公里,增幅约 25%,较为可观。但事实上,1900 年铁路里程为 1 066 公里,相比而言清末十余年增加更为迅速。可见 20 世纪第一个十年为大规模建设期,类似于从无到有的过程,为第二个十年奠定相当之基础,如运量和盈利等。至于 20 世纪第二个十年建设速度为何减缓,主要应归咎于政局不稳。客运量和货运量情况相类似,增长显著。以 1912 年和 1920 年数据对比,客运量增幅约 94.8%,货运量增幅约 86.7%,考虑到 1910 年的情况,估计两者均接近于翻一番。账面盈余在 1912 年为 3 173 万元,1920 年为 4 866 万元,总体趋势为先减后增,可能受时局影响。再对比 1909 年的 1 345 万元,可知民初因铁路里程变长和铁路网逐渐成形而盈利更多。

表 5-4-3　　　　1909—1920 年中国铁路建设运营统计表[2]

年份	累计长度 (公里)	客运 (百万人/公里)	货运 (百万吨/公里)	账面盈余 (万元)
1909	7 469	1 253	—	1 345
1910	9 292	—	—	—
1911	9 468	—	—	—
1912	9 544	1 623	2 432	3 173
1913	9 568			3 071
1914	9 954			2 671
1915	10 346	993	2 251	2 680
1916	10 467	2 064	2 620	3 392

[1] 曾鲲化. 中国铁路史. 北京:新化曾宅,1924:133.

[2] 宓汝成. 帝国主义与中国铁路(1847—1949). 上海:上海人民出版社,1980:670-675.

续前表

年份	累计长度（公里）	客运（百万人/公里）	货运（百万吨/公里）	账面盈余（万元）
1917	10 904	2 128	2 767	3 383
1918	10 926	2 321	3 426	4 333
1919	10 954	2 519	3 863	4 461
1920	11 623	3 162	4 541	4 866

盈利能力增强还与运营手段的改善有关，民初交通部路政司编查科（调查科）所编历年《兴革事项表》载有不少措施。1912 年 11 月，津浦铁路南段总局在南京下关增设浦口支车站。"发售车票，另租用大生轮船，建筑公渡码头，运送搭客渡江，不收渡费。"① 以方便北上旅客买票并渡江乘车。1913 年，津浦铁路为与京奉、胶济、沪宁等路列车时刻相衔接，修改本路始发终到时刻，以方便乘客。为方便客货运输，沪宁铁路从下关站延伸至长江边设江边小站。"由下关老站铺岔道直达江边，分设车站并建码头、开船坞、造栈房与种种之工作。"② 1914 年，沪宁铁路开始发售京汉、京奉、津浦、京张五路联票。津浦铁路于 6 月针对北上旅客提供列车住宿服务。"星期一由浦上行特别快车，其中头、二等乘客有欲赴北京而夜分不愿投宿旅馆者，可留在车上住宿一夜，加收宿费二元。"③ 1915 年，由津浦铁路总局总务处编查科辑录的旅行指南出版发售。"详加考订提要汇纂，并择风景图书之有兴趣者，分别插印于三年秒一律编竣。"④ 如此种种，皆为交通部下属各路局提升市场竞争能力之举，既使铁路更好地为旅客服务，亦有利于增收。

其三是铁路的规划，以孙中山的铁路规划最具代表性和先驱性。在《实业计划》中，孙中山对其原先在《国际共同发展计划》绪论中所规划的二十万里铁路进行详细说明。实际有分布于第一计划之西北，第三计划之西南，第四计划之中央、东南、东北、高原等多个铁路系统。例如，中央铁路系统就计划新修 24 条线，为东方大港—塔城线、东方大港—库伦线、东方大港—乌里雅苏台线、南京—洛阳线、南京—汉口线、西安—大同线、西安—宁夏线、西安—汉口线、西安—重庆线、兰州—重庆线、安西州于阗线、婼羌—库尔勒线、北方

---

① 交通部路政司调查科. 交通部直辖各铁路民国元年兴革事项表. 1913：3.
② 交通部路政司编查科. 交通部直辖各铁路民国二年兴革事项表. 1915：85.
③ 交通部路政司编查科. 交通部直辖各铁路民国三年兴革事项表. 1915：55.
④ 交通部路政司调查科. 交通部直辖各铁路民国四年兴革事项表. 1917：57.

大港—哈密线、北方大港—西安线、北方大港—汉口线、黄河港—汉口线、芝罘—汉口线、海州—济南线、海州—汉口线、海州—南京线、新洋港—南京线、吕四港—南京线、海岸线、霍山—嘉兴线。①

对于孙中山的铁路规划，应一分为二地看。一方面，其铁路规划规模庞大，但是缺乏实际可操作性。其一在于背离铁路建设与运营的客观要求。中央铁路系统之中的东方大港—塔城线、东方大港—库伦线、东方大港—乌里雅苏台线竟共用东方大港经南京至定远段。按照这种计划，三线共用段将来根本无法满足实际运力需求。其二在于违背地方社会经济实际。许多线路未经主要经济点，所经地形又崎岖，并无修建必要。时至今日，仅吕四港—南京线与南京—韶州线分别筑有宁启铁路和铜九铁路，与其铁路规划具有部分一致性。

另一方面，其铁路规划与其实业计划互相配套，共同构成孙中山为民国勾勒的现代化建设蓝图。就当时而言，其铁路规划与20世纪10年代的科学救国、实业救国浪潮紧密联系在一起，也是科技转型进程的一部分；就后来而言，其铁路规划对国民政府成立铁道部和提出新的铁路规划有很深影响。1928年，国民政府新设铁道部，《国民政府设立铁道部令稿》强调继承孙中山遗志："文明国家对于铁道事业类多设专部，为贯彻总理铁道政策，着手设置铁道部，以期计划之实现与发展。"② 次年，孙中山的长子、首任铁道部部长孙科提交《庚关两款筑路计划提案》（1929），于1929年1月28日在中央政治会议上提出并获得通过，对于线路性质、延长英里数、建造预算费都已明确列出，更具实践上的可行性。

4. 南京：铁路枢纽城市的非典型案例

中国城市的近代化与铁路不无关联，铁路作为近代逐渐兴起的新型交通工具，对城市的演变产生了重要影响。目前已有的案例研究不乏石家庄、郑州等因铁路而兴起的典型城市，下面就20世纪之初南京的城市发展与铁路的关联做一评述。对于南京的研究往往限定于南京城市交通发展历程的整体层面，分析铁路与南京城市变迁属于非典型的案例研究。

---

① 孙中山. 实业计划. 北京：外语教学与研究出版社，2011：155-157.
② 中国第二历史档案馆. 中华民国史档案资料汇编：第五辑第一编：财政经济（九）. 南京：江苏古籍出版社，1994：62.

南京的铁路布局肇始于1903年（光绪二十九年）7月9日清政府委派盛宣怀与英方签订的《沪宁铁路借款合同》，借款总额为325万英镑。① 几十年间历经数条铁路修筑，直至抗战爆发前才形成东南地区重要的铁路枢纽。其间政府更迭，动乱频繁，局势多艰。南京的行政区划与隶属关系亦多变，大体以1934年省市划界后的十一区为限，涵盖区域东至乌龙山、尧化门、仙鹤门，南至沧波门、铁心桥，西至大胜关、江心洲，北至浦口、八卦洲，核心在于城八区。② 由于铁路对城市演变的影响涵盖领域甚广，故这里只关注经济与政治部分，以此展现科技转型与社会转型的互动情形。

至20世纪第二个十年，南京共有沪宁、宁省、津浦三条铁路，颇具规模且别具特色。第一条为沪宁线。清政府最初计划以官督商办的形式筹建沪宁铁路，后因面临甲午战后的财政危机和难以募集商股的困境，改为向英国借款修路。1905年起，沪宁铁路分为四段同时开工修建，至1908年全线通车。该线路全长311.04公里，快车全程运行仅需7.5小时左右。截至1929年，该线在南京及其周边共设6站，分别为龙潭、栖霞山、尧化门、太平门、神策门和南京下关。

第二条为宁省线。沪宁线通车前，两江总督端方以下关至南京城内客货转运不便为由，向清政府奏议修建南京市内铁路。该年（1907年）工程动工，1909年建成通车，全长11.3公里。宁省铁路初设江口、下关、三牌楼、劝业会（丁家桥）、无量庵（鼓楼）、总督府（督军署、长江路）、中正街（万寿宫、白下路）等站。以1923年的运营时刻表为例，该线每日运行9对18次，全程运行时间约需40分钟。③ 1936年，该线向南延伸接入江南铁路之中华门站，并增设武定门站，全长达到15.1公里。作为当时全国鲜有的市内铁路，它极大地促进了市内公共交通事业的起步和发展，还被视为南京地铁的前身。

第三条是津浦线。1898年（光绪二十四年），容闳曾提出修筑天津至镇江铁路计划，未得实施。④ 1908年（光绪三十四年）改为天津至浦口铁路，8月开工，1911年南北两段各自通车。以山东微山境内的韩庄为分界，南段为浦口—韩

---

① 曾鲲化. 中国铁路史. 北京：新化曾宅，1924：694-695.
② 南京市地方志编纂委员会. 南京建置志. 深圳：海天出版社，1994：9-10.
③ 陆衣言. 最新南京游览指南. 上海：中华书局，1924：72-73.
④ 容闳. 西学东渐记. 沈潜，杨增麒，评注. 郑州：中州古籍出版社，1998：177.

庄，北段为天津—韩庄。1912年10月全线通车，全长1 009.5公里。1913年两段合并，"设总局于天津，统辖全路，改南段总局为分局"①。当时全程运行约需25小时。

除这三条外，后来尚有几项相关者：（1）首都铁路轮渡工程。为连接津浦铁路和沪宁铁路，破除长江天险的阻隔，定都南京后的国民政府开始实施首都铁路轮渡工程，于1933年建成运行，使北平与上海间开通直达列车成为可能。（2）江南铁路。1933年开工，1934年芜湖至孙家埠段修通，1935年南京中华门至孙家埠段通车，全长175公里。次年，沪宁（京沪）铁路的尧化门至中华门间联络线和宁省（京市）铁路南延线均告修竣。（3）京赣铁路。出于战备需要，1936年由江南铁路至浙赣铁路新建京赣铁路，1937年底大体完成，旋因全面抗战爆发而被全线拆毁。上述均为实际筑成铁路，它们构成的基本铁路布局一直保持至21世纪，直至2004年宁西铁路开通与2005年宁启铁路开通才有所改变，其间较大变化仅南京长江大桥（1968）一项。

铁路对南京经济领域的影响主要包括铁路带来的交通运输效应、铁路所导致的南京经济格局的变迁两个方面。其一，与传统交通工具不同，铁路基于科学和技术而以机械力为驱动，其组织与利用也是商业化的，商业化的直接表现就是以客货运输为主体的交通运输效应。铁路运输速度快、成本低、运量大，促使各线客货发送量和营业收入显著增长。货运方面，以最早开始运营的沪宁铁路为例，其货运营业进款在1912年为2 675 943元，1913年为3 027 356元，1914年为3 197 337元，1915年为3 418 058元，1916年为3 818 270元。其中历年的进款净数（包括折旧费）分别为971 149元、1 150 026元、1 210 877元、1 394 404元和1 914 254元。② 其他线路也存在类似的情形，除受时局等偶然因素影响以外，货物发送量增长都较为明显。

客运方面，旅客发送量和客运营业收入也呈现不断增加趋势。沪宁铁路旅客发送量在1908年为139.4万人，1912年为474.4万人，1917年为612.4万人，1921年为858.4万人，1924年为937.4万人。③ 津浦铁路虽然在几条线路之中长度居最，但是更容易受到战乱等时局变动影响，因此反而在客货发送量

---

① 交通部路政司编查科. 交通部直辖各铁路民国二年兴革事项表. 1915：49.
② 京沪沪杭甬铁路管理局. 沪宁洋总管呈局长函译. 南京：中国第二历史档案馆. 全宗号457，案卷号520.
③ 南京市地方志编纂委员会. 南京交通志. 深圳：海天出版社，1994：410.

和营业收入上表现相对不佳。再以 1920 年为例，该年全国国有铁路客车收入前四条铁路为京奉铁路 10 891 017.02 元、京汉铁路 8 537 317 元、津浦铁路 6 585 862元、沪宁铁路 4 027 147.77 元。① 与南京息息相关之津浦与沪宁两线分别位居全国第三和第四。

其二，铁路客货运输的增长不唯在于新增部分，更多的是由于运输方式与路线的改变。镇江处于京杭大运河与长江交汇之处，长期以来是传统水运交通的重要节点，因而原先是东南地区的经济副中心城市。铁路的开通形成新的贸易通道，分割和占有镇江原有的贸易量。津浦铁路开通后，淮河流域的货物只需水运至临淮关，即可在蚌埠装上火车运往南北各地。全国铁路货物联运和首都铁路轮渡运行后，货物无须另行装卸便可跨越长江天堑，快速发往铁路沿线城市，这无疑进一步地对镇江的水运构成严峻挑战。镇江口每年土货出口值先前经常超过百万海关两，1901 年为 143 万，1903 年为 167 万，1904 年更是高达 209 万。但之后便急剧下降，1911 年津浦通车时其降至 43 万，1914 年只剩 20 万。由此可见，铁路运输对于镇江的水运和商贸造成巨大的负面冲击。

与之相反，南京的货物进出口总额增长迅猛。1911—1920 年，从 692 万海关两（出口 297 万，进口 395 万）上升至 4 600 万海关两（出口 2 500 万，进口 2 100 万），涨幅高达 564.7%。② 南京历来是一个重要的军事和政治中心城市，商业贸易方面并不著名。但是南京不仅实现铁路交通的从无到有，而且形成铁路枢纽，成为全国铁路网的关键节点城市，经济腹地大大扩张。沪宁铁路也经过镇江并设置了站点，因此南京与镇江两者之间的可比性，不仅在于铁路开通前后经济领域的变化与落差，而且在于同时拥有相似的铁路交通基础。错过了津浦铁路的镇江虽然有沪宁铁路经过并设站，但是并非处于铁路网络的节点位置，过路站所发挥的辐射作用有限，最终其地区经济副中心地位完全被南京取代。

铁路与南京政治领域的互动主要表现为围绕南京的铁路规划，进而巩固其首都地位。孙中山《实业计划》中关于南京的铁路规划共有 9 条。铁道部部长孙科提交的《庚关两款筑路计划提案》分为 4 组 14 条线路，关于南京的是京湘

---

① 北洋政府交通部. 交通部国有铁路 1920 年会计统计总报告. 南京：中国第二历史档案馆. 全宗号 1056，案卷号 20.

② 宓汝成. 帝国主义与中国铁路（1847—1949）. 上海：上海人民出版社，1980：611－612.

线和京粤线，皆为连接南方数省的长距离线路。"国都底定南京，则国都与各省之联络在政治上自属至要。本提案各线完成后，则北部各省省治（热河、新疆除外）能以铁路直达浦口，南部各省（安徽、四川、西康除外）直达南京。"①该案还拟出计划实现后各省省治到南京所需时间表，除新疆外，各省省治到南京所需时间均不会超过3日，而当时从成都、贵阳等地前往南京需时超过20日。尽管民国时期的铁路规划多未付诸实践，但是已建成铁路在事实上有利于加强中央集权，沟通中央与各省、省与省、内地与边陲、城市与城市、城市与乡村等多个层面。政令的实施、人员的往来、物资的调配等都可以通过铁路进行。

总而言之，仅从铁路布局来看，南京自然无法与石家庄、郑州等典型交通枢纽城市相提并论，但其有其独特之处。南京较早修建了市内铁路，兼顾全国铁路运输与市内公共交通。并且，南京铁路布局形成的时间跨度大，背景复杂，既经历清政府、北洋政府、国民政府等不同历史时期，也曾被英国、德国、日本等列强环伺觊觎。此外南京曾在近代长期作为首都，影响力超过大多数城市。如果说南京是近代以来中西各方利益博弈的主要舞台之一，那么南京的铁路就是其中至关重要的工具。

---

① 孙科. 庚关两款筑路计划提案. 铁道年鉴, 1933, 1: 422.

参考文献

[1] 鲍尔斯. 中国宫殿里的西方医学. 蒋育红, 张麟, 吴东, 译. 北京: 中国协和医科大学出版社, 2014.

[2] 布洛克. 洛克菲勒基金会与协和模式. 张力军, 魏柯玲, 译. 北京: 中国协和医科大学出版社, 2014.

[3] 蔡元培. 蔡元培自述. 北京: 中国言实出版社, 2014.

[4] 陈衡哲. 陈衡哲早年自传. 合肥: 安徽教育出版社, 2006.

[5] 德宗实录//清实录. 北京: 中华书局, 1987.

[6] 杜石然, 等. 中国科学技术史稿. 北京: 北京大学出版社, 2012.

[7] 樊洪业, 潘涛, 王勇忠. 中国近代思想家文库: 任鸿隽卷. 北京: 中国人民大学出版社, 2013.

[8] 费正清. 剑桥中华民国史 (1912—1949 年): 上卷. 杨品泉, 等译. 谢亮生, 校. 北京: 中国社会科学出版社, 1994.

[9] 费正清, 黄维垲. 剑桥中华民国史 (1912—1949 年): 下卷. 刘敬坤, 等译. 谢亮生, 校. 北京: 中国社会科学院出版社, 1994.

[10] 福梅龄. 美国中华医学基金会和北京协和医学院. 闫海英, 蒋育红, 译. 北京: 中国协和医科大学出版社, 2014.

[11] 宣统政纪//清实录. 北京: 中华书局, 1987.

[12] 孙中山. 孙中山全集: 第一卷. 北京: 中华书局, 1981.

[13] 孙中山. 孙中山全集: 第二卷. 北京: 中华书局, 1982.

[14] 学府纪闻: 国立北京大学. 台北: 南京出版有限公司, 1981.

[15] 何艾生, 梁成瑞. 中国民国科技史. 北京: 人民出版社, 1994.

[16] 胡适. 丁文江的传记. 北京: 生活·读书·新知三联书店, 2014.

[17] 康有为. 康有为全集. 姜义华, 张荣华, 编校. 北京: 中国人民大学出版社, 2007.

[18] 梁柱. 蔡元培与北京大学. 银川: 宁夏人民出版社, 1983.

[19] 林丽成, 章立言, 张剑. 中国科学社档案资料整理与研究: 发展历程史料. 上海: 上海科学技术出版社, 2015.

[20] 刘寿林. 辛亥以后十七年职官年表. 北京: 中华书局, 1966.

[21] 骆宝善, 刘路生. 袁世凯全集. 郑州: 河南大学出版社, 2012.

[22] 冒荣. 科学的播火者：中国科学社述评. 南京：南京大学出版社，2001.
[23] 宓汝成. 帝国主义与中国铁路（1847—1949）. 上海：上海人民出版社，1980.
[24] 南京市地方志编纂委员会. 南京建置志. 深圳：海天出版社，1994.
[25] 南京市地方志编纂委员会. 南京交通志. 深圳：海天出版社，1994.
[26] 欧阳哲生. 丁文江文集. 长沙：湖南教育出版社，2008.
[27] 清华大学校史研究室. 清华大学史料选编：第一卷：清华学校时期（1911—1928）. 北京：清华大学出版社，1991.
[28] 青溪散人. 救亡：第一册. 上海：进步书局，1915.
[29] 璩鑫圭，唐良炎. 中国近代教育史资料汇编：学制演变. 上海：上海教育出版社，1991.
[30] 任鸿隽. 科学救国之梦——任鸿隽文存. 樊洪业，张久春，选编. 上海：上海科技教育出版社，上海科学技术出版社，2002.
[31] 容闳. 西学东渐记. 沈潜，杨增麒，评注. 郑州：中州古籍出版社，1998.
[32] 舒新城. 近代中国教育史料：第四册. 上海：中华书局，1928.
[33] 苏云峰. 从清华学堂到清华大学（1911—1929）. 北京：生活·读书·新知三联书店，2001.
[34] 苏智良，等. 袁世凯与北洋军阀. 上海：上海人民出版社，2006.
[35] 孙常炜. 蔡元培先生年谱传记. 新北："国史馆"，1985.
[36] 孙中山. 实业计划. 北京：外语教学与研究出版社，2011.
[37] 邰爽秋，等. 庚款兴学问题. 上海：上海教育编译馆，1935.
[38] 唐德刚. 胡适杂忆. 台北：远流出版事业股份有限公司，2011.
[39] 汤志钧. 章太炎政论选集：下册. 北京：中华书局，1977.
[40] 汪敬虞. 中国近代工业史资料：第二辑. 北京：科学出版社，1957.
[41] 吴承洛. 三十年来之中国工程. 南京：中国工程师学会，1948.
[42] 伍启元. 中国新文化运动概观. 上海：现代书局，1934.
[43] 夏东元. 郑观应集. 上海：上海人民出版社，1988.
[44] 夏绿蒂·弗思. 丁文江——科学与中国新文化. 丁子霖，蒋毅坚，杨昭，译. 长沙：湖南科学技术出版社，1987.
[45] 萧超然，沙健孙，周承恩，等. 北京大学校史（1898—1949）. 上海：上海教育出版社，1981.
[46] 谢彬. 中国铁道史. 上海：中华书局，1929.
[47] 徐建生. 民族工业发展史话. 北京：社会科学文献出版社，2000.
[48] 张九辰. 地质学与民国社会：中央地质调查所研究. 济南：山东教育出版社，2005.

［49］余岩. 余云岫中医研究与批判. 祖述宪, 编注. 合肥：安徽大学出版社, 2006.

［50］赵尔巽, 等. 清史稿. 北京：中华书局, 1977.

［51］赵宁渌. 中华民国商业档案资料汇编：第一卷（1912—1928 年）：下册. 北京：中国商业出版社, 1991.

［52］曾鲲化. 中国铁路史. 北京：新化曾宅, 1924.

［53］中国第二历史档案馆. 中华民国史档案资料汇编：第三辑：教育. 南京：江苏古籍出版社, 1991.

［54］中国第二历史档案馆. 中华民国史档案资料汇编：第五辑第一编：财政经济（九）. 南京：江苏古籍出版社, 1994.

［55］中国协和医科大学. 中国协和医科大学校史（1917—1987）. 北京：北京科学技术出版社, 1987.

［56］周秀鸾. 第一次世界大战时期中国民族工业的发展. 上海：上海人民出版社, 1958.

［57］朱潮. 中外医学教育史. 上海：上海医科大学出版社, 1988.

［58］朱有瓛. 中国近代学制史料. 第三辑：上册. 上海：华东师范大学出版社, 1990.

第六章　政局混乱、思想杂陈、百舸争流

民国建立以来，中国社会变化迅速，西方科技不断传入。混乱的政治局面反而为思想文化的自由传播提供了空间。第一次世界大战前后，中国社会思想杂陈、百家争鸣，中外交流不断，科技与教育得到迅猛发展。新文化运动的发生使民主与科学深入人心，对科学文化的推广不局限于科学教育与科学方法的宣传，还上升到"科学救国"的高度。正因如此，中国科教体制的近代化得以不断推进，专业学会等各类科教建制相继建立。在高等教育方面，许多高校大力发展理工学科，科学教育体制的建设逐渐步入轨道。

一、北洋政府时期的矛盾局面

北洋政府时期，特别是在袁世凯帝制自为流产殒命之后，整个民国政局一片动荡。同时，思想学派百家竞起，波及文化、政治等多个领域。伴随第一次世界大战爆发，中国迎来社会变革的良好机遇，军事科技发展迅速，民族工业得以崛起。五四前后名哲来华讲学，推进了西方科技文明的传播与中西方的思想对话，以杜威和罗素影响最大。同时，庚款资助下的大批留学生"师夷长技"后纷纷归国，参与到科技与社会转型当中，成为变革的生力军。在科技、教育、文化等多个方面，中国正迎来"艰难的日出"，矛盾不断却令人期待。

1. 政治纷攘中的百家争鸣

1916年，袁世凯称帝败亡，国家权威瓦解，民国进入政局混乱、军阀纷争割据的年代。军阀间的混战使其无暇他顾，对思想和学术方面的管控相对松懈，反倒成为这一时期百家争鸣局面的促成因素。

百家争鸣的主调是"新"与"旧"的碰撞。1915年9月《青年杂志》的创刊，标志着新文化运动的开始。思想文化领域首先掀起了破旧立新的热潮，在

"百家平等，不尚一尊"的口号下，新旧势力各抒己见，针锋相对。陈独秀与康有为围绕孔教问题展开了一场激烈论争。康有为写道："各国皆妙用政教之分离，双轮并驰，以相救助，俾言教者极其迂阔之论以养人心，言政者权其时势之宜以争国利，两不相碍，而两不相失焉。"① 他认为孔教可扮演重要角色，遂发表《致总统总理书》，要求定孔教为国教并编入宪法。对此，陈独秀反驳其既"明明不以孔教为出世养魂之宗教，而谓为人伦日用之世法矣"，那么"世法道德必随社会之变迁为兴废"②。联系张勋复辟一事，陈独秀指出："盖主张尊孔，势必立君；主张立君，势必复辟。"③ 而鲁迅的《狂人日记》则以文学手法控诉"吃人"的封建礼教。胡适发表《文学改良刍议》一文，给出一条白话文学的出路。主张文字改革的钱玄同则激进地表明："欲使中国不亡，欲使中国民族为二十世纪文明之民族，必以废孔学、灭道教为根本之解决；而废记载孔门学说及道教妖言之汉文，尤为根本解决之根本解决。"④ 种种对旧传统的宣战都为学术思想的自由发挥大开方便之门。

新文化运动宣扬民主与科学，这两者无疑是西方文化的主旨，但东方文化并未因此而消沉：发生了一场以《东方杂志》与《新青年》为阵地的东西方文化论战。这场论战开始于《新青年》杂志主编陈独秀批判《东方杂志》上被指有调和中西文化之意味的三篇文章。1918 年 9 月，陈独秀在《新青年》上发表《质问〈东方杂志〉记者》一文，并以"《东方杂志》与复辟"为副标题；12 月，《东方杂志》主编杜亚泉发表《答〈新青年〉杂志记者之质问》。1919 年 2 月，陈独秀发表《再质问〈东方杂志〉记者》。自此，论战内容逐渐扩展，参加人数也日益增多，直至 1920 年杜亚泉辞去《东方杂志》主编一职，论战仍未停歇。结果，出现了以杜亚泉、章士钊、梁漱溟、梁启超等为代表的"东方文化派"与以陈独秀、李大钊、胡适等为代表的新文化派的分立。1922 年，以吴宓、梅光迪等为代表的学衡派兴起并刊行《学衡》杂志，批判新文化派"模仿西人，仅得糟粕"⑤。1923 年，在中国思想界，围绕"科学能否解决人生观问

---

① 康有为. 中华救国论//汤志钧. 康有为政论集：下册. 北京：中华书局，1981：729.
② 陈独秀. 孔子之道与现代生活. 新青年，1916，2 (4).
③ 陈独秀. 复辟与尊孔. 新青年，1917，3 (6).
④ 钱玄同. 中国今后之文字问题. 新青年，1918，4 (4).
⑤ 梅光迪. 评提倡新文化者. 学衡，1922 (1).

题"这一辩题,在梁启超、张君劢等与胡适、丁文江等人间发生了一场"科玄论争"。这两次论争都属于东西方文化论战的一部分。

发生在五四新文化运动时期的还有马克思主义与反马克思主义间的三次论战,论题分别是:"问题与主义""社会主义""马克思主义与无政府主义"。1919 年,胡适发表《多研究些问题,少谈些主义》一文,引发了"问题与主义"之争,随后蓝公武、李大钊加入论战当中。"社会主义"之论战发生在以张东荪、梁启超等人为代表的基尔特社会主义者与以陈独秀、李大钊、李达、蔡和森等人为代表的早期马克思主义者之间,围绕社会主义与资本主义的道路问题展开论战。在"马克思主义与无政府主义"的论战中,早期马克思主义者对以黄凌霜、区声白等人为代表的无政府主义展开批判,确立了马克思主义的主流地位。1921 年,马克思主义者与自由主义者之间也发生分裂。

不仅国内百家争鸣,中国知识界还积极与国际学者进行交流互动。1919 年至 1924 年间,先后有五位国际知名学者应邀来华讲学,分别是杜威、罗素、孟禄(P. Monroe)、杜里舒(H. Driesch)与泰戈尔(R. Tagore),其中以杜威和罗素的讲学时间最长、影响最大。

在大学校园内,更能看到百家争鸣的局面。1916 年 12 月,蔡元培就任北京大学校长,提出"循思想自由原则,取兼容并包主义"① 的办学方针。蔡元培所聘请的老师中,既有新文化运动的倡导者陈独秀、胡适、鲁迅,也有鼓吹恢复帝制的辜鸿铭与刘师培。拖着长辫的辜鸿铭嘲讽胡适的英语发音,刘师培也曾在上课时大骂钱玄同的新文学主张,但辜、刘二人在校园内却从未提过复辟二字。被聘为北大图书馆主任的李大钊更是将马克思主义引入北大课堂中来,为中国培养了一大批进步青年。蔡元培"素信学术上的派别是相对的,不是绝对的;所以每一种学科的教员,即使主张不同,若都是'言之成理、持之有故'的,就让他们并存,令学生有自由选择的余地"②。

各种社团与出版物如雨后春笋般涌现,更是推动了思想文化的繁荣。中国科学社、新民学会、少年中国学会、国民社、新潮社、国故社、马克思学说研究会、讲学社、中国公会、新月社、中国画学研究会等社团组织相继成立,涵盖社会科学、自然科学、艺术等多个领域。同时,中国工程师学会、中国天文

---

① 蔡元培. 蔡校长致公言报函并附答林琴南君函. 新潮, 1919, 1 (4).
② 蔡元培. 我在北京大学的经历//蔡元培. 蔡元培自述. 文明国, 编. 北京: 人民日报出版社, 2011: 164.

学会、中国地质学会等专业学会也逐渐成立并发挥作用，这些社团组织不仅推进了各种思想间的交流及知识的普及，更为西方思想文化在中国的传播做出了重要贡献。另外，《科学》、《国民》、《新潮》、《国故》、《进化》、《学衡》和《新月》等杂志也相继创刊。据统计，"仅 1919 年和 1920 年两年新创办的杂志就近百种，1921 年全国共有各类期刊 584 种"①。社团与刊物的蓬勃发展，不仅扩大了新文化运动的影响，同时也是百家争鸣局面的重要表现形式。

总之，北洋政府时期的百家争鸣书写了中国近代思想史的重要篇章。

2. 在第一次世界大战的夹缝中

1914 年 7 月，第一次世界大战在欧洲爆发，1918 年 11 月大战结束，前后持续四年多。大战期间及前后，中国在政局、实业与思想等方面都迎来了变化，在科技和教育上也有所突破。

此时的民国政局十分混乱，较为重大的政治事件依次有：1915 年 12 月袁世凯称帝，1916 年 1 月护国战争爆发，1917 年 7 月张勋拥清室复辟，1917 年 7 月段祺瑞与皖系军阀控制北京政府，1917 年 9 月护法战争爆发，1918 年 11 月南北议和，等等。各地军阀为扩充实力抢夺地盘，耗费巨资向欧美国家购买武器装备，同时也趁欧洲诸国忙于大战而无暇东顾之机，改建、扩建及新建了一批兵工厂，制造各种弹药枪炮和舰艇，以为军事战备之用。许多工厂还竞相仿造一战前后出现的新式兵器如迫击炮、高射炮、大口径榴弹炮及航空炸弹等，生产技术水平普遍有所提高。该时期的军事科技发展虽已超越综合国力可能承受之限，但整体军事科技水平确有很大提升。

以北洋政府时期陆军部所管辖的最大兵工厂——汉阳兵工厂为例。1913 年，陆军部拨款 200 万银圆，从丹麦购置机器，大大提高了炮弹、枪弹、铸钢及铸铁的生产能力。1914 年起，北洋政府每年拨款 96 万银圆，1917 年增至 288 万银圆，工厂借以先后新建和扩建炮弹、机枪、电机分厂，并开办兵工学校。1920 年前，该厂就已能自制克虏伯式七五陆炮、马克沁机关枪及克虏伯式 12 厘米 14 倍管榴弹炮。② 除汉阳兵工厂，一战期间国内还有很多新建兵工厂，如 1915 年兴

---

① 郭剑林. 北洋政府简史：下. 天津：天津古籍出版社，2000：856.
② 《中国近代兵器工业》编审委员会. 中国近代兵器工业：清末至民国的兵器工业. 北京：国防工业出版社，1998：10；伯芹. 金陵与汉阳兵工厂概况//陈真. 中国近代工业史资料：第三辑. 北京：生活·读书·新知三联书店，1961：234-235.

办的巩县兵工厂，1916年的奉天军械厂、吉林军械厂等，它们将晚清火器的制造与使用技术向前推进了一大步。

军事科技的发展离不开军事科技教育，兵工人才的培养至关重要。1913年，汉阳兵工厂总办（厂长）刘庆恩（1869—1929）在拟创办兵工学校的报告中写道："窃维造兵技艺学理精深，非具有所关普通学问循序渐进，莫能寻其途径，更莫能探其奥窍，所以中国设厂制械虽有年所，而无良工师出其间者，良以未从根本培植，自难得有善材。故今日而言，制械扩充固为当务之急，而造就专门人材，尤为切要之图。"①

刘庆恩毕业于东京帝国大学机械及枪炮制造专业，被称为"中国半自动步枪第一人"。他十分清楚专业兵工教育的重要性，深知一味如洋务运动时引进国外武器装备只能被人牵着鼻子走。在他的努力下，1917年，陆军部创办"陆军部汉阳兵工专门学校"，设校于汉阳兵工厂。这是全国第一所培养专业兵工技术人员的军事院校，第一期学员有50人，1917年2月入学。尽管学校在开办后的几年中，因经费等多种原因，历经坎坷，但其培养军事科技人才的战略性眼光难能可贵。欧战的激烈程度也向世人说明国防科技的重要性。类似的为培养兵工人才而建立的学校还有一些，如1913年创办的南苑航空学校，它是亚洲最早的航空学校。

一战期间，欧洲国家忙于战争而无暇顾及其在华经济利益，给中国的民营工业带来较大的发展空间。据统计，在1914—1918年的五年中，国内新增设企业539家，创设资本119 340千元。② 被誉为"中国化工之父"的范旭东（1883—1945）就是在一战期间开始了自己的化工事业。范旭东的兄长范源廉出身法科，一生致力于教育事业，与其兄长不同，范旭东出身理科（毕业于京都帝国大学理科化学系），以实业救国为己任，以发展化学工业为毕生追求。

几乎与第一次世界大战爆发同时，1914年7月，范旭东在号称"天赋盐都"的塘沽设厂创建了久大精盐公司，开始研制精盐。出身化工的他很快就将产品纯度提高到90%以上，利用塘沽百里滩涂的先天优势，久大精盐公司以海滩晒盐加工卤水，用钢板制平底锅升温蒸发结晶，生产出国内第一批精盐。原盐除

---

① 湖北兵工厂关于开设兵工学校及陆军部批文//《中国近代兵器工业档案史料》编审委员会. 中国近代兵器工业档案史料（二）. 北京：兵器工业出版社，1993：401.

② 杜恂诚. 民族资本主义与旧中国政府（1840—1937）. 上海：上海社会科学院出版社，1991：106.

食用外，一个重要用途是制造纯碱。当时的制碱技术被国外公司垄断，故凡以碱为原料的工厂都受其所限，不得不高价购买洋碱。一战爆发后，洋碱的进口来源被切断，国内碱价骤增，许多工厂不得不因此而停产。范旭东在精盐上获得突破后，立马转战制碱，依托久大精盐公司，范旭东于1918年11月（同期一战结束）在天津成立永利制碱公司。他与化工专家侯德榜共同努力，于1926年生产出纯碱，推进了国内化工事业的发展。

民族私营工业的迅速发展需要大量相关技术人员和管理人员，但当时社会的实际情况却是，中学毕业生多因无一技之长失业，即使是实业学校乃至留学欧美的毕业生，也处于所学不能为其所用的境况。为此，教育家黄炎培（1878—1965）倡导职业教育，使"无业者有业，有业者乐业"。1914年，黄炎培弃官而周游国内诸省考察教育情况，后又到欧美各国游历。为在国内推广已盛行于欧美的职业教育，黄炎培于1917年创立中华职业教育社，该社组织大纲第一条明确写道："方今吾国最重要最困难问题，无过于生计。根本解决，唯有沟通教育与职业。同人认此为救国家救社会唯一方法。"① 黄炎培的职业教育思想在一定程度上反映了民国初年中国社会的现状：工业发展刚刚起步，专业人才特别是科技人才匮乏。

第一次世界大战常被新文化运动的倡导者们看作法兰西文明与德意志军国主义间的争斗。在《法兰西人与近世文明》一文中，陈独秀谈到"人权"、"生物进化论"与"社会主义"此三大文明特征，认为："此近世三大文明，皆法兰西人之赐，世界而无法兰西，今日之黑暗不识仍居何等！"② 陈独秀推崇法兰西的"平等、博爱、自由"，但对于一战的结果为何并不确定："创造此文明之恩人，方与军国主义之德意志人相战，其胜负尚未可逆睹。"③ 在陈独秀看来，"德意志之科学"仍是中国所尊崇的。他甚至以假定法兰西将败的口吻说道："即战而败，其创造文明之大恩，吾人亦不可因之忘却。"④ 这显然是以一种含蓄的口吻来表示对"科学"的尊崇。当然，对于陈独秀而言，无论是法兰西还是德意志，都有其可取之处。

---

① 黄炎培. 中华职业教育社组织大纲//田正平，李笑贤. 黄炎培教育论著选. 北京：人民教育出版社，1993：84.
② 陈独秀. 法兰西人与近世文明. 新青年，1915，1（1）.
③ 同②.
④ 同②.

与陈独秀相比，刘文典的态度则更为明确，在《军国主义》一文中，他以进化论的态度对以国家富强为目的的德意志军国主义予以直接肯定："求生意志，乃世界之本源；竞存争生，实进化之中心。国家者，求生意志所构成；军国主义者，竞存争生之极致也。"①

同样发生于一战期间的还有1917年11月的布尔什维克革命。李大钊把德国的战败看作"布尔什维主义的胜利"。以李大钊为代表的左翼新文化派，开始以俄为师，学习马克思主义。正如毛泽东所言："十月革命一声炮响，给我们送来了马克思列宁主义。"②

在第一次世界大战的夹缝中，中国大开学习西方科技文化之路：兴办实业，发展教育，发起新文化运动，追求民主与科学，并且把马克思主义传播进来。

3. 杜威、罗素来华讲学

约翰·杜威，20世纪美国著名哲学家、教育家、心理学家、社会活动家，实用主义哲学的集大成者。杜威的来华可以说是一次偶然。1919年2—4月，杜威应邀到东京帝国大学讲学，其间接到昔日哥伦比亚大学的得意门生胡适的来信，邀请其来华讲学。后应中国教育团体之邀，于4月30日抵达上海。4天之后，震惊中外的五四运动于北京爆发。

五四运动的发生给原本只想途经游览中国的杜威带来深刻影响。"中国此刻正在为独立统一的民主制度而斗争，杜威夫妇也沉浸其中。这使得他们改变了原有的1919年夏天返美的计划。"③ 最终，杜威在中国待了两年零两个月之久，在十一个省份与北京、上海两市做了大小不下200次讲演，传播实用主义哲学思想，宣扬民主主义与改良主义，同时倡导调和中西文化。在新文化运动正走向高潮时，杜威的在华之行可谓极大促进了西方文明在中国的传播以及中西思想界的直接交流。

对于杜威的来华，辛亥革命的领导者孙中山极为重视。1919年5月12日，孙中山前来拜访杜威，这次会谈虽鲜为人知但意义重大。对于辛亥革命失败及

---

① 刘文典. 军国主义. 新青年, 1916, 2 (3).

② 毛泽东. 论人民民主专政//毛泽东选集：第四卷. 北京：人民出版社, 1991: 1471.

③ 约翰·杜威, 爱丽丝·C. 杜威. 杜威家书：1919年所见中国与日本. 伊凡琳·杜威, 编. 刘幸, 译. 北京：北京师范大学出版社, 2016: 2.

整个中国落后的原因，孙中山总结为国人深信"知之非艰，行之惟艰"的民族心理。为了印证自己的想法，"适杜威博士至沪，予特以此质证之。博士曰：'吾欧美之人，只知"知之为难"耳，未闻"行之为难"也。'"① 此时的杜威虽并未完全掌握中国的现实情况，但与这位民国前总统的一番交谈给他留下深刻印象，在5月13日的家书中，杜威更是称孙中山是一位哲学家。5月30日，杜威抵达北京。在目睹了声势浩大的学生运动后，杜威更加坚定了其以实用主义哲学思想来弘扬西方文明的信念，他认为中国人需加深对民主与科学这两面新文化运动旗帜的理解。在数次讲演中，杜威所带来的科学观对中国的未来发展可谓意义重大。

杜威十分强调科学的方法："科学并不是书本子上积聚的知识。化学、物理、天文等等，都不是科学的本身，只是科学的结果。真的科学所以重要，不在他的结果，而在他的方法。"② 何为科学的方法？"简单说，科学的方法，便是归纳的方法，一切都从事实下手，从试验下手。"③ 但是，杜威认识到，对于中国，只有科学的方法是不够的，东方与西方的不同就在于中国的文化史中缺少"科学"文化。他指出："西方的自然科学来自希腊，积聚很多，因基督教的关系，与中古的社会、政治宗教都相连贯。东方则不然。……中国古代的学问多偏向于人生哲学一方面，对于生物、天然、地体等自然科学不甚注意，所以科学程度较浅，还够不上与政治、宗教、社会、人生发生连贯的关系。"④

杜威想要把这种科学文化扩大到更多领域，前提是运用科学的方法。

杜威没有忘记与孙中山的会谈。在1920年的一篇文章中，杜威肯定了孙中山的想法："就像中国古谚所说，'知易行难'。孙先生这样解释，中国人把这个谚语记到了心里。中国人不行动，是因为他们害怕犯错；他们想在事先得到保证，不会有任何失败或者严重的麻烦才行动。"⑤ 杜威认为中国人总是希望"远离麻烦"而保存"面子"，这并不能解决问题，实用主义哲学需要的是增加事实的客观后果的重要性，这需要科学的方法，做到大胆地假设，小心地求证。应

---

① 孙中山. 建国方略. 张小莉，申学锋，评注，北京：华夏出版社，2002：50.
② 杜威. 杜威五大讲演. 胡适，口译. 合肥：安徽教育出版社，2005：132.
③ 同②121.
④ 同②123.
⑤ 约翰·杜威. 是什么阻碍了中国//杜威全集·中期著作（1899—1924）：第十二卷（1920）. 刘华初，马荣，郑国玉，译. 上海：华东师范大学出版社，2012：47.

当首先行动起来，但知晓这一道理却是五四时期的中国所面临的最大困难。

杜威在华期间，另一位国际知名哲学家伯特兰·罗素也来到中国。与杜威一样，罗素也是20世纪百科全书式的人物。作为哲学家，他被公认为分析哲学的创始人之一。作为数学家与逻辑学家，罗素和怀特海合著的《数学原理》给数学、逻辑、哲学这三大领域带来颠覆性影响。同时他在政治、历史、伦理、经济、宗教等多个领域都有建树，还曾获得诺贝尔文学奖。更重要的是，罗素对科学的理解十分深刻，相对论、量子力学等物理学革命的成果都曾被引入其哲学中去。正因如此，罗素来华讲学是中国接触西方科技文明的良机。由梁启超出面，后由讲学社、北京大学邀请，1920年10月12日，罗素抵达上海。

当罗素携其女友而非夫人来到中国时，在当时中国社会引起一阵舆论骚动，之后在华的讲演则带来更大程度的思想冲击。罗素在华期间到过包括北京、上海、南京等在内的多个城市，共做了大小不下20次讲演，内容涉及哲学、科学、政治、教育、宗教、文化等多个主题，其关于社会主义与中西文化方面的讲演在当时产生了较大影响，其对西方科学的引介也同样意义重大。回国后，罗素还就其经历与对中国的认识写了《中国问题》一书。

1920年10月21日，在南京中国科学社，罗素做了题为《爱恩斯坦引力新说》的讲演，到场人数有七百人之多，人人皆能听懂讲演的具体内容虽不可能，但罗素在讲演开头所说的话却简明扼要，给人印象至深。他说："吾为极信任科学之一人，以为世界之事，皆惟科学是赖。"① 他强调西方文明的核心除了民主便是科学。罗素在之后的几次讲演中也一直谈论与西方科学传统相关的主题，例如因果观念，心、物的分析等。遗憾的是，其看家本领数理逻辑本应有四讲，却在一讲之后便因病辍讲，且唯一的一讲也效果不佳。但这并不影响罗素为西方科学思想在中国传播所做出的贡献。

与杜威一样，罗素认为"中国文化有个缺点：缺乏科学"②。而西方文明的历史渊源可以追溯到三个起源："（1）希腊文化；（2）犹太宗教与伦理；（3）现代科学的产物现代工业主义。"③ 关于科学对于西方发展的重要性，罗素强调："从科学那里，如同应用在工业主义中一样，我们得到了权力和权力感，以及这

---

① 罗素. 中国到自由之路：罗素在华讲演集. 袁刚，孙家祥，任丙强，编. 北京：北京大学出版社，2004：9.

② 罗素. 中国问题. 秦悦，译. 上海：学林出版社，1996：39.

③ 同②147.

样的信念：我们得以像神一样去操纵未科学化人种的生死，由于科学，我们得到了经验的方法，并已获取了几乎所有的真知。"①

对于中国文明，罗素肯定其在人生归宿方面的合理理解，但希望西方文明中科学的方法能与中国文明相互结合。作为第一次世界大战中的著名反战主义者，并曾因此而入狱，罗素对西方科学文明的缺陷有着深刻反思："西方人向来崇尚效率，而不考虑这种效率是服务于何种目的。……欧洲人的人生观却推崇竞争、开发、永无止境、永不知足以及破坏。"② 故而需要中国的宽容、平和的人生价值观与这种科学文明相结合，以实现整个世界的和平幸福。

1921年7月6日，这天是罗素的告别演讲。罗素为中国的未来应如何发展给出数条中肯的意见，并再次强调教育与工业发展的重要性。罗素认为需要普及教育，特别是科学的教育，"中国要真正实行民主，就必须普及教育。"③ 而工业发展本身就是西方科学文化的诉求，也是中国未来不可避免的道路选择。

同样是20世纪的伟大学者，杜威和罗素联袂为中国带来了西方科学文化的思想盛宴。五四运动之后的中国，科学的传播不仅逐渐广泛，而且引发了整个思想文化领域的革命。

4. 大批留学生归国成生力军

真正对中国科学文化发展带来巨大贡献的，应属教育尤其是科技领域的留学教育。"留学生在近世中国文化上确有不可磨灭的贡献。最大者为科学，次为文学，次为哲学。"④ 科学文化本是中国传统文明中的薄弱部分，大批科技领域的留学生以"科学救国"为己任，在20世纪上半叶纷纷归国，成为中国科技转型的"操盘手"，可以说，没有这些留学生，就没有中国科学的近代化。

下面就庚款留学美国在20世纪初归来的学生做一概述和统计，看看其中涌现出多少科学家和教育家。

1909年，在第一届庚子赔款留美学生中，有中国物理学界的先驱胡刚复（1892—1966），哈佛大学博士。1918年胡刚复回国，大力发展科学教育，在南京高等师范学校创建了我国最早的物理实验室。他十分重视对学生的培养与引

---

① 罗素. 中国问题. 秦悦, 译. 上海：学林出版社, 1996：147.
② 同①7.
③ 同①195.
④ 舒新城. 近代中国留学史. 上海：上海书店出版社, 2011：138.

导，著名物理学家吴有训、严济慈、钱临照、赵忠尧等都曾跟随他学习。胡刚复还曾倾囊资助严济慈赴法留学。

著名动物学家、中国近现代生物学的主要奠基人、康奈尔大学博士秉志（1886—1965）也是第一届庚款生。1920年，秉志回国，他在南京高等师范学校创办了中国第一个生物系，参与创办了第一个生物学研究机构——中国科学社生物研究所。秉志一生致力于科学教育事业，重视科学精神，认为"科学精神，足以革新道德，改造民性"①。

曾任清华大学校长的梅贻琦（1889—1962）也在第一届庚款生的名单中。1931—1948年，梅贻琦担任国立清华大学校长，在任期间振兴清华大学，使其达到美国大专院校水平，被誉为清华大学"终身校长"。其名言"所谓大学者，非谓有大楼之谓也，有大师之谓也"②，早已成为当代大学教育发展的警训，后来，他还创办了台湾"清华大学"。

1910年，第二届庚款留美学生中有中国近代地理学与气象学的奠基者竺可桢（1890—1974），哈佛大学地学系博士。1918年竺可桢学成归国，先后任教于武昌高等师范学校、南京高等师范学校、南开大学，创建了中国大学中第一个地学系和中央研究院气象研究所。竺可桢同时也是著名的教育家，他连续担任浙江大学校长达13年，将浙大从一所地方性大学办成全国著名的综合性大学，被尊称为民国高校四大校长之一。竺可桢曾写道："大学教育之目的，在于养成一国之领导人才，一方提倡人格教育，一方研讨专门智识，而尤重于锻炼人之思想，使其正大精确，独立不阿，遇事不为习俗所囿，不崇拜偶像，不盲从潮流，惟其能运用一己之思想，此所以曾受真正大学教育者之富于常识也。"③

第二届庚款留美学生中还有文理兼通的赵元任（1892—1982），哈佛大学博士，1920年回国任清华大学教授，教授物理学、数学和心理学。他是一个"鬼才"，在语言学与音乐方面都颇有造诣。他曾参与发起中国科学社，后成为清华国学研究院五大导师之一。

中国近代植物学的奠基人与开拓者钱崇澍（1883—1965）也是第二届庚款留美学生。他1916年回国，1920年担任清华生物系第一任主任。1948年当选为中央研究院院士。

---

① 秉志. 秉志文存. 霍启慧, 胡宗刚, 编. 北京: 北京大学出版社, 2006: 173.
② 国立清华大学校刊, 1931-12-04.
③ 竺可桢. 常识之重要. 国风月刊, 1936, 8 (1).

著名思想家、哥伦比亚大学博士胡适（1891—1962）也在第二届庚款留美的学生名单中。1917 年胡适回国任北京大学教授，虽然胡适并不是职业科学家，但作为杜威的实用主义思想在中国的传播者与代言人，胡适提倡科学方法与科学精神，在中国科学教育界具有重大影响。

在 1911 年第三届庚款留美学生中，有著名化学家孙学悟（1888—1952），哈佛大学博士，1919 年孙学悟应南开大学校长张伯苓之邀回国，筹建理学系。1922 年出任黄海化学工业研究社社长，从业 30 年之久，为民族化学工业的发展立下汗马功劳。

现代数学教育家姜立夫（1890—1978）也是第三届庚款留美学生，哈佛大学博士。1920 年姜立夫应张伯苓之邀回国任教，在南开大学独立创办算学系并兼主任，江泽涵、陈省身、吴大任等著名数学家皆出自其门下。

前三届庚款留美学生多数研读理工科专业，并于 20 世纪 20 年代前后纷纷回国。三届学生共约 180 人，出国时的平均年龄不足 20 岁，多数学成回国，成为中国科技教育界的青年才俊，义不容辞地担起大任。

胡适曾在归国前夕的日记中引用《伊利亚特》里的一句话："You shall know the difference now that we are back again。"他解释道："其意若曰：'如今我们已回来，你们请看分晓罢。'……此亦可作吾辈留学生之先锋旗也。"[①] 而北洋政府时期的大批的归国留学生恰是中国科技教育转型的先锋，将西方的科技文明之花"移植"到中国文明的土地上。

据统计，前三届之后，1912—1929 年清华学校庚款留美学生共计 1 109 人。[②] 其中大量的留学生回国为中国的科学教育事业做出了巨大贡献。特别著名者如：1920 年回国的"桥梁之父"茅以升（1896—1989），1921 年回国的"侯氏制碱法"的发明人侯德榜（1890—1974），1924 年回国的清华大学物理系主任与理学院院长叶企孙（1898—1977），1929 年回国的中国近代力学与理论物理学奠基人之一的周培源（1902—1993），1931 年回国的中国"科普之父"高士其（1905—1988），等等。

该时期的欧洲留学教育主要集中在英国、法国与德国三个国家，以学习理工科为主，在归国学生中也有一部分人为中国科技和教育事业做出了重大贡献。

---

① 胡适. 吾辈留学生的先锋旗//胡适留学日记. 上海：上海书店出版社，1990：1106.

② 王树槐. 庚子赔款. 台北："中央研究院"近代史研究所，1974：313.

著名地质学家李四光（1889—1971），伯明翰大学硕士，早年留学日本，后于1913年留学英国，1920年回国任北京大学教授，1928年起长期担任中央研究院地质研究所所长，是中国地质力学的创立者。

数学家、教育家熊庆来（1893—1969），于1915—1920年先后就读于法国多所大学并于马赛大学获得理学硕士学位。1921年熊庆来回国，应东南大学校长郭秉文之邀，赴该校创建数学系，担任教授兼系主任。后来，熊庆来主持清华大学数学系工作并创办清华大学数学系研究部，培养了华罗庚、陈省身、吴大任等一大批数学人才。

同样赴法国留学归国的数学家还有何鲁（1894—1973）。作为最早赴法勤工俭学的中国留学生，1912年，何鲁进入里昂大学学习，1919年获得数学硕士学位，同年回国，相继任教于国立东南大学、云南大学、重庆大学等多所院校。他是最早将近代数学引入中国的先驱之一。

有机化学家黄鸣龙（1898—1979），柏林大学哲学博士，先后就读于苏黎世大学与柏林大学。1925年黄鸣龙回国任浙江医药专科学校教授兼主任，继任南京卫生署主任。黄鸣龙一生致力于有机化学事业，是中国甾体激素药物工业的奠基人。

早在甲午战争后，留学日本便兴起，1906年留日学生数一度达8 000人之多。[①] 20世纪上半叶，在留日归国的学生中，也不乏科技与教育领域的建设者。

数学家陈建功（1893—1971），于1913年、1920年及1926年先后三次东渡日本求学，并于1929年获得东北帝国大学数学博士学位。陈建功谢绝了导师留他在日工作的邀请，回国后历任浙江大学、复旦大学教授，杭州大学教授、校长。他还邀请同样毕业于东北帝国大学的数学博士、后被称为"东方第一几何学家"的苏步青（1902—2003）一同为浙大数学系工作，共同创立"微分几何学派"。1942年参观浙大数学系的李约瑟称浙大为"东方剑桥"。

教育家、语言学家陈望道（1891—1977），于1915年先后求学于早稻田大学、东洋大学、中央大学和东京物理专科学校。1919年7月于日本中央大学法科毕业，获得法学学士学位，同年归国后，任教于浙江第一师范学校，同时积极参与新文化运动。陈望道最早将《共产党宣言》译成中文，并担任《辞海》总主编。1952年毛泽东主席亲自任命陈望道为复旦大学校长。

---

① 实藤惠秀. 中国人留学日本史. 谭汝谦，林启彦，译. 北京：北京大学出版社，2012：389.

归国留学生是培育中国科学事业的"园丁",也是推动中国高等教育发展的主力军。据统计,1909—1922 年,清华学校庚款赴美留学归国人数共计 516 人,其中担任高等学校教职员的共有 146 人,占总人数的 28.29%。① 在 1955 年评出的中国科学院学部委员当中,自然科学方面的三个学部(物理学数学化学部、生物地学部、技术科学部)的委员共计 173 人,其中留学美国的有 77 人,留学欧洲的有 59 人,留学日本的有 8 人,共 144 人有留学经历,占总人数的 83%。②

二、民主和科学两面旗帜

五四运动后,民主与科学的思想深入人心。但是,思想上的分野依然存在,科学与玄学的论争、自由主义与社会主义的论争等,不绝于世。在整体上,民主与科学的旗帜已经被高举,科学方法得到普及,科学救国和实业救国成为潮流,实业教育也异军突起。

1. 思想文化主流:德先生和赛先生

1919 年 1 月,新文化运动的领袖陈独秀在《本志罪案之答辩书》一文中写道:

> 他们所非难本志的,无非是破坏孔教、破坏礼法、破坏国粹、破坏贞节、破坏旧伦理(忠、孝、节)、破坏旧艺术(中国戏)、破坏旧宗教(鬼神)、破坏旧文学、破坏旧政治(特权人治)这几条罪案。这几条罪案,本志同人当然直认不讳。但是追本溯源,本志同人本来无罪,只因为拥护那德莫克拉西(Democracy)和赛因斯(Science)两位先生,才犯了这几条滔天的大罪。要拥护那德先生,便不得不反对孔教、礼法、贞节、旧伦理、旧政治。要拥护那赛先生,便不得不反对旧艺术、旧宗教。要拥护德先生又要拥护赛先生,便不得不反对国粹和旧文学。……我们现在认定只有这两位先生,可以救治中国政治上、道德上、学术上、思想上一切的黑暗。③

显然,之所以提倡民主,就是为了反对专制,"吾国欲图世界的生存,必弃

---

① 舒新城. 近代中国留学史. 上海:上海古籍出版社,2014:156-158.
② 《中国科苑英华录》编写组. 中国科苑英华录. 北京:科学普及出版社,1985.
③ 陈独秀. 本志罪案之答辩书. 新青年,1919,6(1).

数千年相传之官僚的专制的个人政治，而易以自由的自治的国民政治也"①。仅有民主是不够的，正如陈独秀所言："近代欧洲之所以优越他族者，科学之兴，其功不在人权说下，若舟车之有两轮焉。……国人而欲脱蒙昧时代，羞为浅化之民也，则急起直追，当以科学与人权并重。"② 科学与民主不能分开，这里的科学并不主要指具体的科学研究，科学旗帜的主要意义在于提倡科学精神、理性主义与实事求是的态度，反对神权、愚昧、封建迷信、偶像与盲从。"科学者何？吾人对于事物之概念，综合客观之现象，诉之主观之理性而不矛盾之谓也。"③ 科学文化不可或缺，陈独秀说："我们相信尊重自然科学实验哲学，破除迷信妄想，是我们现在社会进化的必要条件。"④

辛亥革命失败后，伴随复古主义思潮的兴起，迷信活动也泛滥起来。当时在反动统治阶级甚至一部分知识分子间流行着"祀天、信鬼、修仙、扶乩"等愚昧迷信，上海成立了灵学会，宣扬鬼神之说，称"鬼神之说不张，国家之命遂促"，"灵学者，实为凡百科学之冠"，甚至说鬼神的存在可以用科学方法证明。曾向西方寻求真理的严复居然也曾致函支持灵学会。

为此，新文化的倡导者们用科学文化的武器予以强力回应。陈大齐（1886—1983）通过心理学、生物学证明"扶乩所得之文，确是扶者所作。有意作伪者，出自扶者意识之我，无意作伪者，出自扶者下意识之我"⑤。陈独秀发表《有鬼论质疑》，说道："吾人感觉所及之物，今日科学，略可解释。倘云鬼之为物，玄妙非为物质所包，非感觉所及，非科学所能解，何以鬼之形使人见，鬼之声使人闻？"⑥ 鲁迅则直接针对装神弄鬼者打着科学的名号来混淆视听展开批判："现在有一班好讲鬼话的人，最恨科学，因为科学能教道理明白，能教人思路清楚，不许鬼混，所以自然而然的成了讲鬼话的人的对头。于是讲鬼话的人，便须想一个方法排除他。其中最巧妙的是捣乱。先把科学东扯西拉，羼进鬼话，弄得是非不明，连科学也带了妖气。"⑦

科学不仅是反对愚昧迷信的利器，同时也与宗教"交手"。陈独秀试图用

---

① 陈独秀. 吾人最后之觉悟. 青年杂志, 1916, 1 (6).
② 陈独秀. 敬告青年. 青年杂志, 1915, 1 (1).
③ 同②.
④ 陈独秀. 本志宣言. 新青年, 1919, 7 (1).
⑤ 陈大齐. 辟（灵学）. 新青年, 1918, 4 (5).
⑥ 陈独秀. 有鬼论质疑. 新青年, 1918, 4 (5).
⑦ 鲁迅. 随感录（三十三）. 新青年, 1918, 5 (4).

科学来批判宗教，认为宗教并不能解决一切："或谓宇宙人生之秘密，非科学所可解，决疑释忧，厥惟宗教。余则以为科学之进步，前途尚远。吾人未可以今日之科学自画，谓为终难决疑。反之，宗教之能使人解脱者，余则以为必先自欺，始克自解，非真解也。真能决疑，厥惟科学。故余主张以科学代宗教，开拓吾人真实之信仰，虽缓终达，若迷信宗教以求解脱，直欲速不达而已。"①

"科学"精神所追求的就是不畏权威，坚决打倒偶像（不仅只有宗教偶像），追求真理。为此，陈独秀大声疾呼道："破坏！破坏偶像，破坏虚伪的偶像！吾人信仰，当以真实的、合理的为标准；宗教上、政治上、道德上自古相传的虚荣欺人不合理的信仰，都算是偶像，都应该破坏！（此等虚伪的偶像倘不破坏，宇宙间实在的真理和吾人心坎儿里彻底的信仰永远不能合一）。"② 科学追求真理，李大钊也指出："真理乃自然的因果的，宗教传说乃神秘的迷信的。故吾人与其信孔子，信释迦，信耶稣，不如信真理。"③

新文化运动的倡导者们十分推崇达尔文的进化论思想。陈独秀曾写道："新陈代谢，陈腐朽败者无时不在天然淘汰之途，与新鲜活泼者以空间之位置及时间之生命。人身遵新陈代谢之道则健康，陈腐朽败之细胞充塞人身则人身死；社会遵新陈代谢之道则隆盛，陈腐朽败之分子充塞社会则社会亡。……投一国于世界潮流之中，笃旧者固速其危亡，善变者反因以竞进。……世界进化骎骎，未有已焉。其不能善变而与之俱进者，将见其不适环境之争存，而退归天然淘汰已耳，保守云乎哉！"④ 基于达尔文的生物进化论，陈独秀等人鼓吹社会进化，反对因循守旧，并视此为科学规律之展现。

陈独秀的"科学"与《科学》杂志的创办人任鸿隽、赵元任等人的看法并不完全相同。对"科学"的内涵，任鸿隽的理解是：

> 科学者，智识而有统系者之大名。就广义言之，凡智识之分别部居，以类相从，井然独经一事物者，皆得谓之科学。自狭义言之，则智识之关于某一现象，其推理重实验，其察物有条贯，而又能分别关联抽举其大例者谓之科学。是故历史、美术、文学、哲理、神学之属非科学也，而天文、

---

① 陈独秀. 再论孔教问题. 新青年，1917，2（5）.
② 陈独秀. 偶像破坏论. 新青年，1918，5（2）.
③ 李大钊. 真理（二）. 甲寅日刊，1917-02-02.
④ 陈独秀. 敬告青年. 青年杂志，1915，1（1）.

物理、生理、心理之属为科学。今世普通之所谓科学，狭义之科学也。①

显然，中国科学社的成员因受过正统的西方科学教育，他们所理解的"科学"更多地指自然科学，因此也就更加强调观察、实验等科学方法，强调事实的重要性，反对脱离实际的空谈。"我们要晓得科学的本质，是事实不是文字"②，在任鸿隽看来，"我们东方的文化，所以不及西方的所在，也是因为一个在文字上做工夫，一个在事实上做工夫的原故"③。与之相比，陈独秀的"科学"不仅包括自然科学，还包括社会科学、哲学等，科学精神更为重要。科学精神适用于包括政治领域在内的整个社会，与民主旗帜始终紧密相连。

虽然任鸿隽等以自然科学为"科学"之本义，却并不意味着其不重视民主。在《科学》杂志的发刊词中，他们说道："世界强国，其民权国力之发展，必与其学术思想之进步为平行线，而学术荒芜之国无幸焉。"④ 总之，科学与民主是五四时期思想文化的主流，追求民主，反对专制是最紧迫的，科学则进一步加深了民主主义的反专制主义斗争，民主与科学的传播是科学体制化的思想前提。

2. 思想分野：科学与玄学、社会主义与自由主义

五四运动后，"科学"的大旗虽已在国内树立起来，但也屡现反思的声音。1923年，张君劢在清华大学做了题为《人生观》的演讲，认为：

> 第一，科学为客观的，人生观为主观的。……第二，科学为论理的方法所支配，而人生观则起于直觉。……第三，科学可以以分析方法下手，而人生观则为综合的。……第四，科学为因果律所支配，而人生观则为自由意志的。……第五，科学起于对象之相同现象，而人生观起于人格之单一性。……惟其有此五点，故科学无论如何发达，而人生观问题之解决，决非科学所能为力。⑤

这引起了他的好友、地质学家丁文江的极大反感，旋即撰写《玄学与科学》

---

① 任鸿隽. 说中国无科学之原因. 科学，1915，1 (1).
② 任鸿隽. 何为科学家?. 新青年，1919，6 (3).
③ 同②.
④ 科学，1915，1，(1).
⑤ 张君劢. 人生观//张君劢，等. 科学与人生观. 合肥：黄山书社，2008：33-36.

一文予以反驳：

> 科学的目的是要屏除个人主观的成见——人生观最大的障碍——求人人所能共认的真理。科学的方法是辨别事实的真伪，把真事实取出来详细的分类，然后求他们的秩序关系，想一种最简单明了的话概括他，所以科学的万能，科学的普遍，科学的贯通，不在他的材料，在他的方法。①

显然，一战对欧洲社会的重创使人们开始反思西方科技文明的利弊，梁启超在《欧游心影录》中就曾直言"欧洲人做了一场科学万能的大梦"②。张、丁二人的论争引来一场科学与人生观的论战，丁文江把张君劢之人生观看作西洋的"玄学鬼"与中国阳明心学的融合，故称其为"中外合璧式的玄学"，使这场论战又被后人称为"科玄之争"。

然而，何为人生观？何为科学？这两个概念需得到澄清。

梁启超在《人生观与科学》一文中试图给出较为中肯的定义：

> （一）人类从心界、物界两方面调和结合而成的生活，叫做"人生"。我们悬一种理想来完成这种生活，叫做"人生观"。（物界包含自己的肉体及己身以外的人类，乃至己身所属之社会等等。）
>
> （二）根据经验的事实，分析综合，求出一个近真的公例，以推论同类事物，这种学问叫做"科学"。（应用科学改变出来的物质或建设出来的机关等等，只能谓之"科学的结果"，不能与"科学"本身并为一谈。）③

强调"科学的方法"万能，是丁文江的主要立场，故人生观问题也可用科学方法来解决。但在梁启超看来，科学方法并非万能的，他认为"人生关涉理智方面的事项，绝对要用科学方法来解决；关涉情感方面的事项，绝对的超科学"④。然而梁之看似中立持平的观点，却遭到了"科学派"的批评并被归为"玄学派"理论。

---

① 丁文江. 玄学与科学//张君劢，等. 科学与人生观. 合肥：黄山书社，2008：51.
② 梁启超. 欧游心影录//清华大学国学研究院. 梁启超文存. 南京：江苏人民出版社，2012：5.
③ 梁启超. 人生观与科学//清华大学国学研究院. 梁启超文存. 南京：江苏人民出版社，2012：400.
④ 同③403.

心理学家唐钺（1891—1987）对"科学方法"进行了严格限定："科学方法中所谓试验证明，是极其谨严的。试验时的一切条件，都要受试验者的制裁。就是不能试验的对象，也要用归纳五术等等以排除不相关的事实。"① 虽然并非一切用科学方法的研究都是科学，但科学方法却可用来研究一切，"天地间所有现象，都是科学的材料"②。

另一科学家王星拱（1888—1949）也站了出来。他认为："科学有两个意义：一是广义的，一是狭义的。广义的科学是：凡由科学方法制造出来的，都是科学。……狭义的科学，是指数学、物理学、化学、生物学、地质学等等。"③ 在他看来，科学的构造所凭为"因果之原理"与"齐一之原理"，人生观亦是如此。即使就狭义的科学定义而言，人生的种种现象与数学、物理等科学所研究的对象并无根本不同，也包含这两个原理。王星拱明确表示："科学可以解决人生问题。"④

随着论战的逐渐深入，出现科学的人生观、人生观的科学甚至何为正确人生观的讨论，可谓愈演愈玄。最终，这场论战的结果是科学派凯旋，科学派的人数显然多于玄学派，这也表明在当时，科学已是社会思想文化的主流。

科学派多为留学生，故不仅推崇西方科学文化，还深刻浸染于西方"民主、自由、平等"的价值中，被视为自由主义知识分子。故以其所见，科学方法不仅可解决人生观问题，还可拓展到政治领域中来。

1922年5月，胡适、丁文江、蔡元培等知识分子创办《努力周报》，刊物第2期刊登出一篇由胡适主笔的《我们的政治主张》。该文认为中国社会之所以败坏到如今地步，"好人自命清高"是一个重要原因。所谓好人是指社会的优秀分子，政治改革的最低限度目标应是建立一个"好政府"，确切说是"好人政府"。政治改革的原则有三个："宪政的政府"、"公开的政府"与"有计划的政治"。⑤ 文章公布后引起社会巨大反响，主要的反对意见涉及精英政治及革命与改良的选择问题等方面。

---

① 唐钺. 科学的范围//张君劢，等. 科学与人生观. 合肥：黄山书社，2008：280.
② 同①282.
③ 王星拱. 科学与人生观//张君劢，等. 科学与人生观. 合肥：黄山书社，2008：269-270.
④ 同③278.
⑤ 我们的政治主张. 努力周报，1922（2）.

显然，胡适对中国政治的基本取向是提倡逐步改良。文中提到主张南北问题通过议和解决，但也并未彻底否定革命手段。他在回复关于革命与改良的意见时明确说道："可改良的，不妨先从改良下手，一点一滴的改良他。太坏了不能改良的，或是恶势力偏不容纳这种一点一滴的改良的，那就有取革命手段的必要了。"① 胡适是一个实验主义者，他曾明确表示："我谈政治只是实行我的实验主义。……实验主义注重在具体的事实与问题，故不承认根本的解决。他只承认那一点一滴做到的进步。"② 这种自由主义的政治思想显然不支持彻底的革命，但确把实验主义作为一种科学方法来指导政治改革。

与胡适的"好政府"主张针锋相对的是新成立的中国共产党的主张。《中国共产党第一次对于时局的主张》一文正式回应胡适等人道："民主政治当然由民主派掌握政权，但所谓民主派掌握政权，决不是在封建的军阀势力之下，选一个民主派人物做总统或是选几个民主派的人物组织内阁的意思，乃是由一个能建设新的政治组织应付世界的新环境之民主党或宗旨相近的数个党派之联合，用革命的手段完全打倒非民主的反动派官僚军阀，来掌握政权的意思。……好政府主义者诸君呵！……你们这种妥协的和平主义，小资产阶级的和平主义……军阀势力之下能实现你们所谓好政府的涵义吗？"③

胡适虽不满并且不理解其主张被冠以小资产阶级的和平主义之名，但整体而言，他认为中国共产党的主张与自由主义者的主张是可以相通的："他们和我们的区别只在步骤先后的问题：我们重在'现在'的最低限度的要求，故事事只从'现在第一步'着手。"他还表示，"如果我们的最低限度做不到时，你们的理想主张也决不能实现"④。胡适自称其主张为"新自由主义"或"自由的社会主义"。⑤

此时，中国共产党并非唯一代表社会主义立场者，热衷社会主义的中国知识界中有不同派别。梁启超欧游归来后鼓吹："讲到国民生计上，社会主义自然是现代最有价值的学说。……但我的意见，提倡这主义，精神和方法不可并为

---

① 胡适. 关于《我们的政治主张》的讨论. 努力周报，1922（4）.
② 胡适. 我的歧路//欧阳哲生. 胡适文集（3）. 北京：北京大学出版社，1998：364.
③ 中国共产党第一次对于时局的主张（1922年6月15日）//中共中央党校党史教研室. 中共党史参考资料（一）. 北京：人民出版社，1979：333-339.
④ 胡适. 这一周//欧阳哲生. 胡适文集（3）. 北京：北京大学出版社，1998：414.
⑤ 胡适. 欧游道中寄书//胡适文存：三集：卷一. 合肥：黄山书社，1996：43.

一谈。精神是绝对要采用的,这种精神不是外来,原是我所固有。……讲到实行且慢一步罢。"① 孙中山则直接在《孙文越飞联合宣言》中表示:"孙逸仙博士以为共产组织,甚至苏维埃制度,事实均不能引用于中国,因中国并无使此项共产制度或苏维埃制度可以成功之情况也。……且以为中国最要最急之问题,乃在民国的统一之成功,与完全国家的独立之获得。"② 可见,民主与科学于不同群体存在具体的思想分野,但都是西方科学文化占据社会主导,分歧是寻找怎样的政治改革道路。

3. 科学方法的宣传与普及

在"科玄之争"中,"科学派"以"科学方法"为西方科学文明的硬核。杜威来华讲学极大推动了科学方法在中国的宣传。杜威哲学的基本观念是:基本经验即是生活,生活即是应付环境,应付环境的工具是知识思想。杜威将思想的过程分为五步:"(一)疑难的境地;(二)指定疑难之点究竟在什么地方;(三)假定种种解决疑难的方法;(四)把每种假定所涵的结果,一一想出来,看哪一个假定能够解决这个困难;(五)证实这种解决使人信用;或证明这种解决的谬误,使人不信用。"③ 胡适将此"五步法"归纳为三个方面:"(一)从具体的事实与境地下手;(二)一切学说理想,一切知识,都只是待证的假设,并非天经地义;(三)一切学说与理想都须用实行来试验过,实验是真理的唯一试金石。"④ 之后,胡适又进一步将杜威的实验主义科学方法概括为:"大胆的假设,小心的求证。"

《科学》《新青年》等杂志是当时自然科学派宣传科学方法的主要阵地。

在《说中国无科学之原因》一文中,科学家任鸿隽直言科学方法对于科学的重要性:"要之科学之本质不在物质,而在方法。今之物质与数千年前之物质无异也,而今有科学,数千年前无科学,则方法之有无为之耳。"⑤

在《科学方法讲义》一文中,任鸿隽提出科学方法之根本为归纳逻辑。科

---

① 梁启超. 梁启超全集:第十卷:欧游心影录. 北京:北京出版社,1999:2984-2985.
② 孙文越飞联合宣言(1923年1月26日)//孙中山. 孙中山全集:第七卷. 北京:中华书局,1985:51-52.
③ 胡适. 实验主义//胡适文存:一集:卷二. 合肥:黄山书社,1996:235.
④ 胡适. 杜威先生与中国//胡适文存:第一集:卷二. 北京:首都经济贸易大学,2013:235.
⑤ 任鸿隽. 说中国无科学之原因. 科学,1915,1(1).

学的方法从搜集事实入手，搜集事实的方法包括观察与试验。接下来是分类，"有了事实之后，我们须得找出这事实中同异之点，然后就其同处，把这事实分类起来"①。分类后，对于简单事实可直接归纳，若事实复杂则进行分析，"分析的意思，是要把一个复杂的现象，分为比较的一个简单的观念"②。分类（分析）后是归纳，"归纳的作用，不是概括所有的事实，作一个简写的公式，是要由特殊以推到普通，由已知以推到未知"③。通过归纳所得到的用来解释事实的未经检验的通则是假说。假说经过若干证明与证实后，就成为学说与定律。

任鸿隽特别强调归纳逻辑优于演绎逻辑，认为"归纳逻辑是由事实的研究，演绎逻辑是形式的敷衍"，"归纳逻辑是步步脚踏实地，演绎逻辑是一面凭空构造"，"归纳逻辑是随时改良进步的，演绎逻辑是一误到底的"④。显然，归纳逻辑与演绎逻辑在当代科学研究中是相辅相成、不可缺一的，这体现出当时知识界希望借西方科学的归纳实证的方法来破除社会上的"玄学"空想之风。

化学家王星拱的《科学方法论》一书是国内第一部科学方法论专著，他在该书中写道："科学方法是什么呢？换一个名字，就可以叫做实质的逻辑。"⑤实质的逻辑就是科学方法。在《什么是科学方法？》一文中，王星拱将科学方法的特点概括为五点。第一，"张本之确切"。科学观察所获得的事实是具有真实性的。第二，"事实之分析"。科学分析是化复杂为明白的过程。第三，"事实之选择"。从事实到假说需要直觉的选择。第四，"推论之合法"。科学推论是抽象概念的推论。第五，"试验之证实"。通过试验来验证推论之合理性。⑥ 这五点概括了自然科学中科学方法的基本内涵。

面对科学与人生观的论战，王星拱出版了《科学概论》一书，表达了对科学与哲学关系的看法，强调科学方法对哲学的重要性："科学是要用科学的方法，哲学也要采取科学的方法，换言之，即具有科学的精神，方能成为哲学。"⑦ 科学方法不仅属于科学，还可以指导哲学，使哲学成为科学之科学。

"科玄之战"的主将、地质学家丁文江在《玄学与科学》一文中说道："我

---

① 任鸿隽. 科学方法讲义. 科学，1919，4（11）.
② 同①.
③ 同①.
④ 同①.
⑤ 王星拱. 科学方法论. 北京：北京大学出版部，1920：6.
⑥ 王星拱. 什么是科学方法?. 新青年，1920，7（5）.
⑦ 王星拱. 科学概论. 武汉：武汉大学出版社，2011：159.

们所谓科学方法，不外将世界上的事实分起类来，求他们的秩序。等到分类秩序弄明白了，我们再想出一句最简单明白的话来，概括这许多事实，这叫做科学的公例。"①

科学方法的普及主要在教育与学术领域。在《新教育是什么》一文中，陈独秀十分重视科学方法于教育的意义，他说："经史子集和科学都是一种教材，我们若是用研究科学的方法研究经史子集，我们便不能说经史子集这种教材绝对的无价值；我们若是用村学究读经史子集的方法习科学，徒然死记几个数理化的公式和一些动植矿物的名称，我们不知道这种教材的价值能比经史子集高得多少？"② 可见，新教育并不在于教材的不同，而在于科学方法的运用，科学方法同样可适用于传统的研究，且能取得更好效果。"新教育的主义和方法都和旧教育完全不同。"③

杜威在华期间曾讨论作为科学的方法即试验的方法与教育间的关系，他认为学校教育变革应坚持试验的方法，通过制订试验计划办学，教师与学校间相互沟通，在精神上形成统一。杜威的弟子陶行知等曾在全国创办"实验学校"，进行杜威教育试验。

1922年新学制（壬戌学制）的制定，可说是杜威试验主义科学方法应用之案例。新学制所依据的标准为："（一）发挥平民教育精神；（二）注意个性之发展；（三）力图教育普及；（四）注重生活教育；（五）多留伸缩余地，以适应地方情形与需要；（六）顾及国民经济力；（七）兼顾旧制，使改革易于着手。"④ 其中，第二条、第五条与第六条都体现了从事实出发的、在试验中发展教育的思想，皆循实验主义的科学方法。

胡适对科学方法在学术上的普及最为热衷，他视科学的本质在于科学方法。他主张"注重事实，服从证验"，并将其应用于语言、文学、历史、哲学等多个领域。胡适在《我的歧路》中明确地说："我这几年的言论文字，只是这一种实验主义的态度在各方面的应用。我的唯一目的是要提倡一种新的思想方法，要提倡一种注重事实，服从证验的思想方法。古文学的推翻，白话文学的提倡，哲

---

① 丁文江. 玄学与科学//张君劢，等. 科学与人生观. 合肥：黄山书社，2008：40.
② 陈独秀. 新教育是什么. 新青年，1921，8（6）.
③ 同②.
④ 璩鑫圭，唐良炎. 中国近代教育史资料汇编：学制演变. 上海：上海教育出版社，1991：977.

学史的研究，《水浒》《红楼梦》的考证，一个'了'字或'们'字的历史，都只是这一个目的。"① 胡适不遗余力地将科学方法应用在"整理国故"等工作上。

相较于人文学者如杜威、胡适等侧重科学方法的传播，并将其应用于教育、文化、社会等诸多领域，自然科学家如任鸿隽、丁文江、王星拱等，则侧重于观察、实验、归纳等科学研究方法的介绍和推广。"从事实出发"是双方在科学方法理解上的共识。伴随科学思想的广泛传播，科学方法曾一度成为科学的代名词。

4. 科学救国与实业兴邦

科学救国的思想与"师夷长技以制夷"的愿景乃是一脉相承的。1905年，康有为在《物质救国论》一文中指出："欧洲百年来最著之效，则有国民学、物质学二者，中国数年来亦知发明国民之义矣，但以一国之强弱论焉。以中国之地位，为救济之方药，则中国之病弱，非有他也，在不知讲物质之学而已。"② 所谓物质之学指实用科学，虽仍偏重于技术，但已正式关注科学之于国家发展的重要性。康有为明确说道："科学实为救国之第一事，宁百事不办，此必不可缺者也。"③

"科学救国"的口号是由留学生正式提出的。1914年，中国科学社创始人之一杨铨在《留学生季报》上发表《科学与中国》一文，开启了科学救国论的思潮。留学美国的杨铨与任鸿隽、赵元任、秉志、胡明复、周仁等人，都以科学为国家富强之根本。在他们所创办的《科学》月刊的发刊词中这样写道："世界强国，其民权国力之发展，必与其学术思想之进步为平行线，而学术荒芜之国无幸焉。"④

这里的学术指的就是科学。然而科学何以能够救国？在这帮留美研习科学的学生眼里，科学可以极大提高人类的物质生活水平，提高人的寿命并改变人类的"智识"，同时科学与道德也有莫大的关系。传统的国粹已使国民"精神形质上皆失其自立之计"，"代兴于神州学术之林，而为芸芸众生所依托命者，其

---

① 胡适. 我的歧路//胡适文存：二集：卷三. 合肥：黄山书社，1996：332.
② 康有为. 物质救国论//汤志钧. 康有为政论集：上册. 北京：中华书局，1981：565.
③ 同②576.
④ 发刊词. 科学，1915，1（1）.

唯科学乎！"① 唯有作为"精密深远之学"的科学才能拯救中国。

中国科学社众成员的科学救国思想与之后的新文化运动对科学与民主的宣扬相契合。物理学家严济慈在谈到五四时说道："我有幸参加了这一伟大的爱国运动，并受到它的熏陶和鼓舞，走上了'科学救国'的道路，一辈子投身于我国的科学技术事业。"② 科学救国的内涵随新文化运动的发展也在不断扩大，科学不仅单纯指自然科学知识，同时更包括科学方法、科学文化、科学精神、科学教育等内涵，还曾出现"理科救国""农业救国"等变种。在科学救国的道路上，有无数海外留学生（以中国科学社的成员为代表）归国后为中国的科教事业做出巨大贡献。

一战后，科学救国的思潮有所变化。大战给欧洲国家带来的是无尽的灾难，"科学万能"的梦想也就此破灭。人们开始怀疑科学乃至整个西方文明本身的合理性。国内曾一度出现"反科学"思潮，"科玄之争"就是在这样的社会背景下产生的。随着科学派在论战中占据上风，中国社会的唯科学主义又随之加强。

伴随民主与科学的深入人心，政治改革的呼声越发响亮，甚至连宣称"二十年不谈政治"的胡适也参与进来。科学救国的思想也进一步深化，杨铨说道："惟有科学与革命合作是救国的一个不二法门……革命家须有科学的知识，科学家须有革命的精神，共同努力去研究社会问题，以及人生一切的切身问题，中国才有救药……"③ 同时，科学救国思潮的发展也促进了马克思主义在中国的传播，李大钊认为："依马氏的说，则以社会基址的经济关系为中心，研究其上层建筑的观念的形态而察其变迁，因为经费［济］关系能如自然科学发见其法则。……自有马氏的唯物史观，才把历史学提到与自然科学同等的地位。"④ 马克思主义的唯物史观被李大钊、陈独秀等人作为"科学"所接受。

与科学救国始终相伴随的是"实业兴邦"的思潮，也被称为"实业救国"。以张謇、孙中山、周学熙（1866—1947）等为代表，试图通过发展实业，建立资本主义经济体系，以挽救民族危机。

---

① 发刊词. 科学, 1915, 1 (1).
② 严济慈. 纪念"五四"话科学//严济慈科技言论集. 上海：上海教育出版社, 1990：375.
③ 杨铨. 杨杏佛文存. 上海：平凡书局, 1929：77.
④ 李大钊. 马克思的历史哲学与理恺尔的历史哲学//李大钊全集：第四卷. 中国李大钊研究会, 编注. 北京：人民出版社, 2006：329.

发展工业是实业兴邦思想的典型体现。张謇说道："世人皆言外洋以商务立国，此皮毛之论也，不知外洋富民强国之本实在于工。"① 张謇提倡"以工立国"，大力发展棉纺织与钢铁工业，创办大生纱厂与资生铁冶公司。其中大生纱厂从1899年建厂到1913年共获净利约540万两，发展成拥有资本200万两和6.7万纱锭的大厂，被认为是一战前华资纱厂中唯一成功的纱厂。与南方实业家张謇合称"南张北周"的周学熙也十分重视工业发展，他先后创办开滦矿务局、启新洋灰公司、华新纺织公司、耀华玻璃公司，成为北方工业巨头。周学熙所创办的启新洋灰公司一度垄断中国水泥市场，是著名的民族现代化工商企业。

与两位实业家相比，孙中山则从国家战略的高度倡导实业兴邦。在工业方面，孙中山十分重视机器工业的发展，他认为："中国今尚用手工为生产，未入工业革命之第一步，比之欧美已临第二革命者有殊。故于中国两种革命必须同时并举，既废手工采机器，又统一而国有之。于斯际中国正需机器，以营其巨大之农业，以出其丰富之矿产，以建其无数之工厂，以扩张其运输，以发展其公用事业。"② 孙中山同时还十分重视交通运输的发展，认为这是发展实业的首要事务。

实业教育是实业兴邦的重要组成部分，是"实业救国"与"教育救国"的结合。张謇、孙中山、黄炎培、任鸿隽等认为教育与实业两者相辅相成且不可偏废。在"状元实业家"张謇看来，"世界今日之竞争，农工商业之竞争也。农工商业之竞争，学问之竞争，实践责任合群阅历能力之竞争也"③。学问之所得，需通过教育来实现。"实业、教育，富强之大本也"④，同时教育的发展也离不开实业，"教育必资于经费，经费惟取诸实业，所谓实业为教育之母是也"⑤。张謇创办了中国第一所纺织专业学校，开中国纺织高等教育之先河。

任鸿隽对实业教育进行了分类，包括："专门教育"、"商业教育"、"农业教育"、"工业教育"和"室家教育"。他强调高等实业教育优先发展，因"唯

---

① 张謇. 代鄂督条陈立国自强疏//张怡祖. 张季子（謇）九录：政闻录：卷一. 台北：文海出版社，1983：39.
② 孙中山. 建国方略·实业计划//孙中山. 孙中山全集：第六卷. 3版. 北京：中华书局，2011：250-251.
③ 张謇. 张謇全集：第四卷. 南京：江苏古籍出版社，1994：157.
④ 同③22.
⑤ 张謇. 张謇全集：第一卷. 南京：江苏古籍出版社，1994：599.

以高等实业教育发达，而后实业乃能发达，实业发达，而后中初等实业可得而言"①。

在孙中山看来，解决中国实业发展中的人才问题，"则有两法焉：一为多开学堂，多派留学（生）到各国之科学专门校肄业，毕业而后，再入各种工厂练习数年，必使所学能升堂入室，回国能独当一面以经营实业……二为广罗各国之实业人才为我经营创造也"②。发展实业需要专门人才，而当时的实业学校普遍办学质量差，不能满足民族工业发展的需求，黄炎培正是在此基础上倡导职业教育，倡导直接培养实业人才以供工厂企业需要。

科学救国在一定程度上有助于实业兴邦。科学救国强调科学技术的发展，而科学技术是发展实业如化学工业的必要前提。同时，科学教育也是实业教育的重要组成部分之一。

三、科教体制转换的五味杂陈

此时，科教体制转型的重点之一是现代教育机构——大学体制的转换。其建设与发展并非只有一途，存在政府主导建设、教会学校改革与个人投资办学三条发展进路。同时，由外国基金创立的中华教育文化基金董事会，为科技与教育事业、为文化事业的评估和资源分配的现代化提供了有力支持。

1. 政府主导的科教新设置

在政府主导的新的科教设置中，北京大学最为典型，其是全国高等教育发展改革的"试验场"。1912年前，整个中国并没有完整的高等教育政策，而作为高等教育核心的科学教育更是无章可循。南京临时政府成立后，意识到国家建设离不开高等教育，遂着手发展。1912年1月9日，南京临时政府教育部成立，蔡元培担任教育总长。蔡元培的兴趣偏于高等教育，据其自述："一九一二年，我长教育部，对于大学有特别注意的几点：第一，大学设法、商等科的，必设文科；设医、农、工等科的，必设理科。第二，大学应设大学院（即今研

---

① 任鸿隽. 实业教育观. 科学，1917，3 (6).
② 孙中山. 中国实业如何能发展//孙中山. 孙中山全集：第五卷. 3版. 北京：中华书局，2011：134.

究院），为教授、留校的毕业生与高级学生研究的机关。"①

7月10日，全国临时教育会议在北京召开，高等教育正式被纳入国家科教体制中。在此次会议的基础上，10月24日，北洋政府教育部颁布《大学令》，第一条就是："大学以教授高深学问，养成硕学闳材，应国家需要为宗旨。"② 同时，《大学令》还规定大学学科教育分为文科、理科、法科、商科、医科、农科、工科，并以文、理两科为主，且"须合于下列各款之一，方得名为大学：一、文、理二科并设者；二、文科兼法、商二科者；三、理科兼医、农、工三科或二科或一科者。"③ 大学教育自此步入体制化阶段，科学教育也随之步入正轨。

1912年5月3日，京师大学堂改名为国立北京大学，严复担任校长。作为自1912年至1916年间唯一一所教育部直属的国立大学，北京大学并未取得预想的发展，甚至一度出现停办危机。蔡元培与严复先后分别辞去教育总长与北大校长之职，而之后北大校长的频繁更换也未能扭转校园颓势。

北京大学得以焕然一新的转折点是蔡元培就任校长一职。1916年6月，袁世凯称帝败亡，9月1日，正在法国留学的蔡元培收到时任北洋政府教育总长范源廉的电报："国事渐平，教育宜急。现以首都最高学府，尤赖大贤主宰，师表群伦。"④ 蔡元培虽曾犹豫片刻，最终还是以"我不入地狱谁入地狱"的心态毅然赴任。12月26日，总统黎元洪下令任命蔡元培为北京大学校长。1917年1月4日，蔡元培正式就职。学贯中西的蔡元培可谓众望所归，"蔡氏为我国教育大家，海内宗仰久矣，今以曾任教育总长之资望，屈尊而为大学校校长，政府之重视大学，于此亦可概见一斑"⑤。

在范源廉的支持下，手握巨大行政权的蔡元培大刀阔斧地改造北大。在建设现代化大学方面，蔡元培深受19世纪初建立柏林大学的洪堡（Wilhelm von Humboldt）和柏林大学的若干学者的影响。⑥ 他提高教学人员的质量，聘请教师只依据其学术能力，而不论其思想、派别、年龄、资历、国籍等。梁漱溟当年

---

① 蔡元培. 蔡元培自述. 传记文学，1967，10（1）.
② 璩鑫圭，唐良炎. 中国近代教育史资料汇编：学制演变. 上海：上海教育出版社，2007：663.
③ 同②.
④ 欧阳哲生，等. 范源廉集. 长沙：湖南教育出版社，2010：337.
⑤ 北京大学校之沿革. 东方杂志，1917，14（4）.
⑥ 罗家伦. 蔡元培先生与北京大学//逝者如斯集. 北京：中华书局，2014：47.

报考北大落选，但因其在佛学上的独到见解被聘入北京大学的印度哲学教席，胡适更是26岁便成为北大教授。蔡元培着力培养自由研究的学风，"循思想自由原则，取兼容并包主义……无论为何种学派，苟其言之成理，持之有故，尚不达自然淘汰之命运者，虽彼此相反，而悉听其自由发展"①；努力纠正学生的错误观念，指出"大学生当以研究学术为天责，不当以大学为升官发财之阶梯"②；鼓励学校社团和刊物的创办；组织评议会，实行教授治校；改年级制为选科制；1920年，更是首开公立大学男女同校之先河。

为促进科学教育，蔡元培对北大学科进行了结构改造。

首先是改革大学中的预科。蔡元培在担任教育总长时，曾因各省高等学堂程度参差不齐，故改为各大学直接的预科。但是，"预科受了教会的影响，完全偏重英语及体育两方面，其他科学比较落后，毕业后若直升本科，则发生困难"③，且预科一度呈独立状态，蔡元培又将预科并入本科的教学管理中。1917年9月27日，教育部公布《修正大学令》，正式规定："大学预科须附设于大学，不得独立。"④

其次是区别"学"与"术"。蔡元培认为，"文理两科是农工、医药、法商等应用科学的基础，而这些应用科学的研究时期仍然要归到文理两科来"⑤，因此文理为"学"而其他应用科学为"术"，以往都是"轻学而重术"。完整大学可"学""术"兼办，但也可模仿德、法等国，有只办文理两科的本科大学和只办应用科学的专科大学，以区分"学"与"术"。这一想法在《修正大学令》中也有一定体现："其但设一科者称为某科大学。"⑥

当时的北大，因经费与校舍的实际情况很难实现各科并设，蔡元培将工科并入北洋大学，把商科并入法科并曾构想将法科独立为专科大学。虽主张"学""术"相分，蔡元培又强调文理沟通。在他看来，文理分科的弊端是："文科之史学、文学，均与科学有关，而哲学则全以自然科学为基础，乃文科学生，因与理科隔绝之故，直视自然科学为无用，遂不免流于空疏。理科各学，均与哲

---

① 蔡元培. 致《公言报》函并答林琴南函. 北京大学日刊，1919-03-21.
② 蔡元培. 蔡元培自述. 传记文学，1967，10（1）.
③ 同②.
④ 璩鑫圭，唐良炎. 中国近代教育史资料汇编：学制演变. 上海：上海教育出版社，2007：830.
⑤ 同②.
⑥ 同④829.

学有关，自然哲学，尤为自然科学之归宿，乃理科学生，以与文科隔绝之故，遂视哲学为无用，而陷于机械的世界观。"① 所以应将文理合为一科。经校长会议与教育调查会的赞成，由北京大学试办。1919 年，北京大学废科，将原科下的门改为系，共分 14 系，废学长，设系主任。

除对学科结构进行改造，蔡元培还创办了各科研究所。1917 年底，蔡元培在文、理、法三科中设立了 9 个研究所，分别为国文门研究所、英文门研究所、哲学门研究所、数学门研究所、物理门研究所、化学门研究所、法律门研究所、政治门研究所、经济门研究所。1920 年 7 月，蔡元培将原有的 9 个研究所整合为 4 个，分别为国学研究所、外国文学研究所、社会科学研究所、自然科学研究所。《研究所章程》规定："研究所仿德、美两国大学之 Seminar 办法，为专攻一种专门知识之所。"② 研究所的创立使得北京大学能够承担超出本科课程的后续研究，自然科学研究所的创立更是直接推动了科学教育的发展。1921 年 11 月，校评议会通过《北大研究所组织大纲提案》，其中规定："本校为预备将来设大学院起见，设立研究所，为毕业生继续研究专门学术之所。"③

高等教育尤其是高等科学教育与国家建设息息相关。在北洋政府时期，蔡元培的一系列改革使北京大学一跃成为当时中国高校建设的标杆。北京大学高举"科学"的旗帜，正如蔡元培所言："果要发展新文化，尤不可不于科学的发展，特别注意呵！"④ 科学教育成为国家教育体制中不可或缺的一部分。

2. 教会学校和医院的扩展与改进

民国时期的教会学校和医院得到极大的扩展与改进，为科学教育的发展做出了重要贡献。教会学校的最大变化是科学教育与宗教教育的逐渐分离。早期教会学校的主要目的是传教，知识教育仅是附属品。就早期教会学校而言，科学教育本身是以宗教为基的，正如狄考文所言：

> 所有伟大的科学发现都是由上帝恩赐给基督教国家的，当上帝凭借圣

---

① 蔡元培. 传略：上//蔡元培. 蔡元培全集：第三卷. 高平叔，编. 北京：中华书局，1984：331.
② 蔡元培. 蔡元培全集：第三卷. 高平叔，编. 北京：中华书局，1984：439.
③ 蔡元培. 蔡元培全集：第四卷. 高平叔，编. 北京：中华书局，1984：134.
④ 蔡元培. 三十五年来中国之新文化//蔡元培. 蔡元培全集：第六卷. 高平叔，编. 北京：中华书局，1984：91.

灵唤醒教会从事前所未有的使世界基督教化的伟大工作时，情况也是如此。所有科学都属于教会，这是合乎情理的，它是上帝特别赋予教会去打开异教邪说的大门的工具和争取人们信仰福音的手段。中国人把近代科学的发展看作近乎奇迹，惊叹不已。因此，我认为基督教传教士不仅有权开办学校，教授科学，而且这也是上帝赋予他们的使命。①

1905年科举考试废除后，教会大学纷纷建立，申请入学的人数曾一度多到学校无法接收，传教士已无法为每一个毕业生提供进入教会工作的机会。传教士中的教育工作者认为有必要增设文理课程以进行全面教育，提高学术水平。这些教会大学逐渐强调学校的教育目的，并尝试使西方科技文明融入中国文化当中，但传教仍是重要目的之一，发展教育能更好地服务于宗教目的。燕京大学校长司徒雷登曾明确表示其创办大学的任务为："传播基督教；提高科学水平，开设专业课程；增进同中国的关系，增进各国之间的了解和友谊；开辟经费来源和筹办物资设备。"②

随着中国对现代教育尤其是科学教育的需求不断增长，教会学校的科教设置也相应扩展与改进。尽管当时的中国政局混乱，但政府对教育仍较为重视，从1902年的"壬寅学制"到1912年的"壬子学制"再到1922年的"壬戌学制"，不断紧跟国外先进教育体制的步伐，这给教会学校以很大压力，促使教会学校提高学术水平。许多原本不是大学的教会学校试图改为大学，有的教会学校则通过联合建立新的教会大学以壮大自身。

1916年成立的燕京大学是由北京汇文大学、通州华北协和大学、北京华北协和女子大学与华北协和神学院四所教会学校合并而成的。1900年前还未有教会学校能达到大学教育水平，而1922年中国可正式被称为大学或学院的教会学校已多达15所，分别是山东基督教大学、圣约翰大学、东吴大学、金陵大学、金陵女子大学、震旦大学、沪江大学、福建协和大学、之江大学、华南女子文理学院、文华大学、雅礼大学、华西协合大学、岭南大学、汇文大学。③ 值得注意的是，与同时期的国立大学、私立大学相比，教会大学一直走在女子教育的

---

① 狄考文.基督教会与教育的关系//陈学恂.中国近代教育史教学参考资料：下册.北京：人民教育出版社，1987：5-6.
② 约翰·司徒雷登.在华五十年.程宗家，译.北京：北京出版社，1982：61.
③ 杰西·格·卢茨.中国教会大学史（1850—1950）.曾钜生，译.浙江：浙江教育出版社，1987：506-509.

前列，培养出一大批女科学家、教育家。1926 年毕业于金陵女子大学的鲁桂珍成为科学技术史专家，与李约瑟结为伉俪。

科学教育在教会大学中迅速发展起来。1914 年，金陵大学率先设置农科，促进了中国农学教育的发展。1919 年，圣约翰大学形成了七大类学科群，其中文科类包括近世方言部、社会科学部、英文文学部、哲学与教育学部、宗教学部，理科类包括数理科学部与天然科学部。① 1922 年，燕京大学设立社会学系。教会大学不断完善学科设置，涵盖自然科学与社会科学中的多个学科领域。同时，教会大学对图书馆与实验设备有相当数量的经费投入，推动了科学教育的发展。教会大学培养出一大批科学家、教育家，如孙学悟、陆志韦、侯宝璋、薛愚等。

教会学校的重要贡献领域之一是医学。清末建立的教会医校，在民国之后多数扩充为医学院，成为中国医学教育的先驱。北京协和医学院于 1915 年由洛克菲勒基金会接办后，不再是教会学校，但其出色的医学研究水平促进了其他教会大学提高自己的医学教育质量。山东基督教大学、圣约翰大学、华西协合大学等也都设立医学院。教会大学医学院的经费主要来源是教会拨款与私人捐款。1917—1935 年，齐鲁大学医学院的主要收入就是来自洛克菲勒基金会的捐款。当然，部分教会学校的医学院在初期也曾面临经费不足、师资短缺等问题，但通过顽强努力仍在中国医学发展上成果不俗。华西协合大学医学院曾在1920 年首次在中国开设了现代牙科的大学课程，在多个领域比肩西方医学院水平，其创办的《华西牙医学杂志》发行海内外，影响颇大，就连蒋介石的假牙也是在此医学院安装的。山东医学院开办了一所麻风医院，一所儿童诊疗所，并进行有关黑热病和其他寄生虫引起的传染病的研究。②

新文化运动以后，知识界开始以民族主义与科学的名义对享有一定政治特权的教会学校特别是教会大学展开抨击。1922 年到 1927 年间持续发生的非基督教运动与收回教育权利运动，对教会大学产生了极大冲击。1922 年，世界基督教学生同盟在北京举行第 11 届大会，激起了全国性的反基督教学生运动。

---

① 圣约翰大学章程汇录（1919.9—1920.7）//熊月之，周武. 圣约翰大学史. 上海：上海人民出版社，2007：128-33.

② 杰西·格·卢茨. 中国教会大学史（1850—1950）. 曾钜生，译. 浙江：浙江教育出版社，1987：140.

1925年，胡适在一次讲话中对教会教育提出两个疑问："第一，教会教育能不能集中一切财力人力来办极少数真正超等出色的学校，而不去办那许多中等下等的学校？第二，教会学校能不能抛弃传教而专办教育？"① 面对一系列反宗教与反基督教运动，不同教会大学有不同的反应。圣约翰大学校长卜舫济一直禁止学生参加相关爱国运动，一度导致大量学生退学。燕京大学校长司徒雷登则对学生运动持同情态度，不强迫学生信教和参与宗教仪式，1923 年，燕京大学更是率先将宗教必修课改为一门，1925 年将其改为选修课。岭南大学与东吴大学也相继效仿并分别于 1925 年与 1926 年将宗教课程改为选修课。

收回教育权利运动直接针对教会学校。早在 1921 年 7 月，少年中国学会就在南京提出了"反对丧失民族性的教会教育"的口号，示威活动也一直不断。1924 年，广州圣三一中学的学生因不满校长（英籍）阻碍其组织学生会，罢课抗争，反对"奴化"教育，这场学潮很快在全国扩展开来，引发了教会学校学潮与收回教育权的运动。对于这场运动，广州国民政府予以积极支持。

1925 年 9 月，刚刚成立两个月的广州国民政府召开收回教育权的会议。11 月，北洋政府教育部也颁布《外人捐资设立学校请求认可办法》，限制教会学校的创办。1926 年国民党二大通过《青年运动报告决议案》，明确表示："一切反基督教运动，应站在反帝国主义的观点上与教会学校学生联合，不应站在反对宗教的观点上与教会学生分离。在国民政府势力范围内尤应积极设法收回教育权。"② 同年 10 月，广州国民政府教育行政委员会相继颁布《私立学校规程》及《学校立案规程》，在《私立学校规程》中更是明确规定，禁止外国人当校长、禁止以宗教课程为必修课等。武汉国民政府时期，对教会学校施以更强大的政治压力。北伐战争期间，岭南大学、圣约翰大学、震旦大学、东吴大学、金陵大学、同济大学等相继被国人收回办理。1927 年，陈裕光（1893—1989）担任金陵大学校长，成为第一位担任教会大学校长的中国人。随后其他教会大学校长也纷纷改由中国人担任，包括 1928 年钟荣光（1866—1942）担任岭南大学校长、1929 年吴雷川（1870—1944）担任燕京大学校长等。此后，教会学校逐渐转型，强调包括科学知识在内的知识教育，而非宗教教育，教会大

---

① 胡适. 今日教会教育的难关//欧阳哲生. 胡适文集（4）. 北京：北京大学出版社，1998：638.

② 荣盛源. 中国国民党历次代表大会及中央全会资料. 北京：光明日报出版社，1985：133.

学融入中国的科学教育体制中。

3. 私立学校的兴起与海归办学

私立学校的兴起是科教体制化的一股重要力量，以教育家张伯苓创办的南开大学为代表。司徒雷登曾称张伯苓为"中国近代教育的拓荒者"。1898 年，"弃武从文"的张伯苓受严修（1860—1929）之聘来到天津"严氏家馆"任教，教授西学知识。面对 19 世纪末 20 世纪初的留日热潮，张伯苓与严修于 1904 年共赴日本考察教育，回国后在严氏家馆的基础上创办了南开中学。后又依靠民间集资，创办了南开女中与南开小学，南开学校教育集团开始成长起来。

南开学校在初创时期十分重视科学，张伯苓本人回忆说："我国科学不发达，物质文明远不如人。故苓当办学之初，即竭力倡导科学。……今者科学与国防建设发生密切之关系，无科学无国防，无国防无国家，愈见提倡科学之重要。"① 之后，张伯苓曾尝试办高等教育，但都以失败告终。1917 年张伯苓远赴哥伦比亚大学师范学院研究教育，并考察美国国内私立大学教育组织情况，次年回国，即着手筹办南开大学。1919 年 9 月，在"南开洼"的八百亩围塘之上，南开大学建成开学。第一批学生 96 人，周恩来也在其中。南开大学成立之初是私立大学，办一所现代大学，所需经费庞大，没有政府拨款，只能依靠社会捐赠维持学校，每年几万块钱的亏损使南开大学曾一度停办。但是，"南开南开，越难越开"，张伯苓等人四面筹款，避免了南开大学像同时期其他私立大学那样倒闭。

张伯苓在初创南开大学时，坚持"文以治国""理以强国""商以富国"，先设立文科、理科、商科，而工科置后（与经济情况有关）。20 世纪 20 年代末，面临国立大学的冲击与民族经济发展的需要，南开大学转变发展战略，以发展大学教育的社会应用性为主。1928 年，张伯苓制定《南开大学发展方案》，提出大学教育的要务是"土货化"，强调科学教育服务中国，张伯苓认为：

> 大学学术恒以西洋历史和西洋社会为背景，全校精神，几以解决西洋问题为目标。就社会科学论之，此中弊端，可不言而知。社会科学，根本必以某具体社会为背景，无所谓古今中外通用之原则。………自然科学稍

---

① 张伯苓. 四十年南开学校之回顾//陈平原，等. 民国大学：遥想大学当年. 北京：东方出版社，2012：42.

异,然亦不能谓洋货均能适用,更不宜谓中国应永久仰给于洋货,地理、地质、气候、生物诸学,无不对环境而立。中国人欲利用中国之天然环境,非有土产的科学不为功。此就科学之实用而言。但实用科学,倘无锐进的理论科学为后盾,其结果不异堵源而求流;且今日国人思想之急需,莫过于科学精神与方法,故吾人可断定,中国大学教育,目前之要务即"土货化"。……是故"土货化"者,非所谓东方精神文化,乃关于中国问题之科学知识,乃至中国问题之科学人才。吾人为新南开所抱之志愿,不外"知中国""服务中国"二语。①

为实现"知中国""服务中国"的目标,南开大学进行了一系列改革。在课程教学方面,改革教学方法与内容,重视通识教育,加强理论与社会的联系,提高学生的实际动手能力,发展社会调查与实践活动。在学科建设方面,1930年,南开大学依国民政府教育部规定,将文、理、商三科改为文学院、理学院、商学院。同时发展工科,在理学院增设电机工程学系,并于之后创设化学工程学系。南开大学还设立了关于社会实际问题研究的机构。1927年,张伯苓在南开大学创办了中国第一个经济研究所,其对农村经济的研究开中国经济学之先河。同年,他还创设了东北研究会,对东北问题进行相关研究。1932年,张伯苓创立应用化学研究所,为推进科学技术的产业转化做出巨大贡献。全面抗战前夕,南开大学已是拥有3个学院、12个系和2个研究所的高等学校,学生429人,教职员110余人。②除坚持社会化、实业化的办学路线,张伯苓还关注学生的全面发展,倡导体育运动,被誉为"中国近代体育之父"。南开大学为国家培养了一批高端人才,1948年推选首届中央研究院院士,南开大学就占了全国的八分之一。

另一所著名的私立大学厦门大学,是在归国华侨陈嘉庚(1874—1961)的支持下于1921年建立的。1890年,十七岁的陈嘉庚随父到新加坡经商。1910年,他经营了包括米店、菠萝罐头厂、橡胶园等在内的多个企业,拥有资产45万元,为之后发展实业、兴办教育奠定了经济基础。1913年他在家乡创办了集美小学。一战期间,陈嘉庚所经营的航运和橡胶业都有较好发展。1919年,

---

① 南开大学发展方案(1928年)//王文俊,等. 南开大学校史资料选(1919—1949). 天津:南开大学出版社,1989:38-39.
② 梁吉生. 允公允能 日新月异——南开大学校长张伯苓. 济南:山东教育出版社,2003.

他更是将其在南洋所有不动产捐作集美小学的永远基业。① 据陈嘉庚回忆:"民国八年夏余回梓,念邻省如广东、江、浙公私大学林立,医学校亦不少,闽省千余万人,公私立大学未有一所,不但专门人才短少,而中等教师亦无处可造就,乃决意倡办厦门大学。"② 1921—1937 年,林文庆(1869—1957)担任厦门大学校长。

1921 年 7 月,厦门大学在厦门、福州、上海、北京、广州、新加坡与马尼拉等七处同时招生。1928 年,国民政府大学院认定私立厦门大学基金充足、成绩甚佳,各种设备也极为完善,放之他处,有过之而无不及。厦门大学因此先于当时其他私立大学获得政府"立案"。1929—1933 年,因经济危机,陈嘉庚的企业被迫停业,他变卖家产但最终仍无力维持厦门大学,遂将厦门大学无条件交予国民政府,1937 年 7 月改为国立厦门大学。

《私立厦门大学校旨》中规定:"本大学之主要目的,在博集东西各国之学术及其精神,以研究一切现象之底蕴与功用;同时并阐发中国固有学艺之美质,使之融会贯通,成为一种最新最完善之文化。"③ 林文庆出身爱丁堡大学医学专业,受过系统的西方科学训练,因而深知科学的重要性,在他看来:"中国文化不进的重要缘故是科学不发达,我们要想使中国与欧美各国并驾齐驱,则非从科学上下手不可,生物亦为科学之一,与人生有最密切的关系,希望我们学科学的人,格外努力,庶几国家才会强盛,文化才得发达。"④

林文庆任校长期间,厦门大学已被公认为以理科见长的国内大学之一。厦门大学的生物学研究领先于国内。1921 年陈嘉庚初创厦门大学时,就兴办生物海洋学科以开发祖国山海资源。1922 年,设立植物、动物两科。自 1930 年起,厦门大学与中华教育文化基金董事会合作,连续举办了四届"暑期生物研究会",使全国生物学领域专家得以汇聚一堂,有力推动了中国生物学的发展。厦门大学在初创时就开设了化学课程,1923 年正式建系。"独是师资一项,最为无上第一要切。"厦门大学在自然科学领域师资阵容强大,物理学家胡刚复、数学家姜立夫、生物学家秉志和钱崇澍、化学家刘树杞、天文学家余青松等纷纷在

---

① 王增炳,余纲. 陈嘉庚兴学记. 福州:福建教育出版社,1981:3.
② 陈嘉庚. 南侨回忆录. 长沙:岳麓书社,1998:14.
③ 厦门大学八周年纪念特刊·校旨//校史编写组. 私立时期的厦门大学:第一辑. 1986:15.
④ 林文庆. 科学在现代文化上的地位. 厦大周刊,1933,(327).

列。厦门大学的社会科学实力也颇强大。1926年创办国学研究院，聘请了包括鲁迅、林语堂等在内的一大批知名学者教授，主张以现代科学方法整理中国传统文化，提出研究国学"必得地质学、人类学、考古学、古生物学等等作为参考"。厦门大学的教育学科也在国内领先，附设的心理实验室及仪器设备当属先进，还附设实验小学并开展教学实验，成为国内教育界重镇。1930年，厦门大学已有文、理、法、商、教育5个学院，设17个系。私立大学的科学教育体制也已逐渐完善。

4. 中华教育文化基金董事会

1908年美国政府向中国政府退还了部分庚子赔款，中国政府借助这笔款项创办了游美学务处与清华学堂，大批中国学生得以赴美留学。1924年5月，美国国会通过联合决议，将庚子赔款的剩余款项（约12 545 000美元）归还中国政府，用以发展教育文化事业。中美两国政府达成协议，将这笔款项交予一基金会掌管，1925年，中华教育文化基金董事会（简称中华基金会）在北京一所先前的亲王府内正式成立。不同于传统中国的官僚运作模式，基金会力求"中政府不能过问，美政府不能过问，全国之教育学术团体亦复不能过问"[1] 的独立运行模式，通过对权力的严格把控使基金运用最大化，可谓是现代科教体制的新模式。

第一任董事会中共有10名中国人，包括政治家颜惠庆、顾维钧、施肇基，教育家张伯苓、郭秉文、蒋梦麟、范源廉、黄炎培、周诒春，科学家：丁文江；5名美国人，孟禄（美国教育学家）、杜威（美国哲学家、教育学家）、贝克（J. E. Baker，中国华洋义赈会会长）、贝纳德（C. R. Bennett，基金存款银行花旗银行北京分行行长）、顾临（R. S. Green，洛克菲勒基金会所资助之北京协和医院院长）。

中华基金会成立前夕，还曾有一段小风波。美国政府通过庚款退还案前后，日本、俄国、英国也都相继决定退还庚子赔款于中国，面对将得到的大批退款，国内就庚子赔款的用途一度产生争执，以吴佩孚为首的军阀希望利用赔款修筑铁路，教育界人士力主用来发展教育事业，甚至为保证退款用作教育经费，分期拜访各国驻华大使，希望在外交方面获得支持。[2] 最终这笔巨款被用来成立中

---

[1] 全国教联会消息. 申报，1924-10-28.
[2] 各国退还庚子赔款用途之争执. 东方杂志，1924，12（15）.

华基金会，发展教育文化事业。

1924年9月18日，中华基金会第一次会议在外交部大楼召开，会上明确了庚款的应用方向与教育文化的范围：

> 兹决议美国所退还之赔款委托于中华教育文化基金董事会，管理者应用以：（1）发展科学知识及此项知识适于中国情形之应用，其道在增进技术教育、科学之研究、试验与表证及科学教学法之训练。（2）促进有永久性质之文化事业如图书馆之类。①

显然，此决议表明中华教育文化基金董事会一称中的"教育"事业就是指科学事业。中华基金会事实上也促进了中国科学研究与科学教育事业的发展。基金会接受任鸿隽的意见，在随后颁布的《中华教育文化基金董事会分配款项之补充原则》中明确将教育事业限定为科学研究、科学应用与科学教育。其中，科学研究分物理、化学、生物学、地学、天文现象学五方面，科学教育包含科学教学与教育之科学的研究。文化事业则限定为图书馆。②

促进科学研究事业发展方面，中华基金会首先从两方面着手：人才与设备。③ 人才方面，中华基金会设置了研究教授席与科学研究补助金及奖励金。所谓研究教授席，就是中华基金会聘请一批国内一流学者，提供一流设备以供其专门从事科研。1930年开始设置，各教席的每届任期为1—5年，可续聘，但一般都长期担任，先后获得此席的有翁文灏（地质学，实业部地质研究所）、李济（考古学，中央研究院历史语言研究所）、秉志（动物学，中国科学社生物研究所）、庄长恭（化学，中央研究院化学研究所）、陈焕镛（植物学，中山大学植物研究所）等研究教授。科学研究补助金用来资助研究，奖励金用来表彰科学贡献。设备方面，中华基金会在多个学校设立科学讲座，并为相关机构提供设备费。北京大学自蔡元培改革后一直致力于发展理科，但因缺乏经费，未能取得良好进展，中华基金会成立后大力资助北大，自1926年起连续3年给予北大物理系补助共计3万元，用以购置仪器设备。④ 南京大学、中央大学等高校也都曾得到中华基金会的资助。

---

① 中华教育文化基金董事会第一次总报告. 外交公报，1926（63）.
② 中华教育文化基金董事会分配款项之补充原则. 1926年2月.
③ 任鸿隽. 十年来中基会事业的回顾. 东方杂志，1935，32（7）.
④ 中华教育文化基金会第四次报告. 南京图书馆古籍部藏，1929年12月.

中华基金会的政策曾一度向北大倾斜，引发争论。1930 年，蒋梦麟出任北京大学校长，但始终面临经费不足的问题而无力改革。1931 年，在第五次中华基金会常会上，顾临提出基金会与北大的"合作特款"，简单来说，合作特款不在补助费用之列，而是相当于基金会在与北大"合办事业"，3 月，《北京大学与中华教育文化基金董事会合作研究特款办法》推出，其中规定："（1）设立北大研究教授；（2）扩充北大图书仪器及他种相应的设备；（3）设立北大助学金及奖学金。"①

规定一出，立刻引来争论，那时，经费对于高等教育的发展至关重要，北大的教育文化事业因这额外经费而得到特别大的发展，直到 1939 年庚款停付前，北大每年都能获得稳定的专款补助。在基金会看来，北大本身就是全国高等教育的领军高校，获得此款后则是如虎添翼，可做众高校之榜样。亦有人质疑基金会是在打"人情牌"，北大派掌控基金会（蒋梦麟、胡适皆为基金会董事）等。时任干事任鸿隽明确表示集中财力是基金会的"主要政策"，合作特款恰是"以有限之财力，谋最大最良的效果"。

对专业研究机构的资助也是中华基金会的重点工作之一。基金会于 1930—1932 年拨款 10 万元资助农矿部地质研究所进行全国土壤调查并创办土壤研究室。中华基金会还大力资助中国第一个生物学研究机构——中国科学社生物研究所，使其能够添购设备、图书，聘请研究人员。教育总长兼中华基金会第一任董事范源廉（号静生）对生物学一直很感兴趣，1927 年因病去世后，其曾参与组织的尚志学会为纪念他，出资 15 万委托中华基金会创办静生生物调查所。1929 年，调查所成立后，基金会更是直接承担该所一切经费，对中国生物学的发展贡献巨大。同时，基金会还接管范太夫人奖金（由范旭东以其母亲名义捐赠），并在中国科学社生物研究所与静生生物调查所中各设一专门奖金，以奖励在生物学领域有卓越贡献之人。

北平社会调查所是中华基金会资助创办的社会科学类研究所，其前身是 1926 年创立的中华教育文化基金董事会社会调查部，1929 年改组为北平社会调查所，1934 年与中央研究院社会科学研究所合并。

促进科学教育事业发展方面，中华基金会从两方面着手：培养师资与改良设备。培养师资方面，中华基金会重点发展中学科学教育，"在全国旧定六高师区域内设定科学讲座，期于造就良好之科学教师，并改进中学教学方法"②。每

---

① 北京大学与中华教育文化基金董事会合作研究特款办法. 1931 年 3 月.
② 任鸿隽. 中基会与中国科学. 科学，1933，17（9）.

个学校设置五个教席，分别为物理学、化学、动物学、植物学、教育心理学。基金会不仅承担讲座薪金，还会分别给每个讲座以 1 万元设备补助费。以 6 年为期，期满 6 年的教授可以休假 1 年或出国交流，以此来推动科学教学。改良设备方面，包括教科书与设备的改良。基金会聘请科学专家审查教科书，必要时可特约编纂以供教学需求，如丁燮林的《初级物理实验讲义》；在设备问题上，则会通过补助相关制造部门以大量制作，廉价出售。例如基金会曾资助东吴大学与厦门大学的生物材料供给所，让其专门生产生物教学模具及标本等，以供中学教学使用。

文化事业上，中华基金会大力推动了中国图书馆事业的发展。1925 年 10 月，中华基金会与北洋政府教育部签订合办国立京师图书馆的合约，同年成立委员会，聘请梁启超和李四光分别担任正、副馆长。在选址时，基金会曾先行出资购地（北海公园西边的 76 亩地），积极推进建设工作。1929 年开工，1931 年落成。建筑费与设备费均由基金会承担，共计 137 406 099 元。① 直到 1945 年前，基金会都持续每年为其补助大量经费。与此同时，基金会还资助北京大学图书馆、清华大学图书馆等多家单位，着实为中国图书馆事业做出了巨大贡献。

四、新的学说权威和规范

科学救国思潮下，科学名词和学术规范趋于统一，各类专业学会纷纷成立。同时，国学研究也努力引进西方学术界的科学方法，清华国学研究院的成立为人文社会科学研究开了新风。高等教育方面，北洋大学与交通大学建立，标志理工学科的大学教育在此时的中国已经得到特别的重视。

1. 科学名词和规范的统一

现代科学要求规范化，其中，科学名词的统一至关重要。正如《科学》杂志的例言中所说："名词不定，则科学无所依倚而立。"② 作为近代以来最有影响力的民间综合性学术团体，中国科学社一直都十分重视科学名词的审定。早

---

① 国立北平图书馆建筑委员会报告//北京图书馆业务研究委员会. 北京图书馆馆史资料汇编（1909—1949）. 北京：书目文献出版社，1992：1230.

② 科学，1915，1（1）.

在建社之初，中国科学社就提出"以提倡科学，鼓吹实业，审定名词，传播知识为宗旨"①。1916 年，中国科学社正式成立"名词讨论会"，《名词讨论会缘起》中写道：

> 名词，传播思想之器也，则居今而言输入科学，舍审定名词末由达。虽然国人之谋划一名词者众矣，前清有名辞馆，今日坊间书贾亦多聘人纂辑辞典，则数年以后终有蔚然成章之一日，科学又何亟亟耶？是有故焉。科学名词非一朝一夕所可成，尤非一人一馆所能定。……同人殷忧不惶，因有名词讨论会之设，为他日科学界审定名词之预备。②

中国科学社选举周铭、胡刚复、顾维精、张准、赵元任五人为名词讨论会委员。周铭就划一名词给出了看法："盖科学名词者，学说之符号也，名词之相纬相系，即一切学说之枢纽，吾人不能任意命某词为标准，亦尤吾人之不能任创何说谓之学说。苟反此而行，则立名既杂乱无章，措词自必扞格不明；强人通行，恐科学界中无斯专制淫威。是故欲于此事求一正当解决，非于二说之间设一融通办法，恐成效难期也。"③

为此，周铭认为划一名词的关键有两点："立名务求精确，故必征求多数专家之意见；选择须统筹全局，故必集成于少数通才之手。"④ 具体方法分为三步，分别是征集名词、选择名词标准、公决。遗憾的是，中国科学社的名词讨论会在美国期间并未取得太多成绩。

1916 年 2 月，国内成立了医学名词审查会。8 月，医学名词审查会在江苏省教育会会所正式召开第一次名词审查大会。此次大会审查了解剖学通用名词和骨骼名词，审查通过词条数为 1 200 条。⑤ 与会者们始终保持严谨的态度，"每当讨论时均反复辩论，毫不相让，然苟有真理发现无不舍己从人，尊崇公理，不事意气。……中文笔记详记各方面所持之理由每日约五千共三万余字，亦足见论定一字之煞费苦心也"⑥。

---

① 科学社招股章程（1914 年 6 月）//胡适. 胡适留学日记一. 上海：上海三联书店，2014：268.
② 名词讨论. 科学，1916，2（7）.
③ 同②.
④ 同②.
⑤ 俞凤宾. 医学名词审查会第一次大会记. 中华医学杂志，1916，2（3）.
⑥ 同⑤.

1918年，医学名词审查会改名为科学名词审查会，审查范围也由医学名词扩展到各科科学名词。科学名词审查会提出了详尽的审定科学名词的准则：

（一）宜多用二字以上，少用单字。（二）但立新名，不造新字。（三）名词取其应用，不可存雅俗成见，但旧义与新义相合者，应优先采用，不可得再定新名。（四）一名已有旧义，不可因其义近或音相似以名新物。（五）定名但求与实质无背，已通行者即采用，不必拘泥欧文原义而改。（六）西文间有一物两名者，此为原文未统一之故，不妨定以一名。（七）西文间有一名两物者，此为原文缺点，不妨分定之。（八）义意上不可前后矛盾。（九）不可以公名为专名。（十）定名除人地名外不用音译。①

1918年，中国科学社迁至国内后也派员积极参加科学名词审查会，并发挥重要作用。1920年的第六次审查会就公推中国科学社负责动物名词的审查工作，1923年的第九次审查会由中国科学社组成数学名词审查委员会。1927年，由于中华民国大学院已筹备成立译名统一委员会，科学名词审查会的工作也因此画上句号。在这期间，科学名词审查会为科学名词的统一与规范、标准化做了大量的基础性工作，促进了我国近代科学事业的发展，奠定了科学领域的名词术语权威。1928年大学院译名统一委员会成立，1932年国立编译馆成立，中国的科学名词审查工作始终呈现良好的发展势头。

除科学名词的统一工作外，科学规范的统一工作也在展开，主要是科学评议、审查、奖励方面的工作。1914年7月，北洋政府教育部颁布《学术评定委员会组织令》，并规定其职责为：

第一条，学术评定委员会掌校阅各学科论文著述、奖励学问事务。第二条，委员会设委员长一人，总理会务。第三条，委员会设常任委员五人至十人，分校评定各学科论文著述，以富有学识者由大总统选派之。第四条，委员会因校阅各学科论文或著述之必要，于常任委员外，得由委员长随时聘请硕学通儒为襄校员。第五条，委员长委员之薪金每月自二百元至四百元，由大总统定之，但委员长以现任人员兼任时不支薪金。第六条，委员会校阅各论文著述，经评定后，随时以其应补学资名额及加奖或特派外国留学费之数知会奖学金监。第七条，委员会每年以其经办事件呈报。

---

① 审定科学名词之准则之意见书. 中华医学杂志（上海），1921，7（3）.

第八条，委员会校对各论文著述，认为学问优异可资考证者得汇刊发行之。①

同年 8 月颁布了《学术评定委员会分科评定规程》，规定分七科进行学术评定，分别是文科、法科、理科、工科、农科、商科、医科。相应地，论文或著述的提出应以对于各该科有系统的研究且确有心得者为限。论文或著述收受后由事务员分别科目汇送，委员长分配各该科委员或襄校员评定。分科评定进一步促进了具体相关的科学学科的规范化发展。在奖励方面，规定评定及格的论文或著述由委员长择优汇刊，评定及格的名额与奖金总数也由委员长造册汇报基金会。特别说明了论文或著述的范围，并不包括日记、讲义、翻译等。② 随后，教育部颁布《学术评定委员会受验毕业证书细则》，规定由该委员会检验本国或外国高等专门以上学校的毕业者毕业证书。同时颁布《学术评定委员会特奖规程》，该规程将评审学术成果的奖励分为特别加奖与特派外国留学两种。其中，特别加奖的奖金数以学资之半数为限；特奖无定额，在不超过奖学经费的限度内，由委员长定之。特派外国留学于学资 400 元以外，每年加以相当之津贴，年限不得超过四年。③

学术评定委员会主要行使学术评议、审查与奖励的职责，但在当时从事科学研究工作的人为少数，因此相关规程也仅停留于纸面而未能真正付诸实施。1918 年北洋政府教育部颁布《学术审定会条例》，以学术审定会代替学术评定委员会。条例规定学术审定会的职责为："本会处理修正参议院议员选举法第二十条第一款及第四十四条第一部所规定之学术上著述及发明之审定事务。"④ 条例规定审定范围为三项：关于哲学与文学上的著述、关于科学上的著述与发明、关于艺术上的著述与发明。

需要关注的是，该条例在评议范围上增加了"发明"这一科学技术发展水平的最好展现物，并具体规定"无正确之学术的根据及说明者，在学术之原理或应用上无独特之价值者，发明之程序不明或发明事项未完成者，偶然发见之事项，为他人所已经发明者"⑤ 不得被评定为学术上的发明事项。为保证学术

---

① 学术评定委员会组织令. 教育周报（杭州），1914（48）.
② 学术评定委员会分科评定规程. 教育周报（杭州），1914（50）.
③ 学术评定委员会特奖规程. 教育周报（杭州），1914（51）.
④ 教育部定学术审定会条例. 教育周报（杭州），1918（198）.
⑤ 同④.

审定会的公正性，条例还规定审定会成员没有义务答复原著作者或发明者的质问。

从 1914 年的学术评定委员会到 1918 年的学术审定会，北洋政府教育部一直致力于推进学术规范的统一，包括学术评议、审查与奖励等相关工作。新的科学规范虽有一定进展，但整体而言仍较为落后，很大程度上是由于当时国内从事科学工作的人数较少，再加上国内政局动荡，多数具体的科学规范未能落实。这一局面在南京国民政府建立后有所改观，标志是 1935 年成立的中央研究院评议会以及 1940 年成立的教育部学术审议委员会。

2. 琳琅满目的专业学会

民国成立后，各类专业学会陆续建立。1912 年，詹天佑在广州发起成立了广东中华工程师会，成为中国第一个工程学团体。综合性学会如 1915 年成立的中国科学社虽也获得良好发展，但就整体而言，综合性学会正向专业学会转变。不过并非所有专业学会齐头并进，部分学会因未能专业办会或专业程度较低而停滞不前。

对于学科发展，专业学会颇为重要。中国科学社创立者之一任鸿隽曾从科学本身性质出发，强调科研组织及专业学会建立的必要性，他指出：

> （一）科学有永久性。……（二）科学有普遍性。科学为客观真理，唯其为客观的，故此处以为然，在彼处亦无不然。……（三）科学有广大性。吾所谓广大性者，谓每一问题，以观察范围之所及愈广，而研究结果之确度愈增，如地质之学，如生物进化之学。……故科学之研究，不得不与昔日研究学术之方法有异。昔之研究学术者，多恃一人之独奋。所谓下帷专精，目不窥园，闭目造车，出门合辙，此昔日研究学术之方法也。今之研究科学者，则公众组织当与一人独奋并重。盖无一人之独奋，当然无所谓学问。而无公共组织，则于科学之广大与普遍性，得有不能发挥尽致者。是吾人所宜留意者也。①

科学研究需要相互协作，群策群力才能事半功倍。进入 20 世纪 20 年代，专业学会发展迅速，兹以中国地质学会与中国天文学会为代表评述之。

中国地质学会（Geological Society of China）。学会前身是 1909 年在天津创

---

① 任鸿隽. 科学研究之国际趋势. 申报，1931-10-10（增刊）.

立的中国地学会。在中国地质学会成立之前，国内地质学研究已初具规模。1913年中国地质所成立，1916年农商部地质调查所成立，北京大学也先后聘请李四光、葛利普（A. W. Grabau）等著名地质学家建设北大地质系。1922年，从事地质工作的人员日趋增多且研究范围日渐广泛。章鸿钊、丁文江、翁文灏、李四光、安特生（J. G. Anderson）、葛利普等，以及北京大学地质系其他教授与地质调查所全体地质人员共26人，发起成立了中国地质学会。1922年2月3日，中国地质学会在北京正式成立，章鸿钊任会长。

成立大会通过的《中国地质学会简章》第二条规定："本会以促成地质学及其关系科学之进步为宗旨。"① 学会于1922年创刊《中国地质学会志》（外文季刊），1936年又创办《地质论评》，有效推动了地质学研究成果的国内外交流。1936年，学会成立了第一个地方分会即北平分会。曾任地质学会会长的尹赞勋说道："中国地质学会于（民国）十一年初成立，在世界上是一个小弟弟，在中国各专科学会中还算是老大哥，只有非专科的科学社比它的资格更老些。"②

中国天文学会（Chinese Astronomical Society）。早在1913年，天文学家高鲁（1877—1947）就创刊《气象月刊》，普及气象学及天文学知识。1922年，时任中央观象台台长的高鲁发起创立中国天文学会。10月，成立大会在北京中央观象台召开，科学家和社会名流纷纷到会祝贺。会上选举了以高鲁为会长，秦汾为副会长的第一届评议会，设会所于北京古观象台，按月举行演讲、学术报告活动。

以求天文学进步及普及天文学为宗旨，中国天文学会一度致力于科学名词的审定工作。1930年12月，学会设立天文名词编译委员会，并于1933年春审定天文名词1 400余条，由国立编译馆出版发行。国际交流方面，学会于1928年派人列席国际天文学联合会，并于1935年正式参加国际天文学联合会。中国天文学会还分别于1924年与1930年创刊《中国天文学学报》和《宇宙》。1932年，会所迁至南京，挂靠在中央研究院天文研究所。

进入20世纪30年代，各科专业学会，特别是基础科学类学会纷纷创立，推动了中国的科学事业整体性地加速发展，兹以中国化学会、中国物理学会、中国数学会的成立为例。

中国化学会（Chinese Chemical Society）。早在1907年，一批留欧的化学研究

---

① 中国地质学会简章//夏湘蓉，王根元. 中国地质学会史. 北京：地质出版社，1982.
② 尹赞勋. 中国地质学会. 科学大众，1948，4（6）.

者就曾创建"中国化学会欧洲支会",1922 年,留学美国的庄长恭等 33 人创建了"中华化学会",但这些化学学会都未能发展壮大起来。1932 年 8 月 1—5 日,教育部在南京召开化学讨论会,讨论化学上的相关问题,包括化学译名、课程标准、国防化学等。与会的化学家一致认为国难当头,有必要成立全国统一的化学会,于是发起组织,并于 8 月 4 日晚宣布中国化学会正式成立,选举曾昭抡、王琎、陈裕光等 9 人为理事。①《中国化学会章程》明确规定该会宗旨:"本会以联络国内外化学专家共图化学在中国之发达为宗旨。"② 化学会成立后,立刻展开化学名词的译名讨论与统一的工作,成立了"中国化学会译名委员会",并于 1933 年出版《化学命名原则》一书。学会还于 1933 年、1934 年与 1936 年分别创刊《中国化学会会志》、《化学》与《化学通讯》。

中国物理学会(Chinese Physical Society)。1931 年 9—12 月,受瑞士国际联盟的委托,由法国物理学家郎之万(P. Langevin)等一行 4 人组成的国际教育考察团来中国考察教育文化现状。作为磁学领域的权威,郎之万十分关注中国物理学的发展情况。在一次北平物理学界的欢迎会上,郎之万鼓励中国的物理学工作者联合起来,建立统一的物理学会,出版研究成果,交流学术与教育情况。当时中国已有一定数量的研究物理学的归国留学生,包括胡刚复、吴有训、严济慈、叶企孙等人,且物理学研究工作已在国内初步展开。1932 年 8 月 23 日,中国物理学会在北平清华大学正式成立。首届领导机构成员为:会长李书华,副会长叶企孙,秘书吴有训,会计萨本栋。③ 学会在成立之初就设立了物理学名词审查委员会。1934 年,教育部核定并公布了由中国物理学会审订的物理学名词,后由国立编译馆以《物理学名词》为名印发。物理学会还于 1932 年创刊《中国物理学报》,并设立《中国物理学报》编辑委员会。

中国数学会(Chinese Mathematical Society)。中国数学会成立前,中国数学界已出现了几个相关专业学会,其中以 1929 年成立的中国数理学会为代表。进入 30 年代,国内数学界进展很快,至 1934 年,全国设有数学系的高校已经有

---

① 中国化学会成立. 时事月报,1932,7(4).

② 中国化学会章程//中国化学会. 中国化学会史. 上海:上海交通大学出版社,2008.

③ 中国物理学会历届理事会名单//王士平. 中国物理学会史. 上海:上海交通大学出版社,2008:227.

25 所①，高校中的数学研究团体也应运而生。学术界的日益活跃使成立全国性数学学会提上日程。经过两代数学家数十年的努力与酝酿，1935 年 7 月 25—27 日，中国数学会成立大会在上海交通大学召开，出席者 33 人，大会选举胡敦复、顾澄、何鲁等 9 人为董事，学会会址设在上海的中国科学社。《中国数学会章程》规定："本会以谋数学之进步及其普及为宗旨。"② 学会成立之初设立了数学名词审议委员会，"数学"这一学科名词就是在学会第一次名词审定中确定下来的。中国数学会还创刊了《数学杂志》与《中国数学会学报》（现《数学学报》）。

正如任鸿隽所说："因各种科学之发达、科学家人数之增多而有各种学会之设立。故学会之多少，亦可为科学发达之量度计。"③

3. 清华国学院和五大导师

五四运动爆发后，在民主与科学思想的旗帜下，清华师生掀起了"教育独立""学术自由""改良清华"等一系列奋争，历数清华学校"一切均仿照美国学堂"办学的危害。1924 年，曹云祥任清华校长，清华学校的"改大"（改办大学）工作正式提上日程。1924 年 10 月，清华学校校务会议通过了"大学筹备委员会"草拟的《清华大学之工作及组织纲要》，决定于筹建大学部的同时，创建研究院，以"备清华大学或他校之毕业生，对特种问题为高深之研究"④。1925 年，吴宓任教清华学校，并应曹云祥之邀担任研究院筹备主任。

关于创办研究院的目的与宗旨，曹云祥在《研究院章程·缘起》中给予了详尽说明。⑤ 吴宓则进一步概括为："曹校长之意，约分三层：（一）值兹新旧递嬗之际，国人对于西方文化，宜有精深之研究，然后可以采择适当，融化无碍；（二）中国固有文化之各方面（如政治、经济、哲理学），须有通彻之了解，然后今日国计民生，种种重要问题，方可迎刃而解，措置咸宜；（三）为达上言之二目的，必须有高深学术机关，为大学毕业及学问已有根柢者进修之地，

---

① 任南衡，张友余. 中国数学会史料. 南京：江苏教育出版社，1995：22.
② 同①28.
③ 任鸿隽. 中国科学之前瞻与回顾. 科学，1943，26（1）.
④ 清华大学之工作及组织纲要//清华大学史料选编：第一卷. 北京：清华大学出版社，1991：290.
⑤ 研究院章程·缘起. 清华周刊，1925（360）.

且不必远赴欧美，多耗资财，所学且与国情隔阂。"①

研究院首先开办国学门，原因有二，一是经费有限，二是对作为中国学术文化之全体的国学研究不足："良以中国经籍，自汉迄今，注释略具，然因材料之未备与方法之未密，不能不有待于后人之补正。又近世所出古代史料，至为夥颐，亦尚待会通细密之研究。其他人事方面，如历代生活之情状……自然方面，如川河之迁徙……无不需专门分类之研究。"②

进一步说，国学研究不只是"整理国故"，其更与"科学"的大旗相关。北大国学门的顾颉刚曾分析道：

> 所谓科学，并不在它的本质，而在它的方法。它的本质乃是科学的材料。科学的材料是无所不包的，上自星辰，下至河海，变幻如人心，污秽如屎溺，没有不可加以科学的研究。国学是什么？是中国的历史，是历史科学中的中国的一部分。研究国学，就是研究历史科学中的中国的一部分，也就是用了科学方法去研究中国历史的材料。所以国学是科学中的一部分（如其是用了科学方法而作研究），而不是可与科学对立的东西。倘使科学不是腐败的，国学也决不会腐败；倘使科学不是葬送青年生命的，国学也决不会葬送青年生命。③

这里强调国学研究要走向科学化，清华国学研究院亦然："研究之道，尤注重正确精密之方法（即时人所谓科学方法），并取材于欧美学者研究东方语言及中国文化之成绩，此又本校研究院之异于国内之研究国学者也。"④

1925年6月18日，吴宓正式出任清华国学研究院主任，8月1日，清华学校研究院正式成立。《研究院章程》的第一条就明确了"研究高深学问，造成专门人才"⑤的宗旨。培养人才离不开强大的师资力量，当时的清华国学研究院可谓名师荟萃，指导学生的教授王国维、梁启超、陈寅恪、赵元任和讲师李济被称为"五大导师"，更得"五星聚奎"之美称。

王国维，著名国学大师。早年留学日本，精通多门外语，在文学、教育、哲学等多个领域都颇有建树。他积极引进西方文化，传播西方教育思想并翻译

---

① 吴宓. 清华开办研究院之旨趣及经过. 清华周刊，1925（351）.
② 研究院章程·缘起. 清华周刊，1925（360）.
③ 顾颉刚. 一九二六年始刊词. 北京大学研究所国学门周刊，1926，2（13）.
④ 同①.
⑤ 研究院章程·章程. 清华周刊，1925（360）.

发表了大量教学著作。1922—1924 年，王国维被聘为北京大学研究所国学门通讯导师。吴宓十分敬佩王国维的渊博学识，曾亲自到他家中，恭敬地鞠了三个大躬，聘请其到清华任教。王国维任教期间，在西北地理与元史研究方面取得了重要成果。他始终保持严谨的治学态度与宽阔的学术视野，同时十分重视学术研究中的科学方法。梁启超曾称赞他的学术方法说："我们看王先生的《观堂集林》，几乎篇篇都有新发明，只因他能用最科学而合理的方法，所以，他的成就极大。"① 1927 年 6 月 2 日，王国维投湖自杀，死因成谜，一代国学大师就此与世长辞。

梁启超，清末民初以来最有影响力的人物之一。1895 年梁启超与康有为"公车上书"，掀起戊戌变法，是维新派的重要代表人物之一。是时，他的学术与教育业绩也为学界所公认。清华任教时期的梁启超十分重视西方科学技术，认为："一国之学问独立，须全国各部分人共同努力，并不望清华以独占。但为事势便利计，吾希望清华最少以下三种学问之独立自任：一、自然科学——尤注重者生物学与矿物学。二、工学。三、史学与考古学。"② 他也十分重视科学方法在学术研究中的应用，在清华时期出版的《中国历史研究法补编》中，他明确提出要注重专史的研究，认为专史是做好通史研究的基础，还开辟了自然科学史与社会科学史的研究领域。③

陈寅恪，著名史学家。1909 年毕业于上海公学，后留学欧美，先后就读于柏林大学、苏黎世大学、巴黎大学、哈佛大学等多所学校，但这位通晓各国语言文字达二三十种的学术"怪才"，却不曾有任何一校的文凭和学位。受聘于国学院时，他只有 36 岁，却因其学识渊博而被称为"教授的教授"。陈寅恪始终以严谨的学术态度与科学方法做学术，据其学生回忆："陈师对历史研究，常说：最重要的就是要根据史籍或其他资料以证明史实，认识史实，对该史实而有新的理解或新的看法，这就是史学与史识的发现。"④ 听他课的人不仅有学生，还常有教授如吴宓、朱自清等。1929 年国学院停办后，陈寅恪继续留在清

---

① 梁启超. 王静安先生墓前悼词. 国学月报, 1927, 2（第 8、9、10 王静安先生专号）.
② 梁启超. 学问独立与清华第二期事业. 清华周刊, 1925（350）.
③ 梁启超. 中国历史研究法补编//饮冰室合集：专集之九十九. 北京：中华书局, 1989.
④ 罗香林. 回忆陈寅恪师. 传记文学, 1970, 17（4）.

华大学任历史、中文、哲学三系教授。

赵元任，哈佛大学博士，"中国语言学之父"，中国现代音乐的先驱。作为20世纪杰出的语言天才，赵元任于1910年赴美留学，先后就读于康奈尔大学和哈佛大学，研习包括数学、物理学、音乐、哲学在内的多个专业。他于1918年获得哲学博士学位，并于1919年与1921年分别任教于康奈尔大学和哈佛大学。如此"鬼才"，1925年来到清华国学研究院。如果说王国维、梁启超和陈寅恪是中国传统学术领域的大师，那么赵元任则是横跨东西方学术领域的拓荒者，他将作为西方科学基础的语言学研究扩展到了汉语领域，开辟了中国语言学的现代研究事业。

李济，著名考古学家、人类学家，被誉为"中国现代考古学之父"。1918年毕业于清华学校，后赴美留学，先后就读于克拉克大学、哈佛大学，于1923年获得人类学博士学位，后回国担任南开大学教授，1925年来到清华国学研究院任教。年仅29岁的李济之所以能跻身五大导师之列，并不令人意外。早在1922年，李济就发表了《中国的若干人类学问题》一文，被哲学家罗素在其文章中引用，其才华可见一斑。清华时期的李济与梁启超（时任中国考古学会会长）关系紧密，1926年的山西考古之行，得到梁启超的大力支持。1928年，李济应蔡元培与傅斯年之邀，到中央研究院历史语言研究所担任考古组组长，迎来其考古事业的黄金时期。

1929年6月，清华国学研究院停办，前后持续开办4年之久。毕业生近70名，其中成为中国人文学界著名学者的有50余人，包括王力、姜亮夫、刘盼遂、吴其昌、徐中舒、高亨、谢国桢、陆侃如、罗根则、姚名达、蒋天枢等，在当时代表了中国国学研究的最高水平。

4. 理工科优先：北洋大学和交通大学

北洋大学在初创时期坚持"西学体用""法工结合"的办学模式，法科与工科都有良好的基础。1917年蔡元培担任北大校长时，主办文理两科以改昔日"轻学而重术"的传统，仿照德、法学制，提出将北京大学工科并入北洋大学，同时将北洋大学法科移入北大的建议，如此一来，北洋大学便成为只办应用科学的专科大学。1920年，北洋政府教育部接受蔡元培的建议，决定于当年停办北洋大学法科，将其并入北京大学，北洋大学自此进入专办工科时期。

1920—1924年间，北洋大学校长由冯熙运（1886—1951）担任，这位芝加哥大学毕业的法学博士几乎未能为只剩工科的北洋大学做出太大贡献，甚至因反对学生参加爱国运动而大批开除学生，引起公愤，于1924年辞职。

冯熙运辞职后，教育部委任工科出身的刘仙洲（1890—1975）为北洋大学校长，北洋大学迎来一段良好发展时期。1918年，刘仙洲于香港大学工学院机械系毕业，1921年被聘为河北大学教授，是中国机械史研究的开拓者。1924年，年仅34岁的他就任北洋大学校长一职。北洋大学在最初专办工科时（1920年6月），只设有土木学门、采矿学门和冶金学门，刘仙洲就任后积极进行学科建设。1925年，北洋大学呈准教育部将采矿、冶金两学门合并为采矿冶金学门，并恢复了停办24年之久的机械工程学门。1933年之前，北洋大学设有土木学门、采矿冶金学门和机械工程学门。刘仙洲曾提出改办理工大学的设想，认为工科为理科的应用而理科则为工科的根基，并有建成"东方麻省理工学院"的豪言，但终因经费短缺，未能成行。① 直到1945年，北洋大学才增设理学院。

1920—1928年，虽专办工科，但校名仍为国立北洋大学。1928年大学区制试行，国立北洋大学改称北平大学第二工学院。1929年大学区制废止，校名改称国立北洋工学院。

1928年，茅以升出任北平大学第二工学院院长。被誉为"中国桥梁之父"的茅以升，1919年获得卡内基梅隆大学工科博士学位后回到国内，先后任教于唐山交通大学、南京东南大学，并曾担任河海工科大学校长，可谓有丰富的办学经验。1929年，北洋工学院改学门为系，设有矿冶工程学系、土木工程学系与机械工程学系。1929年3月1日，北洋工学院的主教学楼遭遇火灾，损失惨重，茅以升竭尽全力筹募工款并亲赴南京争取"中比庚款"以恢复重建。

1932年，李书田（1900—1988）任国立北洋工学院代理院长，1934年正式就任院长。北洋工学院迎来发展建设的黄金时期。作为中国近代水利科学的开拓者、康奈尔大学博士，他秉承"实事求是"的校训，严谨治校，将北洋工学院的工科建设推向新的高度。

李书田十分注重借鉴德国大学教学与科研结合并重的办学模式。1933年，北洋工学院创立了"矿冶工程研究所"和"工程材料研究所"。1934年，在李书田等人的努力下，由北洋工学院、华北水利委员会等8个机构联合筹建了"中国第一水工试验所"。1935年，北洋工学院合并原"矿冶工程研究所"和

---

① 北洋大学三十周年纪念册·序//北洋大学—天津大学校史编辑室. 北洋大学—天津大学校史：第一卷. 天津：天津大学出版社，1990：135.

"工程材料研究所",成立"国立北洋工学院工科研究所",李书田兼任所长,招收和培养工程研究生,使北洋工学院成为国内高校最早招收工科类研究生的学校之一,首届研究生于1937年毕业,均授予硕士学位。在任期间,李书田还拓展了学科建设,建立了较为齐全的工学教育体系。到1935年,北洋工学院共设有四个系:矿冶工程学系(采矿工程组、冶金工程组)、土木工程学系(普通土木工程组、水利卫生工程组)、机械工程学系(机械工程组、航空工程组)、电机工程学系,以及一个研究所——国立北洋工学院工科研究所。①

1920—1937年该校本科毕业生共计861人,其中矿冶工程学系235人,土木工程学系503人,机械工程学系114人,电机工程学系9人。② 北洋工学院不仅是国内工科的领军高校之一,同时是中国现代工科大学的初型。

同为工科院校的交通大学,以麻省理工学院等顶尖理工类大学为蓝本,力图工科、理科发展并重。

1920年8月,叶恭绰(1881—1968)出任北洋政府交通总长。作为"交通救国"论者,12月14日,他以改组交通教育的名义向大总统呈文道:"窃惟国家实力之展拓,以交通之发达为始基,尤以人才之适用为先着,是交通与教育二者。"③ 拟定改组交通部部属学校:北京邮电学校、铁路管理学校、唐山工业专门学校、上海工业专门学校,将它们合并为交通大学。同月20日,交通部通过筹办交通大学事宜。1921年5月交通大学正式成立,叶恭绰兼任交通大学校长,设交通大学北京学校、唐山学校、上海学校三个分校。

1921—1927年间,交通大学一直朝着现代理工大学的方向建设发展。在学科设置方面,形成了铁路管理科、土木工程科、机械工程科与电机工程科四大科类,同时,为培养专门人才,在每一科中分设门类,例如土木工程科下设铁路工程门、构造工程门与市政工程门。④ 课程设置方面,交通大学虽以工科为本建校,但十分重视理科基础教育。物理、化学等基础科学课程的教授比重日益增加。在科研方面,交通大学始终坚持教研结合的办学思想,在建校之初就有

---

① 北洋大学—天津大学校史编辑室. 北洋大学—天津大学校史:第一卷. 天津:天津大学出版社,1990:141.
② 同①198.
③ 交通总长叶恭绰拟改组交通教育呈大总统文//《交通大学校史》撰写组. 交通大学校史资料选编:第一卷. 西安:西安交通大学出版社,1986:345.
④ 交通大学学科统系表//《交通大学校史》撰写组. 交通大学校史资料选编:第一卷. 西安:西安交通大学出版社,1986:449.

成立研究院的计划，但由于时局动荡且经费长期短缺，未能成行。1926年6月，学校设立工业研究所，这是中国最早设立的大学研究所之一。研究所成立之初，经费、设备皆短缺，中华教育文化基金董事会决定给予分期资助共11万元。研究所成立后承办了大量的试验项目，皆取得较好效果。

1928年，南京国民政府中央各部进行改组，增设铁道部，交通大学归铁道部管辖。1930年10月，国民政府任命黎照寰（1898—1968）为交通大学校长。担任铁道部次长的他辞去本职，专心办学，于1930—1942年一直担任校长，共计12年。

在学科设置方面，交通大学成功转型为现代理工大学。1928年以后，交通大学继续加强工科建设，将原有的土木工程科、机械工程科和电机工程科分别扩充为土木工程学院、机械工程学院与电机工程学院。其中，土木工程学院改设了铁道工程门、道路工程门与构造工程门，机械工程学院改设了铁道机械工程门与自动机械工程门，电机工程学院发展了电力门与电信门，形成了较为完备的工程学科体系。建设现代理工类大学，除工科外，还要发展理科。"没有一流的理科，就没有一流的工科。"1930年9月，交通大学成立科学学院，下设物理、化学和数学三系。交通大学也十分重视科学管理，将原有的铁路管理科扩充为管理学院，下设实业管理、公务管理、财务管理、铁道管理。交通大学还十分重视外语与国学，设置了外语系和中国文学系。

为加强科学研究，交通大学将原有的工业研究所扩充为交通大学研究所，分工业研究和经济研究两部。工业研究部下设设计、材料、机械、电气、物理和化学六组，经济研究部下设社会经济、实业经济、交通、管理、会计和统计六组。研究所宗旨为："遵依孙总理实业计划而研究各项工业及经济问题，得随时联络铁道部所辖各机关为共同之研究，并得受外界委托代办调查研究或试验事项。"① 交通大学的科学研究事业于此日隆。

民国这两所工科院校的发展体现了国内高等教育向科技优先方向转型的趋势。

---

① 国立交通大学研究所暂行组织章程//《交通大学校史》撰写组. 交通大学校史资料选编：第二卷，西安：西安交通大学出版社，1986：227.

参考文献

[1] 北京大学研究所国学门. 北京大学研究所国学门周刊. 北京：北京大学研究所，1925.

[2] 东方杂志.

[3] 国学月刊.

[4] 教育周报（杭州）.

[5] 科学.

[6] 努力周刊.

[7] 清华周刊.

[8] 新青年.

[9] 传记文学.

[10] 中华医学杂志（上海）.

[11] 杜威. 杜威五大讲演. 胡适，口译，合肥：安徽教育出版社，2005.

[12] 杰西·格·卢茨. 中国教会大学史（1850—1950）. 曾钜生，译. 浙江：浙江教育出版社，1987.

[13] 约翰·司徒雷登. 在华五十年. 程宗家，译. 北京：北京出版社，1982.

[14] 罗素. 中国问题. 秦悦，译. 上海：学林出版社，1996.

[15] 罗素. 中国到自由之路：罗素在华讲演集. 袁刚，孙家祥，任丙强，编. 北京：北京大学出版社，2004.

[16] 北洋大学—天津大学校史编辑室. 北洋大学—天津大学校史：第一卷. 天津：天津大学出版社，1990.

[17] 秉志. 秉志文存. 霍启慧，胡宗刚，编. 北京：北京大学出版社，2006.

[18] 陈学恂. 中国近代教育史教学参考资料. 北京：人民教育出版社，1987.

[19] 陈嘉庚. 南侨回忆录. 长沙：岳麓书社，1998.

[20] 陈平原，等. 民国大学：遥想大学当年. 张竞无，编. 北京：东方出版社，2012.

[21] 蔡元培. 蔡元培全集. 高平叔，编. 北京：中华书局，1984.

[22] 蔡元培. 蔡元培自述. 文明国，编. 北京：人民日报出版社，2011.

[23] 杜恂诚. 民族资本主义与旧中国政府（1840—1937）. 上海：上海社会科学院出版社，1991.

[24] 范源廉. 范源廉集. 欧阳哲生,等编. 长沙:湖南教育出版社,2010.
[25] 罗家伦. 逝者如斯集. 北京:中华书局,2014.
[26] 李大钊. 李大钊全集. 中国李大钊研究会,编注. 北京:人民教育出版社,2006.
[27] 梁启超. 梁启超文存. 清华大学国学研究院,主编. 南京:江苏人民出版社,2012.
[28] 梁启超. 饮冰室合集. 北京:中华书局,1989.
[29] 梁吉生. 允公允能　日新月异——南开大学校长张伯苓. 济南:山东教育出版社,2003.
[30] 黄炎培. 黄炎培教育论著选. 田正平,李笑贤,编. 北京:人民教育出版社,1993.
[31] 胡适. 胡适文集. 欧阳哲生,编. 北京:北京大学出版社,1998.
[32] 《交通大学校史》撰写组. 交通大学校史资料选编. 西安:西安交通大学出版社,1986.
[33] 康有为. 康有为政论集. 汤志钧,编. 北京:中华书局,1981.
[34] 璩鑫圭,唐良炎. 中国近代教育史资料汇编:学制演变. 上海:上海教育出版社,2007.
[35] 荣盛源. 中国国民党历次代表大学及中央全会资料. 北京:光明日报出版社,1985.
[36] 孙中山. 建国方略. 张小莉,申学锋,评注. 北京:华夏出版社,2002.
[37] 孙中山. 孙中山全集. 3版. 北京:中华书局,2011.
[38] 舒新城. 近代中国留学史. 上海:上海书店出版社,2011.
[39] 王星拱. 科学概论. 武汉:武汉大学出版社,2011.
[40] 王星拱. 科学方法论. 北京:北京大学出版部,1920.
[41] 王树槐. 庚子赔款. 台北:"中央研究院"近代史研究所,1974.
[42] 王文俊,等. 南开大学校史资料选（1919—1949）. 天津:南开大学出版社,1989.
[43] 王士平. 中国物理学会史. 上海:上海交通大学出版社,2008.
[44] 王增炳,余纲. 陈嘉庚兴学记. 福州:福建教育出版社,1981.
[45] 夏湘蓉,王根元. 中国地质学会史. 北京:地质出版社,1982.
[46] 严济慈. 严济慈科技言论集. 上海:上海教育出版社,1990.
[47] 张謇. 张季子（謇）九录. 张怡祖,编. 台北:文海出版社,1983.
[48] 张君劢,等. 科学与人生观. 合肥:黄山书社,2008.
[49]《中国近代兵器工业》编审委员会. 中国近代兵器工业:清末至民国的兵器工

业. 北京：国防工业出版社，1998.

［50］《中国科苑英华录》编写组. 中国科苑英华录. 北京：科学普及出版社，1985.

第七章 体制化的南京十年

民国初年，政局不稳，流弊丛生，各种思潮涌入中国，五四新文化运动大大宣扬了德先生和赛先生，科学主义得到普遍认同并盛行开来。但是这一思潮尚未在实践层面产生引人注目的效果。1928年随着张学良在东北"改旗易帜"，新疆通电归顺南京政府，国民革命军完成北伐，并在蒋介石的主持下成立南京政府，宣告了中国形式上的统一，也开创了国民政府的所谓"黄金十年"。尽管国民党政权贯彻"以党建国，以党治国"的方针，对学术界和教育界限制颇多，但是科学建制化已全面铺开，初步形成了规模健全、接轨欧美的科学人才培养和研究的体制，科学主义在思想和实践层面都展现出巨大的魅力。本章将详细讨论党国主导下的南京国民政府在科学建制化中的关键步骤、教育成效和研究成果，并分析外患压力和党国主导所产生的问题。

一、科学体制化的关键一步

政权得到初步巩固的南京国民政府已经认识到科学对政权和社会的重大作用，因此，无论是在政府的组织架构上还是在教育研究机构的设立上，都提供了相对宽松的科技体制化环境。在党国主导下的政治治理体制中，民族主义、科学主义得以紧密结合起来，形成了以海归为骨干的科学教育和研究团体，确立了专家治国的治理理念，科技和教育迎来了全面抗战之前十年的一段辉煌时期。其中，中央研究院和北平研究院的成立使中国首次拥有系统化的官方研究平台，标志着科研体制化进程的基本完成。而中央研究院下设的历史语言研究所则成为以现代科学方法展开研究的典范，其执掌者傅斯年以前卫的治学理念和管理方法，带领史语所在考古、史料整理、语言研究方面取得了丰硕的成果，其中安阳殷墟考古工作的发现震惊中外。科学主义在行政上的体现则是得到当局高度重视的资源委员会。资源委员会聚集了一批接受过现代西方智识教育的专家,在进行社会调查统计、制订政府工作计划、规划重工业发展、改革币制、制定外交政策等方面都贯彻了技治理念,是中国政府机构行政现代化的一次尝试。

1. 南京国民政府:党国主导

受西方政党政治及苏俄体制影响,孙中山早就形成了一套"以党建国,以党治国"的理念和军法之治、约法之治、宪法之治的建国三程序思想。① 国民革命期间,国民党上层精英实行民运政策,一面发动革命,一面打击军阀。通过"广泛的宣传教育,将党的主义和政治纲领灌输于民众"②,受到国民党组织训练的民众,纷纷支援北伐,展现出党治的巨大威力。1927年9月,国民党成立"中央特别委员会",在南京建立起形式上统一的国民党政府,宣告军政时期的结束和训政时期的到来。1928年北伐结束后,国民党中央执行委员会通过了《训政纲领》,以贯彻孙中山"以党建国,以党治国"的遗训和训政思想。纲领第一条规定:"中华民国于训政时期,由中国国民党全国代表大会代表国民大会领导国民行使政权。"由此宣告了国民政府训政时期一切制度措施遵循国民党的根本政策的训政党治原则。1931年颁布的《中华民国训政时期约法》规定,"国民党全国代表大会,代表国民大会,领导国民,行使政权;闭会时,则以政权托付中央执行委员会执行之"③。由此使所有权力统一于国民党。党国主导下的南京政府,以国民党的意识形态作为治国的基本原则,政策的制定与执行都需符合党义的要求,形成了党政合一的政治运作模式。

这一政治运作模式,体现在政府的组织架构和政策机制上,主要是从"以党的主义治国"转向"党员治国",实行"党政双轨制",强化等级官僚体制、责任分工和专家治国。南京国民政府在全面抗战之前十年时期,始终面临着来

---

① 1906年同盟会发布的《军政府宣言》将革命建国程序分为军政府督率国民进行革命、实行军法的军法之治,军政府授权地方治理民事的约法之治,军政府解除权柄、依宪法治国的宪法之治。(孙中山. 孙中山全集:第一卷. 北京:中华书局,1981:297-298)

② 王奇生. 党员、党权与党争——1924—1949年中国国民党的组织形态. 上海:上海书店出版社,2003:174.

③ 谢振民. 中华民国立法史:上册. 张知本,校. 北京:中国政法大学出版社,2000:216-217.

自地方军阀势力的抵制和日本侵略的威胁，因此，蒋介石政权一直在推进现代化建设和加强独裁专制之间左右摇摆，进行着有限的现代化努力。一方面是蒋介石想方设法加强军队对政府和社会的控制力，在政府各部门中严重依赖不适合担任专业性职务的军人，以党治的名义加强军队的权威；另一方面则着力寻找各部门训练有素的专家进行城市和乡村建设，如在城市建设中以法币取代地方银行发行的钞票，加强税收规范化管理；在乡村建设中通过全国经济委员会和有关农业的主管局推行提高农业生产率的广泛计划，实现了一定程度的工业增长和农业发展。军队控制和现代化建设之间的交集则体现为政府不断加强工程建设和武装力量的现代化，如机场、铁路的修建，装备的改善，西式训练的引进，更于1935年成立资源委员会，以建立支持国家武装力量的工业基础。

这一政治运作模式，在社会政策层面，就是将发动民众变为管理民众和控制民众，强化信仰灌输和民众动员技术。1930年，国民党中央全会通过的《人民团体组织方案》和《训政时期民众训练方案》等决议，将对民众的管控细化为：第一，对民众训练之基本原则。人民组织团体，以自动组织为原则。训练人民，须认清人民在社会生存上之需要，以及党政之精神。第二，在组织上，党部应指导各种人民团体为健全之组织，应指导各种人民完成其组织。第三，实施训练，首先是一般的训练，组织训练使人民明了组织之意义及方式；思想训练，使人民对党义有深确之认识与信仰；行为训练，使人民行动合于党义，并实践三民主义之建设工作。其次是特殊的训练分为业务知识与业务技能上的训练，目的在于使人民明了国家与社会之任务，促其建设事业的发展。再次，训练方式采取分组、集会、学校、社会组织等形式。第四，明确党部与政府对于人民团体之权责，即人民团体受党部之指导、政府之监督。① 由此可见，以党治国、一党专政的制度构建，主要是在科学主义思潮的影响下将对民众的意识形态训练和专业技能训练结合在一起，将国家权力对社会的渗透、扩张与社会建设、民族复兴结合在一起。

这一政治运作模式，体现在意识形态上则是由三民主义、儒家思想、科学主义、极权主义等大杂烩构成的党化教育。南京国民政府成立初期的意识形态

---

① 训政时期民众训练方案（国民党第三届中央执行委员会第三次全体会议通过）// 荣孟源. 中国国民党历次代表大会及中央全会资料. 北京：光明日报出版社，1985：796-797.

是根据三民主义构建的,以养成党治下之健全国民的党化教育。后又认为党化教育内容不明确,容易为不求甚解者所习用,而代之以三民主义教育,务求各政府机关、各教育机构所行政策以实现三民主义为目的。在此思想指导下,意识形态相对宽松,教育科研机构出现了昙花一现的谋求独立时期,即成立大学院和实行大学区制。大学院作为全国唯一的教育学术机关不直隶于国民政府,并致力于教育经费的独立。大学区制即成立浙江大学区、北平大学区、中央大学区,各大学区设若干高校和一个研究院,力求使教育与学术打成一片。为体现独立性,各大学区与地方政府互不隶属。但是这一政策违逆了国民政府的专制权威,被指与训政时期"以党治国"精神相违背而取消,大学院遂改为国民政府下属之教育部。1931年"九一八"事变之后,党化教育内容上又增加了以儒家思想为包装、以军队纪律为内核的民族精神教育和生产教育,动员民众共赴国难,建设国家。特别是1934年开始的新生活运动,以法律措施强制施行意识形态重建,将三民主义与礼义廉耻之类儒家思想结合,试图造就一个彻底纪律化的等级社会。军事效率、个人纪律与社会控制结合起来,社会秩序恢复与应对日本侵华结合起来,技术专家治国与领袖权威结合起来,使国民政府的党国体制走向一种极权主义和科学主义的微妙平衡状态。与10多年前对德先生、赛先生齐头并进的宣扬不同的是,20世纪30年代内忧外患之下集权的需要使赛先生压倒了德先生,赛先生从呼吁、宣传演变为全社会性的科学救国行动,科学主义在党国上下盛行。

社会秩序重建的需要和民族主义的诉求使科学体制化得到了党国主导下的国民政府自上而下的支持,也获得了相对宽松的社会文化环境。在这种情况下,学术和教育都取得巨大进展,这一时期堪称"黄金十年",而与军事工业相关的科技更受到政府特别的重视。

2. 中央研究院与北平研究院

19世纪末以来,现代科学研究的重心从大学向研究所转移,如德国分别在1873年、1877年、1879年建立国立物理研究所、国立化学研究所、国立机械研究所等,1887年法国建立私人基金支持的巴斯德研究所。与大学主要致力于科学教育不同,各研究机构专注于开展具体的科学研究。曾留学德国的蔡元培和留学法国的李石曾分别考察过欧美诸国的教育制度,试图以教育独立为旨归,在中国建立起学术与教育打成一片的科学体制。1927年,蔡元培、李石曾发起大学区制，开启了中国学术建制化的一个重要尝试。大学区制参考借鉴法国和美国的教育制度，设立中华民国大学院为全国最高学术、教育行政机构，并在该院设立中央研究院作为最高研究机构以及劳动大学、图书馆、博物院、美术馆、观象台等国立学术机关，在全国范围施行大学区制，以大学区作为大学院制的基础。根据《大学区组织条例》，全国设立若干大学区，各大学区设立研究院作为本大学区最高研究机构。后国民政府于浙江、江苏、北平设立了三个大学区，并筹备设立北平研究院。由于大学院制教育独立的理念不合于国民政府以党治国的训政理念以及人治导致的混乱，大学院制施行一年后即遭取消。但是，在大学之外设立专门研究机构的设想却得以保留下来，在大学院制取消之际，国立中央研究院和北平研究院的筹备都已同时展开，并分别于1928年6月和1929年9月成立。二者的成立标志着科研体制化进程已取得实效，职业科学家开始有了系统化的官方研究平台。此后这两个研究院成为民国时期两个最重要的科研机构。

在中央研究院成立之前，国内已经成立了一些零散的研究机构，如直隶农事试验场、农工商农事试验场、实业部下属的地质调查所、农工商部下属的地质研究所、两广地质调查所、湖南地质调查所、中国科学社生物研究所、黄海化学工业研究社等。而早在1924年孙中山赴京时，就提议要设立中央学术研究院。1927年，蔡元培、李石曾、张人杰等开始筹备研究院，终于在1928年6月由蔡元培亲任院长主持成立了国立中央研究院，并接收民间组织中国科学社，成为国际上中国科学界的官方代表。根据《国立中央研究院组织法》，"国立中央研究院直隶于国民政府，为中华民国最高学术研究机关"，拟设物理、化学、工程、地质、天文、气象、历史语言、国文学、考古学、心理学、教育、社会科学、动物、植物等十四个研究所，其任务是："一、实行科学研究；二、指导联络奖励学术之研究。"① 中央研究院成立后以研究所为实体，初期设立了理化实业、社会科学、地质、气象四个研究所，后又相继在南京、广州、上海设立了天文研究所、工学研究所、历史语言研究所等。至1937年，中央研究院下辖研究所达到10个，详情见图7-1-1。

---

① 中国第二历史档案馆. 中华民国史档案资料汇编：第五辑第一编：教育（二）. 南京：江苏古籍出版社，1994：1342.

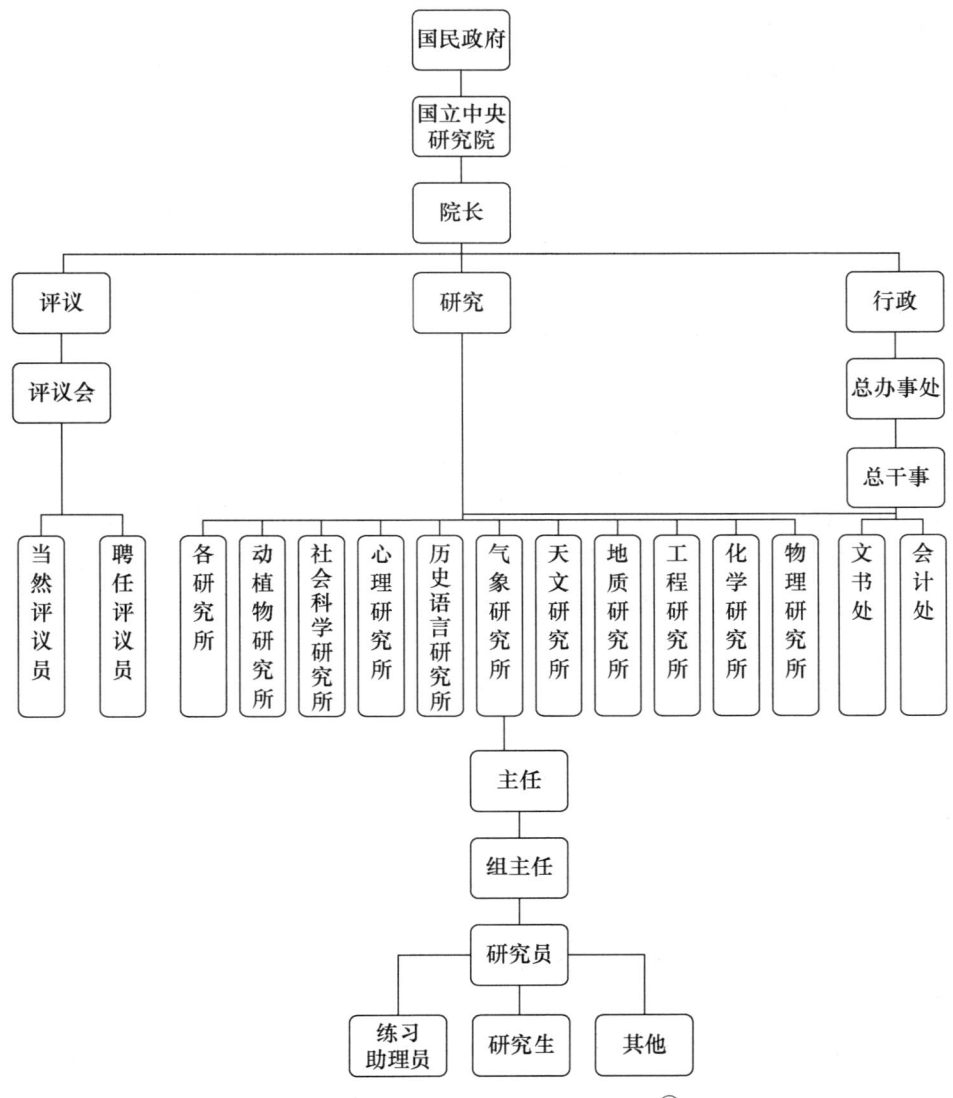

图 7-1-1 国立中央研究院组织图①

中央研究院成立后，其开展的研究主要分三类：（1）常规或永久性质的研究。如天文研究所的推算历本、测量经纬度及时间，气象研究所的观测、预告等，化学研究所的普通分析，工程研究所的标准试验，物理研究所的地磁测量，地质研究所的测绘，以及动植物研究所的标本采集，等等。（2）应用科学方面

---

① 陶英惠. 蔡元培与中央研究院. "中央研究院"近代史研究所集刊, 1978 (7)：7.

的研究。对各项利用科学方法以研究原料与生产诸问题特别是为国家或社会所急需的研究充分注意。(3) 纯粹科学、人文及社会科学的研究，包括一部分没有直接经济价值的，如物理化学研究；一部分几乎没有经济价值的，如历史、语言、人种、考古等人文社会科学研究。① 在蔡元培的主持下，中研院聚集起一大批留学欧美归国的研究人才及其培养的弟子，如物理学家丁西林、严济慈、化学家王进、庄长恭、吴学周、曾昭抡，工程学家王季同，地质学家李四光、徐渊摩、翁文灏，天文学家余青松，气象学家竺可桢，历史学家傅斯年、陈寅恪、考古学家李济，语言学家赵元任，心理学家汪敬熙，动植物学家王家楫、陈遵妫等。作为国内一流学者得以迅速展开工作的研究平台，中研院在较短时期内便取得了可喜的成就。在自然科学方面，尤以天文、气象和地质学研究成就显著，建成了南京紫金山天文台，承担了全国授时、测量经纬度、观察星体、编制历书等任务。气象研究所在全国各地成立气象监测站，并特别注意高空研究。地质研究所展开了对鄂、皖、赣、苏、浙等省的地层结构与矿物，以及广东海岸岩石现象与海岸的变迁等调查。在社会科学方面，尤以考古学上的成就引人注目，先后三次挖掘河南安阳小屯殷墟，确实证明殷商文化的存在；还展开对山东历城龙山城子崖的发掘，首次发现与商周铜器文化密切相关的贵重黑陶。

1935年9月，国立中央研究院成立评议会作为全国最高的科学评议机关。除了各研究所所长(12人)成为当然评议员，蔡元培还聘任化学家侯德榜、工程学家茅以升、建筑学家梁思成、生物学家秉志等各领域著名学者30人担任评议员，以指导、联络、奖励学术研究。至此，中研院形成由行政管理、科学研究和学术评议三大部分组成的完整体系，成为20世纪上半叶中国科学体制的核心。

1929年9月，李石曾主持下的北平研究院成立。一方面是为了体现与中央研究院逐步展开的研究体系相区别，另一方面也因为深受法国百科全书派的影响，李石曾一开始就制定了大而全的研究院机构框架，试图将研究院建设成为研究领域无所不包的大全体系。根据狄德罗有关人类知识记忆、想象、理性三大类的划分，李石曾将研究院分为属于理性的天算部、群治部、国学部、理化部、生物部，属于记忆领域的人地部，属于想象领域的文艺部共七个部，部之

---

① 陶英惠. 蔡元培与中央研究院. "中央研究院"近代史研究所集刊，1978 (7)：21-25.

下又设立具体的研究所和研究会,形成了院—部—所(会)的三级编制。不过,在研究机构的实际设立中,由于经费及人员的限制各部并未全面展开。至1932年,北平研究院共成立了生物学、动物学、植物学、物理学、化学、镭学、药学、地质学等八个研究所,史学、水利、字体、经济、海外人地等五个研究会,以及测绘组、测候所、自治试验村事务所、博物馆、图书馆等附属机构。文艺部仅设立了一个字体研究会,天算部和国学部则始终没有成立起来。① 其具体的研究工作,除了自主设立的研究所进行独立研究之外,主要是与北平的各研究机构、博物馆、事务所等合作开展研究。

在学术研究方面,北平研究院的理化部表现得比中央研究院更活跃和积极。严济慈主持下的物理学研究所和镭学研究所,短短几年内便取得了丰硕的成果,在国际期刊发表论文80多篇。物理学研究所相继展开了经纬度测量、重力加速度测量、地磁测量、压力对相片的感光性影响、臭氧紫外区域吸收光谱、碱金属吸收光谱等研究。镭学研究所展开了钍的提取、镭矿调查、温泉含氡量分析等研究。严济慈本人也因其卓越的研究工作在1935年成为法国物理学会评议会评议员。生物部生物学、动物学、植物学三个研究所展开了食物营养研究、中药材生理作用研究、渤海海洋生物研究、胶州湾海产动物采集工作、植物采集与研究工作等,形成了门类齐全的生物学研究体系。

但是,由于李石曾的留法背景,北平研究院的筹备和成立都与其主持的北平中法大学紧密相关,组成人员也主要由留法归国人才组成,研究院事实上成为留法派的聚集地,这导致其打上了一定程度的人治烙印,在对外交流和影响力方面都无法与中央研究院相提并论。又由于中央研究院隶属于国民政府,而北平研究院隶属于教育部,这也使得后者在政府经费支持上大大少于前者,只能优先发展自然科学和应用科学研究。

总体来说,中央研究院和北平研究院的设立,使中国的科研体制完成了现代化转型,为中国的现代科学研究奠定了基础。然而,由于是时国家无暇对科学研究进行长远规划,经费提供也难以持续,加之全面抗战的到来,两大研究院在经历了全面抗战前的黄金发展期后,都不得不面临迁徙流落的困境。

3. 傅斯年与史语所

中央研究院自1928年成立后,陆续创建了包括历史语言研究所在内的14

---

① 刘晓. 国立北平研究院简史. 北京:中国科学技术出版社,2014:46.

个研究所，覆盖大部分现代自然科学研究领域，并奉自然科学研究方法为圭臬。照理自然科学研究应率先取得突破，然而事实却是，传统上被看作进行人文社会科学研究的历史语言研究所成长得最快，成果最显著，以至成为中央研究院的招牌。要追问为何会有如此反差效果，是因为：一方面自然科学研究相对于西方来说尚处于起步阶段，无法与西方匹敌，另一方面则需得追问史语所的创办者傅斯年是如何在历史、语言研究中推崇自然科学方法，从而使人文社会科学研究后发先至的。

1896年，傅斯年生于山东聊城一个举人之家。1916年考入北大国文门本科，学习文史，并随国学大师章太炎学习文字学。然而，受五四新文化运动的影响，傅斯年迅速被胡适吸引，开始投身"文学革命"，成为北大新派的一员猛将。当时，毛子水率先提出"用科学的精神去研究国故"①。傅斯年附议，提出不能用保存国粹的心态和解微的方式整理国故，"国故的研究是学术上的事，不是文学上的事；国故是材料不是主义"，"研究国故必须用科学的主义和方法"②，由此展现出了他独立的思想倾向和对现代史学方法的推崇。1920年，傅斯年进入伦敦大学研究院，进一步认识到，"我想若不于自然或社会科学有一二种知道个大略，有些小根基，先去学哲学定无着落"③，开始转向心理学、生理学及数学的研习，甚至有一段时间沉醉于地质学中，两年后他进入德国柏林大学学习心理学和哲学，直至1926年归国。这段经历使他对自然科学和科学方法有了深刻的体悟，为他日后在史语所领导历史、语言研究时探索学术研究的方法、实践科学方法打下了基础。

1928年3月，傅斯年受中华民国大学院聘请，与顾颉刚、杨振生在广州中山大学筹备历史语言研究所，9月正式就任史语所所长。史语所初期以组为单位，设立了陈寅恪主持的史料组、赵元任主持的汉语组、刘复主持的民间文艺组、李济主持的考古组等，后于1929年合并为三组，第一组包括"史学各面以及文籍校订等"，第二组包括"语言学各面以及民间文艺等"，第三组包括"考古学人类学民族学等"，分别由陈寅恪、赵元任、李济担任主任。④ 三组工作迅

---

① 毛子水. 国故和科学的精神. 新潮，1919，1 (5).
② 傅斯年. 毛子水《国故和科学精神》识语. 新潮，1919，1 (5).
③ 傅斯年致胡适//胡适来往书信选：上册. 香港：中华书局，1983：106.
④ 傅斯年. 国立中央研究院历史语言研究所十七年度报告//欧阳哲生. 大家国学：傅斯年卷 (6). 天津：天津人民出版社，2009：59.

速展开，互相配合，协同并进，在中研院各所中颇受瞩目。

在创办和主持史语所的过程中，傅斯年的一大创举就是提出"历史学只是史料学"的口号，致力于将自然科学方法移植到历史、语言研究中。他主张要将史语所"办成一个有科学性而能在国际间的学术界站得住脚的研究所，绝对不是一个抱残守缺的机关"①。在1928年的年度报告书中他阐明了史语所创办的动机："中央研究院设置之意义，本为发达近代科学，非为提倡所谓固有学术。故如以历史言语之学承固有之遗训，不欲新其工具，益其观念，以成与各自然科学同列之事业，即不应于中央研究院设置历史语言研究所，使之与天文、地质、物理、化学等同伦。今者决意设置，正以自然科学看待历史语言之学。"②作为一门史料学的历史学对待材料的态度应该是"存而不补"，"证而不疏"，"材料之内使它发见无遗，材料之外我们一点也不越过去说"③。为此，他公开批判他的老师章太炎"在文字学以外是个文人，在文字学以内做了一部《文始》……不但自己不能用新材料，即是别人已经开头用了的新材料，他还抹杀着"④。他针对顾颉刚的研究方式也公开提出自己的意见："找出证据来者，可断其有；不曾找出证据来者，亦不能断其为无。"⑤ 傅斯年与顾颉刚、杨振生同为研究所的筹备员，但是，傅斯年坚持将运用现代学术方法的陈寅恪、赵元任、李济纳入麾下，而与顾颉刚渐行渐远，顾颉刚在史语所从筹备员变成兼任研究员，再而为特约研究员，终而为通信研究员⑥，可见傅斯年对办所方针和理念的坚持。

贯彻新理念、新方法的史语所，在考古、史料整理、语言研究方面迅速展开工作，取得了一大批成果。在考古方面，史语所成立之前，中国的考古挖掘大多是在外国人主持下进行的。作为第一个从事科学考古的学术机构，考古组

---

① 罗家伦. 元气淋漓的傅孟真. "中央日报"，1950-12-31.

② 王富仁，石兴泽. 谔谔之士——名人笔下的傅斯年 傅斯年笔下的名人. 上海：东方出版中心，1999：67-68.

③ 傅斯年. 历史语言研究所工作之旨趣//欧阳哲生. 大家国学：傅斯年卷（7）. 天津：天津人民出版社，2009：47.

④ 同③60，68.

⑤ 傅斯年. 评秦汉统一之由来和战国人对于世界的想象//傅斯年全集：第四卷. 台北：联经出版事业股份有限公司，1980：434.

⑥ 《"中央研究院"历史语言研究所四十周年纪念特刊》编辑委员会. "中央研究院"历史语言研究所四十周年纪念特刊. 台北："中央研究院"历史语言研究所，1968：147.

在李济、董作宾的带领下展开了对安阳殷墟的大规模考古工作。自1928年到1937年，考古组先后对安阳进行了大小十五次挖掘，这项工作一直进行到抗日战争全面爆发。除了发现多处宫殿、窖穴、陵墓遗址之外，考古组还出土了大量铜器、陶器、骨器、玉器、石器、蚌器及甲骨片等随葬品，为研究仰韶文化、后岗文化、殷墟文化提供了大量史料。殷墟挖掘的收获震惊中外，成为史语所最卓著的成就。在史料整理方面，1932年前史语所主要工作是完成明清内阁大库档案的回购工作。这些档案原存于历史博物馆，但辗转被私人收购。1929年，史语所迁至北平后，傅斯年组织陈寅恪、朱希祖、陈垣、徐中舒等五人成立明清内阁大库档案编委会，展开史料的回购工作，并着手编印《明清史料》丛刊，将整理所得公之于世。至抗战全面爆发，共刊行甲编、乙编、丙编各十册，涉及明清各方面史料。在语言学方面，由赵元任、李芳桂先后领导语言组展开对汉语和非汉语的调查，如赵元任1928—1929年对两粤方言、1933年对徽州方言的调查，李芳桂1929年对广东琼山乐会方言、1935年对广西泰语及其他非汉语的调查，不一而足。语言组另在南京北极阁设立语音实验室，从美国购回新式语音设备，购置语片，灌制音档，以科学的方法展开语音实验。语音实验工作引起了国际注意，"曾使坐第一把交椅的欧洲中国语言学家瑞典高本汉教授为之咋舌"①。

史语所的创办和研究工作的展开，使中国的历史、考古和语言等方面的研究跨上了一个新台阶。其一是实现了"要科学的东方学之正统在中国"的主张。20世纪二三十年代的中国，内忧外患之下民族主义高涨，表现在历史研究上则是"整理国故"运动和国粹学派的中兴，以胡适、傅斯年为代表的现代派则提出"历史学科学化基础上的民族主义"②，使历史研究走上了一条并轨于西方的科学化道路，取得了举世瞩目的成果。其二则是引进和培养了一批优秀的学术人才。史语所聘请的陈寅恪、赵元任、李济等人才都在国外接受过严格正规的现代学术方法训练，同时聘请的外籍研究员如高本汉、伯希和、德日进、钢和泰等都是国际一流学者，与傅斯年有着相同的理念，在工作展开和人才培养上配合默契，史语所所培养的年轻学者如夏鼐、张政烺、胡厚宣、梁思永、郭宝钧、严耕望、全汉昇、丁声树等，后来都成为享誉中外的研究者。

---

① 李济. 傅孟真先生领导的历史语言研究所//王为松. 傅斯年印象. 上海：学林出版社，1997：108.

② 欧阳哲生. 傅斯年一生志业研究. 北京：北京大学出版社，2016：41.

4. 资源委员会，专家治国

"九一八"事变后，民族矛盾的加剧使国民党政府与科技知识分子的结合加速，试图以科技振兴工业，提高国家实力。蒋介石认识到："没有一个现代的工业基础就不会有现代化的军队，基础性的、与军事相关的工业将作为国家工业生产能力发展的第一步。"① 这一点上，留英归国的科学家钱昌照与之不谋而合，于是向蒋介石提议设立国防设计委员会，提前为抗日做国防准备。1932年11月1日，经过半年多时间筹备的国防设计委员会正式成立。委员会隶属于国民政府参谋本部，由蒋介石直接领导，由于其地位很高，被时人称为"无形内阁"。委员会秘书长由时任地质调查所所长翁文灏担任，实际工作则由副秘书长钱昌照负责。委员会设立的目的在于"按现代的国防需要及本国物资与形势以制定整个的国防计划"。当时，实业部、全国经济委员会等国民政府各部门制订的各种工作计划都缺乏前期调研，闭门造车，导致制订出来的计划几无操作性、落实性。翁文灏和钱昌照及委员会其他成员王世杰、吴景超深受费边社会主义思想的影响，认为切实可行的工业发展规划，只能在经过艰苦的调查研究之后才能形成。因此，他们确定委员会的主要工作从四个方面进行：外交与国际调查、国防科学研究、国防经济计划拟定、临时应变措施拟定。其后的工作主要集中于调查研究上，围绕军事、国际关系、经济财政、原料及制作、交通运输、文化教育、土地和粮食七个方面展开了大量的调查。后又成立专门人才委员会，调查高级工程技术人员、科学家、教授情况，形成《中国工程人名录》，为日后资源委员会的人才联络和招募做准备。在调查工作之外，1933年，委员会又设立矿室、冶金室、电气室三个研究室，展开技术研究和设计制造工作。

1935年4月，国防设计委员会改组为资源委员会，隶属于军事委员会，仍由蒋介石直接领导，翁文灏、钱昌照实际负责。按照《资源委员会组织条例》，其职责为：（1）关于人和物的资源之调查统计研究事项；（2）关于资源之计划及建设事项；（3）关于资源动员之计划事项；（4）关于其他有关资源之事项。②

---

① 柯伟林. 蒋介石政府与纳粹德国. 陈谦平，等译. 北京：中国青年出版社，1994：110.

② 郑友揆，等. 旧中国的资源委员会——史实与评价. 上海：上海社会科学院出版社，1991：18.

其主要工作仍集中于调查研究上。从 1935 年到 1936 年，各调查组对全国的农业、工业、矿业、交通、人才等六方面资源进行了详尽调查统计，重要的如全国煤炭生产、运销、消费状况调查统计，全国石油生产、进口、运销及存货状况调查统计，钨、锑、锡、铜、锌等矿产资源的调查统计，长江流域金属、电气、机械等重工业状况的调查统计。1936 年 3 月，翁文灏依据前期调研材料拟具《国防工业初步计划》，以此为基础于 6 月份公布了《中国工业发展三年计划》。该计划共分十个部分："（甲）统制钨锑，同时建设钨铁厂，年产钨铁两千吨；（乙）建设湘潭及马鞍山炼钢厂，年产三十万吨，可供国内需要之半；（丙）开发（鄂）灵乡及（湘）茶陵铁矿，年产三十万吨；（丁）开发（鄂）大冶、阳新及（川）彭乡铜矿，同时建设炼铜厂，年产三千六百吨，可供国内需要之半；（戊）开发（湘）水口山及贵县铅锌矿，年产五千吨，可供国内需要；（己）开发（赣）高坑、天河、（湘）谭家山及（豫）禹县煤矿，年产一百五十万吨，补充华中、华南煤产不足；（庚）建设煤炼油厂（赣），同时开发（陕）延长、延川、（川）达县、巴县油矿，年产二千五百万加仑，可供国内需要之半；（辛）建设氮气厂，年产硫酸亚铁五万吨，同时制造硫酸、硝酸，以为兵工之用；（壬）建设机器厂，包括飞机发动机厂、原动力机厂及工具机厂（湘潭）；（癸）建设电工器材厂，包括无线电厂、电管厂、电话厂及电机厂（湘潭），每年产品可供国内需要。"[①] 其中心内容是沿湘赣一带建立一个自成一体的国有化工业区及开发西南各省的矿产资源，以应对战时需要。当时我国工业基础非常脆弱，而且主要集中于上海、青岛、天津等地，为了应对外敌入侵，在湘赣一带设重工业区无疑是当时更合理的选择。相对于其他部委制订的计划，这个计划无疑更具有可执行性。

为了得到工业建设的启动资金和工业设备、技术保证，1936 年资源委员会组成了一个访德代表团，与德国签订了了一个一亿金马克的"易货贸易"合同。根据合同，中方以钨、锑、桐油、生丝、猪鬃等产品抵付的方式向德国购买军火、兵工厂及重工业设备。在德国的帮助下，资源委员会在西南各省相继建立兵工厂，办起钢铁厂、钨铁厂、氮气厂、煤油厂等，并培养和储备了大量优秀的科技人才，使中国的重工业体系初具形态。

1937 年起，为了维持战时经济，资源委员会组织了大规模的上海民营企业

---

① 钱昌照. 两年半创办重工业得到不少教训——痛苦而深刻的教训. 第二历史档案馆档案，二八②-6238。

西迁，同时继续主导着国统区的重工业生产，并把经营范围扩展到轻工业、农业部门。在与德国的技术合作中断后，转而寻求美国的技术支持，向美国派遣了大量的技术学员。这些工作为艰难的抗战提供了基本的物质保障，改善了中国的工业状况。

资源委员会从诞生时的调查研究机构发展成囊括重工业、轻工业等几乎所有工业部门的国家工业机构，其与此前各类政府机构的最大差异是对专家治国、技治主义理念的彻底贯彻，从而提高了行政效率和决策科学性。在人员配置上，资源委员会的领导者及各部门（组）组成人员均为各行业著名学者、专家或留学归国人才、国内著名大学毕业生。资源委员会1943年之前都没有成立国民党党部，最大限度地避免了官僚集团和政客的介入。委员会领导者之一翁文灏，本身是一位著名的地质专家，注重实际问题的解决，以自己的专业素养身体力行地参与到资源委员会的运作中，成为科技专家和自由知识分子走上从政道路的开路先锋。从事调查研究和企业技术管理的人员，也大部分是具有多年行业经验的专门科技人员。这些都保证了资源委员会能以专业主义的精神开展各项事业，保证了决策的科学性与合理性，如1936年制订的《重工业建设五年计划》，就充分利用了地质调查所、北平社会调查所、中央经济统计研究所等机构，严格遵循了以通过调查统计获得实证材料为前提制订计划、修正完善计划的现代治理路径。而资源委员会成立后被蒋介石任命到外交、司法、财政等政府各重要部门任职的专家，也促进了相关领域决策的专业化、科学化，如1935年的币制改革方案，在前期国防设计委员会搜集的大量资料基础上，由资源委员会成员钱昌照、徐新六、顾翙群及英国财政专家李滋罗斯等人合几个月之力制定而成，排除了各派系的干扰，最大限度地保证了方案的科学性。

1936年后，资源委员会开始展开工业生产工作。在企业管理上采用了现代化的管理方法：充分下放权力，由专门管理人员垂直管理，避免外行领导内行。在工业生产上，选拔优秀的毕业生及经验丰富的技术人员担任相应岗位。按照钱昌照的说法，"仅仅建设一个厂、开发一个矿，能生产，有盈余，不算是成功。建设一个厂，同时训练可以建设三个、五个厂的人才，开发一个矿，同时训练可以开发三个、五个矿的人才，才是真正的成功"①，因此，资源委员会特

---

① 钱昌照. 两年半创办重工业之经过与感想. 新经济, 1939, 2 (1): 2-6.

别注重科技人才的培养，以资助出国考察学习等方式提高从业者的专业技能。良好的管理和专业化建设，使资源委员会在战乱中也能够保持高速发展，到抗战后建立起势力庞大的国家经济工业体系。

资源委员会以训练有素的技术专家代替政府官僚，尽管"这批新人对政府基本政策所能施加的影响很小"①，但其仍以科学理性精神和专业态度建立起了支持国家武装力量的工业基础，是旧中国政府的一抹亮色。

二、科教向世界看齐

南京国民政府通过一系列法律法规的颁布和对教育机构的整顿改革，延续并巩固了晚清以来国民教育体系的现代化之路。其中，以下四个方面的改革尤为突出：一是在学制上进一步淡化日本学制的影响，完善 1922 年通过的师法美国的壬戌学制，将美国的实用主义、平民主义教育本土化，进行科学教育、平民教育、实用教育、职业教育，构建了适应当时社会文化状况的国民教育体系；二是对晚清以来陆续成立的教会学校进行改造，使之符合现代教育机构普适化、标准化的要求；三是在学校设置、教师资格、学制安排、课程设置、教材审定、学业要求等各方面进行改革，形成适应青少年身心发展的较为合理的中小学国民教育体系；四是根据当时社会发展的实际需要和国民素质的实际情况，改变中国传统教育重义理、轻实利的倾向，大力发展职业教育，提高国民生活技能，适应现代化建设需要。通过各方面的改革，中国科教进一步向世界先进水平看齐，形成了迥异于传统士绅教育的现代教育体系。

1. 从仿效日本到改采美制

清末民初，内忧外患之下，清政府不得不推行新政，建立现代教育体制的呼声越来越高。在此背景下，清政府分别出台了 1902 年的壬寅学制、1904 年的癸卯学制两个具有现代色彩的教育体系。这两个学制都将学校教育分为初等教育、中等教育和高等教育三个阶段，以"忠君、尊孔、尚公、尚武、尚实"为教育宗旨。1905 年，清政府废除科举制，改设学部，仿效日本模式建立起了各级教育行政机关。晚清留洋者以留日居多，从 1896 年中国第一批 13 名学生赴

---

① 费正清，费维恺. 剑桥中华民国史（1912—1949 年）：下卷. 刘敬坤，等译. 谢亮生，校. 北京：中国社会科学出版社，1994：162.

日，到 1906 年达到 6 000—20 000 名留日学生，赴日留学一度成为时尚。① 这些人以学习师范、法政为主，归国后多进入政界和教育界。因此，清末的几次学制改革"在具体上的草创过程中，留日归国学生实出力不小"②，教育行政改革也几乎全盘照搬日本模式。

民国初建，在孙中山的指示下，教育总长蔡元培主持了一次重要的学制改革，拟定和出台了壬子癸丑学制。这个学制废除了忠君、尊孔、读经等内容，以"注重道德教育，以实利教育、军国民教育辅之，更以美感教育完成其道德"③ 为教育宗旨，试图形成普通教育和专门教育并行的教育体制。蔡元培有多年的留德和留法经历，虽然"拟遍采欧美各国之长，衡以本国情形，成一最完全之学制"④，但由于政局初定，学制改革周期短，主要还是借鉴日本经验，保留了清末癸卯学制的很多内容。当时教育部的官员仍以留日归国人员居多，且多为专门研习教育者，学制起草的主要参与人也以留日归国者居多，特别是范源廉、景耀月、董鸿祎等留日人员，在壬子癸丑学制的制定过程中发挥了重要作用。在这个时期，留日归国者主导了教育改革，而且没有留学经历的人也是在这种师法日本的氛围中成长起来的，因此，中国的教育现代化其实质整体上来说是经日本之手的西方化。但是，壬子癸丑学制也在某种程度上体现了蔡元培所提倡的"民主共和思想"，如摒弃日本学制中的"君主立宪"思想，择取德国学制中的一些做法，在高等教育体系中设研究院、评议会等。

壬子癸丑学制在施行过程中逐渐显露出其弊端，教育界开始酝酿一场以美国学制为模式的改革运动。其实早在清末，美国对中国实行的"庚款兴学"举措，就为中国培养了一批亲近和赞同美式民主教育、实用主义教育、科学教育的人才，新文化运动掀起的思想解放思潮，也使教育革新转变为自下而上的运动。为了深入了解美国学制和教育理念，一批知识分子先后赴美考察教育。1913 年，江苏省教育会派出俞子夷、郭秉文、陈容共三人作为第一批派出人员考察美国的教育机构，着重考察了小学、师范教育。1915 年，黄炎培、聂云台、

---

① 费正清，刘广京. 剑桥中国晚清史（1800—1911 年）：下卷. 中国社会科学院历史研究所编译室，译. 北京：中国社会科学出版社，1985：342.
② 王奇生. 留学生与中国教育的近代化. 东南文化，1989（1）：1.
③ 王炳照，阎国华. 中国教育思想通史：第六卷. 长沙：湖南教育出版社，1994：29.
④ 蒋维乔. 民元以来学制之改革//陈学恂. 中国近代教育史教学参考资料：中册. 北京：人民教育出版社，1987：164.

余日章随农商部组织的游美实业团赴美考察了美国的职业教育状况。1917年，张伯苓、范源廉、严修、孙子文等人赴美进行高等教育方面的考察。1919年，教育部指派由高等学校、中等学校、师范学校、教育行政部门十二人组成的赴美人员，对教育行政、大学及专门学校、师范教育、中学教育、小学教育、职业教育及职业研究、体育教育、推广教育、社会教育、特殊教育等方面进行了考察。1920年，北京大学校长蔡元培赴欧美各国进行了为期九个月的考察，着重了解高等教育、学术研究机关等方面的状况。这些考察工作使中国教育界对美国学制有了全面深刻的了解。

与之相关的是，美国教育家、哲学家杜威和教育家、社会学家孟禄的访华进一步推动了学制改革改采美式的转向。1919年春，杜威访问日本东京帝国大学时，受胡适的邀请来华讲学，游历中国十几省市，进行了大小不下200次演讲。杜威的学生胡适、陶行知、刘伯明、郑晓仓等在其两年多的访华中大力鼓吹其实用教育和平民教育思想。胡适通过《新青年》传播其"大胆假设、小心求证"的实验主义思想，陶行知则通过在东南大学开办暑期学校、发起中华平民教育促进会等推动平民教育，实践其"教育即生长，社会即学校，教学作合一"的理念。1919年，杜威参加在太原召开的第五次全国教育联合会年会，阐述其"教育无目的论"理念，给中国的教育改革带来了进一步思考的方向。1921年，美国实验主义教育学家孟禄受邀访华，帮助中国进行教育体制改革。他在当年召开的第七次全国教育联合会上，根据自己几个月的调查研究结论，大胆指出当时中国各项教育的问题，提出以美国的"六三三制"代替壬子癸丑学制，促使联合会通过了《新学制系统草案》。1922年第八次全国教育联合会正式通过该草案，促使教育部以该草案为基础颁布了一个全新的壬戌学制。壬戌学制根据"适应社会进化之需要、发挥平民教育之精神、谋求个体之发展、注意国民经济力、注意生活教育、使教育易于普及、多留各地方伸缩余地"①七个标准制定而成，充分展现了平民教育、实用主义教育的影响。这场自下而上的教育体制改革，既是学制改革师法美国的成功典范，也是民主思潮在中国的一次成功尝试。

壬戌学制将学制分为初等教育、中等教育、高等教育三阶段五级，规定全部学校教育时间为16-18年，6-12岁为初等教育期，12-18岁为中等教育期，

---

① 汉宝德，吕芳上，等. 中华民国发展史：教育与文化：上册. 台北：联经出版事业股份有限公司，2011：284.

18—24岁为高等教育期,在中学阶段以上,各地方可根据实际情况在选科、分科等方面做适当微调。至此,中国的学制改革基本完成。虽然1928年国民政府通过了一个新的戊辰学制,1937年根据战时需要又做了一些修改,但这些调整都没有超出壬戌学制的大框架。

值得一提的是,虽然学制的改革在1922年就趋于定型,但在实际的运行中,普及性教育、职业教育、文理均衡教育、男女均衡教育、城乡均衡教育等方面都存在着严重不足。① 因此,1928年5月国民政府在南京召开的第一次全国教育会议通过以"三民主义教育"代替"党化教育"作为教育宗旨的决议时,也制定了如下实施原则:"(1)发扬民族的精神;(2)提高国民道德;(3)注重国民体魄的锻炼;(4)提倡科学的精神,推广科学的应用;(5)励行普及教育;(6)男女教育机会均等;(7)注重满蒙回藏苗瑶……教育的发展;(8)注重华侨教育的发展;(9)推广职业教育;(10)注重农业教育;(11)阐明自由界限,养成服从纪律的习惯;(12)灌输政治知识,养成使用政权的能力;(13)培育组织能力,养成团体协作的精神;(14)注重生产合作消费及其他合作的训练;(15)提倡合于人生正轨的生活,培植努力公共生产的精神。"② 这表明,国民政府开始从照搬美国转向了美式教育的本土化,科学教育、平民教育、实用教育、职业教育深入发展,某种程度上促成了"民国以来教育学术的黄金时代"③。

美式教育对中国的影响在学制和教育理念上有所体现,也通过1924年9月成立中华教育文化基金董事会而继续发挥着作用。中华教育文化基金董事会在孟禄的推动下以美国第二次庚子退款为经费而成立,用于中国的教育文化事业。该基金会规定委员会中2/3为华籍委员,1/3为美籍人员。第一任委员会10名华籍委员中,顾维钧、施肇基、颜惠庆、张伯苓、郭秉文、蒋梦麟、周诒春等7人都是留美归国人员。在全面抗战之前的十年中,委员会(董事会)华籍成员也一直以留美人员占多数。基金会一方面邀请外国专家帮助中国各校发展科学教育、职业教育,另一方面翻译欧美教科书,致力于教科书的本土化,进一步扩大了美国对中国的影响。

---

① 张玉法. 中国现代史:下. 台北:东华书局,1983:484.
② 蔡芹香. 中国学制史. 上海:世界书局,1933:224-225.
③ 郭廷以. 近代中国史纲. 香港:香港中文大学出版社,1980:670.

2. 教会学校世俗化

晚清以来，西方传教人士在中国传教过程中逐渐设立起教会学校，这些教会学校囊括从小学到大学各阶段的教育。按照美国新教圣公会全国委员会所拟定的《设在中国之教会学校标准》，教会学校"必须尽一切努力建立和促进学校的宗教特点"①，因此，其服务宗教的宗旨高于教书育人的宗旨。更有甚者，这些学校独立于中国的教育体系，标志着中国部分教育权的丧失。晚清政府迫于无奈，只能采取"不干涉亦不承认"的消极策略。在中国教育现代化的进程中，将教会学校纳入国家教育体系，这既是民族主义思潮下收回教育权的必然选择，也是正规教育从宗教教化、忠君、尊孔等走向普适主义的必由之路。

民国之后，教会学校发展更快，在校学生从1912年的138 937人发展到1920年的245 049人。其时，教会所办的高等学校在中国的高等教育中占据绝对优势地位。1917年外国人所办学校的学生数占中国同阶段学校学生总数的比例分别为：初等学校约4%，中等学校约11%，而高等学校约80%。② 通过多年发展，教会学校在中国形成了一套完整的体系，以各种形式进行宗教教育：设立专门的宗教课程，严格控制学生的思想；强迫学生参加祈祷、礼拜、忏悔等宗教仪式；编辑宗教教学资料；以契约的形式"买断"学生的自由；利用课外活动挤占学生的业余时间和精力，使之在"忙而无暇"中被操控；有的学校对信教的学生格外优待，采取提供费用、资送出洋、缓缴或免缴学费等优惠待遇，拉拢、吸引学生受洗入教；在校园规划和校园建筑中融入宗教因素。③

北洋政府曾考虑开放教会学校注册立案，将其纳入私立学校范围内进行监督管理，但未得到教会方面的回应。1921年，教育部出台《教会所设中等学校请求立案办法》，要求教会学校"学科内容及教授方法，不得含有传教性质"，"校内学生，无论信教与否，应予以同等待遇"，如有违反，则不准许立案。④ 尽管言词已较为严厉，却未能得到教会学校认可，未达成良好解决方案。1922年7月，胡适在中华教育改进社第一次年会上提出，凡初等教育不得有宗

---

① 谭双泉. 教会大学在近现代中国. 长沙：湖南教育出版社，1995：57.
② 陈学恂. 中国近代教育史教学参考资料：下册. 北京：人民教育出版社，1987：380.
③ 任淑艳. 民国时期教会学校的宗教教育之悖论. 史学月刊，2009（6）：134-135.
④ 教育部训令第一三八号. 政府公报，1921-04-21.

教教育。① 一场非基督教运动和收回教育权运动在民间与各级政府呼应推动下迅速展开。如1924年10月全国教育联合会举办第十届年会,通过《取缔外人在国内办理教育事业案》和《学校内不得传布宗教案》,推动了各地方政府出台法规约束教会学校。同年底,北洋政府规定"凡教会学校未经核准备案者,其毕业生投考国内各大学概不收录",试图使教会学校屈服。② 1926年10月广州国民政府颁布《私立学校规程》,规定,"凡私人或私法团设立之学校,为私立学校;外国人设立及教会设立之学校均属之","私立学校,不得以外国人为校长;如有特别情形者,得另聘外国人为顾问","私立学校一律不得以宗教科目为必修科,亦不得在课内,作宗教宣传","私立学校,如有宗教仪式,不得强迫学生参加"③。但由于北伐战争的影响,政出多门,而又无力执行,整改活动并未取得预期成效。直到南京国民政府成立,政局趋稳,教会学校被纳入国民教育系统之事才有实质性的进展。

1927年,大学院成立后,政令开始统一,其对之前广州和武汉国民政府所颁行的法律法规采取"非经修改,一律继续有效"的态度。在蔡元培"教育于政党、宗教中保持中立,实行教育与宗教分离"思想的指导下,加之多年来受收回教育权活动的影响,南京国民政府从1927年起先后颁布了《私立大学及专门学校立案条例》《私立中等学校及小学立案条例》《私立学校条例》《私立学校校董会条例》《私立学校规程》《修订私立学校规程》等法规。这些法规没有特别提及教会学校,但从办学经费、学校设备、师资队伍、课程设置、监督检查等方面都严格规定了私立学校设立的条件和运行的规程,力图消除宗教势力的渗透。1929年4月23日颁布的《取缔宗教团体私立各学校办法》以将宗教与教育相分离,使教会学校的教育被纳入国民教育体系为宗旨,规定:凡以宗教团体名义,捐资设立学制系统内之各级学校者,应遵照私立学校规程办理;其设立各种补习学校或民众学校者,应遵照教育部所定关于是项之法令办理;凡宗教团体为传播其所信仰之宗教而设立机关招致生徒者,概不得沿用学制系统内各级学校之名称;凡宗教团体集合会社,研究教义或其他学术者,得依照关

---

① 杨天宏. 民族主义与中国教会教育的危机——北洋时期收回教育权运动之背景分析. 社会科学研究, 2006 (5):131.
② 杨笛. 收回教育权运动中的金陵女大. 学海, 2012 (5):28-30.
③ 私立学校规程. 大学院公报, 1928 (1).

于学术集会结社之手续办理。①

1929年8月公布的《私立学校规程》，规定私立学校校长不得由外国人担任，且须得到教育行政机关的认可，小学不得有宗教仪式，不得"劝诱"学生参加宗教仪式，旨在促进教会学校的世俗化和专业化。其对教会学校的注册也做了严格规定，在具体执行中，制定注册时间表，不顺从者予以停止招生或勒令关闭的处罚。1930年2月颁布的《查察教会学校应行注意各点》，要求各级教育机构对教会学校随时考察，重点检查："中等以上学校是否已遵章不以宗教科目为必修？其有设选修科者，有无强迫选修等情形？""小学本无选修科，是否尚有以选修之名，而令儿童有修习宗教科目之实？""课外有无强迫学生参加宗教仪式情事？"② 3月，教育部责令金陵大学和沪江大学停止开办宗教系；8月，"通令各省市教育厅严禁各教会学校图书馆陈列室宣传宗教之书籍、画片，庶免麻醉青年思想"③。

南京国民政府政出令行的态度，使教会学校的改造产生了显著的成效，各教会学校相继向国民政府注册。在高校中，除了圣约翰大学，沪江大学（1929.3）、燕京大学（1929.6）、东吴大学（1929.7）、金陵女子文理学院（1930.12）、岭南大学（1930.7）、山东齐鲁大学（1931.12）、福建协和大学（1931.1）、湘雅医学专门学校（1931.12，更名为私立湘雅医学院）等先后完成改造，达到国民政府的注册条件。④ 在教会中学中，截至1931年已经完成立案或立案准备的中学占其总数的70%，教会小学则由于政府严格限制小学的宗教教育而立案较少。⑤ 为了彻底杜绝教会团体涉足中小学教育，国民政府于1934年9月颁布《限制宗教团体设立学校训令》，规定凡宗教团体不得仿照学校规制，编制课程，招收学龄儿童及未满18岁之青年，授以中小学应有之科目。⑥

---

① 教育部. 教育部公告，1929（5）：20-21.
② 教育部. 教育部公告，1930（7）：18.
③ 反宗教教育运动势力之增长. 教育杂志，1930，22（8）.
④ 中央教育科学研究所. 中国现代教育大事记（1919—1949）. 北京：教育科学出版社，1988：237.
⑤ 叶健馨. 抗战前中国中等教育之研究（民国十七年至二十六年）. 台北：文史哲出版社，1982：57.
⑥ 多贺秋五郎. 近代中国教育史资料：民国编：下. 台北：文海出版社，1976：302.

在教会学校的改造中，最具成效的一点是削弱甚至消除了宗教在教育体系中的影响，使教会学校走向世俗化，而教会学校本身所具有的师资优良、设备齐备、教材先进等优点得以保留，助益更多非基督教学生。当然，在适应政府要求过程中，教会学校并未放弃其传教的宗旨，彻底世俗化，而是采取了柔化策略来延续宗教的影响，但并不能因此否认教会学校在国民现代教育特别是高等教育中所起的重要作用。

3. 建立中小学国民教育体系

民国时期的中小学教育自1922年的壬戌学制之后就基本趋于定型。但是在学校设置、教师资格、学制安排、课程设置、教材审定、学业要求等各方面，南京国民政府在全面抗战之前的十年出台了多项法律法规，进一步做了完善，形成了较为合理的中小学国民教育体系。

壬戌学制借鉴美国"六三三"制，小学六年，前四年为初级，属义务教育年限；后两年为高级，各地方可根据具体情形增设相关职业教育。中学六年，初、高二级各三年，初中施行普通教育，但可由各地自行设职业教育；高中除了普通教育，还可施行农、工、商、师范、家事等教育。由表7-2-1和表7-2-2所反映的课程设置可知，中小学国民教育体系中中国传统内容占比很少，课程内容涵盖大量现代西学，特别是自然科学方面的内容。

表7-2-1　　　　　　　壬戌学制初级中学科目及学分的规定[①]

学科	必修科目										选修科目
	社会科			言文科		算学科	自然科	艺术科		体育科	
	公民	历史	地理	国语	外国语			图画	手工	音乐	生理卫生	体育	主要是职业科目或补习必修科目
学分	6	8	8	32	36	30	16	12	4	12	16
合计	180										

[①] 张平海. 中国教育早期现代化研究. 上海：华东师范大学，2001：121.

表 7-2-2　　　　　　　高级中学普通科第一组教学计划表①

		科目	学分	
公共必修科目		国语	16	64
		外国语	16	
		人生哲学	4	
		社会问题	6	
		文化史	6	
		科学概论	6	
	体育	卫生法	10	
		健身法		
		其他运动		
分科专修科目	甲组必修	特设国文	8	56左右
		心理学初步	3	
		伦理学初步	3	
		社会学之一种	4（至少）	
		自然科学或数学之一种	6（至少）	
	乙组必修		32（或更多）	
纯粹选修科目			30（或更少）	
毕业学分总额			150	

1932 年和 1933 年颁布的《小学法》和《小学规程》，将小学进一步细化为三类：（1）完全小学，分初、高二级；（2）简易小学，为推行义务教育的变通办法，收容不能进入初级小学的学龄儿童，分全日制、半日制和分班补习制三种；（3）短期小学，收容 10-16 岁的失学儿童，实行分班制教学，修习一年。② 在课程设置上，1929 年制定的《小学课程暂行标准》规定，初高级小学都开设党义、国语、社会、自然、算术、工作、美术、音乐、体育九科。③ 小学自然科教学目标："（一）启发追求理解自然的基本知识，并养成对于自然科学的研究态度和实验精神。（二）增进利用自然以解决物质和精神生活问题的智能。物质生活问题：如个人身体的卫生，以及衣、食、住、行等民生需求的满足。精神生活问题：如迷信的破除，正当的宇宙观和人生观的培育等。（三）培养欣赏自

---

① 吕达. 中国近代课程史论. 北京：人民教育出版社，1994：304.
② 吴文星. 百年来中小学教育之发展//汉宝德，吕芳上，等. 中华民国发展史：教育与文化：上册. 台北：联经出版事业股份有限公司，2011：285.
③ 1932 年正式颁布的《小学课程标准总纲》又增加了公民训练一科。

然、爱护自然的兴趣和理想。"① 力求使学生掌握基本的科学知识，培养基本的科学素养，用以解决生活中的问题，指导日常生活，如"能在研究过的事物中，说出原理原则和理化作用来，知道身体构造和生理卫生的大要，知道最浅易急救方法等"②。

在中学教育方面，1927年大学院公布的《中学暂行条例》继承了壬戌学制："中学教育应根据三民主义，继续小学之基础训练，增进学生之智识技能，为预备研究高深学术及从事各种职业以达适应社会生活之目的。"以此思想为指导，"初级中学实施普通教育，但得视地方需要，兼设各种职业科"，"高级中学分设普通、师范、农业、工业、商业、家事各科"③。也就是说，初中与高中教育体制、课程设置有所区别，初中主要施行普通教育，高中则是普通教育、职业教育、师范教育等并行，更趋重职业教育和专门教育，以适应社会需求和青少年发展阶段性特征。在普通教育中，1932年颁布的《中学课程标准》将学分制改为时数制，初中自然科改为植物、动物、物理、化学四科，高中取消选修科目，加重语文、算学、史地等科目的分量，使课程设置更加细化和专门化，课程结构更加合理。

与课程设置相应的是，在各科目的教材使用上，教育行政机构也做了规定，并成立编译机构编制和审定教材。大学院时期，教育行政部门专设书报编审组，以审查教科图书。1929年，教育部颁布《暂行教科图书审查办法》和《审查教科图书共同标准》，就审定教科书的类别、标准、程序做了明确规定。1932年，国立编译馆成立，负责编译教育事业的必要图书，编译学术名词，审查中小学教科用书、课外读物、参考用书、党义图书、中小学教学用标本仪器等，以保证教学用书等的统一化和规格化。

为了检验中小学学生完成各阶段学业后是否达标，教育部还推出会考制度。1932年，教育部颁布的《中小学学生毕业会考暂行规程》规定，"各省县市教育行政机关为齐整小学、初级中学、高级中学普通科学生毕业程度及增进教学效率起见，对于所属各中小学应届毕业、经原校考查及格之学生举行会考"④。

---

① 教育杂志，1929，21（11）：附录．
② 教育部．小学课程暂行标准．教育杂志，1929，21（11）．
③ 多贺秋五郎．近代中国教育史资料：民国编：中．台北：文海出版社，1976：483-484．
④ 李国钧，王炳照．中国教育制度通史：第七卷．济南：山东教育出版社，2000：128．

在完善课程体系的同时，教育部对中小学教师资格做了相应的规定。依《小学规程》，小学设校长一名，各年级设级任教员一名。担任小学教员者需为师范大学或大学、教育学院教育科系毕业者，高等师范学校或师范学校毕业者，旧制师范学校本科或高中师范科、特别师范科毕业者。无上述资格者，则需通过教育行政机关的检定。依《中学规程》，初高中教员所任学科应为其专习学科，并符合规程所定的规定之一。初中教员资格的要求为：或经初中教员考试或检定合格，或具有高级中学教学规定资格之一，或为国内外大学本科、高等师范本科或专科毕业，或国内外专科学校或专门学校毕业后具有一年以上教学经验，或于高级中学程度相当学校毕业后曾任中等学校教员三年以上，并于所任学科确有研究成绩。高级中学教员资格要求为：或经高级中学教员考试或检定合格，或国内外师范大学，或国内外高等师范本科或专修科毕业后具有一年以上教学经验，或国内外专科学校或专门学校毕业后具有二年以上教学经验，或发表过有价值的专门著述。① 从以上规定可看出，教育部对中小学教员的要求着力于职业化、专业化，从师资上保证教育现代化的要求。为了解决师资短缺问题，特别是小学科学教师的短缺，各地政府还设立了小学教员讲习所，竭力提高科学教育的水平。

南京国民政府教育行政机构对中小学教育所采取的各项举措，使国民基础教育体系得以完善和稳固，很大程度上脱离了传统启蒙教育，走上了紧趋西方的现代化之路。一以贯之的政策使国民教育的普及化程度也大为提高。就小学数量和学生数量来说，1929 年为 212 385 所，8 882 077 人，约占学龄儿童 17%；1932 年为 262 496 所，12 179 994 人，约占学龄儿童 25%；1936 年为 318 797 所，18 285 125 人，约占学龄儿童 37%。7 年间学生数量增加一倍多。② 不过，在具体的法规、政策施行过程中，政府过强的控制期待与各地方、各阶段的弹性需求之间时常发生冲突，双方互有妥协。如各学校的实际师资水平与师资要求不符，其结果是旧学体系中的私塾教师以速成之法修习科学上岗解急。教育部出台的会考制度增加了中小学生的学习负担，有走向应试之嫌，不利于学生的身心发展，龃龉之下教育部只好取消了小学的毕业会考。

---

① 广少奎. 重振与衰变：南京国民政府教育部研究. 济南：山东教育出版社，2008：243-247.

② 吴文星. 百年来中小学教育之发展//汉宝德，吕芳上，等. 中华民国发展史：教育与文化：上册. 台北：联经出版事业股份有限公司，2011：285.

4. 重视职业技术教育

中国传统教育偏重人文，所培养人才多尚空谈，不重实利。自晚清见识西方坚船利炮和西洋物产后，国人始知奋起直追，教育事业也开始有了"尚实"的追求，各地纷纷展开新教育运动。民国之后进行的几次学制改革，都吸收了新教育运动的成果，将实利教育、职业教育纳入规划中。1917 年，黄炎培等创立"中华职业教育社"，创办中华职业学校，更是致力于推广职业教育，以实现为个人谋生之准备，为个人服务社会之准备，为国家及世界增加生产能力等三大目标。① 陶行知带领的中华教育改进社则致力于乡村教育和平民教育，将教育与生活、社会结合起来。但由于北伐战争导致的社会动乱，职业教育大幅萎缩，职业教育机关从 1926 年的 1 695 所降到 1928 年的 149 所。② 南京国民政府成立后，在完善中小学国民教育体系过程中，为了适应社会的实际需要和工商业发展的要求，培养国民独立生活技能，除了发展普通教育系统，对职业教育（包括师范教育和实业教育）也做了更多规划。

1928 年大学院公布的《中学暂行条例》规定，"高级中学分设普通、师范、农业、工业、商业、家事各科"③，将职业教育作为高中阶段的重要组成部分来实施。1930 年教育部第二次全国教育会议，对各省农、工科高中做了具体的规定，要求"全省普通高中校数超过三所以上者，三所以外的其余各所，应分别改办农科或工科"④。1931 年 6 月，国民政府发布《确定教育设施之趋向案》，提出要"特别注重于职业教育之推进，诚足矫正历来教育空泛浮之弊端。……今后之教育趋向，自小学以至大学均应养成职业化，增加国民生产力为一贯的精神"⑤。旋即教育部出台各项法令，直接指示各省市职业教育的办学措施：（1）限制设立普通中学，增设职业学校或乡村师范学校；（2）各普通中学一律

---

① 任时先. 中国教育思想史. 北京：高等教育出版社，2001：349-350.

② 黄炎培. 中国职业教育简史//陈选善. 职业教育之理论与实际. 上海：中华职业教育社，1933：24.

③ 多贺秋五郎. 近代中国教育史资料：民国编：中. 台北：文海出版社，1976：483-484.

④ 张宪文，张玉法. 中华民国专题史：第十卷：教育的变革与发展. 南京：南京大学出版社，2015：183。

⑤ 中国第二历史档案馆. 中华民国史档案资料汇编：第五辑第一编：教育（二）. 南京：江苏古籍出版社，1994：1028.

添设职业科目或附设职业科；(3) 新申请设立普通中学者，督促或劝令改办职业学校。但在实际操作中，普通中学、师范、职业三种教育的并立导致了"系统混淆，目的分歧，其结果，中学教育固无从发展，而师范教育与职业教育，亦流于空泛"的弊端。当时，国联考察团来考察中国的教育状况，肯定了政府办职业教育的积极性，但建议"中国应更切实际，尤应趋重职业教育和专门教育"①，建议将中等教育的综合制改为专设制。国民政府采纳这个建议，于1932年颁布《中学法》《师范学校法》《职业学校法》，将中等教育分为中学、师范、职业三部分，各部分专设学校，自成体系，并颁布中学、师范、职业三类学校规程，各专其事。1933年，教育部出台《各省市中等学校设置及经费支配标准办法》，要求各地增加职业教育的经费投入，规定至1937年，各省市职业学校在中等教育中的经费分配不得低于35%。由于社会发展水平低，学生更愿意就读普通中学等，各省市职业教育经费投入实际上远少于标准，但是，在教育部各项措施的支持下，职业教育经费占中等教育经费总额的比例还是稳定上升（见表7-2-3），有的地区甚至超过了教育部的标准。

表7-2-3　1934—1935年度各省市职业教育经费数额及占中等教育经费总额百分比②

省份	1934年		1935年	
	金额（万元）	百分比	金额（万元）	百分比
江西	366 275	29%	385 670	36.6%
福建	224 539	29%	244 440	30.4%
山东	154 688	10%	183 200	13%
河北	199 800	—	307 185	20%
广东	421 008	25.6%	503 116	28.5%
四川	184 900	31.3%	256 279	27%
湖南	682 028	36.1%	676 132	38.61%
江苏	—	25.31%	655 762	29.23%
浙江	339 102	20.67%	311 897	24.04%
河南	146 612	12%	181 988	18%
湖北		30%	245 232	28%
陕西	7 132	14%	151 814	16%

---

① 张宪文，张玉法. 中华民国专题史：第十卷：教育的变革与发展. 南京：南京大学出版社，2015：183.

② 钟道赞. 一九三六年中国职业教育之检讨. 教育杂志，1937，27（2）：9.

续前表

省份	1934 年		1935 年	
	金额（万元）	百分比	金额（万元）	百分比
山西	24 151	3%	93 768	13%
察哈尔	64 146	26.2%	92 984	26.3%
宁夏	30 000	33%	35 000	23%
绥远	33 480	10%	44 487	28%
云南	60 573	8.4%	45 673	14%
安徽	390 917	29.5%	474 951	31.83%
贵州	—	—	41 811	10%
甘肃	—	—	137 132	30%
南京	19 920	24%	31 920	22%
北平	—	—	—	17.4%
上海	—	—	63 828	19%
青岛	38 958	15.42%	69 958	25.78%
威海卫	12 300	38%	38 480	26%
总计与平均	—	—	5 272 707	24.4%

在连续几年的硬性措施推动下，全国职业教育有了稳定的成长。全国职业学校数量增长显著，由1928年的149所发展到了1936年的494所，在校学生数量从1928年的16 641人增加到了1936年的56 822人，教育经费也有了较大提高，从1928年的2 217 480元增加到了1936年的8 730 591元。①

在职业教育教师的选定上，当时社会上技能、知识和教学经验三方面合格的师资不足，国民政府变通性地允许实业界技术经验丰富的人员担任教师，并举办多种进修活动提高专任教师水平，如委托大学举办暑期讲习会，邀请专家对他们进行知识和技术指导，提供奖学金组织进修或出国研修，组织专任教师进入公私企业实地考察，等等。在职业教育的科目及课程设置上，主要是根据当时社会急需的技术人才设置相应的科目，重点是农业、工业、商业、家事等。1933年，教育部公布的《职业学校各科教学科目及时数概要》对各类职业学校的教学目的、专业设置、入学年龄、修业年限、学习科目及时数都做了具体规定。在教学方式上，根据《职业学校规程》的要求，职业教学应以先实习后讲授为原则，让学生切实掌握相关技能。虽然"职业学校种类繁多，内容复杂，

---

① 张宪文，张玉法. 中华民国专题史：第十卷：教育的变革与发展. 南京：南京大学出版社，2015：185-186.

且科学知识，日新月异，日有进展，殊不易确定一次永久适合之课程标准"①，而且职业教育教学方式灵活度大，但教育部仍按照标准化教育的要求规划了各科目的课程标准，并委托各行业专家编订教学大纲和设备概要。1934—1935 年陆续编订了《职业学校各科课程表教材大纲设备概要汇编》四册，1936 年又设定办学经验丰富的职业学校制定各科目的课程及设备标准，至 1938 年公布施行了土木、机械、电机、电讯四科的课程及设备标准。相对于普通教育来说，职业教育相关标准的制定难度更大，更难统一，但是直到全面抗战前，这一工作都没有停止下来。

在学校设置、师资要求、课程标准、学习要求等各方面力尽规范化、制度化的同时，国民政府也根据各省市的不同情形和不同时段的社会需求酌情调整职业教育规划。比如，在职业教育的科目设置和内容上，随着抗日战争的全面爆发，相应转向为战时的工农军事生产服务，课程内容增加了军工类生产的技能培训。在职业教育机构的类型上，自 1932 年专设师范、职业学校之后，还保留了普通中学中兼设的职业科目，并辅之以进行在职业余培训的职业补习学校。职业补习学校的生源大致有两种："一种是已经受了相当的普通教育，而缺乏职业技能，需要补充职业训练的；一种是已经有了相当职业技能，而感觉不足应用，需要增加的。"② 因这类学校办学方式灵活，随时招收新生，吸引了不少出了学校没有就业者和在职业界的工作者。除此之外，在城市中建立职业指导所，对普通学校毕业者进行择业指导和就业继续指导；在农村开办乡村职业教育机构，与民间发起的乡村建设结合起来，发展农村事业，如中华职业教育社关于农村改进事业的实验活动。从以上梳理可以看出，全面抗战之前十年国民政府对职业教育的规划是一个适应当时社会状况的现代化与本土化交织的过程，总体来说是较有成效的。

三、高等教育的成效和问题

1928 年以后，高等教育正式纳入国家行政运作中，开始了其体制化、规范化之路。这主要体现在：一批从欧美留学归国、具有现代大学教育思想的人物，

---

① 中国国民党中央委员会党史史料编撰委员会. 革命文献：第 55 辑. 台北：兴台印刷厂，1971：237.
② 清儒. 职业补习学校的学生. 教育与职业，1937（181）：1.

如蒋梦麟、罗家伦、梅贻琦等，主导了大学的体制化改造，校长治校、教授治校得以本土化，涌现出像北京大学、清华大学、南开大学、中央大学这样一批亚洲一流、比肩国际水平的大学；通过对高等教育的整顿，公立大学、私立大学、教会大学三种类型高校进入有序发展中，延续和巩固了各自的优势，共同促进了高教发展的"黄金时代"。在公立大学中，南京的中央大学和成都的四川大学代表着两种典型的发展形态。中央大学身处首都获得了政府充分的支持，发展成为全国规模最大、学科设置最齐全的大学，四川大学则因全面抗战的来临，国民政府决定将四川作为大后方来经营而成为"地方中央化"的典型，走向了国立化和现代化。当然，高等教育的体制化也带来新的问题，国民政府为了控制教育权，实行独裁的党化教育，在某种程度上限制了大学的自主发展。

1. 大教育家：蒋梦麟、罗家伦、梅贻琦、张伯苓

全面抗战之前的十年中，各类高校涌现出一批治校有方、各具特色的大学校长，其中著名的有蒋梦麟、罗家伦、梅贻琦、张伯苓等。

蒋梦麟早年曾赴美留学近10年，1919年被聘为北京大学教授，之后曾任北大代理校长、浙江大学校长，1930年12月，在北京大学面临发展困难的情况下出任校长，直到抗战胜利。治理北大期间，蒋梦麟继承和发展了蔡元培时期"教授治校、民主管理"的模式和"学术至上"的理念，同时借鉴美国的大学教育制度，使北京大学发展成为全国少有的人才培养重镇与学术研究中心。根据《大学组织法》，蒋梦麟主持制定了《国立北京大学组织大纲》，提出"教授治学、学生求学、职员治事、校长治校"①的方针，强调学事的层层分工，各司其职。校长治校意味着学校行政职权更多地集中于校长之手，强化了校长的工作职责，在20世纪30年代政府加强对高校管控的情况下，客观上为对待政府命令提供了更多的腾挪转圜空间，在学事与政事之间找到了较好的平衡。在教授治学上，则充分发挥教授在教学、学术事务上的积极性。蒋梦麟上任以后，即对教师队伍进行全面整顿，以"取人才主义，不论私交，亦不顾与学校历史久暂"为选聘原则，放手在全国挑选教授与研究人才，特别是对理科类教授进行重新聘任，刘树杞、李四光等一批一流的科学家到校执教。在教授职责上，区分研究教授和专任教授。研究教授要求"所治学术有所贡献，见于著述"，

---

① 孙善根. 走出象牙塔——蒋梦麟传. 杭州：杭州出版社，2004：153.

"每周至少授课六小时，并担任学术研究及指导学生的研究工作，不得兼任校外教务或事务"①。在学术交流上，通过创办和恢复刊物、邀请国内外专家讲学等方式促进学术思想的传播与交流，先后邀请哈佛大学国际法教授威尔逊、伦敦大学人类学教授史密斯、巴黎大学物理学教授郎之万、日本京都大学法学教授三浦周行等来校讲学。教学与学术之外的事则交给秘书处和课业处，使教授能专心学事。在学生求学上，一方面加强学生管理，确保学生专心求学，不受社会政治活动影响，另一方面提供宽松环境，在通才教育与专精培养上取得平衡。1933年设立研究院，分文史、自然科学、社会科学三个部招收研究生，专业人才的培养开始走上正规化道路。

如果说蒋梦麟代表的是国立大学中自由民主的现代派，那么罗家伦代表的则是官方意志下的现代派。从1928年到1940年，罗家伦先后出任清华大学和中央大学校长。1928年6月北伐军占领北京后，罗家伦代表中华民国大学院接收北洋政府教育部和外交部，8月被任命为清华大学校长。在任期间，罗家伦提出了整理清华的"四化"方案——廉洁化、学术化、平民化、纪律化②，并开创了清华校史上的三个"第一"——第一次招收女生，第一次在全国考选学生派送留洋，第一次招收外国留学生。但复杂的人事和政治斗争，迫使罗家伦于1930年中原大战爆发时辞去清华校长职位。其后，他接手南京中央政治学校，试图把该校从一个政治培训班打造成正规大学，但还未实现其抱负，便因1932年的中央大学风潮而临危受命，被国民政府指定为中央大学校长。中央大学原为学衡派的重地，与新文化运动的现代化浪潮相悖，后又因政局变动等原因派系斗争复杂。国民政府定都南京后，作为首都最高学府，它开始承担起民族性和学术性的双重重任。罗家伦上任后，以德国柏林大学为原型，试图让中央大学养成新的学风，建立起"有机体的民族文化"③，以西方现代科技知识的学习和研究发挥大学在民族复兴中的作用，提倡实科，限制文法，将"学生的政治热情转移到学术研究之中"④。他提出"诚朴雄伟"四字校训，要求青年学生注

---

① 吴相湘. 蒋梦麟振兴北大复兴农村//吴相湘. 民国百人传：第一册. 台北：传记文学出版社，1982：85.

② 罗家伦. 致清华大学董事会报告整理校务之经过及计划//《罗家伦先生文存》编辑委员会. 罗家伦先生文存：第一册. 台北："国史馆"，1976：452-453.

③ 罗家伦. 中央大学之使命. 国立中央大学日刊，1932（820）.

④ 许小青. 诚朴雄伟，泱泱大风——中央大学校长罗家伦. 济南：山东教育出版社，2012：171.

意修养的三要素：一是科学家的求真精神，二是军人的生活习惯，三是运动家的竞赛道德。① 在教授选聘上，他大力提携青年才俊，仅 1933 年理学院就引进了孙光远、孙宗彭、庄长恭、施士元、胡焕庸等十多位归国人才，又请到留学美国的卢孝侯担任工学院院长，使工学院成为中央大学发展得最好的学院。1933 年为支持未来空军需要，工学院增设机械特别研究班，培养航空人才。1935 年又增设医学院、算学研究所、农学研究所。经过他的数年努力，中央大学发展成一所建制健全、优势突显的现代化大学。

梅贻琦是第一批庚款留美学生，1915 年回国后开始在清华担任教职，从 1931 年到 1948 年他一直担任清华大学校长，是该校历史上任期最长的校长。梅贻琦深受美国教育思想的影响，在校长就职演说中，他指出："办学校，特别是办大学应有两种目的，一是要研究学术，二是要造就人才。"② 依此宗旨，他力行"教授治校"，实行行政事务与学术事务的并行制，以保障学术的自由。他以自身低调谦逊的人格魅力将叶企孙、施嘉炀、陈岱孙、顾毓琇、潘光旦等一批一流学者和领导者吸引到清华，使清华大学尽可能避免了南京方面政客的插手。他提出"大师论"，认为"师资为大学的第一要素"，"一个大学之所以为大学，全在于有没有好的教授"③。为此，他延揽国内外名师，制定《教师服务及待遇规程》，保障教授权利，还规定了教授的带薪休假制度。在学科布局上，他响应当局"提倡理工，限制文法"的政策，把工程学系扩建为工学院，相继建成一批以国际最高水平为标准的实验室，"从速研究实用科学，以供国家需要"④。1933 年成立航空工程组，聘请有"航空之父"之称的冯·卡门、美国科学家华敦德、控制论创始人维纳等来校讲学，在航空风洞的实验上取得令人瞩目的成绩。在办学理念上，他学习哈佛大学的通才教育模式，规定文、理、法、工学院的全体学生一年级暂不分系，都修同样门类的课程，使学生在自然、社会、人文方面都得到必要的训练和熏陶。经过数年的经营，清华大学既保持了文科优势，又使理工科优势尤为突出，"成为综合了两种体制的新型大学，即兼有以人文科学为主的哈佛大学和以技术科学为主的麻省理工

---

① 罗家伦. 现代青年修养的要素//文化教育与青年. 上海：商务印书馆, 1946：52-54.
② 黄延复, 马相武. 梅贻琦与清华大学. 太原：山西教育出版社, 1995：300.
③ 刘述礼, 黄延复. 梅贻琦教育论著选. 北京：人民出版社, 1993：24.
④ 梅贻琦. 二月二十七日总理纪念周纪事. 国立清华大学校刊, 1933-03-02.

学院的特点"①。

南开大学作为民国时期私立大学中的佼佼者主要得益于张伯苓。张伯苓早年先后游历日本、美国,考察了日本的大中小学教育和美国的大学教育,回国后与著名教育家严修一起先后创办南开中学、南开大学。他与蒋介石私交甚好,教育理念相似,强调大学"文以治国""理以强国""商以富国"的使命,客观上使南开大学以一所私立大学的身份获得了当局教育资源上的优待,为自身的发展提供了优良的环境。在南开大学的治理中,他主张教育不能全部照搬西方,应根据社会需要而变化,要"知中国,服务中国"。1928 年,他提出南开大学"土货化"方案。"'土货化'者,非所谓东方文化精神,乃关于中国问题之科学知识,乃至中国问题之科学人才。……吾人所谓之土货化的南开,即以中国历史、中国社会为学术背景,以解决中国问题为教育目标的大学。"② 根据这个方案,他在南开大学确立了"公能"人才培养的"五项训练"方针,即提倡科学、重视体育、组织团体、重视道德训练和培养救国力量五项并举。1934 年,他把这一办学理念凝结成"允公允能,日新月异"的南开大学校训,要求师生德才兼备,与时俱进。如何日新月异呢? 即立足于社会实际,理论与应用并重,教学与科研并重,加强实用学科和对中国实际问题的研究。在课程开设上,诸如"中国经济问题"、"乡村社会学"、"讲演术"、"售货学及广告学"和"工商实际问题"都在允许之列。在大学管理上,他强调"私立非私有",借鉴欧美大学自治传统,实行民主治校、大师办学、自觉自治。③ 正是这种公义和民主精神,使张伯苓进入一流教育家行列,成就了在西南联大时期与蒋梦麟、梅贻琦共掌校印的传奇。

2. 公立大学、私立大学、教会大学并行发展

民国之后,采用西式教育的现代大学得到蓬勃发展。1922 年改采美国学制之后,高等教育呈现出公立大学、私立大学、教会大学并举的盛况。政局的混

---

① 梅祖彦. 天南地北坐春风——怀念先父梅贻琦校长//宗璞,熊秉明. 永远的清华园. 北京:北京出版社,2000:30.
② 王文俊,梁吉生. 南开大学发展方案//南开大学校史资料选(1919—1949). 天津:南开大学出版社,1989:38-39.
③ 刘艳玲. 张伯苓大学管理思想浅析. 河北大学学报(哲学社会科学版),2009(3):97.

乱，使当局无暇插手大学校园，高等教育此间反而获得了一段自主自决和快速发展的时光。1914 年，全国大学仅有 7 所，学生 730 人，到了 1926 年，各类公私立大学达到 51 所，毕业生达到 1 841 人。① 南京国民政府成立后对高等教育进行整顿，陆续颁布《大学组织法》、《专科学校组织法》和《大学规程》等教育法规，并采用"作质量改进，不再作数量的扩充"② 的原则，使各类型高校进入有序和全面发展中，公立大学、私立大学、教会大学在高等教育体系中延续和巩固了各自的优势，迎来高等教育发展的"黄金时代"。

南京国民政府把大学分为国立、省立、市立和私立四类，其中前三者为公立大学，后者则包括普通私立大学和教会大学。国立大学是南京政府时期高等教育的主体和主流，是国家教育经费的主要受用者，是教育兴国政策特别是重工业、国防工业人才培养的主要执行者。1927 年国民革命军北伐胜利时，全国已有北京大学、北洋大学、山西大学、东南大学、广东大学五所国立大学，1927—1937 年又增设了中央大学、劳动大学、同济大学、浙江大学、暨南大学、武汉大学、清华大学、青岛大学、四川大学、厦门大学等。省立大学原来主要为各军阀在地方设立的公立大学，如湖南大学、河南大学、安徽大学、广西大学、云南大学等，后因办学经费紧张陆续改为国立。不少私立大学也因经费问题而改为国立，如同济大学、厦门大学、复旦大学。民国前期的高等教育以日为师，设立了大量文史法政类学科，与社会经济发展有隔膜，不利于毕业生就业，而且助长了空谈风气，增加了学潮风险。南京国民政府对公立大学采取了压缩文科，注重实科，增加经费发展工科的政策，以适应社会经济发展和交通、工矿业、战备的需要。在招生上，则采取限制或停止招收文法科学生的政策。经过数年的调整，理、工、农、医等应用科类专业学生人数大幅增加。1930 年，各科在校生所占比例前四名为法、文、工、理，1937 年则变为法、工、理、文。③ 各公立大学积极响应这一政策，不仅加强原有工科建设，专业设置上也开始出现越来越多的应用性学科，特别是国家急需发展的重工业各专业如地质系、水利工程系、航空工程系等纷纷设立。在研究领域，开展基础设施建设、矿产开发、机械制造、农作物现代化等

---

① 郑世兴. 中国现代教育史. 台北：三民书局，1981：61-63.
② 教育部. 教育部公报，1930（13）：71.
③ 金以林. 南京国民政府发展大学教育述论//中国社会科学院近代史研究所. 中国社会科学院近代史研究所青年学术论坛（1999 年卷）. 北京：社会科学文献出版社，1999：315-316.

研究与技术攻关工作。① 由于公立大学特别是早期设立的国立大学往往经费充足，西学开展得早，学术底蕴浓厚，办学理念先进，在科学研究和人才培养上具有明显优势。至1937年，清华大学、北京大学因其突出的成果已进入世界一流大学之林，中央大学等则发展成学科门类齐全、优势学科突显的亚洲一流大学。民国时期国立大学设立情况见表7-3-1。

表7-3-1　　　　　　　　　　民国时期国立大学设立情况②

设立时期	学校名称	国立化时间	所在城市	原校及其隶属等情况	备注
北洋政府时期	国立北京大学	1912年5月	北京	北京大学校（京师大学堂），直属教育部	
	国立北洋大学	1913年	天津	北洋大学校（北洋大学堂），直属教育部	
	国立山西大学	1918年7月	太原	山西大学校（山西大学堂），直属教育部	
	国立东南大学	1921年9月	南京	南京高等师范学校（三江师范学堂），公立	
	国立广东大学	1924年11月	广州	国立广东高等师范学校、省立广东法科大学、省立广东农业专门学校三校合并	1926年更名为国立中山大学
国民政府时期	国立第四中山大学	1927年3月	南京	国立东南大学、河海工科大学、上海商科大学、江苏法政大学、江苏医科大学以及江苏境内四所公立专门学校共9所公学合并	
	国立劳动大学	1927年5月	上海	新创办大学（1931年裁撤）	
	国立同济大学	1927年8月	上海	同济医工大学	
	国立第三中山大学	1927年8月	杭州	求是书院、浙江公立工业专门学校和浙江公立农业专门学校三院校合并	1928年7月改称国立浙江大学

---

① 方增泉. 近代中国大学（1898—1937）与社会现代化. 北京：北京师范大学出版社，2006：163.

② 李木洲，刘海峰. 民国时期国立大学的设立与分布. 高等教育研究，2014（4）：81-82.

续前表

设立时期	学校名称	国立化时间	所在城市	原校及其隶属等情况	备注
国民政府时期	国立暨南大学	1927年9月	上海	国立暨南学校（暨南学堂）	
	国立第二中山大学	1927年11月	武汉	国立武昌大学、国立武昌商科大学、湖北省立医科大学、湖北省立法科大学、湖北省立文科大学、私立中华大学等合并	1927年12月解散，1928年恢复成立国立武汉大学
	国立清华大学	1928年	北京	清华学校（清华学堂）	
	国立青岛大学	1930年4月	青岛	省立山东大学、私立青岛大学合并	1931年更名为国立山东大学
	国立四川大学	1931年	成都	国立成都大学、国立成都师大、公立四川大学三校合并	1934年正式享受国立大学经费待遇
	国立北平师范大学	1931年7月	北京	北平师范大学与北平女子师范大学合并	
	国立东北大学	1937年5月	开封	省立东北大学（南迁）	
	国立湖南大学	1937年7月	长沙	省立湖南大学	
	国立厦门大学	1937年7月	厦门	私立厦门大学	
	国立长沙临时大学	1937年9月	长沙	国立清华大学、国立北京大学、私立南开大学三校迁长沙联合办学	1938年西迁昆明并更名为国立西南联合大学，1946年三校回迁原址复校
	国立西安临时大学	1937年9月	西安	北平大学、国立北平师范大学、国立北洋工学院三校迁西安联合办学	1938年4月改称国立西北联合大学，1939年8月又改名为国立西北大学

续前表

设立时期	学校名称	国立化时间	所在城市	原校及其隶属等情况	备注
国民政府时期	国立云南大学	1938年7月	昆明	省立云南大学（东陆大学）	
	国立交通大学	1938年	贵州	交通大学唐山分校、北平分校联合办学（南洋公学）	
	国立广西大学	1939年	桂林	省立广西大学	
	国立中正大学	1940年9月	南昌	新创办大学（1949年更名为国立南昌大学）	
	国立第五中山大学	1942年3月	开封	省立河南大学（河南留学欧美预备学校）	
	国立贵州大学	1942年5月	贵阳	国立贵州农工学院（贵州大学堂）	
	国立重庆大学	1942年	重庆	四川省立大学	
	国立英士大学	1943年4月	杭州	浙江省立英士大学（省立浙江战时大学）	
	国立台湾大学	1945年	台北	台北帝国大学（日据时期）	
	国立安徽大学	1946年	安庆	省立安徽大学	
	国立兰州大学	1946年	兰州	国立甘肃学院改建（甘肃法政学堂）	
	国立政治大学	1946年	南京	中央政治学校与中央干部学校合并	
	国立南开大学	1946年10月	天津	私立南开大学	
	国立长春大学	1946年10月	长春	伪满洲国高校改建（1948年解散）	

资料来源：教育部教育年鉴编纂委员会. 第二次中国教育年鉴. 上海：商务印书馆，1948；教育部教育年鉴编纂委员会. 第三次中国教育年鉴. 台北：正中书局，1957；李子迟. 晚清民国大学之旅. 北京：中国致公出版社，2010；李沐紫，等. 大学史记. 济南：济南出版社，2010.

在私立大学方面，由于北洋政府鼓励私人办学，中国公学、南开大学、厦门大学等私立大学纷纷成立，造就了民国初期的大学热。到1937年，私立学校已占全国高校总数的51.6%。私立高校学生数，至1936年，占全国高校学生总数的49.4%。① 但是，这段时间私立大学也出现了无序增长和质量上参差不齐的现象。为了规范私立大学的发展，南京国民政府时期出台了严格的管理措施，如规定私立大学需在教育部立案，私立大学实行董事会制度与财务制度，取缔不合格的私立大学，资助办学成绩优秀的私立大学，等等。私立大学的经费来源主要为学费、捐款、政府补助和学校财产收入等，其中学费是经费来源的主渠道，往往占到私立大学总经费的50%以上。政府对私立大学的经费扶持包括专款补助办学成绩优良又确有经费困难的私立大学和重点资助办学成绩优秀的私立大学。通过政府的监管与扶持，私立大学作为公立大学的补充和高等教育体系的重要组成部分，在全面抗战前发展到了巅峰状态，涌现出一批像南开大学、厦门大学、大同大学、复旦大学、光华大学、大夏大学、武昌中华大学、中国公学、上海法政大学、广东国民大学、南通学院、中国学院、上海法学院、北京中法大学、广州大学这样办学质量有保证又各具特色的私立大学。其中获得政府重点资助的南开大学和厦门大学发展成学科门类齐全、办学质量不亚于一流公立大学的全国著名大学。与公立大学相比，国人创办的私立大学往往带有强烈的教育救国使命感，中华大学创始人陈时就提道："私立大学产生和发展于民间，独立于官府之外，更易于开拓民智，救国图新。"② 在学科设置上，私立大学往往避开公立大学的优势学科，在人文、法政、经济等领域开拓，从而涌现出一批具有优势和特色的学科，如复旦大学的经济系、上海大学的社会学系、朝阳学院的法科、金陵大学的农学系等。但是，私立大学被南京政府视为公立大学的补充，因此，相较于北洋政府时期，这个时期的私立大学虽然走向了正规化和求质量的道路，但在办学自由度上受到了更多的限制。而随着全面抗战的到来，私立大学普遍面临办学经费困难的问题，不得不主动申请或接受改国立，从而结束了其光辉时代。

20世纪20年代的非基督教运动和收回教育权运动，使教会大学从脱离于政府的管辖发展成了政府管辖之下、中国人控制的私立大学。尽管如此，相较于国人所办的私立大学，教会大学受到的政府控制还是更宽松些。在这个过程中，教会大学提出了"更有效率、更加基督化、更加中国化"③ 的调整口号，适应

---

① 熊明安. 中华民国教育史. 重庆：重庆出版社，1990：371-374.
② 周川，黄旭. 百年之功——中国近代大学校长教育家精神. 福州：福建教育出版社，1994：99.
③ 中国基督教教育调查会. 中国基督教教育事业. 上海：商务印书馆，1922：9.

政府的新政策，如向教育行政机构立案，由中国人担任校长，停止强制学生参加宗教活动，把宗教课从必修改为选修等。其中较为积极的有岭南大学、华南女子文理学院、东吴大学、金陵大学、燕京大学等。在办学经费上，教会大学早期主要是从海外募集经费，后随着教育质量的提高和非基督教化，开始收取学费。特别是 1933 年后受美国经济危机的影响，海外捐助大幅减少，学费成为其主要的经济来源。由于其经费相对充裕，相较于私立大学办学质量更高。在办学特色上，教会大学基本上是按照西方的办学模式创立的，受西方大学传统影响很深，在学术自由、民主管理上均优于公立大学和私立大学，其中圣约翰大学、燕京大学分别发展成为教会大学前期和后期两所最有影响力的学校。在课程设置上，教会大学开设了大量的现代科学学科，投入人力、物力，翻译编写教科书或专著，引进西方科学知识。在非基督教化过程中，教会大学确立了为中华民族服务的目标，这尤其体现在女子教育、实业教育和科学教育上。就女子教育来说，金陵女子大学和华南女子文理学院等培养了大量专业化和职业化的女性，其他教会大学也较早招收女学生，开启了我国女子高等教育的先河。教会大学女生人数及其占全国女大学生比例情况见表 7-3-2。在实业教育上，农学、医学、药学、生物学等方面都是教会大学发展的优势学科。华西协合医学院、湘雅医学院是当时成绩斐然、颇负盛名的医学高等教育机构。金陵大学的农学院在土地利用调查、农业技术推广方面，岭南大学在蚕种培育方面都有优异表现。教会大学在这些领域培养的高级人才，也成为日后我国相关科学研究领域的带头人。1991 年至 1994 年，由卢嘉锡主编的《中国现代科学家传记》所收录的 679 位现代科学家，其中有 86 人是教会大学培养的，教会大学对中国现代高等教育的作用可见一斑。

表 7-3-2　　　　教会大学女生人数及其占全国女大学生的比例[①]

年份	1931	1932	1933	1934
教会大学女生人数	825	941	1 229	1 236
占全国女大学生的比例	24.9%	28.6%	32.9%	30.9%

3. 国立中央大学、国立四川大学

国立大学是南京国民政府教育理念的主要贯彻者和教育政策的主要执行者，

---

① 章开沅. 文化传播与教会大学. 武汉：湖北教育出版社，1996：205.

因此相对于私立大学和教会大学获得的政策倾斜力度更大，经费更有保障，发展条件更好，成为大学中的佼佼者和样板。在南京和北平之外，国立大学还存在着一个省立、私立改国立的变迁过程，这其中体现着中央势力对地方的控制程度。可以说，"国立大学不但总是要落实到'地方'，且往往由省立和私立大学发展而来，故多有一个'国立化'过程。这一过程牵涉到高等教育体制各方面，尤因两类学校主管机关不同，常伴随着中央与地方的势力较量，其激烈程度随着中央对地方实际控制能力的大小而变化"①。从国立中央大学和国立四川大学两种典型形态，可以一窥国立大学在因应国家复兴之需要中所取得的成就和其在"地方中央化"过程中所扮演的角色。

1928年5月，地处南京的国立东南大学经历几年的易长、停课、改名等风波之后，随着国民党南京政权的成立，最后定名为国立中央大学。1928年8月，校长张乃燕对院系进行调整，改设文、理、法、教、农、工、商、医8个学院，34个系科②，使其成为全国规模最大、学科设置最齐全的国立大学。但是，由于派系斗争严重、政治插手过多，到1932年8月罗家伦就任校长之前，国立中央大学又经历了四年的易长风波，学校的发展严重受阻，一度陷入被迫解散、彻底整顿的境地。罗家伦上任后，学校终于走上正轨，开始正规化、制度化的发展历程，成为南京国民政府最重视、支持力度最大的国立大学。罗家伦掌校期间，以建立"有机体的民族文化"为使命，对中央大学进行了学术性、民族性、本土性重塑，竭力在学术目标与社会目标之间达到有效平衡。针对之前学校的多次动荡，罗家伦强化了学校的纪律，如"闹学潮就开除"，这一举措把学生的精力拉回到了学术中来。从此，中央大学学术风气端正起来。要保证大学的学术性，独立是前提，但是，中央大学又处在政治中心，不免受到多方势力影响，罗家伦巧妙地行走于政治与教育之间，对外尽量避免政客的插手而又不失时机地响应国家发展的需要进行学科设置改进、课程改革，对内实行现代化与实用化的校务管理，采用校务会、评议会及教授会的三级会议学科管理体系，在行政权力与学术权力、行政决策与民主监督之间达到平衡。这种学校管理体制既不同于欧美的教授治校、校长治校，也不同于传统的长官集权制，而是在学术与行政之间游走，尽力平衡各方力量。由于获得政府高层的支持，在办学

---

① 王东杰. 民国高等教育中的国家：四川大学国立化进程（1925—1939）. 中国社会科学，2004（3）：180.

② 朱斐. 东南大学史（1902—1949）：第一卷. 南京：东南大学出版社，1999：207.

上，中央大学得到了充分的经费保障，教员薪资较高、校舍建设的经费相对宽裕。经过罗家伦的多方活动，中央大学获得政府足够经费支持，打算将校址从狭窄的市中心搬至郊区，以利于研究学习，只是由于全面抗战开始，学校西迁，新校建设才不得已中止。在学科建设上，中央大学立足实践，在基础理论学科与技术应用学科之间把握平衡，添设了人才紧缺的应用学科。按照罗家伦的设想，"所有的学科，都要切合国家的需要，以后各方面的行动，要与政府有最密切的联络……在政府的指导赞助下求实际的应用"①。以此为方针，1932年的校务会决定，化工组"应以研究国防化学及重工业之基本原料制造为主体，其对普通工业之研究仅以所费轻而需要切之化工事业为限"②。1933年为支持未来空军需要，工学院增设机械特别研究班，1937年成立航空工程系，与航空委员会密切合作，培养急需的航空机械人才。1935年响应教育部号召，筹办医学院，为抗战救死扶伤训练人才。通过几年的发展，中央大学学科得以进一步充实，既没有放弃基础理论学科的发展，又在应用学科上取得了发展优势。

四川大学方面，早在1928年，大学院就训令四川省教育厅合并四川各高校成立国立四川大学，但是由于中央对四川地方控制力弱，直到1931年新的四川省政府成立之后，国立四川大学才由公立四川大学、国立成都大学、国立成都师范大学合并而得以正式成立，开始其真正国立化的进程。由于四川省政局混乱，军阀经常克扣教育经费，学校发展始终颇受外部环境制约。首任校长王兆荣自1932年上任后并无大的建树，未能改变其地方性大学的地位。其时，一方面是川大内部期待着国立化，另一方面则是军阀力量制约着学校国立化。1935年，随着全面抗战逼近，国民政府决定将四川作为大后方来经营，蒋介石亲赴四川动员，开始"地方中央化"的进程。其措施之一就是任命任鸿隽为新的川大校长，将川大教育经费列入国家预算，与其他国立大学一视同仁。任鸿隽执掌川大，其抱定宗旨就是，"要使四川大学：一、现代化，无论文理各科，均需以适应现代学人需要为准则；二、国立化，应知四川大学，是国立的学校，不是一乡一邑的学校，应该造成国士，不仅造成乡人"③。在这个过程中要完成三

---

① 《罗家伦先生文存》编辑委员会. 罗家伦先生文存：第五册. 台北："国史馆"，1988：277.

② 本校化工组办理方针案. 中国第二历史档案馆藏中央大学档案. 全宗号：648，分卷号：910.

③ 四川大学校史编写组. 四川大学史稿. 成都：四川大学出版社，1985：180.

大使命:"第一,要输入世界的智识,了解世界进步和人类发展的大势,以知识的开通来补偿四川地理的闭塞;第二,把四川大学建成西南文化中心,成为黄河、扬子江两水上游广大地域的文化策源地;第三,在当今国难严重的局势下,担负起民族复兴的责任。"① 为了实现国立化和现代化,他一上任,就着手施行扩大省外师生数、改革课程内容和教学管理、改善学校设施等措施。他以"对事不对人"为原则重新聘任教授,"原有的好教授,将采取就地取材的办法,继续聘请;为适应学校的革新和发展,今后将陆续聘请川外知名学者来校任职"②。他原来的同事和好友如杨宗翰、钱崇澍、毛宗良、曾省、刘大杰、周太玄等纷纷入川任教。经此改革,川籍教师比例从72%下降到59%。有海外背景的教师中,留日比例由54%下降至31%,留学欧美者开始占据优势。"从教职员的留学结构看,标志着国立四川大学由'学日本到学欧美'的过渡,为抗战时期四川与国内(其他地区)学者的交流开了一个好头。"③ 在招生上,1936年夏开始在平、津、京、沪、粤、陕等地设立考场,以扩大招生范围。④ 在课程设置上,改变过去只注重专业训练、忽视基础训练的做法,加强一、二年级学生的基础课程设置,如规定英文为各院一、二年级必修课,国文为文学院一、二年级和理、法、农三学院一年级新生必修课。在专业训练上,从过去主要注重理论知识灌输转变为加强实践教学,注重学以致用,如农学院组织调查队调查省内各县农业生产和经济情况,与建设厅合办水稻场、技术训练班等;理学院组织师生远赴京、沪、平、津考察工业生产,考察四川兵工、石油、天然气、井盐、化工等产业;法律系成立法律顾问处,为当地人开展社会咨询。⑤ 在校舍建设上,按照现代化大学的要求,拟定三年建设计划,进行全部改建。通过任鸿隽的改革,四川大学在软件和硬件上都迈进了一个新阶段,成为可以与京、津、沪、汉各地的国立大学相媲美的西南教育重镇。

---

① 周川,黄旭. 百年之功——中国近代大学校长的教育家精神. 福州:福建教育出版社,1994:391-392.

② 四川大学校史编写组. 四川大学史稿. 成都:四川大学出版社,1985:181.

③ 《四川大学史稿》编审委. 四川大学史稿:第一卷. 成都:四川大学出版社,2006:158.

④ 王东杰. 国家与学术的地方互动. 北京:生活·读书·新知三联书店,2005:181.

⑤ 同③167-168.

4. 党化教育的新问题

"校园自主""学术独立"本是现代大学的应有之意。但南京国民政府本质上却是一党专政的独裁政府，为夺取和掌控教育主导权，便在各级学校大力推行"党化教育"，将国民党的政治势力伸入校园。这不仅在当时引起了党内理论家与党外知识分子的论争，而且从其实施效果来看，严重损害了学校的办学自主权，违背了科学、民主的发展要求。党化教育虽然在1928年5月名义上被"三民主义教育"所替代，但是在具体实施上仍是畅通无阻，从整顿学风到党义课设置无不渗透着党化教育之实。

国民党的党化教育造成了学校在教育与政治之间的失衡。从1917年蔡元培在北大推行"教授治校"以来，学术权力一直在高等学校中占主导地位。20世纪20年代前期，由于北伐战争，时局不稳，当局无暇顾及高等教育领域，高等教育得以经历一段自主发展、快速增长时期，"教授治校""校长治校"得到较好的贯彻。但是，随着北伐的进行，国民党政治势力所及，高等学校党派运动勃兴，国民党常以党化方针策动学潮，驱逐校长，如1925年，国立东南大学郭秉文校长由于与身为国民党党员的教授杨杏佛矛盾激化，被逼去职，引发了长达3年的易长、停课、改名风波。1928年，罗家伦代表南京国民政府执掌清华大学，正如冯友兰所说："罗家伦之所以得到清华校长的职位，完全是依靠政治上的势力。"① 在清华期间，罗家伦推行学术化、平民化、廉洁化、纪律化的改造，前三个方面均有成效，唯独纪律化遭受极大挫折。究其根源，在于国民党党化教育主要目标之一就是纪律化。纪律化表面上要求"养成学生有秩序、有组织、能令受命、急公好义的精神"②，但其实质是推行国民党的党化教育。罗家伦在上任之初给蒋介石的信中清楚地阐明了这一点："家伦奉国民政府命令出长国立清华大学，虽受命之前，无所闻知，既命之后，宁敢规避？幸党国培养人才之道，不止一隅，大学党化，实为切要。"③ 上述做法激起清华师生的对立

---

① 张晓京. 近代中国的"歧路人"——对罗家伦生平与思想的再认识. 湖南科技大学学报（社会科学版），2008（2）：158.

② 罗家伦. 致清华大学董事会报告整理校务之经过及计划//《罗家伦先生文存》编辑委员会. 罗家伦先生文存：第一册. 台北："国史馆"，1976：453.

③ 罗家伦. 上蒋校长书//《罗家伦先生文存》编辑委员会. 罗家伦先生文存：第七册. 台北："国史馆"，1988：68.

情绪,加之其他改革的激进化,最后清华掀起一年多的反罗风潮,迫使罗家伦以清华"学风凌替"之由去职。

国民党的党化教育带来的另一问题是损害大学自主权,使高等教育走向僵化。1927 年,蔡元培为实践教育独立理念,试行大学院制度。但大学院成立初期就饱受批评,其中一条重要的理由是"破坏党治"。1928 年教育部代替大学院后,党化教育被摆到了台面上,一方面多方限制学生的政治活动,另一方面透过党化教育向学生灌输体制内的政治知识。从 1928 年起,教育部与国民党中央训练部颁布了一系列通则、条例,从制度上确保党义教育在大学中的施行。① 具体言之,一是除了在各种课程中融入党义内容,还将党义课纳入必修范围。例如,国立中央大学不仅规定党义课为必修课,而且对学分、教学内容、授课时数进行了明确要求。学生不通过党义课的考试,不能毕业。② 二是规定党义课教师的充任资格与检定,加强党义课师资建设。1931 年通过的党义著述奖励办法提到,凡"于本党主义、政纲、政策、史实,有特殊之贡献者,能将党义描写为优良之文艺作品者,对于本党主义、政纲、政策,为系统之解释者,给予奖励,或其版权仍归作者所有"③。三是对党义教材的编审进行严格规定。1929 年,教育部制定《审查教科图书共同标准》,规定凡"党义方面'不及格',其他各项无论有无错误,皆认为不及格,不准发行"④。通过各种规定和措施,国民党政府试图将大学严格地限制在自己划定的范围内。比如对教会学校的改造,也是试图以党义取代宗教。在 1930 年 2 月颁布的《查察教会学校应行注意各点》,就特别提到,"对于党义教育是否实施,所有党义教员及训育主人是否曾受检定合格"⑤ 要严格督察。但是,国民党政府的党化教育与自主办学、学术独立是根本相悖的,因此,在实际的施行中,很多学校采用了阳奉阴违的措施。例如,按照 1929 年清华大学的校规,学生毕业需修满 132 学分,党义课仅占 2 学分。清华大学亦不将党义课教师纳入教师编制中。学生对党义教育也多抱

---

① 汉宝德,吕芳上,等. 中华民国发展史:教育与文化:上册. 台北:联经出版事业股份有限公司,2011:326.
② 张守涛. 民国中央大学党化教育研究. 档案与建设,2015(3):57.
③ 高廷梓. 过去党义教育的检讨与今后党德的实行. 中央周刊(新年特辑),1939:25.
④ 中国第二历史档案馆. 中华民国史档案资料汇编:第五辑第一编:教育(二). 南京:江苏古籍出版社,1994:1036-1037.
⑤ 教育部. 教育部公告,1930,2(7):23.

敷衍之心。① 这样的党义教育陷入了形式化运作中，其效果就连推行者也不得不承认："中央厉行党义教育……不但成效难收，反使一般学生感觉三民主义之空虚干燥与无意义。"② 究其原因，按照陶行知在《评加强党化教育》一文中的说法，一方面是党员不能"以身作则"，另一方面是党化教育被误解成争夺教育权，演变为争权夺利。③

国民党的党化教育导致党的意志凌驾于学术发展之上。以国民党教育家罗家伦为例，在治理清华时，论及社会科学的发展，他提到，"政治和经济两系的科学，关系极为重要，现在党治之下，应以中国国民党的原则为归宿，努力去做"，"社会科学，则应注重实际问题。造就党治和实际行政人才，使政治、财政均上轨道，获得安定基础"④。之后在中央大学的治理中，他也力行党治，通过各种举措扩大国民党在大学的影响。这无疑使中央大学主动放弃了"独立之思想，自由之精神"。

国家政权控制教育权，使之按照国家和社会发展需要的方向前进，虽然理论上具有其合理性，但是在实践上，教育行政权与大学办学自主权应维持一种微妙的动态平衡，方能保持高等教育的学术性。国民党政府的党化教育以中央集权压制大学的自主权，突显出其不合理性。

四、科技的奠基性成效

1928—1937年⑤，南京国民政府在经济、社会、科教等方面都有较显著的进展，为社会运转的现代化、制度化打下了一定的基础。在城市规划和市政建设方面，南京的首都计划、上海的大上海计划、高校中的校园规划、民国礼制建筑规划都受西方影响甚巨，产生了一批"西洋骨中国皮""中西合璧"的民国建筑。在科技转型方面，这段时间主要表现为现代科学教育与研究的分科制

---

① 汉宝德，吕芳上，等. 中华民国发展史：教育与文化：上册. 台北：联经出版事业股份有限公司，2011：326.
② 中国第二历史档案馆. 中华民国史档案资料汇编：第五辑第一编：教育（二）. 南京：江苏古籍出版社，1994：1083.
③ 陶行知. 陶行知全集：第三卷. 长沙：湖南教育出版社，1985：315-316.
④ 《罗家伦先生文存》编辑委员会. 罗家伦先生文存：第五册. 台北："国史馆"，1988：25-26.
⑤ 也有论者把"黄金十年"指为1927—1937年。

和学科化发展走向成熟,在学科设置上从传统的"堂—科—门"发展为现代大学的"校—院—系",在研究机构设置上有些院校成立了研究部或研究院,中央则成立了国家级的科研平台和管理机构——中央研究院。当然,鉴于改变内忧外患局面的急迫性,盼望国家复兴的热切性,科技转型不时显现出科学主义和实利主义的极端。可喜的是一批本土科学大师作为科技转型的推动者和参与者涌现出来,成就显著者如丁文江、叶企孙、竺可桢、茅以升,他们不仅在自己的专业领域做出了突出贡献,还为中国现代科学体制化建设出力甚巨。

1. 1928—1937 年,所谓"黄金十年"

1951 年美国阿尔伯特·魏德迈(Albert C. Wedemeyer)将军在美国国会第 82 届报告中提道:"1927 年至 1937 年之间,是许多在华很久的英、美与各国侨民所公认的黄金十年(Golden Decade)。在这十年中,交通进步了,经济稳定了,学校林立,教育推广,而其他方面,也多有进步的建制。"[①] 确实,南京国民政府成立后,至抗日战争全面爆发前,尽管内部遭受着军阀割据、局部内战、自然灾害等,外部受美国经济危机等影响,中国在政治、经济、军事、社会、文教等方面仍取得了一定的进步,特别是在经济方面。这些成就为西迁和长期抗战打下了较好的基础。这便是所谓的民国"黄金十年"。

在法制建设方面,国民政府利用这段稳定的训政时期,取得了重要的立法成就。《中华民国国民政府组织法》确立了国民政府立法、司法、行政、监察和考试五权分立、相互制衡的政权组织形式。1936 年通过的《中华民国宪法草案》被当时舆论评价为中国民主政治实行的依据和保障。这期间在刑法、民商法、行政法、诉讼法方面的立法工作,将西方的法律、理念、规范与中国传统习俗结合起来,形成了该时期的法律体系。[②]

在财政金融方面,这十年中,国民政府以现代化、体制化的方式推进财税与货币改革。南京国民政府成立后,为了增加政府财力,进行了一系列财政改革,包括提高关税、裁厘改统、统一币制等措施,使财政收入有了大幅提高。关税自主方面,南京国民政府成立后,即与各国展开谈判,至 1929 年宣布关税

---

① Paul K. T. Sih. The Strenuous Decade:China's Nation-building Efforts,1927 – 1937. New York:St. John's University Press,1976:26.

② 卞琳. 南京国民政府训政前期立法体制研究(1928—1937). 北京:法律出版社,2012:158.

自主。新关税税则提高了关税，一方面增加了财政收入，另一方面在一定程度上保护了民族工业。裁厘改统方面，废除了清末以来"物物课征，节节设卡，取民无制"的厘金制，代之以促进国内商品流通的统税制。1933年订立了国定税则，到1936年，初步建立起以关税、盐税、统税为主体的国家税务体系。①货币方面，一改民国初期货币种类繁多、流通极端混乱的局面，以国民政府指定银行所发行的法币为唯一流通货币。1935年开始施行法币制度，避免了因美国《购银法案》导致银价骤升，以银圆为本位的中国通货紧缩的问题。由于法币的发行，1935年到1937年，国民经济达到了黄金十年的最高峰。1929—1936年度国民政府中央财政收入情况见表7-4-1。

表7-4-1　　　　　　　南京国民政府中央财政收入统计表②

财政收入＼年度	1929	1930	1931	1932	1933	1934	1935	1936
实际岁入（百万元）	539	714	688	672	873	1 203	1 337	1 987
预算岁入（百万元）	497	592	893	693	680	918	957	991

在经济政策上，国民政府通过建立现代产权制度、科技人才引进和培养制度、工商业协调发展政策，扶持民间经济服务力量，推动农村复兴运动等方面的工作，形成了政府主导、市场调适的经济发展格局。在农业上，成立实业部、农村复兴委员会和全国经济委员会，聘请留学归国的农业专家邹树文、沈宗瀚、邹秉文等进行农业调查，引进现代农业科技，改良品种，提高生产率。如1934年，实业部组织全国多省区进行蝗灾调查工作，统计蝗灾的分布区域、发生规律，后由中央研究院农业所仿造美国产品生产自动式和双管式喷雾器，在全国推广。③各项措施推动了农业的现代化，使全面抗战前农业经济得以维持在较高水平。在工业方面，推行国家资本主义，特别是资源委员会成立后，对工矿资源、产业进行了全国性的调查统计，制订《重工业五年计划》。在工业现代化上，以科研支撑工业发展，在高等院校中发展自然科学和实用科学，在中等学校发展职业教育。据统计，1932年至1936年，关内铁矿产量增加了32%，机器

---

① 张宪文，张玉法. 中华民国专题史：第六卷：南京国民政府十年经济建设. 南京：南京大学出版社，2015：434.

② 张连红. 论南京国民政府在现代化进程中的角色——以财政为中心. 江海学刊，1999（4）：140.

③ 丁长春. 中外科技与社会大事总览. 南京：江苏科学技术出版社，2006：796.

冶炼生铁量上升了30%。① 在轻工业方面，面粉业、缫丝业、火柴业、水泥业都有不同程度的发展。

在文化建设上，国民政府除了推崇传统儒道结合的忠义文化，推行尊孔读经，也推动着以科学主义、现代观念来改造国民性。通过对传统婚嫁、丧葬的移风易俗，国民政府尝试以科学取代愚昧。通过自1928年开始的日历改革，强力推行"废行旧历，普行新历"政策，国民政府意图以此宣示新政府的形象。正如当时《东方杂志》发表的一篇文章《俄国新日历的趣味》所写，"坚植一种信仰于人们的心中其方法甚多，要不外乎注意引起的次数增多。这在心理学上便是重复的应用，——所以聪明的宗教家、政治家以及事业家，就转个念头，要来利用案头的日历了。时间一天天的过去，人们的注意每日不自觉的落在日历上，这无异是于日日的耳提面命之中来坚植了一种信仰"②。1934年的新生活运动中，提出民俗改善运动大纲的基本原则就是"以科学常识破除迷信，以正当娱乐代替恶习，以简俭宗旨代替礼节，以军事训练整齐行动"③。其最终目的是以现代生活方式代替传统生活方式，使整个国家进入有秩序的良性运转中。

总的来说，受到西方现代化成就和先进文化冲击的民国，通过南京国民政府主导的思想、制度、器物层面的现代化建设，确实赢得了难得的十年发展期。

2. 从传统营造到民国建筑

现代化建设在建筑业上的体现在于，随着民族主义的复兴和国家权力体系向现代民族国家的转变，传统营造向现代科技基础上的中西合璧、中道西器、科学性与民族性融合的建筑设计转变。其中，为政治服务的礼制建筑、南京"首善之区"规划的建筑、为城市社会发展服务的大上海计划、为宗教和教育服务的校园建筑，均展现出其各自的独特之处。

国民政府定都南京后，为安定社会、凝聚国民意识，建造了一系列阵亡将士公墓、纪念碑、纪念堂等。如全面抗战前中国最大的"忠烈祠"——南京灵谷寺国民革命军阵亡将士公墓祭堂，由美国建筑师墨菲（Henry K. Murphy）规

---

① 张其昀. 党史概要：第二册. 台北："中央"文物出版社，1979：1024-1037.
② 哲生. 俄国新日历的趣味. 东方杂志，1928，25（11）.
③ 中国第二历史档案馆. 中华民国史档案资料汇编：第五辑第一编：文化（一）. 南京：江苏古籍出版社，1994：441.

划设计，1935 年 11 月完工。① 公墓建筑沿南北轴线依次为大门、大仁大义石坊、正气堂、革命纪念馆、精忠报国塔。虽然是美国人设计，但某些部分模仿了中国古代建筑，如石坊仿照了清西陵大石牌楼，"精忠报国塔则类似于广州六榕寺花塔"。由国内著名设计师吕彦直设计的广州中山纪念碑则在外形上吸收了巴黎埃菲尔铁塔的特点。南京中山陵是现代礼制建筑的典型代表，它采纳了吕彦直设计方案，"融汇中国古代与西方建筑之精神，庄严简朴，别创新格，墓地适成一警钟形，寓意深远"②。在局部设计中，墓室模仿纽约格兰特墓和巴黎拿破仑墓，保留了下沉的墓坑，使参观者可以绕墓瞻仰；祭堂外观是中国传统建筑样式，内部空间设计则模仿了华盛顿林肯纪念堂。

  孙中山设想，作为首都的南京"不仅需要现代化的建筑安置政府办公，而且需要新的街道、供水、交通设施、公园、林荫道以及其他与 20 世纪城市相关的设施"③。1929 年，国民政府开始制定《首都计划》，"要把南京建设成'农村化''艺术化''科学化'的新型城市"④。按照该规划，南京市建筑设计以"西洋骨中国皮"的观念，构建了一套"民族主义"和"中西结合"的规划建设理论，对民国时期南京的城市风貌产生了决定性的影响。⑤ 以杨廷宝、吕彦直、赵深、卢毓骏、范文照、徐敬直等为代表的中国建筑设计师结合中国传统建筑形式、营造与西方建筑特色，留下了一大批建筑作品，如国民政府铁道部（1930）、交通部（1933）、外交部（1934）、中央博物院（1936—1947）、金陵大学图书馆（1936）、中央医院（1933）、中央体育场（1931）、中山陵音乐台（1932）、紫金山天文台（1934）、国民大会堂（1936）等。国民政府外交部的设计"摒弃了传统中国建筑外观造型上显著的大屋顶方式，而采用西式平顶，通过几何体量组合展现出简洁性和现代性，并适应了功能布局的需要"⑥。总统府建筑群东花园中的行政院、文书局大楼、主计处大楼、参谋本部大楼等采用

---

  ① 南京阵亡将士公墓图样全套. 建筑月刊，1934，2（2）.
  ② 总理陵园管理委员会. 总理陵园管理委员会关于陵墓建筑图案说明//南京市档案馆中山陵园管理处. 中山陵档案史料选编. 南京：江苏古籍出版社，1986：154.
  ③ 孙文. 建国方略. 刘明和，沈潜，评注. 郑州：中州古籍出版社，1998.
  ④ 何民魂. 何市长在第六次总理报告周之报告//南京地方志编纂委员会. 南京城市规划志：上. 南京：江苏人民出版社，2008：116.
  ⑤ 赖德霖，伍江，徐苏斌. 中国近代建筑史：第三卷. 北京：中国建筑工业出版社，2016：229.
  ⑥ 同⑤ 231.

的是西方现代派建筑样式,即常说的鸽子笼式建筑。总统府南北轴线的空间布局则采取中国传统建筑的样式。

1929年上海特别市政府通过的大上海计划,以民族主义诉求与现代西式建筑相结合的方式规划建造上海建筑,形成了上海独具特色的建筑风格。由于上海租界区占比大,华界区的建筑设计为了表达"中国复兴"要求,尽量地保留了中国传统样式,但建筑材料、内部空间构造则吸收西方建筑的特色,如市政府办公楼使用中国设计师董大酉的方案,总体采用中国传统建筑式样,而上海市图书馆和博物馆则采用"现代建筑与中国建筑之混合式样"①。在上海的建筑设计现代化探索中,后期的设计更多地融入了西式风格,如1934年动工的市立第一医院,采用典型的现代主义设计,中国固有形式的塔楼、圆顶都已不见踪影。

在高校,教会大学校园建筑体现了其对西方建筑文化的保留以及中国化的努力。1921年,小洛克菲勒代表洛克菲勒基金会在北京协和医学院落成典礼上致词时阐述了建筑样式中国化的理由:"在绘制医学院诸建筑及医院时,于室内是必须要遵循西方设计和安排以便满足现代科学医学执业之要求。然而在这同时,我们也尽其可能在不增加花费之下,审慎地寻求室内机能性与中国建筑外貌之美丽线条及装饰,特别是其高度、屋顶和装饰相结合。我们之所以如此做是想让使用如此设计建造之建筑的中国老百姓得以一种宾至如归之感觉,并且也是我们对中国建筑之最好部分欣赏之最诚挚表现。"② 以东吴大学、金陵女子大学为代表的教会大学受美国开放式校园的影响,在布局上以校园中心区划分南北轴,两侧建造教学楼、实验室、图书馆、学生宿舍及教师住宅等不同功能建筑,重视建筑风格的统一和与环境的协调。以圣约翰大学、燕京大学为代表的教会大学则更多采纳了中国宫廷式建筑风格,达到中西合璧的效果。燕京大学校长司徒雷登曾说:"最初我们就决心把中国建筑应用到建设校舍上,房屋的外表,具有优美的曲线及辉煌的色彩,而且整个建筑全部用钢筋混凝土建造,装配了现代的电灯、暖气、水泵,这些建筑本身就是我们要保护所有中国文化遗产中最有价值的东西这一教育宗旨的象征。"③ 这体现了教会大学对中国传统文化的适应性。中国的公立高校如中央大学、武汉大学、清华大学的建筑除了

---

① 上海市图书馆.博物馆工程概要.建筑月刊,1934,1(11):16.
② 顾长声.传教士与近代中国.上海:上海人民出版社,1981:350.
③ 赖德霖.中国近代建筑史研究.北京:清华大学出版社,2007:195.

没有教堂之外，在建筑风格上往往深受西方古典主义影响，在建筑风格上比教会大学更加西化。如中央大学1927年之后随着南京成为当时的首都而得到民国政府的大力支持，在原来的基础上又建起了南大门、大礼堂、生物馆、牙科医院等建筑，形成排列有序、错落有致的建筑群，这个建筑群基本按照西方古典建筑样式设计，以展现执政当局雄厚的实力。1929年起武汉大学聘请美国建筑师凯尔斯（F. H. Kales）为设计师，历时几年建造了文、法、理、工、农5个学院大楼和图书馆、体育馆、学生宿舍、教师宿舍、学生餐厅、俱乐部、实验室、工厂、校门牌楼、珞珈山水塔等。这个建筑群既符合中国传统建筑的美学法则，又融合了西方古典主义建筑文化。

在民国建筑现代化进程中，不但华人建筑师尝试着中西合璧，一批进行"中国化"建筑设计的西方建筑师也涌现出来，最著名的当属美国建筑师墨菲。墨菲1914年就来到中国。从早期的典型西式设计到后来不断探索中西建筑文化的结合，他设计了一批高水平的中西合璧式建筑。1914年他主持设计的清华大学扩建工程（大礼堂、科学馆、图书馆东部和体育馆前部）沿用了美国大学建筑式样，是典型的西式风格。自1920年后，他先后主持设计了福建协和大学，长沙湘雅医学专门学校，金陵女子大学，燕京大学，岭南大学陆佑堂、哲生堂、惺亭，南京灵谷寺国民革命军阵亡将士纪念塔和纪念堂，这些建筑融合了中西建筑文化的精华，如今已成为具有历史意义的建筑遗迹。1928年之后，墨菲出任国民政府的建筑顾问，主持完成了《首都计划》的制定工作，这项工作使他走向建筑生涯的巅峰。而他培养的学生和助手吕彦直则成为那个时代著名的华人建筑设计师。

3. 科技转型的成效和问题

早在五四新文化运动和科学论战期间，科学主义观念就已得到迅速普及，科学技术各专门领域的教学与研究工作也逐步展开，但是体制化、正规化的科技转型则迟至南京国民政府成立，社会进入稳定发展时期才全面铺开。

科技转型在现代科学教育与研究上主要表现为分科制和学科化发展走向成熟，在学科设置上从传统的"堂—科—门"发展为现代大学的"校—院—系"，在研究机构设置上，一些院校成立了研究部或研究院，中央则成立了国家级的科研平台和管理机构——中央研究院。这些工作使近代科学的人才培养和科研工作得以进入体制化、规范化进程。

以数学和物理学两大基础学科为例,在数学领域,各高等院校基本都设立了数学系,美国归来的姜立夫创办了南开大学数学系,留法归来的熊庆来创办了东南大学数学系、清华大学算学系,留日归来的陈建功、苏步青先后担纲浙江大学数学系系主任,这些大学成为培养中国数学家的重要基地,如陈省身、华罗庚都是先由本土高校培养,再赴欧深造。陈省身1926年进入南开大学跟随姜立夫学习数学,1930年考入清华大学随孙光远学习投影几何,获得硕士学位,成为中国本土培养的第一位数学研究生,1934年留学德国汉堡大学,拜布拉施克为师学习微分几何,博士毕业后于1936年赴巴黎追随几何学大家E.嘉当做博士后,获得了奠定自己数学成就的宝剑——外微分。华罗庚因家贫16岁即辍学,但在家刻苦自学,他发表的数学小论文偶然被熊庆来看到,被熊邀请到清华算学系担任助理员,获得学习机会,4年后便在国际一流数学期刊发表了论文,是清华培养的一位成就卓著的数学家。1931年中央研究院筹备设立数学研究所,由姜立夫担任筹备处主任,年轻数学家陈建功、江泽涵、苏步青、华罗庚、陈省身、许宝騄、李华宗等先后兼任研究员。1935年,中国数学会在上海交通大学举行成立大会,推举胡敦复为第一届理事会主席,并决定创办英文专业期刊《中国数学会学报》。

在物理学领域,留学归来的李耀邦、胡刚复、饶毓泰、叶企孙、吴有训、严济慈、萨本栋等纷纷主持创办或担纲国内各大学物理系。1917年北京大学成立物理系,成为最早设立物理系的中国高校。1919年胡刚复在东南大学创设物理系,并担任了6年系主任。1922年,饶毓泰在南开大学创立物理系,该系成为私立学校中最完善的物理系。1926年,叶企孙在梅贻琦的支持下创立清华大学物理系。1927年,谢玉铭创立燕京大学物理系,并成立研究部,成为最早在国内招收研究生的物理系。在研究机构方面,中央研究院设立了物理研究所,北平研究院则设立了实验物理研究中心,在物理学研究和人才培养方面都有突出表现。1932年,中国物理学会在清华大学成立,选举李书华为会长,并邀请法国物理学家郎之万为名誉会员。1934年,中国物理学会加入国际纯物理及应用物理联盟(IUPAP),正式进入国际舞台。

科技转型在应用上的体现则是党国上下流行的科学主义态度和科学治国、科学救国实践。1928年,曾留美主修化学,时任国民政府工商部部长的孔祥熙,在呈请国民政府筹设工业试验所的呈文中称:"窃维工业之振兴,必本于科学,而科学之昌明,尤于试验,是以世界各国,对于工业之如何改良,商品之如何鉴别，标准之如何规定，以及制造方法之如何检验，盖无一不以科学为基础，更无一不以试验为依据。"① 其把工业试验与研究作为发展工业之必要途径和基本手段的认知在当时颇具代表性。

  但是在科技转型中，由于当局解决内忧外患的急迫性，民众盼望国家复兴的热切性，科学主义和实利主义便以各种形式走向巅峰，实用科学蓬勃发展，客观上挤压了理科及人文社科的发展空间，基础理论的教学与研究日益没落。胡适曾指出，学术独立的初衷之一是使"本国需要解决的科学问题如工业问题、医药与公共卫生问题、国防工业问题等"② 得以解决，这本没有错。在对高等院校的改革中，教育部"提倡理工，限制文法"，本来也是要从早期过度重视文法政学科轻视理工学科转变为对自然科学各学科以及工程教育的重视，但在普遍的科学救国观念下，无论是当政者还是教育家们都存在急功近利、矫枉过正之嫌。1932 年，国联教育考察团在对中国高等教育进行考察后，指出中国大学"各科之基本要素，在教学计划上向无充分之地位，殊不知研究该科之学生，对于基本要素，必先能彻底精通，乃能对于次要方面之研究获得实益"③。清华大学把工程学系扩张为工学院，即与校长梅贻琦和工学院院长顾毓琇的科学救国思想有莫大关系。与"为学术而学术"相反，梅贻琦认为当时的中国，让科学发挥其实用价值更紧要。顾毓琇也"感觉到'纯粹'科学研究不一定是目前中国最需要的"④。受此影响，物理学系的吴有训、赵忠尧都转向了应用型研究。学校所实行的"通才教育"也无法完全落到实处。由于文理学科毕业生就业较之工科生更难，学生报考工科者日益增多。到 1939 年，全国报考大学者 20 006 人，录取 5 368 人，其中报考工科者 7 244 人，报考率达到 36.2%，录取 2 260 人，录取率达到 42.1%。而法科报考者 3 850 人，报考率 19.2%，录取 276 人，录取率仅为 5.1%。⑤ 各大学出于经费、生源、就业等考虑纷纷加强或增设工科，甚至一些以文、法、理学科闻名的教会大学，也开始考虑增设工科。⑥ 国立

---

 ① 王俊明. 民国时期的中央工业试验所. 中国科技史料，2003 (3)：216.
 ② 胡适. 争取学术独立的十年计划. 大公报，1947-09-28.
 ③ 国联教育考察团. 中国教育之改进. 南京：国立编译馆，1932：79.
 ④ 顾毓琇. 科学研究与中国前途. 中山文化教育馆季刊，1935，2 (1)：45.
 ⑤ 一九三九年度全国统一招考各科人数比例//教育部教育年鉴编纂委员会. 第二次中国教育年鉴. 上海：商务印书馆，1948：534.
 ⑥ 王立诚. 美国文化渗透与近代中国教育——沪江大学的历史. 上海：复旦大学出版社，2001：337-338.

中央大学在罗家伦的治理下大举扩张工科，他掌校后所加强和增设的学科概为应用性学科。从长远来看，过度重视实用科学而忽视基础科学与人文社会科学，必然带来人文精神的缺失和原创能力的低下。其负面作用在战后开始体现出来。浙大校长竺可桢就认为，这是教育部"竭力所倡实科"而自食其果。①

4. 本土科学大师的涌现

这段时间，国内涌现出一批科学大师，丁文江、叶企孙、竺可桢、茅以升等便是其中的佼佼者，他们不仅因为自己的科学研究成就，而且因为在中国现代科学体制化建设过程中的奠基作用而意义凸显。

丁文江通常以其在科学论战中科学派的代表人物身份而为人所知，但他在地质学上的成就，在中国地质学体制化、中央研究院评议会建设中的贡献却较少被人提及。1911年丁文江从英国学成归来，便开始从事地质研究工作和进行地质学体制化建设。他初期在北洋政府工商部担任地质科科长，随即创建了地质研究所与地质调查所，与翁文灏等展开地质调查和人才培养，后又参与主持中国地质学会的创建，成为中国地质学的奠基人。从20世纪20年代到去世前，丁文江是做野外地质调查最多、涉及地域最广、搜集资料最丰富的中国地质学家之一。他对西南地区地层学方面展开了多次调查研究，如云南东部马龙、曲靖地区的寒武系和志留系的划分，对广西、贵州和湖南地区石炭系的分层和对比。在地质测量方面，他开创性地提出了区域地质中一种简单实用的测量方法"丁文江法"。1921年丁文江离开地质调查所，进入中华教育文化基金董事会担任董事，促成了该基金向科学研究领域的倾斜。1934年始，他担任了中央研究院总干事。对于他在中研院的工作，院长蔡元培给出了高度评价："丁先生到本院任总干事，虽为时不及二年，而对于本院的贡献，均有重大关系，例如评议会的组织，基金保管委员会的成立，各所预算案的示范，均为本院立坚定不拔的基础。院内各所的改选与扩充，也有不可磨灭的劳绩。又若中央博物院的计划，棉纺织染实验馆的建设，为本院与其他文化机关合作的事业，虽完成有待，而规模粗具，也不外乎丁先生努力的结果。"②

叶企孙是以其物理学家、教育家和我国近代物理学最主要奠基人之一的身

---

① 竺可桢1946年10月20日日记. 竺可桢全集：第10卷. 上海：上海科技教育出版社，2006：232.

② 高平叔. 蔡元培全集. 石家庄：河北人民出版社，1985：6.

份而被公认为中国物理学界的一代宗师。叶企孙最令人称道的成就在科学教育和组织管理上。1924年，叶企孙从美国哈佛大学物理系学成归来，先后进入东南大学和清华大学任教。1926年在梅贻琦支持下创建清华大学物理系，其后担任清华大学理学院首任院长，1929年创建清华大学物理研究所，使清华大学成为高级物理学人才的培养基地和物理学研究基地。在人才培养方面，他实行"理论与实验并重，重质而不重量"的办学方针，课程设置比肩国际一流大学，并邀请国际著名物理学家郎之万、狄拉克（P. A. M. Dirac）和玻尔（N. Bohr）来华介绍前沿研究。先进的培养理念和实践，让许多在全面抗战前清华大学物理系毕业生和助教成长为物理学及相关领域的专家，如赵忠尧、施汝为、余瑞璜、陆学善、龚祖同、冯秉铨、王竹溪、张宗燧、赵九章、傅承义、秦馨菱、王淦昌、周同庆、钱伟长、王大珩、钱三强、何泽慧、彭桓武、葛庭燧、施士元、翁文波、赫崇本、林家翘、戴振铎等。新中国成立后，大量的中科院院士和"两弹一星"专家都出自清华大学，在"两弹一星"23位功臣中，王淦昌、王大珩、赵九章、钱三强、彭桓武、陈芳允等6位是全面抗战前清华大学物理系毕业生。在科学研究的组织上，叶企孙为清华大学引进了一批高水平的专家，在他的支持下，周培源的相对论研究、吴有训主持的X射线吸收与散射研究、赵忠尧主持的伽马射线吸收与散射研究、萨本栋主持的电子管和电路研究，都处在国际物理学的前沿领域。叶企孙自己在物理学研究上也身体力行，在两个方面取得突出成就，一是用X射线精确地测定普朗克常数h，得出当时用X射线测定h值的最高精确度，二是开创性地研究了流体静压力对铁磁性金属的磁导率的影响，对铁、镍、钴的高压磁性进行了系统研究。①

竺可桢是我国著名的现代地理学家、气象学家，是我国气象地理学的奠基人。他早年从唐山路矿学堂毕业后考取庚款留美，1918年在哈佛获得气象学博士学位。其间，他加入中国科学社，培养了以现代科学技术报国为民的思想气质。回国后，他先后在武昌高等师范学校、南京高等师范学校（后来的东南大学）任教，1928年接受蔡元培邀约出任中央研究院气象研究所所长，直到1936年出任浙江大学校长一职。在东南大学期间，他创建了东南大学地学系，引进了现代地学体系和气象地理教研体系。在创建中研院气象研究所的过程中，他组建了一个优秀的气象地理研究团队，开展中国气象研究和测量事业；推动紫

---

① 科学家传记大辞典组. 中国现代科学家传记：第三集. 北京：科学出版社，1992：74-84.

金山观象台和全国各地气象测候所的建立，初步形成了全国气象观测网；协助培养各地来进修的气象工作人员，开办气象练习班，形成了现代地质和气象学的教学与研究基地。当时参加过气象练习班的赵树声、宛敏渭、史镜清、黄绍先、陈学溶、李健、何明经、朱岗昆等，毕业后大都从事气象地理研究，成为我国气象工作岗位的中坚力量。① 到1936年，气象研究所在雨量、海洋气候、台风、冷浪、高空测候等方面都取得多项成果。在科学思想方面，他受哈佛科学史家萨顿"新人文主义"思想影响至深，在历史气候学、历史地震学、自然科学史方面发表多篇论文，如1926年6月在《科学》杂志发表的《北宋沈括对于地学之贡献与纪述》、1927年在《科学》和《史学与地学》上发表的《论以岁差定〈尚书·尧典〉四仲中星之年代》，有助于构建起新的地质综合教育体系。1936—1949年，他在担任浙大校长期间，始终关注和推动科技史教学与研究，使浙大的科技史研究硕果累累。

茅以升是一位著名的土木工程学家、桥梁专家、工程教育家。他早年从唐山工业专门学校毕业即被清华学堂官费保送赴美留学，1919年以博士论文《桥梁桁架的二次应力》获得卡内基梅隆大学工科博士学位。在论文中，他对次应力进行了分析和研究，总结和比较了当时存在的六种方法，提出了独创性的计算方法，被称为"茅氏定律"。回国后，他先后到交通大学、东南大学、河海工科大学、北洋大学任教，并担任过南京河海工科大学校长、天津北洋工学院院长、交通大学唐山工程学院院长，为我国高等工程教育培养了大批优秀人才。在工程教育上，他提出通专结合和实践教学的培养方法，使培养的人才既有精湛的专业能力，又有广泛的科学管理知识和人文知识。他自己就是一位通专结合的桥梁专家，这一点在他主持建造钱塘江大桥工程上体现得淋漓尽致。1934年4月，他接受浙江省政府聘请，担任钱塘江桥工处处长，筹备建造钱塘江大桥。筹建初期，他一方面调动各方桥梁精英，组成高精尖的班子，另一方面展开实地调研，精心设计建桥方案，很快便完成了桥梁设计方案，击败美国高造价的方案获得自主设计和监造权。1935年，大桥开始施工，但不断面临经费克扣、工期缩短等问题，他根据实情，采用"上下并进，一气呵成"的施工方案。在施工中，面对水情复杂、沉箱困难等技术难题，他创造性地采用了"射水法"

---

① 陈学溶. 竺可桢先生在气象研究所开办的气象练习班//浙江大学校友总会，浙江大学电教新闻中心. 竺可桢诞辰百周年纪念文集. 杭州：浙江大学出版社，1990：111-120.

"气压沉箱法""浮运法"等施工方法，终于在1937年9月成功建造了我国第一座大型的现代化桥梁。在大桥建造中，他在专业上提出各种创造性的技术方案，保证了大桥的高质量；在科学管理上统筹协调多方关系，确保大桥及时完成；他还在建桥的方案设计、施工的学用结合中就"工程与社会协调、工程与人文协调、工程与环境协调"① 等方面提出了创造性的见解，体现出一个工程专家的开阔胸怀和人文理念。

---

① 徐炎章. 试论茅以升的工程哲学思想——以钱塘江大桥为例. 自然辩证法通讯，2007（6）：66.

参考文献

[1] 蔡芹香. 中国学制史. 上海：世界书局，1933.

[2] 陈学恂. 中国近代教育史教学参考资料. 北京：人民教育出版社，1987.

[3] 丁长春. 中外科技与社会大事总览. 南京：江苏科学技术出版社，2006.

[4] 多贺秋五郎. 近代中国教育史资料：民国编：下. 台北：文海出版社，1976.

[5] 多贺秋五郎. 近代中国教育史资料：民国编：中. 台北：文海出版社，1976.

[6] 方增泉. 近代中国大学（1898—1937）与社会现代化. 北京：北京师范大学出版社，2006.

[7] 费正清，费维恺. 剑桥中华民国史（1912—1949年）：下卷. 刘敬坤，等译. 谢亮生，校. 北京：中国社会科学出版社，1994.

[8] 费正清，刘广京. 剑桥中国晚清史（1800—1911年）：下卷. 中国社会科学院历史研究所编译室，译. 北京：中国社会科学出版社，1985.

[9] 傅斯年. 傅斯年全集. 长沙：湖南教育出版社，2003.

[10] 高平叔. 蔡元培全集. 石家庄：河北人民出版社，1985.

[11] 顾长声. 传教士与近代中国. 上海：上海人民出版社，1981.

[12] 广少奎. 重振与衰变：南京国民政府教育部研究. 济南：山东教育出版社，2008.

[13] 郭廷以. 近代中国史纲. 香港：香港中文大学出版社，1980.

[14] 汉宝德，吕芳上，等. 中华民国发展史：教育与文化：上册. 台北：联经出版事业股份有限公司，2011.

[15] 黄延复，马相武. 梅贻琦与清华大学. 太原：山西教育出版社，1995.

[16] 教育部教育年鉴编纂委员会. 第二次中国教育年鉴. 上海：商务印书馆，1948.

[17] 柯伟林. 蒋介石政府与纳粹德国. 陈谦平，等译. 北京：中国青年出版社，1994.

[18] 科学家传记大辞典组. 中国现代科学家传记：第三集. 北京：科学出版社，1992.

[19] 赖德霖，伍江，徐苏斌. 中国近代建筑史：第三卷. 北京：中国建筑工业出版社，2016.

[20] 赖德霖. 中国近代建筑史研究. 北京：清华大学出版社，2007.

[21] 刘述礼，黄延复. 梅贻琦教育论著选. 北京：人民出版社，1993.

[22] 刘晓. 国立北平研究院简史. 北京：中国科学技术出版社，2014.

[23] 《罗家伦先生文存》编辑委员会. 罗家伦先生文存：第一册. 台北："国史馆"，1976.

[24] 《罗家伦先生文存》编辑委员会. 罗家伦先生文存：第五册. 台北："国史馆"，1988.

[25] 《罗家伦先生文存》编辑委员会. 罗家伦先生文存：第七册. 台北："国史馆"，1988.

[26] 吕达. 中国近代课程史论. 北京：人民教育出版社，1994.

[27] 南京地方志编纂委员会. 南京城市规划志：上. 南京：江苏人民出版社，2008.

[28] 欧阳哲生. 傅斯年一生志业研究. 北京：北京大学出版社，2016.

[29] 任时先. 中国教育思想史. 北京：高等教育出版社，2001.

[30] 《四川大学史稿》编审委. 四川大学史稿：第一卷. 成都：四川大学出版社，2006.

[31] 四川大学校史编写组. 四川大学史稿. 成都：四川大学出版社，1985.

[32] 孙善根. 走出象牙塔——蒋梦麟传. 杭州：杭州出版社，2004.

[33] 孙文. 建国方略. 刘明，沈潜，评注. 郑州：中州古籍出版社，1998.

[34] 孙中山. 孙中山全集：第一卷. 北京：中华书局，1981.

[35] 谭双泉. 教会大学在近现代中国. 长沙：湖南教育出版社，1995.

[36] 陶行知. 陶行知全集：第3卷. 长沙：湖南教育出版社，1985.

[37] 王炳照，阎国华. 中国教育思想通史：第六卷. 长沙：湖南教育出版社，1994.

[38] 王东杰. 国家与学术的地方互动. 北京：生活·读书·新知三联书店，2005.

[39] 王富仁，石兴泽. 谔谔之士——名人笔下的傅斯年 傅斯年笔下的名人. 上海：东方出版中心，1999.

[40] 王立诚. 美国文化渗透与近代中国教育——沪江大学的历史. 上海：复旦大学出版社，2001.

[41] 王奇生. 党员、党权与党争——1924—1949年中国国民党的组织形态. 上海：上海书店出版社，2003.

[42] 王文俊，梁吉生. 南开大学发展方案//南开大学校史资料选（1919—1949）. 天津：南开大学出版社，1989.

[43] 吴文星. 百年来中小学教育之发展//汉宝德，吕芳上，等. 中华民国发展史：教育与文化：上册. 台北：联经出版事业股份有限公司，2011.

[44] 吴相湘. 蒋梦麟振兴北大复兴农村//吴相湘. 民国百人传：第1册. 台北：传记文学出版社，1982.

[45] 谢振民. 中华民国立法史. 张知本，校. 北京：中国政法大学出版社，2000.

[46] 熊明安. 中华民国教育史. 重庆：重庆出版社，1988.

［47］许小青. 诚朴雄伟，泱泱大风——中央大学校长罗家伦. 济南：山东教育出版社，2012.

［48］叶健馨. 抗战前中国中等教育之研究（民国十七年至二十六年）. 台北：文史哲出版社，1982.

［49］张平海. 中国教育早期现代化研究. 上海：华东师范大学，2001.

［50］张宪文，张玉法. 中华民国专题史：第六卷：南京国民政府十年经济建设. 南京：南京大学出版社，2015.

［51］张宪文，张玉法. 中华民国专题史：第十卷：教育的变革与发展. 南京：南京大学出版社，2015.

［52］张玉法. 中国现代史：下. 台北：东华书局，1983.

［53］浙江大学校友总会，浙江大学电教新闻中心. 竺可桢诞辰百周年纪念文集. 杭州：浙江大学出版社，1990.

［54］郑世兴. 中国现代教育史. 台北：三民书局，1981.

［55］中国第二历史档案馆. 中华民国史档案资料汇编：第五辑第一编：教育（一）. 南京：江苏古籍出版社，1994.

［56］中国第二历史档案馆. 中华民国史档案资料汇编：第五辑第一编：教育（二）. 南京：江苏古籍出版社，1994.

［57］中国国民党中央委员会党史史料编撰委员会. 革命文献：第55辑. 台北：兴台印刷厂，1971.

［58］中国基督教教育调查会. 中国基督教教育事业. 上海：商务印书馆，1922.

［59］中国社会科学院近代史研究所中华民国史研究室. 胡适来往书信选. 北京：中华书局，1983.

［60］中央教育科学研究所. 中国现代教育大事记（1919—1949）. 北京：教育科学出版社，1988.

［61］周川，黄旭. 百年之功——中国近代大学校长的教育家精神. 福州：福建教育出版社，1994.

［62］朱斐. 东南大学史（1902—1949）：第1卷. 南京：东南大学出版社，1999.

［63］竺可桢. 竺可桢全集：第10卷. 上海：上海科技教育出版社，2006.

［64］宗璞，熊秉明. 永远的清华园. 北京：北京出版社，2000.

第八章 国难中的坚持

1937年7月7日卢沟桥事变的发生，标志着中国进入全面抗击日本侵略者的艰难岁月。一方面，落后的工业和科技让国人在被动挨打中对科学救亡更有切身体会，对科学和技术的呼声更隆；另一方面，在侵略者的铁蹄下，现代化、工业化的内外环境都遭到挤压，中国的现代化进程戛然中断，中国社会对现代化、工业化的希冀更为迫切。在卢沟桥事变前，国共已初步结成统一战线，全国上下抗战的决心空前高涨。战事一起，国民政府便勉力组织了工矿企业和科教机构内迁，保住了工业化和现代化的血脉。在持久抗战中，虽然武装力量遭到重创，但通过自力更生和寻求外援，中国仍取得了抗战的最终胜利。科教事业方面，通过政府的艰难整顿、师生的上下努力，教育规模、水平都有所进步。无论如何，战争带来的更多是牺牲和停滞，中国人民既遭受了有形的人口、资源、财产损失，也承受了无形的现代化阻滞、工业体系扭曲、科技体制畸形化等负效应。本章将展现中国社会在共赴国难的岁月中的曲折发展之路。

一、挫折和机遇

卢沟桥事变后，国民政府为了保住国家的经济命脉和科教事业，投入大量人力物力，组织了工业企业和科教机构的内迁和安顿。兵工厂的内迁保证了持久消耗战中作战物资的部分补给，民族工业的内迁则极大补充了内地的生产能力，为抗战的胜利积聚了力量。科教机构在内迁中辗转各地办学，历经合并、改组，保存了中国科研和教育的有生力量。在南渡、西迁中，挫折与机遇并行，抗战的决心伴随着行动的困难，军民上下都为最后的胜利努力着。

1. 战争打断发展势头

"九一八"事变之后，中日之间进入了准战争状态，时有军事冲突。日本谋划着继续南进。1932年1月28日日军策动"一·二八"事变，进攻上海北市、吴淞一带。上海守军第十九路军奋起抗战，大大鼓舞了国人的抗日决心。蒋介石制定了"一面预备交涉，一面积极抵抗"的应对原则，同时发布《迁都洛阳宣言》，以示不屈。十九路军及前来增援的第五军愈战愈勇，力战日军月余，至3月初才被迫后撤。

1933年2月，日军进逼热河，热河省主席汤玉麟弃城而逃，东北军再次不战而退。日军继续进逼长城，蒋介石一面紧急调遣中央军北上应战，一面在北平成立"行政院驻北平政务整理委员会"，伺机寻求与日军和解。5月底，中日签订《塘沽停战协定》，日军撤回长城线，中央军撤出冀东，双方暂时和解，但平津一带已无防御屏障。

在日军的步步进逼中，南京政府的长期政策是避免敌对行动，各地方军阀也消极应战。究其原因，一是对日本侵略中国的意图未有充分的预料和估计，二是对中国当时经济和社会发展水平信心严重不足。就蒋介石而言，尽管南京国民政府成立后经济发展取得一定成效，"在这（1926—1936年）十年间，中国现代化工业每年平均增长率约为7.6%，基础工业尤其是电力工业具有了长足发展的进程"①，但蒋介石认为中国的经济和社会当时仍处于前现代、前工业阶段，他"深信要抵抗强大的外国侵略者，中国是太弱了，并且又是分裂的，因此他曾默认日本侵占东北四省（满洲），缔结消除国民党在华北影响的停战协定，并屈服于日本的压力，镇压反日的学生运动"②。

到1935年，中国民众的反日情绪爆发，反日游行此起彼伏。同时，日本通过在东北的经营，实力大增，对华北蠢蠢欲动。1935年5月，日军制造"河北事件"，谋划"华北自治"，致使南京政府失去对河北的控制。1936年12月西安事变后，蒋介石才放弃和平解决中日争端的努力，开始"联共抗日"，做全面抗战的积极准备。

由于蒋介石方面对日态度的转变，中国各方结成抗日民族统一战线，蒋介石受到全国上下的空前拥戴，社会凝聚力和政策执行力都有了较大提高。1937年"七七"事变前，日本全面侵华态势明显，南京国民政府不得不从经济建设中腾

---

① 沈绍根. 抗战时期日本帝国主义对沦陷区工矿业的掠夺. 湘潭师范学院学报（社会科学版），2014（11）：56.

② 费正清，费维恺. 剑桥中华民国史（1912—1949年）：下卷. 刘敬坤，等译. 谢亮生，校. 北京：中国社会科学出版社，1994：548-549.

出手来，多方面加紧战前准备。一是基于"以空间换时间"的原则，谋划将国民政府撤至西南偏远地区，并多次赴重庆等地考察，准备迁都事宜。按蒋介石的设想，"我们本部十八个省份哪怕丢了十五省，只要川滇黔三省能够巩固无恙，一定可以战胜任何的强敌，恢复一切的失地"①。二是于1935年将国防设计委员会改组为资源委员会，积极发展国防工业，谋划在湖南、江西等矿产资源丰富、不易遭受敌人攻击的地方建设重工业区，以备抗战所需。三是积极发展与德国的关系，延揽军事顾问，引进德式装备。"自中央军事机构、各兵科学校，到各师级单位，都配有德国军事顾问，协助中国进行军事整备"②。

此时，日本也加紧了全面侵华的步骤。1937年7月7日晚间，日军借口一名日兵失踪，要求进入宛平县城，遭中国守军拒绝。凌晨，日军在卢沟桥向中国军队发动攻击，中国驻军奋起抵抗，是为"七七"事变（亦称卢沟桥事变）。至此，抗日战争全面爆发。时局已到无路可退的地步，蒋介石7月17日态度强硬地发表声明："希望和平，但不求苟安，准备应战，而决不求战。……如果战端一开，那就是地无分南北，年无分老幼，无论何人，皆有守土抗战之责。"③8月7日，南京政府举行国防会议，各地方军阀及中共皆应邀参加，共赴国难。

2. 同仇敌忾：工业内迁

华北、华东大片土地相继落入日军之手，国民政府被迫迁都重庆，并且把工业企业及相关机构特别是军事工业也迁到以重庆为中心的大西南地区。这场历时三年的工业内迁，耗力甚巨，保住了长期抗战的工业基础。其过程可分三个阶段：第一阶段，从"八一三"抗战到上海失守，是内迁的发动期；第二阶段，从上海沦陷到武汉失守，是内迁的高潮期；第三阶段，从武汉失守到宜昌沦陷，是内迁的结束期。④

---

① 吴相湘. 1935—1945年中日战争中中国采用的总战略及若干大战役//薛光前. 中日战争期间的国民党中国（1937—1945）. 转引自：费正清，费维恺. 剑桥中华民国史（1912—1949年）：下卷. 刘敬坤，等译. 谢亮生，校. 北京：中国社会科学出版社，1994：549.

② 张宪文，张玉法. 中华民国专题史：第十一卷：抗日战争与战时体制. 南京：南京大学出版社，2015：54.

③ 蒋介石. 中国政府的立场. 大公报（上海），1937-07-20.

④ 曾长秋. 抗战时期中国沿海工厂的内迁及对内地经济的影响. 文史博览，2005（12）：5.

在内迁企业中，兵工厂是最为迫切的。早在全面抗战之前，国民政府就预感到必然要以西南、西北为基地进行长期抗战。为了配合长期抗战，国民政府计划以四川重庆地区为中心建立新的兵工生产基地，以洛阳、汉阳、衡阳为中心分别建立临近抗战前线的兵工厂。1937年7月22日，国民政府成立全国总动员设计委员会，提出为完成军需品的自给自足，增强抗战力量，也避免工业企业落入敌手，必须将工厂自沿海迁入内地。8月10日，内迁工厂的提案获得行政院会议通过，决定"由资源委员会、财政部、军政部、实业部组织监督委员会，以资源委员会为主办机关，严密监督，克日迁移"①。但由于对日军入侵速度预估不准，至上海"八一三"事件爆发，上海大部分工厂毁于战火。不久，兵工署命令："凡受敌威胁地区之兵工厂及有关机构，统一于11月15日前迁往西南地区。"② 兵工厂与民营工厂相比较，尽管数量不多，但从机器设备、技术力量、企业管理和工人数量上讲，大都是当时中国工业界设备较先进、规模较大的近代化工厂，而且与抗战军需有直接关系，因此成为国民政府工业机构内迁的优先考虑对象。③ 当年10月至12月，南京弹道研究所、白水桥研究所、应用化学研究所等迁到了川渝地区，中央修械所、炮兵技术研究处、兵工专门学校等迁到了长沙，航空兵器技术研究处、金陵兵工厂、上海炼钢厂迁往武汉，济南兵工厂迁到了西安，河南巩县兵工厂迁到了湖南南溪，太原兵工厂迁到了四川广元。1938年间，随着南京、武汉相继失守，大部分兵工企业进行了第二次搬迁，航空兵器技术研究处、兵工专门学校、金陵兵工厂、上海炼钢厂、枪弹厂、济南兵工厂都迁到重庆，炮兵技术研究处、中央修械所则由湖南迁到贵阳。原未搬迁的广东第一兵工厂迁往广西，汉阳兵工厂、汉阳火药厂迁往湖南。1939年1月至1940年10月间，随着日军侵入广西境内，兵工企业被迫再次迁移，广东第一兵工厂由广西迁往贵州，汉阳兵工厂、汉阳火药厂和河南巩县兵工厂由湖南再迁至重庆，金陵兵工厂在云南安宁建立分厂。④ 由于战事吃紧，很多兵工厂一边迁移，一边生产作战物资，支援前方抗战。

---

① 经济部统计处. 关于战时后方工业统计报告//中华民国史档案资料汇编：第五辑第二编：财政经济（六）. 南京：江苏古籍出版社，1997：326.
② 王国强. 中国兵工制造业发展史. 台北：黎明文化事业股份有限公司，1987：109.
③ 张小雁，朱琪. 抗战时期工厂内迁史料选辑（一）. 民国档案，1987（2）：36.
④ 张亚斌，王兆辉. 抗战时期兵工企业内迁西南的战略决策. 党史文苑，2015（4）：9-10.

除了兵工企业，国营厂矿也是内迁重点。在资源委员会的直接组织下，山东的中兴，安徽的淮南、大通，河南的中福、六河沟，河北的恰立，江西的萍乡、高坑等厂炼煤的设备和部分人员，湖北的扬子、大冶、汉阳三铁厂以及湖南铅锌厂的部分设备和人员陆续内迁。① 由于武汉失守，1938 年从武汉迁出企业 316 家，其中外埠企业 148 家，武汉地区随迁企业 168 家，如汉阳钢铁厂、大冶铁矿、武昌被服厂等；抢运物资 5 万吨，转移技术员工 1 万多名。至 1940 年 6 月宜昌陷落，从湖北、河南等地通过宜昌迁入西部各省和湘西的工矿企业共 452 家，物资 12 万吨，技术工人约 1.2 万人。②

民族工业也以极大的爱国热情积极内迁。"七七"事变后，爱国企业家范旭东、李烛尘、侯德榜等率先把天津的永利碱厂、久大精盐公司和黄海化学工业研究社，青岛的永裕盐业公司，连云港的久大分厂迁到了四川。"八一三"事变前，资源委员会组织迁移监督委员会赴沪监督迁移，与上海机器厂颜耀秋、新民机器厂胡厥文、新中工程公司支秉渊等成立了上海工厂迁移联合委员会，展开上海民营工厂的迁移工作。其他各省民营工厂也相继内迁。至 1938 年 2 月，共有机器五金、化工、电机电器、制罐、造船、文化印刷、纺织等行业 123 家工厂从上海迁到武汉，占上海迁移工厂的 82%，迁移机料 1.2 万吨以上，工人 1 500 人。③ 为了鼓励民族企业的内迁，国民政府还出台了一系列经济资助的法案，如 1937 年 8 月 10 日，行政院决议向上海内迁民营厂家拨款 56 万元，提供长期低息贷款 329 万元，无偿拨地 500 亩。④ 之后，国民政府陆续颁布了《工业奖励法》、《特种工业保息及补助条例》、《工矿业赞助条例》和《非常时期奖励审查标准》，帮助内迁企业恢复正常生产。当时的报刊则以昂扬的笔触鼓励民族企业内迁："现在建立民族工业的机会到了。这个机会是千载难逢的。固然，这个伟大的工作，在进行中，难免有许多的困难。但是我们决不能因为困难，而把这良机轻易放过。我们需下最大的决心，用最大的努力，来克服一切困难，而完成这攸关民族存亡的伟大使命。"⑤

---

① 黄立人. 抗日战争时期工厂内迁的历史考察. 历史研究，1994 (4)：124-125.
② 林继庸. 民营厂矿内迁纪略//工商经济史料丛刊：第二辑. 北京：文史资料出版社，1983：57.
③ 国民政府资源委员会. 上海迁移工厂案节略. 重庆档案馆藏件.
④ 行政院为通过《补助上海各工厂迁移内地工作专供充实军备以增厚长期抵抗外侮之力量案》致资源委员会函，1937 年 8 月 10 日.
⑤ 杨志信. 建设后方工业的几个基本问题. 大公报，1937-10-31.

截至1940年宜昌沦陷，工业内迁全部完成，到1940年底基本完成复工。此时，大后方形成了八个主要工业区：以四川重庆为中心的综合性工业区（也是最大最为全面的工业区），以四川酉阳龙潭镇为中心的汽车修配、炼油工业区，以四川万县、长寿、涪陵为中心的水电、榨油工业区，以四川沱江及岷江流域（包括泸县、内江、五通桥、自流井在内）为中心的化学工业区，以湖南沅陵、辰溪为中心的电力、电器、水泥、纺织工业区，以湖南衡阳为中心的轻工业区，以云南昆明为中心的机械、电器等冶炼工业区，以及以广西桂林、柳州、全县为中心的电力、纺织、机械工业区。①

从"七七"事变延宕至1940年的工业内迁，极大补充了内地的生产能力，提高了大后方工业现代化水平，推动了民族工业的继续发展，为抗战的胜利积聚了力量。全面抗战前，中国薄弱的近现代工业约80%集中于沿海和长江流域各省。1937年，经过合法登记并且符合当时工厂法规定的工矿企业，共有3 935家，其中分布在长江下游苏、浙、沪三省市的就有2 336家，占全国总数的一半以上；其中仅沪一地就有1 235家，占全国的31.39%。② 而西部地区的川、滇、黔等7省才有工矿企业237家，占全国工厂总数的6.02%；资本1520.4万元，占全国资本总额的4.04%。③ 内迁企业在国统区复工后，经过两年多的艰苦创业，到1942年底，初步建立起一个工业门类比较齐全的近代工业体系，扩建和新建的企业共3 758家，其中四川1 654家，湖南501家，陕西385家，广西298家，贵州112家，云南106家。④

3. 科教向内地的扩散和传播

抗战全面爆发后，为了完全控制中国，日本侵略者有计划地摧毁和破坏中国文教机构。1937年7月29日，日机连续轰炸天津四个小时，其轰炸的目标集中在南开大学，终使南开大学被夷为平地，幸免轰炸的北平十余所大学，也被

---

① 经济部. 经济部工矿调整处三年来工作概况. 南京：中国第二历史档案馆，1941.
② 经济部统计处. 关于战时后方工业统计报告//中华民国史档案资料汇编：第五辑第二编：财政经济（六）. 南京：江苏古籍出版社，1997.
③ 陈真，姚洛. 中国近代工业史资料：第一辑. 北京：生活·读书·新知三联书店，1957：95.
④ 吴半农. 后方工业鸟瞰//陈绍闻，郭庠林. 中国近代经济简史. 上海：上海人民出版社，1983：218.

日军盘踞。① 自7月底占领天津之后的两个月中，日机陆续轰炸了61座中国城市，并"有意识地以大学等文化教育设施为破坏目标"②。11月5日，由蔡元培等102位知名人士发起的联合声明（英文）指出："北自北平，南至广州，东起上海，西迄江西，我国教育机关被日方破坏者，大学、专门学校有二十三处，中学、小学则不可胜数……诚所谓中国三千年建设之不足，而日本一日毁之有余也。日方此种举动，每以军事必要为借口，殊不知此种教育机关，分布各地，往往距军事区域非常遥远，且绝与军事无关。日人之蓄意破坏，殆即以其为教育机关而毁坏之，且毁坏之使其不能复兴，此外皆属遁辞耳。"③

科学研究和高等教育是中国现代化建设的原动力，国民政府吸取了一战时英美各国输送大量大学生上前线而致高等人才损失的教训，规划了北方和沿海城市重点科研机构、高校的内迁。"七七"事变后，国民政府召集教育界人士于7月28日举行分组谈话会，建议"由教育部在本区（平常区）内设立临时学校，收容紧急区之失学青年"④。教育部8月份出台《教育部设立临时大学计划纲要草案》："一、政府为使抗敌期中战区内优良师资不至无处效力，各校学生不至失学，并为非常时期训练各种专门人才以应国家需要起见，特选定适当地点筹设临时大学若干所。二、此项临时大学暂先设置下列一所至三所：（1）临时大学第一区——设在长沙；（2）临时大学第二区——设在西安；（3）临时大学第三区——地址在选择中。"⑤ 根据这一草案，教育部于9月10日发布第16696号令："以北京大学、清华大学、南开大学和中央研究院的师资设备为基干，成立长沙临时大学。以北平大学、北平师范大学、北洋工学院和北平研究院等院校为基干，设立西安临时大学。"⑥ 又以两所临时大学为基础成立了西南联合大学和西北联合大学。1941年太平洋战争爆发后，由暨南大学、交通大学、同济大学、复旦大学等30多所公立、私立专科以上学校效仿西南联合大学而成立东南联合大学，继续收容流亡的各校师生。对于科研机构的

---

① 史全生. 中华民国文化史：下册. 长春：吉林文史出版社，1990：1067.
② 石岛纪之. 中国抗日战争史. 郑玉纯，等译. 长春：吉林教育出版社，1990：61.
③ 丁石孙，等. 蔡元培全集：第七卷. 杭州：浙江教育出版社，1997：191.
④ 行政院秘书处. 奉发朱经农、吴南轩等关于战时教育问题之意见致教育部函//中国第二历史档案馆. 中华民国史档案资料汇编：第五辑第二编：教育（一）. 南京：江苏古籍出版社，1997：134.
⑤ 西北大学西北联大研究所. 西北联大史料汇编. 西安：西北大学出版社，2012：1.
⑥ 同⑤2.

内迁，国民政府亦做了相应的安排。抗战全面爆发后，即指令中央研究院西迁，并在经费与交通运输工具十分紧张的情况下，基本保证了中央研究院人员、资料、仪器和设备的搬迁。① 北平研究院则随平津部分高校一起往西北迁移。

由于对日军侵华的速度和侵略者的残暴性估计不足，在全面抗战之初，国民政府行政院指令主要还是"全国各地各级学校暨其他文化机关，务必镇静，以就地维持课务为原则"②。随着战局的不断恶化，教育部才决定将沿海各校迁往内地，但又指令高校不宜远迁，应就近寻找安全之地办学。这就使得内迁高校往往经历几次搬迁，一次性成建制搬迁的高校仅有中央大学、交通大学、厦门大学、武汉大学等十余所，占战时内迁高校总数的10%左右③。其他大多数高校均经历了三次以上的迁徙，导致师生疲惫，损失惨重，如同济大学经历六次搬迁，才最终在四川李庄安定下来；浙江大学两年间被迫五次迁移，行经浙、赣、湘、桂、黔五省，最后在遵义及附近安顿下来。与工业机构的内迁一样，高校的内迁也大致经历三个阶段：第一阶段从1937年"七七"事变至1938年武汉、广州失陷，这一阶段主要是公立大学的内迁，约有37所；第二阶段从1941年冬太平洋战争爆发至1942年上半年，这一阶段内迁的高校主要为原避居上海租界和香港的私立大学，约有21所；第三阶段为1944年4月至1945年初，随着豫湘桂战役中国民政府军队的溃败，广西、贵州、云南、江西、福建等地高校的迁移。就高校内迁的目的地而言，国民政府指定了五大区域作为"落脚区"：第一区是以重庆、成都、昆明、贵阳为中心的西南地区；第二区是以桂北、湘西、粤北等地为中心的中南山区；第三区是以赣南、浙南、闽西等地为中心的华南丘陵地区；第四区是以汉中、陇东为中心的西北地区；第五区包括鄂、皖、豫、晋等省的山区。④ 实际上，高校内迁目的地主要集中在四个地区：(1) 以重庆、成都、昆明、贵阳为中心的西南地区；(2) 以广西、湘西、湘南、粤西、粤北为中心的中南地区南部山区；(3) 以赣中、赣南、浙西、浙南、闽

---

① 孙宅巍. 抗战中的中央研究院. 抗日战争研究，1993 (1)：154.
② 中国第二历史档案馆. 中华民国史档案资料汇编：第五辑第二编：教育（一）. 南京：江苏古籍出版社，1997：1.
③ 罗家伦. 炸弹下长大的中央大学//《罗家伦先生文存》编辑委员会. 罗家伦先生文存：第一册. 台北："国史馆"，1976：576.
④ 刘小华. 抗战时期平津地区高校的内迁. 南通大学学报（社会科学版），2015 (7)：91.

中、闽西等为中心的华东南部丘陵地区；（4）以陕南、关中、陇东为中心的西北地区。①

在高校的抗战大迁徙中，国立高校由于得到政府较多的安排和支持而迁入西南中心区，省立大学及部分私立大学因经费等方面的原因纷纷改为国立，少量高校如广西大学、山西大学等留在省内办学，大部分则选择了内迁。教会大学原希望通过教会所在国的庇佑而继续在沦陷区办学，但是日军并没有因此停止对教会大学的侵扰，沪江大学校长刘湛恩、上海女子大学校长吴志骞就因拒绝投降日本而惨遭杀害。1941 年 12 月太平洋战争爆发后，美日关系僵化，日军关闭了燕京大学，并逮捕了校长司徒雷登、15 位中国教职员和 11 名学生。② 在此情况下，教会大学或被迫解散，或搬迁至香港或大后方。

这次史无前例的科研机构和高等院校大迁徙及调整、合并和改建，保存了中国科研和教育的中坚力量，为抗战后的科教事业留下了火种，同时也改善了西南、西北等地高等教育薄弱的状况，特别是陈立夫主导的西北联合大学分立为五所西北国立院校，奠定了此后几十年西北地区高等教育的基本格局。抗战时任华中大学校长的韦卓民说，"高等教育机构的迁入内地并不是一种灾难。它们是迁移到了文化落后的地区。知识和技术意念的普及帮助了内地的迅速现代化"③。内迁高校还直接或间接地给予抗战最有力的支持。向内地迁移后，很多高校减少了普通科目的教学，增设了与战时建设有关的技术课程，如机械工程、土木工程、机电工程、化学工程、医药救护等，亦增设了与战时宣传有关的文化课程，如抗战文艺、历代抗敌诗选、抗战史料、战时教育等，以及其他相关的战时课程。

二、危机中的态势

在面对日本侵略的危急关头，中国的科教该向何处去？当局和教育界围绕着战时科教事业是否坚持常规体制展开了激烈的论争，终而决定科教事业应尽力排除战争的影响，以常规教育立足于战争危态中，确保战后重建和现代化再续的人才储备。围绕着如何应对强敌，国民政府自知实力不够，急迫地依赖英、

---

① 徐国利. 抗战时期高校内迁概述. 天津师范大学学报，1996（1）：58.
② 刘家峰，刘天路. 抗日战争时期的基督教大学. 福州：福建教育出版社，2003：63.
③ 西南联大北京校友会. 国立西南联合大学校史. 北京：北京大学出版社，1996：77.

美、苏等国的支援。在抗战前期,通过西北交通线,中国获得了苏联较多的援助,但随着德苏关系的演变,苏联自顾不暇,减少甚至停止了援助,中国转而寄望于英、美,不惜派出十万远征军入缅作战,意图打通西南国际通道。随着太平洋战争的爆发,美国需要中国军队牵制日本,终于开始给予中国大规模援助,帮助中国正面抗击侵略者。在沦陷区,日本从占领东三省起,就通过南满洲铁道株式会社(满铁)、满洲重工业开发株式会社(满业)、日本移民开拓团等对东北乃至整个沦陷区进行资源掠夺和全面控制。这客观上使东北建成了以重工业为主的工业体系。但沦陷区受制于日本的奴化统治和教育,仅能勉力维持,遑论发展。

1. 香火不断,确保后继有人

战争打断了中国现代化的进程,对于关系民族未来、现代化建设人才储备的教育问题,当时在教育界展开了战时教育大讨论,围绕"战时与平时"教育的论争,出现了几种截然不同的声音。一种是支持维持原状。胡适在 1937 年 7 月关于教育问题的庐山谈话会上提出:"国防教育不是非常时期教育,是常态的教育。"① 时任教育部高教司司长的吴俊升认为:教育为百年大计,只应对于战时需要,做临时适应的措施,不应全盘改弦更张,使有关百年大计的正规教育中断。② 一种是支持"焦土抗战",认为应实施战时教育政策,要求"高中以上学校除个别与战事有关者外,为配合抗战,均应予以改组和停办,俾员生应征服役,捍卫祖国。即初中以下学生未及兵役年龄,亦可变更课程,缩短年限"③。一种是支持进行彻底的教育改革,"以远大目标,作标本兼治的筹划"。治标在于"应目前迫切的需要,而设施各种暂时的办法,谋补救因抗战而发生的种种事实上的困难",治本则是"对整个教育事业,加以整理、充实、调整、改进、扩充,为根本远大之谋,以期应付长期抗战,适应建国需要"④。

经过短暂的考量,国民政府很快明确了战时坚持平时教育的方向。1938 年

---

① 中国社会科学院近代史研究所. 胡适的日记:下. 北京:中华书局,1985:571.
② 吴俊升. 战时中国教育//薛光前. 八年对日抗战之国民政府. 台北:台湾商务印书馆,1978:1.
③ 吴景宏. 战时高等教育问题论战的总检讨. 教育杂志,1939(1):7.
④ 陈礼江. 论战时教育. 教育通讯,1938(7):3.

3月，陈立夫出任教育部部长，提出"在理论上无所谓战时教育，因为平时教育实际上包含着战时准备"①。之后，他发布《告全国学生书》，提出所谓战时教育的任务："为在德智体各方面培养健全之公民，使其分负建国之艰巨任务，故青年之入学修业，自国家立场观之，读书实为其应尽之义务，使青年而有废学现象，实为国家衰亡之危机。"②为了让人更好地理解战时教育，他撰写了《战时教育方针》的小册子，反复强调："应该以非常时期的方法，来达到正常教育的方针；以非常精神的运用，来扩大正常教育的效果。换言之，战时教育的方针，仍是一贯的正常教育方针，仅仅是更明显、更切实些。"③对于教育的重要作用，蒋介石在1939年3月的第三次全国教育会议上指出："现代国家的生命力，由教育、经济、武力三个要素所构成；教育是一切事业的基本，亦可以说教育是经济与武力相联系的总枢纽。"④在《今后教育的基本方针》一文中，他明确指出，教育应该从长计议，"……我们要建设我们的国家，成为一个现代化国家。我们在各部门中需要千万专门的学者，几十万乃至几百万的技工和技师，更需要几百万的教师和民众训练干部，这些都要由我们教育界来供给的，这些问题都要由我们教育界来解决的"⑤。对于战时教育的争论，解决的方法就是"平时要当战时看，战时要当平时看"，"我们教育上的着眼点，不仅在战时，还应当看到战后"⑥。

根据1938年3月底国民党临时全国代表大会"抗战与建国并行"的主题制定的《战时各级教育实施方案纲要》，国民政府教育部提出了教育方面的方针："一、三育并进。二、文武合一。三、农村需要与工业需要并重。……五、家庭教育与学校教育密切联系。六、对于吾国固有文化精粹所寄之文史哲以科学方法加以整理发扬，以立民族之自信。七、对于自然科学，依据需要迎头赶上，以应国防之生产需要。……九、对于各级学校教育，力求目标之明确，并谋各地之平均发展；对于义务教育，依照原定期限，以达普及；对于社会教育，力

---

① 中央教育科学研究所. 中国现代教育大事记. 北京：教育科学出版社，1988：386.
② 陈立夫. 告全国学生书. 教育通讯，1938年创刊号：13.
③ 陈立夫. 战时教育方针·规定战时教育方针之意义//中国国民党中央委员会党史委员会. 革命文献：第58辑：抗战时期之学术. 台北："中央"文物供社，1972：3.
④ 蒋介石. 第三次全国教育会议训词//蒋委员长言论类编·教育文化言论集. 重庆：正中书局，1941：213.
⑤ 教育部教育年鉴编纂委员会. 第二次中国教育年鉴. 上海：商务印书馆，1948：54.
⑥ 同④214.

求有计划之实施。"① 同时对学制、学校迁移与设置、师资训练、课程设置、训育、军训、教育行政机构设置、教育经费等 17 个要点做了具体规定。在此教育方针指导下,教育部有序展开了各项工作。

其一是组织高校内迁。尽管高校的内迁匆忙而艰辛,但大部分高校的顺利内迁,保存了大学的命脉,使大后方的大学教育没有因抗战而中断。由于对教育价值的看法基本一致,国民政府各部门、各地方长官能够较好地配合内迁工作。特别是第九战区司令长官、湖北省政府主席陈诚,虽非教育界人士,但他认为"教育是立国的根本,尤其当国家临到存亡绝续关头,成为绝对的需要"②。在华北、华东高校迁至武汉时,陈诚给予了最大的支持。1937 年 12 月,陈诚到长沙临时大学做演讲。针对青年学生弃学从军、保家卫国的情绪,他劝导学生,"要安心求学,方使前方后方,井然有序。倘使做军人的反到后方读书,做学生的反到前方作战"③,国家只会乱套。

其二是进行大学教育质量改革,统一大学入学考试、大学生学籍管理、大学课程设置标准、教材编订,改进毕业考试办法。教育部根据大学课程整顿的三个原则,"一、注重一般学术之基本原则;二、求各种课程之集中,避免支离庞杂;三、立一最低限度之标准,使大学毕业生有一定程度",将大学课程分为选修和必修两类,并把中国人应知的中国各方面历史材料列入了必修科,杜绝大学课程完全采用西方体制、对中国文明史付之阙如的现象,收回了"文化租界"。

其三是对于在大后方求学的学生实行"贷金制",即"中等以上学校,家境贫寒或断绝经济来源的学生可以向国家贷款用于维持生活和学习,将来毕业后偿还。对师范生、保育生、青年军复学生、边疆学生、革命及抗战功勋子女、荣誉军人等则实行公费生办法"④。抗战后期,由于战时法币的贬值,陈立夫又将贷金制改为公费制,直接以教育部的名义向财政部申请经费。这一制度使广大流亡学生得以在战争期间继续求学,保证了人才培养的连续性,甚至促成了一批人才的脱颖而出,包括后来的诺贝尔奖获得者杨振宁、李政道。陈立夫在晚年的回忆

---

① 教育部教育年鉴编纂委员会. 第二次中国教育年鉴. 上海:商务印书馆,1948. 转引自:范小方,李永铭. 陈果夫与陈立夫. 武汉:武汉出版社,1993:209。

② 陈诚. 第一期抗战之检讨与对青年之企望//陈诚. 抗战建国与青年责任. 武汉:军事委员会政治部,1938:121.

③ 陈诚. 抗战建国与青年责任. 武汉:军事委员会政治部,1938:122.

④ 熊明安. 中华民国教育史. 重庆:重庆出版社,1990:333.

录中写道:"费用虽大,但是成就甚著,据统计,战时由中学以至大专学校毕业,全赖国家贷金或公费以完成学业者,共达十二万八千余人之多。此等兼是国家不可少之人才。凡是现在国内外五十岁以上之社会中坚分子,几无人未受贷金或公费之惠。如无贷金及公费制度,不知道有多少人失学,将为国家一大损失。"①

其四是对于有志上前线的青年,制订克制的征调计划。针对热血青年纷纷要求上前线抗战的决心,他在《告全国学生书》中强调:"学生报国从军,必经相当之专门训练,可依照手续就近加入军事学校或机关……学生战时服务要详加计划,经过训练有组织有秩序的活动,各项服务应不妨害课业。"② 针对及龄大专院校青年一律照壮丁抽签办法征召入伍的主张,他认为,"为了国家建设前途,也为了储备作对军事更有价值的贡献,不应无分别的与一般壮丁一同抽调入伍,应该仍令受完大专教育而加以军事训练,遇将来必要时,再行征调"③。当时全国受大专教育的人在一万人中仅有一人,极其宝贵,当局此等举措为战后的重整和建设保存了有生力量。

2. 争取国际支援

中国自抗战伊始,就作为远东反法西斯主战场,在世界反法西斯斗争中发挥着重要作用,但是,当时中国的国力尚不能与日本匹敌,除了自力更生以外,争取国际社会的广泛支持和支援成为抗战工作的重要一环。而日本自发动全面侵华战争伊始,便全力封锁中国东南沿海港口,切断了中国从海上获取支援的可能性。中国只能把眼光转向西北和西南,勉力打通与苏联、英、美的国际支援线。

在全面抗战前期,特别是1937—1939年,是中国孤军抗战、积极寻求英、美国际援助而不得的阶段。英、美两国出于自身利益考量,对日本实行绥靖政策,对中国的求援则以各种理由进行推脱。而苏联注意到中国牵制日本、保障远东集体安全的重要作用,从一开始就对中国的抗日给予了积极的协助。1937年卢沟桥事变前,苏联就派人与中国政府接洽,表示:愿意给中国提供贷款购买苏联军火物资,愿意共同谴责日本的侵略行径,愿意与中国订立互不侵犯条约及军事互助协定。④ 卢沟桥事变后,苏联是国际社会最早谴责日本侵略行径、

---

① 陈立夫. 成败之鉴. 台北: 正中书局, 1994: 289.
② 中央教育科学研究所. 中国现代教育大事记. 北京: 教育科学出版社, 1988: 388.
③ 同①.
④ 孙科. 中苏关系. 上海: 中华书局, 1946: 15-16.

支持中国抗战的国家。当年8月21日,中苏签订《中苏互不侵犯条约》,苏联向世界表明对中国抗战的支持,并开始对中国进行经济、军事支援。1938年和1939年,苏联分三次给中国总计2.5亿美元①的低息易货贷款,中国则以钨、锡、铅等金属和生丝、茶、皮革、羊毛等物资折价偿还。

为了更好地运送战略物资,苏联帮助中国修筑西北公路,打通中苏交通运输线,向中国提供各类作战物资。对于西北公路,为中国组建"美国志愿航空队"("飞虎队")的美国人陈纳德曾说:"虽然这条公路的开辟未大肆宣扬,但实际上从这条路运抵中国的战时物资,却远远超过赫赫有名的滇缅路所输入数量。"②"仅从1937年10月到1939年2月中旬,苏联运抵中国的各类物资就达5 640个货车车厢,经新疆汽车公路运输的货物超过5 260个苏式货车车厢。"③ 从1937年10月至1939年9月,中国共得到苏联985架飞机、1 300多门大炮、14 000多挺机关枪与其他作战物资。④ 苏联给中国提供的武器都是当时苏联所产最先进武器,如歼击机N-16、轰炸机CB型、坦克T-26型等。从1937年10月到1941年6月,有40个师的中国军队装备了苏制大炮,约50个师配置了苏制枪械,特别是中国第一个机械化师(即陆军第200师)也是由苏联援助的军事装备组建起来的,空军装备方面则整个由苏联提供飞机。⑤

在进行经济和军用物资援助的同时,苏联还派遣一个军事顾问团,协助中国对日作战,甚至派出志愿飞行员直接参战。至1939年2月,在华的军事顾问达到3 365人;至1941年,在华征战过的苏联飞行员先后达700多名。⑥ 其中1938年4月29日,苏联飞行员在武汉上空英勇迎战日机的事迹震惊国内外。直到1941年苏德战争爆发之后,苏联才全面停止对中国的援助。

---

① 由于德国1941年全面入侵苏联,苏联已无暇援助中国,实际上第三笔贷款没有全部到位,中国实际动用的贷款总额为1.73亿美元。[李嘉谷. 抗日战争时期苏联对华贷款与军火物资援助. 近代史研究,1988(3):217]
② 陈纳德. 陈纳德将军与中国. 台北:传记文学出版社,1978:68.
③ 弗·斯·米亚斯尼科夫. 第二次世界大战中的苏联与中国. 宿丰林,译. 学习与探索,2006(1):186.
④ 李嘉谷. 抗日战争时期苏联对华贷款与军火物资援助. 近代史研究,1988(3):217.
⑤ 李浩,梁永康. 中国抗日战争的西北国际援助生命线——苏联对华援助问题研究(1937—1941). 江西教育学院学报,2009,30(2):92.
⑥ 同⑤90.

1939年春到1940年底，中国政府为摆脱孤军作战的局面，一直与美国和英国展开积极外交，尝试建立遏制日本的远东国际联合阵线。但是，这一尝试并没有取得实效。这段时间，美国仅是向中国提供了少量的贷款。1941年12月7日日本偷袭珍珠港，导致太平洋战争爆发，迫使美国卷入反法西斯的直接斗争。英、美第二天对日宣战。1942年元旦，随着《联合国家共同宣言》的签署，国际反法西斯同盟统一战线正式形成。而中国向美国求援的斡旋也终见成效。1942年3月21日，美国与中国国民政府签订5亿美元的财政贷款，后又陆续向中国政府租借8.7亿美元物资。整个抗战期间，美国给国民政府贷款达到12.4亿美元，其中1940年以后的贷款就占11.8亿美元；英国给国民政府贷款达1.18亿英镑，其中1940年以后的贷款就占7 000万英镑。①

为了展开对日联合作战，太平洋战场成立了中国战区，由蒋介石任战区盟军最高统帅，美国派史迪威将军任战区美军司令兼蒋介石的参谋长，帮助中国打通滇缅公路，组建空军。滇缅公路是中国与英、美唯一的陆上交通运输线。为了打通滇缅公路，中国政府派出远征军展开对日作战，但盟军失利，第一次缅甸战役失败。在此情况下，美国帮助中国开辟了由印度阿萨姆飞越喜马拉雅山脉到中国昆明的空中运输线，并把陈纳德指挥的"飞虎队"编入运输队。②中缅公路被迫中断后，驼峰航线承担起繁重的运输任务，形成了一个庞大的空中运输体系。在盟军再次掌握滇缅公路的控制权之前，美国的援华物资大部分都是经由驼峰航线运达昆明、重庆的，因此，这条航线成为名副其实的"空中生命线"。在这期间，国民政府积极向国际社会传达抗日的决心，宣传中国的抗战，以争取美国更多的援助。其中，1942年11月18日至1943年7月4日期间，宋美龄访美并在参众两院发表演讲，引起了美国人巨大的反响。美国民众积极捐款。"据不完全统计，在宋美龄访美的七个多月时间里，包括爱国华侨在内的各类捐款约达2 000万美元。"③ 同时，宋美龄的访美促使美国加大了援华的力度，也提高了中国在反法西斯同盟中的地位。"宋美龄的演说活动所产生的轰动效应鼓舞了美国民众要求重视和援助中国抗战的普遍情绪，这就对美国政府的对华政策产生了作用，天平开始倾斜，进而推动了罗斯福总统决心支持中国进

---

① 汪忠民. 抗日战争中的国际援助. 同济大学学报（人文·社会科学版），1995（11）：21.
② 早在1940年8月，陈纳德指挥的"美国志愿航空队"就已来华参战。
③ 梁恰. 1942—1943年宋美龄访美述论. 历史档案，2000（2）：124.

入'世界四强'的行动步骤。"①

在这股热潮中，中国政府也积极展开国际行动，在1943年1月11日，与英、美两国分别签订《关于取消英国在华治外法权及其有关特权条约与换文》和《关于取消美国在华治外法权及处理有关问题之条约与换文》，废除了英、美在华的大部分治外法权，使中国国际地位进一步提高。同年中、美、英三国在滇缅路发动了对日反攻，中国驻印军队在美国工兵配合下，修通了从印度的雷多至缅北的密支那的道路，开辟了中印公路，使援华物资得以大批量地运送至中国。此时，世界反法西斯同盟发起总反攻，以空军为主的盟国军队与中国军队在中国本土联合作战，加速了日本的投降。

中国囿于自身国力无法单独抗衡日本，在争取国际援助上，可以说是不遗余力，这既加速了日本的投降，加速了反法西斯战争的胜利，也帮助国民政府的军队在装备上、作战指挥上走上现代化之路。

3. 日本在东北的经营

"九一八"事变后，日本在我国东北建立伪满洲国，进行着殖民统治。通过南满洲铁道株式会社（满铁）、满洲重工业开发株式会社（满业）、日本移民开拓团等，日本对东北乃至整个沦陷区进行着资源掠夺和全面控制。

满铁是日本帝国主义1906年到1945年设在中国东北的一个巨型殖民侵略机构，主要进行铁路经办、煤矿开发、移民等事务，设有总务部、调查部、运输部、矿业部、地方部等。在铁路经营上，日俄战争后，满铁控制铁路线1907年总计为1 145.7公里，1921年增至1 344.5公里，1931年达2 360.8公里。②"九一八"事变后，满铁获得东北铁路全部经营权和伪满的国有汽车经营权，1935年又接管了中苏合办的中东铁路，至此，满铁垄断了东北的全部铁路运输线。"至1943年，满铁铁道总局经营着11 000余公里的铁路，约2万公里的汽车运输"③，以及周边地区的短途运输和城市交通。除了经营原有铁路，从1908年开始，满铁分别修建了大连至长春、苏家屯至抚顺等线段的第二线工程，又大规

---

① 罗伯特·达莱克. 罗斯福与美国对外政策：下册. 陈启迪，等译. 北京：商务印书馆，1984：558.

② 王承礼，常城，孙继武. 苦难与斗争十四年：上. 北京：中国大百科全书出版社，1995：20.

③ 苏崇民. 满铁史. 北京：中华书局，1990：394.

模地扩建大连港。"九一八"事变后,满铁还根据关东军的要求,修筑了一批新的铁路线。至1937年底,满铁在东北共修建铁路28条,总长3 500公里。① 通过对铁路线的控制,满铁在铁路线周边设立了附属地。最初其附属地是从长春到大连（包括安奉路）这段铁路及其支线两侧各30里的区域,之后以每十年增加一倍的速度迅速扩大,到"1931年增加为482.9平方公里"②。在满铁的支持下,日本企业逐渐垄断了东北的运输、港口、铁厂、煤矿、电力、煤气、林业等行业,使东三省成为日本侵略中国的能源供应基地。

在侵华战争中,日本试图把中国东北建成"大陆军事基地"。1933年,日本扶持建立的伪满洲国发布了《满洲经济建设纲要》,规定"带有国防或公共利益性质的重要事业,以公营或令特殊会社经营为原则"③。在"日满经济一元化"的驱动下,日本通过满铁设立特殊会社达到对各行业的独占性经营。1934年2月设立了负责开发并统制东北煤矿的满洲炭矿株式会社,1934年3月设立了统制石油资源的满洲石油会社,1934年5月设立了负责采金事业的满洲采金会社,1935年8月设立了负责开发和统制全东北矿物资源的满洲矿业开发株式会社。到1937年3月末为止,满铁新设的特殊会社和准特殊会社共21个,涉及海运、航空、通信、发电、石油、化工、制造、采掘、冶炼等多个部门和行业。以电力为例,1934年11月日本成立"满洲电业株式会社",垄断东北电力工业。"到1944年时增资到64亿元,比成立时增加了6倍。在满电的垄断经营下,东北发电量由1932年的59亿度,增加到1936年的135亿度,1944年达到418亿度。其中辽宁所占比重最大,大致在73%—86%。"④

1937年以后,由于与东北的关东军军部发生矛盾,"'满铁'被关东军抛弃,只负责以铁路为中心的交通运输方面的综合经营,以抚顺为中心的采煤、炼油事业,以及调查全亚洲三项主要活动"⑤。关东军另行扶持设立满洲重工业开发株式会社,对东北钢铁、煤炭、轻金属以及其他与军需工业相关的重工业实行支配性投资和垄断性经营。在钢铁业方面,"满业"设立了鞍山昭和制钢

---

① 王承礼,常城,孙继武.苦难与斗争十四年:上.北京:中国大百科全书出版社,1995:411.
② 苏崇民.满铁史.北京:中华书局,1990:394.
③ 同①419.
④ 张传杰.日本掠夺中国东北资源史.大连:大连出版社,1996:309.
⑤ 蒋建平.简明中国近代经济史.北京:北京大学出版社,1985:80.

所、本溪湖煤铁公司和东边道开发株式会社等；在矿业方面，设立了满洲炭矿株式会社、满洲矿山株式会社和满洲采金株式会社等；在轻金属方面，设立了满洲轻金属制造株式会社；在机械工业方面，设立了满洲飞机制造株式会社、满洲自动车株式会社；等等。1938年"满业"在伪满主要子公司有12家，1944年达到40多家。通过这些子公司，"满业"垄断了在东北的钢铁业、轻金属业、煤矿业、汽车制造业等主要工矿业。

1940年，在抗战相持阶段，日本内阁通过了《国土计划设定纲要》，计划实行所谓的"日满华适当分业"的制度，即日本本土着重发展军事工业、机械工业和精密工业，伪满着重发展电气工业、矿业、一部分机械工业和轻工业，华北着重开发盐业和矿业，华中则允许存在一些轻工业。这样的分工，使沦陷区工业布局走向畸形，特别是中国东北，重工业过度开发，轻工业增长缓慢，打上了沉重的殖民统治烙印。

除了资源的掠夺，日本以满铁为基地，成立满铁调查部，专门收集中国情报。在整个满铁存续期间，满铁调查部对满蒙地区进行了大量调查，为日本的侵华提供"科学的基础"。[1]"九一八"事变后，满铁成立经济调查会，完成了热河省、吉林省、黑龙江省和内蒙古东部的资源调查，后改为产业部，主要进行经济资源和矿产资源的调查。日军侵入关内后，满铁成立大调查部，1939年进行了"日满华生产力扩充计划及物动计划调查"、"日满华通货膨胀调查"、"中国事变处理调查"和"满洲及中国社会的基本问题调查"等大项目，1940年完成了"日满华主要工业选址条件调查"、"东洋主要物资的对日供给程度调查"、"重庆政权抗战能力及日本的对华经营调查"、"日满华通货膨胀调查"、"中国惯例调查"、"兴安岭地带调查"、"满洲铁道网调查"和"满洲输送资源调查"等。[2]这期间，设立"中国抗战能力调查委员会"，对中国抗战情况、战斗力状况进行了充分的调查，并做了科学的分析。这些调查虽是为了日本侵略中国服务，但在很大程度上反映了20世纪上半叶中国社会状况，具有很高的史料价值。

日本在东北经营的另一种形式是移民。从日俄战争后，日本就开始向中国东北进行移民试点。"九一八"事变后，日本制定了满洲移民大纲，计划从1932年起进行五年试验移民。1936年通过"二十年百万户移民计划"，计划自1937年到1956年，向中国东北移民五百万人，建立以大和民族为主体的"新满

---

[1] 满铁调查部概要. 辽宁省档案馆藏日文资料, 交通邮电类第53号.
[2] 付杰. 日本侵华罪证——满铁调查报告及其价值分析. 黑龙江档案, 2015（1）: 25.

洲"。1939年，日本为了掩饰其移民中国东北的侵略性质，将"移民"改称"开拓民"或"开拓农民"，"移民团"改称"开拓团"，"移民地"改称"开拓地"，"移民政策"改为"开拓政策"①，并颁布《满洲开拓政策纲要》。到1945年，日本共向中国东北输送"开拓团"860多个，包括政府组织的"集团开拓团"、民间组织的"集合开拓团"、民间自发组成的"分散移民开拓团"。特别是"分散移民开拓团"，包括种植业"开拓团"、林业"开拓团"、渔业"开拓团"、矿业"开拓团"等，对东北土地、草原、矿产、林业、渔业、劳动力等进行了掠夺性开发。1941年12月太平洋战争爆发后，日本为了解决国内资源短缺问题，更加肆无忌惮地掠夺东北资源，特别是为了实现大增产，浪费性地开采矿产、森林资源，在粮食生产中造成土地产能的严重下降。

4. 沦陷区的教育和科研

"七七"事变之后，日本在华北设立了伪政权。抗战期间，日本通过伪政权在沦陷区进行奴化教育。1938年4月，伪华北政权教育部发布"训令"，指示："学校的恢复应从小学着手，次及中学，至于大学之开办，应事先向政府申请，受本部指导。"②"七七"事变前，全国拥有初等教育机构32万余所，学生1 836万多人。③ 但在伪华北政权的"整顿"下，至1939年，整个华北敌占区有完全小学1 248所，初小20 356所，幼稚园25所，合计为21 629所，仅为战前107 701所的1/5。其中北京市初等学校由1937年的312所减为291所，天津市由316所减为279所。该年度，华北地区中学仅有134所，较战前387所减少了近2/3。④

"七七"事变之后，沦陷区的高等教育机关大部分迁入大后方，伪华北政权和伪南京政权为了推行殖民教育，接管了原有的国立大学，以"恢复"的幌子成立了"国立北京大学"、"国立北京师范学院"、"国立北京女子师范学院"、"国立北京艺术专科学校"以及"北京市立体育专科学校"、"国立南京大学"、"国立上海大学"等。全面抗战爆发后，一些私立大学（特别是教会大学），如中法大学、燕京大学、辅仁大学、协和医学院、齐鲁大学，因其与国外的关系，

---

① 左学德. 日本向中国东北移民史. 哈尔滨：哈尔滨工业大学出版社，1998：135.
② 张书丰. 山东教育通史：近现代卷. 济南：山东人民出版社，2003：353.
③ 顾毓琇. 抗战以来我国教育文化之损失. 时势月报，1938，19（5）.
④ 吴洪成. 日本侵略者在中国沦陷区的殖民教育. 河北师范大学学报（教育科学版），2005（4）：39.

早期尚能勉强维持办学，但这些学校反日情绪日益高涨，因而陆续被日军关闭。伪南京政府时期，圣约翰、南洋、大夏、光华、复旦等私立大学被合并为一校，并规定不得聘用欧美教师。汪伪政府除"恢复"一些大学外，还设立了一些新的高校。伪华北政权 1938 年设立"外国语专科学校"，专为造就通晓日语及其他西语的人才；设立"新民学院"，培养和训练进入伪政权工作的"中坚官员"；设立"部立中等教育师资讲肄馆"，目标是"于短期内依据新的教育方针造就中小学师资"。伪南京政权成立后，又设立了"中华新闻学院""河南省立医学专科学校""山西省立桐旭医学专科学校""太原日本语专科学校"等。但日伪时期沦陷区高等学校无论是规模还是数量，较之战前都呈下降趋势。

1937 年伪满提出产业开发五年计划。为了提供殖民化政策所需的师资和专门技术人才，日本在沦陷区加强了师范教育、职业教育。按照日伪政权的规划，中等以上的教育机构"应先设职业学校，次设师范学校，再次设中学"①。实际上，自"九一八"事变后，日本就在东北开始了奴化师资训练，之后随着沦陷区的扩大，日伪政府在华北、华东也建立起一批日伪师资学校。这些学校包括所谓的"吉林师道大学"、"新京女子师道大学"、"中央师道学院"、"河北省立女子师范学院"、"国立北京女子师范学院"、"国立北京师范学院"、"省立江苏教育学院等高等师范学校"，以及"南京国立师范学校"、"安徽省立蚌埠师范学校"、"省立芜湖女中师范科"、"湖北省立师范学校"、"江苏省立苏州师范学校"等中等师范学校和一批进行在职培训的教员养成所、师道训练所、日语讲习会等，逐渐形成了比较完备的师范教育体系。师范教育的目的，以"省立江苏教育学院"为例，"关于本科者，则为造就高等师范诸校之优良师资及教育行政人员，暨推行社教人员之干部人才；关于专科者，则以造就初级中学之优秀师资为目的"②。

在职业教育上，自 1938 年起，日伪政府仿照日本学制，进行年限为 2-3 年的专门技术培养。1940 年 9 月，伪教育部颁布《职业学校法》，将职业学校分为初级和高级两类。按照"日本工业，华北农业"的战略目的，至 1944 年止在河北省开办了九所农业职业学校："省立邢台初级农业职业学校""河北省燕津道联立顺义初级农业职业学校""河北省燕津道联立三河初级农业职业学校""河北省燕津道联立良乡初级农业职业学校""省立黄村初级农业职业学校""省立沧县初级农业职业学校""省立赵县初级农业职业学校""河北省冀东道联立唐

---

① 伪山东省公署教育厅. 教育法令汇编，1944：13.
② 伪江苏省政府教育厅编审室. 两年来之江苏教育，1944 年 10 月.

山初级农业职业学校""河北省津海道联立武清初级农业职业学校"。① 华东沦陷后，伪政权又设立了"南京国立第一职业学校""江苏省立无锡高级工业职业学校""安徽省立怀远农业职业学校""浙江省立杭州职业学校""苏州职业学校""女子蚕桑学校""松江职业学校""丹阳初级职业学校""吴兴蚕科职业学校""海宁农科职业学校""蚌埠初级职业学校""滁县工业学校"等。但是，由于战乱频仍，沦陷区的职业教育质量低下，师资和学生严重欠缺，理论与实际完全脱节，并未取得预期成效。

较之于教育方面的维续，科学研究在沦陷区几乎处于停滞状态。日本为了达到文化侵略的目的，曾在中国设立"东方文化事业委员会"，由该委员会牵头先后在中国设立"北京人文科学研究所"和"上海自然科学研究所"。"北京人文科学研究所"成立于1927年12月20日，初期19名研究人员，中方占16人，日方3人，其主要研究课题是编撰《续修四库全书提要》，1943年这项工作基本完成，但因于战火影响，当时未能付诸刊行。"上海自然科学研究所"于1934年4月在上海挂牌成立，由日本外务省管辖，日方单独运营。研究所下设理学部和医学部，理学部下设物理学科、化学科、生物学科、地质学科；医学部下设细菌学科、生药学科、病理学科，1935年增设卫生学科。截至1942年，该研究所有研究人员70名，包括16名中国人。② 该所1938年后成为日本官办微生物研究基地，在病理学和细菌学方面成就斐然。虽然其起初是以"自然科学的纯粹学术研究"为目的，但在日本侵华期间，研究所承担了诸如接管占领地图书档案、学术标本，从事占领区内医疗事务、化学实验、细菌检验等任务，成为日本侵华的帮凶。

三、大学凤凰涅槃

虽然全面抗战的到来使高校在内迁中遭受了巨大的财产损失，但各高校在后方的办学却各具特色，优势互补，成为一道文化奇观。高校的内迁也改善了中国高等教育机构的布局，发展了高校与地方的关系。在内迁高校中，由北京大学、清华大学、南开大学联合成立的西南联合大学，发扬了三所名校教授治

---

① 河北省咨送本省各道市县局处校所举办剿共讲演大会实况报告. 中国第二历史档案馆藏. 伪华北教育总署档案，二〇二一/456.

② 孙建春. 上海自然科学研究所及其出版的刊物. 科技情报开发与经济，2016（13）：89.

校、民主自治的校风和通才教育的办学经验，为国家培养出大量一流人才；罗家伦掌校的国立中央大学由于与国民政府高层的特殊关系而得到更好的内迁支持，得以完好地一次性迁至重庆，罗家伦在中央大学不负众望，使中央大学成为名副其实的民国最高学府，成为当时全国青年学子向往之地；竺可桢掌校的浙江大学历经四迁，最后在遵义、湄潭安定下来，竺可桢以哈佛的方式治校，使浙江大学在抗战中不但没有萎缩，反而呈现出一派勃兴的景象；上海的同济大学则历经六迁，才在四川李庄安定下来，以同济大学为代表的内迁科教机构使李庄从一个默默无闻的西南小镇变成现代生活方式流行之地；地处成都的华西协合大学在抗战中引出了一段邀请金陵大学等其他教会大学入川，教会五大学联合办学的盛事，成为危机下多校联合、相互扶持的成功范例；而由北平大学等组成的西北联合大学经历了短暂的联合便在教育部平津教育力量"西北化"的方针下一分为五，奠定了此后陕西高等教育的基本格局和持续发展的基础。

1. 昆明：西南联合大学

"七七"事变后，平津陷落，国民政府教育部指示北京大学、清华大学、南开大学搬迁至长沙，成立国立长沙临时大学，由蒋梦麟、梅贻琦、张伯苓任常务委员，共掌校务。1937年11月1日，国立长沙临时大学开始上课，这一天后来成为国立西南联合大学的校庆日。随着战事急转直下，长沙也危在旦夕。1938年2月，国立长沙临时大学又分三路，迁往昆明办学。4月到达昆明即更名为国立西南联合大学，由北大校长蒋梦麟、清华校长梅贻琦、南开校长张伯苓组成联大常务委员会，集体领导全校工作。[①] 西南联大从此开始了在昆明长达九年的办学历程，开创了中国高等教育史上的一段传奇。

西南联大之"联"意味着合中有分，分中有合。在院系设置上，原三所大学各自的文学院、理学院，加上北大、南开的法学院分别合并成一个文学院、理学院、法学院，清华的工学院、南开的商学院仍旧保留，后又成立了师范学院，共设置五个学院二十六个系。在校务处理上，实行集体领导和民主决策，由常务委员会行使最高行政职权，常务委员会下设校务委员会和教授会两个机构。校务委员会由常务委员、常委会秘书主任、教务长、总务长、训导长、各学院院长及教授代表11人组成，校务委员会每周举行一次会议，商讨各项重大

[①] 西南联合大学北京校友会. 国立西南联合大学校史——一九三七年至一九四六年的北大、清华、南开. 北京：北京大学出版社，1996：2.

工作，形成决议后由各部门贯彻执行。各校保留某些行政机构和教务组织，负责处理各自的校务，贯彻执行常务委员会的决议。在实际运行中，由于蒋梦麟任行政院秘书长，张伯苓任国民参政会副议长，皆常住重庆，西南联大校务由梅贻琦主持，因此，西南联大的运行打上了较重的清华烙印。当时，北大、清华、南开三校已形成各自的传统和校风，经费来源也不尽相同，但三校尽力精简行政机构，提高办事效率，并尽力寻求各校的平衡。三校原来的民主管理、教授治校所积累的经验，在联合办学中也保留了下来，特别是教授会沿用原清华大学教授会的组织模式，遇有重大事项，则召开会议，共同决定。由于地处昆明，西南联大也享有相对宽松的政治环境，在教育部加强"党化教育"政策的推行中，常以教授治校、学生自治为由婉拒教育部的干涉。

由于联合前的北大、清华、南开都是久负盛名的大学，师资力量雄厚，三校联合后，更是聚集起一支实力超群的师资梯队。在理工科方面，有饶毓泰、吴有训、叶企孙、袁复礼、吴大猷、顾毓琇等老一辈科学家和华罗庚、陈省身、王竹溪等年轻英才。在文科方面，陈寅恪、冯友兰、朱自清、钱穆、闻一多、吴晗、汤用彤等都是文史哲方面的大成就者。1941年，国民政府教育部实行"部聘教授"制度，西南联大共有10名教授获得教育部直接委聘，仅次于中央大学的12名。① 先后在西南联大执教的179位教授中，"97位留美，38位留欧陆，18位留英，3位留日，23位未留学、3位常委，2位留美，1位未留学。5位院长，全为美国博士。26位系主任，除中国文学系及2位留欧陆、3位留英外，皆为留美"②。这样的师资，使西南联大的教学在学术交流中断的情况下仍能接近国际水平。

在具体办学中，西南联大最具特色的就是实行通才教育。梅贻琦作为西南联大的实际负责人，多次发文阐述通才教育的思想，认为"在大学期内，通专虽应兼顾，而重心所寄，应在通而不在专"③。西南联大成立后，由于各校风格不同，教授会多次聚集商议是实行通才教育还是专才教育的问题，最后形成了西

---

① 第二次中国教育年鉴：第五编：高等教育//沈云龙. 近代中国史料丛刊三编. 台北：文海出版社，1998：552.

② 西南联大《除夕副刊》主编. 联大八年. 昆明：西南联大学生出版社，1946：160－161.

③ 北京大学，清华大学，南开大学，等. 国立西南联合大学史料：一. 昆明：云南教育出版社，1998：17.

南联大独特的一、二年级"通识"为主，三、四年级专业为主的方案。在具体执行中，西南联大推行了教授上基础课、文理交叉开课、开设中西文化课、允许二年级以上学生转系、聘请外籍教师等一系列措施。比如文、法学院的学生，在一、二年级的学习中，除了专业课，还必须学习中国通史、世界通史、哲学概论、逻辑学以及一门自然科学课和一两门社会科学课。基础课的讲授，通常由系主任或经验丰富的教授承担。当时在西南联大读书的杨振宁记得："联大的大一国文是必修课，当时采用了轮流教学法，每位教授只讲一个到两个礼拜。记得教过我大一国文的老师有朱自清先生、闻一多先生、罗常培先生、王力先生等很多人。"①

抗战中，教育部为了适应战时之需，实行提倡理工、限制文法的政策。1938年教育部公布了新修订的大学课程标准，规定全国各高等院校的必修及选修课程，并鼓励开设实用科目。之后，又陆续公布了各学院共同必修科目、各系必修及选修科目表。这种僵化的做法引起了西南联大及其他高校的反对。1940年6月10日，西南联大教务会议通过了一封致西南联大常务委员会的公函，指出，"大学为最高学府，包罗万象，要当同归而殊途，一致而百虑"，如此才能"推陈出新，而学术乃可日臻进步也"②。1943年，梅贻琦在《工业教育与工业人才》一文中提出，"大学教育的最大目的原在培植通才"，"要造就通才，大学工学院必须添设有关通识的课程，而减少专攻技术的课程"，一味加强实用的政策"流弊所及，一时代内工业人才的偏枯是小事，百年的建国大业得到极不健全的影响却是大事"③。在他的领导下，西南联大一如既往地实行通才教育。

在炮火纷飞中，西南联大的办学实践取得了极大的成功。至抗战结束，西南联大先后培养了8 000多名学生，许多人日后成为各领域的专家。至1993年为止，新中国遴选出的中国科学院院士545名中，从西南联大毕业的达到78名，占总数的七分之一。1998年国务院表彰为中国"两弹一星"做出杰出贡献的科学家，其中邓稼先、朱光亚、赵九章、郭永怀、陈芳允、王希季、杨嘉墀和屠守锷等八位是来自西南联大的师生。更有杨振宁和李政道获得诺贝尔奖，黄昆、刘东生、叶笃正获中国国家最高科学技术奖，陈省身、华罗庚、任之恭等成为

---

① 宁平治，唐贤民，张庆华. 杨振宁讲演集. 天津：南开大学出版社，1989：116.
② 西南联合大学北京校友会. 国立西南联合大学校史——一九三七年至一九四六年的北大、清华、南开. 北京：北京大学出版社，1996：45.
③ 北京大学，清华大学，南开大学，等. 国立西南联合大学史料：一. 昆明：云南教育出版社，1998：208.

世界一流科学家。"振叶以寻根，观澜而索源"，新中国成立几十年来的科技成就很大程度上归功于西南联大独特的人才培养制度。

在学术上，西南联大也取得累累硕果，几乎每一院、每一系都产生过最优秀的学术成果。在理工科方面，陈省身的"微分几何中高斯－博内公式和拓扑学研究"、华罗庚的"堆垒素数论的研究"、周培源的"湍流理论的研究"、吴大猷的"多原子分子振动光谱及结构"、赵九章的"大气之涡旋运动"等都是当时国际最高水平的成果。在文科方面，陈寅恪的《唐代政治史述论稿》《隋唐制度渊源略论稿》，汤用彤的《汉魏两晋南北朝佛教史》，金岳霖的《论道》，冯友兰的《贞元三书》，闻一多的《楚辞校补》，王力的《中国现代语法》《中国语法理论》曾分别获得当时教育部学术审议委员会的奖励。钱穆的《国史大纲》、吴宓的《世界文学史纲》等，也是当时力作。因为这些成就，西南联大被国际上公认为战时中国办得最好的一所大学。

2. 重庆：中央大学

早在1935年，中央大学校长罗家伦就已感到中日之间必有一战。当年，罗家伦考察西南，专对重庆的地形做了详细考察。他认为，根据"一切军事、地理和经济上的条件，有迁到重庆的决心"①，因为，"第一，我断定这次抗战是长期的，文化机关与军事机关不同，不便一搬再搬。第二，所迁地点以水道能直达者为宜，搬过小家的应当知道搬这样一个大家的困难。第三，重庆不但军事上极为险要，而且山陵起伏宜于防空"②。回到南京后，他便命总务处做好550只大木箱，以备迁校之用。"七七"事变发生后，中央大学开始着手进行搬迁事宜，经几方考察决定迁至重庆大学所在地，与重庆大学合作办学。与其他高校历经磨难、辗转内迁、各类校资不断遗失不同，中央大学凭借罗家伦与国民党政府核心层的密切关系，可以说是"尽室而行"，在爱国实业家、民生公司总经理卢作孚的帮助下，凡能搬走的东西都装箱，走水路将师生、设备一应运往重庆。因此，中央大学的内迁是当时所有高校中准备最充分、内迁最完整、损失最小的。而农学院"鸡犬不留"的搬迁成为西迁中令人称道的一则事例。当时，农学院牧场供

---

① 罗家伦. 抗战时期中央大学的迁校//《罗家伦先生文存》编辑委员会. 罗家伦先生文存：第八册. 台北："国史馆"，1989：50.

② 罗家伦. 炸弹下长大的中央大学//《罗家伦先生文存》编辑委员会. 罗家伦先生文存：第一册. 台北："国史馆"，1976.

教学实验用的良种家禽、家畜大部分无法运走，罗家伦宣布由负责人王酉亭自由处置，结果王酉亭愣是赶着牲畜，沿着长江，放牧前行，历经一年，终到达重庆沙坪坝，引得中央大学师生热烈欢迎。罗家伦回忆说："这些牲口长途跋涉，已经是风尘仆仆了。赶牛的王酉亭先生和三个校工，更是须发蓬松，好像苏武塞外归来一般，我的感情震动得不可言状，就是看见牛羊亦几乎看见亲人一样，要向前去和它拥抱。"① 由于搬迁中学校仪器设备、图书资料几乎毫无损失，中央大学到重庆后，得以迅速恢复正常教学秩序，也保证了中央大学在战时的最高教育水平。

实际上，全面抗战之前，中央大学已获得政府资金支持，拟在南京中华门外建新校舍，无奈新校址动工不到两个月，卢沟桥事变爆发，新校计划随即夭折。但罗家伦将未用完的 50 余万元款项用于搬迁及沙坪坝搭建临时校舍之用，使中央大学迅速恢复元气，得到快速发展。内迁之前，中央大学纵向上从幼儿园到研究院一律齐全，横向上包括文、理、法、教、工、农、医七个学院三十多个系，到达重庆后，除了幼儿园、义务教育及战区的农场不得已停办外，大学部建制得到了全面的恢复。② 安定下来后，罗家伦继续聘请名师，增设院系，扩大办学规模。他提出"国力基于文化"和"文化的整个性"的理念，认为虽然正值抗战期间，但是一些不实用的院系如文学系、历史系、哲学系等还要开办。他将教育学院改为师范学院，又增设国文、英文、数学、理化、博物、史地、公民训育等系。为适应战时的需要，他也调整了一些课程。1937 年 10 月 15 日，对医学院及各医专学校三、四年级学生实施三个月之轻伤救治、防毒技能训练，以便日后征调。③ 1938 年春季学期，在"文学院之史学系增开'东北民族文化史'及'德国史'，理学院之数学系增开'弹道学'，地理系增开'航空气候'及'苏联讲座'、法学院经济系增开'战时经济'，政治系增开'欧洲独裁政府'及'新闻学'，教育学院之心理系增开'军事心理学'、教育系增开'战时教育'，农学院之农艺系增开'粮食问题'，工学院之化工系增开'炸药化学'（上期已开'毒气化学'）"④。在工程教育中，罗家伦将工学院机械特别研究班发展为航空

---

① 罗家伦.炸弹下长大的中央大学//《罗家伦先生文存》编辑委员会.罗家伦先生文存：第一册.台北："国史馆"，1976：597-598.
② 罗家伦.抗战的国力与文化的整个性//抗战与文化.重庆：独立出版社，1938：4-5.
③ 医学院赴中央医院实习办法及与华大、齐大合作办法（1937 年）.档案号：648-002325，南京：中国历史第二档案馆.
④ 空袭后之重庆三.申报，1938-04-02.

工程系，又增设水利工程系。他发现，中国的高等教育只培养高级工程师，不培养熟练技工。因此，他利用中央大学的助教课程与兵工署、资源委员会合作，开设技工训练班，短短两三年就为中国的战时工业训练了两千多名熟练技工。①

由于罗家伦对师资的重视，中央大学在抗战中汇集了一批学术名家、科学专家。当时，人文社科方面有汪东、胡小石、沈兼士、楼光来、吕叔湘、金毓黻、沈刚伯、柳诒徵、贺昌群、郭廷以、谢寿康、方东美、陈康、李证刚、宗白华、唐君毅、牟宗三、熊伟、萧孝嵘、吴干、程绍德、孙本文、黄君璧、张书旂、徐悲鸿、傅抱石、陈之佛等，理工方面有孙光远、曾远荣、周鸿经、张钰哲、施士元、吴有训、张江树、高济宇、袁翰青、胡先骕、罗宗洛、胡焕庸、李旭旦、任美锷、李学清、朱森、黄汲清、张庚、徐克勤、翁文波、邹树文、邹钟琳、罗清生、卢恩绪、杨家瑜、陈章、刘敦桢、沙玉清、胡乾善、顾毓琅、顾毓琇、严恺、张书农、杨廷宝、戚寿南、蔡翘、郑集、卢锡荣等。到1944年，中央大学的正、副教授达到290人。②

1941年8月，罗家伦从中央大学辞职。由于师承蔡元培的教育理念，致力于教育现代化和国家现代化，他在中央大学深孚众望，使中央大学成为名副其实的民国最高学府。至抗战胜利中央大学复员前，继任校长依次为顾孟余、蒋介石、顾毓琇，任期均只为一年半左右，但中央大学发展已成气候，成为当时全国青年学子向往之地。

3. 遵义：浙江大学

浙江大学前身是1897年在杭州创建的求是大学堂，1902年改为浙江大学堂，后又经浙江高等学堂、浙江高等学校、国立第三中山大学几次易名，直到1928年南京国民政府成立后定名为国立浙江大学。1936年4月，竺可桢被国民政府任命为浙江大学校长，自此掌校达13年，使浙江大学从一所普通高等学校成长为国内知名大学，被李约瑟誉为"东方剑桥"。

1937年，随着淞沪会战的打响，浙江很快受到波及，浙江大学开始酝酿迁校事宜。从1937年11月到1940年2月，浙江大学在竺可桢的率领下，先后落脚浙西建德、江西吉安、泰德、广西宜山而进黔，历经四迁，长途跋涉5 000里

---

① 许小青. 诚朴雄伟，泱泱大风——中央大学校长罗家伦. 济南：山东教育出版社，2012：240.
② 刘敬坤. 八年抗战中的中央大学. 炎黄春秋，2002（5）：76.

路，最后在遵义、湄潭安定下来。由于内迁线路与红军长征线路相近，浙江大学的内迁被后人称颂为"文军长征"。为什么不选择迁往长沙、重庆等大城市呢？竺可桢认为，浙江大学应该坚持独立办学，迁到内地较偏但又有文化氛围的地区，将大学的内迁与内地的开发结合起来。后曾任浙江大学校长的杨士林1941年毕业于浙江大学化学系，浙江大学内迁时，他仍是一名随迁的学生。他回忆说，"竺校长当时挑地方，首先要看是否适合学习，其次要看当地的民风、文化氛围怎么样"①，浙江大学西迁逗留过的几个地方如广西宜山，贵州遵义、湄潭都有相对好的文化氛围和相对安全的办学环境。由于竺可桢的妥善安排，学校虽经几度迁徙，但大部分图书、标本、仪器设备等都得到很好的保存，使教学和研究得以为继。浙江大学离开杭州时，学校仅设工、农、文理3个学院10余个系，随迁学生460余人，到达遵义后，学校已发展为文、理、工、农、师范5个学院，学生人数也有了显著增长，"根据1940年12月底统计，当时浙大全校学生共有1 305人，其中遵义680人，湄潭183人，永兴442人"②。竺可桢将文学院、工学院设在遵义，农学院、理学院、师范学院以及各学院的一年级则迁到湄潭，解决了师生的住宿和教学场所问题。

竺可桢不仅是一位著名的气象学家、地理学家，还是一位主张教授治校、以德育人的教育家。他上任浙江大学校长后，在两个方面的贡献尤使浙江大学在战乱动荡中仍能保持稳定并发展壮大。一是效仿哈佛大学，自1937年5月开始实行导师制。学生可以自由选择导师，而被选作导师的各教授不但负责学生的学业，而且"于授业、解惑之余，对学生之思想、行为，更予以适当之指导，而师生之关系，亦可更臻密切"，具体来说，"借于饮食言笑之间，寓潜移默化之旨，亦或利用星期，师生郊聚，问难析疑，亲切无间，以身作则，示之典范"③。这种老师以身作则，师生打成一片的教育方式在内迁途中成效显著，使师生在颠沛流离中共患难，凝聚了全校精神。

二是效仿哈佛校训"求真"和王阳明"君子之学，惟求其是"之义，在1938年11月11日的校务会议上提出"求是"的校训。在遵义办学期间，浙江大学本着求是精神，将学校的建设与当地的发展结合起来，以科学方式培养实用型人才，促进遵义地方经济的发展。如农学院迁湄潭后，1939年成立了首个中央实验农场，

---

① 杨士林，张卓群. 穿越七十年时空梦回西迁岁月. 浙江档案，2008（12）：30.
② 周开迅. 永远的大学精神. 贵阳：贵州人民出版社，2009：26.
③ 本校实施导师制概况. 国立浙江大学校刊，1938（4）：3.

由哈佛大学博士、农学院兼职教授刘淦芝担任第一任场长，以现代科学技术改进湄潭茶叶品质，同时邀请浙江大学教授们到农场讲学，促进湄潭茶业文化的发展。浙江大学专家、教授还结合遵义实际进行"湄潭的气候研究"、"湄潭茶树土壤之化学研究"、"湄潭的五倍子研究"、"湄潭动物志研究"、"湄潭红糖发酵试验"和"草药在湄潭包谷酒制造中的意义研究"，以及对水稻、白木耳、油菜、刺梨等项目的研究。① 1942年，浙江大学发起成立贵州省湄潭实用职业学校，发挥自己的师资优势，为湄潭地区培养了大批优秀实用性技术人才。

按照竺可桢的理解，"求是"的校训表现在科学研究上，就是："1. 不盲从、不附和，一切以理智为依归。如遇横逆之境遇，则不屈不挠，不畏强御，只问是非，不计利害。2. 虚怀若谷，不武断，不蛮横。3. 专心一致，实事求是，不作无病之呻吟，严谨整饬毫不苟且。"② 在求是精神的指引下，浙江大学聚集了一批国内外著名的科学家，如贝时璋、苏步青、陈建功、谈家桢、王淦昌、束星北、蔡邦华等，产生了一批有影响的科研成果。"据不完全统计，在中国科学院和中国工程院两院院士中，有51名曾在湄潭工作和生活过。""1989年8月，中共中央、国务院曾邀请在科技教育战线有突出贡献的专家进行座谈。在21位被授予我国'科技之星'荣誉称号的专家中，有3位曾经是浙大在遵义、湄潭时期的浙大教师和学生。"③

尽管地处偏僻，但浙江大学并没有断绝与国内外的科学、文化交流。最值得称颂的当属著名科学史家、英国皇家学会会员李约瑟的来访。1943年10月27日，竺可桢在湄潭主持召开学术报告会，李约瑟博士特地出席，主讲了"科学与民主""中国科技史与西方之比较观察""中英科技馆与加尔各答中央联络部"3个题目。由于竺可桢与李约瑟对中国科技史的共同兴趣，李约瑟于1944年4月和10月两度再访浙江大学。回国后，他在英国《自然》杂志上发表文章，描述湄潭"科学研究活动的一派繁忙紧张的景象"，盛赞浙大为"东方剑桥"。

从1940年2月在遵义落定到1946年5月中旬陆续复员于杭州止，浙江大学在遵义的整整七年中，不但没有萎缩，反而呈现出一派勃兴的景象。"据1946年统计，浙大……规模由抗战前3个学院16个系，发展成为6个学院25个系。

---

① 曹心宝. 浅析抗战时期浙江大学内迁对遵义的影响. 遵义师范学院学报，2008（6）：13.

② 竺可桢. 科学之方法与精神. 思想与时代，1941（4）：41.

③ 周开迅. 永远的大学精神. 贵阳：贵州人民出版社，2009：93.

另有4个研究所、5个学部、1个研究院、1所分校、1个先修班、1所附中、2个农场。学生人数也由抗战前的613人增加到2171人，正副教授从62名增加到212名，培养本科毕业生和硕士研究生2000余名。"①

4. 李庄：同济大学

同济大学最初是1907年德国医生埃里希·宝隆（Erics Paulum）在德国外交部支持下开办的"德文医学堂"，1912年更名为"同济医工学堂"，1917年教育部下令学堂改属华人私立学校，更名为私立同济医工专门学校，1927年改为国立同济大学，后发展成为拥有医、工、理3大学院的国内知名大学。1932年，日军在上海发动"一·二八"事变，出动飞机狂轰滥炸，同济大学主要建筑如大礼堂、电气试验室、实习工厂等被炸毁，实验设备、图书等损失严重。1937年日军制造"八一三"事变，中日展开淞沪会战。其间，同济大学又遭到多次轰炸，致使校园内建筑和实验设备、图书等几乎破坏殆尽，整个校园被夷为平地，同济大学不得不仓皇南迁。

从1937年9月到1940年，同济大学历经六次迁校，一部分师生经沪、浙、赣、湘、桂、滇、贵而入川，在宜宾李庄镇本地士绅"同大迁川，李庄欢迎；一切需要，地方供应"的16字电文邀请下，最后迁至李庄。李庄位于宜宾东郊，"上承岷江，下通楚泽，面朝桂轮山，背倚仙源坝"②，有万里长江第一古镇之称，整个镇子由9宫18庙和18条大小街巷组成，同济大学迁来后，在校长周均时的统筹安排下，因地制宜，师生"住进了李庄大大小小的庙宇、寺院、殿堂和居民家中"③。学校各机关也进驻各宫各庙，如，学校总部驻禹王宫，工学院驻东岳庙，医学院驻老街祖师殿，理学院驻南华宫，图书馆驻紫云宫，大地测量组驻文昌宫，体育组驻曾家祠堂。④ 因李庄地理位置偏僻，不易受日军侵扰，又离重庆、成都不远，随后中央研究院史语所、社科所、体质人类学研究所，中国营造学社，金陵大学文学研究院，北京大学文科研究所等单位也陆续迁驻李庄，一批全国知名专家、学者如傅斯年、李济、陶孟和、董作宾、李方

---

① 周开迅. 永远的大学精神. 贵阳：贵州人民出版社，2009：72.
② 刘振宇，维微. 中国李庄——抗战流亡学者的人文档案. 成都：四川人民出版社，2005：91.
③ 江鸿波，祁明. 烽火同济. 上海：同济大学出版社，2007：46.
④ 同①95.

桂、吴定良、梁思成、林徽因、童第周、梁思永等云集此地，使李庄"成了与成都、重庆、昆明齐名的抗战时期四大文化中心之一"①。同济大学1937—1945年迁校历程见图8-3-1。

图8-3-1　同济大学档案馆馆藏同济1937—1945年迁校图

同济大学在全面抗战期间共经历三任校长。全面抗战初期，校长周均时受教育部委任，临危受命，带领全校从昆明迁川。安定下来后，同济大学很快恢复了教学秩序。周均时本人是一位弹道专家，曾远赴波兰和德国柏林工科大学研习弹道学、力学，深谙工科学习要旨，因此，在教学管理上，他非常注重工科学生的实践能力，极力促进工科学院实验、实践教学水平。在从昆明迁至李庄时，工学院历尽艰难搬运了20多部教学实习机器到李庄，利用这些器材陆续设立了测量馆、实习工厂、电工试验馆、材料实验室、机器试验馆等；理学院也逐步建立了化学实验室和生物实验室；医学院则建立起生理馆、解剖馆，后又与宜宾城区医院联系安排学生的临床实习课。周均时则亲自给学生讲授弹道学、兵器制造和射击技术等课程，带领学生亲临实习工厂学习枪炮制造，力行实践教学。在人才选拔延揽上，他爱才惜才，把优秀人才提拔到各学院的领导岗位上，又延揽生物学家童第周等来校任教。1944年上任的校长徐诵明是一位医学专家，1917年从日本九州帝国大学毕业，曾任北平大学医学院院长、北平大学校长、西北联合大学校长等职。②他掌校后，打破了同济大学专重留德职员的做法，按照"民主办学，广延人才"的方针，开始聘请欧美留学人员来校任教。在学科发展上，徐诵明不受抗战所困，1945年增设了法学院，在工学院增设造船系和机械工程专修科，将理学院原有的数理系分设为化学、生物、数学、物理四系，在医学院设立病理馆、药物馆、细菌学馆、公共卫生研究院和生物

---

① 县志编纂委员会．四川省南溪县志：第23篇：体育．成都：四川人民出版社，1992：630．

② 同大校史研究室．四任校长．同济大学报，2006-05-30（8）．

学馆,使同济大学迅速转变为综合性大学。院系调整后,学生人数达1 100余人,当年毕业人数680人。在两任校长的带领下,同济大学学生得以不受干扰,专攻学业。"在李庄的五年多时间中,同济大学共毕业学生3 000多人"①,其中,朱洪之、陶亨咸、王宋武、唐有祺、吴式枢等在新中国成立后都当选为中国科学院学部委员,成为新中国的学术英才。李庄的大师们也潜心于教学与研究,如生物学家童第周在李庄安定下来后,尽管生活极度困难,仍倾其所有并四处告贷,以高价购得一台二手显微镜进行胚胎学研究,取得了世界一流水平的成就。②

在各高校和科研机构迁入李庄前,李庄只是西南地区一个默默无闻的传统小镇。但是以同济大学为代表的高知人群集结于此,给李庄带来了现代生活方式、新的对待事物方式和休闲娱乐方式,促进了当地社会文化事业的发展。1944年,工学院电机系从宜宾架设电线,使李庄比县城更早用上了电。当时,川南一带疾病流行,俗称"麻脚瘟",引起当地人恐慌。唐哲教授、杜公振教授通过动物试验,查明原因是当地所产的食盐中含有氯化钡,并提出预防和治疗的方案。这既治好了"麻脚瘟",又成为重大科研突破,被评为1943年全国应用科学类发明一等奖。在科普上,中研院史语所的头骨标本、同济大学医学院的解剖课等让当地人恐惧又迷惑,于是各内迁机构联合举办科普展览,通过专家的讲解和演示,使当地人了解了真相,接触了现代科学知识。③ 在娱乐活动上,同济大学每年校庆期间的重头戏——体育运动会,成为李庄的一大盛会。与李庄本地的国术体育活动不同,同济大学的体育会主要举办各种现代化、标准化的田径、球类体育赛事。"学生们在工学院门前的碛草坝上用石灰画出400米的跑道,经过人们用赤脚,或穿着草鞋和布鞋跑跳过、践踏过,变成一圈桔黄的环。中间是一个长满了铁线草的足球场和几个用木板钉成的简易篮板所组成的篮球场。边上次第排列着跳高、跳远的沙坑。沿着这片滩地有条长长的石坎,单杠、双杠就安放在石坎上的看台上。"④ 1945年5月20日,同济大学在38周年校庆之际举办了该校在李庄期间最大规模的运动会,参赛运动员达230多人。⑤

---

① 江鸿波,祁明. 烽火同济. 上海:同济大学出版社,2007:201.
② 刘振宇,维微. 中国李庄——抗战流亡学者的人文档案. 成都:四川人民出版社,2005:113-117.
③ 黄焱红. 李庄岁月. 华夏人文地理,2003(2):7.
④ 岱俊. 发现李庄. 成都:四川文艺出版社,2004:295.
⑤ 李约瑟. 李约瑟游记. 贵阳:贵州人民出版社,1999:49.

当然，李庄时期的同济大学并非一帆风顺，除了极度匮乏的物质条件和闭塞的交流状况外，李庄同济的第二任校长丁文渊对党化教育、军事化教育的鼓吹，在用人上的失察，曾引起师生的强烈反弹，直到徐诵明接任，学校才重新稳定下来。

5. 成都：华西协合大学

华西协合大学原是由中华基督教会、卫理分会、浸礼会、公谊会及圣公会这五个教会组织联合创办的一所私立大学，位于成都城外华西坝古代中原旧址上。全面抗战爆发后，由于地处西南腹地，华西协合大学正常的教学秩序未受破坏。而北平和东南沿海的教会大学，原本是想依靠教会所在国的关系，寻求庇护以自保，尽量不内迁的，但是，随着教会所在国与法西斯轴心国关系的恶化，这些教会大学也不得不陷入与公立大学一样辗转内迁的境地，由此也引出了一段华西协合大学邀请其他教会大学入川，促成教会五大学联合办学的盛事。抗战时期的华西坝，"全国学术界专家学者荟萃于一地，群星灿烂，极一时之盛，来自全国各地的数千学子和教师们协作团结，书声琅琅，弦歌不辍，充满了民族复兴的勃勃生气"①。

最先得到华西协合大学邀请的是金陵大学。上海"八一三"事变后，日军持续轰炸南京，金陵大学已无法正常上课，遂考虑与华西协合大学合作办学，"得到华西协合大学热情和肯定的答复"②后，整体性地搬迁至华西协合大学校园。同处南京的金陵女子文理学院本是分散至上海、武昌、成都各地办学，在得到"华西协合大学也欢迎女大的加盟"的答复后，也搬迁至华西坝。位于济南的齐鲁大学1937年12月由于济南的陷落而停办，次年校董会决定采纳孔祥熙的意见，"效仿金陵大学、金陵女子学院的做法，即在华西校园里建立一个机构"③，遂内迁至华西坝。地处北平的燕京大学由于得到教会的庇佑，北平沦陷后仍坚持原地办学，"为华北的广大青年提供一片自由求学的净土"④。但是，1941年底，珍珠港事件后，日军查封燕京大学，强征燕大校园做疗养院。次年

---

① 张立萍. 相思华西坝——华西协合大学. 石家庄：河北教育出版社，2004：50.
② 《四川大学史稿》编审委员会. 四川大学史稿：第四卷. 成都：四川大学出版社，2006：95.
③ 郭查理. 齐鲁大学. 珠海：珠海出版社，1999：226.
④ 谭双全. 教会大学在近代中国. 长沙：湖南教育出版社，1995：133.

2月，临时校董会在重庆召开，决议燕大在后方复校，成立筹备处，任命原燕大教务长梅贻宝（清华大学校长梅贻琦胞弟）为筹备处主任。① 于是，受华西坝"四所教会大学华西、齐鲁、金陵、金女大的热情邀请"②，梅贻宝上任为新校长，开始了燕大在华西坝与华西协合大学及其他3校联合办学的历程。

沿海教会四大学迁至华西坝后，最大的困难是校舍和图书设备的奇缺，华西协合大学慷慨解囊，与各校资源互利共享，使联合办学得以顺利进行。在校舍上，华西协合大学尽可能提供空余的校舍，或者提供空地搭建新校舍。1939年6月，华西协合大学借给最先到达的金陵大学三块地皮以进行建设，金陵大学师生"虽不及在京时之华堂美奂，困难时期，借地为家，得此蜗居，亦洋洋大观矣"③。在共用校舍上，华西协合大学生物楼"抗战以来，各校生物系转此，则分配应用之。虽偏小，但来客不以拥挤见责。本楼所有教室、办公室、实验室及储藏室计约40间，除六教室及实验室公用外，计金陵大学用20%，金女大用15%，齐鲁大学用15%，本校及生物材料处用30%左右。"对于教学科研必需品、仪器设备、图书资料等，内迁大学由于长途迁徙，大多遗失，华西协合大学亦尽可能满足各校之用。

虽集于方寸之地，条件有限，各校联合办学却也凸显出其优势，最可称道之处便是五校展开联合教学，允许学生跨校自由选课。这种资源共享的办学方式既扩大了教学资源的利用，又避免了教学资源的浪费，学生也拥有了更多获取知识的途径。在学术上，各校之间互相邀请进行学术讲座，合作进行实验，联合创办研究所、学术刊物。1941年，各教会大学共同发起成立中国边疆学会，以便展开对当地少数民族聚居区的调查、研究工作。1943年，金陵女子文理学院与华西协合大学医学院附属医院联合创办"儿童行为指导所"。"1943年至1946年间，来所诊治的儿童中，达到痊愈或显著进步的占88%，进步的占10%，只有少数人因先天的影响较大，诊治无效。"④

华西坝五所教会大学还联合中华基督教会全国总会成立边疆服务部，深入

---

① 陈远. 燕京大学（1919—1952）. 杭州：浙江人民出版社，2013：168.
② 《四川省大学史稿》编审委员会. 四川大学史稿：第四卷. 成都：四川大学出版社，2006：97.
③ 张宪文. 金陵大学史. 南京：南京大学出版社，2002：83.
④ 肖鼎瑛. 抗战期间迁蓉的金陵女子文理学院//中国人民政治协商会议四川省成都市委员会文史资料研究委员会. 成都文史资料选辑：总第九辑. 成都：中国人民政治协商会议四川省成都市委员会文史资料研究委员会，1985：188.

四川羌族地区从事边疆服务，扩展了高校服务社会的空间。一是充分利用科研优势推动当地经济建设。如金陵大学农学院通过作物育种、病虫害防治方面的研究帮助当地进行农作物的改良增产，"先后改良完成之品种，达三十余种之多，就中已推广民间者，亦达二十余种"①。金陵大学农业专家培育成功的小麦新品种"金大2905"自在四川推广以来，"每年为该省增加收入50万元"②。二是通过对地方疾病的研究防治提高当地人民的健康水平。中国第一代病理学家，时任齐鲁大学医学院病理系主任的侯宝璋加入边疆服务部，通过病例研究诊断了当地所谓"恶浊病"，亦即医学上的黑热病，并确诊了该地区其他流行多年的地区病，如痢疾、回归热、甲状腺肿大等，最后写成《汶川、理番一带最常见的几种病症》一文，在1944年12月出版的《边疆服务》第7期上发表。三是通过边疆地区调查、研究，加深了对当地民族宗教习俗的了解。时任华西协合大学社会学系主任的李安宅，深入川西进行人类学考察，曾详细观察并记录了端公给病人"行医"的整个经过，分析了羌族宗教崇拜的复杂性。③

在抗战烽火中，华西坝的教会五大学联合办学是除了西南联大以外，另一个危机下多校联合、相互扶持的成功范例，也为和平时期高校的合作办学提供了借鉴。

6. 西安：西北联合大学

"七七"事变之后，平津地区高校的内迁已势在必行。根据1937年8月颁布的《教育部设立临时大学计划纲要草案》，教育部于当年9月10日正式颁布第16696号命令，"以北京大学、清华大学、南开大学和中央研究院的师资设备为基干，成立长沙临时大学。以北平大学、北平师范大学、北洋工学院和北平研究院等院校为基干，设立西安临时大学"④。10月11日教育部部长王世杰发布《西安临时大学筹备委员会组织规程》，指令由教育部、北平研究院、北平大学、北平师范大学、北洋工学院、东北大学、西北农林专科学校、陕西省教育

---

① 农学院增设食粮增产研究会. 金陵大学校刊，1942（306）：2.
② 刘家峰，刘天路. 抗日战争时期的基督教大学. 福州：福建教育出版社，2003：155.
③ 邓杰. 李安宅与边疆服务运动. 四川文理学院学报，2009（6）：56.
④ 西北大学西北联大研究所. 西北联大史料汇编. 西安：西北大学出版社，2012：387.

厅等派出代表组成筹备委员会，将流落至各地的上述几校师生集中到西安复课。临时大学成立后，不设校长，以徐诵明、李蒸、李书田、陈剑翛四人为常委，共同商决校务。常委会将全校分为第一院、第二院、第三院三个院，其下再分文理、法商、教育、农、工、医六个学院二十四个系。由于搬迁仓促，无法觅得固定校址，临时大学在西安分设三处办校：校本部、第一院的国文系、历史系、外语系、家政系在一处，第二院的数学系、物理学系、化学系、体育学系及工学院与东北大学工学院在一处，第三院的法商学院三系、农学院三系、医学院和教育系、生物系、地理系在一处。

1938年初，太原失守，西安成为前线，西安临时大学师生于3月16日搭乘火车前往宝鸡，历时一个多月到达汉中，全校分散至三县六地办学。3月底，行政院通过《平津沪战区专科以上学校整理方案》的决议，提出："国立北平大学、国立北平师范大学及国立北洋工学院，原合并成西安临时大学，现为发展西北高等教育、提高边省文化起见，拟令该校各学院向陕甘一带移布，并改称国立西北联合大学，院系仍旧。"① 教育部根据此决议成立西北联合大学（西北联大）。5月2日，西北联大在城固县校本部举办开学典礼，其后通过决议，以"公诚勤朴"为校训，谱写校歌："并序连甍，卅载燕都迥。联辉合耀，文化开秦陇。汉江千里源嶓冢，天山万仞自卑隆。文理导愚蒙，政法倡忠勇，师资树人表，实业拯民穷，健体明医弱者雄，勤朴公诚校训崇。华夏声威，神州文物，原从西北，化被南东。努力发扬我四千年国族之雄风。"誓以西北联大的建设，提高秦陇的教育文化事业。

但是，西北联大的存续并没有像西南联大那样，贯穿全面抗战之始终。仅仅两个多月，西北联大便在新上任的教育部部长陈立夫的敦促下，农学院、工学院陆续分立出去后与他校组成国立西北农学院、国立西北工学院。1939年8月8日，行政院决定将国立西北联合大学改为国立西北大学，西北联大师范学院和医学院分别独立出来，改为国立西北师范学院与国立西北医学院。② 自此，西北联大一分为五，在西北形成了具有综合、师范、工、农、医等完整学科，优势互补、各具特色的高等教育办学体系。分立后，各校在校务管理、教学安排、

---

① 行政院秘书处. 奉发朱经农、吴南轩等关于战时教育问题之意见致教育部函//中国第二历史档案馆. 中华民国史档案资料汇编：第五辑第二编：教育（一）. 南京：江苏古籍出版社，1997：133-135.

② 赵弘毅，程玲华. 西北大学大事记. 西安：西北大学出版社，2002：177.

学术交流等方面都保持密切的联系，如赖琏在 1942 年春至 1943 年 12 月间身兼西北工学院院长、西北大学校长两职，直到潘承孝继任西北工学院院长，他才辞去院长之职。又如在城固县办学时的西北师范学院，"文、理、教育和各科学生的宿舍、教室、图书馆都是与西北大学合用。长时期西大、西师相关系科及其课程是合班讲授。一因西师建校之初，并无单独的校舍；二因西大文理科学生多为西北联大教育学院（师范学院）的学生。其中许多学生原是北平师大的学籍"，"至于教授、讲师，虽各有专任，但大多数始终是在西大和西师互相兼课"①。

实际上，西北联大在陕西的一分为五是在平津陷落之客观形势下国民政府的顺势而为。国民政府某些人士早有意以平津地区大学力量充实西北教育。早在 1935 年底，主政陕西的邵力子就呈文行政院，力主将北平大学迁至西安，改称西北大学。但此提议一直没有取得进展。1937 年，尚在军委会第六部部长任上的陈立夫，在平津几校迁至西北后曾明确提出战时高等教育的改革方向，"（一）须建立农事本位之教育，脱胎于教会大学之华膴生活应扫除之。（二）大学设置地点不必悉为通都大邑，实科大学尤应设在生产所在之地，例如在矿场临近设矿科大学，在产纸地方设造纸专门学校之类"②。1938 年 1 月 1 日上任教育部部长后，陈立夫利用平津师生流亡至秦陇、重整西北教育之机，力促平津教育力量的"西北化"。西北联大刚成立两个多月就接到教育部电令，"该校农学院与西北农林专科学校合并改组为国立西北农学院，该校工学院与东北大学工学院、焦作工学院合并改组为国立西北工学院，业经行政院通过，下年度各该院教职员暂勿续聘，详细办法候另令知照"③。因院校调整涉及战后回迁、复校等师生利益，此令引起西北联大特别是原北平大学师生的强烈反对。7 月 11 日，教育部回电称，国立西北农学院和国立西北工学院的分立，"系根据全国代表大会之决议及抗战建国综颁〔纲领〕之规定，谋全国高等教育机关设置之合理"，是"确立西北农工教育基础之计"④。

陈立夫以雷霆之势果断改组西北联大，使分立出来的五校校名都带有"西

---

① 北京师范大学校史编写组．北京师范大学校史（1902—1982）．北京：北京师范大学出版社，1982：111-120．

② 国防最高会议常务委员会第七次会议记录（1937 年 9 月 3 日）．（台北）中国国民党党史馆藏，国防最高会议第 1—10 次常会纪录．会 00.9/2．

③ 教育部致西北联大电（1938 年 6 月 29 日）．国立西北大学档案，67/5/306：1．

④ 教育部致国立北平大学教授会电（1938 年 7 月 11 日）．国立西北大学档案，67/5/306：10．

北"二字，原平津乃至东北的教育力量向秦陇落地，从而奠定了此后陕西、甘肃高等教育的基本格局和持续发展的基础。现在，西安、兰州的许多著名高等学府都承袭自西北联大。对此，民国著名教育学家姜琦教授将西北联大的改组称为中国大学分布"由点线的大学转变为面的大学"的一个里程碑。他指出："我国高等教育之演进顺序，是自珠江流域起沿着东南海滨跳到上海，再由上海沿着长江流域或沪宁铁路（即今京沪铁路）一直到达武汉或到达津、平，最后渡过长江上流到四川成都或越过山海关到达东北沈阳而进行的……都是沿着江河流域（但黄河流域位中原之附近未尝为人所注意到）或铁路沿线（但陇海铁路也与黄河流域有同样的情形）而分布的。因此，这许多大学，无以名之，名之曰'线的大学'，极端地说，可以名之曰'点的大学'，它并没有顾到一面，更未曾顾到全面之设置"，因此，教育部对平津各高校"西北化"就是"鉴于过去的教育政策之错误，使高等教育酿成那种畸形发展的状态，乃毅然下令改组西北联合大学，按其性质，分类设立，并且一律改称为西北某大学某学院，使它们各化成为西北自身所有、永久存在的高等教育机关"[1]。

四、在隙缝中成长

虽然从政府到民间都空前重视科技的发展，然而为了抗战的需要，中国科技发展呈现出应用性科学研究迅速发展、基础性科学研究停滞不前的严重失衡局面，客观上造成了功利主义、科学主义在中国的盛行。在科教方面，中国的高校承受了巨大的牺牲，一则体现在校舍的摧毁和破坏上，二则体现在内迁中仪器设备、图书资料等学校物资的损失和人员的伤亡上，三则体现在临时办学点遭受空袭时的停课和再迁上。军队的武器装备经过持久的抗战，消耗甚巨，严重依赖外援，以至自产能力萎缩，而在战后对东北的收复中，又遭苏联的横加阻拦，双重冲击延缓了军队的现代化。而远征军第一次入缅作战的失利和第二次入缅作战的成功除了战术原因外，军备补给、作战指挥、官兵素质上的差异更让人叹服军队科技化、现代化的威力，坚定了国人增强国防力量、抵御外辱的决心。

---

[1] 姜琦. 祝贺西北学会成立. 西北学报，1941（1）：1-2.

1. 科技发展的滞阻

战争打断了科技现代化转型的步伐，为了维持大后方的生存和发展，解决战争中的武器装备问题，国民政府的科技政策迅速向功利主义转变，蒙上了强烈的战时色彩，因此，战时中国科技发展呈现出应用性科学研究迅速发展、基础性科学研究停滞不前的严重失衡局面。

抗战时期，国民政府出台了一系列科技法规，包括《奖励工业技术暂行条例》《奖励工业技术补充办法》《奖励仿造工业原材料器材及代用品办法》等，引导应用性科技的研发，特别是对工业科技（化学工业、冶炼工业、机械工业和兵器工业等）、资源利用科技（能源、矿产、农林、人力等）的研发。

各教学单位、科研机构也相应调整自己的研究和教学方向。高等院校在教育部的要求下，以社会急需的理、工、农、医等"实科"学生的培养和训练为重点，且各实科院系"减少普遍教育时间，就其专门部分加紧训练"①，以加速战时专门技术人才的成长。如中山大学自全面抗战初期就调整课程，增开了与战时有关的课程。医学院增开防毒、救护课，工学院土木工程学系增开军用土木工程、军用工程学讲座，电机工程学系增开防空防毒、飞机原理等课程；机械工程学系增开军用机械学、兵器学及内外弹道学等课。②

各科研机构认为"纯粹学术与应用学术的发明，应顾及国家需要分别缓急先后"，"为谋求教育行政与国防及生产建设事业之沟通与合作，应实施建教合作方法"③。1940年，中央研究院院长蔡元培在香港逝世，朱家骅就任中央研究院代院长。作为政治色彩浓厚的新任院长，朱家骅更加强调科研为战争服务的宗旨，认为中央研究院在抗战时期"应求急切之功，使研究工作适应抗战需要"④。据此，中央研究院各研究所加强了应用科学的研究，如地质所对西南地区煤矿、铁矿、金矿的调查与勘探，化学所对战时急需药物的研究，社会科学所对战时经济的调查，等等。北平研究院物理研究所"已经几乎全部改作战争

---

① 杜元载. 革命文献：第六十辑：抗战时期之高等教育. 台北：中国国民党党史史料编辑委员会，1972：187.
② 梁山，等. 中山大学校史（1924—1949）. 上海：上海教育出版社，1983：201.
③ 熊明安. 中华民国教育史. 重庆：重庆出版社，1997：197-198.
④ 王聿均，孙斌. 朱家骅先生言论集. 台北："中央研究院"近代史研究所，1977：73.

物品的生产",而其原本的工作是"生产显微镜以供教学及研究"①。中国科学社生物研究所动物学部则转向"学童健康问题及桐茶害虫问题研究"②。在全社会"救亡图存,唯赖科学"③的共识下,科技成果以加速状态转化为生产力。如为了解决由于日军封锁而导致的燃油短缺状态,多种汽油和柴油合成法,酒精、桐油代汽油,蓖麻油代润滑油等技术研发出来。一些仿制品如仿德国榴弹炮、仿美国硝化淀粉炸药等也迅速投入生产。据统计,1938年至1944年间,经济部共批准专利423项,约为民国初年到1937年25年中发明专利总数(233项)的2倍。④

但是,基础科学研究在抗日战争中遭遇了人力、物力、财力上的巨大限制。至1935年1月,全国自然科学方面的学术研究团体已有34个,除了中央研究院、北平研究院,尚有实业部地质调查所、中央农业实验馆、中国科学社生物研究所、中国西部科学院,以及清华大学、北京大学、中央大学、中山大学、武汉大学、北洋工学院、南开大学等10余所高校的研究院。⑤"七七"事变前后,这些科研机构忙于搬迁,一度中断科学研究。而科研机构在内迁中,研究所需的图书、仪器等都遭到了不同程度的损失。在全面抗战爆发后的两年中,中央研究院因遭日机轰炸及迁移散失所造成的损失达72万元之多,其中器具5 849件,约值27万元;图书65 800册,约值19万元;仪器、古物316件,约值26万元。物理所西迁至广西时,存放在金城江的部分设备、物资全遭焚毁,存放在六甲、加必屯两处的财物也被炸毁大半。⑥

1938年后,各科研机构虽慢慢恢复研究,但科研经费极度匮乏。1940年,"除了几个政府设立的研究机关大约每年共有二百数十万元外,其他私立研究机关合计起来不到三十万元。……我国每年国库支出,若以十六万计,科学研究经费当不及支出千分之二"⑦。而"科技人才因经济压迫,健康失调、心神不宁

---

① 李约瑟. 中西部的科学(一):物质科学//战时中国之科学. 上海:中华书局,1947:97.
② 科学,1943,26(1):6.
③ 吴承洛. 十年来的科学化运动. 中央日报,1941-10-08.
④ 吴涧东. 三十年来中国之发明专利(1946年),重庆市档案馆藏.
⑤ 科学史上之最近二十年//刘咸. 中国科学二十年. 北京:中国科学社,1937:114.
⑥ 一九四六年度第一次院务会议记录. 中央研究院档案,中国第二历史档案馆藏.
⑦ 任鸿隽. 抗战后的科学. 东方杂志,1940,37(13).

者，比比皆是，甚至于丧失生命者亦有所闻"①。由于国民政府战时科技政策对基础科学研究的忽视，政府与部分科学家之间隔阂益深。政府"有求无人应"，部分科学家"有劲无处使"："政府说，你们科学家为什么不组织起来，贡献你们的力量呢？科学家说，政府为什么不将我们组织起来，使我们可以效劳呢？""政府说，我们要国防民生的科学建设，请科学家们起来参加。科学家说，科学理论为国防经济建设事业之基础，请政府要特别注意。"② 在自然科学的各门学科中，数学、物理、化学等所受影响尤大，盖因我国"地质科学发展较早，数学、物理、化学等则在 1930 年后开始，不幸处在萌芽阶段，却由于抗战而停滞了"③。这种态势进一步加剧了中国科技发展的失衡，使"国人观感特别重视应用科学"，"对于纯粹科学兴趣减少"④，客观上造成了科学主义在中国的长盛不衰。

2. 高校在战时的损失

高等教育成为日军摧毁和迫害的目标，因而蒙受了巨大损失。正如 1946 年 11 月中国代表团在向联合国教科文组织第一届大会递交的报告书中所写："抗战八年间，我国教育文化曾受敌人之重大摧残。日本认为各级学校均为反日集团，所有知识青年均是危险分子。为达到其长期统治中国之目的，日军极力奴化我青年之思想，摧残我教育及文化机关，欲以消灭我固有之文化。因此之故，战时我国教育文化之损失，乃至惊人。"⑤

高校在抗战中的损失之一体现在校舍的摧毁和破坏上。其中，损失最惨重的是南开大学，在 1937 年 7 月 29 日的天津轰炸中，南开大学成为重点轰炸目标。未被炸毁的建筑也被日军泼上汽油纵火烧毁。南开大学部秀山堂、木斋图书馆、芝琴楼女生宿舍和教授宿舍楼，均被夷为平地；中学部的西楼、南楼和小学部的教学楼，也成了一片废墟。⑥ 之后数月，上海的复旦大学、同济大学，

---

① 卢行道. 抗战七年来之科学界//杜元载. 革命文献：第五十九辑. 台北：中国国民党党史史料编辑委员会，1972：75.

② 同①.

③ 吴大猷. 回忆. 北京：中国友谊出版公司，1984：20-21.

④ 朱家骅. 科学世界与建国前途. 重庆市档案馆藏，文教卫生类 361 卷. 1943：19.

⑤ 一九三七以来之中国教育. 国民政府教育部档案，中国第二历史档案馆藏（卷号五）. 1685.

⑥ 李仲明，刘丽. 抗战时期中国高校的内迁. 武汉文史资料，2011（4）：23.

南京的中央大学和广州的中山大学等23所院校都遭日机连番轰炸。对于未被摧毁的校舍，日军则盘踞其间，挪作军用，如北大和清华的校舍均被日军用为马厩和伤兵医院。据国民政府教育部统计，战争全面爆发前我国专科以上学校共108所，但至1938年8月底，"此一百零八校中受敌人破坏者，共九十一校，其中全部受敌人破坏者计十校"①。截至1939年4月，日军给我国92所专科以上学校造成的财产损失达到65 367 409元法币。②

在内迁中，高校所遭之损失主要体现在仪器设备、图书资料等学校物资的损失和人员的伤亡上。由于大多数高校准备不足，匆忙迁移，很多校资无法及时运出而被日军霸占，即使随迁，也常中途丢失或遇轰炸被毁，如清华大学搬迁时，遗留约20万册图书，被日军据为己有，1935年暂存在汉口待转运重庆的仪器设备、图书资料等400余箱，由于敌机的轰炸，"计有中文书5 838种、10 660册，西文书3 288册，期刊97种"③被炸毁。"武汉大学西迁途中，图书、仪器设备在宜昌、万县两地被炸，迁至乐山后又遭日机轰炸，加上1940年3月存放在汉口特二区英商怡和栈房的图书、仪器设备被日寇派来的海军士兵数人、苦力60余人、载重汽车20余辆掠去，总计损失图书达5万余册。"④唐山土木工程学院在1938年迁至桂林时突遭日机轰炸，全部仪器、行李被毁。1937年11月，金陵大学决定西迁成都，当时选择大约17 000册图书装载了139箱，实际运出仅103箱，占该馆中西文书总数的十分之一。⑤

在大后方，敌机随时来袭，各高校临时所在地常成为轰炸目标；师生为躲避日军侵扰，仓促再迁，损失亦重。1939年10月，日机空袭昆明，西南联大所在地昆华师范学院被投放了百余枚炸弹，教职工财物尽失。1940年5月27日，位于北碚的复旦大学遭空袭，致孙寒冰教授及学生六人殉难，校舍也被炸毁，学校不得不宣布该学期暂告结束。1944年5月豫湘桂战役期间，河南大学突遭日军袭击，仓促迁移，致10余人遇难，20余人被俘。

高校在日军破坏下的损失，几乎不可计数。据国民政府教育部于1940年编

---

① 延安时事问题研究会. 抗战中的中国文化教育. 上海：上海人民出版社，1961：28.
② 侯德础. 抗日战争时期中国高校内迁史略. 成都：四川教育出版社，2001：46.
③ 清华大学校史编写组. 清华大学校史稿. 北京：中华书局，1981：304.
④ 冯楠. 抗战时期西南的教育事业. 贵阳：贵州省文史书店，1994：167.
⑤ 刘国钧. 金陵大学图书馆迁蓉经过及工作近况. 中华图书馆协会会报，1942，16(3-4)：11.

的《十年来之教育概述》统计,截至 1940 年初,中国高校"战时被日寇摧残,所蒙受的损失特大,有数可计者已达四千万元"。陈立夫《中国教育四年(1937—1941)》所统计的 77 校损失额,其值为国币 89 220 391 元。《第二次中国教育年鉴》第十四编统计,1937 年相较 1936 年,"高等学校学生由 41 922 人减为 31 188 人,毕业生由 9 154 人减为 5 137 人"①。战区国立专科以上学校损失见表 8-4-1,战区私立专科以上学校损失情况见表 8-4-2。

表 8-4-1　　　　　　战区国立专科以上学校损失概况②

校名	死伤人数及不知下落者人数	财产损失	备注
中央大学	6	2 330 600	据该校呈称,内有 2 330 600 元系全部校舍不动产,全部沦陷,牙医专科实验专校损失数字计在内,死伤系建筑工人
北平大学		1 922 317	
北京大学		60 000	此系校具、图书、仪器被毁之数,校被占未做估计
清华大学		6 050 000	校址房舍约 3 500 000 元,图书、设备约 2 500 000 元,长沙校舍被炸合 50 000 元
北平师范大学		1 030 471	
山东大学		3 611 663	青岛房产 292 580 元,校具仪器约 223 735 元,图书 181 764 元,济南医学院校产约 287 584 元
中山大学	12	20 000	死学生 1 人、伤中学生 5 人、工友 5 人,失踪学生 1 人
同济大学		1 480 000	
暨南大学	2		
浙江大学		1 560 000	校舍约 13 000 000 元,图书、仪器及其他设备约 260 000 元
湖南大学	30	700 000	死学生 2 人、工友 1 人,伤 20 余人
厦门大学		1 288 202	建筑物地产约 972 700 元,图书、仪器 80 907 元,机器、校具、古物计 189 595 元

---

　　① 教育部教育年鉴编纂委员会. 第二次中国教育年鉴. 上海:商务印书馆,1948:8.
　　② 彭明. 中国现代史资料选辑:第五册(1937—1945)下. 北京:中国人民大学出版社,1989:631-632.

续前表

校名	死伤人数及不知下落者人数	财产损失	备注
北洋工学院		300 000	
中正医学院		1 200	
中央国术馆体育专科学校		176 814	
吴淞商船专科学校		290 700	校舍、校具、设备等 196 500 元，工厂机件 19 400 元，图书、仪器 24 000 元
杭州艺术专科学校		25 000	
药学专科学校		49 100	
合计	50	20 896 067	

附注：本表财产损失价值以法币元为单位，材料截至 1938 年 8 月底。

表 8-4-2　　战区私立专科以上学校损失概况①

校名	死伤人数及不知下落者人数	财产损失	备注
金陵大学	7	103 737	被房 2 人，伤 5 人
大夏大学	7	550 000	死 1 人，伤 6 人
东吴大学		300 000	
沪江大学	2		
燕京大学	20		
南开大学		3 750 000	大学部 3 000 000 元，中学部 750 000 元
复旦大学		160 000	
光华大学		800 000	
持志大学		511 100	该学校第一次之变损失 210 万元～230 万元
金陵女子大学	2	12 400	校工 1 人重伤，1 人无下落
上海法学院		510 000	

① 彭明．中国现代史资料选辑：第五册（1937—1945）下．北京：中国人民大学出版社，1989：631-632．

续前表

校名	死伤人数及不知下落者人数	财产损失	备注
正风文学院		100 000	据呈 10 万元以上
北平民国学院	2	215 000	员生 11 人无下落
同德医学院		160 000	
上海政法学院		50 000	
上海女子医学院		34 651	
无锡国学专修学校		110 000	
上海美术专修学校		60 924	
东亚体育专修学校		92 000	
合计	50	7 545 812	

附注：本表财产损失价值以法币为单位，材料截至 1938 年 8 月底。

尽管战时高校损失甚巨，但至抗战结束时，高等教育却在夹缝中取得了反弹性的发展，高校数量、教员数量、学生数量、女生占比都较战前有一定的提升，为战后教育重建保存了有生力量。据《第二次中国教育年鉴》统计，1945 年全国高等院校总数达到 141 所，较 1936 年的 108 所增加了 30.6%；教员人数增加了 3 623 人，增加 48%；学生人数 41 576 人，几乎翻了一番。① 在校研究生达到 464 人，较 1936 年的 75 人增长了 5.19 倍。② 在校女大学生为 15 861 人，较 1936 年的 6 375 人，增长了 1.49 倍。③

3. 现代军备面临的双重冲击

为了抵御日军进攻，国民政府在军备上可谓不遗余力。但是在 1932 年的上海保卫战和 1933 年的长城保卫战中，中国军队基本上是败多胜少，武器装备悬殊是一个重要原因。"七七"事变之前，国民政府特别重视武器装备的现代化，曾从德国引进军事顾问，购买大量军事装备，加快军队的现代化进程，无奈在兵器自给自足方面一直受生产水平的制约，军力无法得到实质性的提高。在生产能力上，1937 年前 3 个月，中国机关枪的产量为 2 460 挺④，而日

---

① 教育部教育年鉴编纂委员会. 第二次中国教育年鉴. 上海：商务印书馆，1948：1400.
② 同①1412.
③ 同①1413.
④ 四年来各兵工厂主要械弹每年最高产量比较表白图. 中国第二历史档案馆藏，全宗号：774，案卷号：836.

本的产量则在 37 500 挺以上。① 德国军事顾问曾向国民政府指出："向外购买武器弹药只能视作过渡期行为，若在本土无可靠的军火生产，以资平时练兵和战时所需，则中国势必被迫仰赖于外国进口，而在战时无法自保。"② 因此，全面抗战开始后，工厂内迁的重中之重就是兵工厂的内迁。但是国民政府武器生产"一切必需之重金属木材以及硫酸、酒精诸宗，悉仰给自外来，所用机器，且多赖于外购"③，中国工业技术的落后状况，在兵工厂仓促内迁和日军将国民政府资源补给线切断的情况下，更加恶化，更别说去弥补消耗战中武器装备的巨额损耗。仅 1937 年的淞沪会战，国民党军队就几乎将战前所积累的外国装备尤其是德造兵器损失殆尽。④ 因此，在持久的抗战中，中国陷入越来越依赖苏联、美国等进行军事援助的局面，以至于在最艰难的情况下也不得不派出最精锐的部队远征缅甸，竭力打通美国武器援助的国际交通补给线。

以上还仅是中国陆军的状况，在空军装备上，中国更是基本陷入被动挨打的境地。南京国民政府在空军建设上，不能自己制造飞机，在空军装备上亦落后于日本。1932 年国民政府所属空军，陆上有 7 个中队，水上有 3 个中队，拥有各种飞机约 100 架。1936 年发展到 31 个中队，分布在南昌、南京、句容、成都、昆明。据统计有侦察机 350 架、战斗机 300 架、轰炸机 300 架。⑤ 而 1937 年陈纳德来中国考察完中国空军后，发现实际可投入战斗的战机却仅有 91 架。⑥ 日本在中国部署的空军数量和质量都远在中国之上，具体如：陆军：飞行第 59、12 战队（战斗机 20 架、轰炸机 15 架），以及航空兵团第一飞行团（侦察机 18 架、战斗机 12 架、轰炸机 30 架），第三飞行团（侦察机 9 架、战斗机 24 架、轰炸机 45 架），第四飞行团（侦察机 13 架、战斗机 24 架、轰炸机 18 架），第七飞行团（侦察机 12 架、战斗机 12 架、轰炸机 27 架）。海军：第一联合航空队（攻击机 24 架），第二联合航空队（战斗机 54 架、攻击机 50 架、轰炸机 12 架），第一航空队

---

① 日本军备调查汇要. 中国第二历史档案馆藏，全宗号：761，案卷号：458.
② 马文英. 德国军事顾问与中国军火贸易的推广展. "中央研究院"近代史研究所集刊，1994（23）：149.
③ 张焯君. 七十年来中国兵器之制造. 东方杂志，1936，33（2）：30.
④ 刘馥. 中国现代军事史. 梅寅生，译. 台北：东大图书公司，1986：164.
⑤ 李湘敏. 略论抗日战争时期的中日空战. 福建师范大学学报（哲学社会科学版），2001（4）：114.
⑥ 同⑤.

（战斗机99架、攻击机18架、轰炸机9架），第三航空队（水上侦察机24架），第十四航空队（战斗机12架、攻击机18架、轰炸机6架），高雄航空队（攻击机9架），青岛航空队（攻击机5架）。① 因此，在全面抗战前几年，中国的制空权完全落入日军手里。直到1942年太平洋战争爆发后，美国向中国派出空军兵力，才得以反制日军，扭转战局。

可以看到，蒋介石政府在抗战中以依赖英、美为上策，把英、美作为抗日的靠山。至抗战结束前，国民政府军备的状况演变成：陆军装备严重依赖美国的援助，在自产能力上由于大后方原料短缺甚至不如全面抗战前期，更遑论提升陆军的装备水平和战斗力；在空军建设上，仅在防空系统的建立、飞机场的修建、飞行员作战训练上有所成就，自产能力几乎为零。其影响在于："国府被迫放弃了其既定的兵工现代化的目标！国民党人似乎忘记了战时从外国获取武器装备是一条荆棘丛生的道路，也似乎忘记了一个国家靠自制的武器装备抵御外来侵略者有着怎样光荣的前景！"② 此为当时国民政府在现代军备上所受的一重冲击。

国民政府在现代军备上所受的另一重冲击则体现在抗战结束时对日本遗留在东北的军工、矿业等设施和资源争夺的失利上。日本占领东北期间，疯狂掠夺东北资源，发展重工业，特别是军事工业。1945年，苏联为了在远东保留一片与帝国主义之间的缓冲带，在雅尔塔会议上以对日出兵为筹码，提出三项涉及中国主权的要求：(1) 维持外蒙古的现状；(2) 中长铁路两国共管；(3) 取得大连港和旅顺港的特殊权益。会后，中苏签订《中苏友好同盟条约》，蒋介石企图以"舍一北（外蒙古）保二北（东北、西北）"的方针换取苏联"不支持中共，只支持国民党政府"的承诺。在《中苏友好同盟条约》谈判过程中，蒋介石明确指示外交部部长宋子文："关于东北原有各种工业及其机器，皆应归我国所有，以为倭寇对我偿还战债之一部份，此应与苏方切商或声明者也。"蒋介石深知东北的重要性："国民党命运在东北，盖东北之矿产、铁路、物产均甲冠全国。"③ 1945年8月8日，苏联对日宣战，出兵东北，很快占领了东北全境。

---

① 李湘敏. 略论抗日战争时期的中日空战. 福建师范大学学报（哲学社会科学版），2001（4）：114.

② 章慕荣. 日本侵华时期国民政府陆军武器装备建设之考察. 抗日战争研究，2008（1）：80.

③ 朱建华，朱兴义. 国共两党争夺东北纪事. 长春：吉林人民出版社，1999：26.

日本投降后，国民政府外交部 9 月 2 日提醒美、苏两国驻华大使，"中国政府决定没收日方在华之公私财产以及日方在华经营之一切事业"，希望两国军队在中国政府接收之前对"日方财产以及日方所经营之商业、工矿、矿业、交通、通信事业，以及其他资产暂为保护，以防日方之破坏、隐藏或运往他处"。① 但苏联未予理会，以处置"战利品"的名义迅速接管所有东北的工矿企业，不分军用、民用，旋即调遣技术人员拆迁工矿设施，搬运各类物资，以至于东北工业"精华尽失，损毁愈半，昔日烟云笼罩之工业城市，光复后大半成为死无生气之废墟，工厂徒留四壁，生产大半停顿，其甚者墙壁洞开，机器全无，盗劫余迹到处皆是"②。据不完全统计，"满洲各种设施有 40% 被迁走，40% 被拆卸，只剩下 20% 无损伤"③。尽管蒋介石政府急派国民党军队接防东北，仍为时已晚。此后，国民政府与苏联进行多次交涉，仍无济于事。对于日本关东军留下的武器，苏联驻军亦尽数掠走，仅部分用于中国共产党军队的补给。据统计，当时苏联向中共提供的日本关东军武器，计步枪约 70 万支，机枪 12 000～14 000 挺，各种炮约有 4 000 门，坦克约 600 辆，汽车 2 000 多辆，另有弹药库 67 座、800 余架飞机和炮艇若干。④ 但苏联从东北掠走的资源、资产远远超过其 20 多天对日作战的损失和归还中国的部分。国民政府军队在经历多年抗战，兵困马乏，急需从此补充军备却未能，直接影响了抗战后的军力。

4. 远征军及其科技后盾

太平洋战争爆发后，缅甸成为日本的争夺要地，其目的就是要切断中国与外界的唯一陆路交通线滇缅公路，阻断其他国家对中国的军事援助，并从南部合围中国，逼迫蒋介石投降。此时中国已经进入全面抗战第五个年头，急需得到反法西斯联盟的援助。为了打通大后方西南部的国际交通线，1941 年 12 月 11 日，中国下达了第一次入缅作战动员令，以第五军（军长杜聿明）、第六军（军长甘丽初）、第七军（军长张轸）共计 10 万将士，组成入缅远征军，试图与英、美一道抗击日军。但是，中、英、美之间利益不一致，至 1942 年 5 月上旬，中

---

① 秦孝仪. "总统"蒋公大事长编初稿：卷五下. 台北：中正文教基金会，1978：820.
② 《中华民国重要史料初编》编辑委员会. 中华民国重要史料初编——对日抗战时期：第七编：战后中国（一）. 台北：中国国民党中央委员会党史委员会，1981：250-263.
③ 中央日报（上海），1946-07-27.
④ 米高扬的赴华秘密使命（1949 年 1—2 月）. 党的文献，1996（3）.

国第一次入缅作战以失利告终。入缅中国部队分成三部分撤退，一路跟随史迪威将军向西进入印度。其中廖耀湘带领的新二十二师连同第五军直属部队只剩3 000余人，基本丧失了战斗力。① 而孙立人带领的新三十八师得以成建制顺利撤退，轻重装备都携至印度，实力尚有3/4。② 一路在杜聿明领导下，以惨痛的损失从野人山退回中国。还有一路即第六军甘丽初部则沿滇缅路撤退至怒江以东。中缅公路完全被日军占据。第一次入缅作战之所以失利，除了中、英战略上的矛盾、蒋介石与史迪威战术上的矛盾，还有一个重要原因就是中国陆军武器装备落后，而当时美国所能给予的补给也极为有限，见表8-4-3。入缅参战的日军特别是第五十五师团和第三十三师团，均是久经战阵的精锐之师，而且有绝对的空中优势。

表8-4-3　　　　　　美国援华军火数量与中国所需数量差异表③

品名	单位	中方需要量	美方供给量（1942.1—1942.4）
三七战车防御炮	门	720	60
七五山炮	门	720	44
步枪	支	200 000	20 000
手枪	支	45 000	442

进入印度的新二十二师、新三十八师在蒋介石与史迪威的协调下开赴加尔各答西北200英里处的兰姆伽进行整训，由英国提供饮食及医疗，美国提供武器装备和军事训练。④ 随后，中国驻印军成立总指挥部，并接受国内空运来的约两万名补充部队，接受美式训练，积极准备反攻。1942年底，中国驻印部队在新二十二师、新三十八师的基础上成立了新编第一军，全员装备美式武器，并按照美式编制进行了改编。至1943年，3万余名驻印军装备了

---

① 王及人. 从印度整训到反攻告捷//中国人民政治协商会议全国委员会文史资料研究委员会《远征印缅抗战》编审组. 远征印缅抗战. 北京：中国文史出版社，1990：323.
② 张轸电商震并转何应钦等报告缅北战役及任务失败之因并自请处分（1942年5月7日）//周琇环，等. 中华民国抗日战争史料汇编——中国远征军. 台北："国史馆"，2015：154-155.
③ 王正华. 抗战时期外国对华军事援助. 台北：环球书局，1987：245；苏启明. 抗战时期的美国对华军援. 近代中国（台北），1988（64）：134.
④ 蒋委员长接见中国战区盟军总部参谋长史迪威谈话记录（1942年6月15日）//秦孝仪. 中华民国重要史料初编——对日抗战时期：第2编：作战经过（3）. 台北：中国国民党中央委员会党史委员会，1981：327-328.

381 支手枪，13 793 支步枪，1 644 挺轻、重机枪，3 603 支冲锋枪，399 门迫击炮，48 门战车防御炮，48 门山炮，84 门榴弹炮，成为国民党军队中第一支美械部队。①

与此同时，撤回国内的远征军残部，与增援部队重组，形成了新的远征军。但由于无法及时装备美式武器，加之兵员不足，在战斗力上远逊于驻印军。作为国民党军队的第二支美械部队，远征军在美式武器的交拨上困难重重，蒋介石方面希望美方将武器交拨至军政部，再由它分拨至远征军，而美方则担心军政部不按约定分拨武器，坚持将武器交到一线部队手中。直到1944 年 5 月反攻开始时，远征军在人员、装备、军需、后勤、医疗等各方面都未臻完善。

1944 年 3 月，由于美国的多次催促，远征军在英、美尚未从缅甸南部海岸线发起海陆两方面攻势以支持中国的缅北反攻的情况下，仓促发动了反攻，以大量兵员损失为代价终于在 1945 年 1 月与从印度反攻的驻印军在缅甸芒友会师，取得了第二次远征的胜利。

从中国远征军的第一次失利和第二次胜利反攻的两种情况来看，在现代战争中，指挥水平的高低、武器装备的优劣、部队训练的好坏直接影响到战场的形势。从指挥上来说，第一次作战失利后，以孙立人为师长的新三十八师之所以得以保全至印度，与孙立人将军的现代军事素质息息相关。孙立人先后毕业于清华大学、弗吉尼亚军事学院。他认为军队应属于国家。在第一次入缅作战失利后，他没有依照蒋介石的命令撤回国内，而是依据对战场形势的分析，在有利时机下跟随史迪威撤至印度，保存实力。在驻印军的整编和训练中，孙立人亦能很快地适应美式装备和训练。而杜聿明把军队置于一党甚至一人之下，听从蒋介石的命令，率领部分远征军翻越野人山回国，以至伤亡惨重。廖耀湘率领的新二十二师和第五军直属部队在左右间犹豫，也以重大损失才撤退到印度。

从武器装备和军事训练来看，入缅作战之前，经历了 5 年艰苦抗战的国民党军队，普遍面临着装备奇缺的问题。没有足够的装备，国民党军队在编制体制和军事训练上都无法得到提高。根据白崇禧的回忆，当时情况下，国民党军队甚至无法进行正常的军事训练，炮兵训练时用的是木炮，步兵训练时用的是

---

① 中国驻印各部队现有器材统计表. 中国第二历史档案馆藏，全宗号：774，案卷号：1075。

木制机枪，骑兵训练时用的是连步兵都不用的俄式长枪。① 没有受过标准训练的兵员投入战场中，既不懂兵器性能，也不懂兵器的保管和维护，以至于即使装备上了新式武器，也因官兵不会使用而发挥不出任何威力。② 反观中国军队第二次入缅作战，特别是驻印军，经过两年的整备，武器装备和兵员素质都达到了当时国民党军队的最好状态，可以"兴致勃勃并以十足的信心向日军猛攻，又快猛地消灭敌人"③。正如史迪威将军所说，"中国的军队如果予以良好的训练和装备并领导得好，其英勇堪与世界上任何一国的军人相媲美"④，中国远征军和驻印军的第二次入缅作战以其战功证实了这一点。

---

① 贾廷诗，马天网，等. 白崇禧先生访问记录. 台北："中央研究院"近代史研究所，1984：541.
② 张瑞德. 抗战时期陆军的教育与训练//"中华民国建国八十年"学术讨论集：第一册. 台北：近代中国出版社，1991：548.
③ 刘馥. 中国现代军事史. 梅寅生，译. 台北：东大图书公司，1986：215.
④ 同③ 204.

参考文献

[1] 费正清,费维恺. 剑桥中华民国史(1912—1949年):下卷. 刘敬坤,等译. 谢亮生,校. 北京:中国社会科学出版社,1994.

[2] 罗伯特·达莱克. 罗斯福与美国对外政策:下册. 陈启迪,王伟明,马宁,等译. 北京:商务印书馆,1984.

[3] 石岛纪之. 中国抗日战争史. 郑玉纯,等译. 长春:吉林教育出版社,1990.

[4] 杜宾斯基. 中日战争时期的苏中关系(1937—1945). 莫斯科:莫斯科思想出版社,1980.

[5] 《四川大学史稿》编审委员会. 四川大学史稿:第四卷. 成都:四川大学出版社,2006.

[6] 北京大学,清华大学,南开大学,等. 国立西南联合大学史料:一. 昆明:云南教育出版社,1998.

[7] 北京师范大学校史编写组. 北京师范大学校史(1902—1982). 北京:北京师范大学出版社,1982.

[8] 陈代俊. 发现李庄. 成都:四川文艺出版社,2004.

[9] 陈立夫. 成败之鉴. 台北:正中书局,1994.

[10] 陈纳德. 陈纳德将军与中国. 台北:传记文学出版社,1978.

[11] 陈远. 燕京大学(1919—1952). 杭州:浙江人民出版社,2013.

[12] 陈真,姚洛. 中国近代工业史资料:第一辑. 北京:生活·读书·新知三联书店,1957.

[13] 范小方,李永铭. 陈果夫与陈立夫. 武汉:武汉出版社,1993.

[14] 高平叔. 蔡元培全集:第七卷. 北京:中华书局,1989.

[15] 郭查理. 齐鲁大学. 珠海:珠海出版社,1999.

[16] 侯德础. 抗日战争时期中国高校内迁史略. 成都:四川教育出版社,2001.

[17] 贾廷诗,马天网,等. 白崇禧先生访问记录. 台北:"中央研究院"近代史研究所,1984.

[18] 江鸿波,祁明. 烽火同济. 上海:同济大学出版社,2007.

[19] 蒋建平. 简明中国近代经济史. 北京:北京大学出版社,1985.

[20] 蒋介石. 蒋委员长言论类编·教育文化言论集. 重庆:正中书局,1941.

[21] 教育部教育年鉴编纂委员会. 第二次中国教育年鉴. 上海:商务印书馆,1948.

[22] 李约瑟. 李约瑟游记. 贵阳：贵州人民出版社，1999.

[23] 梁山，等. 中山大学校史（1924—1949）. 上海：上海教育出版社，1983.

[24] 刘馥. 中国现代军事史. 梅寅生，译. 台北：东大图书公司，1986.

[25] 刘家峰，刘天路. 抗日战争时期的基督教大学. 福州：福建教育出版社，2003.

[26] 刘振宇，维微. 中国李庄. 成都：四川人民出版社，2005.

[27]《罗家伦先生文存》编辑委员会. 罗家伦先生文存：第一册. 台北："国史馆"，1976.

[28]《罗家伦先生文存》编辑委员会. 罗家伦先生文存：第八册. 台北："国史馆"，1989.

[29] 宁平治，唐贤民，张庆华. 杨振宁讲演集. 天津：南开大学出版社，1989.

[30] 彭明. 中国现代史资料选辑：第五册（1937—1945）下. 北京：中国人民大学出版社，1989.

[31] 秦孝仪. "总统"蒋公大事长编初稿：卷五下. 台北：中正文教基金会，1978.

[32] 清华大学校史编写组. 清华大学校史稿. 北京：中华书局，1981.

[33] 中国人民政治协商会议全国委员会文史资料研究委员会《远征印缅抗战》编审组. 远征印缅抗战. 北京：中国文史出版社，1990.

[34] 史全生. 中华民国文化史：下册. 长春：吉林文史出版社，1990.

[35] 苏崇民. 满铁史. 北京：中华书局，1990.

[36] 孙科. 中苏关系. 上海：中华书局，1946.

[37] 谭双全. 教会大学在近代中国. 长沙：湖南教育出版社，1995.

[38] 王承礼，常城，孙继武. 苦难与斗争十四年. 北京：中国大百科全书出版社，1995.

[39] 王国强. 中国兵工制造业发展史. 台北：黎明文化事业股份有限公司，1987.

[40] 吴大猷. 回忆. 北京：中国友谊出版公司，1984.

[41] 西北大学西北联大研究所. 西北联大史料汇编. 西安：西北大学出版社，2012.

[42] 西南联合大学北京校友会. 国立西南联合大学校史——一九三七年至一九四六年的北大、清华、南开. 北京：北京大学出版社，1996.

[43] 县志编纂委员会. 四川省南溪县志. 成都：四川人民出版社，1992.

[44] 熊明安. 中华民国教育史. 重庆：重庆出版社，1990.

[45] 许小青. 诚朴雄伟，泱泱大风——中央大学校长罗家伦. 济南：山东教育出版社，2012.

[46] 薛光前. 八年对日抗战之国民政府. 台北：台湾商务印书馆，1978.

[47] 延安时事问题研究会. 抗战中的中国文化教育. 上海：上海人民出版社，1961.

[48] 张传杰. 日本掠夺中国东北资源史. 大连：大连出版社，1996.

［49］张书丰. 山东教育通史：近现代卷. 济南：山东人民出版社，2003.

［50］张宪文，张玉法. 中华民国专题史：第十一卷：抗日战争与战时体制. 南京：南京大学出版社，2015.

［51］张宪文. 金陵大学史. 南京：南京大学出版社，2002.

［52］张丽萍. 相思华西坝——华西协合大学. 石家庄：河北教育出版社，2004.

［53］赵弘毅，程玲华. 西北大学大事记. 西安：西北大学出版社，2002.

［54］中国第二历史档案馆. 中华民国史档案资料汇编：第五辑第二编：教育（一）. 南京：江苏古籍出版社，1997.

［55］中国国民党中央委员会党史委员会. 革命文献：第58辑：抗战时期之学术. 台北："中央"文物供应社，1972.

［56］中国社会科学院近代史研究所. 胡适的日记：下. 北京：中华书局，1985.

［57］中央教育科学研究所. 中国现代教育大事记. 北京：教育科学出版社，1988.

［58］周开迅. 永远的大学精神. 贵阳：贵州人民出版社，2009.

［59］朱建华，朱兴义. 国共两党争夺东北纪事. 长春：吉林人民出版社，1999.

［60］左学德. 日本向中国东北移民史. 哈尔滨：哈尔滨工业大学出版社，1998.

第九章 失望与期待

抗日战争的胜利一度驱散了笼罩着中国的层层雾霾，一百年来中华民族第一次取得了抵抗外强侵略的完胜。但中国人民尚未来得及欢呼，国民党政权就搞得天怒人怨，国共之间的对立也愈演愈烈，终而无法避免陷入全面内战。中国的科技和教育事业在艰难时局中，一方面通过复员、重建，努力维持着自己的完整性；另一方面在浴火重生之际面临着左与右的选择，以使学术事业与国家富强结合起来。本章将简要地白描式地展现抗战胜利之后中国时局的风云变幻、中国的科技事业在此阶段的一些突破、科技教育与学术各门类的总体情况、困境之下的左右选择以及科技知识分子群体对新中国的期待。

一、民主还是专制

日本的无条件投降并没有给中国带来和平、安宁的局面。在战后两大国际巨头的博弈日趋激烈的形势下，一方面，国民党政权经历抗战的巨大消耗之后，其内部的重重矛盾暴露无遗，对社会的控制力较之抗战前明显减弱，高压政策导致的反独裁、求民主浪潮愈演愈烈；另一方面，各有军队在控的国共两党对立势态一触即发，在抗战中壮大起来、越来越得到人民支持的中国共产党，已经准备好与国民党进行最终的决战。在关于民主还是专制的道路选择中，武力成为最终的决定性因素。

1. 抗战胜利，反独裁的民主浪潮

抗日战争期间，蒋介石纵横捭阖，利用战时体制压制民主，形成了其在国民党和国民政府内一家独大、一言九鼎的局面。对此，张治中后来曾反省道："至二十七年总裁制确立以后，党之民主空气，益见消沉，一切惟总裁是赖。而总裁又集万几于一身，对党之最高权力会议——中央常会，恒不能亲临主持，

致失以党治国之领导权威,直等事务会报;且各事辄由秘书长、组织部长司上下传达之责任,浸假而形成'公文领导'制度。于是实际负责之同志,克以因缘时会,卖弄技巧,以派系意识代替党之组织关系,使以主义为中心、以革命为任务之党,变为以派系甚至以个人为中心之党。"① 流风所致,党国上下人浮于事,阿谀奉承,贪污作弊盛行。特别是抗战胜利后的接收和复员工作,充斥着职权滥用,肆意侵占,"随着到来的官员竞相对敌产提出要求,各地的接收过程发展成了不成体统的你争我夺。任何东西都成了攫取的对象:工业机械、公共建筑、房屋、交通工具,甚至家具和办公设备——任何能最早对这些东西提出要求或提出强有力要求的人,都可以把它们征来使用或获利。这些来自重庆的趁火打劫的接收大员,成了这一时期的象征"②。国民党政府的种种违法乱纪行为,使政府的公信力在抗战胜利打败外敌后陡然直落。

国民党政府在战后的经济政策上依靠发行纸币来弥补财政上的亏空,使通货膨胀比战时更为严重,激起了企业家的怨恨和工人们的罢工。而在政治上,国民党政府历经长期抗战已筋疲力尽,本应休养生息,但蒋介石为了维护其独裁统治,一意孤行,肆意打压中国共产党及其他党派,甚至放任国民党特务暗杀自由人士,以致引起社会公愤。政治评论刊物《观察》的创始人和主编储安平总结道:"现政权的支持层原是城市市民,包括公教人员、知识分子、工商界人士。现在这一批人,没有对南京政权有好感的。国民党的霸道作风使自由思想分子深恶痛绝;抗战结束以来对公教人员刻薄待遇,使他们对现政权赤忱全失;政府官员沉溺于贪污作弊,他们进行种种刁难,使工商界人士怨气冲天;因财政金融失策以及内战不停而造成的物价暴涨,使城市市民怨声载道。"③

在国民党政府的高压政策下,全国各界掀起了一阵阵反独裁求民主的浪潮。知识分子阶层受世界民族民主运动的影响,呼声尤盛。战后发行的民主杂志《民主导报》在发刊词中写道:"民主! 民主! 在世界的最大多数的地方,今天早已不是一种呼声而是一股怒潮;这怒潮曾在欧洲遭遇到一个短时期的顿挫,当人民的呼声被窒息在枪刺下集中营里的时候,战争席卷了整个人类,让我们又回到野蛮的时代中去。可是,历史总是要向前走的。从太平洋彼岸的亚美利

---

① 张治中. 张治中回忆录. 北京:中国文史出版社,1985:404-405.
② 费正清,费维恺. 剑桥中华民国史(1912—1949年):下卷. 刘敬坤,等译. 谢亮生,校. 北京:中国社会科学出版社,1994:735-736.
③ 储安平. 中国的政局. 观察(周刊),1947-03-08.

加,从欧洲的东部的苏联,从世界的每一个被侵略的国家里,终于举起了光明的火炬。今天,我们凭着自己的血肉和盟国的正义援助,打碎了枷锁,终于赢得了胜利!我们的确为胜利而感到欢欣。可是,我们明白自己的弱点,这还不是陶醉于胜利的时候!我们虽然赢得了战争还没有赢得和平!我们虽战胜了敌人,但今天国家建设还待从头做起。我们要趁敌人倒下去的时候,要趁这几千百年从未有过的时会,把国家真真实实的建设起来。我们要一个真正民主的新中国!我们绝不甘放弃这千载难逢的机会,决不放弃自己做国民的责任,我们认为今日建国唯一的前提是'民主',无论从国际形势、国内环境都是非民主不可!这绝不是少数一党一派的要求而是客观环境的必然趋势。因此,我们在这民主的怒潮中不甘缄默!我们愿尽小小力量,为国际间的民主而努力,尽一点报导的责任。说来惭愧,当许多国家都已走向民主之路,而我们为了民主还需要呐喊。就在这时民主还不过是一种呼声!可是这呼声,在今天已经响彻了祖国的每一角落。它已经冲破了炮火的吼叫,成为黑夜中的巨雷闪光。今天它将变成一种无比巨大的潜在力量的号角,引导着中国人民走向新的天地。"① 这一呐喊代表了当时知识分子的普遍态度。面对国共两党的重庆和谈,知识界翘首企盼,抱以很大的期待。然而民盟领导人李公朴、闻一多的遇刺,使民主人士开始对蒋介石政权的民主诚意产生了疑问。

以学生群体为代表的青年人也加入此起彼伏的反独裁、求民主运动中。在大后方,抗战时期隐忍下来的对政府的不满在战后爆发出来。1945年11月底,随着国共重庆谈判后国民党军队向解放区发起进攻,在众多民主爱国教授的支持下,昆明各高校学生自治会纷纷发表声明,呼吁和平,反对内战。由于遭到云南当局的压制,昆明学生开始罢课,矛盾进一步升级。蒋介石对学生运动的态度则助长了地方当局与学生的对峙。他在给教育部部长朱家骅的密电中指令:"查目前各校,多在动荡不宁之状态中,若纯采消极防制办法,不惟不能收预期成果,且将使全部学生走入反政府路线,除另饬三民主义青年团中央团部,发动全部学校青年团,主动组织自治会,因而掌握一切学生团体外,即希与该团商定具体办法,转饬学校行政当局与自治会诚恳合作,以改进学校行政,使奸伪们无借口为要。"② 至

---

① 发刊词. 民主导报,1945年创刊号.
② 一九四五年八月蒋介石为阻止学生运动给教育部的代电和朱家骅的复文//"一二·一"运动史编写小组."一二·一"运动史料汇编:第三辑."一二·一"运动史编写小组,1980:220.

12月1日，云南当局屠杀学生，造成"一二·一"惨案。随后，昆明各高校掀起反内战反暴行运动，社会各界也纷纷发起声援。而在原日占区日伪学校就读学生，亦发起针对国民政府甄审的反甄审运动、反美军暴行的抗议运动。反内战、反饥饿、反独裁的学生运动此起彼伏，在全国各地蔓延开来。随着蒋介石政权对待学潮的日渐暴力化，知识分子对国民党政府更加失望，逐渐放弃中间道路，加入反蒋的阵营中。

1946年11月15日，蒋介石将中国共产党和反对国民党的民主党派排除在外，单方面召开"国民大会"，通过《中华民国宪法》，强行立宪，以使个人独裁统治合法化。这一举动更加激化了社会对国民党统治的不满，民主人士公开表示抗议，中国共产党人则为中国人民选择一条新的道路。

2. 自由主义昙花一现

抗战胜利前后，"中国向何处去"成为当时的核心政治议题。"持续八年的抗日战争使社会各阶层和各种利益群众得到高度的社会动员，在这个历史抉择的紧要关头，他们的政治热情如同火山一般爆发出来。"[①] 这时，那些深受英、美影响的知识分子也从书斋、学术中走出，纷纷走向前台，从舆论议政和组党参政两个层面参与到国家政治运行中。他们在战后国共两大阵营的和谈与对峙中，试图形成一股独立的政治力量，曾短暂地出现在中国的政治舞台上。

在言论上，得益于"抗战中的政治动员和国民党的社会控制能力的弱化"，他们创办了许多时评性的刊物，如《大公报》《文汇报》《知识与生活》《民主周刊》等。其中最具影响力的是1946年1月著名评论家储安平在上海创办的以"民主、自由、进步、理性"为宗旨的时评杂志《观察》。储安平提出了可以作为中国自由主义墓志铭的四个信条：一是在中国发扬民主；二是支持各种基本人权，法律面前人人平等；三是促进中国的民主政治、工业化以及科学精神和现代思想的成长；四是推动用理性解决各种纷争，避免感情用事和使用武力。[②] 当时，自由民主人士在刊物上发表的大量关于学潮、战后体制、建国方略的文章，一时形成不可小觑的公共舆论，一度对蒋介石政权产生强烈的冲击。

---

① 许纪霖. 许纪霖自选集. 桂林：广西师范大学出版社，1999：112.
② 费正清，费维恺. 剑桥中华民国史（1912—1949年）：下卷. 刘敬坤，等译. 谢亮生，校. 北京：中国社会科学出版社，1994：415.

对于学潮,知识分子普遍抱以同情、支持甚至高度赞扬的态度。对于学生"反内战、反饥饿、反独裁"运动系被人利用之说,储安平在《观察》上发表《学生扯起义旗,历史正在创造》,写道:"我们亦绝不承认,此次学生请愿,系受他人利用。学生目击国家危急,深受饥饿苦痛,痛中思痛,一切罪恶皆源自内战,起而呼吁,起而反对,为什么一定要说他们受人利用?"① 高校的教授们往往发表联名信表达对学生的同情和支持。1947 年 5 月 17 日,清华学生为反内战、反饥饿而罢课,清华 81 位教员及助教在大饭厅张贴签名的大布告,写道:"本校同学为反内战及饥饿而罢课。同人等对于此种严正行动表示衷心同情。内战造成全国人民普遍死亡与饥饿,固不仅我校员生独受其苦痛,即参政员、立法委员诸公,亦觉有以行动争取和平之必要;同人等深有同感,愿为和平民主而努力。"② 钱端升在《观察》上发表文章分析学生运动的进步之处:"第一,现在的学生了解人民痛苦,已与人民痛苦连在一起。第二,现在的学生无领袖欲,群众化了,无个人风头,所以组织力强。第三,学生的见解进步,老实说,已走到我们的前头。"③ 余才友亦高度赞扬学生的行为:"昨天的学生主张'民主',主张'科学',反'帝',反'封建',这理想到今天还没有改变。昨天的学生有热情,今天的学生同样有热情。不过,今天的学生底理想是通过了社会的磨炼的,他们底热情是通过了社会的冷压的。所以今天的学生底言行是更结实、更坚定了。"④

对于战后体制和建国方略,知识分子以积极的态度参与其中。其时,他们普遍抱有这样的观点:"我们必须敢于,虽然我们没有兴趣执政。"⑤ 在抗战后期,这种参与就已经颇为活跃。1943 年 9 月 8 日,国民党在五届十一中全会上通过《关于实施宪政总报告之决议案》,宣布战争结束后一年内召集国民大会,制定宪法而颁布之。⑥ 以此为机缘,民主人士掀起新的一轮宪政运动。时任民盟主席的张澜发表文章,阐述结束一党专制、实行民主政治的迫切性和必要

---

① 储安平. 学生扯起义旗,历史正在创造. 观察,1947,2 (14):4.
② 让血化为更坚强的力量——清华园反内战运动序幕. 观察,1947,2 (14):20.
③ 北京大学教授宣言(来件). 观察,1947,2 (14):21.
④ 余才友. 谈今天的学生. 观察,1948,4 (9):17.
⑤ 刘军宁. 储安平与现代中国自由主义//刘军宁,等. 直接民主与间接民主. 北京:生活·读书·新知三联书店,1998:356.
⑥ 关于实施宪政总报告之决议案//中国第二历史档案馆. 中华民国史档案资料汇编:第五辑第二编:政治(一). 南京:江苏古籍出版社,1998:638.

性。1944 年初，黄炎培、左舜生、张君劢、章伯钧、王造时、沈钧儒等人召集宪政问题座谈会，连续几个月研讨宪政问题。同时，黄炎培等人创办《宪政月刊》，李公朴等人创办《自由论坛》，宣传民主宪政，促进宪政实施。这些力量在中国构成了所谓"中间党派"。在抗战胜利后，他们试图在国共之外凝成一股民间力量，引导中国走上民主道路。作为中间党派核心的中国民主同盟以"把中国造成一个十足道地的民主国家"①为使命，在 1945 年 10 月的中国民主同盟一大上提出了其建国方案，试图调和英、美的政治平等和苏联的经济平等，"建立一个资本主义与共产主义中间的政治制度……在政治方面比较上多采取英、美式的自由主义与民主主义，同时在经济方面比较上多采取苏联式的计划经济与社会主义"②。任职民建国会的施复亮建议作为中间派的中国民主同盟、上海人民团体联合会、中国民主建国会、中国民主促进会、三民主义同志联合会等政治团体应该联合和团结起来，合理解决当前的政治问题。他提出，"中间派决不是中立之派，也不是调和派"③，其路线是要建设新民主主义的政治和新资本主义的经济。张君劢在 1946 年政协的"宪法草案"审议会议上，提出了一个"无形国大"的方案，即把"国民大会化有形为无形，公民投票运用四权就是国民大会，不必另开国民大会"④。其他关心国家前途者也各自公开自己的建国之策，如梁漱溟的"政治民主化""军队国家化"呼吁，胡适的"学术独立十年计划"等，知识分子的参政意识空前高涨。

然而，随着国共和谈的破裂，国民党政府在独裁道路上一意孤行，越走越远，战后的这股自由主义实践很快便戛然而止。内战打响后，自由主义言论阵地《观察》《时与文》《新路》《文汇报》《联合晚报》《新民报》等先后被国民党政府勒令永久停刊。知识分子在各种政治主张的讨论中，尚未来得及发出更大的声音，形成真正可以制约国民党的第三方力量，便让位于内战带来的生存危机，一切主张归于烟消云散。究其原因，自由主义作为一种舶来物，虽经五四时期"民主"与"科学"的高扬和 30 年代南京国民政府时期"人权运动"

---

① 中国民主同盟中央文史资料委员会. 中国民主同盟历史文献（1941—1949）. 北京：文史资料出版社，1983：71.
② 张东荪. 一个中间性的政治路线. 再生，1946（118）.
③ 施复亮. 何谓中间派//中国现代思想史资料简编：第五卷. 杭州：浙江人民出版社，1982：298.
④ 梁漱溟. 梁漱溟全集：第六卷. 济南：山东人民出版社，2005：900.

的实践，却始终未曾在中国扎下根来，无法形成抗衡性的力量。马歇尔调停失败后，1947年1月7日在其离华声明中也不得不说："挽救时局的出路，据我看来，将是由政府内和小党派的自由主义分子掌握领导权，这是一群杰出的人物，但是他们仍然缺乏能够施加控制性影响的权力。"①

3. 全国解放战争

抗日战争期间，国共之间虽然联合抗日，但国民党仍采取了各种措施限制中国共产党军队的活动，甚至爆发国民党军队攻击新四军的皖南事变。抗战结束前后，内战的阴霾一直笼罩在中国上空。虽然从1944年起，随着人民军队的壮大、中间势力的兴起、国际大国的介入，中国的政局产生了多方制约的力量，使中国政治面貌呈现出少见的多元化现象，"然而，这些所有的内外力量，其自身的利益都不能通过自身而直接获取，都必须通过国共两党而具体体现，因此，看似多元的政治现象，最终，仍然归结为国共两党的对阵"②。1945年4月，毛泽东在中共七大上宣布了中国共产党的立场，要求国民党结束一党专政，成立联合政府。在国内外多方努力下，8月14日，日本投降的前一天，蒋介石邀请毛泽东赴重庆举行会谈。经多次往来电函，毛泽东为打消蒋介石的疑虑，化被动为主动，于8月28日亲赴重庆谈判。双方于10月10日签署了《政府与中共代表会谈纪要》（也称"双十协定"），"于和平建国的基本方针、政治民主化、国民大会、人民自由、党派合法、特务机关、释放政治犯、地方自治、军队国家化、解放区地方政府、奸伪和受降等问题达成协议"③。然而，双方在解放区及其政府的合法性、东北接收、宪政如何实施、军队整编等一些关键问题上，双方或议而无法达成共识，或"搁置议题"避而不谈，即使协定所达成的共识亦很难真正进入落实阶段。毛泽东返回延安后，在干部会议报告上指出："已经达成的协议，还只是纸上的东西。纸上的东西并不等于现实的东西。事实证明，要把它变成现实的东西，还要经过很大的努力。"④

---

① 中国社会科学院近代史研究所翻译室. 马歇尔使华：美国特使马歇尔出使中国报告书. 北京：中华书局，1981：454.

② 邓野. 联合政府与一党训政：1944—1946年国共政争. 北京：社会科学文献出版社，2003：6.

③ 张宪文，张玉法. 中华民国专题史：第十六卷：国共内战. 南京：南京大学出版社，2015：69.

④ 毛泽东. 关于重庆谈判//毛泽东选集：第四卷. 北京：人民出版社，1991：1156.

根据"双十协定",国共两党需尽快召集所有党派代表参加政治协商会议,以商讨政府的重组和制定新的宪法。自 10 月 20 日起,国共双方开始商谈如何召开政治协商会议问题。然而,伴随此商议过程的是国民党军队的进攻以及中国共产党针锋相对的斗争,这使得商议的主题不得不逐渐转到如何停止冲突上。蒋介石一边命令国民党军队抓紧接收,甚至命令"在政府军到达之前,日军在必要时要就地防御共产党军队的进攻"①,一边却命令中国共产党领导的八路军、新四军原地驻防不动。而美国为了自身的利益,放弃不介入原则,从 1945 年 9 月到 1946 年 6 月,帮助国民党政府把约 54 万国民党军队运到华北、东北和华南、华东。而八路军和新四军适时控制了华北的大片农村,并在东北开辟了新的根据地。苏联则把在东北夺取的日军武器装备中的一部分,直接或间接地交到了人民军队的手中,并帮助阻止国民党军队在东北的港口登陆。11 月份,蒋介石把西南地区最精锐的一批部队调往长城一带,并向山海关发起进攻,内战已呈一触即发之势。鉴于谈判已无任何实际意义,留在重庆处理和谈后续事宜的周恩来于 11 月底返回延安。

　　尽管如此,政治协商会议还是在艰难中筹备着。12 月 16 日,周恩来带领吴玉章、叶剑英、陆定一、邓颖超等中国共产党代表抵达重庆。18 日在记者招待会上周恩来表示,"在政治协商会议中,停止内战是第一件事。第二件事要讨论出一个和平建国方案,这个方案将包括共同纲领、政府改组、复员善后问题等"②。由于政治协商会议的一再延宕,周恩来在 1946 年 1 月 7 日的茶话会上表示,希望政府"两三天内发表停止内战的命令,使政协会议能在和平空气中开幕"③。1 月 10 日,国民期待已久的政治协商会议终于召开。经过 22 天的讨论,在国共双方各有退让、妥协的情况下,政治协商会议终于就宪法草案、军队归属、政府组织、国民大会等方面形成基本的和平建国纲领。

　　然而,制宪的实施和国民大会的召开困难重重。国民党在 1946 年 3 月党内会议上否定了中国共产党和民盟在行政院中行使否决权的权利,并坚持继续实

---

①　费正清,费维恺. 剑桥中华民国史(1912—1949 年):下卷. 刘敬坤,等译. 谢亮生,校. 北京:中国社会科学出版社,1994:722.

②　周恩来. 协商解决关系中国民族前途的重要问题//中共中央文献研究室,中共南京市委员会. 周恩来一九四六年谈判文选. 北京:中央文献出版社,1996:17-18.

③　中共中央文献研究室. 周恩来年谱(1898—1949):修订本. 北京:中央文献出版社,1998:651.

行总统制，限制地方自治。在解放区，毛泽东起草了关于精员简兵的指示，朝着和平的方向努力。然而，国共双方军事上的对峙并没有消减。3月至6月，国共双方的军队在东北展开激烈的和战较量，中国共产党在东北的实力日渐增强，已足以抗衡看起来处于优势的国民党军队。6月之后，双方在华东、华北进入谈谈打打的阶段。美国派来调停的马歇尔使团作用愈见微弱，却又在调停中对国民党政府施以种种援助。10月份，国民党政府单方面召开国民大会，中国共产党和民盟拒绝参加。12月，鉴于国民党军队的武力逼迫，中国共产党表示，不愿意再继续接受美国的调停。至1947年1月，马歇尔使团的调停任务宣告失败，"谈谈打打"的局面结束，国共双方正式摊牌。而从1946年9月起，中国共产党媒体在对外报道中开始把八路军、新四军称为人民解放军。至1947年3月，国共关系完全破裂。

二、知难而进的中国科技

抗战胜利后的国民党政府既面临着内部的政治斗争和权力腐败，又想用武力统一中国。不过，这并没有让国民政府停下致力于科技教育现代化和国家工业化的脚步。看到美国以两颗原子弹的投放加速了日本的战败，蒋介石在震惊之余，迫不及待地实施起制造原子弹的计划，曾昭抡、华罗庚、吴大猷组成的"造弹计划"专家组开始物色人选，培养造弹人才；国家重建中能源的缺乏使国民政府重新拾起孙中山种下的三峡梦，资源委员会再度扛起重担，试图与美国合作发展三峡水利工程。但时势不济，经济的崩溃、军队的溃败使这两个计划夭折在前期的规划中。而在教育和科研上，通过北京大学、中央大学等内迁高校的复员与重建，高等教育体系维持了其基本的完整性；通过中央研究院第一届院士的选举，中国的科研体制化之路向前迈进了一大步。

1. 国民政府的原子弹计划

在第二次世界大战接近尾声之时，美国投向日本的两枚原子弹震惊了世人，也强烈地冲击着国民党政府。蒋介石意识到，要做世界第四（居于美、苏、英之后），只有研制出原子弹才能取得世界事务的发言权。1945年8月中旬之后的一段时间，国内媒体界、科学界掀起关于中国要不要进行核物理研究、要不要搞原子弹的讨论，一些著名物理学家常受邀请给社会各界做核物理方面的报告，一些核物理学家也积极向政府建言进行原子能研究，社会各界对造原子弹的必要性已经形成了共识。

1945年8月12日，美国政府发布了《原子能的军事用途：美国政府发展原子弹之官方报告》（也称《史麦斯报告》）。不久，蒋介石得到了该报告的英文版，并将其交给军政部次长俞大维，由俞大维暗中筹划原子弹研制计划。俞大维是曾国藩的外曾孙，年轻时曾在美国和德国学习哲学和数学，听过爱因斯坦讲授相对论，也在德国修习过弹道学，在担任军政部次长前，曾做了12年的兵工署署长，对中国兵工事业了然于心。为了遴选原子弹研究专家，他委托同为曾国藩后人（曾孙）的化学家、中国化学会的主要发起人之一曾昭抡加入研究计划。曾昭抡推荐数学家华罗庚、物理学家吴大猷和他共同组成"造弹计划"的专家组，吴大猷为专家组核心。为何由数学、物理、化学三方面的专家搭档？因为俞大维从《史麦斯报告》中了解到，研制原子弹主要依赖三个门类的专家：物理学、化学和数学。据吴大猷回忆，军政部召集他们三人开会后，"我回去想了几天，拟就了一个建议，大致是：（一）成立研究机构，培植各项基本工作的人才。（二）初步可行的是派物理、化学、数学人员出国，研习观察近年来各部门科学进展的情形。然后拟一个具体建议。……华和我负责数学、物理二部门。我与华建议，化学部门就请曾昭抡先生负责"①。于是，1946年6月，国民党政府在国防部（原军政部）下悄悄成立了"原子能研究委员会"，希望与稍早成立的"国防科学委员会"紧密配合，共同研究原子弹。蒋介石亦特批拨付了50万美元的专款。同时，经蒋介石特许，三位专家各推荐两位青年学者，以美国退还中国的庚子赔款资助他们赴美深造。其中，曾昭抡推荐了唐敖庆和王瑞駪，华罗庚推荐了孙本旺和徐利治，吴大猷推荐了朱光亚和李政道，由于徐利治的左派背景②，政府只接受了华罗庚推荐的孙本旺，空缺的名额给了已在美国修习的徐贤修。临行前，蒋介石召见即将赴美的科学家，鼓励他们说："你们到了美国，要好好地学，早去早回"，"学成归来后，我给你们钱，给你们房子，尽快

---

① 吴大猷. 回忆. 北京：中国友谊出版公司，1984：40-41.
② 徐利治教授在2006年10月27日致王士平教授的信中回忆："1945—1946年间，重庆国民政府国防部部长俞大维曾邀华罗庚、曾昭抡、吴大猷三先生赴渝。于1946年春他们各带了'两位助手的照片'赴渝办赴美手续。当年华先生选定的助手是孙本旺和我，我的照片也由华带往重庆，但我被刷下来了。原因是当年我参加了西南联大的学运，被认为是反政府'左倾分子'。所以最后华先生只带了一位助手孙本旺去美国。"

造出原子弹!"① 1946年8月,华罗庚带领五位年轻学子前往美国,与先期到达的曾昭抡会合,吴大猷则随周培源、赵元任代表教育部和中研院到英国伦敦参加庆祝牛顿诞辰300周年纪念大会后再赶去美国。到达美国的中国学者曾想进入美国有关原子弹研制的科研机构,但由于美国将原子弹研制设为核心机密,杜绝外人加入,他们只好转而进入美国各大学进行研究和学习。②

另外,其他各部门也在推动着原子弹研制的进展。一是曾任清华大学工学院院长和中央大学校长的顾毓琇对原子弹研制的推动。顾毓琇于1946年8月6日拜访美国加州大学教授、回旋加速器的发明者劳伦斯时,劳伦斯向他表示乐于协助中国制造原子弹研究的重要部分——回旋加速器。顾立即将此事报告给蒋介石,而蒋介石亦特批50万美元的研究经费。③ 但随着全面内战的爆发,这部分经费终成空头支票。二是日本在上海开办的自然科学研究所中所谓日籍"原子能专家"事件。对于上海自然科学研究所所长佐藤秀三等提出继续在华居住工作的请求,军统局长戴笠以其可做原子弹制造之才,拟请蒋介石准予留用。但军统局发电至中央研究院,希冀借中央研究院之名留用这批日籍人员的要求,遭到了中央研究院专家们的反对。最终,这个留用计划以中央研究院院务会议最终裁决"暂无留用之必要"而收场。三是中央研究院物理所原子物理的研究。萨本栋1946年上任代理所长后,调整了物理所的研究计划,新开了原子核物理和电子学两个研究专题。1946年7月美国在太平洋上的比基尼岛进行原子弹试验,邀请各同盟国各派两名代表参观试验,中央研究员物理所兼职研究员、中央大学教授赵忠尧受邀参加,并带上此前由萨本栋争取到的5万美元到美国采购核物理实验设备,由于5万美元买不到现成的静电加速器,赵忠尧为了节省经费,先后进入麻省理工学院学习静电加速器发电部分和加速管的制造,进入

---

① 顾迈男. 他用自己的智慧和心血圆了一个梦——采访著名核物理学家朱光亚教授的经过. 新闻爱好者, 2006 (3): 10.
② 这批赴美专家中,华罗庚到普林斯顿高等研究院任客座教授;吴大猷到密歇根大学任客座教授;朱光亚进入密歇根大学研究生院,获得博士学位后回国;李政道进入芝加哥大学研究生院,获得博士学位后留在美国;唐敖庆进入哥伦比亚大学化学研究院,获得博士学位后回国;王瑞䭴进入华盛顿大学,获得博士学位后留在美国;孙本旺进入纽约大学柯朗数学研究所,获得博士学位后回国;徐贤修原本就在美国,1946年获得布朗大学博士学位后留在美国。[王士平,李艳平,戴念祖. 20世纪40年代蒋介石和国民政府的原子弹之梦. 中国科技史杂志, 2006 (3): 199]
③ 《朱光亚院士八十华诞文集》编辑委员会. 朱光亚院士八十华诞文集. 北京: 中国原子能出版社, 2004: 10-12.

华盛顿卡内基地磁研究所学习离子源技术，耗时 2 年，以一己之力初步完成了任务。四是 1947 年 4 月 21 日时任国防部部长的白崇禧向蒋介石建议设立"中央原子物理研究所"，同时请求拨付约 240 万美元用于增加"国立物理科学所"的相关研究设备，但由于战局对蒋介石政权愈加不利，此项建议未得到蒋介石的支持。

总之，由于内战的持续升级，国民党当局军费开支巨大，经费日绌，年轻学子又尚在学习中，"原子能研究委员会"仅成挂名而已，国民党政府的原子弹之梦终是竹篮打水一场空。但年轻学者的培养计划并没有中断，国民政府仍维持了经费的供给，学成归国的朱光亚成为新中国原子弹研制工程的主要参与者，为新中国原子能的成功开发做出了重要的贡献。

2. 三峡梦的初设计

长江三峡一带蕴藏着丰富的水力资源，早在 1918 年，孙中山在《建国方略》之二《实业计划》中就已经提到三峡水利开发之事。1924 年，他在广州国立高等师范学校礼堂做"民生主义"演说时讲："由宜昌到万县一带的水力，可以发生三千余万匹马力的电力，像这样大的电力，比现在各国所发生的电力都要大的多；不但是可以供给全国火车、电车和各种工厂之用，并且可以用来制造大宗的肥料。"① 1932 年底，国防设计委员会甫一成立，就组织了由国内水利专家恽震、曹瑞芝、宋希尚、史笃培、陈晋模等 5 人组成的一支勘测队，对长江三峡进行勘测，完成了中国第一份系统论述如何开发三峡水利的《扬子江上游水力发电勘测报告》，提出在黄陵庙至三斗坪一带和葛洲坝两处筑坝建设水电站的设想。② 但是，由于抗日战争的到来，三峡开发的计划被迫搁浅。

抗日战争将要胜利之时，为战后的工业建设提供充足能源计，三峡开发之事再次被提上了日程。1944 年 4 月，时任中国政府战时生产局顾问的美国经济专家潘绥向国民政府提交了一份名为《利用美贷款筹建中国水力发电厂与清偿贷款办法》的报告，"建议在三峡修建一座水力发电厂，同时兴办肥料厂，总投资约 10 亿美元，由美国贷款兴建，电厂总装机 1 056 万千瓦，二分之一装机用以制造化肥，另二分之一装机用于中国工业化，每年可生产 500 万吨化肥，售

---

① 孙中山. 孙中山全集：第九卷. 北京：中华书局，1986：402.
② 恽震，曹瑞芝，宋希尚，等. 扬子江上游水力发电勘测报告. 工程（上海中国工程师学会学刊），1933（8）：4.

予美国，作为偿还贷款之用。"① 但这个报告只是从经济角度阐述三峡开发的可行性，没有提出具体措施。5月，国民政府资源委员会副主任钱昌照邀请世界著名大坝专家、美国垦务局设计总工程师萨凡奇来考察中国水利资源。通过实地考察三峡的地质地貌，萨凡奇用40天时间草拟了《扬子江三峡计划初步报告》。报告从工程方案、工程造价、综合效益、中美技术合作等角度论述了三峡工程建设的可行性，以及进行以发电为主，集灌溉、防洪、航运、供水、旅游等于一体的综合开发的具体方案。

1945年5月，在得到美国政府提供贷款的承诺后，国民政府原则上同意了萨凡奇计划，由资源委员会联合全国水利委员会、农林部中央农业试验所、扬子江水利委员会中央水利实验处、交通部航政局地质调查所等部门，组成扬子江三峡水利发电计划技术研究委员会，钱昌照担任主任委员，进行三峡开发的具体运作。② 7月，资源委员会设立全国水力发电工程总处，派出5个勘测队对三峡一带进行地质勘测。1946年4月，萨凡奇再次来到中国，考察了南津关、石牌、三游洞、小平善坝等地，提出了三峡开发的新方案。他提议从水、陆、空对三峡进行立体勘察。全国水力发电工程总处成立三角、水平、地形、水文四个勘测班，负责地质和水文测量，空中勘测则由国防部和美国空军负责。萨凡奇的再次访华大大加快了勘测的步伐。而他在美期间，对三峡工程的广泛宣传则大大增加了这项工程的世界关注度。他二次访华返美，即展开了长江三峡工程的具体设计。而国内，由萨凡奇介绍的美国水利工程师柯登担任全国水力发电工程总处总工程师，在黄育贤、陈中熙、张光斗等70余名专家的研究和规划下，对三峡工程的地质、坝址选择、水土保持等进行了详细的调查和试验。到1947年4月，"各种拦河坝、电厂、船闸的比较布置，各部门工程的比较设计已经做出；洪水量、水库容量、航道深度等也有初步计算，估计全部工程的主要设计图纸和施工规范可于1948年底完成"③。

为了解决技术支持、训练水利开发技术人员的问题，资源委员会与萨凡奇一起讨论了由美国垦务局和田纳西管理局共同给予中国技术协助和训练中国技术人员的具体方案。1946年6月起，美国垦务局责成丹佛垦务局正式开始三峡

---

① 长江水利委员会. 三峡工程技术研究概论. 武汉：湖北科学技术出版社，1997：16.
② 《中国三峡建设年鉴》编纂委员会. 中国三峡建设年鉴（1997年）. 宜昌：中国三峡建设年鉴社，1997：304.
③ 钱昌照. 钱昌照回忆录. 北京：中国文史出版社，1998：81.

工程的设计，同时指导和训练中国派出的工程技术人员。资源委员会先后选派了60多名中方技术人员赴美参与设计。① 他们被分到水文组、泥沙研究组、大坝组、电力组、机械组等部门工作。从1946年秋至1947年5月，设计工作完成了拦河坝、电厂、船闸等的比较布置以及各部分工程的比较设计，对洪水量、水库容量、航道深度、坝顶高度等做了初步规划，完成了整个水闸工程计划图样的绘制，对洪水、发电力、航运、灌溉等做了详细的经济研究。② 一些在美攻读硕士、博士学位的中国留学生亦积极参与到工程设计中来。

然而，由于内战的爆发及国民政府内部的政治斗争，1947年5月，三峡设计戛然结束。除了极少数人留美，大部分人员撤回中国。钱昌照从资源委员会辞职，行政院下令停止一切与三峡有关的活动。同时，中央新闻社对外宣布："最近颁布经济紧急措施以来，凡属非短期内可见成效之工作，其所需经费均在停拨或缓拨之列。故三峡水力发电计划实地工作，资委会已奉国府令暂时结束。现已由该会通知各方面遵命办理结束，并将已得资料草拟报告，将来继续工作，得有所借镜。"③ 业已完成的设计资料和研究成果交由资源委员会南京全国水力发电工程总处保存，直到新中国成立后才重新发挥其作用。

但是资源委员会的三峡开发方面的工作并没有完全停摆，其善后处理为新中国成立后的开发提供了大量历史资料。1948年3月，资源委员会正式颁布了《扬子江三峡计划概要》。这个概要将一个集防洪、发电、航运、灌溉、经济开发和旅游等在内的庞大的多元开发长江三峡的蓝图呈现出来，使三峡梦初具雏形。资源委员会之所以勉力做好善后工作，主要在于其时三峡计划的负责人有这样的共识，"三峡工程，技术上既属可能，经济上复可获重大利益，以裕国计民生，迟早当可见诸实施，但如此巨大工程非一蹴可成，在此国家多难之日，正宜利用少数国币，从事水文、地质以及地形之观测钻探与其他准备工作，庶几将来设计研究时有可靠而充足之资料，以作依据，则进行自易矣"④。尽管只是纸上谈兵，但不可否认其工作对新中国成立后三峡开发的历史意义。一是留

---

① 《中国三峡建设年鉴》编纂委员会. 中国三峡建设年鉴（1994年）. 北京：中国三峡出版社，1995：197.

② 黄山佐. 民国时期开发长江三峡水力资源筹划始末. 中国科技史料，1984（3）：26.

③ 《中国三峡建设年鉴》编纂委员会. 中国三峡建设年鉴（1995年）. 北京：中国三峡出版社，1996：384.

④ 喻春生，孙安全. 民国时期勘察设计长江三峡工程史料选. 民国档案，1992（3）：28.

下了大量珍贵的历史资料，对三峡地区地质、水文、气候等方面的记录具有极大的历史价值；二是为后来的三峡开发提供了框架，新中国成立后的三峡开发总结了经验，如移民安置问题等，照顾到人的发展问题；三是储备了大批水利工程技术人员，特别是黄育贤、陈中熙、张光斗等当时参与三峡设计的主要专家，在新中国成立后继续发挥着关键作用。

3. 中央研究院：院士出炉

中央研究院《国立中央研究院组织法》第七条曾规定设立类似于英国皇家学会会员那样的荣誉会员，朱家骅也提道："原来本院最初之组织法中，即有本院设置会员及名誉会员之规定，其性质即今日之院士。"① 但在南京国民政府早期，中国科学发展尚处于起步阶段，尚无条件选举院士。1940 年蔡元培去世，朱家骅担任中央研究院代理院长。其时中央研究院第二届评议会也选举产生出来，第二届评议员历次会议都提出过选举荣誉会员的动议。1946 年 10 月在南京举行的中央研究院第二届评议会第三次年会上傅斯年提议以"院士"取代"会员"，得到评议会采纳，决定设立院士（对应的英文名规定为 Fellow of Academia Sincia）。在第三次年会第四次会议上，评议会讨论和修正了中央研究院组织法和评议会条例草案，对院士的资格、名额、提名办法、选举规程、职权、学科分组，评议会的选举办法、规程，名誉院士的资格、选举办法，均做了明确的规定，较之 1943 年的组织法有了大幅度的调整。

根据新修订的组织法，"院士在全国学术界成绩卓著之人士中选举，具备下列资格之一，得选为院士：（一）对于所专习之学术，有特殊著作、发明或贡献者；（二）对于所专习学术之机关，领导或主持在五年以上，成绩卓著者"②，同时规定，第一届院士由本届评议会选举产生，以后的院士则由上届院士选出。院士的职权包括：（一）选举院士、名誉院士；（二）选举评议员；（三）议订国家学术之方针；（四）受政府之委托，办理学术设计、调查、审查及研究事项。③ 与此同时，中央研究院评议会的选举也做了相应的修改，由原来的中央研究院院长及

---

① 朱家骅. 国立中央研究院概况//王聿均, 孙文武. 朱家骅先生言论集. 台北："中央研究院"近代史研究所, 1977: 94.

② 同①.

③ 第四次大会//中央研究院评议会第二届第三次年会纪录. 南京：中国第二历史档案馆, 全宗号：393，案卷号：1557.

国立大学校校长组织选举会选出改为由院士互选选出，名额亦由院士分组决定。①

1947年4月，评议会经多次会议制定了《院士选举规程》，分"总则"（第1-4条）、"提名"（第5-8条）、"院士候选人资格之审查"（第9-13条）、"院士之选举"（第14-15条）、"附则"（第16-17条），共5章17条。

根据选举规程，由全国各大学、独立学院、专门学会和研究机关，分别按照数理组（包括数学、物理、化学、地质、自然地理、天文、气象、工程等）、生物组（包括动物、植物、体质人类学、心理学、生理学、医学等）、人文组（包括哲学、中国文学、史学、语言学、考古学及艺术史、民族学、人文地理、法律学、政治学、经济学、社会学等）进行提名，共提名400多人进行审查。由如下评议员组成的审查组对被提名者进行审查，拟定院士候选人名单：姜立夫（数学），吴有训、李书华（物理），侯德榜、吴学周（化学），翁文灏、谢家荣（地质、自然地理），赵九章（气象），茅以升、周仁、萨本栋（工程），秉志、王家楫（动物），钱崇澍、罗宗洛（植物），吴定良（体质人类学），汪敬熙（心理学），林可胜（生理学），林可胜、汪敬熙（医学），戴芳澜、罗宗洛（农学），胡适、傅斯年、李济（哲学、中国文学、史学、语言学、考古学及艺术史、民族学、人文地理），陶孟和、王世杰（法律、政治、经济、社会）。

11月15日，中央研究院以政府公报形式公布了最后通过审查的院士候选人（150名）名单，对候选人研究方向、特长、贡献及作为候选人的理由做了说明。150名候选人分组名单如下：

数理组49人：江泽涵、姜立夫、许宝騄、陈省身、陈建功、华罗庚、熊庆来、苏步青、吴大猷、吴有训、李书华、周培源、桂质庭、叶企孙、赵忠尧、严济慈、饶毓泰、朱汝华、吴宪、吴学周、纪育沣、孙学悟、庄长恭、曾昭抡、黄子卿、尹赞勋、王竹泉、朱家骅、李四光、李善邦、孟宪民、俞建章、孙云铸、翁文灏、黄汲清、杨钟健、谢家荣、竺可桢、王宠佑、汪胡桢、周仁、施家炀、侯德榜、茅以升、凌鸿勋、程孝刚、蔡方荫、萨本栋、罗忠忱；

生物组46人：王家楫、伍献文、朱洗、贝时璋、秉志、胡经甫、陈世骧、

---

① 修正《国立中央研究院评议会条例》草案（三十五年十月二十三日二届第四次大会通过修正草案）//中央研究院组织法及所属各所组织法历年修订本及有关文书．南京：中国第二历史档案馆，全宗号：393，目录号：2，案卷号：117．

陈桢、童第周、刘承钊、胡先骕、殷宏章、秦仁昌、张景钺、裴鉴、刘慎谔、钱崇澍、戴芳澜、罗宗洛、饶钦止、李宗恩、胡正详、洪式闾、袁贻瑾、马文昭、张孝骞、汤飞凡、冯兰洲、刘士豪、陈克恢、黄鸣龙、吴定良、汪敬熙、陆志韦、臧玉洤、林可胜、徐丰彦、汤佩松、冯德培、蔡翘、李先闻、俞大绂、冯泽芳、赵连芳、邓叔群、刘崇乐；

人文组 55 人：吴敬恒、金岳霖、陈康、汤用彤、冯友兰、余嘉锡、胡适、唐兰、张元济、杨树达、刘文典、李剑农、柳诒徵、徐中舒、徐炳昶、陈垣、陈寅恪、陈受颐、傅斯年、蒋廷黻、顾颉刚、王力、李方桂、赵元任、罗常、李济、梁思永、郭沫若、董作宾、梁思成、徐鸿宝、王世杰、王宠惠、吴经熊、李浩培、郭云观、燕树棠、周鲠生、张忠绂、张奚若、钱端升、萧公权、方显廷、何廉、巫宝三、马寅初、陈总、杨西孟、杨端六、刘大均、吴景超、凌纯声、陈达、陶孟和、潘光旦。

四个月的公告期满后，中央研究院于1948年3月25—27日在南京举行第二届评议会第五次年会。25日上午的开幕式由评议会会长朱家骅致开幕词，就院士选举的意义、标准、步骤、人数等进行说明。下午，评议会秘书长翁文灏报告评议会的工作，总干事萨本栋报告中研院院务概况，中研院数学、天文、物理、化学、地质、动物、植物、气象、历史、语言、社会、医学、心理学等13个研究所的所长报告本所工作。① 26日上午分数理、生物、人文三组召开审查会，下午汇报审查情形，讨论第一次院士选举事项。根据《院士选举规程》，须达到出席评议员人数的4/5投同意票者方可当选。27日全天，评议会以无记名投票形式选举出第一届院士。28日公布了中央研究院第一届院士名单（共81名）。②

（1）数理组

数学：姜立夫、许宝騄、陈省身、华罗庚、苏步青。

物理：吴大猷、吴有训、李书华、叶企孙、赵忠尧、严济慈、饶毓泰。

化学：吴宪、吴学周、庄长恭、曾昭抡。

地质：朱家骅、李四光、翁文灏、黄汲清、杨钟健、谢家荣。

气象：竺可桢。

工程：周仁、侯德榜、茅以升、凌鸿勋、萨本栋。

---

① 申报，1948-03-26.
② 申报，1948-03-28.

（2）生物组

动物学：王家楫、伍献文、贝时璋、秉志、陈桢、童第周。

植物学：胡先骕、殷宏章、张景钺、钱崇澍、戴芳澜、罗宗洛。

医学：李宗恩、袁贻瑾、张孝骞。

药学：陈克恢。

人类心理学：吴定良、汪敬熙。

生理：林可胜、汤佩松、冯德培、蔡翘。

农学：李先闻、俞大绂、邓叔群。

（3）人文组

哲学：吴敬恒、金岳霖、汤用彤、冯友兰。

中国文学：胡适、余嘉锡、张元济、杨树达。

历史学：柳诒徵、陈垣、陈寅恪、傅斯年、顾颉刚。

语言学：李方桂、赵元任。

考古学：李济、梁思永、郭沫若、董作宾。

美术史：梁思成。

法律学：王世杰、王宠惠。

政治学：周鲠生、钱端升、萧公权。

经济学：马寅初。

社会学：陈达、陶孟和。

中央研究院第一届院士经过一年多的酝酿、筹备、选举终于尘埃落定。当然，由于当时中国各门学科发展速度不一致，水平差异大，因此，在这次选举出的院士中，有的学科、领域如地质学、生物学、数学、历史学、考古学等科学家数量较多，一些优秀的科学家未能当选。而由于门户之见，很多提名单位只推荐本单位的人，以致一些贡献卓著但为人低调者成为遗珠。正如杨钟健在其回忆录中记载的："真正饱学之士被遗漏者亦有其人。譬如裴文中连第一次推荐时即未被列入，而他却在近年来，尤其是在抗战期中，对学术工作很有成绩。一九四七年，我赴平时，正值各机关推选候选人初步名单之时，胡适之问我：'何以中国地质机关方面未推荐裴文中？是不推考古界，还是正拟推荐？'但后来终于还是没有推荐。"[①] 但瑕不掩瑜，此次的院士选举在中国可谓开天辟地之

[①] 杨钟健. 杨钟健回忆录. 北京：地质出版社，1983：167.

事，对中国科学体制化发展的意义不言而喻。

4. 科教事业：北京大学和中央大学的复员与重建

抗战胜利后，原内迁中等教育以上学校纷纷要求迁回原办学地，其中，北京大学和中央大学的回迁和重建尤具特色。

抗战胜利前夕，北大校长蒋梦麟就任行政院秘书长。对于由谁出任新的校长，带领北大从西南联大中脱离出来，顺利迁回原地，一时之间各有说法，最后国民政府任命尚在美国的胡适担任校长，时任北大历史系教授兼历史语言研究所所长的傅斯年为代理校长。抗战结束，一方面北大师生思归心切，需要考虑如何迁移数千师生员工和仪器设备，另一方面国内局势越发不稳，内战已有不可避免之势，西南联大学生与云南地方当局矛盾尖锐。而在原沦陷区北大旧址上，文化汉奸在日伪政府支持下建立了一个伪北大，如何收回北大旧址，处置伪北大的数千名师生也是问题。傅斯年临危受命，一一化解问题，为胡适的返校奠定了良好的基础。

关于回归后的校址、校产，傅斯年多方奔走，除了接收北大原址和校产，将内迁的图书资料等运回北平，又争取到了改建后的相公府、东厂胡同的黎元洪故居、旧国会大厦等地，使复员师生及伪北大学生都得以妥善安置。

对于伪北大师生的处置，傅斯年区分教员和学生。对于伪教职人员，坚决不录用，早在回迁前的1945年12月，傅斯年接受《世界日报》采访时就声明："专科以上学校，必须要在礼义廉耻四字上，做一个不折不扣的榜样，给学生们、下一代的青年们看看，北大原先是请全体教员内迁的，事实上，除开周作人等一二之外，没有内迁的少数教员也转入辅仁、燕京任教。伪北大创办人钱稻荪，则原来就不是北大的教授。所以现在伪北大的教授，与北大根本毫无关系。……无论现在和将来，北大都不容伪校组织的人插足其间。"① 而对于学生，他则慨然善待之："青年何辜？现在二十岁的大学生，抗战爆发时还不过是十二岁的孩子，我是主张善为待之，予以就学便利。"② 因此，他决定，伪北大学生经过甄别和补习，择优接收。1946年5月，北大师生从昆明陆续回迁，到北京大学报到注册的共564人，北平补习班并入1 562人，加上招收新生445人，先修班433人，以及以复学等其他方式入校的学生，总数达到3 420人，无

---

① 欧阳哲生. 傅斯年全集：第4卷. 长沙：湖南教育出版社，2003：312.
② 傅孝先. 傅孟真传记资料（一）. 台北：天一出版社，1979：171.

论数量还是质量都在全国高等学校中处于领先地位。①

在复校中，傅斯年以雷厉风行的作风对北大进行了重建。首先，对北大进行了院系调整和扩充，从原来的文、理、法三个学院增加到文、理、法、医、工、农六个学院三十三个系，两个专修科，以及一个独立的文科研究所，使北大成为门类齐全的综合性大学。② 其次，延揽名师来校任教，以保证北大的办学质量。据统计，复员后的北大有教授158人，副教授45人，占教师总数的35%。③ 这为胡适的掌校储备了雄厚的师资力量。从现存1948年印发的《国立北京大学教职员录》可以看出，当时文、理、法、医、农、工六个学院的各系教授阵容已是相当可观，以文学院为例，哲学系有教授9人，史学系有教授12人，中国语文学系有教授12人，西方语文学系有教授12人，新建东语系也有4人，教育系有教授5人。④

至1946年9月胡适归国就任，傅斯年已基本完成了北大的复员和重建工作，形成了以汤用彤为文学院院长、饶毓泰为理学院院长、周炳琳为法学院院长、马文昭为医学院院长、俞大绂为农学院院长、马大猷为工学院院长的强大院系和师资阵容。

中央大学本是国民政府的一块招牌，自1928年成立以来，作为国立最高学府，在各方面都享有特殊待遇，但是国民党的党派斗争和学校内部的派系斗争使这所学校常年校政不稳。在派系斗争中失利的罗家伦1941年离开了掌校9年的中央大学，但这并未使该校平静下来，此后，顾孟余、蒋介石、顾毓琇因为党派矛盾和学术派系的斗争，都只担任过一年多校长。1945年8月，在抗战胜利前夕，国民政府任命无党派背景又是中央大学前身南京高等师范学校毕业生的西南联大理学院院长吴有训为中央大学校长，才使中央大学走上教育独立之路。"吴有训以纯学者的身份执掌'最高学府'，并无太多政治资源作为依托，也缺少其前人们的'中央'背景，在中央大学的历史上第一次打破了校长人选的潜规则。"⑤

---

① 萧超然，等. 北京大学校史. 增订本. 北京：北京大学出版社，1988：405-418.
② 同①265-271.
③ 焦润明. 傅斯年传. 北京：人民出版社，2002：261.
④ 汤一介. 1945—1948年汤用彤先生与北大复校——汤用彤与胡适、傅斯年. 北京大学学报（哲学社会科学版），2013（5）：135.
⑤ 蒋宝麟. 抗战时期的国家与大学政治文化：中央大学"易长"研究. 史林，2009（3）：100.

由于享有"全国最高学府"和"最大"的大学之誉①，中央大学在战后复员中得到了教育部较多的照拂。1946年2月，教育部在重庆召开中等以上学校迁校会议，议定"距渝远者先迁"的原则，中央大学被列为复员序列的第一位。1946年5月，中央大学安排大部分师生从水路回迁南京。按原计划，教育复员可于5月份占3 000个长江轮运配额，但到5月24日只得到1 000个，其中大学部分全部配给中央大学。6月份得到的教育复员轮运配额2 900个，其中大学部分1 950个，全部配给中央大学。就轮运而言，5、6、7 三个月基本上为中央大学一个单位所用，8、9、10 三个月才为其余97个单位所用。② 饶是如此，由于局势原因，影响复员进展，中央大学仍未能在计划内完成复员。

而在南京复校重建中，中央大学亦面临重重困难。派系斗争错综复杂，工作展开艰难，致使吴有训多次提出辞职。以教职员工的聘任为例，中央大学核定教职员1 343人，远多于西南联大772人和浙江大学434人。③ 有一次吴有训见到浙江大学校长竺可桢，抱怨道，教职员工"辞去不易，本年发聘书大是问题矣"④。派系斗争导致中央大学在解聘中闹出各种风波。

但是，毕竟吴有训的纯学者身份使他对"教育独立"的理念深信不疑，也致力于将这一理念贯彻到中央大学的治理中。他甫一上任，便号召全校师生摒除派系斗争，将中央大学建设成真正一流的大学，并表明自己服务中央大学的态度："我来中大，只凭着为母校服务这点关系。"⑤ 因此，他上任后，在中央大学积极推行了去党派化、去官僚化。中央大学复校后，"校内帮派势力互相勾结，校园成了'三长'（教务长、训导长、总务长）把持的天下，他们利用'中央大学校友会'拉帮结派，排斥异己，自诩为'少壮派'，压制非中央大学出身的教授，而且垄断学校经费分配，凌驾校长之上"⑥。吴有训假意辞职，以逼迫国民政府支持他解聘原"三长"，任命更中立的高济宇为教务长、刘庆云为训导长、贺壮予为总务长。在校务管理上，他改革学生自治会，消除了国民党和三青团的把控，扩大教授会，使学校的决策有更多教师的参与。

---

① 傅恩培. 复员中的中央大学. 中国青年（南京），1946，15（1/2）：34.
② 蒋宝麟. 战后中国的大学校长与大学困境：吴有训在中央大学之进退（1945—1948）. 民国档案，2015（2）：129.
③ 竺可桢. 竺可桢全集：第10卷. 上海：上海科技教育出版社，2006：53.
④ 同③102.
⑤ 羊克. 校长吴有训先生. 中大新闻，1947-06-29.
⑥ 王德滋. 南京大学百年史. 南京：南京大学出版社，2002：275.

在师资管理上，他尽力解聘不合格的教师，以自己的人脉延揽优秀师资。"到1947年4月，全校教师人数已达779人，在新聘任的教授中，有物理学家赵忠尧、毕德显，地质学家黄汲清、徐克勤，教育学家陈鹤琴、徐养秋，翻译专家罗大纲，史学家罗尔纲，哲学家陈康等，延揽到这样一批有真才实学的专家学者来校任教，使复员后的中央大学不管是在教学数量方面还是质量方面都全面地超过了抗战前的水平。"①

三、基础与应用科学之态势

时间发展到国民党在大陆统治的最后几年，总结民国初年至1949年之间中国的科技事业，可以说在师夷长技之路上已经从中体西用、亦步亦趋发展到全盘西化、自创特色。数、理、化、天、地、生已经实现了向现代西方科学的转型，建立起欧美模式的人才培养和科学研究体系，在某些领域甚至取得了世界领先的成就。特别是生物学、地质学，依托中国广阔的幅员、复杂的地貌、多样的生态，更是独辟蹊径，成果丰硕。在实用科学上，现代医学建立起了新的医疗范式、体系和医生的培养模式，而对中医的打压则成了科学主义在中国的独特展现；技术与工程科学在实践中缓慢行进着，由于科技人才的缺乏和基础科学的发展不足，没能实现跨越式的发展。

1. 与传统断裂后实现转型的数学

中国古代曾诞生过发达的数学文化，取得过辉煌的数学成就，但是由于与西方数学文化的迥异性，在近代化过程中，传统数学没落了。而西方数学在清朝的推广仅仅达于上层社会，在学术和教育上的近代转型则要等到专习数学的留学人员归国才开始。在第一批学习数学的留学人员中，著名的有胡明复、姜立夫等。胡明复1917年在哈佛大学获得博士学位，成为第一位中国数学博士，其博士论文，刊登在《美国数学会会刊》上，是中国数学家在国际著名数学学刊上发表的第一篇论文。1917年回国后，他在其兄胡敦复主持的上海大同大学创办数学系，并主持数学系的工作多年。姜立夫1919年在哈佛大学获得数学博士学位，1920年回国在南开大学创办数学系，培养了陈省身、江泽涵、刘晋年、

---

① 王大明. 吴有训——杰出的科学家和教育家//吴有训百年诞辰纪念活动筹备委员会. 吴有训百年诞辰纪念文集. 北京：中国科学技术出版社，1997：155.

吴大任、申又枨等一大批优秀的数学人才。

在此期间，国内多所大学创办了数学系。北京大学校长蔡元培重视纯粹科学，1919年将数学门改为数学系，并列数学为诸系之中第一系。1921年，熊庆来从法国获得硕士学位后赴东南大学创办数学系，1926年应清华之邀赴该校创办算学系。其后，毕业于日本东北帝国大学的陈建功和苏步青先后赴任浙江大学。这些学校成为培养现代数学家的摇篮。而厦门大学（1923）、四川大学（1924）、中山大学（1924）、安徽大学（1930）、山东大学（1930）等高校数学系的相继创办，使现代数学的高等教育体系更趋完善。到1932年，全国各大学数学系达到31个，数学教师共155名左右。① 但由于中西数学文化的差异性，数学系的名称各有不同，大致有数学系、算学系、算理系、数理系、天文算学系等。1935年，中国数学会成立后，开始审定名词，才逐渐固定统一。1939年8月，随着教育部通令全国统一使用"数学"一词，现代数学终获得名义上的统一。

随着现代数学高等教育的体系化，数学研究也开始走上正轨。20世纪30年代前，胡明复在微积分方面、陈建功在级数方面、苏步青在空间曲面方面、俞大维在拓扑方面、江泽涵在不动点理论方面都有所建树。抗战前，曾炯之创立了拟代数封闭域的层次论。熊庆来、华罗庚在函数论方面，华罗庚在华林问题上，陈省身在大范围微分几何方面，许宝䯄在数理统计方面都取得了国际一流的成果。这期间，中外数学交流日益增多，特别是国际著名数学家访华、开课，直接推动了国内数学高等教育与国际的接轨。除了20年代英国数理逻辑专家罗素、法国著名数学家班维勒的访华，30年代德国的布拉施克、施佩纳、斯皮纳尔，美国的伯克霍夫、维纳、阿达玛等纷纷在北大、清华开设数学各分支课程。陈省身在清华读硕士期间正是听了布拉施克和施佩纳的课程后有了国际视野，对微分几何产生了浓厚的兴趣，最后走上了留学德国的道路。

随着学习和研究数学的人才日益增多，数学团体开始在各高校和地区出现，如北京地区高校成立了中国数理学会等。1935年7月25日，全国性数学团体中国数学会在上海交大成立，推胡敦复为第一届董事会主席，并决定创办专业性英文数学期刊《中国数学会学报》和普及性期刊《数学杂志》。这标志着中国数学开始走上自主独立的发展道路。而抗日战争的到来，阻滞了数学自治团体

---

① 王汎森，等. 中华民国发展史：学术发展：下册. 台北：联经出版事业股份有限公司，2011：545−546.

的发展，由于大部分数学会成员留在上海，后方的数学家另行成立"新中国数学会"，推姜立夫为会长。直到抗战结束后，中国数学会才再度走向统一。

在数学研究机构的创设上，除了各高校成立了数学系，中央研究院成立后亦于 1940 年决定筹备成立数学研究所，筹备处设在昆明西南联大，由姜立夫担任筹备处主任。但是直到 1947 年，数学研究所才在回迁后的上海自然科学研究所内正式成立。这期间，中央研究院虽只有数学所的筹备处，但其创办的英文专业期刊 Science Record（《科学记录》）上，数学论文却占了相当大的比重，可见数学研究成果在各门学科中的突出性。抗战期间，战火并没有阻断国内外的数学交流，特别是中国数学家开始走出去，由于华罗庚、陈省身、陈建功取得了令国际瞩目的成果，他们先后应邀赴美国普林斯顿大学、伊利诺伊大学等担任客座教授、研究员。特别是二战爆发后的普林斯顿高等研究院，聚集了大量一流的国际学者，中国数学家的受邀，意味着他们已经跻身于国际一流行列。

虽然姜立夫名义上担任数学研究所筹备处主任、数学研究所所长，但是由于他 1946 年赴美进修，陈省身一直承担着实际的主持工作，可以说是陈省身一手创办了数学所。鉴于陈省身在清华研究院以及留德、留法期间直接接触国际前沿的求学经历，他在数学所实行培养新人为先的政策，并选择当时正成为数学重要分支的代数拓扑作为主要的研习方向，为中国数学的日后发展做出了重要贡献。吴文俊即是其中的佼佼者。1947 年他获陈省身推荐赴法国追随几何学大师嘉当的儿子小嘉当学习拓扑几何，1948 年他在拓扑学方面的论文就已引起国际关注，日后在拓扑学、数学机械化方面均取得一流成就。

纵观民国时期中国数学的发展，较之于其他学科，数学的教育和研究所需经费较少，并非属攸关国计民生的应用学科之列，虽不那么受国家支持却可以小博大，因而可以看到，尽管教育、研究平台规模不大，发展速度较缓，但成就和进展却是诸学科中最早走向国际一流的。在 1948 年中央研究院所选举的第一届院士中，数学方面即有姜立夫、陈省身、华罗庚、苏步青、许宝騄当选，姜立夫以其在中国数学教育上的卓著贡献而当选，其后诸人则在各自领域均有显著成就。陈省身 20 世纪 30 年代在清华研究院学习，获得中国第一个数学硕士学位，随即赴德国师从布拉施克学习微分几何，获得博士学位后，又赴法国追随几何学大师嘉当，把嘉当的"魔杖"——外微分学到手，开创了大范围微分几何的时代。1943 年，他受普林斯顿高等研究院邀请赴美工作，三个月便证明了高斯－博内公式的内蕴性，之后又完成了陈氏示性类基本性质的证明工作。

这两项工作成为他毕生最大的成就，一举奠定了其20世纪最具声望的中国数学家的基础。1948年后，他赴美任教，培养了大量优秀人才，如与他一起发现陈-西蒙斯不定式的西蒙斯、同时获得菲尔兹奖和沃尔夫奖两项数学顶级大奖的华人数学家丘成桐。华罗庚则是自学成才、苦寒成才的典型，1930年被时任清华算学系主任熊庆来发掘到清华开始数学研习，四年后就在国际一流的数学期刊上发表了论文。西南联大时期所著《堆垒素数论》在重庆国民政府教育部1942年春举行的第一届学术奖励中获自然科学类一等奖。1946年华罗庚赴英追随哈代研究解析数论，两年即取得国际一流成果。新中国成立后，华罗庚中断在美国的访问，归国任教，开创了中国数论学派。他的研究成果被国际数学界命名为"华氏定理""布劳威尔—嘉当—华定理""华—王方法"等。苏步青于1931年获日本东京帝国大学数学博士学位后，受陈建功之邀到浙江大学任教，与陈建功一起创立了"微分几何学派"。许宝騄则是中国第一位在应用数学领域做出国际贡献的数学家，他在数理统计和概率论方面都取得了突出成就，如对很多统计规律的数学证明、对强大数定理的推广、对检验问题实用方法的推进等。民国时期数学家群体筑就了中国现代数学史的一座高峰。

2. 物理学在中国的草创与发展

民国时期物理学完成了将西方现代物理学研究与教育体制引进中国，并消化、吸收和改造的过程。现代物理学的研究，需要研究者精通逻辑和数学语言，掌握实验的方法，因此，只有经过长期专门性的培养方可造就从事物理研究的人才，即按照现代的学院制培养方式，经过严谨的博士训练，使从事这一行业的人具备广泛而深厚的物理学基础，精通物理学某个领域的知识，才能做出某些开创性的贡献。物理学在中国从无到有，经历了高级人才国外培养，然后回国逐步建立学术基地，并对在现代中小学学制中接受训练的年轻一代继续培养这样一个厚积薄发的过程。因此，谈及物理学在中国的草创与发展，就不得不先讨论物理学教育特别是高等教育的落地生根。

民国前后，出国留洋者已有一批主修物理学，他们大多学成后回国任教，成为中国物理学现代教育的先行者。从1918年北京大学首设物理系，到30年代国内30多所高校设立物理系或数理系，留学生群体发挥了中流砥柱的作用。作为留洋第一代的颜任光回国后任教于北京大学，奠定了北京大学物理系的学术地位，后深感中国缺少科研仪器，在上海创立了中国第一个现代科学仪器工厂，实现了实验设备的自产，促进了物理学实验的推广；胡刚复回国后先后在 11 所大学建立物理学系、理学院，任教或当校长，受其培养的吴有训、严济慈、赵忠尧、钱临照等，后来都成为物理学教学科研的佼佼者。

至全面抗战前，北京大学物理系先后有留学美国的夏元瑮、颜任光、温毓庆、杨肇燫、王守竞、饶毓泰、周同庆、朱物华、吴大猷，留学英国的何育杰、丁西林，留学法国的李书华、吴锐曾，留学德国的郑华炽，留学日本的张贻惠、文元模等在此任教。清华大学物理系先后有留学美国的叶企孙、梅贻琦、赵忠尧、郑衍芬、施汝为、吴有训、周培源、萨本栋、黄子卿、任之恭，留学英国的霍秉权等在此任教。另有创办东北大学物理系的孙国封（留学美国）、主持燕京大学物理系的谢玉铭（留学美国）等。这一代学者的主要贡献在于培养了很多优秀的继承者继续踏上出国留学之路，如清华大学培养的人才中，留学美国的有周同庆、何增禄、傅承义、赫崇本、王遵明等，留学英国的有陆学善、余瑞璜、彭恒武、王竹溪、周长宁、王大珩、王谟显、林家翘等，留学法国的有钱三强，留学德国的有王淦昌、龚祖同、赵九章、沙玉彦等，留学加拿大的有钱伟长等。

抗战时期北京大学、清华大学、南开大学合并为西南联合大学，物理系形成了一个阵容超强的师资队伍：叶企孙（留美）、吴有训（留美）、赵忠尧（留美）、周培源（留美）、霍秉权（留英）、任之恭（留美）、孟昭英（留美）、范绪筠（留美）、饶毓泰（留美）、郑华炽（留德）、吴大猷（留美）、王竹溪（留英）、张文裕（留英）、马仕俊（留英）、余瑞璜（留英）、马大猷（留美）、钱伟长（留加拿大）、郭永怀（留加拿大、美）、葛庭燧（留美）、朱物华（留美、英）等。① 这一代人中的佼佼者开始在国际上崭露头角：吴有训与康普顿一起验证了康普顿效应，并发展出它的理论，是首位对现代科学做出重大贡献的华人科学家②；吴大猷在原子分子光谱、原子多重激发态、原子碰撞的理论模型和计算方法等方面做出了开创性的研究，已经接近国际物理学前沿。因此，他们培养出来的人才也能够直接进入国际前沿，如杨振宁、李政道、黄昆、邓稼先、朱光亚、周光召等。以"弱相互作用中宇称不守恒"而获 1957 年诺贝尔物理学

---

① 张培富. 留学生与民国时期物理学高等教育的发展. 科学技术与辩证法，2008(12)：82-83.

② 王汎森，等. 中华民国发展史：学术发展：下册. 台北：联经出版事业股份有限公司，2011：598.

奖的杨振宁和李政道，学生时期所受训练无不与吴大猷的工作息息相关。杨振宁先后受吴大猷和王竹溪指导，后来在基本粒子理论、统计力学和凝聚态物理学等领域做出很大贡献；李政道受吴大猷指导，1945年还在上大二就被吴大猷推荐到美国攻读博士学位，后来在量子场论、基本粒子理论、核物理、天体物理等方面都有建树。而到了20世纪40年代中期，物理学人才培养的另一成就是，使得一批本土科学家成长起来，如中央大学的冯端、王业宁，清华大学的吴全德、黄祖洽、叶铭汉、李德平，北京大学的于敏，山东大学的马祖光，等等，他们在新旧中国交替之际既未出国读博士学位，也因刚建立的新中国取消学位制而无缘继续求学，但他们后来的成就都达到了国际水平，也推动了新中国物理学学科的重建。

在物理学的教育方式上，由于民国时期物理学教育的精英化培养，留学归国者往往一边从事相关专业研究，一边把国际上最新的知识直接传授给学生，因此，物理学教材的内容也紧随国际动态一直处于更新中，像量子力学、核物理学等最新的物理知识都直接进入了西南联大的物理学课堂中。物理学界也一直致力于中文教材的编写、物理学名词的标准化，为建立中国自己的物理学教材体系而努力。30年代萨本栋的《普通物理学》（上、下册，1933年）及《普通物理学实验》（1935年）作为我国最早正式出版的高校物理学教材，很快得到物理学界的认可，成为高校的流行教材。而萨本栋1939年编写的《并矢电路分析》、1946年编写的《交流电机基础》甚至产生了国际影响，前者出版后被收入国际电工丛书，后者被美国一些高校选作教材，成为首部被欧美学校采用的中国人编写的教材。①

在物理学研究机构的创设上，除了西南联大时期的研究院，中央研究院物理所在丁燮林、萨本栋、吴有训的主持下，全面抗战前以核物理、金属性质、电磁学、地球物理为研究方向，至全面抗战时期辗转多地而无暇展开工作，但维持了研究机构的建制。北平研究院全面抗战前在严济慈的主持下获得迅猛发展，成为当时中国实验物理中心，在人才培养方面造就了朱广才、钟盛标、钱临照、鲁若愚、方声恒等一批物理学家，全面抗战时期在李书华的主持下也艰难地维持了研究机构的建制。

在物理学研究上，还有一批研究者是在政府各部门任职时根据自己相应岗

---

① 张培富. 留学生与民国时期物理学高等教育的发展. 科学技术与辩证法，2008(12)：85.

位的需要而取得了物理学研究的突破。如束星北抗战后期从浙江大学被借调至重庆军令部，1945年春研制成功中国首部雷达，被称为中国雷达之父。

在中国物理学现代化事业中，中国物理学会也做出了不容忽视的贡献。一是使得中国的物理学教研群体得以加入国际纯物理与应用物理联盟中，在国际舞台发出自己的声音。二是成立三个专门委员会，推动全国物理学报、物理名词审定、物理教学的工作，使全国物理学界能够联合起来，在艰难的抗战岁月继续发展。

抗战结束后，虽饱经摧残，物理学的有生力量仍然保存着。到1948年中央研究院第一届院士选举之时，饶毓泰、叶企孙、吴有训、严济慈、吴大猷、赵忠尧、李书华等都成功当选，在81名院士中为数不少。由此可见，物理学经过几十年的发展，已经成为中国各自然科学学科门类中具有优势地位的学科。

3. 化学在民国的初创和奠基

近代科学学科体系中的基础化学从19世纪中叶开始由传教士传入中国，至民国成立，化学学术研究虽然尚未展开，但基础化学教育已然引入。自京师大学堂化学门成立，近代化学开始进入高等教育，由此开启了我国近代化学的发展。燕京大学、南开大学、厦门大学、东南大学、中山大学、清华大学、四川大学等也在民国前期相继成立了化学系。而东吴大学、燕京大学则最早开始招收化学研究生。俞同奎、王琎、张子高、丁绪贤、王星拱等留学归国者成为近代化学在中国的奠基者。在初创期，化学研究可谓相当落后，民国初主要是中文化学名词的审定和国产原料及工业品的调查分析。至20世纪20年代，各校的化学系也多处在培养人才阶段，不过教会大学因经费稳定吸引到一些有成就的人才，如北京协和医学院的吴宪，在生物化学和生理化学方面均有所开拓。著名的蛋白质化学家费立克斯·汉若威迪曾说："吴宪是使用标记抗原来测定抗体中蛋白的第一个人。他也是第一个提出球蛋白中的肽链是折叠的，而在变性时则摊开这一理论的人。根据他的广泛实验，他发表了蛋白质变性的理论。这个理论至少比其他人早发表了五年。"[①] 齐鲁大学的美籍教员窦维廉则对中国食物之营养做了开创性研究。

---

① 吴景略. 生物化学家吴宪//全国政协文史资料委员会. 中华文史资料文库. 北京：中华文史出版社，1996：68.

南京国民政府成立后，公立大学获得长足发展，以归国留学生为主体的化学教育队伍逐渐形成。1937年前共有52位近代化学留学归国人员在32所大学担任过58人次化学系主任，并且大多是在公立高校任职，只有19人次在7所私立高校和5所教会高校任职。① 虽经抗日战争和解放战争的影响，三四十年代国内各高校化学相关科系还是有所发展。据统计，1948年，在国民政府教育部立案的化学系有58个，研究所10个；农业化学系8个，研究所2个；化工系18个，研究所4个。② 这些化学教育机构中担任教职的大多是留学归国者。除了前面提到的吴宪，创办东北大学化学系、后为中央大学理学院院长的庄长恭，主政北京大学化学系多年的曾昭抡等，都在欧美大学接受过严格的科研训练，是当时接近世界一流水平的化学家。因此，他们培养出来的学生，日后多成栋梁。以中国科学院1955、1957与1980年所选出学部委员为例，化学部75人中有55位都是1929—1948年从国内公、私立大学毕业，打下优良基础之后赴欧美留学者。如曾任中国科学院院长的卢嘉锡，在物理化学、结构化学、核化学和材料科学等领域皆有突出贡献。而赴台的钱思亮1931年毕业于清华大学，后主政台湾"中央研究院"，赴美的李卓浩1933年毕业于国立中央大学，后成世界闻名的生物化学家。③

在化学研究上，除了各高校化学系，还有相继成立的专门研究机构支持化学家们的研究工作。如国立中央研究院化学研究所主要涉足本国食品营养问题、有机合成、多原子分子吸收光谱、人造药物等研究。国立北平研究院有化学、物理、镭学、药物四个研究所涉及化学研究，化学研究所除了无机化学、有机化学、物理化学的研究，在应用化学特别是国防化学上多有成就；药物研究所对麻黄等十几种中药化学成分及药理作用进行了研究，30年代成为中国中草药的化学及药理研究的中心；镭学研究所进行温泉水中氡含量研究、镁元素提纯及钛元素定量分析等，三四十年代成为中国放射化学的研究中心；物理研究所有臭氧研究及生理研究等。除此之外，上海的雷斯德药物研究院有药理相关研究。这一时期有突出贡献者除了吴宪、庄长恭、曾昭抡等，尚有萨本栋、高崇

---

① 张培富. 中国近代化学体制化的社会史考察——近代留学生对化学体制化的贡献. 太原：山西大学，2006：100.

② 王汎森，等. 中华民国发展史：学术发展：下册. 台北：联经出版事业股份有限公司，2011：637.

③ 同②.

熙、张大煜、黄子卿、郑集、林国镐、高济宇、袁翰青、汤腾汉、周厚复、李方训、陈同度、刘思职、蔡镏生、吴学周、纪育沣、许植方、郑大章、张汉良、刘为涛、周发岐、苏葆第、赵承嘏、赵橘黄等。

在化学工业方面，吴承洛曾将1946年前中国化学工业的发展划分为以下阶段：1842—1851年为直接诱发期；1852—1861年为间接诱发期；1862—1871年为机器工业诱导化学工业期；1872—1881年为以兵工工业实现化学工业期；1882—1891年为以重工业推动化学工业期；1892—1901年为以轻工业推动化学工业期；1902—1911年为以化学工业推进其他工业期，瓷器工业、玻璃制造工业、制革工业、造纸工业、火柴工业、榨油工业、肥皂工业纷纷发展壮大，酸碱、制糖、制药、煤矿、面粉、烟草等工业则刚刚开始或稍有推广；1912—1916年为维持现状期；1917—1921年为化学工业进步之开始期，造纸、制革、榨油、火柴、陶瓷、玻璃、砖瓦、水泥等工业均得到了长足发展，而蜡烛工业、搪瓷工业等仍处于起步阶段；1922—1926年为进步之原动期，电池、制酒工业等均有所发展；1927—1931年为承先启后期；1932—1936年为化学工业之最有成绩期，食盐、漂白粉、盐酸、氮气等均能自行生产；1937—1941年为推进期；1942—1946年为复员接管期。① 总体来看，化工实业发展较慢，但化学工业研究则取得一定突破，在酸碱工业、无机材料加工、电镀、电解、有机化合物反应等方面均取得了突出的成绩。② 例如，侯德榜在1926年突破氨碱法制碱技术，在他的指导下研制成功的"永利纯碱"名扬海内外；周瑞在1935年用电解法研制出第一份高纯铝样品，以其为材料制作了我国第一个飞机模型；1941年赵博泉采用熔炼法炼出我国第一块金属铋，为我国金属铋的自给自足打下了基础；1946年黄鸣龙通过改进开息纳-武尔夫（Kishner-Wolff）还原法，提高了还原物的得率。③ 化学工业发展虽起步较晚，却是发展速度最快、科研成果最多的产业之一。

在化工研究的机构设立上，1930年国民政府在南京成立中央工业试验所，徐善祥、吴承洛、欧阳仑、顾毓琅、顾毓珍等先后任所长。该所在抗战时期发挥了巨大作用，先后成立17个试验室、11个实验工厂、3个推广改良工作站。据1941年2月统计，该所主要的研究、改良和推广的项目多达346项，在原料

---

① 吴承洛. 三十年来中国化学之进展. 科学, 1946, 28 (5): 219-232.
② 赖作卿. 30年代中国化学事业发展状况. 中国科技史料, 1992, 13 (1): 12-20.
③ 王治浩. 中国近代化学大事记. 中国科技史料, 1987, 8 (1): 46-58.

的研究试验、技术的改良推广、成品的鉴定改进等方面均有成就，一定程度上适应了战时各方面的需要。①"九一八"事变后，政府在抗战兴军的主旨下成立的理化研究所主要负责化学领域对兵工厂的技术支持，应用化学研究所则主要负责化学战剂及化学装备的研制，成为民国时期最重要的化学武器研究中心。

民族企业在化学工业开发中，也创建了一些民办化工科研机构。如范旭东创建的黄海化学工业研究社，20世纪30年代聘请一批留学归国人员开展了广泛的化工研究工作，包括轻重金属研究、肥料及菌类学研究、水溶盐研究等，1947年又在青岛设立了基本工业化学研究所；吴蕴初1928年在上海创建的中华工业化学研究所，服务于其"天"字号化工集团，在维生素、陶瓷釉彩、高效漂白粉、粘胶人造丝等项目上都有创新，抗战全面爆发后，该所迁往重庆，在军工方面和四川本土化工材料方面做了研究分析；卢作孚1930年创建的中国西部科学院，其理化研究所对川康各省的燃料、矿产及工业原料、染料、制革原料、水样等物质的成分与用途进行了研究。

4. 转型后缓慢成长的天文学

近代意义上的天文学在民国之后随着天文学人才的成长，现代科研机构的建立，天文台、天文馆的设立，才从为政治和占星服务中解脱出来，走上科学之路。但是，由于天文学"与工程、经济和军事项目没有直接联系，所以一直无法在中国生根"②。以下试勾勒出民国时期天文学转型的缓慢成长之路。

在天文学教育方面，1917年齐鲁大学设立天文算学系。1926年国立中山大学在留法归国的天文学博士张云主持下设立数学天文系。为了满足学校实习及天文观测的需要，张云还筹建了中山大学天文台。1929年建成后，在太阳黑子观测、变星观测、气象观测方面积累了大量数据。

在天文学研究机构创设上，中央研究院作为自然科学基础学科的研究重镇，自1928年建院伊始便设立了天文研究所，由留学比利时归国的高鲁担任所长，高鲁、高平子和陈遵妫三位专任研究员。虽然1936年12月9日颁布的《国立中央研究院天文研究所章程》第二条提到天文所"以研究天文学上之理论及应

---

① 王俊明. 民国时期的中央工业试验所. 中国科技史料，2003（3）：218.
② 王汎森，等. 中华民国发展史：学术发展：下册. 台北：联经出版事业股份有限公司，2011：570.

用问题，谋天文学之进步，并承中国历代台官旧制主管编历授时为任务"①，但由于三人中高鲁只是个略带狂热的天文爱好者，作为一个工科博士并没有受过系统的天文学训练，陈遵妫在日本留学时学的是数学，只在中央观象台实习过，只有高平子自费到上海徐家汇天文台及佘山天文台学过天文，因此，天文所成立时可谓人才匮乏，其主要工作集中在天文观测、立法编制、授时、经纬度观测等为政府服务和天文知识社会普及方面。抗战时期天文所迁至昆明，完成了彗星轨道的测算、1941年9月21日日食的观测与分析等工作。②

在观象台的设立上，除了中山大学所设立的校内天文台，尚有清末设立的徐家汇天文台、佘山天文台、青岛观象台，1911年北洋政府接管清政府"钦天监"时设立的中央观象台，1916年南通民族实业家张謇为发展当地农业、水利和航运事业所建的南通军山气象台，1934年中央研究院天文所筹备建成的紫金山天文台，1939年天文所迁昆明后在昆明东郊建立的凤凰山天文台等。徐家汇天文台主要由传教士进行天文、气象、地球物理等综合性观测和研究工作。佘山天文台1900年建立时配备了当时亚洲最大的折射望远镜，在星团、星云、双星、新星和太阳观测方面都有所成就。青岛观象台由德国人创建，1924年国民政府接管后先后进行了时间服务、太阳黑子观测，以及展开精度测量国际合作等工作。中央观象台早期由高鲁主持，1928年后改制隶属中央研究院天文所，1936年为了便于管理又改隶属北平研究院，其工作早期主要在于编制历书、校正时间，后期主要在于天文学社会普及方面，北平沦陷后，不再承担实际事务。南通军山气象台业务涉及气象和天文两方面，在天文方面的工作可分为报时、测量经纬度、推算在南通出现的日月食、预报行星的运动及位置、观测黑子、观测极光、观测黄道光等。③ 紫金山天文台因天文研究所的成立而筹建，但由于设计规模大、资金紧缺、建造耗时长、研究人员匮乏，建成后并没有发挥太大作用。而凤凰山天文台因战时所建，设备简陋，仅能做基本观测之用。

尽管发展缓慢，民国时期天文学研究者高鲁、余青松、张钰哲、戴文赛、陈遵妫、高平子等仍做出一定成就。高鲁历任中央观象台台长、中央研究院天

---

① 中央研究院天文研究所组织条例、天文台参观规则及有关文书. 中国第二历史档案馆, 全宗号: 393, 案卷号: 1459.

② 冯崇义. 国魂: 在国难中挣扎——抗战时期的中国文化. 桂林: 广西师范大学出版社, 1995: 12.

③ 张明昌. 南通军山天文台始末. 中国科技史料, 1984 (4): 71.

文所所长等职，在历书编制、紫金山天文台筹建等方面皆居功至伟。1922 年发起成立天文学会，任第一届会长，以"求专门天文学之进步及通俗天文学之普及为宗旨"，从事于天文书刊编辑、天文学名词编订、学术讲演、天文学著作奖励等工作。余青松 1918 年赴美留学，先学土木建筑，后改学天文学，1926 年获天文学博士学位后应邀至厦门大学任教。作为一名专业的天文物理学家，他在天文物理的理论研究和光学仪器设计制造等方面都有很深的造诣。1929 年接替高鲁任天文所所长后，发挥自己土木建筑专长，设计建造紫金山天文台，致力于把该天文台建造为东亚地区第一流的天文台。其间，他参加了太阳分光仪的观测工作，负责筹备赴日本北海道的日食观测队。抗战期间天文所迁至昆明后，为了展开正常的研究工作，他又亲力亲为，设计建造了昆明凤凰山天文台。张钰哲在美留学期间曾赴美国叶凯士天文台和威尔逊山天文台实习。1927 年他所发现的 1125 号小行星被命名为"中华"。1929 年回国受邀至中央大学物理系任教，1940 年担任天文所所长。他曾多次组织日食观测活动，1941 年率领中国日食观测委员会赴甘肃临洮县进行日全食观测，大获成功，沿途还应各单位之邀做了有关日食的报告，宣传讲解日食以及各种天文知识。抗战结束后，他再度赴美进行交食双星光谱研究。戴文赛在剑桥大学获天文学博士学位，1941 年回国担任天文所研究员，从事天文教育和科研工作，发表多篇论文，著有《恒星天文学》《太阳系演化学》《天体的演化》等著作。陈遵妫在天文所工作期间主持过民国历法、天文年历等编算工作，1946—1948 年张钰哲赴美期间他担任代理所长，1948 年 5 月 9 日带领观测队到浙江余杭县与美国陆军观测队一起进行了日环食的观测。高平子自幼苦读，成绩优异，1912 年自费赴上海徐家汇天文台及佘山天文台学习，后担任上海震旦学院天象学教授。他曾以精密的论证推算出周代北极星的正确位置，引起学术界关注。1924 年赴青岛天文台工作，展开太阳黑子的观测与研究，1926 年代表中国参加第一届万国经度测量会议，使我国天文学走向国际舞台，1928 年担任中央研究院天文所研究员，进行太阳光谱的观测工作。[①] 尽管有上述这些工作，但总体来说，民国期间，天文学的发展速度相较于自然科学中其他学科仍然更为缓慢，一流的科研人才也较缺乏。以 1948 年中央研究院院士选举为例，数理组中数学、物理、化学、地质、气象、工程等各学科都有院士，最多的物理学科达 7 人，最少的气象学科有 1 人，平

---

① 王汎森，等. 中华民国发展史：学术发展：下册. 台北：联经出版事业股份有限公司，2011：578-583.

均 4 人以上，但天文学科一位都没有。

但不可否认的是，天文学团体在现代天文学的社会普及上还是非常有成效的。各地天文台、天文馆经常设立开放日，邀请公众参观；天文学科研人员经常举办讲座，宣传天文知识，举办日食展览，破除日食迷信；天文学会创办《宇宙》期刊，陈遵妫、张钰哲、高鲁、高平子、陈展云、戴文赛等纷纷撰写文章，推动天文学知识的普及。这些工作为现代天文学在中国的生根播下了种子。

5. 现代地质学的崛起

中国近代地质学伴随着洋务运动工矿业的兴办而兴起，早期由于地质人才极度匮乏，工矿开采的地质调查对外国技术人员依赖度大，颇受掣肘。清末国内相关学校多已开设工矿、地质类课程，出洋留学者亦多被鼓励学习地质矿物学。1877 年 3 月 6 日，李鸿章在给留美学生副监督容闳所写之信中特嘱："中国所亟宜讲求者，煤铁五金之矿，未得洋法，则地宝不出。……如出洋学生内有颖异可造之才，望送入矿务学堂，先穷究其理器。一二年后，再令游览美国五金矿所，或暂充工役，或随同研究，必自能辨识地产之有无、厚薄，机器之如何用法，融会贯通，可得上等考单。确有把握，然后遣回，再发往各省矿局试用，庶于国计有裨，千祈留意。"① 至清末民初，出洋留学者涌现出像章鸿钊、丁文江、翁文灏等日后在现代地质学体制化中发挥重要作用的地质学家。章鸿钊 1905 年赴日学习地质科学，回国后担任南京临时政府实业部地质科科长。不久，丁文江从英国留学回来，地质科科长改由丁文江担任。两人在地质科发起设立地质调查所，为实业界服务；设立地质研究所，培养地质人才。地质研究所聘请了在地质学上颇有造诣的专家学者担任专职教师，包括 1912 年在比利时获得地质学博士学位的翁文灏。1916 年，第一期 21 名学生学业期满。这些学生毕业后大多进入了地质调查所，使该所的调查工作真正得以展开。在这期学生中，叶良辅、谢家荣、李学清、王竹泉、李捷等日后都成了我国地质学界的中坚力量。地质研究所的人才培养工作，使中国地质学"从此就有了一个比较稳固的基础了"②。

由于地质学在实业救国中的巨大现实作用，地质学课程在各地大学里相继开设，人才培养进入正规化运作阶段。到 1919 年，中国科学社召开第四次年会，当时统计的 604 名会员中，农林 4 人，生物 7 人，化学 36 人，化工 37 人，

---

① 顾廷龙，戴逸. 李鸿章全集：32：信函四. 合肥：安徽教育出版社，2007：8.
② 章鸿钊. 中国研究地质学之历史. 中国地质学杂志，1922，1.

土木 65 人，机械 69 人，电工 60 人，矿冶 79 人，医药 32 人，物理数学 42 人，经济 48 人。① 短短几年时间，矿冶人才便占有显著优势。这样的人才培养速度"使得地质学成为在我国近代开展较早，也是取得成绩较大的一个学科"②。为了便于人才的交流，1922 年 1 月 27 日，在章鸿钊、丁文江、翁文灏等人召集下，中国地质学会在北京成立，并创办《中国地质学会志》，致力于促进中国地质学及相关学科的进步。

在地质学科的建设上，北京大学 1918 年成立地质学系，1920 年起，由从英国留学归来的李四光担任系主任，并聘请了世界闻名的地层与古生物学家葛利普教授前来任教，培养古生物研究人才。1921 年中央大学前身东南大学成立地学系，包括地理、气象、地质、矿物四门，1930 年专设地质系。1936 年浙江大学设立史地学系，致力于地球科学的研究和人才培养。其他大学特别是国立大学也相继设立各有特色的地质科系。

在地质调查上，除了北洋政府时期设立的地质调查所，自 1923 年起，各省亦陆续设立省级地质调查所，负责地方矿产调查、地质测绘等工作。1930 年在工商部的组织下，地质调查所开始调查全国土壤分布概况，历时五年而出版《中国土壤概要与概图》。1936 年，地质调查所迁往南京，与资源委员会合并成立矿产勘测室，调查中西部的矿产资源，为抗战时期的大转移奠定了基础。

在研究机构的创设上，除了丁文江等设立的地质研究所等，1928 年成立的中央研究院初期设置的研究所中也包括地质研究所。全面抗战时期，为了促进研究交流，西迁各大学纷纷设立相关研究机构，如浙江大学的史地研究所、中央大学的地理研究所等。在学术团体组织上，除了 1922 年成立的中国地质学会，其他相关的古生物学会、地理学会、土壤学会、地球物理学会、矿业工程学会亦相继成立。以上工作使中国地质学科发展呈现出多元并举、到处开花的昌盛局面。

民国期间，由于国家建设和抗战的需要，地质学研究成果迭出，较之其他学科取得了更大的进展。为了更好地完成孙中山先生所提之《实业计划》，了解中国的自然与人文地理环境和矿产分布，1919 年翁文灏撰写《中国矿产志略》，将全国矿产分为 16 区。1924 年丁文江等人编制《中华民国新地图》，1925 年中央大学编制《中国人口密度图》。此后几年，《中国海港志》《中国河川志》《中

---

① 杜石然. 中国科学技术史稿：下册. 北京：科学出版社，1982.
② 章鸿钊. 中国研究地质学之历史. 中国地质学杂志，1922，1.

国铁路志》等珍贵资料也相继编撰成功。1935年地质研究所与资源委员会合并，后随着全面抗战的爆发而迁至重庆，在全面抗战八年间，对内陆区域的地质、矿产资源状况进行了考察。浙江大学历时七年对西南地区的土地利用状况进行了调查，于1948年出版《遵义新志》。抗战胜利后，矿产勘探处根据地质调查资料，勘探出淮南八公山大煤田。

在纯粹学术研究上，地质学家们在地层、地震、地质时代、地质构造、古生物等方面多有探索。1922年，中央地质调查所提出将寒武纪与五台系地层间的未变质或轻度变质的岩层以Sinian（震旦系）定义，随即被国际采纳。中国地质团队在民国期间经由矿物、古生物、岩性等调查和地层对比，已基本确定中国自太古时代至现代的地质演化史架构。在地震研究中，1920年，翁文灏等针对甘肃发生的8.5级地震进行为期四个月的考察，绘制了我国第一张等震线图《民国九年十二月十六日陇秦直晋等省地震图》。1924年，翁文灏又根据历史地震记录和近代地质构造理论，绘制了中国第一幅地震分布、分区图《中国地震区分布图》。1930年，国民政府在北京建造了我国第一个自行安装和管理的地震观测站。1933年地质学家们根据川西岷江峡谷叠溪发生的7.5级大地震，撰写了《四川叠溪地震调查记》。在矿石研究上，地质学家们对东南沿海地区的火成岩进行了研究，形成了较为系统的岩浆岩石学。谢家荣通过对矿床的广泛研究，发表了中国陨石学的相关研究成果，其他学者也陆续发表煤矿、铁矿、钨矿等矿产勘探研究文章。在地质力学上，李四光广泛研究了地壳运动现象以及地质运动与矿产分布的关系，1937年发表了《地质力学之基础与方法》。他还根据地质构造学说和中国地质勘查结果，提出中国蕴藏丰富石油资源的看法，这个观点通过新中国成立后大庆、胜利等油田的相继发现得到验证。

在古生物研究上，抗战之前，陆续有美国中亚科学考察团、中瑞西北科学考察团来中国挖掘古脊椎动物化石，其中对北京猿人化石的挖掘引起了国际的关注。在北京大学地质系任教的美国学者葛利普带领团队对古生物进行了系统的分门别类的研究，其地层古生物研究的成果引起了国际重视。1922年到1948年，他主编的《中国古生物志》共编辑出版120余册，从古植物、古无脊椎动物、古脊椎动物、人类化石与史前文化四个方面整理了中国境内的各类化石，为推测地层年代、古地理与气候环境，了解地质演变史提供了大量资料。[①]

---

① 王汎森，等. 中华民国发展史：学术发展：下册. 台北：联经出版事业股份有限公司，2011：662-665.

6. 生物学的转型和发展

中国传统的生物学主要是指博物学，是一种关于鸟兽草木之学。西方现代自然科学传入中国后，一开始通用"博物"指代所有相关学科，直到20世纪20年代，"博物"才慢慢被昆虫学、植物学、动物学、医学、矿物学、地质学等更加专门化的词语所替代①，生物学也作为现代西方科学的一个门类而得以在中国确立下来。

民国时期，生物学由植物学家胡先骕、动物学家秉志的努力而进入专门化、现代化之路。胡先骕1916年在美国加州大学获植物学学士学位后回国，1918年受南京高等师范学校农科主任邹秉文之聘到校任教，1922年南京高等师范学校改组为东南大学，同时成立生物系，胡先骕担任系主任。在此前后，胡先骕邀得秉志、陈焕镛、钱崇澍、陈桢、张景钺、张巨伯等归国学者前来任教，使东南大学生物系一时风头无二。秉志赴美学习十余年，先后获得动物学硕士、博士学位。在美期间为发扬科学、提倡研究，与任鸿隽、赵元任等组织中国科学社，创建《科学》杂志。回国后，受胡先骕之邀就教于东南大学。

1922年8月18日，秉志在中国科学社发起成立生物研究所。生物研究所内设动物和植物两部，主要从事动植物的分类学和形态学研究以及中华物产种类调查、博物馆建设等工作。动物部在1934年设立生理学和生物化学两个实验室，分别进行神经代谢研究和营养学研究。1925年，该所创办英文丛刊"Contributions from the Biological Laboratory of the Science Society of China"（"中国科学社生物研究所专刊"），刊登该所研究成果。1930年起分动物、植物两组出版，至1942年停刊时，动物组出版了16卷，植物组出版了12卷。生物研究所研究人员胡先骕、钱崇澍、陈桢等都来自东南大学生物系，因此，两个机构关联度非常高，成为我国生物学家的摇篮。据统计，"迄于1936年，中国有8所生物学研究机构，其中6所主持者为南高旧日师生；而国立大学有11所设有生物系，其中7所有南高师生任教授"②。其他在研究所做过专职研究的有鸟类学家常麟定，生理学家孙宗彭，原生动物学家王家楫、戴力生，植物分类学家裴鉴，植物生态学家曲仲湘，藻类学家王志稼，等等。在研究所接受过训练走上研究道路的中国现代生物学人才涵括了生物学的各个门类，如兽类学家何锡瑞，鱼类

---

① 孔令伟. 博物学与博物馆在中国的源起. 新美术，2008（1）：61-67.
② 胡宗刚. 北大民国时期错失引领生物学机会. 中国社会科学报，2013-04-08（A08）.

学家张春霖、方炳文、伍献文、王以康，生物化学家郑集，林学家郑万钧，生理学家张宗汉，等等。正如蔡元培所说："在中国当代的著名生物学家中，十有九个以这样或那样的方式与这个研究所发生联系。"①

1928年，另一个著名的民间生物研究机构静生生物调查所在生物研究所的支持下成立。静生生物调查所是由尚志学会和中华教育文化基金董事会为纪念范静生而创办的。其组织机构上亦设动、植物两部，主要工作内容在于收集国内动植物标本，出版动植物图谱、目录，进行生物学科知识普及，等等。1931年，在北平原所址设立向公众开放的通俗博物馆。1934年，与江西省农业院合作创建庐山森林植物园。1938年，与云南省教育厅合作创办云南农林植物研究所。抗战期间，与其他机构一样辗转迁至后方。

1928年中央研究院成立后，最初筹设的四个研究所并没有包括生物研究所，但1928年中央研究院派出了广西科学调查团赴广西进行动植物标本采集、地质调查和苗民风俗人种调查等工作，并从法国购得古生物及地质标本以筹备设立自然历史博物馆。1930年1月，自然历史博物馆正式成立，内设动物、植物两组，聘钱天鹤为主任，李四光、秉志、钱崇澍、袁复礼、李济、王家楫为顾问。为与中国科学社生物研究所和静生生物调查所的工作相区别，其工作"专以研究国产动植物之分布及类别"② 为主。1934年7月，自然历史博物馆改为动植物研究所，规定该所"以实行研究动物学、植物学上之各项学理及应用问题，促全国动物学、植物学之进步为任务"，并将工作具体分为"一、海洋生物；二、寄生虫与昆虫；三、脊椎动物；四、菌类与植物病理；五、高等植物"五项。③ 至全面抗战之前，其研究工作开始注重国家及社会急需之问题的研究。动物组其研究工作涉及：（1）膳食健康之研究；（2）防治害虫之研究；（3）沿海渔业及其他海产品之研究；（4）淡水及陆地动物之调查；（5）寄生虫之研究。植物组研究工作涉及：（1）森林之研究；（2）药用植物研究；（3）纤维植物研究；（4）园艺植物研究；（5）植物病理研究。④ 抗战爆发后，研究所辗转迁至重庆

---

① 蔡元培. 中国的中央研究院与科学研究事业. 中国季刊（英文），1936（3）.
② 国立中央研究院自然历史博物馆筹备处十七年度报告. 中国第二历史档案馆. 全宗号：393，案卷号：2648.
③ 国立中央研究院动植物研究所章程. 中国第二历史档案馆. 全宗号：393，案卷号：1465.
④ 中央研究院首届评议会第一次报告. 中国第二历史档案馆. 全宗号：393，案卷号：1567.

北碚，1944年拆分为动物所和植物所，"王家楫任动物所所长，专任研究员先后有伍献文、陈世骧、倪达书、斯波罗士顿（Noya Y. Sproston）、史若兰、陈则淵、朱树屏、刘建康等；罗宗洛任植物所所长，专任研究员有邓叔群、饶钦止、裴鉴、李先闻等"①。动物所和植物所经过此前多年的发展，虽受抗战冲击，仍然取得了举世瞩目的成绩。植物所细分为高等植物分类学室、真菌学室、森林学室、藻类植物室、植物生理室、植物形态室、细胞遗传室、植物病理室等，致力于学理与应用的探讨；动物所延续其鱼类学、昆虫学、寄生虫学、原生动物学及实验动物学等方面的研究传统，1947年增加海洋学方面的研究。

与中央研究院差不多同时成立的北平研究院在生物部成立了生理学研究所、动物研究所、植物研究所。生理学研究所在营养学研究、中草药药理学、实验生物学上均有较大成就，其中李石曾所进行的大豆营养研究尤为突出。动物研究所主要集中于标本采集、动物分类、动物实验、海洋、鸟类等方面的工作，其组织的胶州湾海产动物采集团与青岛政府合作展开研究，引起较大的反响。植物研究所以北平为中心，对华北、西北植物资源和分类进行了大量研究。

由于中国有丰富的动植物资源，生物学研究在中国有其独特的优势，较易做出国际水准的科研成果，而其巨大的应用价值亦帮助该门学科获得更大的人力、物力投入，因此，生物学成为现代化转型最成功、成就最大的学科之一，在学科体制化、规模化和人才培养、科研成就上仅次于地质学。

7. 现代医学的发展

现代医学即西医大致可以分为基础医学和临床医学两大类。基础医学以生物医学为科学基础，研究身体之部分与功能，原则上不涉及医疗实践，而临床医学则直接涉及疾病的诊断与治疗。现代医学在中国的发展是以各类医学院校为载体引入基础医学，针对中国疾患现状和国人对医疗的认知，发展起现代医疗实践的过程。

从19世纪中期开始，兼具传教任务的欧美医生将现代医学传入了中国，并创办了一些西医学校。据不完全统计，到1915年，英美在华教会有医学校23处，护士学校36处。② 1915年，北洋政府颁布《文官高等考试令》，规定将

---

① 姜玉平. 从自然历史博物馆到动物研究所和植物研究所. 中国科技史料, 2002 (1): 20.

② 邓铁涛, 程之范. 中国医学通史：近代卷. 北京：人民卫生出版社, 2000: 490-498.

药科、医科教育纳入政府高等文官考试制度，从此，一批官办医学专门学校仿照日本医学教育体制建立起来，如江苏公立医学专门学校、浙江公立医药专门学校、广东公立医药专门学校、国立北京医学专门学校、江西公立医学专门学校等。① 这些学校往往聘请留日归国人员或日本人任教，教科书也采用日文译本，走了一条与教会学校不同的办学之路。南京国民政府成立后，随着教育的规范化，医学院校在数量和质量上都有了较大提升。到 1937 年，全国国立医学院校有同济大学医学院、北平大学医学院、上海医学院、中山大学医学院等 8 所，省立医学院校也达到 8 所，主要分布于南京、上海、北平、广州、济南等地。另有陆军医学院、云南军医学院两所军医学校。同时，一些私立医学院如私立南通医学专门学校、上海私立南洋医学院、上海私立东南医科大学、北平协和医学院、湘雅医学专门学校等也相继诞生。

　　支撑现代西医学院校创建和运行的学者如颜福庆、林可胜、陈克恢、蔡翘、冯德培等皆曾出洋留学接受过现代医学教育的熏陶，为我国医学人才的培养和基础医学的发展做出了重大贡献。颜福庆先后在美国耶鲁大学获医学博士学位，在英国利物浦热带病学院获热带病学学位证书，在美国哈佛大学公共卫生学院获公共卫生学证书，1914—1926 年在长沙创办湘雅医学专门学校（湖南医科大学前身），1927 年组建第四中山大学医学院（上海医科大学前身），1933 年组建澄衷肺病疗养院（上海市肺科医院前身），在预防医学、公共卫生学方面成就卓著。林可胜 1919 年毕业于英国爱丁堡大学医学院，1925 年回国后担任了北京协和医学院生理学系教授和系主任，至抗战爆发前，他主要致力于消化生理学方面的研究，使协和医学院成为中国生理学研究的中心。他发现进食脂肪可以抑制胃液分泌，这项工作把我国的生理学研究提高到世界水平。陈克恢 1923 年获美国威斯康星大学生理学博士学位，1927 年获约翰·霍普金斯大学医学博士学位，主要致力于中药药理研究，首先发现麻黄素的药理作用，为推动交感胺类化合物的化学合成奠定了基础。蔡翘 1925 年从美国留学归国，先后在多所大学医学院任教，在神经解剖、神经传导生理、糖代谢和血液生理等领域都大有建树。冯德培先后跟随蔡翘和林可胜学习生理学，后赴英国伦敦大学学院和美国宾夕法尼亚大学约翰逊基金医学物理学研究所进修，归国后回到协和医学院任教，在肌肉和神经的能力学、神经肌肉接头生理学、神经与肌肉间营养性相互

---

① 龚纯. 我国近百年来的医学教育. 中华医史杂志, 1982（4）.

关系的研究方面取得了开创性的成果。在 1948 年的院士选举中，陈克恢、林可胜、冯德培、蔡翘都被选举为首届院士。随着现代医学研究者和实践者阵容的扩大，中国药学会、中国生理学会和中华医学会等相继成立，成为现代医学在中国科学化、体制化的重要一环。

在教学方式上，各类型的医学院校都是以教师、课堂、教材为中心，注重理论与实践的结合。南京国民政府教育部也出台了相应措施促进医学教育的标准化，如 1935 年 6 月颁布的《大学医学院及医科暂行课目表》和《医学专科学校暂行课目表》，要求全国各大学医学院、独立学院、医学专科学校实行统一的教学科目和教学要求，同时对临床亦做了要求，如"产科学应看产十二次，接生四次，并用产科模型指示学生"①。教育部这两种课程表的颁布也意味着两级制医学院校、两种医学人才培养模式的实行。在精英化教育中，像北京协和医学院在办学目标、培养年限、师资配比上都颇具优势，其所培养的冯德培、林巧稚、吴阶平、诸福棠、黄家驷、邓家栋、陈志潜等日后都成为中国医学界各个领域的领军人物。而为了满足社会需求，大众化的医学专门教育机构在培养目标、学制、师资配备上则充满了实用精神。尽管如此，医学校所培养人才仍不能满足社会需求。根据 1934 年的统计，各医学院每年毕业生只有几百人②，相对于当时中国的人口总数来说可谓杯水车薪。另一问题则是医学人才和医学教育资源高度集中，主要分布在东部沿海大城市，分布极度不均衡。

在医疗实践中，现代医学则在与中医争夺地盘和改变国人对疾病、医疗认知方式中曲折前进。在临床实践中，通过政府建立以西医为主体的医药卫生体系，建立医疗保健制度、公共卫生与防疫等现代医事制度，使西医慢慢流行开来，并逐步确立起其科学性地位和医疗主导权。关韬、黄宽、张竹君等西医以其精湛的医术和良好的医德，获得了社会的信任和崇高的威望。中医科学化的努力使中国传统医学获得了新的生命。中医张锡纯以《医学衷中参西录》表明了回到疾病本身、中西医和衷共济的愿望。而在对国民疾病、医疗认知的改造上，通过消除民众对西医的恐惧感、培养其现代医学常识，让民众接受西医的治疗方式，并通过爱国卫生活动让大家接受现代生活方式。在诊疗中，各种现代疗法引入中国。以对肺结核的治疗为例，20 世纪 50 年代之前，西医治疗肺结

---

① 大学医学院及医科暂行课目表. 中华医学杂志, 1934 (7)：801.
② 二十四年暑期本国各医学院校毕业学员名录. 中华医学杂志, 1934 (7)：817.

核与中医相比并没有明显的优势，但是，结核菌素、人工气胸术、卡介苗、抗菌药物等相继传入中国并得到了广泛的应用，当时欧美流行的疗养院疗法也很快传到了中国。对于治疗肺结核有特效的链霉素 1945 年在临床上显示出治疗效果，1948 年之后就在中国得到广泛应用。异烟肼、利福平等有效抗菌药物也得到广泛应用，而卡介苗等预防措施则被大力推广开来。不过，民国时期特殊的科学主义风潮，使西医在中国立足之后便在官方的支持下对中医采取了打压态势，并以所谓现代科学的立场和标准简单否定中医的科学性，其高潮便是废止中医案的提出。

8. 现代技术和工程科学的初创

无论是清末还是民国时期，在救亡图存的迫切要求下，实利主义教育都是政府教育方针的一个重点。至 20 世纪初，全国共有 10 余所高等工程专科学校，如上海高等实业学堂（1896）、江南高等工业学堂（1896）、直隶高等工业学堂（1902）、唐山路矿学堂（1905）等，而北洋大学、京师大学堂和山西大学则开始承办本科层次的工程教育。北洋大学作为中国第一所新式工科大学，参照哈佛大学、耶鲁大学的工程教育经验，在本科层次设立了土木工程学门、采矿冶金学门，至 1912 年，共培养了 63 名毕业生。而为了改变中国落后的工业工程现象，清末以来出国留学者相当多地选择了工程类学科，成为中国工程人才培养的另一条重要途径。从洋务运动开始到中国工程师学会创立的 1912 年，清政府向外派遣的留学生绝大多数选择了工程技术的学习。从 1912 年至 1929 年，由清华派遣的庚款留学生以及自助赴美留学者，80% 上下选择了理工科的学习。[①] 大部分人回国后成为中国工程学科的奠基者，如茅以升 1919 年从美国卡内基梅隆大学获工科博士学位后回国在多所大学任教，开创了桥梁工程学，周志宏、侯德榜、凌鸿勋分别成为冶金工程学、化学工程学、铁路工程学的奠基者和开创人，顾毓琇、庄前鼎则分别创办了清华大学的电机工程系和机械工程系。

在技术与工程科学的相关学科设置上，1912—1913 年北洋政府教育部颁布的《专门学校令》《大学令》《大学规程》等，将大学科目分为文、理、法、商、医、农、工等七科，其中工科分为土木工学、机械工学、船用机关学、造船学、造兵学、电气工学、建筑学、应用化学、火药学、采矿学、冶金学等十

---

① 马祖圣. 历年出国/回国科技人员总览（1840—1949）. 北京：社会科学文献出版社，2007：47-50.

一门①，形成了民国时期高等工程教育的制度化、专业化的基本格局。在专业化教育中，南京国民政府愈发强调工科的实用性，在1929年的《中华民国教育宗旨及其实施方针》中要求："大学及专门教育，必须注重实用科学，充实学科内容，养成专门智识技能，并切实陶融为国家社会服务之健全品格。"② 在国民政府的高度重视下，至1936年，全国工程类院校达到25所，大学工科在校生人数达6 987人，当年毕业1 030人。③ 国民政府对工科的倾斜政策，客观上促进了工程教育的发展。而在工程教育的改良中，茅以升、梅贻琦等一批工程教育专家涌现出来。茅以升在《工程教育之研究》中阐发的关于工科课程设置的思想，至今仍具有指导意义。④ 梅贻琦在清华大学工科教育中实行的通才教育，培育了大量具有极高综合素质的工程人才。

在工程师团体的建设上，1912年，随着留学工程人才的陆续归国和国内工程学科毕业生的增多，三个类似的工程师团体在中国成立。一是铁路专家詹天佑在主持粤汉铁路时，创立广东中华工程师会；二是颜德庆、吴健、屠慰曾等仿照欧美模式在上海成立中华工学会；三是徐文炯等组织成立路工同仁共济会。由于詹天佑当时在国内工程界的威望和地位，三个工程师团体于1913年合并成立中华工程师会，选詹天佑为会长。而1917年，在美国留学的中国工程学者决定成立中国工程学会。1918年3月各地留美学生响应者，"有八十四人之多，其中土木工程三十二人，化学工程十二人，电机工程十二人，机械工程十一人，采冶工程十七人"⑤，5月，中国工程学会正式成立。随着留学人员的归国，学会组织向国内迁移，成为中国工程技术教育和学术的重要发展平台。1931年，

---

① 史贵全. 中国近代高等工程教育研究. 上海：上海交通大学出版社，2004：58-59.
② 教育部教育年鉴编纂委员会. 第一次中国教育年鉴. 上海：开明书店，1934：16-17.
③ 陈立夫. 中国工程教育问题. 工程，1940，13（5）：194.
④ 茅以升. 工程教育之研究. 工程，1926，2（4）：226. 其要点包括："1. 各种工程师应有若何之基本学识、办事能力及资质、个性方能胜任，应先加研究，然后就其必备条件……作为一切工程学科之中心课程。2. 每种学科之课程，为该科工程师所必需者亦为同样规划之。3. 各科之内容及时间，既经规定，则照各科情形编制课程表。4. 各种课程之试验及理论部分，必需融合无间，互相阐明，其程序分量，皆应妥为规划。5. 工程之最大目的，为促进生产，故学生之经济思想、效率观念应先培养。6. 各学科之特殊科目，应定为选课，有性质相近者选习之。但不宜过于精细。7. 各种课程之内容，均须敷陈精义，避免重复，且应彼此联络，前后贯穿。"
⑤ 吴承洛. 三十年来中国之中国工程师学会//吴承洛. 三十年来之中国工程. 南京：中国工程师学会，1948：9.

两会在南京合并成立中国工程师学会，更统一地参与到国家工程开发与建设中。学会创办了专业性的《工程周刊》，用于登载国际最新工程理论和国外工程事件、学会成员工程试验结果等，组织了"工程丛书"的出版、各种工程名词草案的审定以及工程教育问题与改进措施的探讨。除了中国工程师学会，还有很多专门的工程学会，如中国化学工程学会、中国矿冶工程学会、中国土木工程学会、中国电机工程师学会、中国机械工程学会等也相继成立，成为各门类的工程教育和学术研究的重要交流平台。

除了工程教育、工程学术本身的发展，民国时期工程建设也取得较大成就，除了早期詹天佑在中国铁路建设中创造"竖井开凿法"、"人"字形线路，尚有陈体诚奠定了中国的公路运输系统之基础，凌鸿勋促进了中国铁路设计与建设的自主化，茅以升主持修建了中国第一座现代化大型桥梁——钱塘江大桥①，胡庶华促进了中国工程技术的科学管理，侯德榜发明了"侯氏制碱法"，鲍国宝主持了全国多地电厂的兴办和京津唐电力网的开发，刘仙洲促进了工业名词的统一和工业生产的标准化，等等。

在民国特殊的社会环境下，现代技术与工程科学一方面由于政府的重视而从无到有，处处开花，初步形成了较为系统的工程科学教育、学术体系，取得工程建设的一些突破，甚至在第一时间开始考虑原子弹计划的实施，但另一方面亦因政府偏重实用、轻视理念而导致缺乏基础科学的供养，形成跛足前行的局面。

四、困境和期待

当中国共产党领导的人民解放军取得决定性胜利、国民党政权败局已定之时，蒋介石意识到国民党终究要败离大陆，不得不将政治机关迁到隔海相望的台湾。与军政同迁的，还有大批金融资产、战略物资，以及无法舍弃的重要人才和文物资料。但是，大部分学人选择了留下，迎接新中国的到来。中央研究院首届选举产生的81位院士，除了十几位迁台，其余60多位后来都投身到了新中国的科教事业中。资源委员会所辖的众多工矿机构、企业则选择起义，给人民政权留下了宝贵的工业基础。新中国成立之初，科技和教育经历了革命的

---

① 新中国成立后，茅以升还参与了武汉长江大桥的设计和建设。

洗礼，一度从欧美模式转向苏联模式。在困境中，在转变中，新的期待频起，新的问题涌现，师夷长技的转型之路并没有走到终点。

1. 退守台湾的挣扎

随着全面内战的爆发，国民党政权的军事挫败和施政无能等导致其统治面临着土崩瓦解的局面。从1948年9月开始，人民解放军与国民党军队展开了战略大决战，9月至11月的辽沈战役改变了国共力量对比，解放军人数首次超过国民党军队，达到310万人，国民党军队人数则下降到290万人。淮海战役的胜利使国民党政权摇摇欲坠，不得不谋划退守之地。1948年11月，蒋介石开始做迁都广州或重庆的准备。1949年1月，行政院决定将各核心机关迁至广州，其他机关人员则疏散到各地。21日，蒋介石宣布下野，由李宗仁代行总统职权。至1949年5月初，中枢机构亦陆续迁至广州。但随着战事的发展，广州也非久据之地。4月21日，毛泽东与朱德联名向解放军发出向全国进军的命令："奋勇前进，坚决、彻底、干净、全部地歼灭中国境内一切敢于抵抗的国民党反动派，解放全国人民，保卫中国领土主权的独立和完整。"①。此前一日，人民解放军横渡长江，23日，解放南京。国民党政权大势已去，但为了日后东山再起，以图反攻，在西南、海南、台湾三项选择中，以不离开大陆为原则，只能向西南退守。10月份广州失守后，作为权宜之计，国民党政权的全部中枢机构迁到了重庆和成都，甚至连偏远之地西昌都考虑进去了。但是，已经成立的中华人民共和国不可能允许大陆存在一个反动政权，逗留西南势必被消灭。在极短的时间内，作为不得已的选择，蒋介石政权决定迁往台湾，由此造成了海峡两岸延宕至今的状态。

实际上，由于台湾特殊的地理位置、日据时期留下的工业基础，蒋介石政权从1948年底就开始做长期据守台湾的准备。1948年12月29日，蒋介石的亲信陈诚被任命为台湾省主席。1948—1949年，国民党政权一面在大陆做最后的抵抗，一面加强国民党对台湾的控制，从大陆向台湾抢运人员和物资。

除了金融资产和战略物资的抢运，国民党政权还制定了一系列重要人才和文物资料的撤离方案。在文物资料方面，故宫博物院、中央博物院、中央图书

---

① 毛泽东. 毛泽东军事文集：第五卷. 北京：军事科学出版社，中央文献出版社，1993：549.

馆、中央研究院历史语言研究所、外交部、北平图书馆等机构的大量文物、图书及重要档案都在运送之列。1948年12月21日，第一批文物772箱由海军运输舰"中鼎号"运送，26日到达基隆。第二批文物则由招商局的"海沪"轮载运，包括故宫博物院1 680箱、中央博物院486箱、中央图书馆462箱、中央研究院历史语言研究所856箱、北平图书馆18箱，合计3 502箱，1949年1月6日开船，1月9日到基隆。第三批文物由海军运输舰"昆仑号"载运1 248箱，1月30日开船，2月22日到达基隆。①

作为当时最高科研管理和研究机构的中央研究院，在院长朱家骅的奔走下，打算成建制迁往台湾。1948年底，朱家骅召开院务会议，秘密讨论搬迁事宜，后又召开"中央研究院在京（指南京）人员谈话会"，要求各研究所准备搬迁。但是，大部分研究所对迁台之事表现不积极。究其原因，一是研究所经抗战流离失所，人心惶惶，大部分不愿再进行大规模搬迁，"一谈到迁徙，中央研究院同仁，几乎人人谈虎色变。因为过去十年往返流徙之苦，记忆犹新，大家似乎再也振不起勇气，再做一次迁徙"②。二是爱国情结和安土重迁的乡土观念使学者们不愿意在政权更迭之际流寓他乡，如生物所的李宗恩院士婉拒了胡适和傅斯年的动员，"要留在国内办医学教育"③。三是很多研究所的研究工作需要在大陆的环境中展开，特别是生物所、地质所等，很多学人不愿放弃自己的研究专长，如史语所的夏鼐和郭宝钧惦记着中国未来的考古事业和任务，"我们还有前途，我们留下来还有许多事情要做"④，因而未与史语所整体迁台。四是对蒋介石政权的不满使很多人不愿意在"政治选边"中选择蒋介石，如傅斯年的堂侄傅乐焕当时虽在英国伦敦大学深造，但极力劝阻傅斯年迁台，1951年拿到博士学位后不顾傅斯年的一再敦促，毅然返回大陆就职。五是搬迁条件恶劣，经费奇缺，台湾弹丸之地亦无法容纳大规模的人员积聚。朱家骅向政府申请到的四百万金圆券因物价飞涨，几成废纸。而"两百万搬迁先遣经费，还没动用，没有抢购房屋及生活必需品，就因贬值而化成了水，以后迁来的任何的人和物

---

① 王玉国. 1949年招商局迁台述论. 台湾研究集刊，2008（2）：40.
② 杨仲揆. 中国现代化先驱：朱家骅传. 台北：近代中国出版社，1984：145.
③ 丁东，谢泳，等. 思想操练. 广州：广东人民出版社，2004：50.
④ 石兴邦. 夏鼐先生行传//杜正胜，王汎森. 新学术之路——"中央研究院"历史语言研究所七十周年纪念文集：下册. 台北："中央研究院"历史语言研究所，1998：710.

竟至找不到栖息之所"①。六是许多学人在人民政权的争取下选择了留在大陆，如史语所的陈垣听从中国共产党人劝说，拒绝了跟随国民党政府迁台的邀请，选择留在北平，迎接新中国的到来。②

　　种种原因之下，中央研究院的10多个研究所，迁台的仅有历史语言研究所和数学所。历史语言研究所能够成建制迁台，与傅斯年的自由主义的学术立场和"政治选边"息息相关。傅斯年本人与国民党政府关系密切，同时对中国共产党抱有敌意，因此，当朱家骅筹划中央研究员的迁台之事，傅斯年是响应最积极者。除此，他还接受了朱家骅请他出任台湾大学校长的邀请。如此一来，历史语言研究所迁台后可以与台湾大学结合起来，迁台后的安置问题解决了。史语所作为中央研究院第一批搬迁者之一，其图书、文物、设备等全部迁到了台湾。而当时历史语言研究所大部成员之所以愿意随他赴台，多出自对其人格魅力的钦佩和对历史语言研究所研究环境的放心。历史语言研究所不少学者不谙政事，在傅斯年给予历史语言研究所安定的研究环境中一心向学，竟在政权更迭中毫无意识，如李济和董作宾。1948年12月李济受命押运文物去台湾，面对他人不要跟船走的劝阻，他眼中只有文物，人在东西在，"只要是战火，文物都要受损失，牵涉不到爱护哪个政权"③。迁台之时，董作宾刚从美国回来，本拟随国民党政权撤往西南，一听说历史语言研究所的甲骨要运往台湾，当即"决定不去后方，要随研究院一起去台湾"④。最终，历史语言研究所32人中，未赴台者11人，占34.4%。从学科分布看，历史组13人，未赴台5人，占38.5%（如除去所长傅斯年，则高达41.7%）；语言组6人，未赴台3人，占50%；考古组9人，未赴台3人，占33.3%；人类学组4人，全部赴台，其中1人不久又返回大陆。⑤ 数学所之迁台，主要在于数学所在全面抗战之后才成立，根基不深，人员不多，在朱家骅的筹划下，作为中央研究院的第一批搬迁者之一，部分人员和设备于1948年底迁至台湾。而作为时任代理所长的陈省身，于当年12月赴美开始了其另一段辉煌的数学人生。1949年2月初，所长姜立夫赴

---

① 杨仲揆. 中国现代化先驱：朱家骅传. 台北：近代中国出版社，1984：144.
② 张荣芳. 近代知识界学者——陈垣. 广州：广东人民出版社，2005：148.
③ 岱峻. 李济传. 南京：江苏文艺出版社，2009：233.
④ 陈存恭，陈仲玉，任育德. 石璋如先生访问记录. 台北："中研院"近代史研究所，2002：317.
⑤ 胡逢祥. 史语所迁台与1950—1960年代台湾的人文学术建设. 华东师范大学学报（哲学社会科学版），2013（2）：71.

台北,但几个月后选择了返回大陆。按照通行的说法,中央研究院之迁台,仅得一个半所,一个为历史语言研究所,半个为数学所。

2. 留在大陆的期待

新中国成立在望,更多的科技人才选择了留在大陆。关于撤离重要人才方案的具体实施,蒋介石政权授意朱家骅、傅斯年等制定了"抢救大陆学人"计划,试图把当时国内卓有成就的知识分子全部撤至台湾。按照该计划,以下学人是必须"抢救"出来送往台湾的:一是各大专院校的校长、研究会会长,二是首批中央研究院院士,三是学术上有重大贡献者,四是因政治原因需离开的高级知识分子。然而,大部分知识分子选择了留在大陆。1948年底的两次撤离行动中,仅有胡适、毛子水、钱思亮、英千里、张佛泉、梅贻琦、李书华、袁同礼、杨武之等在北平登机撤离,留下来的知识分子如汤用彤、陈垣等都不为所动。陈垣怀着对新中国的憧憬在给胡适的公开信中说:"在北平解放的前夕,南京政府三番两次地用飞机来接,我想虽然你和陈寅恪先生已经走了,但青年的学生们却用行动告诉了我,他们在等待光明,他们在迎接新的社会,我知道新力量已经成长。"而陈寅恪也没有真的随迁台湾,为了避免受政权更迭的影响,选择了避走广州,远离政治中心,以另一种方式留在了大陆。

中央研究院首届院士选举所产生的81位院士只有十几位迁台,其余60多位都选择了留下来。这些人有的是中华人民共和国成立前留在了大陆,有的是中华人民共和国成立后由海外归来,"其中有46人成为中国科学院学部委员,当初的150名院士候选人中,有70人成为学部委员。中国科学院初期的领导成员中,除副院长陈伯达外,院长郭沫若和副院长李四光、陶孟和、竺可桢、吴有训都是当年的院士。他们为新中国科学事业的奠基和发展立下了大功"①。

物理学方面,严济慈从1930年底回国后,曾领导北平研究院在地球物理和镭射研究方面取得领先于世界的成果,培养了钱三强、钱临照、钟盛林、陆子善、吕大元、杨承宗等一批物理学新秀。新中国成立后,严济慈为新中国的物理事业筚路蓝缕,先后出任中国科学院办公厅主任兼应用物理所所长、中科院副院长、中国科大校长、中国科协名誉主席等职。吴有训抗战胜利后短暂担任了中央大学校长,1947年底坚辞校长一职,赴美讲学访问。1948年回国后在中

---

① 樊洪业. 前中央研究院的创立及其首届院士选举. 近代史研究, 1990 (3): 225.

共地下党的帮助下从南京到达上海,在交通大学担任教职,同时联络国内同人抵制去台。1949年6月,担任中国共产党领导下的上海科技团体联合会主席。中国科学院成立后,担任了近代物理研究所所长。1950年6月,担任中科院访德代表团团长,与华罗庚、王淦昌访问民主德国,参加德国科学院成立250周年大会。之后历任中科院副院长、物理学数学化学学部主任等。赵忠尧1930年从美国加州理工学院获得博士学位后,回国在清华大学物理系任教,开设了国内第一个核物理课程,组建了国内第一个核物理实验室。新中国成立前后,他正在美国的母校学习原子弹制造技术,制造和购买相关设备。为了回去建设新中国,他先悄悄托人将相关设备运回祖国,自己则历经波折于1950年底回到祖国。新中国成立后赵忠尧为中国高能粒子加速器的建设呕心沥血,使我国20世纪80年代得以自行建造出正负电子对撞机。

数学方面,姜立夫作为中国高等数学教育的创始人和奠基者,中华人民共和国成立前曾培养了大量数学研究的栋梁之材,1949年2月赴台北,后借口汇报工作返回大陆。8月到岭南大学任教,创办数学系。后历任中山大学数学系筹备组成员、教学组组长等职,把一生贡献给了高等数学教育事业。苏步青1931年从日本东京帝国大学博士毕业后,在国立浙江大学任教,与陈建功一起在微分几何方面贡献卓著。新中国成立后,苏步青担任了浙江大学教务长,1952年院系调整后历任复旦大学教务长、副校长、校长等,为我国高等数学的教育和研究工作做出重要贡献。

生物学方面,贝时璋1928年获德国图宾根大学自然科学博士学位后,至浙江大学生物系任教,在细胞重建方面的研究达到世界领先水平。在浙江大学的20年,他培养出了朱壬葆、江希明、姚鑫、陈士怡、王祖农、陈启鎏、朱润、徐学峥等一批实验生物学的佼佼者。新中国成立后,参与了中科院生物学各研究所的筹建工作,历任生物物理研究所所长、中国科技大学物理系主任等职。冯德培1933年获英国伦敦大学学院博士学位,回国受聘于北京协和医学院生理学系,他在30年代发现"肌肉在拉长后代谢显著增加并能放出更多热量"的现象,后来这一发现被称为"冯氏现象"。回国后,他在神经肌肉接头生理学等方面取得了国际公认的成就。新中国成立后,他创建了中科院上海生理研究所,先后担任生理研究所所长、中科院副院长、生物学部主任等。

地质学方面,李四光在中华人民共和国成立前历任北京大学地质系教授和系主任、中央研究院地质所所长、重庆大学教授等,1948年初赴英国参加国际地质学会和访问讲学。1948年底中央研究院准备迁台时，他数次写信给地质研究所同人，建议留在南京，参加新中国的建设。1949年12月秘密返回祖国，先后担任新中国地质部部长、中科院副院长等职，在地质力学、石油勘探等方面都做出重要贡献。黄汲清1935年获瑞士浓霞台大学理学博士学位，回国后担任中央地质调查所地质主任，先后率队出去考察，发现湖南资兴煤田、甘肃玉门油田等，后又担任中央地质调查所所长、中央大学教授、北京大学教授等，新中国成立后，历任西南地质局局长、中国科学院地质学部副主任、中国地质科学院副院长等职，是中国地质绘图和石油地质方面的奠基人。

在科技实业方面，最著名的要数国民政府资源委员会起义，给新中国留下宝贵的工业基础了。资源委员会主导了国民政府时期多项重大的科技项目，是其科技专家治国的重要实施渠道。抗战胜利后，资源委员会下辖121个总公司，近1 000个生产单位，32 000余名技术和管理人员，226 000余名技术工人。① 在国民党政府的各派系斗争中，由于资源委员会成员的知识分子属性，他们常常游离于国民党政权的核心，因此，到解放战争后期，随着战局的明朗，资源委员会也不得不开始考虑何去何从的问题。1948年5月，孙越崎接替翁文灏担任资源委员会委员长。此前，孙越崎作为副委员长，曾到华北、东北视察资源委员会所属工矿企业，眼见国民党军队的节节败退、人民解放军的深得人心，意识到工业现代化之路只有在新的政权下才能实现。他担任资源委员会委员长后，召开秘密会议，以解放军解放鞍山钢铁公司善待知识分子为例，动员工矿企业的广大科技人员"坚守岗位，保护财产，迎接解放，办理移交"。在中国共产党地下党员和孙越崎等人的努力下，资源委员会的全部人员和绝大部分矿产物资都留在了大陆。而资源委员会此前的两位领导、核心人物钱昌照和翁文灏也相继从海外回到北平。钱昌照由于对国民党当局失望，于1947年春辞去资源委员会职务，1948年秋出访欧洲考察工业生产，新中国成立前夕回到了北平，迎接新中国。翁文灏作为一位书生气十足的从政者，1948年6月救急性地担任了蒋介石政府行政院院长，11月辞职。在去留之间，他辗转台湾、广州、香港、巴黎，在新政府的感召下，终于在1951年回到了大陆。

3. 寄望于新中国

在人民解放战争即将取得全面胜利、新中国即将诞生的百废待兴之际，中

---

① 薛毅. 试论中共在资源委员会起义中的作用. 中州学刊，2001 (5): 156.

国共产党加紧了对高等教育机构和科研机构的改造和重建。

中国共产党非常重视科技和教育。长征到达陕北以后，在极端艰苦和困难的条件下，中国共产党以马克思主义为指导成立了延安自然科学院、中国医科大学、陕北公学等高等教育机构。延安自然科学院于1939年5月成立，院长徐特立，初期名为自然科学研究院，成立宗旨在于为边区政府培养专门性的科技人才，服务边区经济建设。延安自然科学院作为中国共产党创办的第一所理工大学，培养了一批学以致用的科技干部，研制了一批抗战急需的科技成果。抗战胜利后，几经变迁，1951年更名为北京理工学院。中国医科大学为1931年中国共产党创办的军医学校，1932年改称为中国工农红军卫生学校，1937年改称八路军卫生学校，1940年9月由于一批进步知识分子从沦陷区和国统区来校任教，可以进行更高层次的医学教育，学校正式更名为中国医科大学。抗战胜利后，随着内战的展开，学校在东北陆续建了四所分校。1948年，辽沈战役胜利后，学校合并原国立沈阳医学院和辽宁医科大学，成立新的中国医科大学，并成为新中国规模最大的一所医科大学。在人文社会科学方面，1937年在延安成立了陕北公学，以及延安鲁迅艺术学院、延安工人学校、安吴堡战时青年训练班等学校，进行革命教育。1939年6月，四校合并成立华北联合大学，下设社会科学部、文艺部、工人部、青年部，致力于培养革命干部。1948年，华北联合大学与1945年成立的北方大学合并成立华北大学，分设四个部和两个学院，一部为政治学院性质，二部为教育学院性质，三部为文艺学院性质，四部为研究部，两个学院分别为工学院和农学院。新中国成立前夕，中共中央决定在苏联专家帮助下组建中国共产党办的新中国第一所正规大学——中国人民大学。1950年，中国人民大学正式成立，吴玉章为校长，主要培养马列主义理论人才和经济管理人才。华北大学一部成为该校的一部分，华北大学其他各部的不同科系后来分别与其他院校合并成立北京外国语学院、中央戏剧学院、中央音乐学院、中央美术学院、北京农业大学、北京工业学院等。中国共产党创办的以陕北公学为始源的各类大学，成为新中国高等教育的一支重要力量。

随着解放区的扩大，国民党时期的各类大学被人民政府接管，纷纷进行社会主义改造。特别是经过1952年的院系大调整，中国的高等教育系统从原来的欧美模式转变为苏联模式。教会大学、私立大学、原公立大学或进行撤并，或改变大学属性。如燕京大学被人民政府接管后，文理科大多并入北京大学，工科全部并入清华大学，法学院、社会学系并入北京政法学院。圣约翰大学、震旦大学、沪江大学、东吴大学、大同大学等其他私立或教会高校被裁撤，分别并入其他公立高校。国立中央大学改称国立南京大学，在院系大调整中，其各院系被拆分，与金陵大学、交通大学等合并调整，分立为南京大学、南京工学院、南京林学院、南京农学院、南京师范学院、华东水利学院、华东航空学院等。

通过对革命高校的升级、对旧中国高校的接管和1952—1953年的院系大调整，新中国形成了新的高等教育体系，人文社科领域被改造，综合性大学比重降低，工科院校得到加强。对于当时百废待兴、急需进行工业化的新中国来说，起到一定的推动作用。

在科学研究上，人民政府主要通过接收和改造中央研究院、北平研究院留下来的大部分研究机构而建立起新中国最高学术研究和管理机构。中央研究院之前在奉命迁台过程中，大部分机构和人员选择了留在大陆，各种仪器设备、图书等也得以保留下来，成为新中国科学事业的重要基础和力量。仅有历史语言研究所和数学所迁台。1949年春，中共中央宣传部部长陆定一受命负责中国科学院的筹备工作，由中华全国自然科学工作者大会向中国人民政治协商会议提出议案，丁瓒、钱三强起草《建立人民科学院草案》，草拟了科学院的组织机构设置。10月19日，中央人民政府通过会议任命郭沫若为中国科学院院长，陈伯达、李四光、陶孟和、竺可桢为副院长，中国科学院正式成立。中国科学院除了接管原中央研究院和北平研究院的各研究机构，还与各有关部门协同接管了静生生物调查所、中国地理研究所和中央地质调查所、中国西北科学考查团等科学研究和考察机构。与中央研究院不同的是，中国科学院没有继承其院士制度，鉴于当时科研力量的薄弱，"中央决定在中国科学院建立学部委员制度并逐步向院士制度过渡"①。1955年6月，中国科学院召开学部成立大会，学部承担起学术领导、评聘等职责。

满怀着对新中国无限期待的，除了留在大陆的学人，还有一批正在国外进行访问讲学的科学家和接受科学训练的青年人才，他们迫不及待地赶回来参加新中国建设。据中国科学院估算，新中国成立前后，散居海外的中国科学家和人才有5000多人，到1956年底，有2000多名科学家陆续归国，其中不乏像钱学森这样突破重重阻拦回到祖国、为新中国"两弹一星"事业鞠躬尽瘁者，

---

① 严仁. 恢复社会科学学部委员制度势在必行——关于恢复社会科学学部委员制度的调研报告. 社会科学管理，1993（4）：28.

以及像吴文俊这样从法国学成归来,在拓扑几何和数学机械化等领域做出重大贡献者。

至于新中国的科技在现代化的征程上又走过了一条怎样的转型之路,则需要留待另一本大书来书写了。

参考文献

[1] 储安平. 储安平文集. 上海：东方出版中心，1998.

[2] 岱峻. 李济传. 南京：江苏文艺出版社，2009.

[3] 邓铁涛，程之范. 中国医学通史：近代卷. 北京：人民卫生出版社，2000.

[4] 邓野. 联合政府与一党训政：1944—1946年国共政争. 北京：社会科学文献出版社，2003.

[5] 丁东，谢泳，等. 思想操练. 广州：广东人民出版社，2004.

[6] 董光璧. 中国近现代科学技术史. 长沙：湖南教育出版社，1997.

[7] 杜石然. 中国科学技术史稿. 北京：科学出版社，1982.

[8] 费正清，费维恺. 剑桥中华民国史（1912—1949年）：下卷. 刘敬坤，等译. 谢亮生，校. 北京：中国社会科学出版社，1994.

[9] 冯崇义. 国魂：在国难中挣扎——抗战时期的中国文化. 桂林：广西师范大学出版社，1995.

[10] 何炳棣. 读史阅世六十年. 桂林：广西师范大学出版社，2005.

[11] 胡伟希. 十字街头与塔：中国近代自由主义思潮研究. 上海：上海人民出版社，1991.

[12] 焦润明. 傅斯年传. 北京：人民出版社，2002.

[13] 教育部教育年鉴编纂委员会. 第一次中国教育年鉴. 上海：开明书店，1934.

[14] 金以林. 近代中国大学研究：1895—1949. 北京：中央文献出版社，2000.

[15] 李元平. 俞大维传. 台北：台湾日报社，1992.

[16] 梁漱溟. 梁漱溟全集：第六卷. 济南：山东人民出版社，2005.

[17] 卢勇. 社会变迁与知识分子群体的转型——中国近代学术职业化进程的研究. 哈尔滨：黑龙江人民出版社，2008.

[18] 马祖圣. 历年出国/回国科技人员总览（1840—1949）. 北京：社会科学文献出版社，2007.

[19] 毛泽东. 毛泽东选集：第四卷. 北京：人民出版社，1991.

[20] 毛泽东. 毛泽东军事文集：第五卷. 北京：军事科学出版社，中央文献出版社，1993.

[21] 欧阳哲生. 傅斯年全集：第四卷. 长沙：湖南教育出版社，2003.

[22] 钱昌照. 钱昌照回忆录. 北京：中国文史出版社，1998.

[23] 沈宗瀚，赵雅书，等. 中华农业史论集. 台北：台湾商务印书馆，1979.

[24] 史贵全. 中国近代高等工程教育研究. 上海：上海交通大学出版社，2004.

[25] 苏格. 美国对华政策与台湾问题. 北京：世界知识出版社，1999.

[26] 孙中山. 孙中山全集：第9卷. 北京：中华书局，1986.

[27] 王德滋. 南京大学百年史. 南京：南京大学出版社，2002.

[28] 王汎森，等. 中华民国发展史：学术发展. 台北：联经出版事业股份有限公司，2011.

[29] 魏宏运. 民国史纪事本末——南京国民政府崩溃时期. 沈阳：辽宁人民出版社，1999.

[30] 吴大猷. 回忆. 北京：中国友谊出版公司，1984.

[31] 吴有训百年诞辰纪念活动筹备委员会. 吴有训百年诞辰纪念文集. 北京：中国科学技术出版社，1997.

[32] 夏湘蓉，王根元. 中国地质学会史（1922—1981）. 北京：地质出版社，1982.

[33] 萧超然，等. 北京大学校史. 增订本. 北京：北京大学出版社，1988.

[34] 许纪霖. 许纪霖自选集. 桂林：广西师范大学出版社，1999.

[35] 闫润鱼. 观念的调适——民主科学自由在近代中国. 北京：中国言实出版社，2004.

[36] 杨钟健. 杨钟健回忆录. 北京：地质出版社，1983.

[37] 杨仲揆. 中国现代化先驱：朱家骅传. 台北：近代中国出版社，1984.

[38] 张后铨. 招商局史：近代部分. 北京：中国社会科学出版社，2007.

[39] 张剑. 中国近代科学与科学体制化. 成都：四川人民出版社，2008.

[40] 张荣芳. 近代知识界学者——陈垣. 广州：广东人民出版社，2005.

[41] 张治中. 张治中回忆录. 北京：中国文史出版社，1985.

[42] 长江水利委员会. 三峡工程技术研究概论. 武汉：湖北科学技术出版社，1997.

[43] 郑世兴. 中国现代教育史，台北：三民书局，1981.

[44] 郑友揆，等. 旧中国的资源委员会——史实与评价. 上海：上海社会科学院出版社，1991.

[45] 中共中央文献研究室，中共南京市委员会. 周恩来一九四六年谈判文选. 北京：中央文献出版社，1996.

[46] 中共中央文献研究室. 周恩来年谱（1898—1949）. 修订本. 北京：中央文献出版社，1998.

[47]《中国三峡建设年鉴》编纂委员会. 中国三峡建设年鉴（1994年）. 北京：中国三峡出版社，1995.

[48]《中国三峡建设年鉴》编纂委员会. 中国三峡建设年鉴（1995年）. 北京：中国

三峡出版社，1996.

[49]《中国三峡建设年鉴》编纂委员会. 中国三峡建设年鉴（1997年）. 宜昌：中国三峡建设年鉴社，1997.

[50] 马歇尔使华（美国特使马歇尔出使中国报告书）. 中国社会科学院近代史研究所翻译室，译. 北京：中华书局，1981.

[51] 朱传誉. 傅孟真传记资料（一）. 台北：天一出版社，1979.

[52]《朱光亚院士八十华诞文集》编辑委员会. 朱光亚院士八十华诞文集. 北京：中国原子能出版社，2004.

[53] 王聿均，孙斌. 朱家骅先生言论集. 台北："中央研究院"近代史研究所，1977.

[54] 竺可桢. 竺可桢全集：第10卷. 上海：上海科技教育出版社，2006.

索 引

一、人名索引

A

阿思本（Sherard Osborn） 77，78，83，84，93，94，100
艾约瑟（Joseph Edkins） 108，109，112，114

B

白齐文（H. A. Burgevine） 28
包尔腾（John Shaw Burdon） 86
宝鋆 47，58，59
鲍仲义（Joseph Baudino） 126
贝时璋 454，495，497，528
斌椿 8，45－47，61，73，84，88
秉志 280，320，333，345，347，363，372，495，497，516，517
卜弥格（Michael Boym） 125

C

蔡锷 452，496，497，519，520
蔡元培 13，14，225，237，253，261－264，267，271－274，277，281，307，308，312，328，336－339，347，359，363，369－372，381，382，385，395，408，409，419，420，423，432，452，464，477，494，502，517
曹锟 103，182
曹汝霖 202，273
曹云祥 270，356
岑春煊 49，194，204，209，238，240，241，249
陈宝箴 156，207，208

陈诚　437，524

陈炽　221

陈独秀　14，267，272，274-279，292，293，311，312，315，316，323-326，332，334

陈嘉庚　344，345，363，364

陈建功　322，417，454，495，502-504，528

陈克恢　496，497，519，520

陈立夫　434，436-438，461，462，468，477，522

陈茂康　280

陈省身　321，322，417，448-450，495，496，501-503，526

陈体诚　523

陈望道　322

陈旭麓　2，75，129，166，251

陈寅恪　357-359，372，374-376，448，450，496，497，527

陈垣　376，496，497，526，527

陈洙　91

陈遵妫　372，510-513

慈安　55

慈禧　8，11，29，49，50，55，132，134，138，141-143，148，167-171，173-175，181，187，193-196，213，219，235，245

D

戴文赛　511-513

戴逸　33-37，57，61，73，90，93，102，106，129，136，137，142，146，147，163，175，191，228，251，513

道光帝　38，40，54，118

邓颖超　487

邓玉函（Johann Schreck）　125

丁汝昌　141，142

丁韪良　87，112，179

丁文江　14，18，159，160，279，281-285，307，308，312，326-328，331-333，346，354，411，419，513，514

丁燮林 349，506

董作宾 376，455，496，497，526

杜里舒（H. Driesch） 312

杜威（John Dewey） 15，277，278，310，312，316－319，321，330，332，333，346，363，382

杜聿明 473－475

端方 209，218，236，303

段祺瑞 103，176，181，182，313

段芝贵 103，182

F

樊继训（Pierre Frapperie） 126

范旭东 314，315，348，430，510

范源廉 269，270，281，314，337，346，348，364，381，382

费正清（Fairbank, J. K.） 24，36，50，73，81，129，140，191，254，257，295，297，307，380，381，423，427，428，477，481，483，487

冯德培 496，497，519，520，528

冯桂芬 5，8，29，35，38，41－44，47，56，57，60，63，64，73，76，77，86，129，184，293

冯国璋 103，182

冯熙运 359，360

冯友兰 184，408，448，450，496，497

傅兰雅（John Fryer） 5，10，87，91，104，110－113，116，160，276，277

傅斯年 17，273，284，285，359，366，372－376，423，424，455，494－499，525－527

G

高鲁 354，510－513

高平子 510－513

戈登（C. G. Gordon） 28，29，46

葛利普（A. W. Grabau） 354，514，515

龚自珍 38，45

辜鸿铭　141，273，312

顾颉刚　357，374，375，496，497

顾维钧　346，383

顾毓琇　397，418，444，448，452，490，499，521

光绪　10，44，48－50，53，54，59－61，63－67，72，74，80，86，87，90，91，96，99，102，105，114，127，132，138，150－153，155，164，165，168－170，173－175，177，178，180，192－194，196－198，208，209，219，228，245，252，261，264，271，280，283，299，303

桂良　47，54，58，59，78，79，85

郭沫若　496，497，527，531

郭嵩焘　5，7，9，23，59－63，70，72，73，98，107，109，119，129，134，221，251

H

何杰　273

赫德（Robert Hart）　9，82－85，100，129，134，161－164，191，289

赫胥黎（Thomas Henry Huxley）　222，223

洪仁玕　28，53，104

洪秀全　26－28，117

侯德榜　281，315，321，372，430，495，496，509，521，523

胡敦复　356，417，501，502

胡刚复　319，320，345，350，355，417，505

胡明复　280，333，501，502

胡适　14，176，185，228，267，269，273－279，282，283，285，307，308，311，312，316，317，321，328－330，332－334，338，342，348，350，363，364，374，376，382，384，418，425，435，479，485，495－499，525，527

胡先骕　281，452，496，497，516

华尔（F. T. Ward）　27－29，34

华蘅芳　89，104，113，115，116

华罗庚　322，417，448－450，488－490，495，496，502－504，528

黄汲清　452，495，496，501，529

黄侃　273

黄鸣龙　322, 496, 509

黄炎培　281, 315, 335, 336, 346, 364, 381, 391, 485

黄遵宪　5, 7, 9, 23, 45, 59, 60, 63－66, 68, 73

霍秉权　505

J

江泽涵　321, 417, 495, 501, 502

姜立夫　321, 345, 417, 495, 496, 501, 503, 526, 528

蒋介石　21, 341, 366, 368, 377, 379, 398, 406, 408, 423, 427, 428, 436, 440, 452, 472－475, 477, 480－483, 486－491, 499, 523－525, 527, 529

蒋梦麟　18, 281, 346, 348, 383, 395, 396, 398, 424, 447, 448, 498

蒋维乔　261, 262, 267, 381

金楷理（Carl. T. Kreyer）　91

金岳霖　281, 450, 496, 497

靳云鹏　103, 181

K

康有为　11, 37, 74, 139, 148－151, 153, 154, 157, 168－170, 191, 197, 222, 224, 225, 235, 244, 293, 294, 307, 311, 333, 358, 364

孔祥熙　417, 458

L

蓝兆乾　280, 292, 293

黎元洪　248, 255, 281, 337, 498

李大钊　272, 274, 276, 278, 311, 312, 316, 325, 334, 364

李鸿藻　59

李鸿章　5, 7, 8, 23, 29, 32－38, 42－44, 47, 50－53, 57, 59－67, 71, 73, 74, 76, 88－91, 93, 96, 98－100, 102, 104－106, 111, 116, 127, 129, 134, 136－138, 141－143, 146, 147, 162, 163, 166, 168, 169, 174, 175, 181, 182, 187, 191, 193－195, 204, 207, 213, 217, 220, 222, 231, 232, 257, 258, 268, 513

李济　347, 357, 359, 372, 374－376, 455, 495－497, 517, 526

李善兰　104, 108, 109, 113, 114, 116

李盛铎　236

李石曾　369，370，372，373，518

李书华　355，417，495，496，505－507，527

李书田　360，361，461

李四光　273，285，322，349，354，372，395，495，496，514，515，517，527，528，531

李泰国（Horatio Nelson Lay）　77，78，83，84，93，94，100

李约瑟（Joseph Needham）　19，322，341，452，454，457，465，478

李政道　437，449，489，490，505，506

李卓浩　508

梁敦彦　106，246

梁启超　11，45，59，66，74，148－150，152，156，157，159，160，168，170，172，177，184，191，196，197，201，222，225，235，236，244，247，251，275，281，311，312，318，327，329，330，349，357－359，364

梁漱溟　311，337，485

林家翘　420，505

林可胜　495－497，519，520

林文庆　345

林则徐　4，7，23，25，30－33，35，38－40，42，48，52，56，58，74，122

凌鸿勋　298，495，496，521，523

刘半农　273－275

刘坤一　106，173，177，187，188，192，193，195，197，207，213，217

刘锡鸿　9，59，70－73，98，99，129

刘仙洲　360，523

卢嘉锡　404，508

卢依道（Isidoro Lucci）　126

卢作孚　450，510

鲁迅　201，274，311，312，324，346，530

陆定一　487，531

陆子善　527

吕大元　527

吕彦直　414，416

罗家伦　18，273，337，364，375，395-397，405，406，408-410，419，424，425，433，447，450-452，478，499

罗素（B. Russell）　15，310，312，316，318，319，359，363，502

M

马大猷　499，505

马寅初　273，496，497

麦华陀（Sir Walter Henry Medhurst）　111

麦可林（Franklin C. Mclean）　290

毛泽东　156，276，316，322，486，488，524

茅以升　18，281，321，360，372，411，419，421，422，495，496，521-523

梅贻宝　459

梅贻琦　18，269，281，320，395，397，398，417，418，420，423，447-449，459，505，522，527

孟禄（P. Monroe）　312，346，382，383

慕维廉（W. Muirhead）　107，109，112

穆彰阿　38

N

那桐　246，247，289

南怀仁（Ferdinand Verbiest）　39，125

P

蒲安臣　8，45-47，61

溥伦　238，245，246

Q

琦善　32，38

钱昌照　377-379，492，493，529

钱崇澍　320，345，407，495-497，516，517

钱临照　320，505，506，527

钱三强　420，505，527，531

钱思亮　508，527

钱天鹤　517

钱伟长　420，505

钱玄同　273，274，311，312

钱学森　531

R

饶毓泰　417，448，495，496，499，505，507

任鸿隽　14，279－283，292，293，307，308，325，326，330，331，333，335，336，347，348，353，356，406，407，465，516

任之恭　449，505

荣禄　49，168－170，195，217，235

容闳　5，10，103－106，114，117，122，130，166，225，232，267，303，308，513

S

萨本栋　355，417，420，490，495，496，505，506，508

萨凡奇（J. L. Savage）　492

僧格林沁　29，49，55

尚其亨　492

绍昌　246

邵思韦（B. Southwell）　107

沈葆桢　5，7，8，23，47，51－53，55，59，60，93，94，96，101，136，220

沈桂芬　47，59，60

沈宗翰　412

盛宣怀　154，166，186－188，231，247，303

史迪威（Stilwell）　440，474－476

束星北　454，507

宋美龄　440

孙家鼐　178，179，185，238，271

孙科　281，302，305，306，438，478

孙立人　474，475

孙越崎　529

孙中山　13，14，21，106，193，197，216，237，247，249，250，253－262，280，292－294，299，301，302，305，307，308，316，317，330，334－336，364，367，370，381，414，424，488，491，514

T

泰戈尔（R. Togare）　312

汤用彤　448，450，496，497，499，527

唐景崇　246，261

唐绍仪　106，261，281

陶孟和　273，455，495－497，527，531

陶行知　332，382，391，410，424

W

汪精卫　281

王国维　223，225，226，275，357－359

王家楫　372，495，497，516－518

王力　359，449，450，496

王士珍　103，182

王韬　36，37，44，109，112，184

王星拱　328，331，333，364，507

王竹溪　420，448，505，506

伟烈亚力（Alexander Wylie）　10，104，107－111，114，116，276

卫汝贵　141，142

魏源　3－5，7，8，23，31，32，35，38－41，43－45，47，57，60，62，73，75，117，184，293

魏允恭　90－92，130

文祥　5，7，8，23，47，53－59，78－80，84，85，100，119

翁同龢　59，106，149，168，178，192

翁文灏　273，283－285，347，354，372，377－379，419，495，496，513－515，529

倭仁　5，9，59，69－72，79，81，87，133，134

吴大任　321，322，502

吴大猷　448，450，466，478，488-490，495，496，505-507

吴佩孚　103，346

吴汝纶　198，199，222

吴文俊　503，532

吴宪　495，496，507，508

吴有训　320，355，417，418，420，448，452，495，496，499-501，505-507，527

吴玉章　203，281，487，530

吴蕴初　510

伍廷芳　218，228，281

X

咸丰　4，8，27-29，33，39，41，42，44，46，48-55，57-59，67，77-81，85，89，104，109，114，115，133，178，191

谢国桢　359

谢家荣　495，496，513，515

熊庆来　322，417，495，502，504

徐继畬　7，23，35，38-41，44，47，60，63，73，117

徐世昌　182，218，236，246，247

徐寿　5，89，104，111-113，115，116，276

徐诵明　456，458，461

许宝騄　417，495，496，502，503

Y

严复　12，13，101，102，161，170，196，206，207，220-225，251，252，271，324，337

严济慈　320，334，355，364，372，373，417，495，496，505-507，527

颜福庆　519

颜惠庆　346，383

颜任光　273，504，505

杨承宗　527

杨深秀　168，170，197

杨廷宝　414，452

杨振宁　437，449，478，505，506

杨振生　374，375

叶恭绰　361

叶剑英　487

叶企孙　18，281，321，355，397，411，417，419，420，448，495，496，505，507

奕劻　169，175，194，195，215，217，218，228，238，241，243，245－248，268

奕䜣　5，7，8，23，29，47，49，50，53－58，69，70，76－79，81，84，85，87，133，134，138，143

奕谟　50

荫昌　182，246，249

余青松　345，372，511，512

余云岫　287，288，309

俞大维　489，502

袁复礼　448，517

袁世凯　2，6，12－15，50，137，141，168，169，180－183，187，193，195，205－210，213－215，228，235，236，248－251，253－261，283，293－295，307，308，310，313，337

Z

载沣　50，196，219，246，248

载泽　218，236，242，246

詹天佑　106，298，353，522，523

张百熙　179，202，208，209，211，271

张伯苓　18，321，343，344，346，364，382，383，395，398，447，448

张謇　232－236，240，244，245，247，249，256，281，283，293－296，334，335，364，511

张盛藻　133，134

张锡纯　520

张学良　17，366

张钰哲　452，511－513

张云　510

张之洞　12，56，61，65，74-76，106，120，121，130，139，153，164，165，173，177，180，183-188，191-193，195，197，198，200，202，205-211，213-215，217，225，231，235-237，252，257

张治中　480，481

赵博泉　509

赵九章　420，449，450，495，505

赵元任　269，280，320，325，333，350，357，359，372，374-376，490，496，497，516

赵忠尧　320，418，420，490，495，496，501，505，507，528

郑观应　5，7，9，23，59，60，63，66-69，74，110，147，152，184，234，293，308

曾炯之　502

曾昭抡　355，372，488-490，495，496，508

钟盛林　527

周恩来　343，487

周均时　455，456

周培源　321，420，450，490，495，505

周瑞　509

周诒春　270，346，383

周作人　156，275，498

朱家骅　464，466，482，494-496，525-527

朱有瓛　309

竺可桢　18，269，281，285，320，372，411，419-421，425，447，452-454，495，496，500，527，531

庄长恭　347，355，372，397，495，496，508

邹秉文　281，412，516

邹树文　412，452

左宗棠　5，7，8，23，32，47，49，51-53，60，73，89，93，94，101，107，129，134，136，220

二、名词术语

A

阿姆斯特朗炮　26

安庆内军械所　89，115

B

八国联军　11，49，50，67，132，141，166，167，172－175，177，180，186，188，189，193－195

八旗军　52，54，81

《巴黎和约》　273

拜上帝教　8，26－28，120

北京大学　14，18，19，21，38，74，177，191，192，228，254，261，267，270－274，282－284，297，307，308，312，318，320－322，329，331，336－339，342，347－349，354，357－359，363，364，376，382，395，399－401，417，424，432，434，442，444，446－449，455，460，465，468，477，478，484，488，498，499，502，504－506，508，514，515，528－530

北京人文科学研究所　446

《北京条约》　25，77

北京协和医学院　14，279，288－291，307，341，415，507，519，520，528

北平研究院　17，366，369，370，372，373，417，424，432，433，460，464，465，506，508，511，518，527，531

北洋大学　16，178，179，255，263，271，338，349，359－361，363，399，400，421，521

北洋水师　5，9，10，75，88，92，93，96，97，102，137，142，143，222

北洋通商大臣　78，80，96，99，236，254

北洋政府　2，5，6，13－15，102，176，253，254，256，261，273，283，286，288，293－295，299，305，306，310，313，321，337，339，342，349，351－353，359，361，384，385，396，402，403，419，511，514，518，521

本土科学　18，411，419，506

编练新军　12，165，180，183，215

博济医院　122，126，127

C

《朝美修好通商条约》 137

朝鲜事变 137，138

《乘槎笔记》 46，47

筹办夷务始末 8，30，35，43，57，64，70，71，73，77－79，85，86，96，118，129，133－136，191

D

《大公报》 483

《大学规程》 399，521

大学区制 360，369，370

大学院 179，200，266，336，339，345，351，369，370，374，385，389，391，396，406，409，455

《大学组织法》 395，399

党化教育 18，368，369，383，395，408－410，448，458

德先生 16，267，274－276，323，366，369

地质调查所 14，145，279，282，283，285，308，354，370，377，379，419，465，492，513－515，529，531

地质学 21，101，112，148，220，266，272，279，282－285，308，313，322，326，328，331，346，347，353，354，364，372－374，419，446，497，501，513－516，518，528，529

电报 5，9，10，75，80，88，97－100，105，106，130，148，161，173，231，255，297，299，337

东南互保 12，50，177，180，186－188，190，193，194

东南联合大学 432

F

翻译馆 91，109－111，116，159

废科举 5，6，12，13，185，193，201，206，207，209，210，227，228，255，264，280

福州船政局 92，94，95，97，101－103，105，116，139，143，220，295

福州船政学堂 88，101，102，106，220－222

G

改旗易帜 17, 366

高等教育 15, 18–21, 157, 177, 191, 226, 227, 310, 323, 335–337, 339, 343, 348, 349, 362, 380–384, 387, 391, 394, 395, 398–400, 403–405, 408–410, 418, 424, 432, 434, 435, 444, 446–448, 452, 461–464, 466, 470, 488, 502, 504–507, 530, 531

《告全国学生书》 436, 438

《格致汇编》 112, 159, 160

格致书院 5, 9, 10, 75, 104, 110–113, 116, 122, 124, 276

《格致新报》 159

庚款留学 14, 106, 176, 267–269, 277, 319, 521

庚子赔款 176, 200, 216, 228, 268, 319, 321, 346, 364, 489

庚子之变 11, 67, 87, 132, 172, 193

《工程周刊》 523

工业 15, 17–19, 21, 24, 25, 37, 38, 68, 76, 88–92, 94, 97, 103, 113, 130, 135, 136, 138, 139, 143, 145, 146, 161, 162, 164, 165, 167, 188, 189, 191, 192, 230, 252, 255, 260, 266, 282, 292, 295–298, 308–310, 313–315, 318, 319, 321, 322, 335, 336, 361, 362, 364, 365, 367–370, 377–380, 389, 391, 393, 399, 400, 406, 407, 412–414, 417, 418, 421, 423, 426–431, 433, 435, 436, 441–446, 449, 452, 464, 471–473, 477, 479, 481, 483, 488, 491, 507, 509, 510, 521, 523, 524, 529–531

工艺 64, 65, 91, 92, 101, 103, 111, 112, 148, 151, 153, 160, 179, 186, 203, 229, 255, 271, 277

公车上书 148, 150, 358

关东军 442, 473

广方言馆 88, 91

癸卯学制 152, 211, 264, 266, 267, 270, 271, 286, 380, 381

国防设计委员会 377, 379, 428, 491

国立四川大学 18, 404–407

国立中央大学 18, 19, 396, 404, 405, 409, 447, 508, 531

国民党 7, 17, 20, 21, 257, 342, 364, 366–368, 377, 379, 394, 405,

408－410，424，425，427，428，436，450，462，464，466，471－476，479－489，491，499－501，523，524，526，529，530

《国闻汇编》　159

H

海关　5，11，24，82－85，100，104，129，130，134，138，148，161－164，174，176，187，191，192，217，231，268，305，463，487

海归　7，16，17，195，343，366

《海国图志》　4，8，31，38－41，44，45，117

海军　10，76－78，84，85，88，89，92－94，96，97，101－103，106，129，132，136，137，140－142，145，150，163，165，173，191，204，219－222，246，248，286，467，471，525

赫德日记——步入中国清廷仕途　82－84，100，129

华北大学　530

华北联合大学　530

华美书馆　121

华西协合大学　20，340，341，447，458－460，479

化学　21，65，87，91，92，101，111－113，116，135，148，153，155，158，159，165，224－227，263，266，272，280，287，288，290，297，314，317，321－323，328，331，336，339，344，345，347，349，354，355，361，362，369－373，375，389，406，417，429－431，434，446，451，453，454，456，461，464，466，489，490，495，496，507－510，512，513，516，517，519，521－523，528

《黄埔条约》　25，118

J

基础科学　21，111，291，354，361，419，465，466，501，523

《几何原本》　108，114

甲午战争　6，11，12，66，86，87，93，97，102，132，137，139－141，143，150，163，165，166，180－182，192，193，322

建筑　18，28，289，290，300，301，334，349，372，384，410，413－416，423，455，466，468，481，512，521

剑桥中国晚清史（1800—1911年）　24，36，50，73，81，129，140，

191，381，423

《江华条约》 137

江南制造局 5，9，10，75，88—94，97，101，103，105，109—111，116，130，136，138，143，153，159，188，295

《江南制造局记》 90，91

教会学校 9，10，16—18，75，117，122—125，128，153，188，200，336，339—342，380，384—387，409，519

教会医院 117，122，125—128，285

教育 2，3，5—7，10，12—22，33—37，57，61，64，66，68，73，79，85—88，90，91，93，97，99，101—104，106—108，110—113，116，117，119，120，122—125，127，129—131，133—137，142，144，146—155，157，158，161，163，175—179，181，182，191—194，196，198—201，203，206—214，216，218，220，224—228，233，235，238，246，251—257，261—273，277，279—287，289—292，294，295，307—310，313—323，326，332—353，355—364，366，367，369，370，373，377，380—400，402—413，415，416，418—421，423—426，432—439，444—456，458，460—464，466—468，470，476—480，482，488，490，498—504，506—508，510，512，513，517，519—523，525，528，530

金陵大学 20，124，340—342，386，403，404，414，447，455，458—460，467，469，479，531

京师大学堂 5，12，87，152，155，170，177—180，198，208，210，211，226，261，271，272，337，400，507，521

静生生物调查所 348，517，531

《局外旁观论》 84

君主立宪 12，13，31，65，193，195，205，206，237，241，244，248—250，381

K

科技 1—30，32—36，38，40，41，43，44，47，48，51，53，56，59，61，64—66，68，69，71，72，75，76，79，81，82，85，86，88，89，91—93，97，98，100—104，106—108，110—117，120，123，125—128，130，132，133，135，140—144，146，148，151，153，156—161，164，166—168，171，178—

180，185，188，189，193，199，200，202，220，224，226，228，229，234，235，237，238，248，249，253，254，256，257，260，267－270，273－276，279，280，283，285，288，289，291，292，295，297，299，302，303，307，308，310，313－316，318，319，321，322，327，334，336，340，362，364，366，369，377－380，396，408，410－413，416－419，421，423，425，426，446，450，454，463－466，473，480，488，490，493，500，501，509－511，518，521，523，527－530，532

科举制　72，178，195，200，202，206－209，213，226，233，380

科目　43，86，87，155，212，213，263，266，286，287，290，352，385－389，392－394，434，449，520－522

《科学救国论》　280，292，293

科学史及其与哲学和宗教的关系　37，73

科学在中国（1550—1900）　119，129

L

历史语言研究所　17，347，359，366，370，373－376，498，525－527，531

李鸿章全集　33－37，57，61，73，90，93，102，106，129，136，137，142，146，147，163，175，191，513

《利济学堂报》　159

《联合国家共同宣言》　440

谅山战役　139

《灵素商兑》　287，288

《岭学报》　159

卢沟桥事变　18，426，428，438，451

轮船招商局　67，146，147，231

洛克菲勒基金会　14，279，288，289，291，307，341，346，415

M

《马关条约》　10，112，132，143，204

马嘉理案　61

满洲　55，133，204，205，235，246，247，402，427，435，441－444，473

美华印书馆　121

民国　1-3，5，6，13-15，18，19，21，102-104，106，112，123，124，171，190，213，225，237，238，248，250，252-259，261-268，270-273，276，282，285，286，288，292-295，297，299，301，302，304，306-310，313，315，317，320，330，339，341，343，345，351，353，354，362-364，366，367，370，374，380-384，386-393，396，398-400，402，403，405，409-414，416，418，423-425，427-429，431-433，437，447，452，461，463-465，470，473，474，476-479，481，483，484，486，487，493，500-508，510-512，514-516，521-523

《民主导报》　481

《民主周刊》　483

明治维新　4，8，11，39，44，63，64，132，143，145，160，168，201

墨海书馆　9，10，75，103，107-110，114，115，121

N

《南京条约》　23，25，33，36，78，82

南开大学　18，19，320，321，343，344，359，364，395，398，401-403，417，424，431，432，446-449，460，465，466，469，477，478，501，505，507

南洋通商大臣　78，80，96，236

内阁　13，51，55，70，79，81，85，114，194，196，218-220，234，237，239，242-249，261，329，376，377，443

《尼布楚条约》　204

捻军　49，50，78，91

《农学报》　159，226

《女学报》　159

P

《普通学报》　159

Q

钱塘江大桥　421，422，523

清华大学　18，19，268-270，289，308，320-322，326，327，349，355，356，364，395-397，399-401，408，409，415-418，420，423，432，446-

449，459，460，465，467，468，475，477，478，490，505－508，521，522，528，530

《清史稿》　49，58，138，141，142

《求是报》　159

《劝世良言》　27，117

《劝学篇》　120，183－185，197，257

R

壬戌学制　17，267，332，340，380，382，383，387，389

壬寅癸卯学制　264，266，267，270，271，286

壬子癸丑学制　14，253，262，264－267，270，286，381，382

《日本国志》　9，45，59，60，63－66

日俄战争　12，193，195，201，204，205，215，235，441，443

S

赛先生　16，267，274－276，323，366，369

三民主义　260，368，369，383，389，408，410，482，485

三峡　21，111，130，488，491－494

山西大学　399，400，434，508，521

陕北公学　530

上海洋炮局　89，90

上海自然科学研究所　446，490，503

《上清帝第三书》　37

生物学　21，38，320，324，328，345－348，358，372，373，404，446，456，457，497，501，514，516－518，528

《圣武记》　4，39，40，43

圣约翰书院　124

《盛世危言》　9，59，60，66－68，293

师夷长技以制夷　2－4，9，23，35，38，39，41，43，57，60，61，66，293，333

十月革命　268，276，278，316

《时务报》　159－161

《实学报》　159，160，226

实业兴邦　16，333－336

《史麦斯报告》　489

史学　1，27，48，52，73，81，137－139，141，147，149－151，153，154，156，157，165，168，169，171，172，174，175，180，181，183，188，189，192，209，240，266，272，282，334，338，358，372－376，384，421，451，495，497，499，501

《使西纪程》　9，59－62，70

书院改制　152

《蜀学报》　159

数学　21，91，108－111，113－116，124，135，148，158，159，199，226，262，266，272，280，290，318，320－323，328，339，345，351，354－356，359，362，374，388，417，451，456，461，466，489，490，495－497，501－504，510－512，514，526－528，531，532

私立大学　18，266，340，343－346，385，395，398，399，402－405，433，434，444，445，458，508，530

《四洲志》　4，31，39，40，56

苏联　268，435，438，439，451，463，471－473，482，485，487，524，530

苏州洋炮局　89

《算学报》　159

T

台湾事变　135，136

太平天国　2，7，8，23，26－30，32，33，35，37，49－54，57，58，73，74，77，83，89，93，94，103，104，108，117，164

太平洋战争　432－435，440，444，472，473

唐胥铁路　10，99，100，299

体用之说　12，183，186

天朝上国　12，25，29，32，61，70，71，78，193，224

天津水师学堂　101，102

《天津条约》　25，46，118，119，137

天津武备学堂　89，102，103，116

天文算学馆　69，81，87，133-135

天文学　21，101，108，110，112，148，159，220，345，353，354，372，510-513

《天演论》　13，220，222，223，225

铁路　5，9，10，13-15，38，68，69，71，72，75，88，91，97-100，105，106，130，135，136，138，150，157，161，164，173，180，183，186-188，192，204，220，231，248，253，255，257-259，283，284，291，292，297-306，308，309，346，361，362，368，441，442，463，472，515，521-523

同济大学　20，342，399，400，432，433，440，447，455-458，466，468，477，519

同文馆　5，9，10，45，46，55，56，69，70，75，81，85-88，91，101，110，114，127，130，133-135，151，153，179，209，271

同治　8，27-29，33，35，36，42-46，49，50，53，55，57-60，64，67，69-71，76-78，81，85，86，88，90，91，93，94，96，98，99，101，104，105，111，114，116，133-136，149，191

W

顽固派　69，134，143，173

《万国公报》　159

《望厦条约》　25，83，118

维新变法　5，6，10，11，37，44，64，66，68，104，106，132，148，150，163，178，210

《文汇报》　483，485

《文学改良刍议》　275，277，311

《文学革命论》　275，277，278

五四运动　124，166，267，271，273，274，276，316，319，323，326，356

武备学堂　12，13，103，181，182，195，207，209，210，213

戊戌政变　11，64，152，156，157，167，168，177，191，196，251

物理学　21，91，92，108，111，112，135，145，148，159，226，266，318-321，323，328，334，345，349，354，355，359，364，372，373，396，

417-420, 446, 461, 488-490, 501, 504-507, 512, 514, 519, 527, 528

X

西安事变　427

西北联合大学　20, 401, 432, 434, 447, 456, 460, 461, 463

西南联合大学　19, 20, 401, 432, 434, 446-449, 477, 478, 505

西体西用　23, 69

厦门大学　134, 162, 191, 344-346, 349, 399, 401-403, 433, 468, 502, 507, 512

《宪政月刊》　485

《湘学报》　159

小学　17, 18, 40, 152-156, 179, 186, 195, 201, 208, 209, 211-214, 255, 262, 265, 343-346, 380-382, 384-391, 398, 424, 432, 444, 445, 466, 504

小站练兵　180, 182, 254

《校邠庐抗议》　8, 41, 42, 44, 45, 56, 63, 76, 77, 86, 184, 293

《辛丑条约》　11, 12, 49, 80, 167, 172, 175, 176, 195, 201, 216, 217, 268

辛亥革命　2, 6, 13, 16, 50, 104, 196, 200, 210, 216, 220, 234, 235, 237, 244, 247-249, 252-254, 257, 270, 277, 280, 282, 283, 294, 295, 316, 324

辛酉政变　29, 54, 55

《新青年》　14, 267, 273-278, 293, 311, 330, 382

新文化运动　15, 16, 267, 273-278, 292, 308, 310-313, 315-317, 322, 323, 325, 334, 341, 366, 374, 381, 396, 416

《新学报》　159

《新学伪经考》　149

玄学　16, 278, 323, 326-328, 331, 332

学部　12, 13, 198, 206, 208, 210-213, 218, 219, 233, 246, 261, 264, 269, 289, 323, 341, 356, 372, 373, 380, 446, 451, 455, 457, 465, 466, 469, 500, 508, 527, 528, 530, 531

学会　5, 11, 15, 16, 106, 148, 150, 156-159, 161, 168, 282, 283,

286，292，295，298，299，308，310，312，313，324，342，348，349，353－356，359，454，459，463，491，494，495，502，514，517，520－523

学术体系　220，523

学制　5，13，17，149，153－156，168，177－179，181，185，194，195，198，200，203，206－213，251，262－267，269－271，286，287，308，309，332，337，338，340，359，364，380－383，385，387，391，398，423，437，445，504，520

《训政纲领》　367

Y

鸦片战争　2，4，6－8，23－26，29，30，32，33，37，39－41，48，51，54，55，58，64，66，74，77，78，82，107，108，110，117－120，122，124，127，141，166，175，231

延安自然科学院　530

燕京大学　124，340－342，386，404，415－417，434，444，458，459，469，477，505，507，530

《扬子江三峡计划概要》　493

洋枪队　8，26－29，33－35，57

洋务派　10，43，53，55－57，59－61，65，66，69，70，86，89，94，98，100，104－106，113，116，120，121，127，132，134，135，143，146，151，154，178，184，257，258，293，295

医学　13，14，21，38，65，87，91，92，106，109，122，125－131，199，253，255，266，279，286－291，307，309，341，345，350，351，363，386，397，404，406，415，416，444，445，451，455－457，459－461，464，468－470，495－497，499，501，516，518－520，525，530

义和团　11，132，167，170－177，180，181，186－189，191－195，197，204

《译书公会报》　159

银行　106，150，166，172，189，220，231－233，346，368，412

《饮冰室合集》　160

《瀛寰志略》　38，39，41，44，45，47，62，63

应用科学　21，111，327，338，359，371，373，457，464，466，501

邮局　85

原子能研究委员会　489，491

远征军　20，435，440，463，473—476

院士　20，21，320，344，420，449，454，488，490，494—497，503，507，512，520，523，525，527，531

院系大调整　530，531

越南事变　11，135，138

Z

造弹计划　488，489

《战时各级教育实施方案纲要》　436

诏定国是　150

浙江大学　19，20，153，224，225，228，320，322，369，395，399，417，420，421，425，433，447，452—454，468，500，502，504，507，514，515，528

《振兴工艺给奖章程》　148，151，229

镇南关大战　139

《知识与生活》　483

《知新报》　159，160

职业化　390，391，404

《中俄密约》　204

中国地质学会　285，313，353，354，364，419，514，534

中国工程师学会　15，292，295，298，299，308，312，491，521—523

中国公学　280，402，403

中国共产党　7，20，273，276，298，329，473，480，481，483，486—488，523，526，528—530

中国近三百年学术史　45，74

中国科学社　14，279—282，293，298，307，308，312，318，320，326，333，334，347—351，353，356，370，420，465，513，516，517

中国科学院　53，74，77，87，96，99，101，105，131，177，187，192，323，449，454，457，508，527—529，531

中国人民大学　37，74，119，129，149，173，191，216—219，238，239，

241，242，252，282，293，307，468，469，478，530

中国数学会　354-356，417，502，503

《中国天主教传教史概论》　119

中国西北科学考查团　531

中国西部科学院　465，510

中国医科大学　530

中国医药传教会　122

《中苏互不侵犯条约》　439

中体西用　23，43，66，69，75，76，177，178，184，185，257，501

中体中用　23

《中西闻见录》　159

中学　43，61，76，112，113，124，139，152-155，178，179，184-186，195，200，211，214，227，232，241，255，262，265，266，269，283，287，315，342，343，348，349，382，383，386-392，394，398，403，432，438，444，445，451，468

中央大学　18，20，21，322，347，369，395-397，399，400，405，406，409，410，415，416，419，425，433，447，448，450-452，465，467，468，478，488，490，498-501，506，508，512，514，527，529

中央工业试验所　418，509，510

中央观象台　354，511

中央特别委员会　367

中央研究院　5，17，18，20，21，248，252，272，273，282，285，320-322，344，347，348，353，354，359，364，366，369-375，411，412，416，417，419，420，432，433，455，460，464，465，471，476，477，488，490，494-497，503，506-508，510-512，514，517，518，523，525-529，531

《重工业五年计划》　412

专业化　379，380，386，390，404，522

专制　12，20，24，65，139，193，205，235，246，264，323，324，326，350，368，369，480，484

资源委员会　5，17，21，366，368，377-380，412，428-430，452，488，492，493，514，515，523，529

《资政新篇》 28
资政院 13，196，219，234，236-247，249
谘议局 13，196，219，234，236-243，245，248，295
紫金山天文台 372，414，511，512
自由论坛 485
自治会 13，234，237，241-243，482，500
总理各国事务衙门 9，54，56，58，60，70，75，78，79，84，195，217
总税务司 9，10，75，77，81-84，134，162-164，217，289

后　记

笔者主持的中国人民大学重大规划项目"中国近现代科技转型的历史轨迹与哲学反思"（16XNLG02），历时三载，今告付梓。本书为其成果之第二卷，名之为《师夷长技》，乃是第一卷《西学东渐》的姐妹篇。

笔者试图以"西学东渐"和"师夷长技"为主线，刻画中国近现代科技以及教育转型的历史轨迹，并且讨论其中的主体、动机、矛盾以及实际运行态势诸问题。笔者深感历史中蕴含大智慧，不能轻慢个中的风险和挑战性。

参加本书构思和写作的，除笔者外都是生气勃勃的年青人，他们对笔者提出的提纲、思路和撰写要求，乃经反复研讨，方达基本共识。动笔之前，笔者详细拟出全书框架和写作提纲，并结合团队成员兴趣和特点，制订了具体分工方案。初稿是诸成员根据提纲按照分工如期完成的。在此基础上，又针对初稿中出现的问题，对提纲进行了调整和重构，交由各成员修改并拿出二稿。之后再反复一次，修改出三稿。团队成员团结协作，尽心尽力，工作很有成效。特别是雷环捷和黄婷，承担的任务重，写作颇具灵性，令人刮目相看。直接参与本书各部分初稿写作和修改的同人如下：

导　言（刘大椿）

第一章　内外交困方识技不如人（雷环捷）

第二章　开旁门、师夷技、办洋务（雷环捷）

第三章　维新还是复旧（樊姗姗）

第四章　废科举、兴学堂、启科学（王玮）

第五章　共和新肇，科教拓荒（雷环捷）

第六章　政局混乱、思想杂陈、百舸争流（李健民）

第七章　体制化的南京十年（黄婷）

第八章　国难之中的坚持（黄婷）

第九章　失望与期待（黄婷）

索　引（樊姗姗）

为确保书稿水准，笔者正襟危坐，曾前后三次对全书统稿。细审材料、酌定观点、调整结构和内容，或删削、或增补、或润色，妥为打磨，唯望减少错误，使书稿更臻成熟。本书是团队合作的成果，执笔者众，但观点和内容最后都是由笔者定夺的，其中不当之处当然也由笔者负责。

本课题立项得到学校科研处的大力支持和关照。本书能够和《西学东渐》相继付梓，有赖出版社杨宗元编审的精心安排。编辑张杰、吕鹏军等同志为该书出版付出了辛勤劳动，在此一并表达由衷的感谢。

仍需申明，笔者所在团队成员对于历史著述都是半途出家，情固所钟，力有不逮，距离当初设定的细节可靠、立论谨慎、风格一致的目标恐怕很远，对其疏漏和不当之处，敬祈方家和读者不吝指教。

刘大椿

戊戌秋于人大宜园

图书在版编目（CIP）数据

师夷长技/刘大椿等著. —北京：中国人民大学出版社，2019.4
（中国近现代科技转型的历史轨迹与哲学反思. 第二卷）
ISBN 978-7-300-26908-5

Ⅰ. ①师… Ⅱ. ①刘… Ⅲ. ①西方国家-科学技术-传播-中国-近代 Ⅳ. ①N092

中国版本图书馆 CIP 数据核字（2019）第 073855 号

中国近现代科技转型的历史轨迹与哲学反思　第二卷
师夷长技
刘大椿　等　著
Shiyi Changji

出版发行	中国人民大学出版社				
社　　址	北京中关村大街 31 号		邮政编码	100080	
电　　话	010－62511242（总编室）		010－62511770（质管部）		
	010－82501766（邮购部）		010－62514148（门市部）		
	010－62515195（发行公司）		010－62515275（盗版举报）		
网　　址	http://www.crup.com.cn				
	http://www.ttrnet.com（人大教研网）				
经　　销	新华书店				
印　　刷	北京联兴盛业印刷股份有限公司				
规　　格	170 mm×240 mm　16 开本		版　次	2019 年 4 月第 1 版	
印　　张	36　插页 3		印　次	2019 年 4 月第 1 次印刷	
字　　数	602 000		定　价	118.00 元	

版权所有　　侵权必究　　印装差错　　负责调换

AMERICA SIVE INDIA NOVA. Ao 1492. a Christophoro Colombo nomine regis Castellæ primum detecta.

CIRCVLVS ARCTICVS.

Tolm
Toronte ac
Ceuola
Axa
Tiguex
Grana Marata
Maruta
Cazones insula
C. de lengua
Y de Cedri
B. de la Trinidad
S. Thomas Anubinda
Rucca guarida

Calicuas
Cacas
Cuchillo
Tulle
Mechoa
Hispania
Acux
R. Grande de los pelos
C. de los galopegos

Tagil
Corue
Comos
Flori da.
Modano
Ipedra
La Emperadada
Lucaio
Limana

Chilaga
Canagadi
Noua Fran cia
Clorida

CIRCVLVS AEQVINOCTIALIS

Caribana
Atauara
Auari zama
Trapuora
Kapaio
Picura
Chi
S. Anna
Amaz

Yns di los Tiburones
Casma
Pe ru
Chucha

MAR DEL ZVR
Ins di S Pedro
ysulæ incognitæ

TROPICVS CAPRICORNI.

Coquimbo
Copiapo
Nagara
S. egi
Chi

EL MAR PACIFICO
y ynsas de lotos
Lucengo
C. de S Maria
Chile
R. de Salinas

nonem
ture nuncupant

Archi pe lago
Colis

CIRCVLVS ANTARCTICVS.